江苏省电力工业志丛书

扬州市电力工业志

(1991～2002)

中国电力出版社
CHINA ELECTRIC POWER PRESS

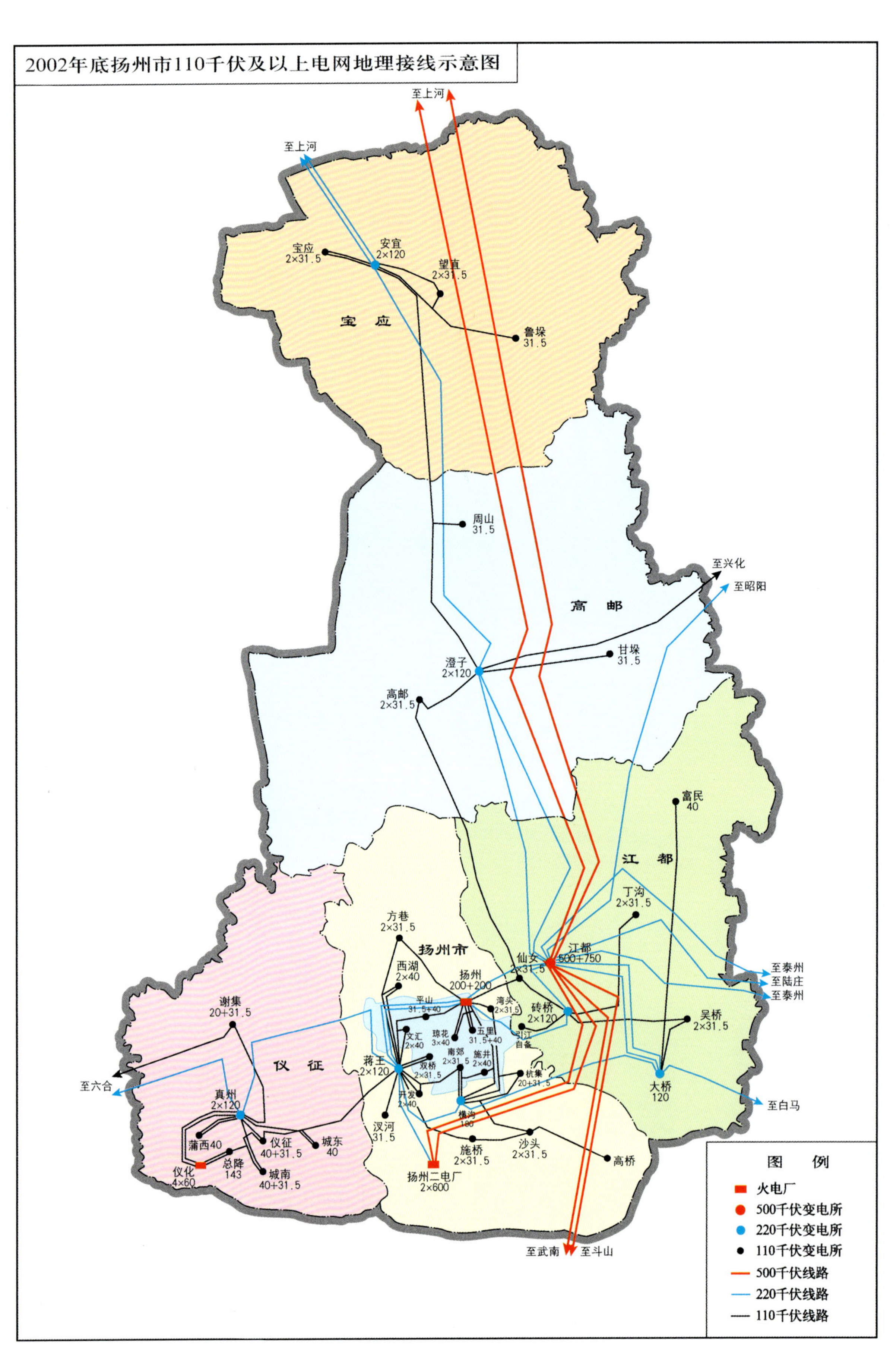

2002年底扬州市110千伏及以上电网地理接线示意图
至上河
至上河
宝应
2×31.5
安宜
2×120
望直
2×31.5
宝　应
鲁垛
31.5
周山
31.5
至兴化
至昭阳
高　邮
甘垛
31.5
澄子
2×120
高邮
2×31.5
富民
40
江　都
丁沟
2×31.5
方巷
2×31.5
扬州市
西湖
2×40
扬州
200+200
仙女
2×31.5
江都
500+750
至泰州
至陆庄
至泰州
谢集
20+31.5
平山
31.5+40
湾头
2×31.5
砖桥
2×120
吴桥
2×31.5
文汇
2×40
琼花
3×40
五里
31.5+40
引江
自备
仪　征
蒋王
2×120
南郊
2×31.5
施井
2×40
双桥
2×31.5
杭集
20+31.5
大桥
120
至六合
真州
2×120
开发
2×40
横沟
180
至白马
蒲西40
仪征
40+31.5
城东
40
汊河
31.5
施桥
2×31.5
沙头
2×31.5
高桥
仪化
4×60
总降
143
城南
40+31.5
扬州二电厂
2×600
至武南
至斗山
图　例
火电厂
500千伏变电所
220千伏变电所
110千伏变电所
500千伏线路
220千伏线路
110千伏线路

1990年10月，能源部部长黄毅诚（前左三）视察500千伏江都变电所

1992年6月11日，能源部在扬州召开全国电力生产工作会议

巩固双达标成果争创社会主义一流供电企业

为扬州供电局题

史大桢

一九九五年四月十五日

电力工业部部长史大桢为扬州供电局题词

1998年1月，电力工业部副部长陆延昌视察扬州供电局

2000年7月，华东电网公司总经理邵世伟（前中）视察500千伏江都变电所

2001年5月11日，扬州市市长苏泽群（左）、江苏省电力公司总经理寇士清（右）为扬州供电公司揭牌

2002年7月，扬州市委书记孙志军（右三）视察扬州供电公司客户服务中心

2003年11月，扬州市市长季建业（中）视察扬州供电公司电网调度通信中心

扬州供电局原址位于市区南通西路79号，2002年拆迁

扬州供电公司新建生产调度大楼位于市区维扬路179号，2003年4月18日启用

扬州发电有限公司(2002年摄)

扬州第二发电有限公司(2002年摄)

扬州威亨热电有限公司（2002年摄）

宝应县供电公司（1999年摄）

江都市供电公司（2001年摄）

高邮市供电公司(2002年摄)

仪征市供电公司(2002年摄)

邗江县供电局(1996年摄)

1996年11月28日，扬州市首座110千伏无人值班开发区变电所启动投运

1997年6月，扬州市首条110千伏地下电缆从古运河西侧铁塔架空线下地接入琼花变电所

1998年7月1日，500千伏江都变电所2号变压器运输途中

1998年9月25日，500千伏江都变电所2号变压器测试

500千伏上河至江都2号线施工立塔(1999年摄)

500千伏线路施工(1999年摄)

二期扩建后的500千伏江都变电所(1999年摄)

220千伏变电所设备区(2000年摄)

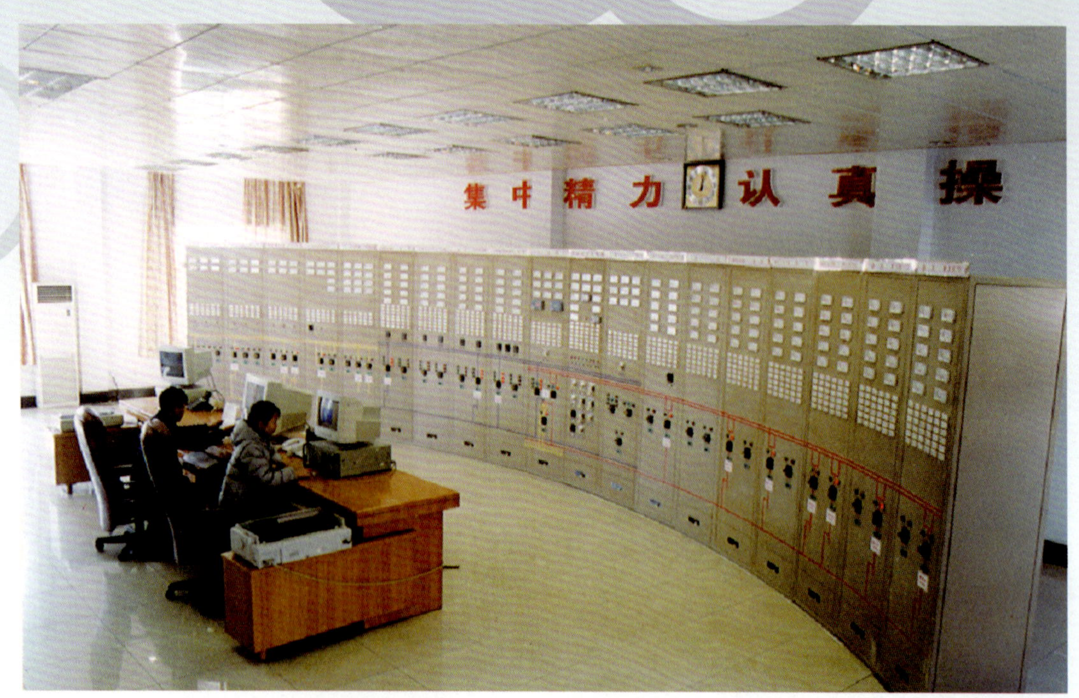

220千伏变电所控制室(2000年摄)

2000年10月，为润扬长江大桥建设架专线供电

1998年下半年开始扬州市老城区配电网改造(2000年摄)

扬州市郊区汤汪镇农村电网改造施工(2000年摄)

城网改造中扬州市区居民住宅安装单相配电变压器（2001年摄）

城网改造中新建的古运河风光带何园配电所（2001年摄）

500千伏江都变电所全景

2002年5月28日，城网改造验收组在110千伏西湖变电所检查验收

扬州市区主干道景区电缆下地后街路整洁美丽（2002年摄）

供电生产

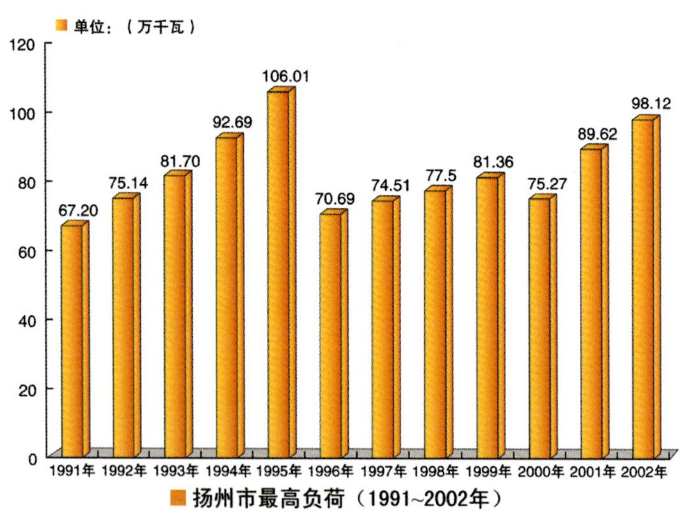

扬州市最高负荷（1991~2002年）

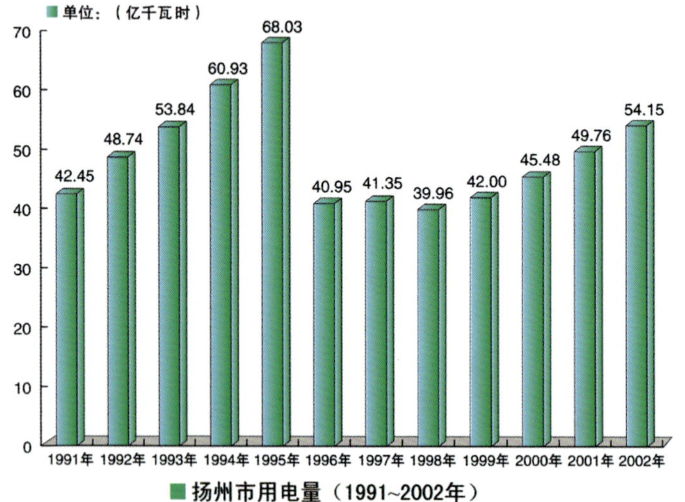

扬州市用电量（1991~2002年）

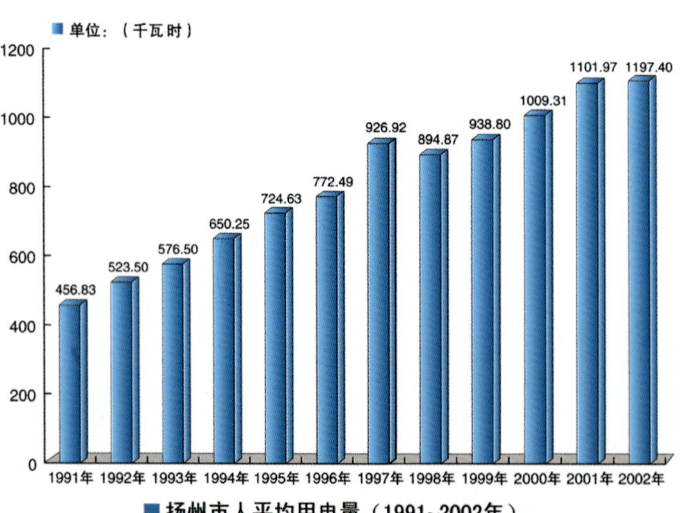

扬州市人平均用电量（1991~2002年）

柱状图

220千伏蒋王变电所变压器吊芯检修(1991年摄)

安全宣传到农村(1996年摄)

500千伏江都变电所设备检修（2000年摄）

500千伏线路检修（2000年摄）

500千伏线路检修（2000年摄）

变电所反事故演习（2000年摄）

安全宣讲到现场（2001年摄）

扬州广陵工业园区带电作业更换10千伏电杆（2002年摄）

扬州供电公司电网调度通信中心控制室（2003年摄）

1997年3月25日，扬州供电局召开“为人民服务、树行业新风”社会服务承诺新闻发布会，首次向社会公布八项服务承诺，扬州市常务副市长蒋进(中)出席会议

1997年8月，扬州供电局召开“为人民服务、树行业新风”工作交流会

全国电力系统
为人民服务 树行业新风
示范窗口
国家电力公司
一九九八年十一月

1998年11月，高邮市龙虬镇电力管理站被国家电力公司授予全国电力系统“为人民服务，树行业新风”示范窗口称号

扬州供电局青年服务队在居民住宅区为用户服务（1999年摄）

供电高温抢修（2000年摄）

供电职工为特殊困难户检修室内电路（2000年摄）

2001年2月，扬州供电局召开“电力市场整顿和优质服务年活动”新闻发布会

扬州供电局机关部室和营销人员共同开展优质服务年宣传（2001年摄）

2002年3月，扬州供电客户服务中心开通全国统一供电服务热线电话“95598”

扬州供电公司青年服务队在居民区为群众服务(2002年摄)

1992年12月18日，扬州广源实业总公司挂牌成立

1997年7月1日，扬州供电局召开庆香港回归祖国，"七一"表彰优秀党员大会

1997年8月，扬州供电局创部达标、省一流供电企业复查验收会议

1998年3月13日，扬州供电局召开第六次党员代表会议

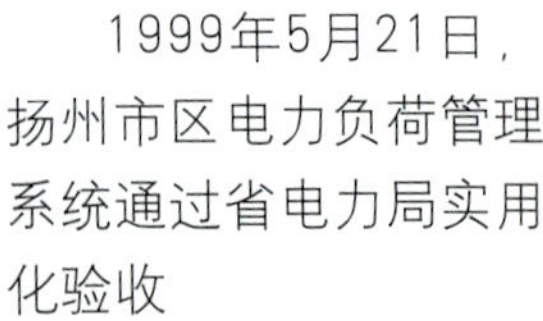

1999年5月21日，扬州市区电力负荷管理系统通过省电力局实用化验收

扬州供电局领导班子合影（2000年摄）

2001年11月18日，扬州苏源集团有限公司挂牌

扬州供电局职工篮球赛(1995年摄)

五亭春晓(职工摄影 1998年)

扬州供电局职工大合唱(1999年摄)

塔迎朝阳(职工摄影 2000年摄)

雪后西湖(职工摄影 2000年)

2000年7月扬州供电局青年志愿者无偿献血

扬州供电局庆祝建党八十周年职工文艺汇演(2001年摄)

扬州供电局青年职工植树节活动(2001年摄)

扬州供电公司离退休职工门球队(2002年摄)

扬州古运河夜色(职工摄影 2002年)

扬州供电公司职工广播体操比赛(2003年摄)

1991年，扬州供电局被授予企业档案工作目标管理国家一级荣誉

1996年，扬州供电局获第三次全国工业普查先进集体称号

1998年，扬州供电局获全国部门造林绿化400佳单位称号

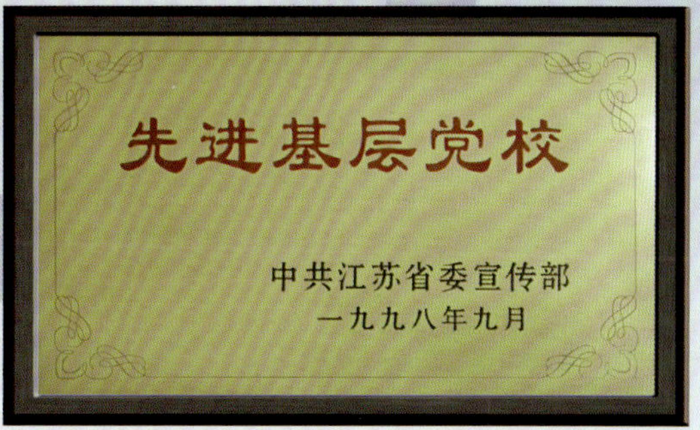

1998年，扬州供电局党校获江苏省先进基层党校称号

1999年，扬州供电局被国家电力公司授予人才援藏先进单位称号

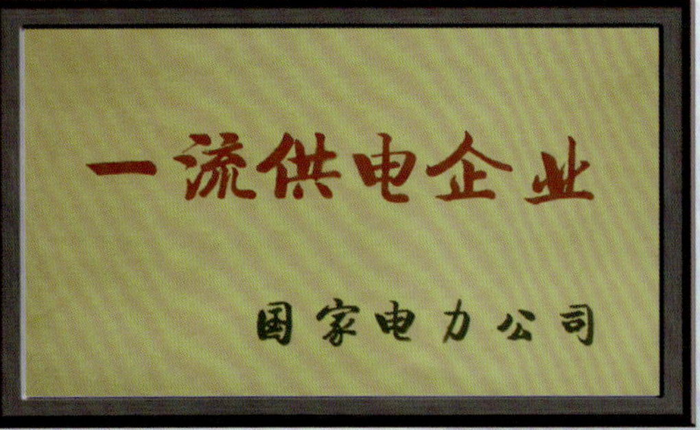

1999年，扬州供电局获国家电力公司一流供电企业称号

2000年，扬州供电局获国家电力公司城市电网建设与改造工作先进集体称号

2001年，扬州供电局获1999—2000年度江苏省文明行业称号

2001年，扬州供电局获国家电力公司1996—2000年安全生产先进集体称号

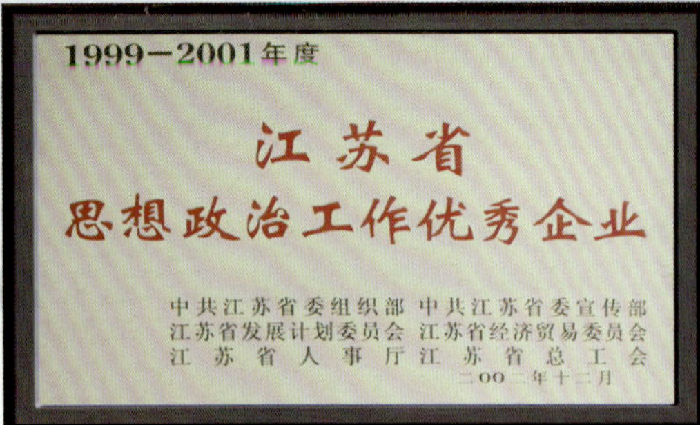

2002年，扬州供电公司获1999—2001年度江苏省思想政治工作优秀企业称号

2002年，扬州供电公司获国家电力公司2000—2001年双文明单位称号

2002年，扬州供电公司获江苏省文明单位称号

2002年，扬州供电局获2001—2002年度江苏省文明行业称号

《江苏省电力工业志》
编 纂 委 员 会

（2002 年 11 月 25 日起）

主　　任　寇士清

副 主 任　徐松达　费圣英

编　　委　徐　斌　阮前途　许援朝　黄卫国　胥传普
　　　　　赵元杰　田均安　殷　琼　张怀廉　徐惠兴
　　　　　林　敏　徐建亭　甄玉林　赵永仁　郑惠民
　　　　　王怀明　夏　俊　尹光华　肖开进　颜友德
　　　　　冯　军　娄继维　鲁庭瑞　丁文瑞　周光浩
　　　　　姚友胜　俞建新　顾自立　王向真　祁永忠
　　　　　蒋湘滨　吕志诚　符维钊　张建扬

《江苏省电力工业志》编辑室

主任编辑　张怀廉

副主任编辑　徐惠兴

编纂人员　（按姓氏笔画排列）
　　　　　马恒丰　万绍贻　王洪铭　王嘉农　吉开俊
　　　　　任荣道　吴永清　杨盘兴　徐惠兴　谈光明
　　　　　霍耀光

《江苏省电力工业志》
编 纂 委 员 会

（2004 年 2 月 3 日起）

主　　任　寇士清

副 主 任　徐松达　费圣英

编　　委　阮前途　李晶生　胥传普　黄卫国　郑惠民
　　　　　赵元杰　田均安　殷　琼　张怀廉　林　敏
　　　　　徐建亭　甄玉林　葛国平　王怀明　李桂生
　　　　　俞建新　徐阿元　肖开进　夏　俊　龚　冰
　　　　　冯　军　娄继维　周光浩　姚友胜　季　强
　　　　　符维钊　祁永忠　丁文瑞　蒋湘滨　鲁庭瑞
　　　　　鲍明建　顾自立　王向真　张建扬　张耀平

《江苏省电力工业志》编纂委员会
修 志 办 公 室

主　　任　张怀廉（兼）

专职副主任　张建扬

责任编辑　（按姓氏笔画排列）
　　　　　马恒丰　万绍贻　王洪铭　王嘉农　任荣道
　　　　　张建扬　杨盘兴　谈光明　郜成鹤

编　　务　陈蓓蓓

《江苏省电力工业志》编纂委员会

（2006年5月19日起）

主　　任　费圣英

副 主 任　冯　军　黄卫国　马苏龙　葛国平　李桂生
　　　　　王江亭　肖开进

编　　委　俞建新　王培华　甄玉林　刘人楷　鲁庭瑞
　　　　　俞庆智　徐阿元　王海林　夏　俊　郭建伟
　　　　　龚　冰　季　强　费建法　符维钊　祁永忠
　　　　　李　斌　鲍明建　张建扬　张耀平

《江苏省电力工业志》编纂委员会修志办公室

主　　任　俞建新

专职副主任　张建扬

责任编辑　（按姓氏笔画排列）
　　　　　马恒丰　王洪铭　王嘉农　任荣道　张建扬
　　　　　杨盘兴　谈光明　郜成鹤　夏振荣

编　　务　陈蓓蓓

《江苏省电力工业志》
编 纂 委 员 会

（2009 年 1 月 4 日起）

《江苏省电力工业志》
编 纂 委 员 会

（2010 年 5 月 13 日起）

主　　任　冯　军

副 主 任　张　晶　黄卫国　马苏龙　钱朝阳　李　斌
　　　　　王江亭　肖开进　蒋　斌　刘岳华

成　　员　江苏省电力公司总经理助理、副总师、各部室
　　　　　主要负责人、张建扬

主　　编　冯　军

副 主 编　黄志高　张建扬

《扬州市电力工业志》
编 纂 委 员 会

（2004 年 5 月 19 日）

主　　任　赵明奇

副 主 任　何　杰

编　　委　段书岭　俞金顺　陈泰生　文乐斌　张　军
张　民　陈立清　葛　超　张增荣　张　东
吕　建　王宝翔　芮庆元　徐卫文　顾明宏
徐国平　浦亦宏　孙俊武　吴国华　李爱东
孙　斌　孙海清　吴　鸿　刘立昕　于　翔
陆子俊　吴佑顺　袁之远　魏向阳　沈益鑫
彭永宏

《扬州市电力工业志》
编纂委员会修志办公室

主　　任　吕　建

副 主 任　匡以佳

编　　辑　陆逸仙　樊志义　冯仁娇

《扬州市电力工业志》编纂委员会

（2007 年 8 月 30 日）

主　　任　顾志刚

副 主 任　周士跃

编　　委　孔珍宝　俞金顺　沈　虎　杨　兵　张锡盛
　　　　　张　民　丁建忠　陈建康　吴国华　颜庆国
　　　　　葛　超　张增荣　李爱东　顾明宏　马建元
　　　　　徐卫文　卢绍祺　徐建平　孙海清　孙俊武
　　　　　王甫来　虞晓东　吴　鸿　袁之远　单红宇
　　　　　彭永宏　魏向阳

《扬州市电力工业志》编纂委员会修志办公室

主　　任　颜庆国

副 主 任　曹学斌

主　　笔　陆逸仙

编　　辑　徐五凌　樊志义　冯仁娇　夏平权　彭广宏

《扬州市电力工业志》
编 纂 委 员 会

（2010 年 7 月 30 日）

《扬州市电力工业志》
编纂委员会修志办公室

总　序

自1897年苏州苏纶纱厂安装自备发电机供厂内用电始，到2002年，江苏电力工业已走过了105年的发展历程。1994年9月出版的第一部《江苏省电力工业志》，已经记述了江苏电力工业在新中国建立前饱受屈辱、历经磨难，新中国建立后艰苦创业、曲折前行，1978年中共十一届三中全会后至1990年改革发展、蓬勃振兴的历史，前后时间跨度93年。2002年，国家电力管理体制实现国家层面"厂网分开"改革目标，全国电力行业统一部署续修1991～2002年电力工业志，省电力公司于当年11月成立《江苏省电力工业志》编纂委员会，开始筹备续志工作。

1991～2002年是江苏电力工业改革与发展的重要历史时期。这一时期，全省电力体制改革取得重大突破，稳步实现"政企分开"，"厂网分开"拉开帷幕；电力工业发展取得巨大成就，年发供电能力突破1100亿千瓦时；电力生产建设更加文明；电力行业服务更加规范。12年间，全省电力工业的长足发展和全面进步，为续修江苏省电力工业志丛书提供了丰富的内容。如实地记述这一时期全省电力工业（企业）改革与发展的历史，是时代赋予我们的光荣职责。

古人有训：以铜为镜，可以正衣冠；以古为镜，可以见兴替；以人为镜，可以知得失。编纂出版江苏省电力工业志丛书，正是为了发挥其"资治、存史、教化"的功用。所谓"资治、存史、教化"，即以志书的丰富史料，为各级领导干部了解本地（本单位）历史、立足当前现实、着眼未来发展提供决策依据，发挥其工具书的作用；为广大职工、特别是青年职工继承和发扬艰苦创业、奋发进取的光荣传统提供教材，发挥其教科书的作用；为历史进程留下痕迹，让后人从中得到启迪，发挥其"以古为镜"的作用。同时，江苏省电力工业志丛书还可以发挥其"窗口"的作用，让"江苏电力"走进社会，让社会全面了解"江苏电力"。

志书以真实为生命。江苏省电力工业志丛书编纂期间，《江苏省电力工业志》编纂委员会虽几经调整，但始终坚持"千秋之业、质量为本"的要求。在上级志书编纂委员会的领导和指导下，《江苏省电力工业志》编纂委员会精心组织、协调，全省各电力企事业单位积极支持、配合，各级志书编纂人员淡泊名利、恪尽职守、寒暑不辍、倾心奉献，广泛搜集资料，深入甄别考证，潜心编辑成稿，精心总纂成书。江苏省电力工业志丛书的规模也超出前志（1部总卷、31部分卷，共32部），最终以总卷1部、分卷40部的长篇巨制问世。在江苏省电力工业志丛书付梓出版之际，谨向为本丛书编纂出版给予悉心指导和付出辛勤劳动的各级领导、专家及编纂人员，表示诚挚的谢意！

江苏电力，正生机勃发；历史长河，将久远绵延。在科学发展观的指导下，江苏电力必将创造更加辉煌的业绩，载入全国电力工业和江苏经济社会发展的新的史册。

[签名]

2008年10月

序

扬州自1913年创办江都振明电灯公司至今，电力工业已有近百年历史。在这近百年中，新中国建立是扬州电力工业发展的转折点。在中国共产党领导下，扬州电力工业历经创业、发展过程，已成为社会经济发展的重要基础产业。第一部《扬州电力工业志》于1998年7月出版，记录扬州从1913年有电到1990年的电力工业发展史。2002年“厂网分开”之际，全省电力行业统一部署续修1991年至2002年电力工业志。扬州供电公司于2004年5月成立《扬州市电力工业志》编纂委员会，开始筹备修志工作。

1991～2002年是扬州电力工业发展的重要时期。这一时期，扬州电力工业实现快速发展，2002年，已经改变长期缺电状况，电力供应能够满足扬州城乡用电需求，并且实现有序用电——这是12年间最大的变化。12年间，电力行业在为扬州地方经济建设服务这个大方向指导下，发电、供电、用电全面协调发展，电力基本建设的规模和速度都超过以前，改变了扬州长期存在的严重缺电状况。电力行业以安全、文明生产达标和创建一流发、供电企业为目标，促进提高行业管理水平和供用电服务水平，以科技进步促进生产力的发展，以改革、创新、发展为动力，实现发、供电企业生产、经营方式的转变，确立了以优良的服务促使企业持续发展的新路子，适应时代对电力行业的要求。12年间扬州电力工业不平凡的发展历程，为续修《扬州市电力工业志》提供了丰富的内容。如实记述这一时期扬州电力工业的发展历程，是时代赋予我们的光荣使命。

《扬州市电力工业志》续志在各级领导的关心和重视下，在有关部门与单位的支持配合下，经过全体修志人员的辛勤劳动，历时数年，数易其稿，终于编纂成书，经江苏省电力工业志编纂委员会审定出版，呈献于世。这是众手修志的成果，也是扬州电力工业发展史上的一件大事和喜事，值得庆贺。

“鉴往知今”，《扬州市电力工业志》续志记述了扬州电力工业发展的阶段性过程，展现阶段性发展面貌，揭示发展的规律，有利于社会各界了解扬州电力工业发展状况，了解电力行业特点；有利于电力行业各级领导人员查阅资料，寻找规律，指导工作，正确决策；有利于激励电业职工传承和发扬艰苦创业精神，继往开来，为扬州电力事业的发展再立新功。

《扬州市电力工业志》续志的付梓出版，必将服务当代，惠及后世。

2009年10月

凡　例

一、本志是《江苏省电力工业志（1991～2002年）》丛书的分卷，是《扬州市电力工业志》的首部续志。

二、本志记述上限为1991年，下限至2002年。记述扬州市电力工业的发展过程，1996年底，行政区划调整前扬州市为10个县（市）及扬州市区，调整后为5个县（市）及扬州市区。为保持与前志的衔接，本志对1991年以前的部分事物略作上溯记述；对部分工程项目或事件，在断限年份之后适当顺延，以保持完整性。

三、本志横向分类设置篇目，全志一般设章、节、目3个层次。

四、本志采用述、记、志、图、表、录等形式，志为主体。主体部分共11章，横排竖写，除概述和章、节前的小序略有议论外，其余部分均述而不论。卷首设图、序、凡例、概述、大事记，卷尾包括人物、荣誉、专记、附录、编后记。大事记采用编年体，辅以纪事本末体。

五、本志使用语体文记述。行文依据《江苏省地方志行文规范》和《江苏省电力工业志丛书行文规范》。对专用名词、特定事物等予以注释。记载地名、机构和单位名称均使用当时的规定名称。

六、本志以公历纪年。计量单位依据国务院1984年2月27日发布的《关于在我国统一实行法定计量单位的命令》，采用《中华人民共和国法定计量单位》。

七、本志数字执行国家技术监督局1995年12月13日批准的《出版物上数字用法的规定》的标准，统计数字以统计部门的资料为准。

八、本志中“江苏省电力工业局”和“江苏省电力公司”除个别地方全称外，其余均简称“省电力局”和“省电力公司”，二者合称时简称为“省电力局（公司）”。

九、本志“人物”记扬州供电局（公司）领导成员和省、部级及以上劳动模范简历；市级劳动模范列表录其姓名和时任职务；其余人物入志均采取以事系人的办法。

十、本志资料主要收录自扬州供电公司档案室，部分资料收录自扬州供电公司有关部室及有关发、供电生产单位。入志资料经整理、鉴别、考证、精选，一般不注明出处。

目  录

概 述

扬州市位于江苏省中部，长江北岸，1991年全市土地面积12 431千米^2，下辖靖江、泰州、姜堰、泰兴、江都、邗江、仪征、兴化、高邮、宝应共10个县（市），人口929.26万人。1996年行政区划调整，成立省辖泰州市，靖江、泰州、姜堰、泰兴、兴化5个县（市）从扬州市划出，归属泰州市。2002年扬州市面积6634千米^2，人口452.22万人。扬州境内地势平坦，交通便利，京杭大运河及京沪高速公路纵贯南北，宁启铁路和宁通高速公路横穿东西，气候温和，物产丰富，工农业生产发达，旅游资源丰富。优越的区域环境为经济发展提供了便利条件。由于一次能源和水力发电资源缺乏，电力主要依靠从外地采购燃煤生产或从电网输入。

1991～2002年，扬州电力工业快速发展，电力基本建设规模和投资都比以前大幅增加，发、供、用电协调发展，12年间最大的变化是扬州市改变了长期缺电状况，电力供应能满足城乡用电需要。“八五”计划期末的1995年，扬州市工农业总产值为1156.14亿元，年平均递增率为23.39%；全市社会用电量为68.03亿千瓦·时，比1990年增加29.71亿千瓦·时，年平均递增率为12.17%；年人均用电量为724.63千瓦·时，比1990年增加310千瓦·时，年平均递增率为11.86%。“九五”计划期末的2000年，扬州市全社会用电量为45.48亿千瓦·时，比1995年增加6.94亿千瓦·时（不包括泰州市），年平均递增率为3.36%；年人均用电量为1009.31千瓦·时，比1995年增加140.89千瓦·时（不包括泰州市），年平均递增率为3.05%。2002年，扬州市工业总产值1231.92亿元，发电总装机容量201.38万千瓦，总发电量110.21亿千瓦·时；供电最高负荷98.12万千瓦，比扬、泰两市分设后的第一年（1997年）增加23.61万千瓦；全社会用电量为54.15亿千瓦·时，比1997年增加12.80亿千瓦·时；年人均用电量1197.40千瓦·时，是1991年的2.62倍。

扬州供电局1991年辖7个部属企业（靖江、泰州、姜堰、泰兴、江都、邗江、仪征市供电局）、3个省属企业（兴化、高邮、宝应县供电局）及扬州市区供电所，是国家大（Ⅰ）型供电企业。受江苏省电力局和扬州市政府的领导，既是供电生产企业，又是政府管电的行政职能部门。1996年底，随着扬州和泰州两市分设，原扬州供电局所辖靖江、泰州、姜堰、泰兴、兴化市供电局划出，归属泰州市供电局。1997年4月，扬州、泰州两市供电局按行政区划调整后的范围管理电网。1999年底，扬州市完成农村电力管理体制的重大调整和改革，县（市）供电局对农村供电所人、财、物实行统一管理，农村集体电力资产移交县（市）供电局统一管理。2001年5月扬州供电公司挂牌，属江苏省电力公司的分公司。2002年11月撤销扬州供电局。政企分开后，扬州供电公司是经营区域性电网为主的国有大型企业，原承担的政府管电职能移交扬州市经济贸易委员会。扬州的两座公用发电厂（扬州发电有限公司、扬州第二发电有限责任公司）于2002年底从江苏省电力公司划出。

一

1991年扬州市发电设备总容量为72.52万千瓦，发电量35.31亿千瓦·时。扬州发电厂是扬州市唯一一座公用发电厂，装机容量43.6万千瓦，发电量25.98亿千瓦·时，分别占扬州市发电设备总容量和发电量的60.12%和73.58%。扬州地方小发电（地方电厂、企业自备电厂、柴油机发电、江都提水站水力发电）设备容量为28.92万千瓦，发电量9.33亿千瓦·时，分别占扬州市发电设备总容量和发电量的39.88%和26.42%。

"八五"计划（1991～1995年）时期，扬州市缺电严重，为了增加电力供应，市、县两级政府采取多家办电、多渠道筹资办电的办法，建成一批小型火力发电厂，弥补电力缺口，如泰兴市就建有3座小发电厂，发电量占泰兴市用电量一半以上。公用发电厂建设也加快步伐，1992年8月，国家计划委员会批准扬州第二发电厂一期工程2台60万千瓦燃煤机组项目建议书，开始大型发电厂的筹备建设。到1996年底，扬、泰两市分设前，扬州市共有6000千瓦以上火力发电厂13座，发电设备总容量82.54万千瓦，发电量46.36亿千瓦·时，其中扬州发电厂装机容量40万千瓦，发电量26.00亿千瓦·时，扬州地方电厂（9座）、企业自备电厂（3座）共12座，发电机组28台，装机总容量42.54万千瓦，发电量20.36亿千瓦·时。500～6000千瓦余热发电厂、柴油机发电厂、小水电厂共有33家，装机容量5.74万千瓦，发电量0.74亿千瓦·时。与1991年相比，地方小发电装机容量增加20万千瓦，发电量增加11.78亿千瓦·时。地方电厂和企业自备电厂的发展，对增加电力供应、支持地方经济建设发挥了应急补缺作用。

扬、泰两市分设后的第一年（1997年），扬州市有6000千瓦及以上火力发电厂5座，发电设备容量72.10万千瓦，发电量39.05亿千瓦·时，其中扬州发电厂装机容量为43.60万千瓦（包括3台1.2万千瓦地方机组），发电量26.08亿千瓦·时，地方电厂（江都调峰电厂4.6万千瓦，扬州威亨热电厂3万千瓦）和企业自备电厂（仪征化纤热电厂20万千瓦，扬州农药厂热电站0.9万千瓦）4座，发电设备容量28.50万千瓦，发电量12.97亿千瓦·时。此后直到2002年，扬州市落实国家能源政策，没有增加地方性质的小火电厂，原有的地方小火电厂有的改造为热电厂，有的停止发电。扬州第二发电厂2台60万千瓦机组先后于1998年11月12日和1999年6月20日建成投产，成为扬州市规模最大的公用发电厂。

2002年底，扬州市共有6000千瓦及以上火力发电厂7座，发电设备容量198.30万千瓦，发电量109.4亿千瓦·时，其中公用发电厂2座，发电设备总容量164万千瓦（扬州发电有限公司44万千瓦，扬州第二发电有限责任公司120万千瓦），发电量90.61亿千瓦·时，地方电厂（江都调峰电厂4.6万千瓦，扬州威亨热电厂3万千瓦，扬州东北热电公司1.2万千瓦）和企业自备电厂（仪征化纤热电厂24万千瓦，扬州农药厂热电站1.5万千瓦）共5座，发电设备容量34.3万千瓦，发电量18.79亿千瓦·时，除江都调峰电厂外，其余全部为热电厂。2002年待建的热电厂为扬州港口环保热电有限公司，建设规模2台2.5万千瓦机组。

扬州电力设备修造厂是扬州市的电力修造企业，隶属于江苏省电力局，主要为发电企业生产建设服务，是省电力局电站备品配件修造企业，国家电力公司电站辅机及电力装备和非标准设备专业制造企业，德国西门子公司许可证产品制造工厂，国内阀门电动装置、电动执行机构行业主导厂。2002年末有职工639人，固定资产原值7991万元，净值4494万元，当年完成工业总产值（当期价格）8631万元，实现利润310.90万元。

二

1991年扬州电网有500、220、110、35、10千伏及以下共5个电压等级。220千伏网架有7座变电所和15条线路，自500千伏江都变电所1987年底建成投运以后，扬州电网220千伏网架结构改善，有6条220千伏线路与江都变电所连接，近距离受电，改变前20年电源主要依靠从周边地区输入的状况。110千伏网络有21座变电所和45条线路，平均每个县（市）有2座110千伏变电所，是县（市）的供电中心。35千伏网络有84座公用变电所和180条线路，大多数分布在农村，平均每座35千伏变电所向3～4个乡镇供电，以10千伏线路送电到配电台区，供用户使用。至1996年底，扬州、泰州两市分设之前的5年间，扬州市新建仪征真州、兴化昭阳、宝应安宜、姜堰陆庄4座220千伏变电所，至此，扬州市变电所总数达到11座，容量计189万千伏·安，220千伏线路22条，计719千米。10个县（市）除邗江县以外，其余均达到1座（泰兴市2座）220千伏变电所，是县（市）的供电中心。

扬、泰两市分设后的1997年，扬州电网有220千伏变电所5座（蒋王、砖桥、真州、澄子、安宜变电所），变压器8台，容量计96万千伏·安，加上扬州发电厂2台12万千伏·安联络变压器，合计容量为120万千伏·安；220千伏线路12条，计330千米。110千伏变电所共17座，变压器31台，容量计89.75万千伏·安；110千伏线路36条计512千米。35千伏公用变电所共57座，变压器111台，容量计60.43万千伏·安；35千伏线路128条，计1159千米。

500千伏江都变电所于1997年9月开工扩建，于1999年5月投运，新增1台75万千伏·安变压器，合计变电容量125万千伏·安；500千伏线路由原来一进一出2条增加为6条，即向北到淮阴上河变电所2条，向南跨长江到常州和无锡各1条，另2条是扬州第二发电厂电力送出线路。扩建后500千伏输、变电能力增加1倍，是华东电网和江苏电网北电南送重要输电通道，江都变电所有220千伏出线10条（到泰州市2条、兴化市1条、海安县1条、高邮市澄子2条、江都市大桥2条、江都市砖桥1条、扬州发电厂1条），是苏中地区扬、泰两市的供电中心。

扬州第二发电厂配套输变电工程于1996年开始建设，1999年竣工，4年间新建220千伏江都市大桥变电所和扬州东南郊横沟变电所，扩建220千伏蒋王变电所和仪征真州变电所，新增变电容量42万千伏·安。220千伏网络形成蒋王变电所—横沟—大桥—500千伏江都变电所—扬州发电厂—蒋王变电所环网结构，形成南京六合变电所—仪征真州—蒋王—横沟—大桥—泰州沿江220千伏网架，增强了与周边地区的电网联络，也为沿江经济建设用电提供了保障。

扬州北部主网建设：2000年5月建成江都变电所到高邮澄子变电所第二输电通道，

提高主网的供电可靠性；2001 年 9 月扩建投运宝应县 220 千伏安宜变电所和新建 220 千伏安上 1 号线，自此有 2 条 220 千伏线路与淮阴上河变电所连接受电，安宜变电所双电源、双变压器。2002 年在建工程有江都市北部 220 千伏张套输变电工程，已立项待建工程有 220 千伏邗江输变电工程。

在加强主网建设的同时，扬州市从 1998 年下半年开始实施城、乡电网建设与改造，国家总投资 17.95 亿元。其中城网改造 6.6 亿元，2002 年 5 月竣工，新建 110 千伏变电所 6 座（琼花、文汇、西湖、施井、沙头、汊河变电所），新增变电容量 45.45 万千伏・安。与 1996 年相比，扬州市区 110 千伏变电所增加 4 座（不包括邗江区沙头、汊河变电所），变电容量增加 1 倍。10 千伏及以下配电网进行更新改造，居民一户一表改造计 7 万余户。城市电网改造与扬州老城改造同时期进行，统一规划施工。2002 年县级城网改造正在进行中。农网改造国家总投资 11.35 亿元，一期工程于 2001 年 8 月竣工，全市农村共新建 6 座、改造 4 座 110 千伏变电所，新增变电容量 34.05 万千伏・安，新建 110 千伏线路 94.69 千米；新建 8 座、改造 9 座 35 千伏变电所，新增变电容量 13.01 万千伏・安，新建 35 千伏线路 176 千米；新建 10 千伏线路 2059 千米，改造 10 千伏线路 1944 千米，新增配电变压器 3830 台，更换配电变压器 2565 台；新建低压线路 7350 千米，改造低压线路 12 952 千米。农网二期是对一期工程的补充，主要是对 10 千伏及以下配电设施改造，2003 年 4 月竣工，全市新建和改造 10 千伏线路 1827 千米，新增或更换配电变压器 1252 台，容量 12.51 万千伏・安；新建和改造低压线路 2990 千米。农网改造极大改善了农村供电设施，对保障农村用电，促进农村经济发展起到积极的作用。

2002 年底，扬州市有 500 千伏变电所 1 座，变压器 2 台，容量 125 万千伏・安；500 千伏线路 6 条，计 341 千米。220 千伏变电所 7 座，变压器 12 台，容量计 150 万千伏・安（不包括扬州发电厂降压站 2 台 12 万千伏・安联络变压器）；220 千伏线路 20 条，计 499 千米。110 千伏变电所 30 座，变压器 54 台，容量 183.1 万千伏・安；企业自备 110 千伏变电所 3 座，变压器 8 台，容量计 7.98 万千伏・安；110 千伏线路 60 条，计 610 千米。35 千伏公用变电所 73 座，变压器 133 台，容量为 88.44 万千伏・安；35 千伏直配变压器 54 台，容量计 2.91 万千伏・安；企业自备 35 千伏变电所 37 座，变压器 102 台，容量计 20.55 万千伏・安；35 千伏线路 139 条，计 1237 千米。10 千伏公用配电变压器 13 168 台，容量计 176.91 万千伏・安；企业自备配电变压器 7908 台，计 145.47 万千伏・安；10 千伏线路 562 条，计 10 002 千米，10 千伏电缆线路 224 千米；共有 400 伏低压架空线路 45 836 千米，低压电缆线路 274 千米。

三

“八五”计划（1991～1995 年）期间，扬州市社会用电量年平均递增率为 12.17%。电力供应仍实行省对市、市对县按计划分配。由于统配电计划不能满足社会用电需求，扬州各地采取多种积极措施集资建小火电厂、购煤或油委托发电厂加工电等，增加总量供给，缓解缺电；另一方面深入开展计划用电，大动力用户避峰用电，工厂实行峰、谷电价等，削峰填谷，调节用电负荷。这一时期扬州市实施“三为”（为农业、为农民、为农村经济）服务达标、用电标准化建设、农村电气化县建设和扶贫通电工程，努力改善农村用电状况。1995 年初扬州市共有 317 个乡镇 6038 个村，全部通电，还有 273 个组 88 496 户没有通电。1996 年还剩 99 个组 37 543 户没有通电。1997 年乡、村、组通电率均达到 100%，户通电率为 99.98%。1995 年扬州市社会用电量达到 68.03 亿千瓦·时，人均用电量为 725 千瓦·时，比 1990 年增加 310 千瓦·时，年平均递增率为 11.86%。人均生活用电量 1995 年为 128.4 千瓦·时，比 1990 年增加 88.82 千瓦·时，年平均递增率为 26.53%。各行业中工业用电量位列第一，占社会总用电量的 60%以上。

"九五"计划（1996～2000 年）时期，扬州市社会用电量受地方工业结构调整影响，年平均递增率为 3.36%，低于"八五"计划时期，也低于全省平均水平。从 1996 年 4 季度开始全市用电量下降，1998 年扬州市社会用电量为负增长，电力供应出现电网供电以后从未出现的供大于求状况，1999 年下半年以后用电量开始回升。1996～1999 年社会用电低迷时期，扬州供电局按照省电力局部署，采取多种措施如取消限制用电规定、电力增容价格下调、规范电费电价、开展供用电服务等促进社会用电量增长，并于 1998 年实施大规模城、乡电网改造，改善基础设施。用电环境改善为社会用电量增长打下基础，在地方工业结构性调整结束后，扬州经济发展进入新一轮增长期。2000 年以后，扬州城乡用户数和装接容量都较以往大幅上升。2001 年扬州市全社会用电量 49.76 亿千瓦·时，比上年增长 9%。2002 年扬州全社会用电量 54.15 亿千瓦·时，比上年增长 8%，居全省 13 个市第 8 位，人均年用电量 1197.40 千瓦·时，是 1991 年的 2.62 倍。

"九五"计划末期及后两年，扬州市逐步实现电价、电费统一规范。1999 年 8 月起执行江苏省统一分类销售电价，改变了扬州市长期存在各地电价不统一、难统一的状况。2000 年 2 月扬州市开始执行全市农村一县一价。2001 年 3 月起扬州市第一批农村电网改造竣工县（市）江都市、邗江县、仪征市实行城、乡居民生活用电同网同价，2001 年 8 月起扬州全部县（市）实行城、乡居民生活用电同网同价。2002 年 8 月起，扬州市城、乡非居民照明用电实行同网同价。扬州市电费回收自 1998 年后加大宣传力度和催收力度，到 2001 年达到当年电费结清，往年陈欠电费全部收回上缴国家。

12 年间，扬州电力行业深入开展供用电服务。1991～1995 年，扬州电力行业着重抓行风建设和职业道德建设。1996 年以农村供电所、电力管理站、城镇用电营业部门为重点，开展"为人民服务，树行业新风"活动，倡导为用户提供热情服务。1997 年 5 月，扬州供电局向社会公布八项服务承诺，开始建设城乡文明服务示范窗口，以点带面，全面推广。1998 年建成扬州市区电力负荷管理系统，对大用户负荷进行管理、控制，逐步实现社会有序用电。1999 年底进行电力营销体制改革，统一机构设置、工作标准、管理制度，建立起电力营销新体系。2000 年开始建立与银行联网、方便用户缴费的用户缴费系统。2001 年开始建设集故障报修、业务受理、咨询、投诉、举报等为一体的用户服务系统，使用全国统一供电服务热线电话"95598"。2002 年，扬州供电公司被中国水利电力质量管理协会授予"2002 年度全国电力行业用户满意服务单位"称号，同年 8 月被扬州市政府评为"投资建设优质服务窗口单位"。

四

供电生产围绕电网安全稳定运行、多供少损目标开展工作。扬州市、县两级电网调度机构对电网运行实行统一调度、分级管理，通过先进的管理方法和技术手段实现电网的经济、稳定运行。1992年，扬州市调电网调度自动化系统通过省电力局实用化达标验收，1996年底，10个县（市）电网调度自动化系统全部通过实用化验收。电网调度通信在1998年前以载波通信、微波通信为主，1998年后建设光纤通信网，到2002年，光纤通信网已连接本市各变电所及省、市、县（市）供电企业，成为信息传输主通道。

扬州供电局承担500千伏线路运行管理，220千伏线路于1997年部分移交给县（市）供电局，实行属地管理，110千伏及以下线路均实行属地运行管理。线路检修110千伏及以上仍以带电综合性检修为主，1996年后逐步推行按输变电设备状态进行检修。1991～1997年，扬州电网更换110～500千伏线路防污型绝缘子达16万余只，原老式绝缘子被全部更换，并对运行15年以上线路全部更换接地网。1996～2002年，110千伏线路绝缘子更换为新型合成绝缘子，这类措施有效提高了主设备防雷、防污能力，使线路故障跳闸大幅下降，电网运行的安全可靠性上升，也为推行设备状态检修创造了条件。变电运行于1996年建成全市第一座110千伏无人值班变电所，1997年开始对有人值班变电所进行无人值班改造，新建变电所全部按无人值班要求设计。至2002年底，全市110千伏及以下变电所共93座，其中77座为无人值班；220千伏变电所开始改造为无人值班。变电所主设备检修自1996年后改变原来的周期性检修方式，结合对老旧设备更新改造，加强运行管理，推行状态检修，除发生特殊故障，主设备不得进行临时性检修。2002年，110千伏及以上线路中，一类设备为100%，比1991年的86.79%上升13.21%，变电所一类设备为100%，比1991年的82.42%上升17.58%。

扬州供电局（公司）承担本地区110千伏及以下送变电工程和部分220千伏送变电工程设计，承担本地区220千伏送变电工程施工，县（市）供电局（公司）承担本地区110千伏及以下工程施工。2000年，扬州广源送变电工程公司首次承建扬州市外的220千伏线路，至2002年底，对外承建的220千伏线路共8条。电力基本建设管理从“九五”计划期间开始推行工程招投标制、项目法人责任制、工程监理制、工程达标投产，逐步规范基建工程管理。

扬州电力科技面向电力建设、生产、经营和社会服务。1991～2002年，扬州供电局（公司）共持有17项专利，获得市级及以上奖励的科技成果有18项，扬州供电局（公司）评定的科技成果一等奖10项、优秀QC小组成果奖41项。信息化建设在这一时期得到快速发展。1994年扬州供电局开始建设计算机管理信息系统，1995年局域网建成初期共有53台计算机（工作站），1996年12月通过实用化验收，计算机应用从此进入以网络作支撑平台、互联互通阶段。1999年建成与各县（市）供电局和省电力局连接的广域网，局域网用户计算机发展到210台。2001年建成光纤传输网，电力信息技术以此为平台，实现跨越式发展。2002年，扬州供电公司计算机管理信息系统有办公自动化、供电生产管理、劳动人事、计划统计、综合查询等20余个子系统投入应用，每个生产班组配置1～2

台计算机，用于管理资料，管理人员及专职技术人员全部配置计算机，依靠计算机完成日常工作。信息技术的应用提高了行业生产和管理效率，并发挥着越来越重要的作用。

五

扬州供电局从1990年开始“达标”创建活动，以创建工作为抓手，提升行业的管理水平，1991年9月被省电力局命名为全省供电系统首家“安全、文明生产创水平达标”企业；1994年6月被电力工业部授予“安全文明生产达标”供电企业；1996年8月被省电力局命名为“一流供电企业”；1999年10月被华东电力集团公司命名为华东电力系统“一流供电企业”；2000年9月被国家电力公司命名为“一流供电企业”。

扬州供电局在1993年推行劳动、人事、工资三项制度改革，建立起国家宏观调控、企业自主用工、多样形式并存、全员劳动合同制的劳动制度；建立干部任用双向选择、竞争上岗、择优聘用的人事制度；建立以技能、岗位工资为主要形式的结构工资制度。企业经营管理执行省电力局企业经营承包责任制、目标利润管理、预算管理承包、双文明综合承包责任制等企业管理办法。继续推行四年一届的局长负责制，行政、党委、工会分别履行生产经营决策指挥、监督保证、民主管理的职责。

扬州电力行业坚持“安全第一、预防为主”方针，12年间，扬州供电局（公司）建立健全安全生产规章制度和安全监察网络，通过安全教育培训、安全检查考核和推行各级人员安全生产责任制等多种形式，加强安全管理，保证电网主设备安全和人身安全。现场安全管理是扬州供电局安全生产管理的特色，立足于抓基层、班组和过程，重视按规程和规章制度办事，坚持不懈反违章，强化生产和基建施工现场的监督、检查等，确保生产、施工有序进行。2002年5月18日，扬州供电局（公司）实现连续安全生产2101天，创本企业最高安全生产纪录。

扬州供电局通过对在职职工的培训和逐步提高新招用人员的专业水平和学力层次，使职工队伍文化水平逐年提高，适应生产需要。“八五”计划期间，扬州供电局函授大专及以上毕业共有100余人；“九五”计划期间，扬州供电局成人学力教育共有142人毕业。2002年底，扬州供电公司大学本科学历人数占职工总数的10%，比1990年上升7.78%；大学专科学历人数占职工总数的23.45%，比1990年上升17.72%；中等专科学历人数占职工总数的10.43%，与1990年基本持平；技校毕业人数占职工总数的17.4%，比1990年上升13.66%；高中及以下文化人数占职工总数的38.72%，比1990年下降38.18%。

1991～2002年，扬州的电力工业发展速度超越以往任何时期。展望未来，社会对电力的需求越来越大，质量要求越来越高，扬州电力行业发展前景广阔，任重道远，这将激励全体电力职工更好地为建设美好扬州而建功立业，多作贡献。

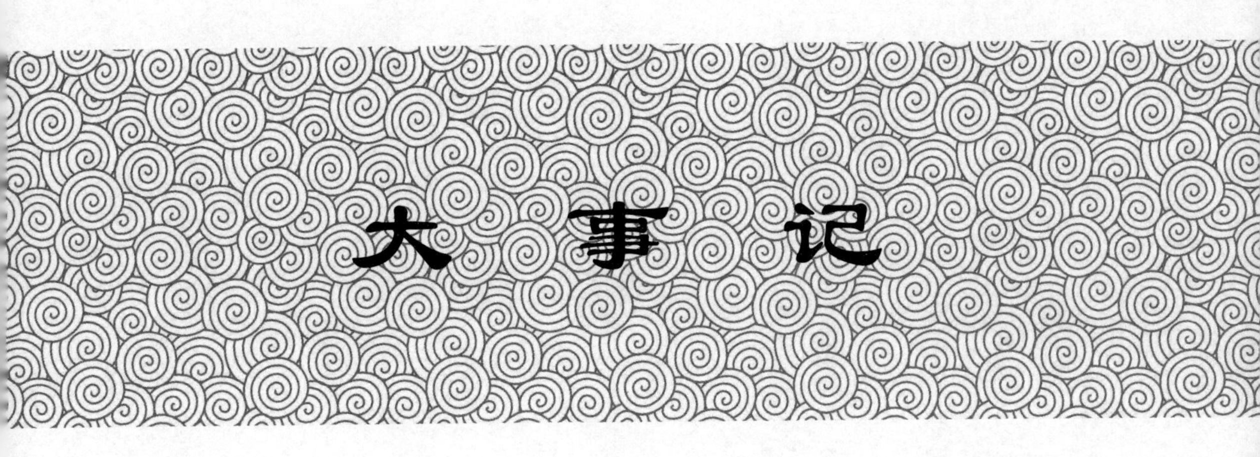
大　事　记

大 事 记

1991 年

1月19日　11时14分，500千伏江(都变电所)斗(山)线25～26号塔(江都市张纲镇同心村地段)发生风筝碰线引起相间短路事故，500千伏线路停电42分钟。

4月21日　扬州供电局直属变电工区陈章龙等开发的科研项目“抗强电场干扰校正仪”获能源部颁发的综合效果最佳奖荣誉证书。

5月　扬州供电局制定《扬州供电局企业发展十年规划和“八五”计划纲要》。

6月　扬州市遭遇特大洪涝灾害，6月29日～7月10日连降暴雨，扬州市平均降雨量500毫米，其中兴化市达821毫米。灾情发生后，扬州供电局立即组织抗洪抢险队伍，保证设备安全连续供电，调度电力支援灾区排涝用电，向灾区捐款捐物。10月8日，扬州供电局被能源部授予抗洪救灾先进集体称号。10月28日，扬州供电局和所辖兴化市供电局被全国总工会授予抗洪救灾“五一”劳动奖状。

8月8日　扬州供电局成立新一届领导班子，俞育良任局长。俞育良聘任谢瑞祥、高汉清、陈加洪、刘恩喜为副局长。

9月6日　扬州供电局被省电力工业局首批命名为全省供电系统安全、文明生产创水平达标企业。

10月6日　扬州供电局档案管理获国家一级企业档案管理合格证。

11月10～11日　省电力局首次在扬州举办500千伏线路带电作业现场交流表演，扬州供电局交流表演更换直线和小转角绝缘子两个项目。

12月　扬州供电局编制《扬州市区配电网发展规划（1991～2000年）》。

1992 年

1月19日　扬州市区110千伏双桥变电所投运。

6月11日　能源部电力生产工作会议在扬州召开。能源部部长黄毅诚、副部长史大桢、中电联理事长张凤祥、副省长杨晓堂、扬州市市长李炳才出席会议。

6月25日　扬州第二发电厂可行性报告审查会在扬州召开；同年8月18日，国家计划委员会批准扬州第二发电厂一期工程项目建议书，同意进行可行性研究。一期工程新建2台60万千瓦燃煤发电机组，是国内首个利用世界银行贷款建设的大型火电项目，单机容量时为全省最大。1993年2月8日成立扬州第二发电厂筹建处，扬州供电局将前期工作移交筹建处。1994年5月29日，一期工程联合融资贷款项目签字仪式在北京人民大会堂举行，国务院总理李鹏出席签字仪式。1995年4月18日桩基工程正式动工。1996年3月28日，一期工程正式开工（主厂房开工日），项目投资方组建扬州第二发电有限责任公司。1998年11月12日和1999年6月20日，1号机组和2号机组先后移交生产。2000年10月11日，通过国家发展计划委员会委托江苏省计经委组织的竣工验收，同年12月12日获中国建筑业协会颁发的2000年度中国建筑工程鲁班奖。

12月18日　扬州供电局多种经营企业——扬州广源实业总公司成立。

12月27日　仪征市220千伏真州变电所投运。

12月29日　500千伏江都变电所连续第三年获华东电业管理局劳动竞赛第一名。

1993年

5月　扬州供电局实施劳动、人事、工资三项制度配套改革，11月通过省电力局组织的“三改”考评认定。

6月4日　高邮市被省电力局、扬州市政府命名为农村用电标准化市。

6月17日　500千伏江都变电所连续安全运行2000天。

10月8日　扬州供电局电网调度所连续安全运行4000天。

10月20日　扬州市首个村办变电所——仪征市谢集乡金银村35千伏变电所投运。

10月27日　500千伏江都变电所至220千伏砖桥变电所2号线路投运。

10月28日　兴化市220千伏昭阳变电所投运。

12月12日　扬州供电局被省电力局评为1992～1993年度优质服务先进单位。

1994年

1月1日　扬州供电局主办的《扬州供用电报》创刊。江苏省新闻出版局批准刊号为“苏新编JSBX”。

1月24日　国家经贸委等部门审定公布1992年度全国大型工业企业，扬州供电局被定为全国大（Ⅰ）型工业企业。

1月31日　扬州市区110千伏湾头变电所投运。

5月9日　500千伏江都变电所被电力工业部评为全国电力工业先进集体。

6月18日　扬州供电局被电力工业部授予安全文明生产达标供电企业。

6月21日　黄桥变电所升压恢复220千伏运行。

7月　新疆吐鲁番电业局8人在扬州供电局直属线路工区学习带电作业技术，当月底邀请线路工区6人去吐鲁番电业局实地操作、培训。

7月12日　220千伏靖江变电所扩建1台12万千伏·安变压器投运。

9月　高邮市、泰州市、靖江市通过省政府组织的扬州地区首批农村电气化县（市）验收。1995年12月，邗江县、泰兴市通过验收。1997年11月，宝应县通过验收。1998年1月仪征市通过验收。至此扬州5县（市）全部建成农村电气化县（市）。

11月20日　越南北方输电局代表团一行6人到500千伏江都变电所参观。

1995年

1月8日　扬州威亨热电厂一期工程开工建设，安装2台1.5万千瓦发电机组，分别于1996年2月12日、6月21日建成投产。

1月20日　扬州供电局被省电力工业局授予1994年度双文明单位。

3月27日　扬州市首座35千伏无人值班变电所——邗江县槐泗变电所投运。

4月14日　电力工业部部长史大桢由华东电力管理局局长钱忠伟、省电力工业局局长顾智鹏等陪同察看扬州第二发电厂工地和扬州供电局。

5月27日　电力工业部副部长赵希正察看扬州供电局。

7月31日　扬州供电局与扬州市规划局共同编制完成《扬州市城区电网规划(1995～2015)》，将扬州市城区分成老城区、东南部区、东部区、西部新区和北部区5个区，以老城区作为重点进行配电网规划。

9月26日　扬州供电局聘请47位社会各界人员担任行业作风监督员。

10月6日　扬州供电局被江苏省委、省政府授予1993～1994年度省级文明单位。

10月27日　扬州供电局与扬州市规划局共同编制《扬州城区电网1995～2015年规划》通过市政府组织的审查。

11月28日　韩国大韩电气学会部分代表参观220千伏真州变电所和500千伏江都变电所。

12月7日　扬州供电局召开劳动合同制签约大会，全部职工均实行劳动合同制。

12月11日　220千伏南通天生港发电厂至靖江变电所2号线投运。

12月27日　220千伏蒋王变电所扩建1台12万千伏·安变压器投运。

1996年

1月15日　500千伏江都变电所被共青团江苏省委授予1995年度青年文明号。

4月　500千伏江都变电所被共青团中央授予全国青年文明号。

4月10日　220千伏宝应县安宜变电所投运。

4月30日　扬州供电局市区供电所抢修班班长曾晓明被中华全国总工会授予“五一”劳动奖章。

5月8日　江都调峰电厂4台1.15万千瓦柴油发电机组并网发电。

7月15日　龙卷风造成220千伏江(都)海(安)线151号杆倒杆，110千伏泰（州）干(中干河) 1、2号线倒杆，姜堰市110千伏中干河变电所停电119分钟。

8月14日　扬州供电局被省电力局命名为一流供电企业。8月16日发生人身触电死亡事故，一流供电企业和安全文明生产达标企业被取消。1997年8月16日恢复安全文明生产达标企业和一流供电企业。1998年因个别主要领导经济犯罪被摘牌。1999年9月恢复部（电力部）达标企业，同年10月被华东电力集团公司命名为华东电力系统一流供电企业。2000年9月被国家电力公司命名为一流供电企业。

9月11日　省电力局印发《关于调整扬州供电局管辖范围和设立泰州供电局的通知》，将原属扬州供电局管辖的泰州、姜堰、泰兴、靖江、兴化5个县（市）供电局划归泰州供电局管辖，扬州供电局管辖江都、高邮、宝应、邗江、仪征5个县（市）供电局以及扬州市区供电所。12月30日新成立泰州供电局。

9月12日　500千伏江都变电所第五次获华东电网500千伏变电所劳动竞赛优胜一等奖。

10月25日　姜堰市220千伏陆庄变电所投运。

11月28日　扬州市首座110千伏无人值班变电所——110千伏开发变电所投运。

12月11日　扬州供电局管理信息系统建成并通过省电力工业局实用化验收。

12月13日　扬州供电局组成新一届领导班子：俞育良任局长，吴佑顺、段书岭任副局长，徐金山任党委书记，张军任纪律检查委员会书记，李学纯任工会主席，杨世钰任总工程师。

1997年

2月　扬州供电局获第三次全国工业普查先进集体称号。

3月25日　扬州供电局召开"为人民服务、树行业新风"动员大会。

4月1日　扬州、泰州两市供电局按行政区划调整后的范围经营管理电网。

5月28日　扬州供电局向社会公布八项服务承诺。

7月10日　扬州首座城市中心变电所——扬州市区110千伏琼花变电所投运，首次敷设110千伏地下电缆受进高压电源。

同日　扬州供电局召开第七次工会会员代表大会，审议通过扬州供电局工会第六届委员会工作报告，选举产生第七届工会委员会，李学纯当选为工会主席。

8月31日　扬州市扶贫通电工程竣工，乡、村、组通电率100%，农户通电率99.98%。

9月5日　500千伏江都变电所二期扩建工程开工，扩建新增1台75万千伏·安变压器，1999年5月28日投运。合计2台变压器125万千伏·安。

10月6日　扬州市区首座10千伏开闭所——邮电中心开闭所建成投运。

10月18日　扬州供电局首次领取省电力工业局颁发的供电营业许可证，证号为"苏丙—070"。

11月24日　扬州供电局召开"讲文明、树新风、优质服务"表彰大会，向8个示范窗口授牌。

11月28日　220千伏蒋王变电所至扬州第二发电有限责任公司线路投运。

12月　扬州供电局被评为省电力系统1996～1997年供电优质服务先进单位。

1998年

1月14日　电力工业部副部长陆延昌由江苏省电力工业局副局长杜学彬陪同察看扬州供电局。

3月10日　国家电力公司批复同意扬州发电厂进行公司制改组，对全部资产进行评估，以评估后的净资产组建扬州发电有限公司。1999年4月30日登记注册，6月10日扬州发电有限公司揭牌。2002年12月29日，扬州发电有限公司从江苏省电力公司划归中国华电集团公司。

3月13日　中国共产党扬州供电局第六次代表大会在扬州电世界大厦召开。

4月1日　扬州供电局实施职工医疗制度改革。

4月29日　扬州供电局与仪征市陈集乡立新村结对帮扶。

5月　扬州供电局成立191支防汛抢修队，计1272人。8月，抢修结束。

7月　《扬州电力工业志》由中国电力出版社出版发行。

8月1日　500千伏江都变电所至常州武南变电所线路投运。

8月18日　500千伏江都变电所至扬州第二发电有限责任公司同塔双回线路投运。

8月21日　扬州供电局职工向洪涝灾区捐款18.08万元。

8月22日　500千伏江南1号线江都市砖桥镇境内10号、11号、13号、14号铁塔遭遇飙线风袭击，扭曲倒伏。8月25日江苏省500千伏输电线路生产抢修中心开始抢修，扬州供电局配合，9月16日22时25分恢复送电。

9月2日　国家计划委员会批复扬州市为全国第二批城市电网建设与改造开工城市。9月17日，扬州市政府成立城市电网建设与改造工程领导协调小组。9月30日市政府召开常务会议部署城网改造。扬州城网改造国家总投资6.6亿元。10月6日城网改造施工开始。2002年5月29日，扬州城市电网建设与改造工程通过江苏省电力公司组织的竣工验收。

10月　扬州市农村电网建设与改造一期工程开工，一期工程国家总投资8.55亿元，2001年8月竣工。二期工程从2002年1月开始，国家总投资2.59亿元（2003年4月竣工）。

11月8日　高邮市龙虬镇电力管理站被国家电力公司授予全国农电示范窗口称号。

11月10日　扬州市首座乡镇110千伏变电所——邗江县杭集变电所投运。

12月25日　江苏省电力局任命季强为扬州供电局局长，刘人楷任副局长，汤人杰任局长助理（副处级）。

1999年

4月25日　江都市220千伏大桥变电所投运。

6月2日　500千伏江都变电所被共青团中央和国家电力公司授予1998年度青年文明号称号。

8月1日　扬州市执行江苏省统一销售分类电价。

11月12日　扬州供电局实施机构改革，次年1月20日机构改革结束。扬州市区供电所与用电科合并，成立电力营销部，下设客户服务中心、负荷管理中心、计量中心、抄收中心和农电管理。机构改革后，扬州供电局职能部门由17个减少到13个，科室由此改名为部室。

11月15日　江苏省政府印发《省政府关于印发江苏省加快农村电力体制改革加强农村电力管理实施细则的通知》。当年底，扬州市完成农村电力管理体制改革，全市155个乡镇电力管理站全部改制为供电所，县(市)供电局对农村供电所人、财、物实行统一管理，农村集体电力资产移交县(市)供电局统一管理。

12月7日　500千伏淮阴上河变电所至江都变电所2号线投运。

2000年

2月　扬州市实行农村统一销售分类电价（一县一价）（高邮市3月起实行）。

2月22日　扬州供电局被国家电力公司授予“人才援藏先进单位”称号，授予孙发国“优秀援藏人员”称号。

2月29日　扬州广源实业总公司获江苏省建设委员会送变电二级建筑企业安全资格许可证。

5月30日　扬州供电局被国家电力公司评为1999年度安全生产先进单位。

6月30日　扬州广源送变电工程公司对外承建的首条220千伏线路——常州芳钢线竣工。

7月28日　220千伏横沟变电所投运。

8月15日　扬州供电局电力营销部设东郊、南郊、西郊、北郊4个营销分部，业务范围为扬州城郊湾头、汤汪、双桥、平山、西湖、城北、城东共7个乡镇。

8月31日　扬州供电局与仪征化纤股份有限公司签订切除转供电协议。2001年4月14日，仪征化纤股份有限公司转供电全部切除。

9月　扬州供电局编制《扬州市“十五”电网建设方案和2015年目标网架规划》共6卷。

9月14日　扬州供电局召开行风评议座谈会，54位行风监督员对供电行业作风进行评议。

10月1日　扬州供电局生产调度综合楼开工建设，地址位于扬州市区维扬路179号（2003年3月28日竣工，4月18日新大楼启用，扬州供电公司从南通西路79号迁入新址）。附楼于2002年12月开工（2004年3月28日竣工）。

10月12日　润扬长江大桥北侧新建500千伏·安箱式变电站投运，为大桥施工提供电源。10月20日举行润扬长江大桥开工典礼，扬州供电局确保安全供电。

10月31日　扬州供电局本部共出售、调整职工住房601套，其中出售新房320套。

同日　宝应县供电局原局长居继源获“全国志愿者助残先进个人”称号。

11月1日　高邮市菱塘、天山、送桥、郭集4个乡镇供电营业区划归高邮市供电局。2000年11月1日前，位于高邮市湖西的4个乡镇由邗江县供电局供电。

12月8日　扬州广源丁山大酒店开业。

12月25日　扬州供电局编制完成《“十五”期间企业发展战略目标》。

2001年

2月23日　扬州供电局召开“电力市场整顿和优质服务年”活动动员大会。

3月　撤销邗江县供电局，并入扬州供电局。

3月1日　扬州农村电网改造首批竣工县(市)江都市、仪征市、邗江县实行城、乡生活用电同网同价。8月1日起扬州市5县(市、区)城、乡生活用电全部实行同网同价。

2002 年 8 月 1 日起扬州市城、乡非居民照明用电实行同网同价。

5 月 11 日　江苏省电力公司党委书记、总经理寇士清和扬州市市长苏泽群出席扬州供电公司揭牌仪式。

同日　扬州供电公司领导班子成立，季强任扬州供电公司总经理，段书岭、唐红兵、俞金顺、陈泰生任副总经理，文乐斌任总工程师，何杰任党委书记，张军任纪律检查委员会书记，金华任总会计师。

5 月 22 日　扬州供电局召开第七届工会委员会会议，选举张民为工会主席。

5 月 26 日　扬州市中级人民法院判处窃电犯罪人陈某无期徒刑。

6 月　扬州发电有限公司脱硫装置改造工程开工。2002 年 10 月调试，同年 12 月经考核和性能试验，脱硫效率达到 92.5%，每年可减少排放二氧化硫 6000 吨。

8 月 20 日　扬州供电公司新建客户服务中心开通。

9 月 3 日　500 千伏江都变电所连续安全运行 5000 天无事故。

11 月　扬州供电公司被市政府命名为 1999～2000 年度扬州市文明行业。

12 月 17 日　扬州供电公司被省政府授予 1999～2000 年度江苏省文明行业。

2002 年

2 月 5 日　扬州供电公司召开第八届工会会员代表大会，审议通过扬州供电局（公司）工会第七届委员会工作报告，选举产生第八届工会委员会，张民当选为工会主席。

3 月　扬州供电公司启用全国统一供电服务热线电话“95598”，建立所辖 4 县（市）客户服务网络中心。5 月，客户服务中心被扬州市总工会命名为“五一文明示范岗”。

5 月 18 日　扬州供电局（公司）连续安全生产 2101 天无事故。

5 月 20 日　500 千伏江都变电所被国家电力公司、共青团中央第四次授予全国青年文明号称号。

5 月 30 日　扬州供电局（公司）在扬州大剧院举行建局 40 周年庆祝大会。

7 月　扬州供电公司被国家电力公司授予 2000～2001 年度双文明单位称号。

8 月　扬州供电公司被扬州市政府评为投资建设优质服务窗口单位。

8 月 6 日　扬州供电公司直属生产单位调整：撤销变电工区、线路工区、配电工区，成立变电运行工区、输配电运行工区、输变电检修工区（公司）、配电检修工区（公司）。

10 月　扬州供电公司电力营销部设立大客户服务处，业务人员代表客户，负责从客户申请用电开始至用户工程竣工投运的全过程服务。

11 月 15 日　江苏省经济贸易委员会、江苏省电力公司印发文件撤销扬州市供电局。

12 月　扬州发电有限公司、扬州第二发电有限责任公司从江苏省电力公司划出。

同月　扬州供电公司工会被江苏省总工会授予“模范职工之家”称号。

同月　扬州供电公司被华东电力集团公司评为双文明单位。

第一章 发 电

第一章 发 电

1991年扬州市发电设备总容量为72.52万千瓦，发电量35.31亿千瓦·时。扬州发电厂是扬州市唯一一座公用发电厂，装机容量43.6万千瓦，发电量25.98亿千瓦·时，分别占扬州市发电设备总容量和发电量的60.12%和73.58%。扬州地方小发电厂（地方电厂、企业自备电厂、柴油机发电厂、江都提水站水力发电厂）设备容量为28.92万千瓦，发电量9.33亿千瓦·时，分别占扬州市发电设备总容量和发电量的39.88%和26.42%。

“八五”计划（1991～1995年）时期，扬州市缺电严重，为了增加电力供应，市、县两级政府采取多家办电、多渠道筹资办电的办法，建成一批小型火力发电厂，弥补电力缺口，如泰兴市建有3座小发电厂，发电量占泰兴市用电量一半以上。公用发电厂建设也加快步伐，1992年8月，国家计划委员会批准扬州第二发电厂一期工程2台60万千瓦燃煤机组项目建议书，开始大型发电厂的筹备建设。到1996年底，扬、泰两市分设前，扬州市共有6000千瓦以上火力发电厂13座，发电设备总容量82.54万千瓦，发电量46.36亿千瓦·时，其中扬州发电厂装机容量40万千瓦，发电量26.00亿千瓦·时，扬州地方电厂（9座）、企业自备电厂（3座）共12座，发电机组28台，装机总容量42.54万千瓦，发电量20.36亿千瓦·时。500～6000千瓦余热发电厂、柴油机发电厂、小水电厂共有33家，装机容量5.74万千瓦，发电量0.74亿千瓦·时。与1991年相比，地方小发电厂装机容量增加20万千瓦，发电量增加11.78亿千瓦·时。地方电厂和企业自备电厂的发展，对增加电力供应、支持地方经济建设发挥了应急补缺作用。

扬、泰两市分设后的第一年（1997年），扬州市有6000千瓦及以上火力发电厂5座，发电设备容量72.10万千瓦，发电量39.05亿千瓦·时，其中扬州发电厂装机容量为43.60万千瓦（包括3台1.2万千瓦地方机组），发电量26.08亿千瓦·时，地方电厂（江都调峰电厂4.6万千瓦，扬州威亨热电厂3万千瓦）和企业自备电厂（仪征化纤热电厂20万千瓦，扬州农药厂热电站0.9万千瓦）4座，发电设备容量28.50万千瓦，发电量12.97亿千瓦·时。此后直到2002年，扬州市落实国家能源政策，没有增加地方性质的小火电厂，原有的地方小火电厂有的改造为热电厂，有的停止发电。扬州第二发电厂2台60万千瓦机组先后于1998年11月12日和1999年6月20日建成投产，成为扬州市规模最大的公用发电厂。

2002年底，扬州市共有6000千瓦及以上火力发电厂7座，发电设备容量198.30万千瓦，发电量109.4亿千瓦·时，其中公用发电厂2座，发电设备总容量164万千瓦(扬州发电有限公司44万千瓦，扬州第二发电有限责任公司120万千瓦)，发电量90.61亿千瓦·时，地方电厂(江都调峰电厂4.6万千瓦，扬州威亨热电厂3万千瓦，扬州东北热电公司1.2万千瓦)和企业自备电厂(仪征化纤热电厂24万千瓦，扬州农药厂热电站1.5万千瓦)共5座，发电设备容量34.3万千瓦，发电量18.79亿千瓦·时，除江都调峰电厂外，其余全部为热电厂。2002年待建的热电厂为扬州港口环保热电有限公司，建设规模2台2.5万千瓦机组。

第一节 扬州发电有限公司

扬州发电有限公司原名扬州发电厂，位于扬州市东北郊湾头镇，东邻京杭大运河，南依古运河，距扬州老城区6千米。扬州发电厂的前身是江都县振明电灯公司（又名振扬电气公司），创建于1913年，位于扬州市区钞关外花觉巷，是扬州第一家发电厂。1958年底移址扬州东北郊湾头镇建新厂（新设备，老人员），1960年名为扬州电厂。至1962年6月，装有3台1.2万千瓦燃煤发电机组。1978年改名为扬州发电厂。1982年4月～1984年1月，扬州发电厂隶属扬州供电局，1984年1月后隶属省电力局，1986年1月1日开工扩建2台20万千瓦机组，建设资金由国家和地方共同投资，第一台机组于1988年12月6日投产发电，第二台机组于1990年4月6日投产发电。至此扬州发电厂装机容量为43.6万千瓦，厂区占地261 700米^2，是隶属省电力局的大（Ⅱ）型燃煤火力发电厂。

1991年扬州发电厂3台1.2万千瓦旧机组停止发电（1号机组作为启动气源保留，1993年停止发电）。1997年6月，扬州发电厂灰场扩建竣工，征地289 478米^2。1999年3月16日，国家经贸委资源节约与综合利用司与日本国新能源产业开发机构（NEDO）共同确定，双方合作实施“采用商业化脱硫系统进行副产品利用研究的合作项目”，签订项目基本协定书。工程采用的脱硫工艺为简易湿式石灰石——石膏湿法脱硫。脱硫装置安装在5号机组。日本川崎重工业株式会社提供脱硫装置，中方负责石灰石制粉系统、烟道及其支架、土建工程、安装等配套工程。工程动态投资为15 267万元，其中日方援助10 150万元，中方投资5117万元。2001年6月主体工程开工，2002年10月系统调试，12月20日完成168小时考核运行和性能试验，脱硫效率达到92.5%，每年可减少排放二氧化硫6000吨。1999年底和2001年底，先后对2台20万千瓦机组进行节能增容改造，改造后单机容量为22万千瓦。2002年，新建电厂运煤铁路专用线，北接宁（南京）启（南通）铁路扬州货运东站，南至电厂卸煤场，全长3.5千米。铁路专用线建成开通，改变扬州发电厂电煤运输仅依靠京杭大运河水路运输的方式。

1998年3月10日，国家电力公司批复同意扬州发电厂进行公司制改组，对全部资产进行评估，以评估后的净资产组建扬州发电有限公司。

扬州发电有限公司组成状况：江苏省电力公司55.29%，扬州市能源交通投资公司21.01%，泰州市能源交通投资公司(后更名泰州市泰能投资管理有限责任公司)16.32%，扬州市电力中心3.13%，常熟市电力服务有限责任公司(后更名常熟市发展投资有限公司)1.34%，句容市星光节能中心1.12%，江阴市基础产业总公司0.67%，丹阳市新能源发展有限公司1.12%(该公司于2000年8月18日将持有的1.12%股权中的50%转让给江苏省电力燃料有限公司)。1999年4月30日登记注册。1999年6月10日扬州发电有限公司揭牌。

2002年12月29日，扬州发电有限公司由江苏省电力公司划归中国华电集团公司。江苏省电力公司所属55.29%的国家资产全部划转移交中国华电集团公司管理。

2002年底，扬州发电有限公司共有职工1613人，设职能管理部室14个，独立法人公司5个，分公司（部门）17个，固定资产原值119 692.66万元，净值57 942.50万元，年发电量282 050万千瓦·时，总产值55 627万元，发电厂用电率7.58%，发电标准煤耗率332克/（千瓦·时），供电标准煤耗率359克/（千瓦·时），发电设备平均利用小时为6410小时。发电设备容量为2台22万千瓦燃煤机组，每台发电机均以24万千伏·安双绕组变压器组接入220千伏升压站，在220千伏与110千伏系统间设2台12万千伏·安联络变压器。升压站有220千伏出线4条，与220千伏蒋王（2条）、砖桥变电所以及500千伏江都变电所连接，有110千伏出线8条，向发电厂周边变电所供电。1991～2002年扬州发电厂（有限公司）主要技术经济指标完成情况见表1-1。

表1-1 1991～2002年扬州发电厂（有限公司）主要技术经济指标完成情况

年份	发电设备容量（万千瓦）	年发电量（万千瓦·时）	发电标准煤耗率［克/（千瓦·时）］	供电标准煤耗率［克/（千瓦·时）］	发电厂用电率（%）	设备平均利用小时（小时）	销售收入（万元）	利润（万元）
1991	43.6	259 800	377	414	8.92	5959	—	—
1992	41.2	270 937	351	384	8.77	6301	—	—
1993	40	255 415	350	384	8.82	6385	—	—
1994	40	247 599	348	384	9.18	5603.13	—	—
1995	40	248 393	350	384	9.08	6222.43	—	—
1996	40	260 031	348	380	8.44	6500.77	—	—
1997	40	240 031	346.38	378.56	8.5	6000.77	—	—
1998	40	237 050	344.45	376.54	8.52	5926.25	—	—
1999	40	238 075	343.92	375.00	8.40	5951.88	29 920.89	624.04
2000	42	256 011	340	369.00	7.97	6095.50	49 996.77	4567.09
2001	44	260 251	337	366.00	7.92	6196.45	50 608.00	2609.79
2002	44	282 050	332	359.00	7.58	6410.23	55 149.34	1167.75

注 根据扬州发电厂（有限公司）统计资料整理。

第二节 扬州第二发电有限责任公司

1980年后，苏北沿江经济发展快，缺电严重。江苏省电网发展规划中“八五”计划期间建设苏北沿江电厂。省电力局于1986年委托华东电力设计院进行电厂初步可行性研究。扬州供电局受省电力局委托成立沿江电厂前期工作组，由计划科负责配合设计院对新电厂进行选址等前期工作。选址小组先后踏勘沿江11处地方，初步选定泗源沟、罗港、六圩、永安洲、通农厂5个厂址。1987年5月28日～6月2日，华东电管局在扬州对华东电力设计院的初步可行性研究进行了审查，确定扬州境内泗源沟、卞港、小明港3个厂址作为比选厂址。1987年12月25日，省电力局将苏北沿江电厂改名为扬州新电厂。1988年2月，长江科学院受省电力局委托提出《对拟选的苏北电厂厂址处河床演变分析的评估意见》，选择泗源沟和卞港两处厂址。1992年6月25～30日，能源部电力规划设计总院在扬州对华东电力设计院编制的扬州新电厂可行性研究报告进行审查，最终确定在卞港建电厂，同年7月30日，省电力局将扬州新电厂改名为扬州第二发电厂。

扬州第二发电厂位于扬州市邗江县八里乡（镇）卞港，南与镇江市隔江相望，北距扬州市区11千米，水陆交通十分便利。1992年6月25日，扬州第二发电厂可行性报告审查会在扬州召开；同年8月18日，国家计划委员会批准扬州第二发电厂一期工程项目建议书，同意进行可行性研究。扬州第二发电厂规划容量240万千瓦，一期工程建设2台60万千瓦燃煤机组，是省内单机容量最大、自动化程度最高的发电机组，具有设备先进、发电煤耗低、调峰能力强等特点。1993年2月8日成立扬州第二发电厂筹建处，扬州供电局将前期工作移交筹建处。1994年5月29日下午4时，一期工程联合融资贷款项目签字仪式在北京人民大会堂举行，国务院总理李鹏出席签字仪式。1994年12月14日，国家计划委员会批复《江苏扬州第二发电厂工程可行性研究报告》。1995年12月23日，一期工程初步设计审查会在扬州召开，电力工业部电力规划设计总院主持。一期工程主要设备通过国际招标采购，其中锅炉岛和汽机岛分别由美国巴威公司和西屋电气公司提供，仪控岛设备由德国西门子公司提供，斗轮机、卸船机等卸煤设备由法国凯亚公司提供，其他设备通过在国外招标或国内招标采购。一期工程由华东电力设计院负责总体设计，美国萨金伦迪公司承担主厂房、锅炉烟道及除尘系统的设计。

发电厂由北向南依次为汽机房、除氧间、煤仓间、锅炉房、烟囱。控制室位于汽机房南侧1、2号锅炉之间。电厂煤码头设在厂区东侧，贮煤场设在煤码头北侧，通过输煤栈桥与西侧的主厂房相连。在主厂房与贮煤场之间设置辅助生产建筑。主厂房南侧设置除灰渣、水、油系统，主厂房北侧为500千伏和220千伏设备区，输电线路往北方向出线。厂区前为办公楼、食堂等建筑物。主厂房和烟囱等主要建筑物采用桩基加振冲挤密碎石桩设计方案，加固地基，主厂房地基使用桩1726根，烟囱地基使用桩189根。主厂房0米以上全部为钢结构。汽机房全长191.2米，汽轮发电机组采取纵向顺列布置。锅炉为全钢结构，岛式露天布置，炉顶设置大型防雨罩顶盖，标高为80.6米。烟囱高240米，烟囱外筒为钢筋混凝土结构，2个内筒置于外筒中，2台锅炉合用1座烟囱。

一期工程1994年1月开始“四通一平”（水通、电通、公路通、通信通，场地平整）。1995年3月30日主厂房开始打桩，4月18日主厂房打H型钢桩，1995年12月28日主厂房开始挖土。1996年3月28日，一期工程正式开工（主厂房开工日）。1996年12月28日，重287.6吨的锅炉汽包安全吊装在高67.92米的炉架。1997年3月7日，重390吨的1号主变压器安装就位。1997年3月23日，重351.5吨的发电机定子安装就位。1998年11月12日10时38分，1号机组完成168小时满负荷试运行后投入商业运行，11月30日通过启动验收委员会验收。1999年6月20日，一期工程2号机组完成168小时满负荷试运行后投入商业运行，6月30日通过启动验收委员会验收。工程开工建设至1号机组投产，工期为31个月16天；至2号机组投产，工期为38个月24天，分别比定额工期提前12.5个月和20个月。2000年10月11日，国家发展计划委员会委托江苏省计划与经济委员会对一期工程竣工验收，同年12月12日，中国建筑业协会授予扬州第二发电厂一期工程“2000年度中国建筑业工程鲁班奖”（国家优质工程）。

一期工程批准调整概算78.88亿元，实际总投资74.40亿元，其中实际使用外资折合人民币30亿元，使用国内建设资金44.4亿元。1996年3月28日，项目投资方召开股东会，由投资各方组建扬州第二发电有限责任公司。投资方及其投资比例分别为：江苏省国信资产管理集团有限公司35%，中国华东电力集团公司30%，省电力公司15%，扬州市扬子江投资发展集团有限公司20%。1997年9月19日，新增加股东，同时各股东投资比例进行调整，调整后的投资方及其投资比例分别为江苏省国信资产管理集团有限公司45%，中国华东电力集团公司30%，省电力公司15%，扬州市扬子江投资发展集团有限公司5%，泰州市泰能投资管理有限公司5%。2002年各股东投资比例为中国华东电力集团公司15%，江苏省国信资产管理集团有限公司45%，省电力公司30%，扬州市扬子江投资发展集团有限公司5%，泰州市泰能投资管理有限公司5%。

2000年扬州第二发电有限责任公司职工人数为408人，发电量为540 530万千瓦·时，发电标准煤耗率每千瓦时319克，厂用电率4.76%，设备年平均利用小时为4504小时。2001年发电量为583 623万千瓦·时，设备年平均利用小时为4864小时。2002年底，扬州第二发电有限责任公司有职工400人，发电设备容量120万千瓦，发电量624 031万千瓦·时，发电标准煤耗为310克/(千瓦·时)，供电标准煤耗为325克/(千瓦·时)，厂用电率为4.44%，发电设备年平均利用小时为5200小时，固定资产原值为720 348万元，净值为515 812万元。发电厂电力送出由2条500千伏线路(扬江1、2号线)送电至500千伏江都变电所，与江苏电网和华东电网连接，有1条220千伏线路(扬蒋线)与扬州电网220千伏蒋王变电所连接。

第三节 地方小发电厂

1991年扬州市地方电厂、企业自备电厂（热电站）、小水电厂及500千瓦以上柴油发电厂装机总容量为28.92万千瓦，总发电量9.33亿千瓦·时。地方电厂中规模最大的是泰兴发电厂（2.4万千瓦），企业自备电厂中规模最大的是仪征化纤热电厂（20万千瓦），小水电厂仅江都引江提水站1家（0.3万千瓦）。

由于“八五”计划（1991～1995年）期间扬州地区缺电严重，各县（市）加快建设小发电厂缓解缺电。至1996年底，扬州市6000千瓦以上地方小火力发电厂12座，发电机组28台，装机总容量为42.54万千瓦，总发电量20.36亿千瓦·时。其中，地方电厂9座（泰兴发电厂2.4万千瓦，泰兴沿江电厂2.4万千瓦，泰兴黄桥热电厂2.4万千瓦，泰州电厂0.74万千瓦，泰州热电厂1.2万千瓦，江都调峰电厂4.6万千瓦，兴化热电厂2.5万千瓦，兴化戴南电厂0.9万千瓦，扬州威亨热电厂3.0万千瓦），企业自备电厂3座（仪征化纤热电厂20万千瓦，靖江江源热电有限公司1.5万千瓦，扬州农药厂热电站0.9万千瓦）。县（市）供电局及三电办公室与地方小发电厂签有协议，鼓励地方电厂、企业自备电厂在用电高峰期多发电上网，谷期少发或停发（凝汽式机组峰期上网电量不得低于总发电量的68%，谷期上网电量不得高于总发电量的32%），上网电量全部由供电局作为购入电量结算，上网电价峰期高、谷期低。500～6000千瓦工厂余热发电厂、柴油机发电厂、小水电厂共有32家，容量为5.74万千瓦，总发电量0.74亿千瓦·时。

1997年后，由于电网缺电状况好转，扬州落实国家能源政策，没有增加地方性质的小火电厂，原有的地方小火电厂有的改造为热电厂，有的停止发电。2002年底，扬州市地方电厂、企业自备电厂（热电站）、小水电厂及500千瓦以上柴油发电厂装机总容量为37.38万千瓦，总发电量19.60亿千瓦·时。其中，6000千瓦以上地方电厂3座（江都调峰电厂4.6万千瓦，扬州威亨热电厂3万千瓦，扬州东北热电公司1.2万千瓦），企业自备电厂2座（仪征化纤热电厂24万千瓦，扬州农药厂热电站1.5万千瓦），发电设备容量34.3万千瓦，发电量18.79亿千瓦·时。除江都调峰电厂外，其余全部为热电厂。2002年待建的热电厂为扬州港口环保热电有限公司，建设规模2台2.4万千瓦机组。

一、县（市）电厂

泰兴发电厂 泰兴发电厂位于泰兴市西北的马甸镇，距泰兴市区约10千米，厂区面积49 700米^2。1985年7月动工建设，安装2台1.2万千瓦燃煤发电机组，1986年11月1日第1台发电机组投产发电，1987年4月30日第2台发电机组投产发电，当年发电量1.347 9亿千瓦时，经110千伏马甸变电所并网。1993年4月，泰兴发电厂与江苏光明化工股份有限公司合并，更名为江苏光明化工股份有限公司热电分公司。泰兴发电厂是在电力紧缺时期由地方集资建设的地方发电厂，投产后发电主要供本地使用，10年间为缓解泰兴本地缺电发挥了重要作用。1996年发电量15 702万千瓦·时，其中上网电量14 116万千瓦·时。

泰州发电厂 泰州发电厂始建于1952年，厂址在泰州西门外颜家场。泰州发电厂的前身是振泰电灯股份有限公司，1917年春创建，1919年正式发电营业，供照明用电。1949年振泰电灯股份有限公司装机容量545千瓦，年发电量为24万千瓦·时。1951年9月筹资兴建泰州发电厂，厂区征地115 800米^2，安装1台537千瓦(730马力)煤汽引擎三相交流发电机，容量543千瓦，1952年9月开工，1953年5月投产发电。1958年1月扩建1台2400千瓦发电机组，同年11月投产。1959年4月，2400千瓦发电机组并入扬(州)泰(州)电网运行。1965年11月25日，省电业管理局批准并报经华东电管局同意，将上海杨树浦发电厂1台5000千瓦汽轮发电机组拆迁至泰州发电厂，1966年4月并网发电。至此，泰州发电厂有发电机组2台，装机容量7400千瓦。1970年后，电源以电网输入为主，泰州发电厂机组时发时停。1974年7月，在泰州发电厂建成投运1台6.25万千乏调相机和1台7.5万千伏·安调相变压器。1979年2月建成投运1台6.25万千乏调相机和1台7.5万千伏·安变压器，两台调相机所发无功负荷经调相变压器送至220千伏泰州变电所内110千伏母线，提高电网系统电压。1980年4月撤销泰州发电厂，电厂升压站更名为110千伏调相变电所。

1985年4月，泰州市政府出资57万元，修复原泰州发电厂已报废的2台发电机组（容量7400千瓦），弥补电网供电不足，当年发电量1937万千瓦·时，属地方自发自用，独立核算，自负盈亏。1996年，2台发电机组停止发电并报废，110千伏调相变电所仍正常运行。

泰州热电厂 泰州热电厂位于泰州市城区西北部，厂区面积73 400米^2，属于区域性公用热电企业。1986年4月，泰州热电厂开工建设，安装2台3000千瓦汽轮发电机组(背压式)，1989年2月竣工投产，经110千伏泰州招贤变电所并网。随发电工程同步建设供热管网。1995年泰州热电厂扩建，新装3号发电机组，容量6000千瓦，当年下半年并网发电。1996年，泰州热电厂被江苏梅兰电化厂(集团)公司兼并，成立江苏梅兰电化厂(集团)热电公司。

泰兴沿江电厂 泰兴沿江电厂位于泰兴市开发区，泰兴城西8千米，西临长江，东接江平路，厂区面积66 800米^2，1993年8月开工建设。一期工程安装2台6000千瓦抽凝式发电机组，1994年7月和8月，2台机组相继建成并网发电。二期工程于1994年7月开工建设，安装1台1.2万千瓦抽凝式发电机组，1995年3月竣工并网发电。至此，泰兴沿江电厂发电机组3台，装机容量共2.4万千瓦。1996年发电量15 554万千瓦·时，其中上网电量14 122万千瓦·时，向泰兴本地供电。

泰兴黄桥电厂 泰兴黄桥电厂位于泰兴市黄桥镇，厂区面积120 000米^2，1994年5月开工建设，安装2台1.2万千瓦抽凝式发电机组，1995年11月24日，第1台发电机组并网发电，1996年4月16日，第2台发电机组并网发电。1996年发电量13 685万千瓦·时,经110千伏小庄变电所上网电量11 953万千瓦·时，向泰兴本地供电。1996年泰兴黄桥电厂被澳大利亚太平洋电力有限公司购买51%的股份，更名为江苏黄桥热电厂。至1996年底，泰兴市已有3座小发电厂（泰兴发电厂、泰兴沿江电厂、泰兴黄桥电厂），共7台机组，发电装机容量共7.2万千瓦，上网电量约占泰兴市用电量的70%。

兴化市热电厂 兴化市热电厂又名兴化市热电有限责任公司，是由兴化市电力实业发展公司、江苏电力实业发展总公司、扬州广源实业总公司、兴化广源实业公司合资兴办的股份制企业。热电厂位于兴化市小东门外开发区，厂区面积82 500米^2，总投资15 229万元。工程由东南热电工程设计院设计，盐城建筑总公司、盐城电力建设公司和南京电力实业总公司安装。1994年11月5日开工，安装2台75吨/时锅炉，1台2.5万千瓦纯凝式燃煤发电机组，1995年12月10日投产发电，1996年1月经220千伏兴化昭阳变电所并入扬州电网，当年发电量15 579万千瓦·时。

兴化戴南热电厂 兴化戴南热电厂位于兴化市戴南镇人民西路88号，北为茅山河，东为宁盐229省道，厂区占地面积96 000米^2，属公用热电厂。1986年1月开工建设，一期工程为一机一炉，装机容量3000千瓦，由南京金陵电力节能研究院设计，镇江华东列车电站基地安装工程处安装，1988年4月竣工投产。1992年后两次扩建，至1996年有2台发电机组，容量9000千瓦。

扬州发电厂地方机组 扬州发电厂扩建2台20万千瓦机组投运后，原3台1.2万千瓦旧机组停止发电。扬州市政府为缓解本地缺电，决定将扬州发电厂2、3号旧机组修复后发电供本地区使用，弥补网供电量不足。1992年底2号机组开始发电。1993年5月3号机组开始发电。1995年3台1.2万千瓦机组全部发电。1999年9月21日，省电力局印发文件，要求全省关停6台（7.9万千瓦）小火电机组。扬州发电厂小火电机组逐步关停。

2000年9月7日，江苏省经济贸易委员会批准扬州发电厂1号冷凝式机组改造为抽凝式机组，并将1号75吨/时中压煤粉炉与之配套，3号65吨/时中压煤粉炉作备用，实施热电联产，向扬州东北部企业供热，项目投资估算为1030万元，全部由企业自筹。扬州东北热电有限公司成立于2001年，由扬州市电力中心、江苏昆仑投资有限公司、扬州广源投资有限公司、扬州振扬投资有限公司、扬州市煤炭质量检测服务中心5家企业投资建立。2002年3月，扬州东北热电公司对扬州发电厂1号机组进行热电联产改造，并敷设供热管网约5.59千米，供热半径4.3千米，供气量为每小时50吨蒸气，最远热用户距热源点4.21千米，改造工程于2002年6月25日竣工投产。

江都调峰电厂 江都调峰电厂又名扬州苏源发电有限公司，由江都市电力发展公司、江苏省电力股份有限公司、扬州广源实业有限公司、台湾佳龙纸器工业股份有限公司共同投资建设。厂址位于江都市南郊芒稻河东岸，宁通高速公路北侧，占地40 020米^2。1995年8月18日开工建设，安装4台1.15万千瓦柴油发电机组（法国生产，新苏尔寿162AV40S型），总投资为2.95亿元，是当时省内最大的柴油机调峰发电厂。1996年3月20日，江都调峰电厂1号机组建成发电，同年5月8日，4台机组全部投入运行。架设110千伏双回线路至220千伏砖桥变电所，作为电力送出上网专用线路。

1997年以后，电力供应紧缺状况有所缓和，地方小发电厂电量上网受到限制，江都调峰电厂一度陷入困境。为此，各投资方多次磋商，并于1999年1月签订协议，将江都市电力发展公司所持扬州苏源发电有限公司的股份转让给江苏省电力公司。2001年4月，扬州苏源发电有限公司与常州苏源发电有限公司签订资产转让合资经营协议，同年11月29日注销扬州苏源发电有限公司，注册成立常州苏源发电有限公司扬州分公司。公司注册资本为9936万元人民币，其中新加坡亚洲电力投资股份有限公司出资2484万元（占25%），常州常新发电有限公司出资2185.92万元（占22%），江苏省电力公司出资1689.12万元（占17%），江苏电力发展股份有限公司出资1788.48万元（占18%），扬州广源实业总公司出资1788.48万元（占18%）。

扬州威亨热电厂 扬州威亨热电厂又名扬州威亨热电有限公司，是热电联产企业，位于扬州市开发东路7号，东邻古运河，占地面积78 039米^2。公司注册资本9500万元，其中扬州广源实业有限公司出资2500万元（占26.32%），扬州电力开发公司出资1500万元（占15.79%），扬州经济开发总公司出资1000万元（占10.52%），香港威亨国际有限公司出资3000万元（占31.58%），扬州电力中心出资1500万元（占15.79%）。

1994年9月24日，扬州市市长施国兴、副市长钱玉荣出席合资协议签字仪式。1994年12月9～10日，江苏省建设委员会在扬州召开初步设计审查会议并印发会议纪要。东南大学热能工程设计研究院根据会议纪要对初步设计及概算进行调整。1995年2月13日，江苏省建设委员会印发《关于扬州热电厂初步设计的批复》：主厂房南北向布置，核定总建筑面积25 040.37米^2，选用无锡锅炉厂生产的锅炉，选用南京汽轮电机厂生产的汽轮机及汽轮发电机，采用1250米^{2}逆流式自然通风双曲线冷却塔，核定定员819人，核定厂区占地74 000米^2，核定项目总资金17 950.78万元（其中概算投资15 643.35万元，动态投资2307.43万元），建设资金全部由扬州市负责筹措，接入电网工程和供热网工程与电厂同步建设。

1995年1月8日，扬州威亨热电厂一期工程开工。安装2台1.5万千瓦抽凝式汽轮发电机组，2台65吨/时高温次压锅炉，供热能力为每小时80吨蒸气。1996年2月12日，第1台机组建成投产，并入扬州电网；1996年6月21日，第2台机组建成投产。1996年10月至1997年7月，威亨热电厂建成4条供热管道，共4.5千米，1997年10月开始向广大毛绒集团、第二印染厂、扬州柴油机厂、扬州水箱厂、第三毛纺厂、邮电指挥中心等14个企业供热。此后继续扩大供热范围，向亚星客车厂、扬州大学、江苏油田指挥部等企业供热。在区域性集中供热范围内，工厂企业必须按规定停止使用小锅炉，减少烟尘排放。

随着扬州开发区企业不断增加，供热需求也越来越大。2003年底，威亨热电有限公司开始二期扩建，征地 19 536 米^2，新装 1 台 130 吨/时次高温次高压循环流化床锅炉，新装 1 台 2.5 万千瓦抽汽冷凝式汽轮发电机组，对水处理系统、输煤和储煤系统进行改造，工程总投资为人民币 1.14 亿元。扩建工程于 2004 年 4 月底投产。

宝应望直电厂 宝应望直电厂位于宝应县望直港乡（镇），1986 年由宝应县政府技术开发公司（工业供销公司）、望直港乡政府以及南京动力工程开发公司联合投资建设，其中县政府技术开发公司、望直港乡政府各 40 万元，南京动力开发公司 80 万元，不足部分借贷。发电机组购自上海长兴岛电厂 2 台闲置的 2000 千瓦发电机组。望直港乡负责土建工程施工，宝应县供电局负责设计、机组拆迁、安装调试和工人培训等。

1989 年 5 月，望直电厂 1 号机组投产发电，同年 11 月，2 号机组发电，经电厂升压变电所内 1 台 4000 千伏·安主变压器升压，与 35 千伏宝望线并网运行。宝应县供电局与望直电厂签订供用电协议，运行操作由宝应县供电局调度室管辖，发电时间由县三电办公室根据电网负荷情况安排。望直发电厂发电机组煤耗大、成本高，因此仅用来顶峰发电，弥补用电高峰时期电力缺口，正常情况下每天下午 3 时开 1 台机，夜间 12 时压火停机。望直电厂 1999 年停止发电。

二、企业自备电厂（站）

仪征化纤股份有限公司热电厂 仪征化纤股份有限公司热电厂（简称仪征化纤热电厂）是扬州地区规模最大的企业自备电厂，位于仪征市区向西 2 千米，宁通高速公路南侧，厂区南距长江 3 千米。工程由江苏省电力设计院设计，江苏省电力建设公司第一工程处（1985 年 3 月 27 日改为公司）负责施工安装。

一期工程于 1982 年 5 月 1 日奠基，主厂房于 1982 年 7 月 1 日破土动工。一期工程安装 2 台 5 万千瓦单抽汽凝汽式汽轮机和双水内冷发电机，安装 2 台 220 吨/时高压煤粉锅炉。1984 年 3 月 2 日第 1 台机组并网发电，4 月 18 日移交生产；2 号锅炉和汽轮发电机组分别于 1984 年 10 月 30 日和 12 月 29 日移交生产。二期扩建工程安装 2 台 5 万千瓦汽轮发电机组和 4 台 220 吨/时锅炉，主设备除汽轮机由单抽汽改为双抽汽凝汽式汽轮机外，锅炉、发电机均同一期工程。二期扩建工程主厂房于 1985 年 9 月 6 日开始挖土，3 号锅炉和汽轮发电机组分别于 1987 年 7 月 25 日和 8 月 4 日移交生产；4 号锅炉和汽轮发电机组分别于 1988 年 2 月 5 日和 3 月 28 日移交生产；5 号、6 号锅炉分别于 1989 年 7 月 5 日和 1990 年 12 月 1 日移交生产。两期工程建设总投资 22 549 万元。

仪征化纤热电厂设备全部为国产成套设备，生产厂家分别为上海汽轮机厂、上海电机厂、哈尔滨锅炉厂。至 1990 年底，发电机组 4 台，总装机容量 20 万千瓦，锅炉 6 台，容量 1320 吨/时，占地面积 977 000 米^2，其中生产区 792 300 米^2，距生产区 4 千米处设有759 000 米^{2}的储灰场，年用煤量 100 万吨左右，燃料煤由长江码头通过 3.6 千米处的输煤皮带输送到热电厂。

1992 年，仪征化纤热电厂随仪征化纤股份有限公司在香港联交所和上海证券交易所挂牌交易，成为上市公司。仪征化纤热电厂上市评估资产净值为 42 732 万元，上市后实现资产增值。1998 年仪征化纤热电厂随仪征化纤股份有限公司进入中国石油化工集团总公司。

自 1997 年开始，仪征化纤热电厂改造机、炉原有的热工控制系统为 DCS 计算机程控系统，并对 4 台汽轮机实施技术改造。1998 年，2 台机组扩容改造完成，单机容量由 5 万千瓦提高到 6 万千瓦。2000 年其余 2 台机组扩容改造完成，单机容量由 5 万千瓦提高到 6

万千瓦。至此，4 台机组合计容量 24 万千瓦。

1999 年，仪征化纤热电厂上网线路改 110 千伏六化 1、2 号线（1984 年投运）为 110 千伏真化 1、2 号线，上网点由 220 千伏南京六合变电所改为仪征 220 千伏真州变电所，缩短了电力送出距离。

仪征化纤热电厂是仪征化纤股份有限公司的自备热电厂，供热兼供电。自投产后发电自用有余，向电网输送。1991～2002 年，仪征化纤热电厂发电量共 127.661 3 亿千瓦·时，上网电量为 42.506 3 亿千瓦·时。在电网缺电时期，为缓解扬州缺电状况起到重要作用。仪征化纤热电厂投产后，应地方政府要求并以协议方式向附近乡镇供电，支持地方工农业生产，兼以低电价作为对被征用土地乡镇的一种补偿，逐渐形成独立的小供电区。1999 年仪征化纤热电厂向附近乡镇转供电约 6000 万千瓦·时。按照 1996 年 4 月 1 日起实施的《电力法》第 25 条“一个供电区只设立一个供电营业机构”的规定，2000 年 8 月 31 日，扬州供电局与仪征化纤股份有限公司签订切除仪征化纤股份有限公司向厂区外胥浦镇、青山乡转供电协议。2001 年 4 月 14 日，仪征化纤股份有限公司转供电全部切除。

靖江江源热电有限公司　靖江江源热电有限公司原名靖江葡萄糖厂热电站，又名靖江城北热电站，位于靖江市城北江山路 59 号，厂区面积 53 200 米^2。一期工程由河南省电力勘测设计院设计，河南省火电一公司安装，1985 年 9 月开工，1 号发电机组装机容量 3000 千瓦，由南京汽轮电机厂制造，锅炉由武汉锅炉厂制造，容量为 75 吨/小时，1986 年 12 月竣工发电，并入靖江电网，工程总投资 982.6 万元。二期工程由机械工业部第二设计院设计，电力部华东列车电站基地安装，1990 年 10 月开工建设，安装 1 台 6000 千瓦发电机组，山东省济南市生建电机厂制造，安装 2 台 35 吨/小时锅炉，无锡锅炉厂制造，1991 年 12 月竣工发电，工程总投资 2500 万元。1994 年 9 月与英国英属处女群岛运荣有限公司合资，靖江江源热电有限公司改制为江苏江源热电有限公司。三期工程由机械工业部第二设计院设计，电力部华东列车电站基地安装，1994 年 10 月开工建设，安装 1 台 6000 千瓦发电机组，山东省济南市生建电机厂制造，3 台 35 吨/小时锅炉，无锡锅炉厂制造，英国英属处女群岛运荣有限公司投资 575 万美元，1995 年 9 月竣工发电。

扬州农药厂热电站　扬州农药厂热电站原名扬州西南热电站，位于扬州市南郊文峰路 39 号，古运河畔，距文峰塔约 0.6 千米。1981 年，江苏省计划委员会 148 号文件批准建设扬州西南热电站，是省、市重点节能项目。西南热电站一期工程安装 2 台 35 吨/时次高压锅炉，1 台 3000 千瓦背压式汽轮发电机组，1983 年动工建设，1985 年 5 月投产。因扬州市区用电紧缺，扬州市政府决定“充分利用备用锅炉和厂房等条件，续建 1 台 6000 千瓦凝汽式发电机组”。1987 年 4 月，二期扩建开工，安装 1 台 6000 千瓦发电机组，当年 12 月底建成投产。至 1990 年，热电站发电装机容量 9000 千瓦，1985～1990 年累计发电 1 亿千瓦·时，除本厂用电外，还向电网输送电量，同时向制药厂、米厂、化工厂、麻油厂供热。1993 年，随着企业用热负荷的不断增长，新建 1 台 35 吨/时中压锅炉，至此形成三炉二机。

1996 年，热电站开始“四炉三机”工程建设，安装 65 吨/时锅炉（4 号炉），以及 3 号抽凝发电机组，1999 年初投入运行。2000～2001 年，先后将 2 台 35 吨/时锅炉改造为 45 吨/时出力的抛煤链条炉，提高供热能力。2002 年开始“五炉四机”工程建设。至

2002年底，扬州农药厂热电站装机容量1.5万千瓦，发电及供热均为企业自用。

扬州制药厂热电站 扬州制药厂热电站位于扬州市南郊宝塔湾文峰路21号，占地面积12 000米²。热电站于1989年7月筹建，安装2台上海四方锅炉厂制造的20吨链条炉，1台上海汽轮机厂制造的1500千瓦背压式汽轮发电机组，1991年9月并网运行。1995年建成投产1台3000千瓦抽凝式汽轮发电机组，由杭州汽轮机厂制造。热电站以供气为主，发电为辅，发电全部自用。正常情况下，1台20吨锅炉带1台3000千瓦抽凝式汽轮发电机组，供本企业用气，并提供约90%的电力。1999年进行锅炉分层燃烧节煤技术改造，采用烟尘水幕除尘工艺，使烟气排放全部达标，煤渣、煤灰全部得到综合利用。至2002年，扬州制药厂热电站有2台机组，装机容量4500千瓦。

扬州新业化工厂热电站 扬州新业化工厂热电站又名扬州新业化工有限公司，即原扬州磷肥厂，位于扬州市东运河南路33号，主要生产硫酸产品，年产量12万吨，硫酸生产（原硫铁矿制酸改为硫黄制酸）过程中产生大量蒸气热能，自用有余。1999年12月建成热电站，安装1500千瓦硫酸余热发电装置，当年底并网发电，年发电量约1300万千瓦·时，上网电量约600万千瓦·时。至2002年，扬州新业化工有限公司热电站装机容量1500千瓦，当年上网电量927万千瓦·时。

扬州印染厂余热电站 扬州印染厂余热电站位于扬州市区解放东路11号，热电站面积977米²，于1984年7月动工建设，安装1台1500千瓦背压式发电机组，同时建成配电所，安装2台1600千伏·安主变压器，1984年10月投产。第2台1500千瓦背压式机组于1989年8月投产。至此，装机容量3000千瓦，以气定发（电），年供气量约22万吨，年发电量约1200万千瓦·时，占全厂用电量95%，用电高峰期发电由10千伏印染专线至110千伏五里变电所上网。2002年扬州印染厂余热电站装机容量3000千瓦。

扬州庆丰铜版纸厂热电车间 扬州庆丰铜版纸厂位于扬州市区解放东路13号。1991年建成投产1台3000千瓦抽凝式发电机组，1台20吨链条炉，年供气量约12万吨，年发电量约700万千瓦·时，发电煤耗695克/(千瓦·时)，发电成本每千瓦·时0.4元，以供气为主。由10千伏庆丰专线至110千伏五里变电所，双向互供；用电高峰期有少量电量上网。1997年因产品铜版纸、蜡光纸等滞销，于当年11月停止发电。

扬州石油化工厂热电站 扬州石油化工厂建于1993年，是江都市政府与江苏油田共同兴办的石油加工企业，位于江都市区北侧，江（都）—高（邮）公路西侧。2001年对原有2台10吨锅炉进行改造，安装1台3000千瓦抽汽凝汽式发电机组，利用炼油厂的副产品——干气（瓦斯）作为燃料，为本企业供应蒸气和电力，2001年7月热电站建成投产，当年发电量941万千瓦·时。2002年发电量2277万千瓦·时，全部自发自用。

扬州中燃钢铁厂发电机组 扬州中燃钢铁厂位于邗江区沙头镇，2001年7月动工建设1台3000千瓦发电机组，工程总投资970万元，2002年4月22日投产。发电机组利用放散高炉煤气发电，平均每天综合利用高炉煤气30万米³，煤、煤气混烧比为20∶80，降低了煤耗。

1991～1995年扬州市地方电厂、企业自备电厂的发电设备容量及年发电量见表1-2。1995～2002年扬州市地方电厂、企业自备电厂的发电设备容量及年发电量见表1-3。1991～2002年扬州市柴油机发电设备容量及年发电量见表1-4。

表 1-2　　1991～1995 年扬州市地方电厂、企业自备电厂的发电设备容量及年发电量

电厂名称	1991 年				1992 年				1993 年			
	设备容量（万千瓦）	发电量（万千瓦·时）	其中		设备容量（万千瓦）	发电量（万千瓦·时）	其中		设备容量（万千瓦）	发电量（万千瓦·时）	其中	
			上网电量	自发自用			上网电量	自发自用			上网电量	自发自用
总计	28.917	93 286	45 357	38 893	30.324	123 484	66 818	55 746	31.674	150 857	86 554	51 292
一、地方电厂	3.74	15 602	14 505	—	4.94	18 003	16677	—	6.14	30 351	28 050	—
泰兴发电厂	2.4	13 877	12 808	—	2.4	14 461	13 222	—	2.4	15 919	14 565	—
泰州发电厂	0.74	563	535	—	0.74	1661	1578	—	0.74	1476	1407	—
泰州热电厂	0.60	1162	1162	—	0.60	1829	1829	—	0.60	1623	1623	—
泰兴沿江电厂	—	—	—	—	—	—	—	—	—	—	—	—
泰兴黄桥电厂	—	—	—	—	—	—	—	—	—	—	—	—
扬州发电厂地方机组	—	—	—	—	1.2	52	48	—	2.4	11 333	10 455	—
二、自备电厂	22.1	75 502	30 301	36 830	22.1	102 423	49 697	52 726	22.1	116 148	57 784	47 118
仪征化纤热电厂	20	71 098	30 301	32 426	20	93 881	49 475	44 406	20	106 591	57 234	38 111
靖江江源热电有限公司	0.9	1420	—	1420	0.9	3939	222	3717	0.9	4304	550	3754
兴化戴南热电厂	0.3	1331	—	1331	0.3	1733	—	1733	0.3	2499	—	2499
扬州农药厂热电站	0.9	1653	—	1653	0.9	2870	—	2870	0.9	2754	—	2754
三、余热、柴油发电	3.077	2182	551	2063	3.284	3058	444	3020	3.434	4358	720	4174

续表

电厂名称	1994 年				1995 年			
	设备容量（万千瓦）	发电量（万千瓦·时）	其中		设备容量（万千瓦）	发电量（万千瓦·时）	其中	
			上网电量	自发自用			上网电量	自发自用
总计	32.731	162 005	90 956	56 799	39.025	175 590	90 461	69 358
一、地方电厂	7.34	39 359	36 085	—	11.54	49 263	45 090	—
泰兴发电厂	2.40	16 411	14 990	—	2.4	16 722	15 170	—
泰州发电厂	0.74	1409	1338	—	0.74	1127	1070	—
泰州热电厂	0.6	1545	1545	—	1.2	1680	1680	—
泰兴沿江电厂	1.2	3196	2826	—	2.4	13 701	12 346	—
泰兴黄桥电厂	—	—	—	—	1.2	1134	954	—
扬州发电厂地方机组	2.4	16 798	15 386	—	3.6	14 899	13 870	—
二、自备电厂	22.4	114 921	54 747	49 198	23.3	122 776	45 141	66 037
仪征化纤热电厂	20	107 454	54 557	41 921	20	108 028	44 572	51 858
靖江江源热电有限公司	0.9	471	178	293	1.5	7199	128	7071
兴化戴南热电厂	0.6	3311	—	3311	0.9	3583	441	3142
扬州农药厂热电站	0.9	3685	12	3673	0.9	3966	—	3966
三、余热、柴油发电	2.991	7725	124	7601	4.185	3551	230	3321

注 1. 此表根据扬州供电局计划科 1991～1995 年《扬州市电力工业统计资料汇编》制作，是扬、泰两市未分设时状况。

2. 正文中兴化戴南热电厂归类于地方电厂，此表中仍保持原统计部门归类方式不变。

3. 地方电厂、自备电厂指 6000 千瓦及以上电厂。

4. 余热、柴油发电指 500 千瓦至 6000 千瓦发电合计。

表 1-3　　1995～2002 年扬州市地方电厂、企业自备电厂的发电设备容量及年发电量

电厂名称	1995 年				1996 年				1997 年				1998 年			
	设备容量（万千瓦）	发电量（万千瓦·时）	其中		设备容量（万千瓦）	发电量（万千瓦·时）	其中		设备容量（万千瓦）	发电量（万千瓦·时）	其中		设备容量（万千瓦）	发电量（万千瓦·时）	其中	
			上网电量	自发自用			上网电量	自发自用			上网电量	自发自用			上网电量	自发自用
总计	27.4	130 846	58 672	58 747	31.77	131 425	46 209	71 510	35.45	154 995	67 732	74 056	37.52	152 120	63 497	74 413
一、省公司调度的地方自备电厂	23.6	122 927	58 442	51 858	24.6	111 886	36 331	63 117	28.2	127 044	52 028	63 544	30.2	123 265	46 092	64 832
扬州发电厂地方机组	3.6	14 899	13 870	—	—	—	—	—	3.6	20 732	20 732	—	3.60	19 685	18 154	—
仪征化纤热电厂	20	108 028	44 572	51 858	20	101 702	26 745	63 117	20	97 384	22 846	63 544	22.00	98 640	23 242	64 832
江都调峰电厂	—	—	—	—	4.6	10 184	9586	—	4.6	8928	8450	—	4.6	4940	4696	—
二、非省公司调度的地方自备电厂	1.75	4328	230	4098	4.75	15 970	9809	4926	4.9	24 243	15 704	6804	4.75	25 409	17 386	6161
扬州威亨热电厂	—	—	—	—	3	10 578	9343	—	3	17 164	15 431	—	3.00	19 214	17 352	—
扬州农药厂热电站	0.9	3966	—	3966	0.9	4589	—	4589	0.9	6256	—	6256	0.90	6161	—	6161
扬州新业化工厂	—	—	—	—	—	—	—	—	—	—	—	—	—	—	—	—
宝应望直电厂	0.4	187	187	—	0.4	350	350	—	0.4	110	110	—	0.4	34	34	—
扬州庆丰铜板纸厂	0.3	141	9	132	0.3	362	25	337	0.3	594	46	548	0.30	—	—	—
邗江黄珏二化工厂	0.15	34	34	—	0.15	91	91	—	0.3	119	117	—	0.15	—	—	—
三、余热、柴油发电	1.76	2791	—	2791	2.12	3467	—	3467	2.05	3708	—	3708	2.27	3420	—	3420
四、水力发电	0.3	—	—	—	0.3	102	69	—	0.3	—	—	—	0.30	26	19	—
江都提水站	0.3	—	—	—	0.3	102	69	—	0.3	—	—	—	0.30	26	19	—

续表

电厂名称	1999年				2000年				2001年				2002年			
	设备容量（万千瓦）	发电量（万千瓦·时）	其中		设备容量（万千瓦）	发电量（万千瓦·时）	其中		设备容量（万千瓦）	发电量（万千瓦·时）	其中		设备容量（万千瓦）	发电量（万千瓦·时）	其中	
			上网电量	自发自用			上网电量	自发自用			上网电量	自发自用			上网电量	自发自用
总计	37.6	148 093	49 153	85 093	38.71	152 466	43 855	94 752	37.53	174 840	60 086	100 188	37.38	196 040	70 763	109 079
一、省公司调度的地方自备电厂	30.2	119 234	32 252	74 906	31.00	119 856	25 282	82 553	29.8	133 920	40 038	81 196	29.8	154 976	52 108	88 643
扬州发电厂地方机组	3.60	16 036	14 831	—	2.40	2323	2099	—	1.2	5240	5002	—	1.2	8116	7445	—
仪征化纤热电厂	22.00	99 330	13 750	74 906	24.00	117 325	22 985	82 553	24.00	128 588	34 949	81 196	24.00	146 592	44 407	88 643
江都调峰电厂	4.6	3868	3671	—	4.6	208	198	—	4.6	92	87	—	4.6	268	256	—
二、非省公司调度的地方自备电厂	4.90	25 601	16 901	6929	4.90	28 612	18 419	8355	5.25	34 499	18 689	13 930	4.95	34 316	18 422	13 921
扬州威亨热电厂	3.00	18 672	16 901	—	3.00	19 037	17 199	—	3.00	19 533	17 653	—	3.00	19 417	17 444	—
扬州农药厂热电站	0.90	6929	—	6929	0.90	8216	—	8216	1.5	13 712	—	13 712	1.5	13 507	—	13 507
扬州新业化工厂	0.15	—	—	—	0.15	1359	1220	139	0.15	1254	1036	218	0.15	1166	927	239
宝应望直电厂	0.40	—	—	—	0.40	—	—	—	—	—	—	—	—	—	—	—
扬州庆丰铜板纸厂	0.30	—	—	—	0.30	—	—	—	0.30	—	—	—	—	—	—	—
邗江黄珏第二化工厂	0.15	—	—	—	0.15	—	—	—	0.30	—	—	—	0.30	226	51	175
三、余热、柴油发电	2.20	3258	—	3258	2.51	3844	—	3844	2.18	6098	1036	5062	2.33	6748	233	6515
四、水力发电	0.30	—	—	—	0.30	154	154	—	0.30	323	323	—	0.30	—	—	—
江都提水站	0.30	—	—	—	0.30	154	154	—	0.30	323	323	—	0.30	—	—	—

注 1. 此表根据扬州供电局计划科“1995～2000年扬州市电力工业统计资料汇编”制作，是扬、泰两市分设后扬州市的状况。

2. “汇编”中1995年起有邗江热电厂，此电厂不存在，属外省购电，表中不列，总计栏中已相应减去邗江热电厂机组容量及发电量，因此与“汇编”数字不同。

3. 余热、柴油发电合计中包括扬州制药厂热电站、扬州印染厂余热电站、扬州石油化工厂热电站、扬州中燃钢铁厂发电机组等全部自发自用企业。

4. 2001年、2002年资料来源为扬州供电公司规计部年度综合报表。

表 1－4　1991～2002 年扬州市柴油机发电设备容量及年发电量　容量：千瓦　发电量：万千瓦·时

企业名称	1991 年		1992 年		1993 年		1994 年		1995 年		1996 年		1997 年		1998 年		1999 年		2000 年		2001 年		2002 年	
	容量	发电量	容量	发电量	容量	发电量	容量	发电量	容量	发电量	容量	发电量	容量	发电量	容量	发电量	容量	发电量	容量	发电量	容量	发电量	容量	发电量
扬州柴油机厂	2000	108	2000	220	2000	219	2000	267	2000	270	4000	299	4000	81	4000	14	4000	0	4000	0	4000	0	4000	0
扬州冶金厂	500	3	500	1	500	0	500	0	500	0	500		500	0	500	0	500	0	500	0	500	0	500	0
扬州客车厂	1000	47	1000	63	1000	34	1000	22	1000	16	1000	10	1000	0	1000	0	1000	0	1000	0	1000	0	1000	0
扬州机械厂	1075	19	1075	27	1075	20	1075	7	1075	10	1075	6	1075	0	1075	0	1075	0	1075	0	1075	0	1075	0
扬州江扬船厂	750	41	750	58	750	34	750	25	750	17	750	—	750	17	750	0	750	0	750	0	750	0	750	0
扬州塑料二厂	500	25	500	22	500	6	500	0	500	—	500	—	500	—	500	0	500	0	500	0	500	0	500	0
扬州五一食品厂	575	21	575	26	575	26	575	20	575	14	575	4	575	—	575	0	575	0	575	0	575	0	575	0
泰州苏北电机厂	600	0	1120	22	1120	29	1440	19	1440	27	1440	12												
泰州林机厂	1000	0	1700	7	1700	6	1700	2	1700	9	1700	4												
泰州麻纺厂	500	0	1000	17	1000	36	1000	56	1000	36	1000	18												
泰州绝缘材料厂	750	0	750	0	750	14	750	12	750	4	750	2												
泰州电焊条厂	1000	0	1000	0	1000	27	1000	2	1000	—	1000	—												
泰州二布厂	700	0	700	14	700	34	700	27	700	30	700	3												
泰州春兰制冷厂	820	0	1000	7	1000	3	1000	0	1000	—	1000	—												
泰州鱼网厂	800	0	920	60	920	16	920	0	920	0	920	0												
泰州纺机厂	1250	0	1500	7	1500	2	1500	1	1500	1	1500	—												
泰州一布厂	—	—	500	1	500	1	500	1	500	6	500	—												
合计	13 820	264	16 590	552	16 590	507	16 910	461	16 910	440	18 910	358	8400	98	7825	14								

注　此表根据扬州供电局计划科年度报表制作。

第二章　电　网

第二章 电 网

1991年，扬州电网有500、220、110、35、10千伏及以下共5个电压等级；有500千伏江都变电所1座及500千伏进出线各1条；220千伏主网架有7座变电所和15条线路，与周边地区镇江、淮阴、南通、南京相连，有6条与江都变电所连接受电；110千伏网络有21座变电所和45条线路，平均每个县（市）有2座110千伏变电所，是县（市）的供电中心；35千伏网络有84座变电所和180条线路，大多数分布在农村，以10千伏线路送电至配电台区，供用户使用。

至1996年底，扬、泰两市分设前，扬州市新增220千伏变电所4座（仪征市真州、兴化市昭阳、宝应县安宜、姜堰市陆庄变电所），总数为11座，变压器16台，容量计189万千伏·安；220千伏线路22条，计719千米。全地区10个县（市）除邗江县外，其余均有1座（泰兴市2座）220千伏变电所，是县（市）的供电中心。1997年扬、泰两市分设后电网设施状况见表2-1。

表2-1　　1997年扬、泰两市分设后电网设施状况

电压等级（千伏）	扬州市					泰州市				
	变电所			线路		变电所			线路	
	座	变压器		条	千米	座	变压器		条	千米
		台	万千伏·安				台	万千伏·安		
500	1	1	50	2	130	—	—	—	—	—
220	5	8	96	12	330	6	8	93	10	388
110	17	31	89.75	36	512	16	26	88.95	28	376
35	57	111	60.43	128	1159	53	102	68.77	116	856
35（直配）	—	138	6.06	—	—	—	—	—	—	—
10	—	6500	82.54	405	7435	—	7778	156.05	427	7864
110(企业自备)	2	5	11.47	—	—	—	—	—	—	—
35(企业自备含直配)	38	83	14.48	—	—	31	82	18.63	—	—
10(企业自备)	—	4688	96.09	—	—	—	5534	60.11	—	—

扬、泰两市分设（1997年）后，扬州电网有220千伏变电所5座（蒋王、砖桥、真州、澄子、安宜变电所），变压器8台，容量计96万千伏·安，加上扬州发电厂降压站2台12万千伏·安联络变压器，合计为120万千伏·安；220千伏线路12条，计330千米。扬州发电厂主供扬州市区110千伏五里、平山、湾头、南郊变电所1号变压器及邗江县北部方巷变电所；蒋王变电所主供扬州市区110千伏双桥、邗江县南部施桥变电所及南郊变电所2号变压器；真州变电所主供仪征市；砖桥变电所主供江都市；澄子变电所主供高邮市；安宜变电所主供宝应县。110千伏变电所有17座，变压器31台，容量计89.75万千伏·安；110千伏线路36条，计512千米。35千伏变电所57座，变压器111台，容量计60.43万千伏·安；35千伏线路128条，计1159千米。

500千伏江都变电所扩建于1997年9月开工，1999年5月竣工投运，历时近两年。扩建新增1台75万千伏·安变压器，合计变电容量为125万千伏·安；500千伏线路由原来一进一出2条增加为6条，即向北到淮阴500千伏上河变电所2条，向南跨长江到常州和无锡各1条，到扬州第二发电厂2条。有220千伏出线10条（泰州2条、兴化1条、海安1条、高邮澄子2条、江都大桥2条、江都砖桥1条、扬州发电厂1条），是苏中地区扬、泰两市的供电中心。2条500千伏线路正常运行方式下送往苏南地区功率为200万千瓦以上，在原基础上增加了1倍输电能力，成为华东电网和江苏电网北电南送输电主通道。

扬州第二发电厂配套输变电4项工程于1999年全部完成，新建220千伏大桥、横沟变电所，扩建220千伏蒋王、真州变电所，新增变电容量42万千伏·安。扬州电网220千伏网络形成220千伏蒋王变电所—横沟—大桥—500千伏江都变电所—扬州发电厂—蒋王变电所环网结构，形成南京市六合变电所—仪征市真州—蒋王—横沟—江都市大桥变电所—泰州市的沿江220千伏网架，为沿江开发用电提供了保障。从500千伏江都变电所向北有2条220千伏线路送电至高邮市220千伏澄子变电所。宝应县220千伏安宜变电所扩建于2001年9月完成，新增1台12万千伏·安变压器，新建安宜至淮阴上河变电所1号线，至此有3条220千伏线路与安宜变电所连接，可从南、北两个方向受电，从淮阴上河变电所受电为主。

在加强主网架建设的同时，扬州市从1998年下半年开始实施城、乡电网建设与改造，国家总投资17.951 3亿元，其中城网改造6.6亿元，2002年5月竣工，农网改造一期和二期工程合计11.351 3亿元，2003年4月竣工。城、乡电网改造投资规模大，重点是110千伏及以下各级网络配套建设，使城、乡供电设施得到较大改善，尤其是农网改造弥补了以前对农村35千伏、10千伏及以下网络建设投入不足，对保障农村用电、促进农村经济发展起到积极的作用。

至2002年底，扬州电网有500千伏变电所1座，变压器2台，容量计125万千伏·安；500千伏线路6条，计341千米。220千伏变电所7座，变压器12台，容量计150万千伏·安（不包括扬州发电厂降压站2台12万千伏·安联络变压器）。220千伏线路20条，计499千米。110千伏变电所30座，变压器54台，容量为

183.1万千伏·安；企业自备110千伏变电所3座，变压器8台，容量计7.98万千伏·安；110千伏线路60条，计610千米。35千伏公用变电所73座，变压器133台，容量为88.44万千伏·安；35千伏直配变压器54台，容量计2.91万千伏·安(全部在仪征市)；35千伏企业自备变电所37座，变压器102台，容量计20.55万千伏·安；35千伏线路139条，计1237千米。10千伏公用配电变压器13 168台，容量计176.91万千伏·安；10千伏企业自备配电变压器7908台，计145.47万千伏·安；10千伏线路562条，计10 002千米，10千伏电缆线路224千米。全市共有低压架空线路45 836千米，低压电缆线路274千米。

1991～2002年底扬州电网输、配电线路统计见表2-2。1991～2002年底扬州电网变电所及变压器统计见表2-3。2002年底扬州电网一次系统接线如图2-1所示。

表2-2　　1991～2002年底扬州电网输、配电线路统计

年份	500千伏线路		220千伏线路		110千伏线路		35千伏线路		10千伏线路		400伏线路
	条	千米	条	千米	条	千米	条	千米	条	千米	千米
1991	2	130	15	646	45	764	180	1812	674	13 451	49 457
1992	2	130	17	722	46	773	185	1854	697	13 823	50 434
1993	2	130	18	676	51	809	198	1848	742	14 307	58 172
1994	2	130	19	696	54	856	215	1922	778	16 353	60 952
1995	2	130	20	715	56	860	231	1961	864	16 707	54 459
1996	2	130	22	719	64	888	244	2015	832	15 299	60 471
1997	2	130	12	330	36	512	128	1159	405	7435	34 648
1998	5	235	16	402	39	513	137	1228	435	7670	35 194
1999	6	340	18	443	40	527	137	1237	453	8274	35 939
2000	6	340	19	483	48	538	147	1297	486	8986	39 720
2001	6	341	20	498	54	574	137	1206	535	9549	42 788
2002	6	341	20	499	60	610	139	1237	562	10 002	45 836

注　1996年及以前包括泰州市，1997年及以后不包括泰州市。

表 2－3　　1991～2002 年扬州电网变电所及变压器统计

年份	公用变压器																企业自备变压器							
	500 千伏变电所			220 千伏变电所			110 千伏变电所			35 千伏变电所			35 千伏直配变压器		10 千伏配电变压器		110 千伏变电所			35 千伏变电所（含直配变压器）			10 千伏配电变压器	
	座	台	万千伏·安	座	台	万千伏·安	座	台	万千伏·安	座	台	万千伏·安	台	万千伏·安	台	万千伏·安	座	台	万千伏·安	座	台	万千伏·安	台	万千伏·安
1991	1	1	50	7	9	105.00	21	34	98.35	84	172	79.13	130	3.68	10 676	101.64	1	3	7.15	60	145	21.62	8027	126.45
1992	1	1	50	7	9	105.00	22	35	107.35	89	175	83.66	122	3.73	11 640	118.07	1	3	7.15	64	154	24.90	7715	126.95
1993	1	1	50	9	12	141.00	27	43	141.25	98	333	103.15			12 405	136.33	1	3	7.15	59	136	25.28	8017	137.78
1994	1	1	50	9	13	153.00	30	49	154.30	102	350	117.21			13 676	163.79	1	3	7.15	63	145	32.98	8392	142.89
1995	1	1	50	9	14	165.00	30	51	165.55	108	344	126.27			13 987	216.23	1	3	7.15	46	162	33.68	9047	151.78
1996	1	1	50	11	16	189.00	33	57	178.70	110	213	129.20	138	6.06	14 278	238.59	2	5	11.47	69	165	33.11	10 222	156.20
1997	1	1	50	5	8	96.00	17	31	89.75	57	111	60.43	112	3.50	6500	82.54	2	5	11.47	38	83	14.48	4688	96.09
1998	1	1	50	5	8	96.00	19	33	103.75	61	248	73.57			7831	100.55	2	2	7.47	26	77	13.49	4638	102.79
1999	1	2	125	7	11	138.00	19	35	112.20	75	241	75.13			9287	116.81	2	2	7.47	27	68	13.39	4450	104.19
2000	1	2	125	7	11	138.00	26	45	148.80	78	214	80.46			10 598	137.84	2	2	7.47	27	56	13.22	5116	110.47
2001	1	2	125	7	12	150.00	28	49	163.95	80	192	84.58			11 887	148.54	1	9	8.47	20	65	14.66	5466	121.80
2002	1	2	125	7	12	150.00	30	54	183.1	73	133	88.44	54	2.91	13 168	176.91	3	8	7.98	37	102	20.55	7908	145.47

注　1. 220 千伏不包括扬州发电厂 2 台 12 万千伏·安联络变压器。
2. 110 千伏不包括泰州调相变电所 2 台 7.5 万千伏·安调相变压器。
3. 1997 年及以后不包括泰州市。
4. 当年 35 千伏直配变压器没有注明台数和容量的，已合并到“35 千伏变电所”一栏中。

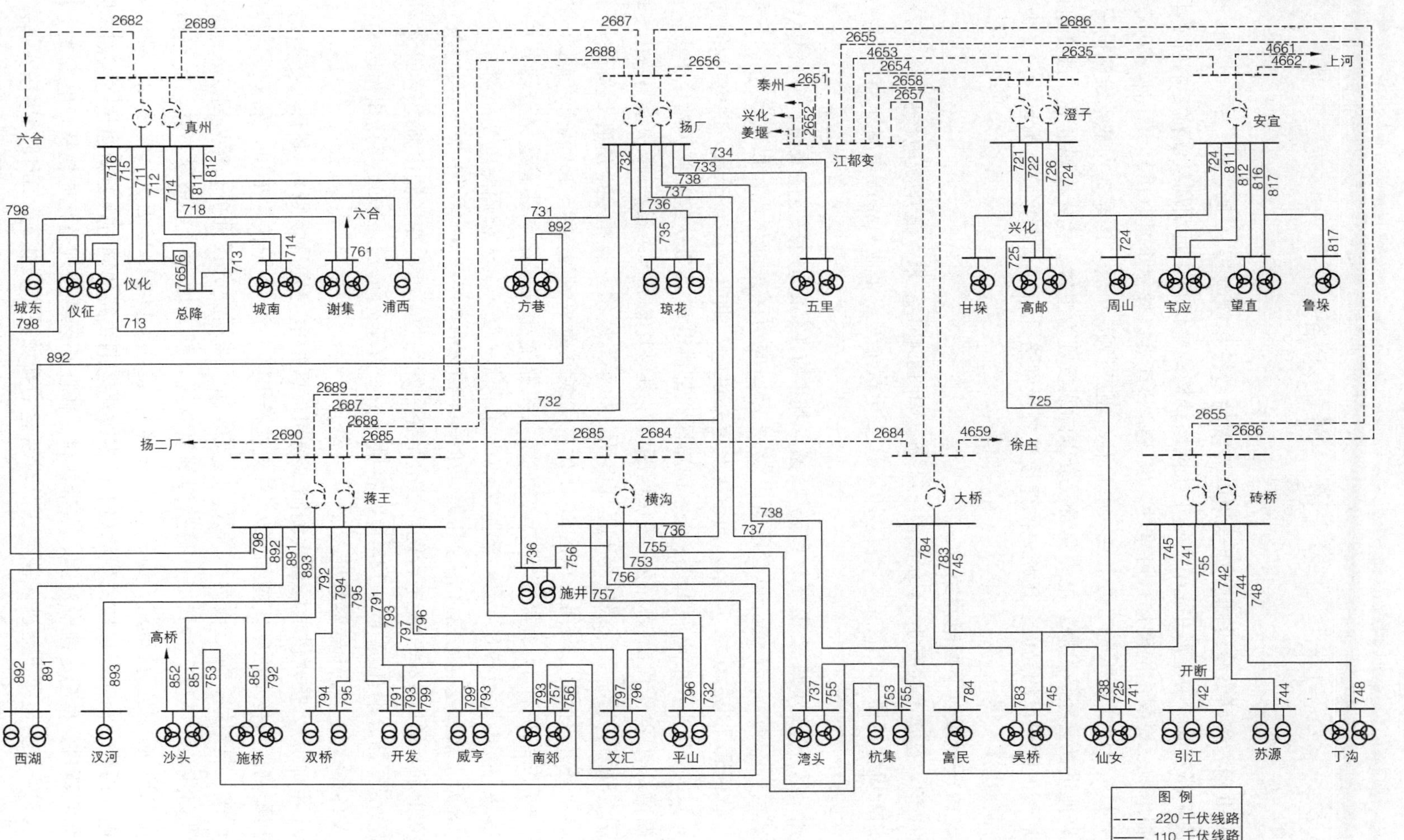

图2-1 2002年底扬州电网一次系统接线

第一节 网 络

扬州电网各级网络建设随着社会用电需求的增长相应发展。“八五”计划期间，以500千伏江都变电所为电源中心，220千伏网络结构调整优化，近距离从江都变电所受电，达到降损增效、提高主网架运行可靠性，实现除邗江县以外每个县（市）有1座220千伏变电所，110千伏变电所平均每个县（市）有3座。1998年后，国家加大基础设施投资建设力度，促进社会经济发展，电力建设投资以国家投资为主体、优先发展电网，改变电网建设滞后于电源建设的局面。扬州电网建设以各级网络设备容量衔接配套为目标，实现按规划布局、快速发展。

一、10千伏及以下配电网络

1991年，扬州市共有10千伏线路674条，计13 451千米，低压配电线路49 457千米；公用配电变压器10 676台，容量101.64万千伏·安，企业自备配电变压器8027台，计126.45万千伏·安。

扬州市区1991年共有10千伏线路43条，其中有12条为用户专用线路，呈辐射状树干分支式运行。从110千伏五里变电所出线16条，向市区东部供电，供电半径6千米；从110千伏南郊变电所出线15条，向市区及南郊供电，供电半径6千米，供电负荷及范围最大；110千伏平山变电所出线9条，向市区北部供电；35千伏红星开关站位于市区西北郊西湖镇，有10千伏出线3条，主供西湖镇。南郊变电所有4条10千伏线与平山变电所“拉手”联络，另有2条线路与五里变电所“拉手”联络；五里变电所有2条10千伏线与平山变电所“拉手”联络。市区10千伏主干线截面积多为120～150毫米^{2}钢芯铝绞线，10千伏网络装有11台联络开关，使22条线路能相互联络，装有线路分段开关15组。市区共有配电变压器856台，容量23.07万千伏·安，其中公用配电变压器378台，容量7.08万千伏·安，用户自备变压器478台，15.99万千伏·安。市区400伏配电线路计280千米，形成120个配电台区，供电半径一般为600米。变压器中高能耗64系列、73系列型变压器分别有63台、133台，容量3.148万千伏·安。1991年扬州市区10千伏线路及各条线路上变压器容量见表2-4。

1991年12月，扬州供电局首次编制《扬州市区配电网发展规划》，制订《扬州市区中、低压配网改造技术原则实施细则》。首先选择市区3条10千伏主干线（东区线、粉厂线、西区线）复双线，使之成为6条线，在支线和干线增设分段开关；然后对10千伏瓦窑线、北路线、石塔线、沙口线、修造线等复双线，使老城区（东至泰州路，南至南通路，西至二道河，北至盐阜路，面积5.09千米^2，常住人口11.35万人）实现动力和照明分线供电，高峰负荷时保证居民生活用电。在改造老旧线路的同时，对新建住宅区四季园小区、念泗新村、皇苑、凯悦花园、宝带新村、杨庄小区等按规范化配置每户电表4千瓦容量，改架空线为电缆下地进入住宅区。对新建的新城花园、银苑、新庄、缪庄、孙庄、新民、安庄、东花园、友谊新村、窦庄新村、沙中小区等以台架式变压器供电的住宅区，

表 2-4 1991 年扬州市区 10 千伏线路及各条线路上变压器容量

序号	线路名称	电压等级（千伏）	线路长度（千米）				导线型号		变压器［台/（千伏·安）］	
			总长	供农业用	干线	支线	干线	支线	电力企业	用户自备
一	110 千伏南郊变电所		134.165	19.569					158/35 215	208/77 135
1	农药线	10	5.247		1.74	3.507	LGJ—185—150	LGJ—50	5/795	12/5020
2	电石线	10	13.449	3.699	4.3	9.149	LGJ—120—95	LGJ—50—35	19/3290	20/5960
3	米厂线	10	5.939		2.756	3.183	LGJ—120	LGJ—50—35	6/1120	20/10 110
4	柴油线	10	1.952				LGJ—185			5/4550
5	西区线	10	15.682	1.64	6.145	8.944	LGJ—120	LGJ—120	38/8575	32/7485
6	粉厂线	10	15.108		4.785	9.973	LGJ—120	LGJ—95—50—35		16/4230
7	冶金线	10	0.892		0.77	0.122	LGJ—95	LGJ—35	1/315	5/2920
8	东区线	10	8.585	0.909	5.845	2.707	LGJ—120—95	LGJ—50	2/125	27/13 580
9	东照线	10	8.730		5.424	3.273	LGJ—120—95	LGJ—50—35	20/5185	2/520
10	油厂线	10	3.598	1.051	3.245	0.353	LGJ—95	LGJ—50—35	2/300	16/7340
11	修造线	10	8.564		5.397	3.029	LGJ—150—120	LGJ—50—35		23/9835
12	沙口线	10	7.449		5.462	1.954	LGJ—150	LGJ—50—35	17/4600	4/1230
13	汤汪线	10	12.27	12.27	2.756	9.514	LGJ—95—70	LGJ—95—50—35	12/1650	16/2305
14	国庆线	10	13.1		4.8		LGJ—120	LGJ—95—50—35	34/9280	8/2070
15	石塔线	10	13.6		4.2		LGJ—120	LGJ—95—50—35		
二	110 千伏五里变电所		108.157	64.386					80/12590	157/51 825
1	运河线	10	3.796	1.429	2.367	1.429	LGJ—150—120	LGJ—35	2/150	5/2740
2	纸厂线	10	2.45				LGJ—150—120	LGJ—50—35		2/2000
3	曲江线	10	5.222	0.38	3.434	1.788	LGJ—150	LGJ—150—35	3/880	9/3215
4	瓦窑线	10	7.923	1.621	1.129	6.794	LGJ—150	LGJ—95—35	8/1090	8/3195
5	磷肥线	10	6.457	2.59	3.968	2.489	LGJ—120	LGJ—50—35	10/2025	20/8045
6	东风线	10	40.51	40.51	4.854	35.758	LGJ—95	LGJ—95—70—35—25	30/3095	41/5745
7	水厂线	10	6.209	1.821	3.831	2.378	LGJ—70	LGJ—70	11/2685	22/7995

续表

序号	线路名称	电压等级（千伏）	线路长度（千米）				导线型号		变压器［台/（千伏·安）］	
			总长	供农业用	干线	支线	干线	支线	电力企业	用户自备
8	化肥1号线	10	1.188				LGJ—150			3/2310
9	化肥2号线	10	1.137				LGJ—150			
10	陶瓷线	10	5.689	0.218	1.597	4.097	LGJ—150	LGJ—35	6/1170	7/1485
11	五台线	10	1.938							5/2610
12	北路线	10	9.944	9.838	4.396	5.312	LGJ—95	LGJ—50—35	5/530	5/1840
13	印染线	10	3.04				LGJ—120			3/2315
14	电子线	10	2.033		1.453	0.58	LGJ—120	LGJ—50		5/2780
15	湾头线	10	7.847	6.081	5.919	1.928	LGJ—150—95	LGJ—70—50—35—25	5/1165	16/3840
16	庆丰线	10	2.743				LGJ—120			5/4260
三	110千伏平山变电所		50.601	25.245					97/15850	90/27 235
1	建材线	10	3.849		2.804	1.045	LGJ—95	LGJ—95		7/42 905
2	城北线	10	11.56	10.624	3.858	7.702	LGJ—95	LGJ—50—35	15/1785	3/6450
3	史公线	10	4.75	1.645	2.51	2.24	LGJ—120—95	LGJ—120—95	1/3205	11/3000
4	梅岭线	10	3.28		2.51	0.75	LGJ—120	LGJ—70	9/2030	2/2800
5	凤凰线	10	3.531	0.252	2.601	0.93	LGJ—150	LGJ—70—50		9/2880
6	友谊线	10	2.8				LGJ—150		7/1195	3/360
7	平山线	10	13.956	12.724	6.021	6.703	LGJ—95	LGJ—50—35	17/2440	9/2720
8	高桥线	10	4.818		3.288	1.53	LGJ—95—50	LGJ—95—50	5/980	20/6080
9	农配线	10	2.277							3/3300
四	35千伏红星变电所		47.098	47.098						
1	农科线	10	1.416	1.416			LGJ—95			1/320
2	电灌线	10	17.848	17.846	5.55	12.296	LGJ—35	LGJ—35	11/2780	2/150
3	西湖线	10	27.836	27.836	7.007	20.829	LGJ—95—50	LGJ—50—35—25	32/4320	20/3230

实施验收制，做到房屋建设与供电设施同步竣工。

1992年初，110千伏双桥变电所投运，新增10千伏西区线、石塔线、通扬线、大华线、苏农线、曙光线、迎新线、卜桥线共8条，供电最远距离13.72千米，到达石塔寺、西门街、新北门地段，使市区西部、北部配电网络加强，释放了南郊变电所负荷。至1994年，市区10千伏线路共59条，487千米，配电变压器1078台，容量35.41万千伏·安（用户自备变压器645台，容量24.00万千伏·安；公用变压器433台，容量11.41万千伏·安）。400伏线路314千米。城区内10千伏实行动力与照明线分开供电，郊区为放射状供电。1995年7月31日，扬州供电局制订《1995～2015年扬州市城区电网规划》，把城市电网改造纳入城市建设总体规划中。

1996年底（扬、泰两市分设前），扬州市共有10千伏线路832条，计15 299千米，10千伏电缆线路13千米，400伏线路60 471千米，低压电缆51千米；公用配电变压器14 278台，容量238.59万千伏·安，企业自备变压器10 222台，容量156.20万千伏·安。扬州市区及郊区有10千伏线路59条，410千米；400伏线路1281千米；公用变压器601台，容量16.42万千伏·安；企业自备变压器773台，容量29.48万千伏·安。

1997年扬、泰两市分设后，扬州市辖5县（市），共有10千伏线路405条，计7435千米，10千伏电缆13千米；400伏线路34 648千米，低压电缆51千米；公用配电变压器6500台，容量82.54万千伏·安；企业自备变压器4688台，容量96.09万千伏·安。配电网10千伏线路导线截面积35毫米^{2}及以下共计5367千米，64系列和73系列高耗能配电变压器共5530台。1997年底，扬州市区共有10千伏线路76条，计432.48千米；有400伏低压线路1881千米；有公用配电变压器668台，容量18.68万千伏·安；企业自备配电变压器837台，容量31.84万千伏·安。

1998年前，城市电网建设主要依靠地方投资，扬州市政府每年下达城市电网建设改造文件，扬州供电局负责具体实施。

扬州市区城网建设改造投资情况：1991年，扬州市共筹集961.1万元，用于城市配网改造。1992～1993年城网改造总投资1550万元（能源部补贴450万元，省电力局补贴350万元，扬州供电局配电贴费150万元，地方自筹600万元）。1994年扬州市政府批准扬州城区电网工程建设资金5610万元（①1994年竣工项目当年投入2760万元，其中220千伏蒋王变电所增容工程1800万元、110千伏平山变电所增容工程500万元、城区10千伏线路低压台片改造300万元、开发区新建2条10千伏线路60万元。②1995年竣工项目，1994年预计投入2500万元，其中新建110千伏琼花变电所2300万元、蒋王变电所扩建第二电源进线200万元），地方筹资2190万元，蒋王变电所增容2000万元按规定列入扬州第二发电厂配套工程，由国家投资。1996年，扬州市政府批复城区电网建设共需资金10 822.04万元，可筹集资金为5000万元，缺口5000万元，要求扬州供电局申请贷款，在以后征收的城网建设费中偿还。扬州供电局用电科下达市区供电所的配网改造费用为1025万元，其中大项目有10千伏线路改造612万元，低压配电台区改造146万元，增加配电变压器布点80万元。1997年，市政府批复城区电网建设资金6221.67万元，可筹集5000万元，缺口1221.67万元，要求扬州供电局申请贷款，在以后征收的城网建设费中偿还。扬州供电局下达直属生产单位城区10千伏配网改造项目计划，实际可筹资为3600万元，缺少的部分申请地方贷款。

扬州城市电网建设与改造筹资来源：

(1) 扬州市政府扬政办发〔1993〕5号文件，按每千瓦·时0.04元征收电网建设费，作为城市电网建设专项资金。

(2) 苏价管联〔1993〕68号文件，照明加价每千瓦·时0.007元，用于城市配电网建设。

(3) 扬州市政府扬政发〔1996〕32号文件，扬州第二发电厂集资每千瓦·时0.06元，20%用于电网配套建设。

(4) 扬价工〔1996〕151号文件，征收省电力建设基金，每千瓦·时0.02元，返还0.003元，用于地方电网的配套建设。

(5) 扬州市政府扬政发〔1997〕193号文件，征收电网建设费，按每千瓦·时0.02元征收。

(6) 用户增容缴纳的配电贴费（扬州供电局用电科归口管理），部分用于贴补城网建设。

(7) 国家经贸委补贴资金。

1998年下半年至2002年5月，扬州市区电网改造（详见第三章第三节城市电网建设与改造），配电网络建设与改造国家总投资3.468 5亿元。扬州市农村电网建设与改造1998年下半年开始（详见第六章第一节农村电网），一期工程于2001年8月完成，省电力局下达扬州市一期工程总投资8.550 2亿元，其中10千伏配电网工程投资6.091 8亿元，所占比例较大，是对农村配电网长期以来乡镇自筹资金投入不足的弥补；二期农网改造是对一期的补充，主要是10千伏及以下配电网络改造，省电力局下达扬州市二期工程总投资2.594 5亿元，工程于2002年初开始，2003年4月竣工。扬州城、乡电网改造10千伏及以下配电网络资金投入最大。至2002年底，扬州市共有10千伏线路562条，计10 002千米，有400伏线路45 836千米，电缆线路498千米；有公用配电变压器13 168台，计176.91万千伏·安，企业自备配电变压器7908台，计145.47万千伏·安。

2002年底扬州市区（包括邗江区）有10千伏线路共240条，计1959千米，400伏线路计12 720千米，10千伏及以下电缆线路481千米；有公用配电变压器3727台，计73.10万千伏·安。扬州城区10千伏主干线全部为截面240毫米^{2}绝缘导线，供电半径2千米左右，10千伏互为联络线路达到95%，配电台区按照小容量、密布点、供电半径200米以内的规划要求进行布点改造。城区泰州路、南通路、江都路、文昌路、文汇路、扬子江路、维扬路、邗江大道等主干道敷设10千伏电缆，美化城市环境。

二、35千伏网络

1991年，扬州市共有35千伏公用变电所84座，多为单电源受电，变压器172台，容量79.13万千伏·安；35千伏直配变压器130台（仪征市109台，邗江县11台，高邮市10台），计3.68万千伏·安；企业自备35千伏变压器共145台（含直配变压器），容量21.62万千伏·安。全市35千伏线路180条，计1812千米。直配变压器大多数分布在仪征、邗江丘陵山区，是1970年前后安装在35千伏线路沿线的配电变压器，又称挂灯笼，为丘陵山区多级提水站供电，不同于35千伏变电所的主变压器。扬州市区自从1988年35千伏北郊变电所易地重建为110千伏五里变电所后，已没有35千伏公用变电所（向邗江县供电的35千伏司徒庙开关站除外），企业自备35千伏变电所有钢铁厂、冶金厂、树脂厂、农药厂、合成化工厂共7座，变压器14台，容量4.46万千伏·安；有35千伏线路9条，计31千米。

1996年底（扬、泰两市分设前），扬州市共有35千伏公用变电所110座，变压器213台，容量计129.20万千伏·安；35千伏直配变压器138台（仪征市127台，邗江县11台），计6.06万千伏·安；企业自备35千伏变压器165台（含直配变压器），容量33.11万千伏·安。35千伏线路244条，计2015千米。扬州10个县（市）平均每个县（市）有11座35千伏公用变电所，全市312个乡镇，平均每座35千伏公用变电所向3个乡镇供电。1997年扬、泰两市分设后扬州市35千伏输变电设备见表2-5。

表2-5 1997年扬、泰两市分设后扬州市35千伏输变电设备

名称	公用变电所			直配变压器		企业自备变电所（含直配）			线路	
	座	台	万千伏·安	台	万千伏·安	座	台	万千伏·安	条	千米
合计	57	111	60.43	138	6.06		85	15.58	127	1150
市区供电所	—	—	—	—	—	8	24	6.84	12	31.8
江都市	13	26	16.39	—	—	8	14	4.15	29	280
仪征市	16	32	13.05	127	5.73		28	2.12	23	305
邗江县	10	18	10.67	11	0.33	1	4	0.27	32	262
高邮市	9	18	11.04	—	—	3	7	0.92	15	129
宝应县	9	17	9.28	—	—	3	8	1.28	16	142

1996年底，扬州市区35千伏变电所全部为企业自备变电所，有冶金厂、水厂、农药厂、钢铁厂、客车总厂、树脂厂、合成化工厂、有机化工厂共8座，计18台变压器，容量6.84万千伏·安。35千伏线路有湾北线、五化线、五合线、五南线、五钢线、南农线、五平线、南客线、南冶线、树脂支线、红南线、湾水线共12条，计31.8千米，其中湾北线、五南线、五平线、红南线为公用线路，其余8条均为厂用专线。

35千伏公用变电所大多数分布在农村，由县（市）110千伏或220千伏变电所向其供电，再降压以10千伏线路向一个或几个乡镇供电。1998年之前，35千伏输变电工程建设主要以地方投资为主，经济薄弱地区的供电设施得不到应有改善，需要增加35千伏变电所布点。扬州市农村电网改造一期工程35千伏电网投资共5568万元，新建35千伏变电所8座，改造35千伏变电所9座，新增变电容量13.01万千伏·安；扩建35千伏变电所间隔14个；新建35千伏线路176千米，改造35千伏线路6.5千米。新增布点及变电所改造增容，使农村10千伏线路供电距离远、电压低、线损高的状况得到改善。

2002年底，扬州市共有35千伏公用变电所73座，变压器133台，容量88.44万千伏·安；35千伏直配变压器54台（全部在仪征市），容量计2.91万千伏·安；企业自备35千伏变电所37座，102台变压器（含直配变压器），容量20.55万千伏·安；35千伏线路139条，计1237千米；35千伏电缆3千米。扬州市区的35千伏公用变电所分布在邗江区，有公道、槐泗、杨庙、贾桥、瓜洲、八里、北洲、红桥、二桥、杨寿共10座，变压器19台，容量计14.68万千伏·安；35千伏企业自备变电所21座，容量计13.06万千伏·安；35千伏线路共28条，计163千米。

三、110千伏网络

1991年，扬州市共有110千伏变电所21座，变压器34台，合计容量98.35万千伏·安（不包括泰州调相变电所2台7.5万千伏·安调相变压器），110千伏线路45条，计764千米。10个县（市）加上扬州市区，平均每个县（市）有2座110千伏变电所。110千伏变电所大多是单电源，有7座是单变压器，网络结构较为薄弱。

列入扬州发电厂扩建（2台20万千瓦机组）配套3项输变电项目（新建220千伏蒋王变电所、新建110千伏邗江方巷变电所、市区北郊变电所由35千伏升压改造为110千伏变电所）工程于1990年与扬州发电厂扩建工程同步完成。1992年扬州市区东、西、南、北郊各有1座110千伏变电所，4座110千伏变电所合计容量为22.05万千伏·安，均以10千伏出线向市区供电。五里变电所在市区东郊，即原35千伏北郊变电所易地新建的110千伏变电所，有2台3.15万千伏·安变压器，从扬州发电厂受电，向扬州市区东部供电。南郊变电所是扬州市区第一座110千伏变电所，1971年建成投运后多次扩建，至1992年有2台3.15万千伏·安变压器，向市区中部、南部供电，是扬州市区供电覆盖范围最大、负荷最重的变电所。1992年1月19日，扬州市区西郊110千伏双桥变电所投运，2台3.15万千伏·安变压器，架设蒋双1、2号线，从蒋王变电所受电，向市区西部供电，双桥变电所投运，使南郊变电所长期超负荷运行状况好转。北郊平山变电所建成于1982年5月，110千伏扬平线从扬州发电厂受电，1992年有1台3.15万千伏·安变压器，向扬州市区北部供电。1994年1月31日，110千伏湾头变电所投运，装有2台3.15万千伏·安变压器，从扬州发电厂受电，缓解东郊五里变电所供电压力。1995年9月12日平山变电所扩建增容1台3.15万千伏·安变压器。1996年11月28日，为适应市区西南郊经济开发区用电而建的110千伏开发变电所投运，1台4万千伏·安变压器，从蒋王变电所受电，向经济开发区供电。至此有6座110千伏变电所向扬州市区及郊区供电，合计容量为35.5万千伏·安；有110千伏线路12条，计106千米。

扬、泰两市分设前的1996年底，扬州市110千伏网络共有110千伏变电所33座，平均每个县（市）（包括扬州市区）有3座110千伏变电所，变压器57台，容量178.7万千伏·安；110千伏线路64条，计888千米。县（市）的110千伏变电所以向农村35千伏变电所供电为主，扬州市区的110千伏变电所直接以10千伏出线向配电台区供电。扬、泰两市分设后的1997年，扬州市辖5县（市），110千伏变电所有17座，变压器31台，容量89.75万千伏·安；110千伏线路36条，计512千米。

1998～2001年，扬州农村电网建设与改造一期工程国家投资110千伏电网共1.323 9

亿元，新建110千伏变电所6座，改造110千伏变电所4座，新增变电容量34.05万千伏·安；扩建110千伏变电所间隔2个；新建110千伏线路94.69千米。农村110千伏网络建设与改造着重于增布点、调结构，使变电所达到双电源、双变压器，互为连络备用，提高供电可靠性。农网改造后110千伏线路输电距离缩短，条数增加，110千伏线路损耗下降。

1998～2002年，扬州市区城网建设与改造110千伏网络国家投资2.5091亿元。新建110千伏变电所5座，改造110千伏变电所1座，新增变电容量45.5万千伏·安；新建110千伏线路47.2千米，改造110千伏线路40.9千米。1997年7月3日，扬州市区中部文昌中路110千伏琼花变电所建成投运。这项工程原属地方出资建设项目，被扬州市政府列为1997年为民办20件实事之一，城网改造开始后省电力局将其列入城网改造项目。琼花变电所新装2台4万千伏·安变压器，有10千伏电缆出线15条向城市中部供电，使扬州老城区长期存在供电距离远、电压低的状况得到改变。此后按城网规划又新建110千伏文汇、沙头（位于邗江县沙头镇）、西湖、施井、汉河（位于邗江县汉河镇）变电所，并扩建琼花变电所（1台4万千伏·安变压器）。至城网改造竣工的2002年，环扬州城有8座110千伏变电所，即湾头变电所（城东）—五里变电所（城东北）—平山变电所（城北）—西湖变电所（城西北）—文汇变电所（城西）—开发变电所（城西南）—南郊变电所（城南）—施井变电所（城东南），城市中部有琼花变电所和双桥变电所，合计10座110千伏变电所，变压器21台，容量77.2万千伏·安。10座110千伏变电所均为双电源、双变压器，供电稳定可靠。邗江县2001年撤县为区，并入扬州市区，110千伏方巷变电所在邗江县北部，南部有施桥、沙头、杭集、汉河变电所，共5座110千伏变电所，9台变压器，容量27.2万千伏·安。2002年底，扬州市区（包括邗江区）共有15座110千伏变电所，变压器30台，容量计104.4万千伏·安；110千伏线路31条，计199千米。220千伏蒋王、横沟变电所和扬州发电厂三个电源点向扬州市区110千伏网络供电。

至2002年底，扬州市有110千伏变电所共30座，变压器54台，合计容量183.1万千伏·安；110千伏线路60条，计610千米。从扬、泰两市分设后的1997～2002年，扬州市110千伏变电所由17座增加到30座，变电容量由89.75万千伏·安增加到183.1万千伏·安，增加了1倍左右；110千伏线路由36条增加到60条，线路条数增加近1倍，长度由512千米增加到610千米，增加98千米。

四、220千伏网络

1991年底，扬州市220千伏网络有靖江、徐庄、黄桥（降压为110千伏运行）、泰州、砖桥、蒋王、澄子共7座变电所，容量105万千伏·安，加上非扬州供电局管辖的扬州发电厂2台12万千伏·安联络变压器，合计129万千伏·安。泰州变电所和澄子变电所各2台12万千伏·安变压器，靖江、徐庄、砖桥、蒋王各1台12万千伏·安变压器，黄桥变电所1台9万千伏·安变压器。有220千伏线路15条，计646千米，其中有5条线与周边地区连接受电：六（合）扬（州）线与南京连接，淮（阴）澄（子）线与淮阴连接，谏（壁）泰（州）1、2号线与镇江连接，靖（江）通（南通）线与南通市连接。有6条220千伏线路与1987年底投运的500千伏江都变电所连接受电，改变此前扬州没有大电厂，电源主要依靠从周边地区输入的状况。

1991～1993年新建、扩建的220千伏输变电工程有4项，新增变电容量48万千伏·安，新建220千伏线路83千米。

（1）1991年7月10日，高邮市澄子变电所扩建1台12万千伏·安变压器投运，改变澄子变电所长期超负荷运行状况。

（2）1993年11月28日，江都市220千伏砖桥变电所扩建1台12万千伏·安变压器投运，同时投运的有江（都）砖（桥）2号线。

（3）1993年10月28日，新建兴化市220千伏昭阳变电所投运，1台12万千伏·安变压器，从500千伏江都变电所受电，新建220千伏江（都）昭（阳）线同时投运，改变兴化市从高邮和泰州以2条110千伏线路远距离受电状况，同时也缓解高邮澄子变电所供电兴化、高邮、宝应3县（市）的负荷压力。

（4）1993年4月26日，新建仪征市真州变电所投运，1台12万千伏·安变压器，六合至扬州220千伏线路开断环入真州变电所，六（合）扬（州）线改名为真（州）扬（州）线、六（合）真（州）线。

1993年12月30日，扬州供电局将220千伏淮（阴）澄（子）线淮阴境内1～136号共48千米线路移交给淮阴供电局，扬州境内136号至澄子变电所共69千米线路仍由扬州供电局线路工区管辖。

扬州市东南部黄桥变电所于1994年6月恢复220千伏运行，仍使用原9万千伏·安变压器；220千伏靖江变电所扩建新增1台12万千伏·安变压器，1994年7月12日投运；南通天生港电厂至靖江2号线1995年12月11日投运。扬州市东南部靖、泰地区220千伏网架结构薄弱状况得到改善。220千伏靖江变电所双电源双变压器，黄桥变电所到220千伏徐庄变电所新架设22千米线路，黄桥变电所可从徐庄、靖江、南通市刘桥3个方向受电。扬州市区西南郊220千伏蒋王变电所自1990年初投运后，从扬州发电厂受电，供扬州市区一半负荷，单电源、单变压器，运行可靠性较差；1995年12月27日扩建1台12万千伏·安变压器投运，运行方式为单电源、双变压器；1997年11月22日，220千伏真（州）扬（州）线开断环入蒋王变电所，改变为双电源、双变压器，供电可靠性增强。真扬线开断后改名为220千伏扬（州）王（蒋王）2号线和真（州）王（蒋王）线。扬州市北部宝应县自220千伏安宜变电所1996年4月10日投运后，改变了长期主要依靠1条110千伏线路从高邮澄子变电所受电的状况，变电所新建容量为12万千伏·安，供电能力大幅增强，220千伏澄子至淮阴清河变电所线路开断环入安宜变电所，澄清线改名为220千伏澄（子）安（宜）线和安（宜）清（河）线。1996年10月25日，姜堰市220千伏陆庄变电所投运，新装1台12万千伏·安变压器，220千伏江（都）海（安）线开断环入陆庄变电所。至1996年底扬、泰两市分设前，扬州市共有220千伏变电所11座，变压器16台，容量189万千伏·安（不包括扬州发电厂2台联络变压器），220千伏线路22条，计719千米。

扬、泰两市分设后的1997年，扬州市有蒋王、砖桥、真州、澄子、安宜5座220千伏变电所，变压器8台，容量96万千伏·安（不包括扬州发电厂2台联络变压器），其中蒋王、砖桥、澄子变电所为双变压器，仪征真州、宝应安宜变电所为单变压器。除邗江县外，每县（市）有1座220千伏变电所，是县（市）的供电中心。有220千伏线路12条，计330千米。

从1997年3月起，部分220千伏线路由原管辖单位扬州供电局线路工区移交给县（市）供电局。220千伏六（合）真（州）线移交给仪征供电局，220千伏江（都）砖（桥）1、2号线移交给江都供电局，220千伏澄（子）安（宜）线和江（都）澄（子）线移交高邮供电局，220千伏安（宜）上（河）线移交给宝应供电局。1998年底，220千伏扬（州）江（都）1号线开断环入砖桥变电所，改名220千伏扬（州）砖（桥）、江（都）砖（桥）线，移交江都供电局。

扬州第二发电厂配套工程220千伏输变电4项工程1996年开始建设，1999年底全部投运。新建扬州市东南郊220千伏横沟变电所和江都市220千伏大桥变电所，扩建220千伏蒋王变电所和仪征市220千伏真州变电所，新增容量横沟18万千伏·安、大桥12万千伏·安、真州12万千伏·安，计42万千伏·安。架设220千伏蒋王至横沟线路、横沟至大桥线路、大桥至江都变电所双回线路，形成220千伏线路环网。220千伏蒋王变电所—横沟—大桥—500千伏江都变电所—扬州发电厂—蒋王变电所。新架设220千伏江都大桥至泰州线路（扬州段13千米），加强了苏中地区沿江220千伏网络联系。

2000年5月27日建成500千伏江都变电所至高邮市220千伏澄子变电所第二输电通道，名江澄1号线，增强了江都变电所向扬州北部输电能力，并提高主网供电可靠性。2001年9月14日，宝应县220千伏安宜变电所扩建工程投运，新增容量12万千伏·安；新建安宜至淮阴上河线路（扬州段15千米），名为220千伏上安1号线，与安宜变电所扩建工程同时投运；上安1、2号线从500千伏上河变电所受电，是安宜变电所的主供电源。

至2002年底，扬州市共有7座220千伏变电所，变压器12台，合计容量为150万千伏·安（蒋王2台12万千伏·安，横沟1台18万千伏·安，砖桥2台12万千伏·安，大桥1台12万千伏·安，真州2台12万千伏·安，澄子2台12万千伏·安，安宜2台12万千伏·安），加上扬州发电厂2台12万千伏·安连络变压器（非扬州供电公司管辖），合计变电容量为174万千伏·安。7座变电所均为双电源，其中5座变电所为双变压器。全市共有220千伏线路20条，计499千米。

2002年在建项目有位于江都市北部真武镇的220千伏张套输变电工程，当年6月开工，2003年7月投运，新建1台12万千伏·安变压器，江（都）澄（子）1号线开断环入张套变电所。2002年已经立项的220千伏邗江输变电工程于2003年9月开工，2004年7月投运。

五、500千伏网络

500千伏江都变电所于1987年12月27日投运，变压器容量50万千伏·安，是江苏省第一项500千伏输变电工程，500千伏徐州（任庄）至江都线路与江都变电所同时投运。500千伏江都变电所至无锡斗山线路于1988年11月4日投运，构成江苏及华东电网北电南送主通道。1991年江都变电所有220千伏出线7条（至扬州发电厂2条、泰州2条、江都砖桥1条、高邮澄子1条、海安1条），1993年扩建2条出线（江都砖桥2号线和江昭线），共计9条220千伏出线，其中有8条与扬州220千伏网架连接，是扬州电网的主供电源。

500千伏江都变电所扩建工程于1997年9月5日开工，1999年5月28日投运。扩建工程包括三项内容：

（1）扬州第二发电厂电力送出即扬江输变电工程中的变电所增容和出线间隔工程。

（2）山西省阳城电厂电力送出至江苏即淮江2回输变电工程中的江都变电所工程。

（3）为加强江苏省南北电网联络，北电南送，建设江都至常州武南输变电工程中的江都变电所工程。

江都变电所扩建后，变电所围墙东扩，征地9311.3米^2，新装1台日本三菱公司生产的三相一体式75万千伏·安变压器，有500千伏进出线6条，其中到淮阴500千伏上河变电所2条，到常州500千伏武南变电所1条，到无锡500千伏斗山变电所1条，到扬州第二发电厂2条。有220千伏出线10条（泰州2条、兴化昭阳1条、姜堰陆庄1条、高邮澄子2条、江都大桥2条、江都砖桥1条、扬州发电厂1条）。

新建扬州第二发电厂至江都变电所500千伏1、2号线于1998年8月18日投运，是扬州第二发电厂一期工程电力送出线路。新建500千伏上河变电所至江都变电所2号线路全长113.336千米，扬州境内106.436千米，1999年12月7日投运。新建500千伏江都变电所至常州武南变电所线路，全长103.766千米，扬州境内28.1千米，1998年8月11日投运。原500千伏任（庄）江（都）线于1999年11月22日至29日停电开断环入淮阴500千伏上河变电所，上河变电所至江都变电所线路改名为500千伏上江1号线，扬州境内共105千米。

2002年底，500千伏江都变电所共2台变压器，容量125万千伏·安。500千伏线路6条，其中2条为扬州第二发电厂电力送出线路，2条为江都至淮阴上河线路，2条为江都至无锡斗山、常州武南线路。江都变电所有220千伏出线10条（泰州2条、兴化昭阳1条、姜堰陆庄1条、高邮澄子2条、江都大桥2条、江都砖桥1条、扬州发电厂1条），是向苏中地区扬、泰两市供电的枢纽变电所。

第二节　输　电　线　路

输电线路记述范围为1991～2002年扬州市境内全部500千伏线路6条，扬州市境内全部220千伏线路，扬州供电局直接运行管辖的全部110千伏线路，县（市）供电局（公司）管辖的110千伏线路列表记述。

一、110千伏线路

扬平线　110千伏扬平线从扬州发电厂至扬州北郊平山变电所，长5千米，共27基杆塔，导线为LGJ—120毫米^{2}钢芯铝绞线，1982年5月与新建的平山变电所同时投运。1995年5月3日扬平线导线更换为LGJ—240毫米^{2}钢芯铝绞线，共22基杆塔。

110千伏扬五1、2号线　110千伏扬五1、2号线从扬州发电厂至扬州东北郊五里变电所，同塔双回架设，长2千米，共11基铁塔，导线为LGJ—185毫米^{2}钢芯铝绞线，1988年10月投运。设计、施工及运行单位均为扬州供电局。

热开线 110千伏热开线从扬州威亨热电厂至扬州开发区开发变电所，是威亨热电厂电量上网专用线，长2千米，共15基铁塔，导线为LGJ—185毫米^{2}钢芯铝绞线，1996年11月28日投运。设计、施工及运行单位均为扬州供电局。

平蒋线 110千伏平蒋线从平山变电所至蒋王变电所，长11千米，共50基杆塔，导线为LGJ—120毫米^{2}钢芯铝绞线。此线路原为扬州发电厂至仪征线路，名为扬仪线，1976年7月投运。1986年改为平（山）仪（征）线，从扬州北郊平山变电所至仪征，长32千米，132基杆塔。1990年蒋王变电所投运后，平仪线85号杆开断环入蒋王变电所，仪征至蒋王线路改名仪蒋线，平山至蒋王线路改名平蒋线。平蒋线是1982年5月新建的平山变电所第二电源线路。1997年1月平蒋线改造。2002年，平蒋线长13千米，共59基杆塔。

扬方线 110千伏扬方线从扬州发电厂至邗江县北部方巷变电所，是邗江县第一条110千伏线路，长15千米，共69基杆塔，导线为LGJ—185毫米^{2}钢芯铝绞线，地线为GJ—35毫米^{2}钢绞线，与方巷变电所同步建设，1988年5月6日投运。

蒋南线 110千伏蒋南线从220千伏蒋王变电所出线，至110千伏南郊变电所，长7.15千米，共30基杆塔，导线为LGJ—185毫米^{2}钢芯铝绞线，1991年8月2日投运。设计、施工及运行单位均为扬州供电局。蒋南线投运后，主供南郊2号变压器，供电距离缩短，改变了原来迂回供电状况。1997年后为适应城市建设规划多次改道，至2002年线路长9千米，72基杆塔。

蒋双1、2号线 110千伏蒋双1、2号线从220千伏蒋王变电所至110千伏双桥变电所，同塔双回架设，长3千米，共11基铁塔，线路从双桥变电所出线后，经过郊区菜地，有两处转向，向西南方向至蒋王变电所，导线为LGJ—185毫米^{2}钢芯铝绞线，地线为GJ—50毫米^{2}钢绞线，1992年1月19日投运。1998年5月因城市建设蒋双1、2号线改造，原线路和铁塔拆除，新线路从双桥变电所出线向北，经宝带小区，沿文汇东路南侧向西，再折向南进入蒋王变电所，新立25基钢管塔，设计、施工及运行单位均为扬州供电局。

扬湾线 110千伏扬湾线从扬州发电厂至湾头变电所，长3千米，共14基铁塔，导线为LGJ—185毫米^{2}钢芯铝绞线，1993年10月20日开工，同年12月25日竣工，1994年1月31日投运。110千伏扬湾线自投运后一直是湾头变电所主供线路。与扬湾线同时投运的另1回线路支接于110千伏砖南线，长0.74千米，是湾头变电所备用电源。

蒋开线 110千伏蒋开线从220千伏蒋王变电所至110千伏开发变电所，长3千米，共36基钢管塔，导线为LGJ—185毫米^{2}钢芯铝绞线，是开发变电所的主供线路。设计、施工及运行均为扬州供电局。线路于1996年11月28日投运。

扬花线 110千伏扬花线从扬州发电厂至110千伏琼花变电所，长5千米，共33基杆塔，导线为LGJ—240毫米^{2}钢芯铝绞线，是扬州城中部琼花变电所的主供线路，1997年7月3日投运。与扬花线同时投运的另1回线路支接于扬（州发电厂）南（郊）线，长

5千米，共15基铁塔，导线为LGJ—240毫米^{2}钢芯铝绞线，为备用线路。此2条线路从东向西跨越古运河，在扬州市区解放桥北侧铁塔引下，与地下110千伏电缆连接，沿文昌东路北侧向西740米进琼花变电所。110千伏扬花线及扬南线（2000年改名横扬线）琼花支线设计、施工及运行均为扬州供电局。

横扬线 110千伏横扬线从220千伏横沟变电所至扬州发电厂，长13千米，53基杆塔，导线为LGJ—240毫米^{2}钢芯铝绞线，2000年7月30日投运。横扬线是原建于1990年7月的110千伏扬南线，改造后改名为横扬线，与南郊变电所断开，与横沟变电所连接，有2条支线，琼花支线长4.4千米，29基杆塔，导线为LGJ—240毫米^{2}钢芯铝绞线；施井支线长3.3千米，18基杆塔，导线为LGJ—185—240毫米^{2}钢芯铝绞线，2002年1月31日与施井变电所同时投运。110千伏横扬线设计、施工及运行单位均为扬州供电局。

横杭线 110千伏横杭线自220千伏横沟变电所至杭集变电所，长11千米，27基杆塔，导线为LGJ—120—240毫米^{2}钢芯铝绞线。此线路是原110千伏砖南线改造而成，断开与南郊和江都砖桥变电所的连接，从横沟变电所架设新线路与其连接，线路向东至邗江区杭集变电所止，改造后的线路名横杭线，主供110千伏杭集变电所，2000年7月30日投运。横杭线支线（原砖南线支线）仍接入湾头变电所，是湾头变电所备用电源。110千伏横杭线设计、施工及运行单位均为扬州供电局。

横沙线 110千伏横沙线从横沟变电所至邗江区南部110千伏沙头变电所，长11千米，共52基杆塔，导线为LGJ—240毫米^{2}钢芯铝绞线，地线为GJ—50毫米^{2}钢绞线，其中单回线8.79千米至原施（桥）高（桥）线24号杆，与施（桥）沙（头）线同杆架设，进入沙头变电所，2000年12月投运，是沙头变电所主供电源。2002年6月18日，从横沙线13号杆支接线路8千米，进杭集变电所，是杭集变电所第二电源。110千伏横沙线设计、施工及运行单位均为扬州供电局。

沙高线 110千伏沙高线从沙头变电所至镇江市丹徒县110千伏高桥变电所，长12千米。此线路最初为110千伏谏（壁）扬（州）过江线，1960年投运。1984年跨江段线路拆除，谏扬过江线改名高桥支线，支接在扬（州发电厂）南（郊）线，向高桥变电所供电。1991高桥支线改造，与扬南线断开，从施桥变电所至高桥变电所，改造后名施高线，长20千米，85基杆塔，当年8月2日投运，由220千伏蒋王变电所供施桥及高桥变电所。2000年7月4日110千伏沙头变电所投运，施高线开断环入，施桥至沙头段名施沙线，沙头至高桥段名沙高线。沙高线共55基杆塔，导线由原LGJ—90毫米^{2}导线更换为LGJ—185毫米^{2}钢芯铝绞线，与沙头变电所同时投运，向高桥变电所供电。

施沙线 110千伏施沙线从施桥变电所至沙头变电所，长8千米，共36基杆塔。此线路原为施高线，2000年7月4日110千伏沙头变电所投运，施高线开断环入沙头变电所，施桥至沙头段名施沙线，沙头至高桥段名沙高线。施沙线改造将原LGJ—90毫米^{2}导线换为LGJ—185毫米^{2}导线，增加1基铁塔，与沙头变电所同时投运。

蒋施线 110千伏蒋施线从220千伏蒋王变电所至施桥变电所，长10.48千米，44基杆塔，导线为LGJ—185毫米^{2}钢芯铝绞线，地线为GJ—35毫米^{2}钢绞线，与35千伏施桥变电所升压改造为110千伏变电所工程同步建设，1990年9月21日投运，是施桥变电所主供电源。2002年，蒋施线长12千米，53基杆塔。

文蒋线 110千伏文蒋线从文汇变电所至蒋王变电所，是文汇变电所主供线路，长5千米，共27基杆塔，导线为LGJ—185毫米^{2}钢芯铝绞线，地线为GJ—50毫米^{2}钢绞线。文蒋线1999年3月8日开工，2000年7月12日竣工，同年12月5日投运。设计、施工及运行均为扬州供电局。文汇支线接在110千伏平（山）蒋（王）线，长1千米，共5基杆塔，是文汇变电所备用电源线路。

蒋西1、2号线 110千伏蒋西1、2号线从220千伏蒋王变电所至110千伏西湖变电所，长7千米，共37基杆塔，其中钢管杆22基，铁塔15基，双回路架设，导线为LGJ—240毫米^{2}钢芯铝绞线，地线为LXXGJ—50毫米^{2}锌铝镀层钢绞线，2001年2月28日开工，当年11月27日竣工，11月30日投运。110千伏蒋西1、2号线设计、施工、运行单位均为扬州供电公司。蒋西2号线支线与邗江区北部方巷变电所连接，长11千米，45基杆塔，导线为LGJ—185毫米^{2}钢芯铝绞线，2001年12月29日投运，是方巷变电所第二电源线路。

蒋汉线 110千伏蒋汉线从蒋王变电所至邗江区南部汉河变电所，长4.7千米，共22基杆塔，其中钢管塔5基，铁塔17基，导线为LGJ—185毫米^{2}钢芯铝绞线，地线为GJ—50毫米^{2}钢绞线，2001年12月30日投运。110千伏蒋汉线设计、施工、运行单位均为扬州供电公司。

横南1、2号线 110千伏横南1、2号线从横沟变电所至南郊变电所。横南1号线长4千米，18基杆塔，导线为LGJ—185—240毫米^{2}钢芯铝绞线，地线为GJ—50毫米^{2}钢绞线。横南2号线长4千米，19基杆塔，导线为LGJ—120—240毫米^{2}钢芯铝绞线，地线为GJ—50毫米^{2}钢绞线。横南1、2号线2000年7月30日投运。设计、施工和运行单位均为扬州供电局。横南1、2号线建成后，南郊变电所从220千伏横沟变电所受电，改变长期从扬州发电厂和蒋王变电所受电，改善了110千伏网络结构。横南1号线支线接入110千伏施井变电所，长3.3千米，18基杆塔，2002年1月31日与施井变电所同时投运。

2002年底扬州市110千伏输电线路见表2-6。

二、220千伏线路

谏泰1、2号线 220千伏谏泰1号线是扬州地区第一条220千伏线路，也是江苏省第一条220千伏跨越长江线路，1967年7月建成，以110千伏运行，1970年7月1日起，以220千伏运行，成为扬州地区最重要的电源输入线路。线路跨越长江，从谏壁发电厂至220千伏泰州变电所，长53.61千米，142基杆塔，导线为LGJ—240毫米^{2}钢芯铝绞线（非跨江部分），架空地线为GJ—50毫米^{2}钢绞线。江北段线路长32.99千米，由泰州供电局负责运行管理。

220千伏谏泰2号线1985年1月30日投运。线路从谏壁发电厂至泰州变电所，长54.95千米，160基杆塔。导线为LGJQ—300毫米^{2}钢芯铝绞线（非跨江部分），架空地线为GJ—50毫米^{2}钢绞线。江北段线路长33.99千米，泰州供电局运行管理。

天靖1、2号线 220千伏天靖1号线自南通市天生港电厂至220千伏靖江变电所，原名220千伏通靖线，是南通天生港电厂扩建配套项目。线路全长56.2千米，160基杆

表 2-6　2002 年底扬州市 110 千伏输电线路

线路名称	线路代号	起点	终点	线路长度（千米）	回路长度（千米）	导线型号	杆塔		投产日期	备注
							类别	基数		
扬平线	732	扬州电厂	平山变电所	5	5	LGJ—240	塔/杆	17/5	1995.05	改造后日期
扬五 1 号线	733	扬州电厂	五里变电所	2	2	LGJ—185	塔	11	1988.10	
扬五 2 号线	734	扬州电厂	五里变电所	2	2	LGJ—185	塔	11	1988.10	
扬花线	735	扬州电厂	琼花变电所	5	5	LGJ—240	塔	33	1997.07.03	
扬湾线	737	扬州电厂	湾头变电所	3	3	LGJ—185	塔	14	1994.01.31	
蒋开线	791	蒋王变电所	开发变电所	3	3	LGJ—185	塔	36	1996.11.28	
蒋南线	793	蒋王变电所	南郊变电所	9	9	LGJ—185—240	塔/杆	63/9	1997.07	改造后日期
蒋双 1 号线	794	蒋王变电所	双桥变电所	4	4	LGJ—185	塔	25	1998.05	改造后日期
蒋双 2 号线	795	蒋王变电所	双桥变电所	4	4	LGJ—185	塔	25	1998.05	改造后日期
热开线	799	热电厂	开发变电所	2	2	LGJ—185	塔	15	1996.11.28	
横扬线	736	横沟变电所	扬州发电厂	13	13	LGJ—240	杆塔	53	2000.07.30	改造后日期
横扬线施井支线	736	横扬线支接	施井变电所	3.3	3.3	LGJ—240	塔	18	2002.01.31	
横扬线琼花支线	736	横扬线支接	琼花变电所	4.4	4.4	LGJ—240	塔	29	2000.07.30	改造后日期
横南 1 号线	756	横沟变电所	南郊变电所	4	4	LGJ—185—240	塔/杆	18	2000.07.30	
横南 1 号线施井支线	756	横南 1 号线	施井变电所	3.3	3.3	LGJ—185—240	塔	18	2002.01.31	
横南 2 号线	757	横沟变电所	南郊变电所	4	4	LGJ—120—240	塔/杆	5/14	2000.07.30	
横杭线	755	横沟变电所	杭集变电所	11	11	LGJ—120—240	塔/杆	27	2000.07.30	改造后日期
横杭线湾头支线	755	横杭线支接	湾头变电所	4	4	LGJ—150—185	塔/杆	6/11	2000.07.30	改造后日期
文蒋线	797	文汇变电所	蒋王变电所	5	5	LGJ—185	塔	27	2000.12.05	
平蒋线文汇支线	796	平蒋线支接	文汇变电所	1	1	LGJ—185	塔	5	2000.12.05	

续表

线路名称	线路代号	起　点	终　点	线路长度（千米）	回路长度（千米）	导线型号	杆塔		投产日期	备注
							类别	基数		
平蒋线	796	平山变电所	蒋王变电所	13	13	LGJ—120	塔/杆	26/33	1997.01	改造后日期
扬方线	731	扬州电厂	方巷变电所	15	15	LGJ—185	塔/杆	9/60	1988.05.06	
蒋施线	792	蒋王变电所	施桥变电所	12	12	LGJ—185	塔/杆	35/18	1990.09.21	
施沙线	851	施桥变电所	沙头变电所	8	8	LGJ—185	塔/杆	21/15	2000.07.04	改造后日期
沙高线	852	沙头变电所	高桥变电所	12	12	LGJ—185	塔/杆	15/40	2000.07.04	改造后日期
横沙线	753	横沟变电所	沙头变电所	11	11	LGJ—240	塔/杆	42/10	2000.12	
横沙线杭集支线	753	横沙线支接	杭集变电所	8	8	LGJ—240	塔/杆	7/24	2002.06.18	
蒋西 1 号线	891	蒋王变电所	西湖变电所	7	7	LGJ—240	塔	37	2001.11.30	
蒋西 2 号线	892	蒋王变电所	西湖变电所	7	7	LGJ—240	塔	37	2001.11.30	
蒋西 2 号线方巷支线	892	蒋西 2 号线	方巷变电所	11	11	LGJ—185	杆	45	2001.12.29	
蒋汊线	893	蒋王变电所	汊河变电所	4.7	4.7	LGJ—185	塔	22	2001.12.30	
砖大线	745	砖桥变电所	大桥变电所	24	24	LGJ—185	塔	67	1995.06	
大吴线	783	大桥变电所	吴桥变电所	10	10	LGJ—185	塔	25	1999.04	
大富线	784	大桥变电所	富民变电所	33	33	LGJ—185	塔	156	2000.07	
砖仙线	741	砖桥变电所	仙女变电所	5	5	LGJ—185	杆	21	1989.04	
砖引线	742	砖桥变电所	引江变电所	5	5	LGJ—185	杆	25	1976.08	
砖丁线	748	砖桥变电所	丁沟变电所	19	19	LGJ—185	杆	73	1987.07	
砖电 2 号线	744	砖桥变电所	调峰电厂	6	6	LGJ—300	塔	31	1996.06	
扬仙线	738	扬州电厂	仙女变电所	11	11	LGJ—185	杆	35	1978.01	
真化 1 号线	762	真州变电所	化纤电厂	12	12	LGJ—185	塔	47	2000.01	

续表

线路名称	线路代号	起　点	终　点	线路长度（千米）	回路长度（千米）	导线型号	杆　塔		投产日期	备注
							类别	基数		
真化 2 号线	763	真州变电所	化纤电厂	12	12	LGJ—185	塔	47	2000.01	
仪化线	713	仪征变电所	化纤电厂	10	15	LGJ—185	塔/杆	36/12	1983.05	
真城线	714	真州变电所	城南变电所	9	9	LGJ—185	塔/杆	41/5	1994.10	
真仪线	715	仪征变电所	真州变电所	5	5	LGJ—185	塔/杆	3/66	1989.02	
真谢线	718	仪征变电所	谢集变电所	10	10	LGJ—185	塔/杆	3/66	1989.02	
谢六线	761	谢集变电所	六合变电所	23	23	LGJ—185	塔/杆	1/87	1983.05	
仪蒋线	798	仪征变电所	扬州蒋王变电所	26	26	LGJ—185	塔/杆	4/93	1976.07	
真东线	799	真州变电所	城东变电所	7	7	LGJ—185	塔/杆	4/93	2000.12	
真浦 1 号线	811	真州变电所	蒲西变电所	6	6	LGJ—185	塔	26	2002.09	
真浦 2 号线	812	真州变电所	蒲西变电所	6	6	LGJ—185	塔	26	2002.09	
高仙线	725	高邮变电所	江都仙女变电所	41	41	LGJ—150	杆	161	1978.06	
澄甘线	721	澄子变电所	甘垛变电所	22	22	LGJ—185	杆	76	2000.04	
澄高线	726	澄子变电所	高邮变电所	6	6	LGJ—150	杆	22	1984.10	
周山支线	724	澄宜线支线	周山变电所	8	8	LGJ—185	杆	29	2001.06	
宜澄线	724	宝应安宜变电所	高邮澄子变电所	53	53	LGJ—185	杆	204	1984.06	
宜宝 1 号线	811	安宜变电所	宝应变电所	5	5	LGJ—185	塔	20	1998.05	
宜宝 2 号线	812	安宜变电所	宝应变电所	5	5	LGJ—185	塔	20	1998.05	
宜望线	816	安宜变电所	望直变电所	7	7	LGJ—185	杆	28	1988.03	
宜鲁线	817	安宜变电所	鲁垛变电所	19	19	LGJ—185	塔	64	2001.06	
宜鲁线望直支线	817	宜鲁线 27 号塔	望直变电所	1	1	LGJ—185	塔	4	2001.06	

塔，导线为 ACSK—400/35 钢芯铝绞线，地线为 GJ—50 毫米^{2}钢绞线，绝缘子采用 LXP—7型，线路单回路架设（1～3 号为双回路），水平排列。江苏省电力设计院设计，江苏省送变电工程公司三工区施工。1987 年 11 月开工，1988 年 10 月投运。1995 年 11 月更名为 220 千伏天靖 1 号线，19～160 号杆线路长 52.34 千米由靖江市供电局运行管理，1～18号杆由南通市供电局运行管理。

220 千伏天靖 2 号线自南通市天生港电厂至 220 千伏靖江变电所。为保证南通天生港电厂 2 台 12.5 万千瓦机组建成后稳定满发及电力送出，提高靖江电网供电可靠性，1994 年 4 月省电力局《关于天靖 2 号线工程设计任务书的批复》批准建设天生港电厂至靖江 2 号线。工程由江苏省电力设计院设计，江苏省送变电工程公司施工。线路全长 53.29 千米，159 基铁塔。其中靖江段线路 96～159 号，69 基铁塔，计 20.46 千米，单回路架设，水平排列，导线为 LGJ—400 毫米^{2}钢芯铝绞线，地线为 GJ—50 毫米^{2}钢绞线。天靖 2 号线 1995 年 1 月开工，同年 11 月竣工，12 月 11 日投运。靖江市供电局运行管理。

江泰 1、2 号线 220 千伏江泰 1 号线原名 220 千伏扬（州）泰（州）线，1977 年 8 月 29 日投运。1987 年 12 月 27 日，500 千伏江都变电所投运，扬泰线开断环入江都变电所，江都至泰州段线路重新命名为江泰 1 号线，长 36 千米，共 97 基杆塔，单回路架设，水平排列，导线为 LGJQ—400 毫米^{2}钢芯铝绞线，地线为 GJ—50 毫米^{2}钢绞线。扬州供电局线路工区运行管辖。1996 年底扬、泰两市分设，设备资产变更，江泰 1 号线以地域划分，扬州供电局线路工区运行管辖 1～82 号，长 30.6 千米。

220 千伏江泰 2 号线原名淮（阴）泰（州）线，1979 年 6 月 15 日投运。1984 年 7 月 24 日，淮泰线开断环入 220 千伏高邮澄子变电所，高邮至泰州段线路重新命名为 220 千伏澄泰线。1987 年 12 月 27 日 500 千伏江都变电所投运，澄泰线开断环入，江都至泰州段线路重新命名为江泰 2 号线，长 44 千米，共 125 基杆塔，单回路架设，水平排列，导线为 LGJQ—400 毫米^{2}钢芯铝绞线，地线为 GJ—50 毫米^{2}钢绞线。扬州供电局线路工区运行管辖。1996 年底扬、泰两市分设，设备资产变更，江泰 2 号线以地域划分，扬州供电局线路工区运行管辖 1～109 号，39.5 千米。

扬江 1、2 号线 220 千伏扬江 1 号线从扬州发电厂至 500 千伏江都变电所，线路原名 220 千伏扬（州）泰（州）线，1977 年 8 月 29 日投运。1987 年底 500 千伏江都变电所投运，扬泰线 32、37 号杆开断环入江都变电所，扬州至江都段线路重新命名为 220 千伏扬江 1 号线，长 20 千米，共 53 基杆塔，导线为 LGJQ—400 毫米^{2}钢芯铝绞线，地线为 GJ—50 毫米^{2}钢绞线。1998 年，扬江 1 号线在 19、20 号杆开断环入 220 千伏砖桥变电所，开环工程设计及施工单位为扬州广源设计公司、送变电公司，1998 年 12 月 10 日投运，开环工程实际投资 850 万元。开环后扬州至砖桥段线路重新命名为 220 千伏扬砖线，长 15 千米，37 基杆塔；砖桥至江都变电所段线路重新命名为 220 千伏江砖线，长 7 千米，23 基杆塔。扬砖线和江砖线由江都供电局运行管辖。

220 千伏扬江 2 号线从扬州发电厂至 500 千伏江都变电所，长 14 千米，40 基杆塔，导线为 LGJQ—400 毫米^{2}钢芯铝绞线，架空地线为 GJ—50 毫米^{2}钢绞线。扬江 2 号线自 1990 年 1 月 19 日投运后，至 2002 年未发生变更，由扬州供电局线路工区运行管辖。

扬王1、2号线 220千伏扬王1号线，从扬州发电厂至蒋王变电所，长16千米，46基杆塔，导线为LGJQ—400毫米^{2}钢芯铝绞线，架空地线为GJ—50毫米^{2}钢绞线，1990年1月19日投运。1997年11月，扬王线更名为扬王1号线，扬州供电局线路工区运行管辖。

220千伏扬王2号线，是220千伏真（州）扬（州）线开断环入蒋王变电所以后重新命名的线路。220千伏六扬线从南京市六合新篁变电所至扬州发电厂，长55千米，145基杆塔，于1976年2月建成投运。1991年10月8日，六扬线67、76号杆开断环入新建的仪征市220千伏真州变电所，开环线路长18.9千米，导线采用LGJQ—400毫米^{2}钢芯铝绞线，地线采用GJ—50毫米^{2}钢绞线，扬州供用电工程公司施工，1991年12月26日竣工。六扬线开环后，真州至六合段线路重新命名为220千伏真六线，真州至扬州段线路重新命名为220千伏真扬线。真扬线开断环入220千伏蒋王变电所是蒋王变电所扩建三项内容之一。开环线路由扬州广源设计公司设计，扬州广源送变电公司施工。真扬线开断位置在75号杆东侧，向南架设新线路8.9千米，至蒋王变电所，另一条环入线路向南架设新线路8.8千米，进入蒋王变电所。2条环入线路共63基铁塔，导线采用LGJ—400毫米^{2}钢芯铝绞线，地线为GJ—50毫米^{2}钢绞线，绝缘子均采用瓷质防污型绝缘子。开环工程1996年10月1日开工，1997年1月10日完成铁塔基础施工，4月10日完成立塔施工，至5月20日架线结束，同年11月22日投运。真扬线开环后，真州至蒋王段线路重新命名为220千伏真王线，长34千米，98基杆塔；扬州发电厂至蒋王段线路重新命名为220千伏扬王2号线，长16千米，杆塔47基，扬州供电局线路工区运行管辖。真扬线开环工程批准概算额为1350.6万元，扬州供电局与省电力局签订的投资包干额为1137.98万元，实际投资额为1146.89万元，比概算额节约203.74万元，比投资包干额超支8.91万元。实际单位造价为每千米54.1万元，实际耗工日为93 000个，耗钢材386吨，水泥450吨，导线88吨，钢绞线15吨。

江昭线 1989年，江苏省电力工业局转发能源部《关于扬州电厂送出补充配套工程计划任务书的批复》，批准建设220千伏江昭线，列入扬州发电厂三期扩建配套项目。220千伏江昭线从500千伏江都变电所出线，至兴化昭阳变电所，全长54.88千米，共161基杆塔（铁塔52基，混凝土双杆109基），导线为LGJQ—400毫米^{2}钢芯铝绞线，架空地线为GJ—50毫米^{2}钢绞线，全线采用玻璃钢绝缘子。220千伏江昭线投资1291万元。1991年12月4日开工，1992年10月10日竣工，1993年10月28日投运。工程建设单位为扬州供电局，由江苏省电力设计院设计，江苏省送变电工程公司施工，运行单位为兴化供电局。

徐黄线 因泰兴黄桥变电所恢复220千伏运行，新建220千伏徐黄线。徐黄线从220千伏徐庄变电所出线，至黄桥变电所，线路长20.1千米，单回架设，共有铁塔18基，混凝土双杆38基，导线为LGJQ—400毫米^{2}钢芯铝绞线，地线为GJ—50毫米^{2}钢绞线。徐黄线工程投资为769.5万元，其中地方集资400万元，江苏省电力工业局补助100万元，其余由泰兴供电局自筹。由华东电力设计院设计，扬州广源实业公司第一电力安装分公司施工。1993年10月19日开工，1994年6月21日投运。运行单位为泰兴供电局。

蒋电线　220千伏蒋电线从220千伏蒋王变电所至扬州第二发电厂，是扬州第二发电厂配套项目。省电力局1996年《关于转发扬州第二发电厂220千伏配套输变电工程设计任务书批复文件的通知》批准建设。

线路自蒋王变电所南起第3间隔出线，与220千伏蒋王至横沟线路同塔架设，跨贾七公路，左转向南跨扬州绕城公路，至扬仪河北，左转跨扬仪河、古运河、邗江河，单回路架设至邗江河南，右转进扬州第二发电厂。线路全长19.7千米，导线采用LGJQ—400毫米^{2}钢芯铝绞线，地线采用GJ—50毫米^{2}钢绞线，共45基铁塔。线路设计、施工单位为扬州广源设计公司、送变电公司。1997年3月1日开工，同年7月9日铁塔基础施工结束，10月20日立塔结束，11月19日架线施工结束，1997年11月28日投运，由扬州供电局线路工区运行管辖。线路批准概算为1299.92万元，与省电力局签订的投资包干额为1094.75万元，实际投资额为1084.15万元，比概算额节约215.41万元，比投资包干额节约10.24万元。实际单位投资为每千米55.05万元。实际总耗工日为88 000个，钢材492吨，水泥471.5吨，导线59.24吨，钢绞线12.03吨。

安上1、2号线　220千伏安上1号线从220千伏安宜变电所至淮阴500千伏上河变电所，是安宜变电所至淮阴500千伏上河变电所第二条输电线路，江苏省电力设计院设计，扬州广源送变电公司施工。新建线路全长24.4千米，杆塔共67基，导线为LGJ—400毫米^{2}钢芯铝绞线，地线为GJ—50毫米^{2}钢绞线。扬州境内25～67号，43基杆塔，15千米。线路于2001年9月14日投运，命名为安上1号线。工程建设单位为扬州供电公司，由宝应县供电公司运行管理。

220千伏安上2号线从220千伏安宜变电所至淮阴500千伏上河变电所。220千伏淮（阴）泰（州）线于1979年6月15日投运，这条线路从淮阴变电所至泰州变电所，途经6个县（市）23个乡，全长175.17千米。1984年7月，淮泰线开断环入高邮市220千伏澄子变电所，澄子至淮阴段线路重新命名为220千伏淮澄线。1993年9月18日，淮澄线开断环入淮阴市220千伏清河变电所，清河至淮阴段线路重新命名为220千伏淮清线，清河至澄子段线路重新命名为220千伏清澄线。1993年12月30日，扬州供电局将淮阴境内220千伏线路共48千米移交给淮阴供电局，扬州境内69千米线路仍由扬州供电局线路工区管辖。1996年4月10日，清澄线开断环入220千伏安宜变电所，安宜至清河段线路重新命名为220千伏安清线，扬州境内线路长16千米，共43基杆塔。1997年3月，扬州供电局线路工区将安清线移交宝应县供电局运行管理。1999年11月29日，安清线开断接入淮阴500千伏上河变电所，安宜至上河段线路重新命名为220千伏安上线，扬州境内线路长13.3千米。2001年9月，220千伏安上线改名为安上2号线，以区别于新建的安上1号线。

江砖1、2号线　220千伏江砖1号线从500千伏江都变电所至220千伏砖桥变电所，长6千米，共18基铁塔，导线为LGJQ—400毫米^{2}钢芯铝绞线，地线为GJ—50毫米^{2}钢绞线，1987年8月7日投运。设计、施工及运行单位均为扬州供电局。1997年3月，江砖1号线移交给江都供电局运行管理。

220千伏江砖2号线从500千伏江都变电所至220千伏砖桥变电所，长6.1千米，共

18基杆塔（双杆4基，铁塔14基），导线为LGJQ—400毫米²钢芯铝绞线，地线为GJ—50毫米²钢绞线，1993年10月27日投运。设计、施工及运行单位均为扬州供电局。1997年3月，江砖2号线移交给江都供电局运行管理。1998年，江砖1、2号线让出线路通道，改造为江大1、2号线，向新建的220千伏大桥变电所送电；同时将220千伏扬江1号线19、20号杆开断环入砖桥变电所，扬砖线、江砖线向砖桥变电所送电。

江大1、2号线 220千伏江大1、2号线从500千伏变电所至江都市220千伏大桥变电所，是扬州第二发电厂配套工程项目。省电力局1996年318号文件《关于转发扬州第二发电厂220千伏配套输变电工程设计任务书批复文件的通知》批准建设。江大1、2号线系利用原江砖1、2号线路通道，同塔双回路架设，全长23千米，共65基铁塔，导线为双分裂LGJ—300毫米²钢芯铝绞线，地线为GJ—50毫米²钢绞线。工程于1998年2月20日开工，8月20日完成基础浇制，8月28日完成立塔，11月13日完成架线工程，12月18日竣工，1999年4月25日投运。工程建设单位为扬州供电局，设计单位为江苏省电力设计院，施工单位为扬州广源送变电公司，运行单位为江都市供电局。省电力局批准概算投资额为3151.9万元，投资包干额为2705.94万元，实际投资额为2695.95万元，比概算额节约455.95万元，比投资包干额节约87.08万元。实际单位投资额为每千米121.57万元，实际总耗工日32 000个，耗用钢材903吨，水泥1587吨，导线285.42吨，钢绞线19.02吨。

蒋沟线 220千伏蒋沟线从220千伏蒋王变电所至220千伏横沟变电所。1996年3月26日，省电力局318号文件《关于转发扬州第二发电厂220千伏配套输变电工程设计任务书批复文件的通知》批准建设。工程建设单位为扬州供电局，设计单位为扬州广源设计公司，施工单位为扬州广源送变电公司。

蒋沟线长10.62千米，按单、双回路混合设计，分两部分，一部分从220千伏蒋王变电所北起第11间隔出线，与220千伏蒋电线同塔双回架设至14号分支塔，长4.38千米；另一部分从14号分支塔至横沟变电所西起第1间隔，长6.24千米，37基铁塔，导线采用LGJQ—400毫米²钢芯铝绞线，地线采用GJ—50毫米²钢绞线。1998年11月30日开工，1999年5月10日竣工，同年11月10日投运。扬州供电局线路工区运行管辖。蒋沟线工程概算核定投资额667.85万元，实际投资545.684 5万元，扣除贷款利息7.314 6万元后，即538.369 9万元，与包干数565.354万元相比，结余26.984 1万元。工程耗工日1.7万个，耗钢材273吨，水泥321吨，导线43吨，钢绞线5.25吨。

大沟线 220千伏大沟线从220千伏大桥变电所至220千伏横沟变电所。1996年3月26日，省电力局318号文件《关于转发扬州第二发电厂220千伏配套输变电工程设计任务书批复文件的通知》批准建设。工程建设单位为扬州供电局，设计单位为江苏省电力设计院，施工单位为江苏省送变电公司第四工程处。

大沟线从220千伏大桥变电所由西向东3号间隔出线，跨越芒稻河、廖家沟、京杭运河，进220千伏横沟变电所由西向东11号间隔，线路全长27.67千米，单、双回路混合架设（单回线路20.27千米，双回线路7.4千米），导线为双分裂LLBJ—300毫米²钢芯铝绞线，地线为GJ—50毫米²钢绞线，共81基铁塔，其中转角塔15基，直线塔66基，于1999年1月17日开工，1999年9月26日投运，由扬州供电局线路工区运行管辖。大沟线工程质量评定为优良，工程核定投资2684.03万元（含建设期贷款利息224.03万元，价差预备费105.19万元），实际投资为2267.277 8万元，扣除贷款利息213.173 4万元，即2054.104 4万元，与包干数2338.152万元相比，节余284.047 6万元。工程实际耗工3.3万个，用钢材903吨，水泥13 740吨，导线199吨，钢绞线23.6吨。

大白线 220千伏大白线从江都220千伏大桥变电所至泰州220千伏白马变电所，是扬、泰两市间220千伏联络线路，扬州第二发电厂配套工程项目，由江苏省电力设计院设计，江苏省送变电公司第四工程处施工。大白线全长49.43千米，其中扬州境内13千米，共有铁塔34基（直线塔29基，转角塔5基）。自立塔基础为现浇基础，拉线基础为现浇重力式基础。导线为LLBJ—400毫米^{2}铝包钢芯铝绞线，架空地线为LB20J—50毫米^{2}铝包钢绞线。两根地线均为直接接地，导、地线装设防震锤。1998年6月开施浇制杆塔基础，同年8月完成，8月31日基础验收。1998年9～10月完成立塔，同年10月15日铁塔验收，于1999年4月26日投运，运行管辖单位为江都供电局。

江澄1、2号线 220千伏江澄2号线从500千伏江都变电所至高邮220千伏澄子变电所，长47千米，133基杆塔，导线为LGJQ—400毫米^{2}钢芯铝绞线，地线为GJ—50毫米^{2}钢绞线。1984年新建高邮澄子变电所，220千伏淮阴至泰州线路开断环入澄子变电所，澄子至泰州段线路重新命名为220千伏澄泰线。1987年，澄泰线85、86号杆开断环入500千伏江都变电所，江都至高邮段线路重新命名为220千伏江澄线。1997年3月，江澄线由扬州供电局线路工区移交给高邮供电局运行管理。2000年改名为江澄2号线，以区别于新投运的江澄1号线。

220千伏江澄1号线从500千伏江都变电所至高邮220千伏澄子变电所，是扬州第二发电厂配套项目，1996年3月26日，省电力局318号文件《关于转发扬州第二发电厂220千伏配套输变电工程设计任务书批复文件的通知》批准建设。建设目的以两条220千伏线路向澄子变电所送电，加强扬州北部220千伏主网供电可靠性。1998年8月17日省电力局1103号文件核定概算投资为2537.38万元。江澄1号线从500千伏江都变电所出线后向北经邵伯镇东侧、真武镇西侧后平行于同三高速公路，进澄子变电所，线路长42千米，123基铁塔，导线为LDJQ—400毫米^{2}钢芯铝绞线，地线选用LB20J—50毫米^{2}铝包钢绞线。江澄1号线2000年5月27日投运。扬州广源送变电公司施工1～66号，计22.39千米，其余由江苏省送变电公司施工，由高邮供电局运行管理。

澄安线 220千伏澄安线从高邮市220千伏澄子变电所至宝应县220千伏安宜变电所。1984年，220千伏淮阴至泰州线路开断环入新建的高邮市220千伏澄子变电所，澄子至淮阴段线路重新命名为220千伏淮澄线。1996年4月10日，新建宝应县220千伏安宜变电所投运，淮澄线开断环入安宜变电所，澄子至安宜段线路重新命名为220千伏澄安线，长54千米，共147基杆塔，导线为LGJQ—400毫米^{2}钢芯铝绞线，地线为GJ—50毫米^{2}钢绞线。1997年3月，220千伏澄安线移交高邮供电局运行管理，线路资产由原管辖单位扬州供电局直属线路工区移交接收单位。

2002年底扬州市220千伏输电线路见表2-7。

表 2-7　2002 年底扬州市 220 千伏输电线路

线路名称	线路代号	起　点	终　点	线路长度（千米）	回路长度（千米）	导线型号	杆塔基数		投产日期	管辖单位
							铁塔	混凝土杆		
江泰 1 号线	2651	江都变电所	泰州变电所	30.6	30.6	LGJQ—400		杆塔 82	1987.10.25	直属线路工区
江泰 2 号线	2652	江都变电所	泰州变电所	39.5	39.5	LGJQ—400		杆塔 109	1987.10.19	直属线路工区
江扬 2 号线	2656	江都变电所	扬州发电厂	14	14	LGJQ—400	18	22	1990.01.19	直属线路工区
大沟线	2684	大桥变电所	横沟变电所	27.67	27.67	LLBJ/300	81	—	1999.09.26	直属线路工区
蒋沟线	2685	蒋王变电所	横沟变电所	10.62	10.62	LGJQ—400	37	—	1999.11.10	直属线路工区
扬王 1 号线	2687	扬州发电厂	蒋王变电所	16	16	LGJQ—400	37	9	1990.01.19	直属线路工区
扬王 2 号线	2688	扬州发电厂	蒋王变电所	16	16	LGJQ—400	22	25	1997.11.22	直属线路工区
真王线	2689	真州变电所	蒋王变电所	34	34	LGJQ—400	32	66	1991.12.26	直属线路工区
蒋电线	2690	蒋王变电所	扬州二电厂	19.7	19.7	LGJQ—400	45	—	1997.11.28	直属线路工区
江大 1 号线	2657	江都变电所	大桥变电所	23	23	LGJ—300	65	—	1999.04.25	江都供电公司
江大 2 号线	2658	江都变电所	大桥变电所	23	23	LGJ—300	65	—	1999.04.25	江都供电公司
扬砖线	2686	砖桥变电所	扬州发电厂	15	15	LDJQ—400		杆塔 37	1998.12.10	江都供电公司
江砖线	2655	江都变电所	砖桥变电所	7	7	LDJQ—400		杆塔 23	1998.12.10	江都供电公司
大白线	4659	大桥变电所	白马变电所	13	13	LLBJ—400	34	—	1999.04.26	江都供电公司
真六线	2682	真州变电所	六合变电所	32	32	LGJ—400	20	74	1991.12.26	仪征供电公司
澄安线	2635	澄子变电所	安宜变电所	54	54	LGJQ—400		杆塔 147	1996.04.10	高邮供电公司
江澄 1 号线	4653	澄子变电所	江都变电所	42	42	LDJQ—400	123	—	2000.05.27	高邮供电公司
江澄 2 号线	2654	澄子变电所	江都变电所	47	47	LDJQ—400		杆塔 133	1987.12.27	高邮供电公司
安上 2 号线	4662	上安线 21 号杆	安宜变电所	13.3	13.3	LGJQ—400		杆塔 43	1999.11.29	宝应供电公司
安上 1 号线	4661	上安线 25 号杆	安宜变电所	15	15	LGJQ—400		杆塔 43	2001.09.14	宝应供电公司

注　1. 表中线路长度均为扬州市境内长度。

2. 开环线路投运日期均为该线路开断环入后恢复送电的日期。

三、500 千伏线路

扬江 1、2 号线　500 千伏扬江 1、2 号线从扬州第二发电厂至 500 千伏江都变电所，是扬州第二发电厂电力送出线路。线路从扬州第二发电厂北侧出线，经邗江县八里、施桥镇，跨越京杭运河，经霍桥乡跨越廖家沟，至杭集镇，跨越芒稻河，至江都市张钢镇，与 500 千伏江斗线平行向北，经砖桥、锦西、双沟镇进入 500 千伏江都变电所。1996 年 8 月 15 日，电力工业部《关于 500 千伏扬州二电厂至江都变送变电工程初步设计的批复》批准建设。扬江 1、2 号线工程批准概算总投资为17 172.4万元，综合造价每千米为 408.87 万元。工程建设单位为江苏省 500 千伏输变电工程筹建处，设计单位为华东电力设计院。

扬江 1、2 号线路全长 38.36 千米，同塔双回路架设，共 92 基铁塔，铁塔型号有 SZT1、SZT2、SKT、SZJ1、DJ2、SJT1、SJT2、SDJ1、ZM1、JT 10 种。导线为四分裂 LGJ—400 毫米^{2}钢芯铝绞线，地线为 LXGJ—80 毫米^{2}铝锌合金镀层钢绞线。导线直线悬垂串采用 160KN 级美国可靠公司生产合成绝缘子，实用 528 支，SKT 塔直线串和进构架档耐张串采用 160KN 瓷质绝缘子，耐张转角塔和直线转角塔采用 160KN 级钢化玻璃绝缘子，跳线串用 70KN 级钢化玻璃绝缘子，地线全部采用 XDP—70C 直线型和 XDP—70CN 耐张型绝缘子。采用 FJZL—400 型铝合金阻尼间隔棒，跳线采用 FT—45400 专用间隔棒。档距超过 500 米以上和特殊地形区，为提高防震能力，导线上安装 FF—5 型防震锤，地线防震锤为 FG—70 型。线路导线和地线不换位，换相在电厂出线处单、双回路变换时实现。线路设计最大风速为 30 米/秒，设计覆冰厚度为 5 毫米。

施工单位为江苏省送变电公司第一、四工程处，监理单位为江苏省宏源送变电建设监理公司，扬州供电局派质检人员参加现场质量检查。1997 年 4 月 16 日浇制扬江 1、2 号线第一基塔（87 号）基础，至当年 12 月 18 日基础浇制结束。1997 年 9 月 20 日开始立第一基塔（22 号）。架线工程从 1998 年 1 月 1 日开始，至 3 月 30 日结束。1998 年 8 月 18 日，扬江 1、2 号线投入运行，运行单位为扬州供电局线路工区。

江斗线　500 千伏江斗线从 500 千伏江都变电所至无锡斗山变电所。为加强苏南、苏北电网联系，确保扬州第二发电厂机组投产后电力送出，建设江都至常州市武南 500 千伏线路。由中国华东电力集团公司负责工程建设，华东电力设计院设计。线路从江都变电所第五间隔出线，途径扬州、镇江、常州 3 市，进入 500 千伏常州武南变电所北侧第一间隔。线路总长 103.677 千米，其中双回路 26.557 千米，单回路 77.12 千米，共 231 基铁塔。

扬州境内线路 28 千米，途经江都市双沟、锦西、砖桥、新区、张纲、邗江县头桥、红桥 7 个乡镇，62 基铁塔，其中转角塔 18 基（直线转角塔 8 基），直线塔 44 基。62 基铁塔中现浇基础 60 基，灌注桩基础 2 基。导线采用四分裂 LLBJ—400 毫米^{2}铝包钢芯铝绞线，地线采用 LXGJ—80 毫米^{2}锌铝合金镀层钢绞线。直线塔采用单联 28 片 FC16P/155 玻璃绝缘子，直线转角塔采用双联 28 片 FC16P/155 玻璃绝缘子，跳线采用 29 片 FC70P/155（长江锚塔跳线为 29 片 FC160P/155）玻璃绝缘子，耐张塔采用双联 26 片 FC16P/155 玻璃绝缘子，地线绝缘子采用 1 片 BXP—70C 绝缘子。间隔棒采用 FJZL—400 型阻尼间隔棒。导线防震锤采用 FR—4 型，地线防震锤采用 FR—2 型。接地装置采用方环型和方环加射线型。导线压按管共365个，地线压接管25个。最大设计风速为30米/秒，最大设计覆冰厚5毫米，最低设计气温为－20℃，最高＋40℃。

500千伏江常线由江苏省送变电公司施工。1997年11月28日开工，1998年6月20日竣工。工程监理单位为江苏省宏源送变电建设监理有限公司。扬州供电局负责扬州段线路施工质量检验和施工沿线拆迁、青苗赔偿等政策性处理工作，承包扬州段的投资额为2055.4万元，节余313.35万元，上交省电力局。1998年6月21日，省电力局在扬州电世界大厦召开江常线启动协调会议。新建线路江常线在江南段与原500千伏江斗线交叉，新老线路开断换位，新建线路与原江斗线连接，进入无锡市500千伏斗山变电所，命名为江斗线，1998年6月24日17时投运。扬州境内28千米线路由扬州供电局线路工区运行。

江南线 500千伏江南线从500千伏江都变电所至常州市武南变电所。500千伏江斗线于1988年11月4日投运，线路从500千伏江都变电所第四间隔出线，经江都、邗江县，在镇江市丹徒县高桥乡跨越长江，过江后经丹阳、武进、江阴市，进入无锡市斗山变电所，线路全长214.7千米，470基铁塔，导线为4分裂LGJQ—400毫米^{2}钢芯铝绞线，地线采用LGJ—95毫米^{2}钢芯铝绞线。扬州境内线路长25千米，60基铁塔，扬州供电局线路工区运行管辖。1998年5月18日，省电力局《关于繁斗线开断环入、江斗线改接线路、设备分界运行管辖的通知》，将500千伏江斗线在江南地段开断，开断后与新建线路（江常线）连接，进入常州市500千伏武南变电所，命名为江南线，1998年8月11日投运。扬州境内25千米线路由扬州供电局线路工区运行。

上江1、2号线 500千伏上江1号线从淮阴500千伏上河变电所至500千伏江都变电所。原500千伏任江线从徐州任庄升压站至500千伏江都变电所，全长343.73千米，817基铁塔，导线为4分裂LGJQ—400毫米^{2}钢芯铝绞线，地线采用LGJ—95毫米^{2}钢芯铝绞线，1987年12月27日投运。扬州境内105千米（560号塔至江都变电所），258基铁塔，扬州供电局线路工区运行管辖。1999年11月22～29日，任江线开断环入500千伏淮阴上河变电所，上河变电所至江都变电所段线路重新命名为上江1号线，扬州境内105千米线路仍由扬州供电局线路工区运行管辖。

500千伏上江2号线从淮阴500千伏上河变电所至500千伏江都变电所。1998年2月12日，国家计划委员会批复同意建设华东江苏500千伏输变电项目，其中新建项目有淮阴至江都变电所500千伏线路。电力工业部电力规划设计总院于1998年3月26～28日在南京召开500千伏淮阴至江都500千伏线路工程设计审查会议。1999年12月16日，国家电力公司下发《关于淮阴至江都2回500千伏送电线路工程初步设计的批复》，核定该工程概算总投资19 798万元，每千米综合造价171.4万元，由江苏省电力公司500千伏输变电工程筹建处负责，江苏省电力设计院设计。上江2号线从淮阴500千伏上河变电所出线，沿上江1号线东侧平行向南，经徐庄、跨宝射河，经潘庄、邱家庄、杨庙子、黄四圩庄西侧跨越同三高速公路，经龙奔镇，在绿洋湖东侧再次跨越同三公路，经真武油田、艾菱圩，跨盐邵河，连续跨越4回220千伏线路，进入500千伏江都变电所。线路全长113.336千米，272基铁塔。

扬州境内线路长106.436千米，途经20个乡镇（自宝应县泾河乡向南，至高邮市界首镇向南进入江都市滨湖乡，经杨庄、邵伯、双沟进入江都变电所）。江都变电所进线段0.719千米为双回线路，其余为单回线路，255基铁塔（18～272号塔）。导线为4分裂LGJ—400毫米^{2}钢芯铝绞线，地线采用LXGJ—80毫米^{2}铝锌合金镀层钢绞线。255基铁塔分9种塔型，分别为LM2拉线塔5基，ZM1、ZM2直线塔216基，JHT转角换位塔2基，KT1直线跨越塔2基，ZMJ1、ZMJ2直线转角塔16基，JT1、JT2转角耐能塔11基，SZT1双回路直线塔1基，SFT双回路转角塔1基，SDT双回路终端塔1基。扬州段线路铁塔总重量3148.538 9吨，基础形式为预制装配式拉线基础、现浇板式柔性基础，混凝土总量为8279.64米^3。直线塔悬垂串（包括直线转角塔）采用LXHY5—160型玻璃绝缘子和进口合成绝缘子，耐张塔绝缘子串采用LXY3—210型钢化玻璃绝缘子，地线采用XDP—70C（N）型瓷质绝缘子。接地线埋深大于0.8米，呈风车型、闭合环型水平埋设。导线间隔棒为FJZL—400A十字形阻尼间隔棒，跳线间隔棒为FJY4—45型。导线采用间隔棒加防震锤的防震措施，防震锤为FF—5.1防晕防震锤，地线防震锤型号为FG—70.1。导线、地线和门型塔拉线的连接均采用液压连接方式。导线利用97、190号换位塔换位。

上江2号线18～56号由江苏省送变电公司施工，于1998年12月26日开工，1999年11月30日竣工；56～272号由安徽省送变电工程公司施工，于1998年12月28日开工，1999年11月29日竣工。工程监理单位为江苏省宏源送变电建设监理有限公司。1999年11月30日～12月1日，扬州段竣工验收合格，上江2号线1999年12月7日投运。扬州境内106千米线路由扬州供电局线路工区运行管辖。扬州供电局承包扬州段的投资额为4394万元，多次局部调整线路路径，减少拆迁费用，结余986.1万元上交省电力公司。

2002年底扬州市500千伏输电线路见表2－8。

表2－8　　2002年底扬州市500千伏输电线路

线路名称	线路代号	起　点	终　点	境内线路长度（千米）	回路长度（千米）	导线型号	铁塔（基）	投产日期	运行单位
江斗线	5202	江都变电所	斗山变电所	28	28	LLBJ—400	62	1998.06.24	扬州供电公司线路工区
扬江1号线	5203	扬州第二发电厂	江都变电所	38.36	38.36	LGJ—400	92	1998.08.18	扬州供电公司线路工区
扬江2号线	5204	扬州第二发电厂	江都变电所	38.36	38.36	LGJ—400	92	1998.08.18	扬州供电公司线路工区
上江1号线	5241	上河变电所	江都变电所	105	105	LGQJ—400	258	1999.11.29	扬州供电公司线路工区
上江2号线	5242	上河变电所	江都变电所	106	106	LGJ—400	255	1999.12.07	扬州供电公司线路工区
江南线	5291	江都变电所	武南变电所	25	25	LGJQ—400	60	1998.08.11	扬州供电公司线路工区

注　1. 公里数均为扬州市境内线路长度。

2. 江斗线投运日期为开断接入无锡斗山变电所投运日期，江南线投运日期为开断接入常州武南变电所投运日期，上江1号线投运日期为开断环入上河变电所投运日期。

第三节 变 电 所

变电所记述范围为1991～2002年扬州市境内的500千伏江都变电所，境内全部220千伏变电所以及扬州供电局直接运行管辖的全部110千伏变电所。县（市）供电局（公司）管辖的110千伏变电所列表记述。

一、110千伏变电所

南郊变电所 110千伏南郊变电所位于扬州市区南郊，1971年1月建成投运，是扬州市区第一座110千伏变电所，安装1台1万千伏·安变压器，有110千伏进线1路，从谏（壁）扬（州发电厂）线33号杆支接向西走向进入南郊变电所，有10千伏出线3条（农药线、电石线、油厂线）。

南郊变电所自1972年后多次扩建，至1991年，有2台3.15万千伏·安变压器，110千伏进线2条（南郊支线、蒋南线），35千伏专线3条，供树脂厂、冶金厂、农药厂，10千伏出线15条（农药线、电石线、米厂线、柴油线、西区线、粉厂线、冶金线、东区线、东照线、油厂线、修造线、沙口线、汤汪线、国庆线、石塔线）。15条10千伏线路有公用和企业自备配电变压器共366台，计11.24万千伏·安（公用变压器158台，3.52万千伏·安，企业自备变压器208台，7.71万千伏·安），占扬州市区配电变压器总容量51%。南郊变电所是扬州市区供电覆盖范围最大、负荷最重的变电所，1992年1月19日110千伏双桥变电所投运后，长期超负荷运行状况好转。1997年6月南郊变电所改造为无人值班变电所。2000年7月30日，110千伏横南1、2号线建成投运，近距离从横沟变电所受电，改善了110千伏网络结构。至2002年，南郊变电所有2台3.15万千伏·安变压器，向扬州市区南部供电。

五里变电所 110千伏五里变电所位于扬州市区东北郊。35千伏北郊变电所1965年9月30日建成投运，35千伏湾北线与2千米外的扬州发电厂连接受电。至1980年，北郊变电所有5条6.6千伏线路和2条10千伏线路向扬州市区北部供电。1982年，6.6千伏线路全部改为10千伏线路。1987年，北郊变电所升压改造列入扬州发电厂扩建配套三项工程之一，即110千伏东郊送变电工程。易地新建变电所名为110千伏五里变电所，新装1台3.15万千伏·安变压器，新架设同塔双回扬（州发电厂）五（里）1、2号线，从3千米外扬州发电厂受电，1988年10月投运。1989年五里变电所扩建1台3.15万千伏·安变压器。至1991年，五里变电所有2台3.15万千伏·安变压器，有10千伏出线16条（运河线、纸厂线、曲江线、瓦窑线、磷肥线、东风线、水厂线、化肥1、2号线、陶瓷线、五台线、北路线、印染线、电子线、湾头线、庆丰线）。1997年9月，五里变电所改造为无人值班变电所。1999年7月25日，五里变电所更换1台4万千伏·安变压器投运。至2002年，五里变电所有3.15、4万千伏·安变压器各1台，合计容量7.15万千伏·安。

平山变电所 110千伏平山变电所位于扬州市区北郊城北公社卜扬大队杨庄生产队，

1982年5月建成投运，装有1台3.15万千伏·安变压器，110千伏扬（州发电厂）平（山）线与扬州发电厂连接受电。至1991年，平山变电所有10千伏出线9条（城北线、史公线、建材线、梅岭线、友谊线、平山线、高桥线、农配线、凤凰线），向扬州市区北部供电。1990年，110千伏平（山）仪（征）线开断环入蒋王变电所，改造后，平山至蒋王段线路改名平蒋线，是平山变电所第二电源。1995年9月12日，平山变电所扩建工程投运，增加1台3.15万千伏·安变压器，变电容量合计6.3万千伏·安。1997年10月，平山变电所改造为无人值班变电所。2002年11月7日，平山变电所更换1台4万千伏·安变压器投运，变电容量合计7.15万千伏·安。

方巷变电所 110千伏方巷变电所位于邗江县北部方巷镇方巷村，是邗江县第一座110千伏变电所。方巷变电所和扬方线工程1987年列入扬州发电厂扩建配套三项工程之一，即110千伏方巷送变电工程，总投资350万元（变电所197.9万元，扬方线87.1万元，35千伏及10千伏线路65万元），扬州发电厂扩建配套工程补贴200万元，其余资金由地方自筹。方巷变电所1988年5月6日建成投运，装有1台3.15万千伏·安变压器，110千伏扬（州发电厂）方（巷）线与扬州发电厂连接受电，是邗江县北部及高邮湖西4个乡镇的供电中心变电所。1999年10月21日，方巷变电所扩建1台3.15万千伏·安变压器投运。方巷变电所第二电源线路支接在110千伏蒋（王）西（湖）2号线，长11千米，45基塔杆，2001年12月29日投运。至2002年，方巷变电所2台变压器，变电容量合计6.3万千伏·安。

施桥变电所 110千伏施桥变电所位于邗江县南部施桥镇许方村，由原35千伏施桥变电所升压改造而成。1989年初升压改造工程动工，当年底完工，1990年9月21日投运。新装1台3.15万千伏·安变压器，110千伏蒋（王）施（桥）线从220千伏蒋王变电所受电，是施桥变电所主供电源，有35千伏出线3条。1995年12月扩建1台3.15万千伏·安变压器并投运，合计容量6.3万千伏·安。施桥变电所扩建后，成为邗江县南部沿江地区沙头、李典、新坝、红桥、头桥、施桥、六圩、瓜洲、运西、八里10个乡镇供电中心变电所。至2002年，施桥变电所2台3.15万千伏·安变压器，容量合计6.3万千伏·安。

双桥变电所 110千伏双桥变电所位于扬州市西郊双桥乡石庄村，占地6867米^2。新建双桥变电所于1990年3月开工，安装2台3.15万千伏·安变压器，沈阳变压器厂生产，型号为SFZ—31500kVA/110，单台出厂价格为891 822元。110千伏屋外配电装置为内桥型接线，10千伏屋内配电装置为单母线带旁路接线。110千伏进线2路，名为蒋（王）双（桥）1、2号线，同塔双回架设，从220千伏蒋王变电所受电。双桥变电所1992年1月19日投运，由扬州供电局设计室设计，扬州供用电工程公司和扬州供电局变电工区施工。双桥变电所有10千伏出线8路，向市区西部、北部供电。双桥变电所批准概算额为790.5万元，竣工决算额为756.58万元，比概算节约33.93万元（1997年3月10日，江苏省兴光会计师事务所审计报告）。资金来源主要是扬州发电厂扩建地方集资款，实际工程造价为每千伏·安240.18元。总耗工日为50 132个，耗钢材120吨，木材60米^3，水泥900吨。双桥变电所1997年11月改造为无人值班变电所。由于扬州城区逐渐向西扩大，双桥变电所成为城中变电所，位于扬子江中路西侧。至2002年双桥变电所2台3.15万千伏·安变压器，容量合计6.3万千伏·安。

湾头变电所 为提高市区东郊供电能力，新建110千伏湾头变电所。湾头变电所位于市区东北郊湾头镇联合村，南侧距扬江公路200米。1992年9月8日，省电力局下发《关于110千伏湾头输变电工程设计任务书的批复》批准建设。1992年9月26日，省电力局在扬州召开初步设计及概算审查会，扬州市经委、建委、建行、规划局等部门参加会议。工程建设单位为扬州供电局，设计单位为扬州供电局设计室（湾头变电所获1994年度省电力局优秀工程设计三等奖），土建施工单位为邗江县园林建筑队。

湾头变电所占地面积9511米^2。主控楼为二层砖混结构，建筑面积555.63米^2，底层为生活用房、载波机室及辅助间，二层为主控制室及继电器室，二层与一层之间设有夹层，供敷设电缆用。35千伏屋内配电装置室为单层砖混结构，建筑面积334.9米^2。10千伏屋内配电装置室为单层砖混结构，建筑面积281.8米^2。辅助生产房为平房，设有检修间、备品间、休息室、传达室。湾头变电所安装2台3.15万千伏·安有载调压变压器，沈阳变压器厂生产。110千伏进线2路，一路至扬州发电厂，名为扬湾线，另一路接到砖（桥）南（郊）线，35千伏出线3路，10千伏出线8路。继电保护系统不装设110千伏线路变电所侧保护装置，110千伏内桥装设过流及零序过流保护，35千伏线路及旁路装设PXU—03型晶体管保护，10千伏线路装设PXU—01型晶体管保护，35千伏及10千伏母线不装设专用母线保护，采用变压器后备保护兼作母线保护。系统通信采用载波及电缆传送信息，选用SZY—5远动装置，配置显示器、打印机，列市内电话1门。变电所电气安装及线路施工均为扬州供电局，于1993年1月开工，1994年1月竣工，1月31日投运。

湾头输变电工程实际总投资为2053万元，其中湾头变电所1401.81万元，单位造价每千伏·安224.09元，耗钢材115吨，木材61.2米^3；110千伏和35千伏线路486.8万元；10千伏线路配套工程104.44万元；扬州发电厂出线间隔50万元，提前竣工奖金10万元。建设资金全部为地方筹资。湾头变电所于1997年8月改造为无人值班变电所。1999年11月5日，湾头变电所更换2台3.15万千伏·安变压器。2002年，湾头变电所有2台3.15万千伏·安变压器，容量计6.3万千伏·安。

开发变电所 110千伏开发变电所位于扬州市开发区开发路与祥和路交叉处。1995年扬州市区西南部经济技术开发区总占地16.52千米^2，已开发用地4.73千米^2，开发区用电户总容量2.5万千瓦，主要由110千伏双桥变电所供电。为满足开发区用电需求，以及为新建扬州热电厂投产后电量上网，新建开发变电所。1995年4月6日，省电力局下发《关于扬州110千伏开发区输变电工程计划任务书的批复》批准建设。工程建设单位为扬州供电局，工程设计单位为扬州广源设计公司，土建施工单位为扬州经济开发区建筑安装工程公司第一工程队。

开发变电所是扬州市首座按无人值班要求设计的变电所，占地5297米^2，所内建筑为框架结构二层楼，建筑面积1220米^2。新装2台4万千伏·安有载调压变压器，位于变电所中间位置，110千伏出线3回，分别至蒋王变电所、扬州热电厂及蒋南线支接线路。110千伏采用单母线分段接线。配电装置位于变电所西侧。10千伏出线16回，采用单母线4分段带旁路接线，旁路为2分段，各设1个旁路间隔，配电装置采用户内双列布置。电容器室、控制室布置在开关室楼上。110千伏选用六氟化硫断路器，10千伏选用固定式真空开关柜。安装2组4200千乏电容器组。采用ISA—1型微机保护和BJ—1型监控装置。新建开发变电所至蒋王变电所、南郊变电所载波电路各一路。扬州供电局变电工区负责变电所电气安装，于1995年9月22日开工，1996年3月30日竣工，当年11月28日投运。110千伏开发输变电工程总投资为4769.04万元，其中变电所3654.01万元，110千伏蒋开线423.26万元，热开线191.77万元，10千伏电缆出线400万元，蒋王变电所出线间隔100万元。工程原属地方出资建设项目，后列入扬州城网改造项目。2002年，开发变电所有2台4万千伏·安变压器，变电容量合计8万千伏·安。

琼花变电所　110千伏琼花变电所位于扬州市区中心繁华热闹的文昌中路86号，是扬州市第一座110千伏高压电缆进线、10千伏电缆出线供电的变电所。工程原属地方出资建设项目，被扬州市政府列为1997年为民办20件实事之一。省电力局于1999年下发1095号文件《关于110千伏琼花输变电工程列入城网建设与改造工程的批复》，将此工程列入城网改造项目。琼花变电所由扬州广源设计公司设计（获1998年度江苏省电力公司优秀设计二等奖）。

琼花变电所按无人值班变电所设计，占地面积2706.5米^2。新装2台沈阳变压器生产的4万千伏·安变压器。110千伏进线2条，从文昌中路北侧变电所向东敷设110千伏电缆至古运河边，连接到跨古运河110千伏架空线路，一路通向扬州发电厂，另一路从110千伏扬（州发电厂）南（郊）线支接。10千伏电缆出线15条。扬州发电厂扩建110千伏出线间隔1个。因琼花变电所地理位置特殊，设计采用全室内紧凑布置，全部电气设备均布置在33米×27米的一幢二层楼房内。楼上为110千伏设备，采用国产六氟化硫组合电器，楼下为10千伏真空断路器室、电容器室。地下层为进出线电缆室、自动灭火器装置室。变压器室位于二层楼西侧，与散热器室隔开，以满足通风和消防要求。选用低噪声自冷式变压器，本体和散热器分置两间，安装消音隔爆门，避免噪音对环境的影响。采用二氧化碳气体灭火系统，在3个变压器室安装上下两层共16只喷头，感烟和感温探测器探测到烟雾和高温即启动二氧化碳气体灭火系统对变压器直接喷淋，快速冷却灭火。变电所主控室、开关室、电缆室等共安装42套烟感和温感探测器，火灾出现时，自控系统发出声光警报，并将信号传到控制中心。变电所建筑工程由姜堰市第二建筑公司驻扬605工程队施工。室外电缆沟由扬州市政公司施工。地下电缆由上海输变电成套设备公司施工。变电所电气安装由扬州供电局变电工区施工。1996年4月1日开工，1997年6月11日地下电缆敷设完工，1997年7月3日变电所投运。琼花输变电工程批准概算总投资为6763.17万元，其中琼花变电所为4294.93万元，110千伏架空线路547.95万元，110千伏地下电缆1024.19万元，10千伏电缆总长12 053米，计846.1万元，扬州电厂出线间隔改造50万元。竣工决算审计实际投资总额为5959.23万元（变电所3620.38万元，节约674.55万元；架空线路533.67万元，节约14.28万元；110千伏地下电缆1075.67万元，超概算51.48万元；10千伏出线电缆680.45万元，节约165.65万元；扬州发电厂出线间隔改造49.06万元，节约0.94万元），节约投资803.94万元。琼花变电所是扬州城区中心重要电源点，15条10千伏出线向负荷密集地段供电，改变了长期由城郊变电所向老城区供电的状况，老城区供电可靠性和电压质量得到改善。

2001年11月5日，110千伏琼花变电所扩建投运1台4万千伏·安变压器（3号变压器，由江苏华鹏变压器厂生产），增加3号变压器进线间隔，完善扩大内桥接线；110千伏配电装置采用六氟化硫组合电器，全户内布置；增加10千伏出线8路；完善单母线4分段接线，采用XGN高压开关柜，全户内布置；增加无功补偿4200千乏。扩建工程实际投资为800.36万元。琼花变电所扩建后合计3台4万千伏·安变压器，总容量12万千伏·安。

杭集变电所　杭集镇是邗江县经济发展最快、乡镇企业和私营企业最多的乡镇，也是全国著名的牙刷之乡，1995年工农业总产值4.1亿元，用电负荷6000千瓦，由35千伏二桥变电所2条10千伏线路供电。三笑集团以生产牙刷著名，1996年销售额1.6亿元，1997年4亿元，1998年8亿元，用电容量1997年1000千伏·安，当年9月增容1000千伏·安，1998年2月底增容800千伏·安。随着全镇用电量快速增长，县、乡两级政府要求供电部门与地方共同出资建设110千伏变电所。1996年5月扬州供电局批复同意建设杭集变电所。1997年5月8日，扬州供电局对杭集输变电工程进行初步设计审查。工程概算总投资1388.95万元（静态投资1216.59万元，价差预备费66.07万元，建设期利息106.29万元），资金全部由地方自筹。工程建设、运行单位为邗江县供电局，设计单位为扬州广源设计公司。

110千伏杭集变电所位于杭集镇新生村东西组，是扬州市第一座乡镇投资建设的110千伏变电所，占地6070米^2，安装1台2万千伏·安变压器，由110千伏砖（桥）南（郊）线37号杆支接进入杭集变电所，有10千伏出线6回，采用单母线分段带旁路结线，按无人值班变电所要求配置相应的控制保护、自动化和通信设施。杭集变电所于1997年10月22日动工，1998年11月10日投运。

2001年，杭集变电所扩建，新增1台3.15万千伏·安变压器，1个110千伏进线间隔，1个内桥间隔，主接线完善为内桥接线，10千伏新增3个出线间隔。新建110千伏线路7.48千米，从横（沟）沙（头）线支接进入杭集变电所。扩建工程批准概算总投资1275.78万元，其中，杭集变电所701.27万元，支接线路410.22万元，10千伏出线164.29万元，实际投资为1080.3万元。扩建工程于2001年底开工，2002年2月20日土建工程完成，6月5日电气安装完成，6月13日线路工程完成，2002年6月19日扩建工程投运。工程建设单位为扬州供电公司，设计、施工单位为扬州广源设计公司、送变电公司，质量监督单位为扬州市电力建设质量监督站，工程监理单位为江苏省兴力监理公司。扩建后，杭集变电所有2台变压器，合计容量5.15万千伏·安。

沙头变电所　1996年，邗江县南部沿江一带5个乡镇均由35千伏北洲变电所（单回进线）供电，供需矛盾突出。为改善这一地区用电状况，邗江县、乡政府要求新建变电所。扬州供电局于1996年以163号文件下达沙头输变电工程设计任务书批复，资金全部由地方政府自筹。由于筹集资金困难，工程延迟。1998年，110千伏沙头输变电工程被列为扬州城市电网改造项目。1999年11月17日，在扬州召开沙头输变电工程初步设计和概算审查会议，扬州供电局委托邗江县供电局对项目建设管理，工程设计单位为扬州广源设计公司。

110千伏沙头变电所位于邗江县沙头镇育新村，占地面积12 086米^2，按无人值班变电所设计，新装2台3.15万千伏·安变压器。110千伏进出线3回，其中1回到220千伏横沟变电所，110千伏施（桥）高（桥）线开断环入2回，采用单母线分段接线。35千伏出线3回，采用单母线分段带旁路接线。10千伏出线6回，采用单母线分段接线。110千伏和35千伏断路器选用六氟化硫断路器，10千伏选用中置式真空断路柜。继电保护和自动装置采用微机保护和监控综合自动化系统。土建施工单位为姜堰市第二建筑公司驻扬工程队，变电所电气安装及线路施工单位为邗江广源实业总公司，工程监理单位为江苏省兴力建设监理咨询有限公司。沙头变电所于1999年7月开工，2000年6月30日竣工，同年7月4日投运。省电力公司于2000年下发138号文件《关于110千伏西区、沙头输变电工程批准概算的通知》，核定项目概算总投资3406.94万元，其中，沙头变电所2378.24万元，220千伏横沟变电所扩建间隔82.75万元，110千伏横沙线路508.17万元，110千伏施高线路开断环入250.08万元，35千伏五洲线开环187.7万元。沙头输变电工程竣工决算审定实际投资31 000 598.05元（沙头变电所21 002 078.39元，横沟变电所扩建间隔736 679.07元，110千伏横沙线5 002 151.94元，110千伏施高线开环2 248 670.21元，35千伏五洲线开环2 011 018.44元），实际投资额比批准概算额节约3 068 801.95元，节约资金上交省电力公司。

文汇变电所 110千伏文汇变电所位于扬州市区文汇西路，占地2666.7米^2，扬州城市电网建设与改造项目，由扬州广源设计公司设计。文汇变电所按无人值班变电所设计，建筑为二层楼，框架结构，面积1953.25米^2。新装2台4万千伏·安变压器，SZ—9—40000/110型，由江苏华鹏变压器厂生产，单价3 769 188元。110千伏出线2回，文汇至蒋王变电所双回线路，采用内桥接线方式，选用六氟化硫断路器。10千伏出线16回，采用单母线分段接线方式，选用10千伏中置式真空断路器柜。全户内分层布置，底层为变压器室、10千伏开关室、电容器室等，二层为110千伏配电装置室和二次设备小室。安装2组4200千乏电容器组。采用微机保护和监控综合自动化系统。变电所土建施工单位为姜堰市第二建筑安装工程公司。变电所电气安装、线路施工、蒋王变电所出线间隔均为扬州广源送变电公司施工。线路工程于1999年3月8日开工，2000年7月12日竣工。电气安装及扩建间隔于2000年9月11日开工，同年11月30日竣工。2000年12月5日文汇变电所投运。

2000年1月28日，省电力公司下发138号文件《关于110千伏西区、沙头输变电工程批准概算的通知》，批准文汇（西区）输变电工程概算总投资2971.76万元（文汇变电所2763.96万元，蒋王变电所扩建出线间隔88.96万元，蒋王至文汇双回线路118.84万元）。文汇输变电工程实际总投资额为28 825 459.82元（文汇变电所24 699 999.15元，蒋王变电所扩建间隔722 576元，110千伏文蒋线1019 731.67元，110千伏蒋平线改造2 383 153元），实际总投资比概算节余892 140.18元，结余资金上交省电力公司。

西湖变电所 扬州西北郊西湖镇因工业园建设用电量上升快，扬州供电局决定将原

35千伏红星开关站停运，移址新建110千伏变电所。1999年2月23日，省电力公司下发《关于35千伏红星变移址升压为110千伏西湖变计划任务书的批复》批准建设。工程建设单位为扬州供电局，由扬州广源电力设计公司设计。

110千伏西湖变电所位于市区西北郊西湖镇，35千伏红星开关站向西约500米，按无人值班要求设计，变电所占地面积2538米^2，综合楼为框架结构，建筑面积648米^2。安装2台4万千伏·安有载调压变压器（SFZ9—40000/110型，110±4×2.5%/10.5千伏，南京变压器厂生产）。变压器位于室外，其他电气设备均布置在室内，其中10千伏开关室、二次设备室、电容器室等布置在综合楼底层；110千伏配电装置布置在二层，采用内桥接线。110千伏出线2回，至蒋王变电所。10千伏出线14回，单母线分段接线。安装2组4200千乏电容器组。10千伏配置消弧线圈自动跟踪补偿装置。110千伏选用COMPASS户外空气绝缘组合电器。10千伏采用中置式高压断路器柜，全电缆出线。采用微机保护和监控自动装置。工程监理单位为江苏兴力工程建设监理咨询有限公司，土建施工单位为姜堰市第二建筑安装工程公司驻扬州工程处，于2001年2月10日开工，当年11月16日竣工。变电所电气安装及110千伏线路施工由扬州广源送变电公司承担，电气安装于2001年7月20日开工，当年11月20日竣工；线路工程于2001年2月28日开工，当年11月27日竣工。10千伏电缆管道施工由扬州市政总公司承担。2001年11月30日，110千伏西湖变电所投运。

110千伏西湖输变电工程批准概算总投资3921.82万元（西湖变电所2780.25万元，蒋王变电所扩建间隔139.78万元，110千伏线路工程457.18万元，10千伏出线电缆544.61万元）。2002年4月18日～5月9日，受省电力公司委托，扬州市长城投资咨询事务所对西湖输变电工程项目财务竣工决算审核，实际投资为31 602 550.28元（西湖变电所21 338 175.58元，节余6 464 324.42元；蒋王变电所扩建间隔1 095 676.96元，节余302 123.04元；110千伏蒋西线路4 866 375.13元，比概算增加294 575.13元；10千伏电缆出线工程4 302 322.61元，节余1 143 797.56元），实际投资比概算节余7 615 669.89元。

施井变电所　为增强扬州市区东南郊供电能力，适应住宅新区及污水处理厂用电需求，新建110千伏施井变电所。2000年12月30日，省电力公司1857号文件《关于汤汪（施井）输变电工程计划任务书的批复》批准建设。工程建设单位为扬州供电局，由扬州广源设计公司设计。

110千伏施井变电所位于扬州市区施井路，占地面积3056米^2，其中所区占地面积为2448米^2，综合楼为框架式一层楼，建筑面积954米^2。安装2台4万千伏·安有载调压变压器（SZ9—40000/110/10.5千伏，江苏华鹏变压器厂生产），室内布置。110千伏配电装置选用国产COMPASS成套组合电器，敞开式布置在10千伏配电室楼顶。110千伏进线2回，分别从横（沟）南（郊）1号线、横（沟）扬（州电厂）线支接进入施井变电所，采用扩大内桥接线。10千伏出线16回，单母线分段接线，采用中置式高压开关柜，全户内布置。无功补偿装置安装2组4200千乏电容器组。采用光纤通信，监控系统采用分布式微机远动终端。土建施工单位为江苏正泰建设集团股份有限公司，于2001年6月25日开工，2002年1月29日竣工。变电所电气安装及线路施工均为扬州广源送变电公司，电气安装于2001年11月10日开工，2002年1月28日竣工。工程监理单位为江苏苏源兴力工程建设监理咨询有限公司。110千伏施井变电所于2002年1月31日投运。

2001年1月21日，省电力公司下达110千伏施井输变电工程初步设计和概算审查意见。概算总投资为4556.11万元（施井变电所2766.74万元，110千伏支接线路532.96万元，10千伏出线电缆1256.41万元）。受省电力公司委托，2002年4月18日～5月9日，扬州市长城投资咨询事务所对施井输变电工程财务竣工决算审核，工程实际总投资37 501 550.5元（变电所23 492 061.62元，节余4 175 338.38元；110千伏线路4 782 215.51元，节余547 384.49元；10千伏电缆9 227 273.37元，节余3 336 853.89元），实际投资比概算节余8 059 576.76元。

汉河变电所 110千伏汉河变电所位于邗江区汉河镇工业园区。1999年9月省电力公司批复新建110千伏邗城（汉河）输变电工程。2000年4月，省电力公司批复110千伏汉河输变电工程概算投资1423.78万元。汉河变电所由扬州广源设计公司设计，占地面积3695米^2，安装1台3.15万千伏·安变压器。110千伏进线1路，从蒋王变电所受电，采用内桥接线，户外布置。10千伏出线8路，配电装置采用单母线分段接线。变电所电气安装和线路施工由扬州广源送变电公司承担。110千伏汉河变电所于2001年12月30日投运。

2002年底扬州供电公司110千伏变电所见表2－9。

二、220千伏变电所

泰州变电所 220千伏泰州变电所位于泰州市南郊南官河王四刘庄，占地39 960米^2，是扬州市第一座220千伏变电所，1967年7月以110千伏运行，没有主变压器，属开关站性质，220千伏谏泰1号线与谏壁发电厂连接受电。1970年7月以220千伏运行，装有1台12万千伏·安变压器。1977年8月增加1台6万千伏·安变压器，属临时过渡性质。1977年11月扩建安装1台12万千伏·安变压器并投运，停用6万千伏·安变压器。1979年6月15日建成投运220千伏淮阴至泰州线路，1985年1月30日，220千伏谏壁发电厂至泰州2号线路建成投运，增强向泰州的输电能力。至此泰州变电所有2台12万千伏·安变压器，是扬州地区规模最大的变电所。泰州变电所建成投运以后，由扬州供电局变电工区运行管辖，1989年4月1日移交给泰州供电局。1987年12月，500伏江都变电所投运后，扬州电网运行方式发生变化，泰州变电所供电范围以扬州地区东部为主。1996年泰州变电所有2台12万千伏·安变压器。

黄桥变电所 110千伏黄桥变电所于1961年5月建成投运，是扬州地区东南部最早建成的一座重要变电所，也是110千伏扬（州）—泰（州）—黄（桥）线路最东端的变电所。投运初期安装1台1.5万千伏·安变压器，至1965年，有35千伏出线5条，供电范围为靖江、泰兴、如皋、海安、姜堰5县。黄桥变电所投运后多次扩建增容，1972年黄桥变电所升压改造为220千伏变电所，新装1台9万千伏·安变压器，110千伏泰（州）黄（桥）线升压改造（带电作业升压改造）为220千伏线路。1985年10月黄桥变电所移交泰兴供电局，此前一直由扬州供电局变电工区管辖。1990年2月8日降压为110千伏运行。因220千伏靖江变电所（变压器12万千伏·安）除供靖江市负荷（1991年最高负

表 2-9　　2002 年底扬州供电公司 110 千伏变电所

变电所名称	总容量（万千伏·安）	每台容量		电压（千伏）			相数	接线方式	制造厂	投产日期	变电所地址
		编号	万千伏·安	一次	二次	三次					
南郊变电所	6.3	1	3.15	110	35	10	3	Y/Y/△—11	沈阳变压器厂	1989.09	扬州市区南郊
		2	3.15	110	35	10	3	Y/Y/△—11	沈阳变压器厂	1989.12	扬州市区南郊
五里变电所	7.15	1	4	110	35	10	3	Y/Y/△—11	常州变压器厂	1999.07.25	扬州市区东北郊
		2	3.15	110	35	10	3	Y/Y/△—11	沈阳变压器厂	1989.01	扬州市区东北郊
平山变电所	7.15	1	3.15	110	35	10	3	Y/Y/△—11	沈阳变压器厂	1995.09.12	扬州市区城北乡
		2	4	110	35	10	3	Y/Y/△—11	南通变压器厂	2002.11.07	扬州市区城北乡
双桥变电所	6.3	1	3.15	110	10	—	3	Y/△—11	沈阳变压器厂	1992.01.19	扬州市区双桥乡
		2	3.15	110	10	—	3	Y/△—11	沈阳变压器厂	1992.01.19	扬州市区双桥乡
开发变电所	8	1	4	110	10	—	3	Y/△—11	沈阳变压器厂	1996.11.28	扬州市开发区
		2	4	110	10	—	3	Y/△—11	沈阳变压器厂	1996.11.28	扬州市开发区
琼花变电所	12	1	4	110	10	—	3	Y/△—11	沈阳变压器厂	1997.07.03	市区文昌中路
		2	4	110	10	—	3	Y/△—11	沈阳变压器厂	1997.07.03	市区文昌中路
		3	4	110	10	—	3	Y/△—11	沈阳变压器厂	2001.11.05	市区文昌中路
湾头变电所	6.3	1	3.15	110	35	10	3	Y/Y/△—11	沈阳变压器厂	1999.11.05	扬州市郊湾头镇
		2	3.15	110	35	10	3	Y/Y/△—11	沈阳变压器厂	1999.11.05	扬州市郊湾头镇
文汇变电所	8	1	4	110	10	—	3	Y/△—11	江苏华鹏变压器厂	2000.12.05	市区文汇西路
		2	4	110	10	—	3	Y/△—11	江苏华鹏变压器厂	2000.12.05	市区文汇西路
方巷变电所	6.3	1	3.15	110	35	10	3	Y/Y/△—11	常州变压器厂	1988.05.06	邗江县方巷镇
		2	3.15	110	35	10	3	Y/Y/△—11	江苏华鹏变压器厂	1999.10.21	邗江县方巷镇

续表

变电所名称	总容量（万千伏·安）	每台容量		电压（千伏）			相数	接线方式	制造厂	投产日期	变电所地址
		编号	万千伏·安	一次	二次	三次					
施桥变电所	6.3	1	3.15	110	35	10	3	Y/Y/△—11	西安变压器厂	1990.09.21	邗江县施桥镇
		2	3.15	110	35	10	3	Y/Y/△—11	沈阳变压器厂	1995.12	邗江县施桥镇
沙头变电所	6.3	1	3.15	110	35	10	3	Y/Y/△—11	江苏华鹏变压器厂	2000.07.04	邗江县沙头镇
		2	3.15	110	35	10	3	Y/Y/△—11	江苏华鹏变压器厂	2000.07.04	邗江县沙头镇
西湖变电所	8	1	4	110	10	—	3	Y/△—11	江苏华鹏变压器厂	2001.11.30	扬州市郊西湖镇
		2	4	110	10	—	3	Y/△—11	江苏华鹏变压器厂	2001.11.30	扬州市郊西湖镇
杭集变电所	5.15	1	2	110	10	—	3	Y/△—11	沈阳变压器厂	1998.11.10	邗江县杭集镇
		2	3.15	110	10	—	3	Y/△—11	新疆变压器厂	2002.06.19	邗江县杭集镇
汊河变电所	3.15	1	3.15	110	10	—	3	Y/△—11	常州变压器厂	2001.12.30	邗江县汊河镇
施井变电所	8	1	4	110	10	—	3	Y/△—11	江苏华鹏变压器厂	2002.01.31	扬州市区施井路
		2	4	110	10	—	3	Y/△—11	江苏华鹏变压器厂	2002.01.31	扬州市区施井路
仙女变电所	6.3	1	3.15	110	35	10	3	Y/Y/△—11	沈阳变压器厂	1993.04.07	江都市仙女镇
		2	3.15	110	35	10	3	Y/Y/△—11	常州变压器厂	1990.06.16	江都市仙女镇
丁沟变电所	6.3	1	3.15	110	35	10	3	Y/Y/△—11	沈阳变压器厂	1996.06	江都市丁沟镇
		2	3.15	110	35	10	3	Y/Y/△—11	常州变压器厂	1995.11.02	江都市丁沟镇
吴桥变电所	6.3	1	3.15	110	35	10	3	Y/Y/△—11	沈阳变压器厂	1995.06.30	江都市吴桥乡
		2	3.15	110	35	10	3	Y/Y/△—11	南京变压器厂	2002.07	江都市吴桥乡
富民变电所	4	1	4	110	35	10	3	Y/Y/△—11	常州变压器厂	2000.07.17	江都市富民乡

续表

变电所名称	总容量（万千伏·安）	每台容量		电压（千伏）			相数	接线方式	制造厂	投产日期	变电所地址
		编号	万千伏·安	一次	二次	三次					
仪征变电所	7.15	1	4	110	35	10	3	Y/Y/△—11	南京变压器厂	2000.07	仪征市区
		2	3.15	110	35	10	3	Y/Y/△—11	沈阳变压器厂	1995.08.09	仪征市区
谢集变电所	5.15	1	2	110	35	10	3	Y/Y/△—11	沈阳变压器厂	2000.04	仪征市谢集乡
		2	3.15	110	35	10	3	Y/Y/△—11	沈阳变压器厂	2000.08	仪征市谢集乡
城南变电所	7.15	1	4	110	35	10	3	Y/Y/△—11	沈阳变压器厂	1997.01.16	仪征市城南
		2	3.15	110	35	10	3	Y/Y/△—11	沈阳变压器厂	1994.02.07	仪征市城南
城东变电所	4	1	4	110	35	10	3	Y/Y/△—11	南京变压器厂	2001.05.15	仪征市新城镇
浦西变电所	4	1	4	110	35	10	3	Y/Y/△—11	江苏华鹏变压器厂	2002.09.10	仪征市胥浦镇
高邮变电所	6.3	1	3.15	110	35	10	3	Y/Y/△—11	沈阳变压器厂	1978.06	高邮市区
		2	3.15	110	35	10	3	Y/Y/△—11	常州变压器厂	1988.10	高邮市区
甘垛变电所	3.15	1	3.15	110	35	10	3	Y/Y/△—11	沈阳变压器厂	2000.04.29	高邮市甘垛镇
周山变电所	3.15	1	3.15	110	35	10	3	Y/Y/△—11	南京变压器厂	2001.06.28	高邮市周山乡
宝应变电所	6.3	1	3.15	110	35	10	3	Y/Y/△—11	保定变压器厂	1981.10	宝应县城区
		2	3.15	110	35	10	3	Y/Y/△—11	保定变压器厂	1999.11.07	宝应县城区
望直变电所	6.3	1	3.15	110	35	10	3	Y/Y/△—11	常州变压器厂	1993.08.18	宝应县望直镇
		2	3.15	110	35	10	3	Y/Y/△—11	常州变压器厂	1999.06.22	宝应县望直镇
鲁垛变电所	3.15	1	3.15	110	35	10	3	Y/Y/△—11	沈阳变压器厂	2001.05	宝应县鲁垛乡

注 投产日期均为变压器新装或更换后的投运日期。

荷 7.6 万千瓦）以外，还转供黄桥地区 2.5 万千瓦，用电高峰期超负荷运行，1993 年 1 月省电力局批准黄桥变电所恢复 220 千伏运行。

(1) 将 220 千伏泰（州）黄（桥）线北新至黄桥段改造为 220 千伏徐庄变电所至黄桥线路，长 22 千米。

(2) 徐庄变电所增建 220 千伏间隔 1 个，配置相应的一、二次设备，黄桥变电所换 220 千伏断路器 1 组。线路由华东电力设计院设计，两端变电间隔由上海勘测设计院设计。变压器仍使用原 9 万千伏·安变压器。黄桥变电所升压工程由扬州广源供用电工程公司施工，于 1993 年 10 月 1 日开工，1994 年 6 月 21 日投运。工程总投资 1055.1 万元。

靖江变电所 220 千伏靖江变电所位于柏木乡光明村，占地面积19 848 米^2，是南通天生港发电厂的扩建配套项目，于 1987 年 5 月开工建设，1988 年 9 月 29 日建成投运。新装 1 台 12 万千伏·安变压器，有 220 千伏天靖线与天生港发电厂连接受电。110 千伏出线 3 条（靖马线、靖康线、靖礼线），35 千伏出线 5 条。靖江变电所由靖江供电局运行管理。1989 年 9 月，220 千伏靖徐线投运，靖江变电所与泰兴徐庄变电所连接。

1993 年 9 月 30 日，靖江变电所二期扩建工程开工。增加 1 台 12 万千伏·安变压器、220 千伏出线间隔 1 个、110 千伏出线间隔 1 个，220 千伏由单母线带旁路母线改为双母线带旁路母线，110 千伏由单母线分段带旁路母线改为双母线带旁路母线。扩建工程于 1994 年 7 月 6 日竣工，同年 7 月 12 日投运。扩建工程总投资 975.2 万元，其中 50%由靖江市筹资，其余列入徐州彭城电厂送出配套工程。1995 年 12 月，220 千伏天生港发电厂至靖江 2 号线建成投运，是天生港发电厂至靖江变电所第二条输电线路。

徐庄变电所 220 千伏徐庄变电所位于泰兴市十里甸乡徐庄村，泰兴至黄桥公路南侧，占地面积21 264 米^2，是南通天生港发电厂扩建配套项目。工程由上海勘测设计院设计。1987 年，省电力局批准将扩建改造黄桥变电所工程改为新建徐庄变电所和徐庄至靖江线路工程，新装 1 台 12 万千伏·安变压器，新建 220 千伏徐庄至靖江线路，220 千伏泰（州）黄（桥）线开断接入徐庄变电所，是主供电源线路。变电所主体部分由江苏省送变电公司安装。徐庄变电所于 1988 年 4 月开工建设，1989 年 9 月 22 日建成投运，由泰兴市供电局运行管理。至 1996 年，徐庄变电所 1 台 12 万千伏·安变压器。

昭阳变电所 1989 年兴化市共有 46 个乡镇，人口 149.74 万，1990 年最高用电负荷 6.73 万千瓦。全市有 2 座 110 千伏变电所，一座是 110 千伏兴化变电所，有 2 台 3.15 万千伏·安变压器，从高邮 220 千伏澄子变电所受电，110 千伏澄（子）化（兴化）线经常超负荷运行（1991 年最高负荷 6 万千瓦）；另一座是 110 千伏大垛变电所，有 1 台 3.15 万千伏·安变压器，从泰州 110 千伏招贤变电所受电。为适应兴化市用电增长需求，改善供电网络结构，1989 年省电力局 118 号文件《关于扬州电厂送出补充配套工程计划任务书的批复》批准建设昭阳变电所。昭阳变电所由江苏省电力设计院设计。

220 千伏昭阳变电所位于兴化市西南红星乡单家村，占地面积20 248 米^2。新装 1 台 12 万千伏·安变压器，220 千伏进线 1 回，名为江（都）昭（阳）线，从 500 千伏江都变电所受电，110 千伏出线 7 回，35 千伏出线 9 回。220 千伏电气主接线采用单母线带旁路母线，110 千伏和 35 千伏电气主接线采用双母线带旁路母线兼母联。1990 年 2 月中旬，昭阳变电所通过初步设计审查，12 月中旬通过江昭线和 500 千伏出线间隔初步设计审查。兴化市、扬州供电局、兴化供电局三方组成工程领导小组，下设工程处，具体负责工程建设。兴化市建筑安装工程公司和刘陆分公司负责变电所土建施工，徐州送变电工程公司负责 220 千伏、110 千伏变电所电气安装，兴化市供电局负责 110 千伏、35 千伏线路施工和 35 千伏变电工程电气安装，通信工程由扬州供电局调度所负责施工。1991 年 3 月 7 日，完成变电所“三通一平”。工程于 1991 年 4 月 20 日开工，1992 年 11 月 21 日，110 千伏设备投运，1993 年 10 月 28 日，220 千伏设备投运。昭阳变电所由兴化市供电局运行管理。

陆庄变电所　220 千伏陆庄变电所位于姜堰市苏陈镇陆庄村，占地面积24 370 米^2。1994 年 8 月 2 日，省电力局在姜堰市召开 220 千伏陆庄输变电工程初步设计审查会，同年 9 月底印发 1079 号文件，《关于 220 千伏泰县（姜堰）输变电工程初步设计技术会审意见的通知》。陆庄输变电工程由江苏省电力设计院设计。

陆庄变电所新装 1 台 12 万千伏・安变压器。220 千伏进出线 2 回，由 220 千伏江（都）海（安）线开断环入，110 千伏出线 6 回，35 千伏出线 3 回。220 千伏电气主接线采用单母线带旁路接线，110 千伏采用双母线带旁路兼母连接线，35 千伏采用双母线带旁路接线。220 千伏、110 千伏和 35 千伏断路器选用六氟化硫断路器。220 千伏、110 千伏、35 千伏电流互感器选用南瓷厂生产 LB1—220WB、LCWB6—110WB、LB6—35 型产品。220 千伏和 110 千伏避雷器选用氧化锌避雷器，35 千伏选用普阀型避雷器。采用微机控制保护装置和光缆通信（自泰州微波站至陆庄变电所至姜堰市供电局，28.5 千米）。扬州广源实业公司总承包输变电工程，其中土建工程由姜堰市建筑安装工程公司承建，220 千伏线路工程由扬州广源电力建设一公司（送变电公司）承建，变电所电气安装和 110 千伏、35 千伏配套工程由姜堰市广源实业公司承建。1995 年 5 月 26 日，土建工程开工，1996 年 8 月 10 日竣工；1995 年 8 月 21 日，变压器安装就位；1995 年 12 月 8 日，220 千伏江海线环入线路竣工验收；1996 年 10 月 25 日，陆庄变电所投运。陆庄输变电工程总投资（决算价）4924 万元，其中变电工程 4059.76 万元，线路工程 464.24 万元，配套工程 400 万元。陆庄变电所投运后改变了原来由泰州向姜堰市 110 千伏中干河、太宇变电所供电方式，供电距离缩短 30 余千米，优化了网络结构。

澄子变电所　220 千伏澄子变电所位于高邮市一沟乡胜利村，于 1984 年 7 月 24 日投运，装有 1 台 12 万千伏・安变压器，220 千伏淮（阴）泰（州）线开断环入澄子变电所，建成初期有 3 条 110 千伏出线向高邮、兴化、宝应县供电，是扬州北部地区的供电中心。澄子变电所投运后，由扬州供电局变电工区运行管理，1989 年 4 月 1 日移交给高邮供电局运行管理。1987 年底 500 千伏江都变电所投运，220 千伏澄（子）泰（州）线开断环入江都变电所，江（都）澄（子）线从江都变电所受电，供澄子变电所。

由于供电范围大，用电增长快，澄子变电所自投运后经常超负荷运行。1991 年夏季，扬州北部发生特大洪涝灾害，7 月 10 日澄子变电所扩建 1 台 12 万千伏・安变压器并投运。承担扩建安装任务的扬州供电局变电工区加班加点施工，采取改双母线为单母线运行方式，尽量缩短工期，提前投运，向灾区供电。澄子变电所扩建资金由兴化、高邮、宝应县共同筹集（供电贴费）。2000年5月27日，江澄1号线投运，是500千伏江都变电所向高邮澄子变电所送电的第二条线路。至2002年，澄子变电所有2台12万千伏·安变压器，变电容量为24万千伏·安。

砖桥变电所 220千伏砖桥变电所位于江都市砖桥乡三坛村，1987年8月7日投运，是江都市第一座220千伏变电所，也是扬州供电局施工安装的第一座220千伏变电所。砖桥变电所装有1台12万千伏·安变压器，220千伏进线1条，名220千伏江砖线，从500千伏江都变电所受电。砖桥变电所由江都市供电局运行管理。1992年11月28日，砖桥变电所扩建1台12万千伏·安变压器，新建220千伏江砖2号线并投运。至此砖桥变电所变电容量合计24万千伏·安，有江砖1、2号线与500千伏江都变电所连接受电，砖桥变电所除了向江都市供电，还根据电网运行需要向扬州110千伏南郊变电所供电。1998年12月，220千伏扬（州发电厂）江（都）1号线开断环入砖桥变电所，砖桥变电所进、出线各1条，与扬州发电厂和500千伏江都变电所连接受电。原江（都）砖（桥）1、2号线路通道让给江（都）大（桥）线。2002年，砖桥变电所2台12万千伏·安变压器。

蒋王变电所 220千伏蒋王变电所位于扬州市区西南4千米邗江县蒋王乡冯庄村，是扬州发电厂扩建配套项目，1986年，水利电力部第309号文件批准建设，工程包括建设1座220千伏变电所和1条220千伏线路。工程建设单位为扬州供电局。蒋王变电所占地面积24 668米^2，新装1台12万千伏·安变压器。新建220千伏扬王线从扬州发电厂受电，110千伏出线4条（至平山、南郊、仪征、施桥变电所），35千伏出线5条。220千伏接线方式采用单母线带旁路接线，110千伏采用单母线分段带旁路接线。蒋王变电所土建施工单位为泰县第二建筑公司602队，变电所的电气安装及运行由扬州供电局变电工区负责。工程于1988年7月30日开工，1989年12月25日土建工程完工。变电所电气安装于1989年9月15日开工，1990年1月15日竣工。蒋王变电所于1990年1月20日投运，单电源、单变压器运行，至1995年，供扬州市区约50%负荷，并向邗江县110千伏施桥变电所和仪征变电所供电，最高负荷10.5万千瓦。蒋王变电所由扬州供电局变电工区运行管理。

蒋王变电所是单电源、单变压器，运行结构薄弱。1996年3月26日，省电力局318号文件《关于转发扬州第二发电厂220千伏配套输变电工程设计任务书批复文件的通知》批准扩建蒋王变电所，新建220千伏蒋王变电所至扬州第二发电厂线路，以及220千伏真（州）扬（州）线开断环入蒋王变电所。扩建工程建设单位为扬州供电局，设计、施工单位为扬州广源设计公司、送变电公司。蒋王变电所扩建分为3个阶段：①经省电力局同意，由地方政府从征收的城市电网建设资金中借垫2000万元，安装1台12万千伏·安变压器，220、110、35千伏三侧间隔各1个及相应的保护装置，1995年7月20日变压器就位，同年12月27日投运，单电源、双变压器运行。②1997年扩建220千伏出线间隔4个，完善出线间隔1个，完善相应间隔的二次保护装置，1997年11月5日投运。③1999

年扩建 110 千伏出线间隔 4 个，母联间隔 1 个，调整出线间隔 2 个，完善相应间隔的保护装置，35 千伏屋内配电装置扩建母联间隔 1 个和相应的保护装置，2000 年 6 月 14 日投运，征地面积 2137 米^2（3.206 亩）。经过 3 个阶段扩建，蒋王变电所共有 2 台 12 万千伏·安变压器，220 千伏出线 5 条，分别至横沟变电所、真州变电所、扬州第二发电厂、扬州发电厂（2 条），110 千伏出线 11 条，35 千伏出线 5 条。220 千伏为双母线带旁路母线，设旁路断路器和母联断路器；110 千伏为双母线带旁路母线，设旁路断路器和母联断路器；35 千伏为双母线带旁路母线，设旁路断路器和母联断路器。省电力局 1997 年第 627 号文件批准蒋王变电所扩建工程概算投资额 4062.87 万元。1998 年，扬州供电局与省电力局签订的工程建设合同承包额为 3492.55 万元。蒋王变电所扩建实际投资为 3447.16 万元（其中包括建设期贷款利息 148.71 万元），比概算额节约 615.71 万元，比投资包干额节约 194.1 万元。2002 年蒋王变电所无人值班改造正在进行中。

真州变电所 220 千伏真州变电所位于仪征市马集乡岔镇村，占地面积19 977 米^2。省电力局 1990 年第 30 号文件转发能源部批准仪征220 千伏输变电工程列入扬州发电厂扩建配套项目。真州变电所新建 1 台 12 万千伏· 安自耦式变压器。220 千伏六（合）扬（州）线 67 号、76 号开断环入真州变电所，110 千伏出线 4 回（至仪征化纤热电厂 2 回，仪征、谢集变电所各 1 回）。35 千伏出线 6 回，分别至青山、谢集、龙河、仪征、油港、分输站变电所。220、110、35 千伏均采用双母线带旁路结线。220 千伏和 110 千伏采用氧化锌避雷器。变电所内建筑总面积为 2752 米^2。工程设计单位为四川省电力设计院。

1990 年 5 月 9～11 日，省电力局在仪征召开 220 千伏仪征输变电工程初步设计审查会，同年 6 月 21 日下达初步设计审查意见。变电所土建施工单位为仪征市建筑工程公司，1991 年 6 月 24 日土建开工，1992 年 6 月 9 日竣工验收。220 千伏开环线路施工由扬州供电局供用电工程公司承担，1991 年 10 月 8 日开始施工，同年 12 月 26 日竣工。变电所电气安装工程于 1992 年 6 月下旬开始，同年 11 月底结束，220 千伏及 110 千伏由扬州供电局变电工区施工，35 千伏由仪征供电局变电工区施工，扬州供电局修试工场负责变压器安装调试，通信和远动工程由扬州供电局调度所施工调试。1992 年 12 月 27 日，真州变电所带电一次启动成功，试运行，1993 年 5 月带负荷运行。真州变电所由仪征市供电局运行管理，工程投资 2468 万元（变电所 1768 万元，220 千伏开环线路 400 万元，配套工程 300 万元），其中国家投资 1234 万元，地方筹资 1234 万元。

真州变电所扩建工程列入扬州第二发电厂配套项目。1997 年 4 月 17 日，省电力局在扬州召开 220 千伏真州变电所扩建工程初步设计和概算审查会，批准概算 1440.89 万元。扩建新增 1 台 12 万千伏·安变压器，增加变压器三侧出线间隔，增加 110 千伏出线间隔 1 个，完善相应的继电保护和通信远动配套工程。工程设计单位为徐州电力设计院，土建施工单位为仪征市马集建筑公司，电气安装施工单位为扬州、仪征广源实业公司。扩建工程于 1998 年 9 月 8 日开工，1999 年 5 月 28 日竣工，同年 6 月 14 日投运。扩建工程投资包干额 1266.12 万元，实际投资额 1369.75 万元，比概算额节约 71.14 万元，比投资包干额超出 103.63 万元。单位投资每千伏·安 114.15 万元。扩建工程耗用钢材 36.8 吨，木材 8.2 米^3，水泥 58 吨。

安宜变电所 1991 年，宝应县共有 2 座 110 千伏变电所，一座为宝应变电所，从澄子变电所受电，110 千伏宝（应）澄（子）线长 57.12 千米；另一座为望直变电所，从兴化变电所受电，110 千伏兴（化）望（直）线长 57.1 千米。2 座 110 千伏变电所均为单电源、单变压器，结构薄弱。1992 年 8 月，省电力局批准建设 220 千伏安宜输变电工程，列入徐州彭城电厂一期工程配套项目。

220 千伏安宜变电所位于宝应县城郊乡三里村上庄组，占地 19823 米^2。变电所主控制楼面积 1151 米^2，35 千伏开关室 1139 米^2，泵房 39 米^2。新建 1 台 12 万千伏·安变压器。220 千伏出线 2 回，澄（子）清（河）线开断环入安宜变电所，新建线路 10 千米；110 千伏出线 4 回（宝澄线、宝望线开断环入各 2 回）。220 千伏采用单母线带旁路接线，设专用旁路开关；110 千伏采用单母线带旁路接线，设专用旁路开关；35 千伏采用双母线带旁路接线，设专用旁路及母联开关。220 千伏、110 千伏和 35 千伏均采用六氟化硫断路器。35 千伏为普阀型避雷器，其余均为氧化锌避雷器。220 千伏和 110 千伏隔离开关采用 GW4—220、GW4—110 型，35 千伏隔离开关采用 GN27—35 型。变压器保护、中央信号保护、母差保护、35 千伏母线充电保护均采用电磁式保护；110 千伏、220 千伏母线保护均采用双母线固定连接式母差保护；线路保护除 220 千伏安（宜）清（河）线采用晶体管 C 型保护外，其余均采用微机保护。

工程建设单位为宝应县供电局，设计单位为江苏省电力设计院。1993 年 9 月 22 日，省电力局在宝应召开 220 千伏宝应输变电工程初步设计审查会。1993 年 10 月 18 日举行 220 千伏安宜变电所奠基仪式。1994 年 5 月 26 日，安宜变电所开工，土建施工单位为宝应县建筑安装工程公司，电气安装施工单位为江苏省送变电工程公司，1995 年 4 月开始电气安装，至 1996 年 4 月 8 日竣工。1996 年 4 月 7～9 日，220 千伏澄清线停电开环入安宜变电所，1996 年 4 月 10 日安宜变电所投运。220 千伏安宜输变电工程投资总额为 5720 万元，其中国家投资 2860 万元，地方自筹 2860 万元。

1999 年 7 月 23 日，省电力局在宝应县召开 220 千伏安宜变电所扩建及 220 千伏上（河）安（宜）线路初步设计审查会。2000 年 7 月 3 日，省电力局 887 号文件《关于 220 千伏安宜输变电工程初步设计审查意见的通知》，核定安宜变电所扩建概算投资 1577 万元。扩建工程建设单位为扬州供电局，设计单位为江苏省电力设计院。扩建新增 1 台 12 万千伏·安自耦式变压器。220 千伏及 35 千伏间隔在原预留位置，110 千伏扩建天平、鲁垛 2 个出线间隔。220 千伏接线形式改为双母线带旁路母线，设旁路兼母联断路器；110 千伏改为双母线带旁路母线，设旁路兼母联断路器；35 千伏接线形式不变，增加 1 回出线及 2 个电容器间隔。新装 2 组 6000 千乏密集型电容器，选用六氟化硫断路器。220 千伏线路继电保护选用微机保护，变压器保护选用电磁型保护，增设 1 台故障录波器。扩建工程施工单位为扬州广源送变电工程公司。扩建工程于 2001 年 4 月 5 日开工，6 月 23 日竣工，9 月 14 日投运。

横沟变电所 为了满足扬州沿江开发区快速增长的用电需求，建设 220 千伏横沟变电所。横沟变电所位于邗江县施桥镇吴楼村，占地 24584 米^2。变电所建筑面积 2200 米^2，其中主控楼1080米^2。1996年3月26日，省电力局第318号文件《关于转发扬州第二发电厂220千伏配套输变电工程设计任务书批复文件的通知》批准建设。1998年3月11日，省电力局第269号文件《关于核定220千伏东南郊送变电工程概算投资的通知》，核定工程总投资10 369.37万元。横沟变电所建设单位为扬州供电局，由江苏省电力设计院设计。

横沟变电所安装1台18万千伏·安变压器（常州东芝变压器有限公司生产）。220千伏出线2回，110千伏出线8回，35千伏出线6回。220千伏采用单母线带旁路接线，110千伏采用双母线带旁路接线，设专用旁路兼母联断路器，35千伏采用单母线分段带旁路接线，设分段兼旁路断路器，配电装置为屋内单层单列布置。220千伏、110千伏配电装置均采用户外全软母线改进中型布置。变压器35千伏侧带2组10 000千乏无功补偿装置。变压器及110千伏母线采用常规电磁型保护，其他均采用微机保护。采用光纤通信。变压器灭火装置采用水喷雾灭火。横沟变电所土建施工单位为姜堰市第二建筑公司驻扬州工程队，于1998年6月2日开工，1999年10月10日竣工。变电所电气安装由扬州广源送变电公司承担，于1998年10月8日开工，1999年10月25日竣工。通信及调度自动化工程由扬州广源电通公司承担，1999年3月25日开工，同年10月30日竣工。1999年11月10日，横沟变电所220千伏系统并网运行，由于110千伏及35千伏线路施工受阻，110千伏、35千伏系统延期投运。2000年7月28日，横沟变电所投运，由扬州供电局变电工区运行管理。横沟变电所工程耗用钢材526吨，水泥2628吨，木材59.8米^3。2000年12月21日，省电力公司第1791号文件《关于下发扬州供电局220千伏横沟输变电工程竣工决算审计意见的通知》，核定横沟输变电工程实际总投资为8869.96万元，其中横沟变电所实际投资5660.277 7万元，扣除贷款利息738.162 8万元后为4922.114 9万元，与投资包干额5367.44万元相比，节余445.325 1万元。2002年横沟变电所无人值班改造正在进行中。

大桥变电所　220千伏大桥变电所位于江都市大桥镇，占地23 912米^2。1996年3月26日，江苏省电力工业局第318号文件《关于转发扬州第二发电厂220千伏配套输变电工程设计任务书批复文件的通知》批准建设。1998年3月3日，省电力局《关于核定220千伏大桥送变电工程概算投资的通知》，核定工程总投资为9793.39万元（大桥变电所6241.49万元，220千伏线路工程3151.9万元，110千伏环入线路400万元）。工程建设单位为江都市供电局，设计单位为江苏省电力设计院。

220千伏大桥变电所新装1台12万千伏·安自耦式变压器，220千伏出线3回，110千伏出线4回，35千伏出线5回。220千伏和110千伏均为半高层布置，35千伏部分为室内开关柜布置。主控综合楼为砖混结构二层布置。220千伏接线形式为双母线带旁路母线，110千伏接线形式为单母线带旁路母线，35千伏接线形式为单母线分段带旁路母线。大桥变电所土建施工单位为江苏省建筑安装二公司，变电所电气安装单位为江苏省送变电公司，220千伏线路施工为扬州广源送变电公司，土建质量监理单位为江都市建设工程质量监督站。工程于1998年5月28日开工，6月20日完成基础工程，12月31日完成变电所电气安装，1999年2月5日竣工验收，1999年4月25日投运。大桥变电所由江都市供电局运行管理。

2000年5月10日，省电力局第896号文件印发220千伏大桥输变电项目竣工决算审计意见。省电力局与扬州供电局签订的220千伏江都大桥输变电工程建设发、承包合同项目总投资为9793.39万元，扣除贷款利息、价差预备费、基本预备费20%，投资包干总额为8160.68万元（大桥变电所5454.746万元，由于110千伏配套工程另列项目，投资包干额调整为5054.746万元；220千伏江大线投资包干额2705.942万元）。经审计核定，大桥变电所实际投资额4955.138万元，扣除贷款利息283.613 3万元后为4671.524 7万元，与包干额相比，结余383.221 3万元；江大线实际投资额为2671.353 7万元，扣除贷款利息77.649万元后为2593.668 8万元，与包干额相比，结余112.273 2万元。合计节余495.886 5万元。

张套变电所　江都市北部江苏油田产油区，2000年采油量100万吨，用电负荷2万千瓦，有35千伏昭关、真武、邵伯、油田变电所，均由110千伏仙女变电所供电。为改善江都市北部地区电网结构，新建220千伏张套变电所。2001年，省电力局第699号文件《关于江苏2000～2002年电网项目2001年扬州地区第一批新开工项目可行性研究报告的批复》批准建设。张套输变电工程建设单位为扬州供电公司，设计单位为江苏省电力设计院。

张套变电所位于江都市真武镇谈套村，占地21 377米^2。新装1台12万千伏·安变压器。220千伏出线2回，由江（都变电所）澄（子）1号线42、48号塔开断接入变电所，接入线路为2.45、1.71千米。110千伏出线4回，至110千伏丁沟变电所（9.3千米）、富民变电所（18.9千米），110千伏仙（女）高（邮）线开断接入线路2回（23.24千米）。35千伏出线5回。变电所土建施工单位为江都市建设工程有限公司，变电所电气安装单位为苏州市苏源送变电公司，线路施工单位为徐州送变电工程公司，工程监理单位为江苏省宏源送变电建设监理有限公司，工程质量监督单位为江苏省电力基本建设质量与监督中心。工程于2002年6月30日开工，2003年6月30日竣工，同年7月14日投运。张套输变电工程批准概算总投资8331.95万元，其中张套变电所4918万元。竣工决算审定，220千伏张套输变电工程实际投资7986.44万元，扣除贷款利息289.69万元，比批准概算承包额7904.18万元节余207.43万元。

2004年8月，220千伏张套变电所扩建3个220千伏出线间隔，3条220千伏线路分别为新建单回线路15.2千米至500千伏江都变电所；江（都）澄（子）2号线59号开环进张套变电所，新建单回线路5.5千米，名为张（套）澄（子）2号线；江（都）昭（阳）线59号开环进张套变电所，新建单回线路6.5千米，名为张（套）昭（阳）线。增加19组隔离开关，4台六氟化硫断路器，8块新出线及开关保护屏，1条母线，并将原220千伏系统主接线由单母线带旁路改为双母线带旁路，设专用母联间隔。扩建工程由扬州苏源送变电公司施工，2004年10月16日投运。

邗江变电所　2000年后，随着火车站和润扬长江大桥建成，扬州西郊用电负荷快速上升，因此新建220千伏邗江变电所。2002年8月6日，省电力公司文件《关于扬州地区220千伏邗江输变电工程可行性研究报告的批复》，批准建设。2004年2月12日，省电力公司文件《关于核定220千伏邗江输变电工程初步设计概算的通知》，核定概算投资12 323.73万元（邗江变电所7108万元，真王线开断环入638.25万元，110千伏线路2802.58万元，35千伏线路1482.62万元，35千伏变电所扩建间隔292.28万元）。工程建设单位为扬州供电公司，设计单位为江苏省电力设计院。

邗江变电所位于扬州西北郊邗江区杨庙镇周巷村，占地总面积37 089米^2，其中所区面积29 736米^2。变电所内建筑物总面积1474.5米^2，主控制楼建筑面积1150.8米^2。新装1台18万千伏·安变压器。220千伏出线2回，由220千伏真（州）王（蒋王）线开断环入，建7回出线间隔，双母线接线，设母联断路器。110千伏出线4回，建8回出线间隔，双母线接线。35千伏出线5回，建6回出线间隔，单母线分段接线。无功补偿装3组6000千乏密集型电容器组，户外布置。220、110、35千伏均选用六氟化硫断路器。220千伏、110千伏电流互感器选用油浸式，35千伏选用干式。220千伏配电装置采用屋外支持管母中型布置，双列，在所区南侧。110千伏采用屋外支持管母中型布置，单列，在所区北侧。35千伏采用户内手车式开关柜。变电所系统保护、远动、通信按无人值班变电所要求设计。

邗江变电所土建施工单位为江苏正太建设集团股份有限公司，电气安装施工单位为江苏省送变电公司，工程监理为江苏苏源兴力监理咨询有限公司。土建开工日期为2003年9月18日，竣工日期为2004年6月28日。电气安装开工日期为2004年2月6日，竣工日期为6月26日，通过监理公司验收，6月30日通过扬州供电公司验收。邗江变电所于2004年7月7日投运。

2002年底扬州供电公司220千伏变电所见表2-10。

三、500千伏变电所

江都变电所　500千伏江都变电所位于江都市双沟镇吕庄村，所区占地面积98862米^2。一期工程安装1组（3台）50万千伏·安变压器，有一进一出2条500千伏线路，500千伏为3/2接线，共1串半，220千伏为双母线带旁路接线，35千伏为单母线接线，35千伏侧安装4台低压电抗器。全部500千伏设备和220千伏主设备购自日本、德国、瑞士、英国、加拿大、瑞典、美国、南斯拉夫8个国家。一期工程建设单位为江苏省超高压输变电工程公司，由华东电力设计院设计。变电所土建施工单位为江都县水利工程队，电气安装单位为江苏省送变电工程公司。500千伏江都变电所于1987年12月27日建成投运。至1991年，江都变电所有220千伏出线7条（扬州发电厂2条、泰州2条、江都砖桥1条、高邮澄子1条、海安1条），1993年又扩建2条（江砖2号线和江昭线），共计9条220千伏出线。

二期扩建。国家计划委员会1994年12月14日第2039号文件《国家计委关于江苏扬州第二发电厂工程可行性研究报告的批复》，批准建设扬州第二发电厂2台60万千瓦机组，2回500千伏出线接入江都变电所，新装2台75万千伏·安变压器，将原有1组50万千伏·安变压器移装淮阴变电所。1997年10月20日，省电力局第1412号文件改江都变电所扩建增加1台75万千伏·安变压器，原50万千伏·安变压器不调移。扩建工程包括三大项目，即扬州第二发电厂电力送出工程（扬江双回线路、互换间隔、新装2号变压

表 2-10 2002年底扬州供电公司220千伏变电所

变电所名称	每台容量		电压(千伏)			相数	冷却方式	接线方式	制造厂家	制造年份	投产日期	运行单位	变电所地址
	编号	万千伏·安	一次	二次	三次								
蒋王变电所	1	12.00	220	110	35	3	强油风冷	Y/Y/△—11	沈阳变压器厂	1988.01	1990.01.20	扬州供电公司变电运行工区	邗江区蒋王镇
	2	12.00	220	110	35	3	强油风冷	Y/Y/△—11	沈阳变压器厂	1994.06	1995.12.27		
横沟变电所	1	18.00	220	110	35	3	强油风冷	Y/△—11	常州东芝变压器厂	1999.01	2000.07.28	扬州供电公司变电运行工区	邗江区施桥镇
砖桥变电所	1	12.00	220	110	35	3	强油风冷	Y/△—11	沈阳变压器厂	1985.08	1987.08.07	江都市供电公司	江都市砖桥镇
	2	12.00	220	110	35	3	强油风冷	Y/△—11	沈阳变压器厂	1991.01	1992.11.28		
大桥变电所	1	12.00	220	110	35	3	强油风冷	Y/△—11	沈阳变压器厂	1998.11	1999.04.25	江都市供电公司	江都市大桥镇
真州变电所	1	12.00	220	110	35	3	强油风冷	Y/Y/△—11	沈阳变压器厂	1991.08	1992.12.27	仪征市供电公司	仪征市马集乡
	2	12.00	220	110	35	3	强油风冷	Y/Y/△—11	保定变压器厂	1998.11	1999.06.14		
澄子变电所	1	12.00	220	110	35	3	强油风冷	Y/Y/△—11	沈阳变压器厂	1983.04	1984.07.24	高邮市供电公司	高邮市一沟乡
	2	12.00	220	110	35	3	强油风冷	Y/Y/△—11	沈阳变压器厂	1989.05	1991.07.10		
安宜变电所	1	12.00	220	110	35	3	油浸自冷	Y/Y/△—11	沈阳变压器厂	1994.03	1996.04.10	宝应县供电公司	宝应县城郊乡
	2	12.00	220	110	35	3	强油风冷	Y/Y/△—11	沈阳变压器厂	2001.05	2001.09.14		

器）、华东/江苏500千伏工程（江常2号线、淮江2号线）、山西阳城电力送出工程（任江线开环改上江1号线、高抗拆除、更换载波设备）。扩建工程建设单位为扬州供电局（1994～1996年）、省电力局（1997年后至投运），设计单位为华东电力设计院（输变电工程）、江苏省水利勘测设计研究院（变压器运输及双沟桥改建），工程监理单位为江苏省宏源送变电建设监理公司。

扬州供电局1994～1996年承担扩建前期工作，包括与华东电力设计院签订设计合同，配合设计需要收集气象、水文、地质、航道、公路、桥梁、码头等资料，并签订有关协议；配合线路设计实地查勘和方案比较；向地方政府申报线路路径方案，获取政府批准文件；国内500千伏变电所首次选用三相共体式主变压器，优点是占地面积小，操作集中，损耗低，投资价格比分体式变压器组低20%，难点是变压器重达400余吨，运输比分体式困难，扬州供电局提出选择三相共体式变压器配置方案，收集编报变压器运输可行性方案资料，经能源部、规划院及有关部门论证后获得通过；变电所国内设备招标，报省电力局批准。

1997年后扬州供电局是扩建工程分建设单位，成立扬州供电局500千伏江都变电所扩建工程筹建处，主要负责施工现场协调、征地、土建工程、现场质检等。

变电所围墙东扩，征地9311.3米^2。新装1台日本三菱公司生产的三相一体式75万千伏·安变压器（SUB—MRR 750/750/240MVA/220/35千伏），变压器正常运行方式为高、中压侧并列运行，低压侧不并列。500千伏增加3串及线路间隔4回。220千伏增加线路间隔1回、变压器间隔一回。增加35千伏低压电抗器2台。有500千伏、220千伏和35千伏3个电压等级，其接线方式分别为500千伏采用3/2开关接线方式，有500千伏进、出线6条；220千伏母线由双母线带旁路接线改为单母线分段带旁路接线，有220千伏出线10条；35千伏采用单母线接线方式，2台变压器35千伏侧各带3台45MVAR低压电抗器。变电所装有3台630千伏·安所用变压器。对微波、载波通信及远动、站内自动化系统改造或更新。新建2号变压器水喷雾灭火消防系统。主设备中低压电抗器为日本明电舍公司产品，高压开关采用瑞士BBC公司、瑞士ABB公司及德国西门子公司产品，高压互感器采用日本三菱公司、德国MWB公司、加拿大圈奇公司产品，高压隔离开关采用瑞士、意大利阿尔斯通公司产品，继电保护采用瑞士ABB公司及南京自动化设备厂与南瑞公司产品。

国家审计署南京特派员办事处批准江都变电所于1997年9月5日开工。变电所土建由姜堰市第二建筑公司驻扬工程处承建，于1997年9月10开工，500千伏构架基础于当年10月31日完工，支架基础工期为9月15日～11月15日，变压器基础工期为10月20日～12月20日，电缆沟工期为1997年9月15日～1998年1月20日，至1998年7月21日土建工程全部竣工。双沟桥及码头由江都市水利建筑安装公司承建，重建双沟桥工期为1998年2月～6月25日，建设码头工期为1998年3月～6月25日。南京大件运输公司承运变压器。1998年6月20日，变压器由日本神户启运抵达上海港，经长江、内河水运，6月24日抵江都市邵仙河农贸公司码头，6月29日起吊装车，7月1日5～14时运抵江都变电所，7月9日平稳就位。电气安装由江苏省送变电公司第5工程处（变电）承建。

江苏省电力试验研究所负责500千伏系统及变压器保护调试，其余调试由省送变电公司调试所承担。扬州供电局调度所负责系统通信、远动及站内自动化改造安装调试。水喷雾消防系统由北京风险公司南京分公司安装调试。1998年6月17～24日，500千伏江（都）斗（山）线由第三串移至第四串投运。1998年8月12日，对500千伏一、三、四串所内设备充电。1999年1月15～18日，220千伏母线改造，旁路母线更换导线。在更换220千伏旁路母线由普通导线1400型换为耐热铝合金导线1440型施工中，下层母线带电，扬州供电局提出上、下层间装隔离网，防止高空坠物损坏下层带电设备的安全措施，上报省电力局，经总工程师审批后执行，确保施工安全。远动及站内自动化系统于1999年4～6月施工调试。1999年5月28日10时18分，500千伏江都变电所2号变压器投运。扩建工程土建、电气安装及各分项工程建设质量均达到优良。江都变电所运行单位为扬州供电局。扬州供电局承包的变电部分投资额为2740.97万元，结余140.47万元；扬江双回线路为2374.98万元，结余335.33万元；江常2号线和淮江2号线间隔为48.3万元，结余0.1万元。结余资金上交省电力公司。2002年底500千伏江都变电所见表2－11。

表2－11　　2002年底500千伏江都变电所

<table>
<tr><th rowspan="2">名称</th><th colspan="2">每台容量</th><th colspan="3">电压（千伏）</th><th rowspan="2">相数</th><th rowspan="2">冷却方式</th><th rowspan="2">接线方式</th><th rowspan="2">制造厂家</th><th rowspan="2">制造年份</th><th rowspan="2">投产日期</th><th rowspan="2">变电所地址</th><th rowspan="2">运行单位</th></tr>
<tr><th>编号</th><th>万千伏·安</th><th>一次</th><th>二次</th><th>三次</th></tr>
<tr><td rowspan="2">江都变电所</td><td>1</td><td>50</td><td>500</td><td>230</td><td>35</td><td>3</td><td>强油风冷</td><td>0—Y0/△—12—11</td><td>日本东芝公司</td><td>1986.01</td><td>1987.12.27</td><td rowspan="2">江都市双沟镇</td><td rowspan="2">扬州供电公司变电运行工区</td></tr>
<tr><td>2</td><td>75</td><td>500</td><td>230</td><td>35</td><td>3</td><td>强油风冷</td><td>0—Y0/△—12—11</td><td>日本三菱公司</td><td>1999.02</td><td>1999.05.28</td></tr>
</table>

第三章 供电生产

第三章 供 电 生 产

扬州供电局从1990年开始安全、文明生产达标创建活动，以巩固达标成果、创一流供电企业为目标的创建活动一直延续至2002年。12年间，扬州供电局（公司）以电网安全稳定运行、多供少损为目标，完善各项管理制度，坚持考核指标管理；以科技创新为基础，改革运行、检修管理方式，提高电网主设备运行可靠性，提高生产效率。

第一节 供 电 运 行

1991～2002年，扬州电网运行设备电压等级有500、220、110、35、10、400伏。电网设备的运行维护由设备管辖单位负责。输电线路运行维护方式仍沿袭1991年前的4种（正常巡视、特殊巡视、夜间巡视、故障巡视）以及季节性预防。变电运行方式在1996年后发生变化，即变电所有人值班改为无人值班。至2002年底，扬州供电公司110千伏和35千伏变电所共93座，无人值班变电所有77座，其中110千伏变电所共30座，28座为无人值班，220千伏变电所无人值班改造正在进行中。

一、线路运行

线路运行管理 扬州供电局直属线路工区1991年设运行专职1人，有1个运行班，1个维护班，负责每月一次正常线路巡视以及处理线路通道树木。巡视方式为集体外出，分段巡视。故障巡视、特殊巡视、夜间巡视由带电作业班承担。工区建立线路运行资料台账。主要有线路路径图、线路系统接线图、线路杆塔明细表、线路交叉跨越图（记录）、线路巡视记录、线路缺陷记录和消除缺陷记录、线路污秽区分布图、线路测试记录、线路评级表等。1993年设两个运行班，共15人，负责各自防区线路运行，集体外出，分段巡视。运行班月底将线路缺陷报工区生技组，生技组按缺陷分类填写消缺通知单给带电班处理。发现危急缺陷立即汇报工区，及时消缺。1995～1999年，实行定人、定防区、定费用（包括车费、住宿费等）并承包使用的方法，巡线人员每月定期集中填报巡线计划、巡线日记，除危急缺陷立即报工区，一般缺陷在月底集中时填报缺陷记录交工区，已消除缺陷再反馈至运行班。工区线路运行资料台账逐渐实现计算机管理。2000年1月，运行与检修合并，线路工区成立3个带电检修运行班，管辖线路划分为3个片，各管1片，巡线人员仍是单人巡线，按防区包费用，线路缺陷报本班组，消除缺陷记录交工区留存。2002年8月，线路工区和配电工区撤销，运行人员合并，成立输配电运行工区，共90人，下设7个班（配网调度班，操作自动化班，运行一、二、三、四、五班），承担原线路工区和配电工区的输配电线路运行职责。各县（市）供电局（公司）1991～2002年均设有线路工区，下设线路运行班或运行检修班，配备运行人员，负责辖区内的线路运行工作。

线路运行管辖按电压等级划分。110千伏及以下线路实行属地管理；500千伏线路全部由扬州供电局直属线路工区运行管理（1991年任江线、江斗线共2条，2002年扬江1、2号线、上江1、2号线、江斗线、江南线共6条）；220千伏线路运行管理，1991年直属线路工区运行管理9条（六扬线、淮澄线、江澄线、江泰1、2号线、江扬1、2号线、江砖线、扬王线），县（市）供电局运行管理6条（其中泰州供电局管理谏泰1、2号线、泰徐线、江海线，泰兴供电局管理徐靖线、靖江供电局管理靖通线）。1993年底，220千伏淮阴至高邮澄子线路淮阴境内1～136号杆计48千米线路移交淮阴供电局。1997年开始推行"谁受益谁管理"，当年3月直属线路工区运行管理的220千伏六合至仪征真州线移交给仪征供电局，江都变电所至砖桥1、2号线移交给江都供电局，高邮澄子至宝应安宜线路及江澄线移交给高邮供电局，安宜至淮阴清河（扬州段）线移交给宝应供电局运行管理。

扬、泰两市分设后，运行的线路也随之划分，省电力局1996年第1563号文件《关于设备资产划分的通知》，"原由仪征市、江都市、邗江县、高邮市、宝应县供电局及扬州供电局直接管辖的输、变、配设备仍由扬州供电局管辖"，1997年4月，电网设备正式分开运行管理。设备划分后扬州供电局直属线路工区负责运行2条500千伏线路、8条220千伏线路、14条110千伏线路，共计415千米。1998年12月，扬江1号线开环入砖桥变电所，扬砖、江砖线移交江都供电局运行管理。2000年，扬州市区供电所撤销，其运行管理的35千伏线路交直属线路工区运行管理，10千伏线路交由新成立的配电工区运行管理。2000年直属线路工区负责运行6条500千伏线路，344.4千米；9条220千伏线路，210.6千米；17条110千伏线路，101.7千米；8条35千伏线路，30千米。2001年，邗江供电局撤销，运行管理的110千伏、35千伏线路交由线路工区运行管理，10千伏线路交由配电工区运行管理。2002年8月6日，扬州供电公司直属线路工区与配电工区合并，新成立输配电运行工区，承担500千伏线路、220千伏连络线路以及扬州市区、邗江区全部高、低压线路运行管理。

线路巡视 线路巡视方式有4种，即常规巡视、特殊巡视、夜间巡视和故障巡视。常规巡视，单人，按巡视周期每月一次，10千伏配电线路两个月一次；特殊巡视，集体，主要是夏季高温、高负荷及灾害性气候等特殊情况下对输电线路的巡视，以及针对社会重大活动等对10千伏及以下设备的巡查；夜间巡视，双人，查看重要输电线路在高负荷下导线接头是否有发热发红现象，以及线路绝缘子串是否有放电现象等；故障巡视，集体，针对发生故障线路的巡视。

线路常规巡视人员携带望远镜和扳手、钢丝钳等小工具，沿线路逐杆逐塔巡视，线路工区不定期进行考核，在线路杆塔设置"缺陷"，检查巡视人员的工作质量，小工具用于线路拉线、接地连接等地面简单维修。常规巡视一般定人、定线路防区，架空地线（钢绞线）断股、铁塔塔材被盗拆、危及线路安全的树木、线下放风筝等重大缺陷，必须立即上报或制止。季节变化，巡视突出重点，冬季防冻害和开挖河渠、农田水利设施对杆塔影响，夏季防树木碰线，防暴雨冲刷和塌方影响杆塔基础，春秋季节主要是防风筝和线路通道内建房、植树等。

季节性预防中最重要一项是防风筝。1991年1月19日11时14分，江都市境内张纲镇同心村地段发生500千伏江斗线25～26号塔之间风筝碰线事故，造成500千伏线路停电42分钟，省电力局、地方公安部门参与事故调查。扬州供电局加强宣传，让群众认识到线路旁放风筝的危害性，管辖单位线路工区重点加强对重要线路、重点地段防护。1995年3月6日在高邮市车逻镇凌湖村发生500千伏任江线762号塔风筝碰线跳闸故障（重合闸重合成功）。扬州市防风筝碰线一般从当年12月开始，至次年5月结束，通过广播、电视、报纸等媒体广泛宣传风筝碰线的危害性，沿线张贴防风筝标语，给学校送防风筝宣传品，出动宣传车沿线宣传，对500千伏等重点线路、重点地段设专人防护，住在当地，每天来回巡视看管。

群众护线 扬州供电局直属线路工区1991年聘请群众义务护线员100余人。线路防区责任人负责聘请护线员，签订协议并发聘书，每月一次巡线，与护线员保持联络，收集资料。线路工区年度护线费用用于奖励护线员和购买护线员纪念用品。每年春季防风筝，群众护线员充分发挥家住线路旁、出门就能看见线路的优势，及时打电话报告线路安全状况。护线员发现线下建房、开挖鱼塘等情况，及时制止能避免经济损失。线路工区办护线简报，寄给护线员，交流护线经验，并接待来访护线员，不定期召开护线员会议。1995年以后，110千伏及以上线路实行按行政区域划分防护区，群众护线实行属地承包，县（市）供电局与乡镇农电站签订护线承包协议，农电站与护线员签订护线承包协议，做到每条电力线路都有人护线，同时开展多种形式保护电力设施的法制宣传。护线费用划拨县（市）供电局。扬州供电局保卫科负责护线检查、监督、考核和护线费用的分配。扬州供电局（公司）及所属各县（市）供电局（公司）建立健全护电档案，包括电力设施的基本情况和护电管理情况，将电力设施保护工作纳入企业年度指标考核内容，统一布置、检查、考核、评比。

二、变电运行

运行人员配置 1991年，扬州供电局共有35千伏及以上变电所111座，运行人员计540人。500千伏江都变电所有运行人员36人，220千伏泰州变电所（特大型）运行人员22人，其余6座220千伏变电所配置运行人员11～13人；110千伏变电所配置运行人员7～9人；35千伏变电所配置运行人员3～5人。1996年，500千伏江都变电所运行人员不变；220千伏变电所配置所长（班长）1人，技术员1人，值班员8人，双人值班，四班三运转；110千伏变电所配置班长1人，值班员4人，值班班次安排不确定。1996年开始，110千伏变电所逐步改为无人值班，运行人员减少，或转入变电操作队，或转岗，不再担任运行工。2002年底，扬州供电公司共有运行值班人员258人，其中500千伏江都变电所运行人员22人，220千伏变电所值班人员51人，110千伏变电所值班员164人，35千伏变电所值班员21人。

扬州供电局直属变电工区1994年有154人。220千伏蒋王变电所配置正、副班长各1人，正值4人，副值5人；110千伏南郊变电所配置班长1人，正值5人，副值4人；110千伏湾头变电所配置班长1人，正值4人，副值1人；110千伏双桥变电所配置班长1人，正值5人，副值3人；110千伏五里变电所配置班长1人，正值5人，副值3人；110

千伏平山变电所配置班长1人，正值5人，副值2人。1997年7月，变电工区调整，分为变电工区和变电工程公司，变电工区以运行为主，共有变电运行人员53人（包括集控中心人员），另设有1个综合性检修班。1998年8月，变电工程公司与供用电工程公司线路部合并，成立送变电工程公司，变电工程公司继电保护及检修部分人员仍回变电工区。2002年9月，撤销变电工区，成立变电运行工区，共98人，以运行为主，管辖500千伏江都变电所（2002年9月取消科级建制，人员精简为19名运行人员，正副所长各1人）、220千伏蒋王、横沟变电所（运行人员24人），以及110千伏变电所15座，35千伏变电所10座，有监控组和操作队3个班计40人。

变电运行管理 扬州供电局1990年制订《变电所运行管理规范化标准》，得到省电力局和各市供电局好评，经省电力局组织审议并修订后作为全省变电所管理规范化标准。1991年5月制订《110千伏、35千伏变电所现场管理工作标准》，计列入18种规程、20项管理制度、24项记录、7项报表、15项图表、6种图纸、2项台账，同年10月制订《设备缺陷分类标准》。1991～1994年，扬州供电局35千伏至110千伏变电所计571名运行人员参加变电运行岗位培训。1994～1995年，扬州供电局选送89名220千伏变电所运行值班员参加南京电力专科学校模拟变电所“仿真机”培训，平均每座220千伏变电所有8人参加“仿真机”培训。此后220千伏变电所值班人员“仿真机”轮训每3年进行1次。1995年扬州供电局推行变电所“十无”、“十统一”目标管理。“十无”即无渗油、无锈蚀、无构架剥落露筋、无灰尘垃圾、无蛛网、无杂草、无油迹、无散放器材杂物、无漏雨、无烟头。“十统一”即统一现场管理规范、统一模拟图版、统一揭示图表、统一绿化管理、统一油漆颜色、统一工具和检修间管理、统一生活设施管理、统一反事故措施项目管理、统一例行工作管理、统一设备渗漏管理。1996年扬州供电局有5座“十无”、“十统一”变电所正式挂牌（500千伏江都变电所、220千伏澄子变电所、220千伏真州变电所、110千伏高邮变电所、110千伏双桥变电所）。

扬州供电局1994年9月成立由7人组成的变电运行管理软件开发小组，从此开始使用计算机进行变电运行的管理。开发小组采用FOXPRO2.5数据库编程，利用业余时间进行系统软件的设计开发。1995年初，管理软件在220千伏蒋王、真州变电所试运行，当年6月完成调试修改，7月通过省电力局验收。1996年1月，软件在全市9座220千伏、110千伏变电所试运行，2月正式投入使用。这套软件具有7项功能，分别是系统维护、基础运行资料、运行管理、“两票”（工作票、操作票）管理、设备管理、安全管理、报表管理。使用这套软件可提高运行人员工作效率，具体表现在每月填报运行月报表、电量月报表、关口表计电量月报表、电能平衡报表，只须半天时间，比手工填报快4倍以上，并且准确率高；填写工作票、操作票，废票率降低；取代了原来使用的设备修试周期揭示图版，自动实现修试计划预报和编排；判别设备记录缺陷类别，利于检修人员及时消除缺陷，防止因疏忽而漏测、漏检。1997年此软件被省电力局推荐为变电所微机管理应用首选软件。为适应各变电所使用这套软件，扬州供电局于1996年4月修订《变电运行管理规范化标准》。1996年对原自行开发的DOS版变电运行软件进行升级和修订。1998年重新制订《变电运行管理标准》、《变电所无人值班管理标准》，修订《110千伏及以下变电所现场运行规程》。2002 年 4 月，WINDOWS 版变电运行管理软件在全公司变电所推广使用，提高了集控中心及操作班处理“两票”的工作效率。2002 年 7 月，省电力公司推行全省供电系统连网的生产管理系统软件，确定扬州供电公司为软件应用的首家试点单位。扬州供电公司组织人员完成运行此软件所需的数据，向软件开发人提出修改意见；同年 10 月公司本部及 220 千伏仪征真州变电所开始此管理软件的单轨制运行，运行中发现的问题反馈给软件系统开发人修改完善，在全省供电系统推广使用。

无人值班变电所 扬州市第一座 110 千伏无人值班变电所位于扬州市区西南郊的开发变电所，1996 年 11 月 28 日投运，投运初期少人值班，年底正式实行无人值班。1996 年底实行无人值班的变电所有 110 千伏开发变电所、仪征城南变电所、邗江方巷变电所；35 千伏仪征刘集变电所、邗江公道变电所和槐泗变电所。1997 年 6 月，扬州市区 110 千伏南郊变电所改造为无人值班，同年 8～11 月，湾头、五里、平山、双桥变电所先后改造为无人值班变电所。至 1997 年底，全市共有 22 座 110 千伏、35 千伏变电所具备无人值班条件。扬州供电局直属变电工区于 1996 年 11 月 20 日成立无人值班集控中心，集控中心设在 110 千伏双桥变电所，共有 26 人，由原变电所运行值班人员组成，其中监控组 5 人，负责无人值班变电所运行工况监视、遥控操作和电压调整，操作班 21 人，负责无人值班变电所运行维护、倒闸操作、工作票办理和事故处理等。1996 年成立变电操作队的还有仪征、邗江供电局。至 2002 年底，扬州供电公司 110 千伏、35 千伏变电所共 93 座，其中 77 座为无人值班（110 千伏变电所 30 座，无人值班 28 座；35 千伏 63 座，无人值班 49 座）。从 1998 年开始，省电力局开展 220 千伏变电所“创一流”和无人值班变电所集控中心创先进活动。1999 年，220 千伏澄子、安宜变电所被省电力局命名为“一流变电所”。2000 年和 2001 年，220 千伏澄子、安宜、真州、蒋王、横沟变电所被命名为“一流变电所”，扬州供电公司集控中心获“先进中心站”称号。从 2002 年开始对 220 千伏横沟、蒋王变电所进行无人值班改造。

变电运行操作 变电运行值班员负责对变电所的设备进行现场巡视，填写各种运行值班记录，按照电网调度员指令进行现场操作。重点是严格执行“两票三制”，杜绝误操作，通过岗位培训、定期安全活动、千次操作无差错竞赛等方式，提高运行人员技术水平和安全生产意识。

（1）变电运行误操作。1991 年 12 月 13 日，220 千伏江都砖桥变电所值班员因走错间隔，误将处于检修状态、挂有接地线的 110 千伏 7852 副母线断路器合上，造成带接地合闸事故。1992 年 2 月 28 日，110 千伏仪征谢集变电所值班员因走错间隔，误合 7144 接地开关，造成带电合接地开关事故。1993 年 4 月 6 日，110 千伏招贤变电所值班员在拆除 35 千伏 3851 断路器 C 相接地线时，因身体倾斜，梯子滑动，重心偏移，右手与带电母线接近，未戴绝缘手套，造成电击落地，经现场抢救复苏后急送医院，右手背、左手心局部灼伤。1995 年 2 月 20 日，110 千伏仪征谢集变电所值班员在执行将 101 断路器由冷备用转运行操作中，漏拆 101 与 1013 断路器之间的接地线，误合 1013 断路器，造成带接地合闸事故。2002 年 10 月 25 日，宝应供电公司 220 千伏安宜变电所值班员擅自使用计算机五防程序解锁钥匙，误合 26002 断路器，导致带接地合闸事故，变电所停电 9 分钟。

(2) 运行人员发现的重大缺陷。1992 年 3 月 22 日，500 千伏江都变电所运行值班员在巡视设备中发现 1 号变压器高压侧 C 相避雷器异常，检查确认为 C 相中节避雷器上端密封托板断裂（瑞士 BBC 公司产品，运行共 14 台），至 1997 年 3 月共发生 6 次同类型设备缺陷。1996 年 1 月 2 日，500 千伏江都变电所运行人员在巡视 220 千伏设备区时，发现 2651 断路器 B 相耦合电容器有放电弧光，并伴有放电声，经检查确认为耦合电容器连接铜片发生断裂，致 2 节之间开路放电，由于及时抢修，避免一次重大设备事故。1997 年春，扬州、泰州供电局组成的联队（因扬州、泰州供电局刚分开）参加省电力局在连云港举办的变电运行操作赛，获团体第一名、个人前四名。

第二节 供 电 检 修

扬州供电局供电设备检修坚持“应修必修、修必修好”的检修标准。1991 年后开始推行按检修计划检修，严格限制主设备临时性检修。1995 年后城市配电网开始实行按计划检修，提高城市供电可靠性，达到“创一流”企业要求，110 千伏及以上输变电设备推行不完全依据设备检修周期、按设备状态进行检修。2001 年后推行可靠性管理，向上级部门报告设备可靠性指标，确定计划检修的内容。至 2002 年，电网主设备检修依据设备状况确定，实行计划检修与状态检修相结合的检修方式。扬州电网输变电设备尤其是变电所的设备在 1996 年后进行了大量的更新改造，新设备性能优良，提高安全运行可靠性，同时也减少了检修作业量。

一、线路检修

检修人员配置 扬州供电局生产技术科线路专职人分管线路检修，县（市）供电局生技股检修专职人分管线路检修。1991 年，直属线路工区及县（市）供电局线路工区人员配置状况为直属线路工区 45 人，设检修专职 1 人，线路带电作业班 2 个，18 人；泰州市供电局线路工区 63 人（带电班 1 个，18 人，检修班 1 个，14 人）；靖江供电局线路工区 13 人（线路检修班 1 个，11 人）；泰兴供电局线路工区 19 人（线路检修班 17 人）；泰县供电局线路工区 14 人（线路检修班 1 个，13 人）；江都供电局线路工区 18 人（线路检修班 1 个，10 人）；仪征供电局线路工区 39 人（线路检修班 1 个，15 人，配电班 9 人）；邗江供电局线路工区 16 人（线路班 1 个，15 人）；兴化供电局线路工区 34 人（线路班 26 人，维修工 4 人）；高邮供电局线路工区 30 人（外线班 19 人，计划外线路工 6 人）；宝应供电局线路工区 33 人（线路班 20 人）。线路检修人员配置根据线路公里数结合人员定岗情况确定。2002 年，扬州供电公司有线路带电检修工 19 人，送电线路工 82 人，配电线路工 108 人，电缆工 13 人。

线路检修管理 扬州供电局 1991 年制订《送电线路检修工艺规程》、《线路交接验收制度》、《检修质量保证书制度》。生产技术科是设备检修的主管部门，负责各单位申报的年度检修计划汇总、审核、平衡、上报，以及批准后的检修项目及检修费用分解下达各单位，负责编制、协调、批准设备停电检修计划及检查各单位按计划检修情况。县（市）供电局生技股是本单位设备检修的主管部门。直属线路工区线路检修以带电综合性检修为主，220 千伏线路带电综合检修项目有毛刷清扫绝缘子，测零值绝缘子，检查杆、塔金具锈蚀及异常，更换零值绝缘子，消除缺陷等，多项作业一次性完成。带电综合性检修按 2 年 1 次周期进行。带电检修工作前须向电网调度申请停用线路重合闸，工作结束后须向电网调度报告恢复线路重合闸。工作人员每天须填写登杆记录卡或消缺记录卡，由检修专职人汇总存档。另一种检修方式是停电检修，在计划停电的时间内进行，项目有擦拭绝缘子、更换绝缘子串等。县（市）供电局管理的 220 千伏线路，除泰州供电局带电检修，其余县（市）供电局没有带电作业班，因此必须带电作业的项目一般由扬州供电局直属线路工区给予支持。1995 年 6 月，扬州供电局制订《设备停电检修管理规定》，规定 110 千伏及以上线路以带电综合性检修为主，确因检修项目无法带电作业的，根据检修工作量确定线路停电时间；规定各生产单位按年度、季度、月度编报停电检修计划，每月召开一次检修平衡会，对上个月检修计划完成情况进行分析总结，对下个月检修计划进行平衡；规定停电检修计划必须综合考虑线路与变电、基建和生产、一次和二次、用电和生产相结合，主设备临时性检修一般不予批准（主设备重大缺陷等特殊情况例外）。

1995 年 11 月，扬州供电局开始推行线路状态检修，改革以时间周期确定设备检修的传统方法，以设备运行质量和监测为基础，以线路运行状况结合周期性检修确定检修项目和内容。规定 35 千伏及以下设备由县（市）供电局自行确定状态检修范围；110 千伏及以上设备由县（市）供电局或线路工区提出状态检修范围，报安监科、生技科审核并经总工程师批准后执行。实行状态检修的输电线路除正常认真巡视、维护、消缺外，还必须按地区污秽分布图进行调爬（线路绝缘子绝缘爬距调整），定期测量绝缘子盐密值，并调整测试周期，每 2～4 年对绝缘子测试 1 次，导线接头测温每年 1 次，接地电阻每 5 年测试 1 次，盐密值测试每年 1 次，拉棒检查每 5 年 1 次，架空地线锈蚀检查每 5 年 1 次。线路清扫根据绝缘子的泄漏比距及盐密测量值来确定。此后，扬州供电局直属线路工区线路检修根据运行状况确定检修项目内容。自 1997 年后，220 千伏线路逐步移交县（市）供电局，带电检修通常委托扬州供电局直属线路工区完成。110 千伏线路自 1996 年首次在扬州市区 110 千伏蒋开线、热开线使用合成绝缘子，到 2002 年，扬州电网 110 千伏线路使用合成绝缘子串共 2091 支，占总数 96%，减少了测量零值、更换、清扫绝缘子等检修工作量，为状态检修创造了条件。

扬州市区配电网检修从 1995 年 10 月起必须按月制订停电检修计划，每条线路每月只允许安排计划停电一次。因施工、检修需停电的配电线路、断路器等，在每月 18 日前向扬州市区供电所生技股提出申请，再报市供电局生技科统一平衡，并与调度所和用电科共同确定停电线路，扬州市区配网调度按停电计划执行。凡计划外停电检修，须经用电科签字同意，并报分管局长批准。为进一步提高城市配电网供电可靠性，减少停电检修，1996 年，扬州供电局直属配电检修工区成立低压带电作业班，负责扬州市区 10 千伏及以下配电网带电作业，并应邀去县（市）供电局进行低压带电作业。每年平均低压带电作业 200 次以上，2002 年达到 450 次。

线路检修重大事项 1991 年首次绘制了扬州电网污秽区分布图，当年对 110 千伏和

220千伏线路污秽区更换防污型绝缘子计12 183片，500千伏江斗线（扬州段）更换悬垂串钢化绝缘子为防污型绝缘子，计3312片，500千伏江都变电所内全部悬垂串绝缘子更换为防污型绝缘子。1992年对500千伏任江线和7条220千伏线路、17条110千伏线路更换防污型绝缘子共45 735片。1993年对110千伏和220千伏线路更换防污绝缘子计52 020片。1994年开始对110千伏及以上线路全面测试盐密值，对110千伏及以上变电所空挂绝缘子串测试盐密值，重新修订污秽区分布图。1995年更换110千伏和220千伏耐张杆塔防污型绝缘子15 960片。1996年更换220千伏耐张杆塔防污绝缘子19 656片，更换110千伏耐张杆塔防污绝缘子820片。1997年更换220千伏耐张杆塔防污型绝缘子13 060片。至此，扬州市110千伏及以上线路除变电所零档线以外，其余均更换为防污型绝缘子。更换防污型绝缘子有效防止了恶劣天气如大雾、沙尘等对线路的危害，污秽引起闪烁跳闸停电事故大幅下降。1991年，110千伏线路闪烁跳闸2次；1992年，220千伏线路闪烁跳闸1次，110千伏线路闪烁跳闸5次；1993年，220千伏线路闪烁跳闸1次，110千伏线路闪烁跳闸1次；1994年，220千伏线路闪烁跳闸2次，110千伏线路闪烁跳闸3次；1995年，220千伏线路闪烁跳闸2次，110千伏线路闪烁跳闸3次；1996年，220千伏线路闪烁跳闸1次，110千伏线路闪烁跳闸2次；1997年，110千伏线路闪烁跳闸1次；1998～2002年未出现绝缘子串闪烁跳闸。

线路设备状况　1991年，扬州供电局共有110千伏及以上线路62条，计1540千米，设备完好率为100%，其中一类设备占86.79%。1995年末，扬州供电局共有110千伏及以上线路73条，计1665千米，设备完好率为100%；其中一类设备66条，计1420千米，二类设备7条，计245千米（110千伏线路5条169千米，220千伏线路2条76千米）。1996年底，扬、泰两市分设后，扬州供电局35千伏及以上线路181条，计2151千米，设备完好率100%，其中一类设备占93.75%。2000年扬州供电局110千伏及以上线路计73条，1361千米，均为一类设备；35千伏线路147条，计1297千米，其中一类设备占90%，二类设备占10%。

二、变电检修

检修人员配置　1991年，扬州供电局变电工区一次检修有2个班，25人，二次检修有2个班，16人。1997年7月，变电工区一分为二，即变电工区和变电工程公司。变电工区设1个综合检修班，负责辖区内变电所故障抢修及一般性缺陷消除等，其余大修、小修、预试等由变电工程公司负责。1998年8月，撤销变电工程公司，有25人回到变电工区，其余并入扬州广源送变电工程公司。2002年，变电工区一次检修有2个班，26人，二次检修1个班，15人，负责辖区内27座变电所（包括原邗江供电局管辖的变电所）日常维护、检修、消缺等工作。2002年9月，成立变电运行工区，运行与检修分开，检修人员全部并入送变电工程公司。至2002年底，扬州供电公司有变电检修工88人（技师3人，高级工32人，中级工31人），变压器检修工8人（技师1人，高级工3人，中级工2人），直流设备检修工2人（高级工），电气实验工33人（技师2人，高级工10人，中级工13人），电测仪表5人（技师1人，高级工2人，中级工1人），继电保护工44人（高级工12人，中级工13人）。

变电检修管理 1991年，扬州供电局制订《变电检修工时定额》、《各类变电设备检修工艺卡片》、《变电设备检修材料消耗定额》、《变电设备现场检修规程》、《变电设备现场检修技术管理程序图》、《高压开关闸刀及变压器验收条例》。变电所设备按周期进行检修、测试。年度检修计划由生技科根据各单位的申报计划汇总平衡，经总工程师审定、负责生产的局长批准后，上报省电力局，下达施行。1992年3月起实行由生技科、调度所牵头的月度检修平衡会制度，把检修纳入计划管理，严格控制临时性检修。大修项目须上报开工报告和竣工报告，以及“三表三措”（缺陷表、检修项目表、进度表，组织措施、技术措施、安全措施），推行设备检修质保书制度和设备检修挂牌制度。

1995年6月，扬州供电局制订《设备停电检修管理规定》，规定110千伏及以上变压器本体工作年平均停电时间不得超过35小时（包括大修、小修、预试、处理缺陷等），110千伏及以上断路器本体工作年平均停电时间不得超过70小时（其中220千伏油断路器间隔解体大修不超过15天，110千伏油断路器间隔解体大修不超过7天，35千伏断路器解体大修不超过3天，10千伏断路器解体大修不超过2天，六氟化硫断路器年检不超过2天）。1995年11月22日，扬州供电局印发《关于执行供电设备状态检修暂行规定的通知》（简称《通知》），改革以时间定周期的检修方式，推行以设备运行状态为依据，以“应修必修、修必修好”为基础的检修方式。状态检修的关键是准确掌握运行设备的状况，加强设备的技术测试和监督，建立健全设备档案，定期开展设备状态的统计分析、评估、诊断，预防设备损坏。《通知》还对高压断路器状态检修、变压器状态检修、互感器状态检修、隔离开关状态检修、设备绝缘试验周期作了详细的规定。

1998年5月，扬州供电局制订《大修工程管理制度》，规定各单位以设备健康状况和修试周期为依据，编制年度大修计划，生技科统一平衡后下达年度大修项目和费用；局本部各单位根据已下达年度大修项目，分季度实施，并上报季度大修项目、费用计划，大修工程竣工后30天内上报竣工报告和大修总结，实行大修工程三级验收制度。2001年7月，按照“创一流”供电企业标准，扬州供电局制订变电设施可靠性管理标准，用可靠性管理方法对检修计划进行指导，并以检修后的可靠性指标对检修计划和检修质量作出评估，规定各单位每季度填报变电设施可靠性指标报表，由生技科汇总核实后上报省电力公司。

变电检修重大事项 1991～1993年，扬州供电局重点对变电所充油设备进行防渗漏检修。220千伏澄子变电所变压器渗油、110千伏马洲变电所变压器渗油、220千伏泰州变电所2号变压器302电流互感器C相介质损耗增大、兴化变电所和仪征变电所有9台110千伏断路器绝缘油检测微水超标，兴化供电局1992年4月逐个变电所检查，共找出43个渗漏点。经仪器探伤确定渗漏点，采用带压快速堵漏工艺堵漏，避免停电检修。到1993年底，全局充油设备渗漏率下降为每百台1.32处。从1990年开始，变电所高压断路器逐步更新为六氟化硫断路器，当年更换220千伏泰州变电所8台断路器，此后逐年更换，到1999年全局110千伏及以上六氟化硫断路器占比例上升为78%，2000年底占比例为81%，至2002年底，110千伏及以上六氟化硫断路器221台，少油断路器9台。

变电所普阀型避雷器更换为氧化锌避雷器。至1997年底，全部220千伏变电所主变压器避雷器更换为氧化锌避雷器；至1998年底，全部110千伏变电所避雷器更换为氧化锌避雷器，110千伏和220千伏氧化锌避雷器运行总台数为303台；至2002年底，110千伏及以上氧化锌避雷器共计599台。2000年，将运行15年以上计46组35千伏避雷器全部更换为FZ—35避雷器。1998年上半年更换110千伏电流互感器20台（南瓷厂1987～1989年产品），2000年更换30台（包括运行15年以上旧电流互感器），至此全部换完，至2002年110千伏及以上变电所共计有电流互感器726台。

变电所设备状况 1991年，扬州供电局有110千伏及以上变压器43台，高压断路器139台，一类设备占82.42%。1996年，110千伏及以上变压器69台，容量为387.58万千伏·安，一类设备61台，容量347.83万千伏·安，二类设备8台，容量39.75万千伏·安。高压断路器计226台，一类设备213，二类设备13台。2002年，变电所主设备均达到一类设备标准，其中110千伏及以上变压器70台，六氟化硫断路器221台，少油断路器9台，氧化锌避雷器599台，耦合电容器83台，穿墙套管（110千伏）21支，电压互感器222台，电流互感器726台，电抗器（35千伏）6台。

三、带电作业

1991年，扬州供电局直属线路工区有2个带电作业班18人，日常工作以带电检修作业为主，也进行停电检修工作。县（市）供电局仅泰州供电局有1个带电作业班18人。1996年，为提高城市配电网供电可靠性，减少停电检修，成立10千伏及以下低压带电作业班，共8人，隶属扬州供电局直属配电检修工区，人员由线路工区带电作业人员组成，主要是扬州市区配电线路带电作业，也应邀去县（市）供电局进行低压带电作业。2002年，扬州供电公司直属线路工区有带电检修运行班3个，其中带电作业检修工19人；配电检修工区低压带电作业班2个，计13人；县（市）供电公司无带电作业人员。

1991年后，扬州供电局直属线路工区带电作业班以110千伏及以上线路带电综合性检修为主，多项作业一次检修完成，既有地电位操作也有等电位操作。项目主要有检查或更换杆塔金具（地电位）、测量零值绝缘子（地电位）、修补导线（等电位）、调整或更换导线防震锤（等电位）、检查或更换线夹和预绞丝（等电位）、更换直线、耐张及跳线绝缘子（单只或成串，地电位）、毛刷清扫绝缘子串（地电位）等。自500千伏任江线1987底投运后，扬州供电局即开展500千伏线路带电作业工具的研制，生产技术科与线路工区共同成立项目小组，制造了500千伏带电更换直线绝缘子和直线小转角更换绝缘子工具，试验合格。1991年11月10～11日，省电力局首次在扬州举办500千伏线路带电作业现场交流表演，共8个项目，扬州供电局有更换直线和小转角绝缘子两个项目（获省电力局“1990年度合理化建议、技术改进和科技成果”二等奖）。1994年7月初，新疆吐鲁番电业局8人到直属线路工区学习带电作业技术，7月底邀请直属线路工区6人去吐鲁番实地操作、培训，项目有110千伏和220千伏更换直线和耐张绝缘子、带电处理线路缺陷，带电作业工具应电业局要求留下，作价处理。至2002年，500千伏线路带电作业项目有测零值绝缘子、修补导、地线、调整间隔棒、更换直线串绝缘子、更换直线串小转角绝缘子。

10千伏及以下低压带电作业使用绝缘斗臂车进行等电位操作。项目主要有拆除或搭接10千伏线路分支线接头、更换熔丝具、修补导线、更换10千伏直线杆、增设10千伏分段联络开关、终端杆添加挂线板及挂线搭接等。10千伏及以下低压带电作业是线路不能停电情况下的操作，用户工程一般由用电户提出施工申请，按扬州市物价局规定向用户收费。低压带电作业年平均作业量200次以上，2002年为450次，作业范围由扬州城区逐渐扩大到各县（市）。

带电作业工器具因社会需求量非常少，专业制造厂也非常稀少，因此在1991年之前，扬州供电局使用的带电作业工具基本上都是自己加工制造，通过与各地供电局带电作业交流，购买绝缘材料加工制作，经上海、南京等电力试验单位拉力试验和绝缘耐压试验，取得合格证即可投入使用。1991年后以购进专业厂家生产的带电作业工具为主，自已制作工具很少。带电作业工具有专门按规定要求设计建造的库房存放，设有兼职保管员，严格按规定对带电作业工具进行定期检测试验，检测合格的带电作业工具才能继续使用，并建立使用、回收、存放、干燥、试验等台账。

第三节　城市电网建设与改造

1998年9月2日，国家计划委员会批复扬州市（市区及郊区）为全国第二批城市电网建设与改造开工城市。1998年9月17日，扬州市人民政府印发文件成立扬州市城市电网建设与改造工程领导协调小组，扬州市市长蒋进任组长，副市长朱泽民、祝庭龄任副组长。1998年9月30日，扬州市政府召开常务会议专题部署城网改造，并于当天召开新闻发布会，副市长祝庭龄要求政府各部门通力协作，把城网改造好事办好。1998年10月23日，扬州市政府发布《关于保证市区城网改造工程顺利进行的通告》。扬州供电局于1998年9月成立城网建设改造领导小组，下设城网改造办公室，具体负责城网改造工作。城网改造造福于民，得到政府和市民的大力支持。扬州市区及郊区城网改造国家总投资6.6亿元，从1998年10月市区第一个配电台片——南柳巷配电台片开始施工，至2002年5月扬州城网改造全面完成，历时3年余。城网改造改变了扬州城市电网长期存在的供电设施陈旧、电压不稳定、居民合表用电（老城区）的状况，为城市的发展奠定基础。2000年12月6日，国家电力公司召开城市电网建设与改造工作先进单位、先进集体、先进个人表彰电视电话会议，扬州供电局是受表彰的全国58个先进单位之一。2002年5月29日，扬州城市电网建设与改造工程通过省电力公司组织的竣工验收。

一、城市配电网改造

1998年10月6日，扬州市区10千伏配电网改造正式开始，扬州广源用电工程公司在市区南柳巷开始首个配电台片改造。市区配电网改造共划分为13个区，此为第一区。1999年5月18日，扬州供电局印发《扬州市区配网工程施工管理办法》，重新修订《扬州市城市中低压配电网建设与改造技术原则实施细则》。2000年初，扬州城郊共46个村配电网改造开始，由于工作量大，扬州供电局调集县（市）供电局施工人员计200余人，组成4个施工队，切块承包，城郊配电网改造于当年9月全部竣工。2000年10月，扬州市区13个区配电网改造工程全部竣工。

扬州市区首条10千伏地下电缆是从110千伏双桥变电所—邮电中心开闭所—扬州商城配电所，双回路，电缆截面240毫米^{2}铜芯线，1997年10月6日投运（属地方自筹资金）。国家投资城网改造项目的首条10千伏地下电缆是文昌阁至友好会馆电缆，敷设主电缆563米，分支电缆728米，设有开闭所3座，分支箱5台，1998年12月1日动工，1999年2月3日竣工。此后结合扬州城市道路（主干道）的大规模建设改造，敷设的10千伏地下电缆线路有古运河内侧泰州路、南通路电缆下地工程，1999年10月完成一期工程（盐阜路东尽头向南至解放桥），2000年10月完成二期工程（解放桥向南至跃进桥），2001年8月25日完成三期工程（跃进桥向南向西至徐凝门桥），2002年7月30日完成四期工程（徐凝门桥向西至南门街）。古运河风光带建设是扬州城市改造的重大工程，有很多居住在河畔的居民搬迁，原道路拓宽为双向车道，扬州供电局努力配合城市改造，受到市政府的表彰。328国道京杭运河大桥东3千米至跃进桥东、跃进桥东向西南至老汽车站—通扬桥—扬瓜路，10千伏电缆线路约30千米，耗资1239万元，国道两侧原杆线全部拆除，敷设电缆，2001年12月24日竣工。328国道是环扬州城东面和南面的主干道，道路拓宽后改变了以往交通堵塞状况，两排路灯代替了以往杂乱杆线。文昌阁向东至解放桥电缆下地工程，2002年1月24日竣工。文昌阁之南新建工人广场，电缆下地工程于2002年2月6日竣工。2002年4月5日，文昌阁向西至邗江大道电缆下地工程竣工。2002年4月13日，扬子江南路电缆下地工程竣工。扬子江路是扬州市区南北主干道，从市区南大门—南绕城高速公路出口向北，直至市区西北西湖镇，共敷设电缆线路约30千米，耗资2000万元。2002年8月9日，文汇西路电缆下地工程竣工。

扬州城网改造10千伏及以下配电网总投资额为34 685万元。新建或改造10千伏线路458.42千米，架空主干线为截面240毫米^{2}绝缘导线，电缆主干线为截面300毫米^{2}铜芯线，供电半径2千米左右，新增断路器455台，增加线路分段606条段，实现“手拉手”供电线路达到95%，部分10千伏线路达到网格式供电。新建6座10千伏开闭所。建成配电自动化监控与管理系统主站，1个二级子站，6条10千伏线路实现GIS定位功能。低压台片的改造，按照“小容量、密布点、供电半径200米”要求，新增和改造配电变压器515台，其中增加变压器布点262个，增加配电变压器容量合计8.07万千伏·安，淘汰高能耗配电变压器容量1.128万千伏·安，新建和改造400伏低压线路1798千米（其中电缆8千米）。一户一表改造共完成7.19万户，每户电表一般按4千瓦容量配置。

城网改造后，综合电压合格率上升，1998年为98.7%，2001年底为98.95%。城区居民端电压合格率1998年为96.84%，2001年底为97.95%。线路损耗下降，1998年市区综合线损率为3.20%，2001年为3.13%。供电可靠性提高，1998年为99.978%，2001年底为99.982%。供电量增长，1998年为90 666万千瓦·时，2001年为113 803万千瓦·时（2001年3月12日邗江县撤销，并入扬州市区，以上1998～2001年各项指标对比中均不包括邗江县）。

二、城市高压电网改造

1992年扬州市区东（五里）、西（双桥）、南（南郊）、北（平山）郊各有1座110千伏变电所，以 10 千伏线路向市区供电。1994 年 1 月 31 日，110 千伏湾头变电所投运。1995 年 9 月 12 日平山变电所扩建增容。1996 年 11 月 28 日，为适应市区西南郊开发区用电而建的 110 千伏开发变电所投运。至此有 6 座 110 千伏变电所向扬州市区及郊区供电，合计容量为 35.5 万千伏·安；有 110 千伏线路 12 条，计 106 千米。这一时期建设的 110 千伏输变电工程，以地方投资为主。110 千伏开发变电所建成于扬州城网改造之前，由地方投资建设，后列为国家投资的城网改造项目。

扬州城区中心变电所——110 千伏琼花变电所于 1997 年 7 月 3 日投运，首次以 2 条 110 千伏高压地下电缆进入城市，有 2 台 4 万千伏·安变压器，10 千伏出线电缆 15 条向城市中部供电，范围覆盖老城区。至 1998 年底，扬州市区 110 千伏高压网运行方式是 110 千伏南郊变电所由蒋南、扬南线供电，另有砖南线作备用；平山变电所由扬平线主供，蒋平线作备用；湾头变电所由扬湾线主供，砖南线湾头支线作备用；琼花变电所由扬花线主供，扬南线琼花支线作备用；五里变电所由扬五 1、2 号线供电，互为备用；110 千伏开发变电所由蒋开线主供，蒋南线支线作备用；双桥变电所由蒋双 1、2 号线供电，互为备用。

扬州城网改造项目高压电网改造总投资为 25 091 万元。共新建 110 千伏变电所 6 座（不包括开发变电所），包括琼花变电所（市区文昌中路，包括 2001 年 11 月扩建共 3 台 4 万千伏·安变压器，计 12 万千伏·安）、文汇变电所（市区文汇西路，8 万千伏·安）、西湖变电所（市区西北部西湖镇，8 万千伏·安）、施井变电所（市区东南郊汤汪镇，8 万千伏·安）、沙头变电所（邗江区南部沙头镇，6.3 万千伏·安）、汊河变电所（邗江区汊河镇，3.15 万千伏·安）。新增 110 千伏变电容量 45.45 万千伏·安，除邗江区沙头、汊河 2 座 110 千伏变电所外，其余新增 110 千伏变电容量为 36 万千伏·安，与 1996 年相比，扬州市区变电所布点增加，110 千伏变电容量增加一倍。新建 110 千伏线路 47.2 公里，改造 40.9 千米。

至 2002 年底，扬州市区（含邗江区）110 千伏高压网络共分布有 15 座无人值班变电所，共 30 台变压器，变电容量 104.4 万千伏·安。除邗江区南部汊河变电所单电源、单变压器，其余均为双电源、双变压器，并装有自动投切装置，主供线路发生故障时，备用线路自动投运，保证连续供电。有扬州发电厂、220 千伏蒋王、横沟变电所 3 个电源点向扬州市区 110 千伏电网供电。扬州发电厂有 110 千伏出线 8 条，蒋王变电所有 110 千伏出线 11 条，横沟变电所有 110 千伏出线 5 条。220 千伏横沟变电所是扬州第二发电厂配套项目，2000 年 7 月 28 日投运，是继扬州发电厂和 220 千伏蒋王变电所之后，为城市供电增加的又一个电源点，5 条 110 千伏出线分别到南郊 2 条、沙头 1 条、扬州电厂 1 条（支线有琼花支线）、杭集 1 条（支线有湾头支线），对扬州城市 110 千伏高压网结构起到调整优化作用。

三、县级城市电网改造

2001 年 12 月 12 日，江苏省电力公司印发《关于扬州市郊区电网及县城城网建设与改造方案的批复》，静态投资 23 399 万元，动态投资 23 544 万元。其中，扬州市郊区电网建设与改造静态投资 3468 万元，动态投资 3490 万元；邗江县电网建设与改造静态投资

3732万元，动态投资3755万元；仪征市电网建设与改造静态投资4040万元，动态投资4065万元；江都市电网建设与改造静态投资4132万元，动态投资4158万元；高邮市电网建设与改造静态投资4089万元，动态投资4115万元；宝应县电网建设与改造静态投资3937万元，动态投资3962万元。文件批复扬州市郊区及县城城网10千伏线路新建与改造487.14千米；10千伏配电台片新建与改造517个；10千伏联络、分支、分段开关565台；10千伏开闭所及环网设备27座（套）；新建与改造低压线路599.3千米；无功补偿建设与改造。扬州市县级城市电网改造从2002年开始，2004年完成。县级城市电网改造后，县城10千伏线路均实现“手拉手”供电，10千伏线路绝缘化率达到70.1%，低压线路绝缘化率达到90.2%，城区配电台区供电半径平均为0.47千米。

第四节　主　要　指　标

供电量、线损、供电可靠性是供电企业产生经济效益的根本，也是企业“达标”、“创一流”必须考核的主要指标。扬州供电局对主要经济技术指标采取层层分解、责任考核的办法，各部门、单位制订实施措施，努力完成考核指标。

一、供电量

“八五”计划期间（1991～1995年），扬州市经济发展延续“七五”计划期间快速上升趋势，供电量年平均递增12.02%，最高负荷年平均递增为10.97%，电力供不应求。从1996年开始，电力供求关系发生变化，由于地方经济结构调整，全市工厂企业用电量下降，电力供需首次出现供大于求。“九五”计划期间，全地区供电量每年递增1.94%，最高负荷年均递增为−0.06%。扬州从1998年下半年开始城乡电网建设与改造，改善用电环境，实施增供促销。从1999年四季度起供、售电量开始上升。1999～2002年供、售电量达到稳定增长。1991～2002年扬州电网供电量、最高负荷见表3-1。

表3-1　　1991～2002年扬州电网供电量、最高负荷

年　份	供电量（万千瓦·时）	最高负荷（万千瓦）	年　份	供电量（万千瓦·时）	最高负荷（万千瓦）
1991	375 323	67.20	1997	324 319	74.51
1992	429 709	75.14	1998	310 663	77.50
1993	473 965	81.70	1999	320 588	81.36
1994	538 210	92.69	2000	345 736	75.27
1995	314 090	75.50	2001	382 464	89.62
1996	324 300	70.69	2002	415 627	98.12

注　1. 供电量均为企业（扬州供电局）供电量。

2. 1995年开始统计数字中不包括泰州市。

二、线损

线损管理 扬州供电局1991年设三级线损管理网，即扬州供电局、县（市）供电局、供电所。扬州供电局和各县（市）供电局均设有线损领导小组和线损专职人，生产技术科（股）是线损的主管部门。线损管理的职责分工为：调度所负责110千伏网损管理，变电工区负责变电所关口计量表数据的统计上报，用电管理科负责变电所计量表的安装、校验、维护以及组织用电营业检查等。线损管理实行指标层层分解（分压、分线、分台片）考核，扬州供电局承担和考核110千伏网损，县（市）供电局承担和考核35千伏及以下线损，线损指标完成情况与收入分配挂钩。扬州供电局每季度召开1次线损分析会议，分析线损指标、降损措施的完成情况，确定下季度目标任务。1991年全局共有10千伏线路674条，实行责任考核的为502条。线损考核执行1990年制订的《扬州供电局线损小指标考核实施细则》。

1995年2月21日，扬州供电局重新修订1990年制订的线损考核实施细则，1995年1月开始执行。1996年再次重新修订线损小指标考核办法。线损分析例会每月召开1次，110千伏网损分析会议每月召开1次，参加人员有计量、统计、调度运方及线损专职人，主要分析网损率完成情况及措施等。1997年9月，扬州供电局制订《扬州电网“九五”降损节能规划》，目标是继续加快电网基本建设，完善网络结构，重点加快城市10千伏配电网改造，共6项主要措施，包括高压电网升压增容改造、更换高能耗变压器、换粗导线、增加无功补偿、10千伏配电网改造、电能计量装置更新改造。1998年5月5日修订《线损管理制度》。2000年按照“创一流”供电企业要求，重新修订线损管理制度和线损考核办法。农网低压线损从2002年起正式纳入供电公司综合线损率指标考核范围。

理论线损计算 1983～2001年，扬州供电局共进行7次全网理论线损计算（均为当年7月份）。110千伏网络线损由扬州供电局调度所计算，35千伏及以下网络线损由县（市）供电局计算，扬州供电局生产技术科汇总后编制分析报告。通过理论线损计算，掌握各级电网实际损耗的分布状况，采取相应降损措施。

1992年7月，扬州电网第4次理论线损计算，10个县（市）供电局和扬州市区供电所参加。计算110千伏线路39条，699.8千米，110千伏变压器38台，容量113.35万千伏·安；35千伏线路104条，1341.7千米，35千伏变压器151台，容量109.82万千伏·安；10千伏线路674条，12 782千米，10千伏配电变压器1657台，容量25万千伏·安。计算结果是110千伏线路损耗率1.5%～2%的有7条，超过2%的有2条；35千伏线路损耗率3%～4%的有11条，超过4%的有10条；10千伏线路损耗率8%～10%的有28条，超过10%的有13条。35千伏线路中导线截面积为35～70毫米^{2}的占58.02%，10千伏线路中导线截面积为16～35毫米^{2}的占82.21%。35千伏变压器中有载调压变压器23台占15.23%，110千伏变压器中有载调压变压器23台占63.89%。各级网络中10千伏配电网损耗占总损耗的41.07%；供电设备中线路损耗占总损耗的66.52%，变压器铜损和铁损分别占16.39%和9.91%。农村电力管理站承包的388条10千伏线路中，有243条线损指标设定偏大，因此7月份供电局少收电量134万千瓦·时，有143条线损指标设定偏小，承包单位多承担电量107万千瓦·时。

1996年7月，扬州电网第5次理论线损计算，10个县（市）供电局和扬州市区供电所参加。计算110千伏线路33条，521千米；35千伏线路93条，1474千米，35千伏变压器193台，容量103.26万千伏·安；10千伏线路802条，15 831千米，10千伏配电变压器1477台，容量38.16万千伏·安。计算结果是110千伏和35千伏网损电量占总损耗39.6%，10千伏配电网损耗占总损耗60.4%。电网损耗构成中，线路损耗占64.61%，变压器铜损和铁损分别占16.41%、10.56%。110千伏线路损耗率超过1.5%的2条（兴化阳垛线和姜堰泰干1号线，供电距离远、线径细），比1992年减少5条；35千伏线路损耗率超过3%的13条，比1992年减少8条；10千伏线路损耗率超过9.5%的共9条，比1992年减少32条。35千伏线路导线截面积35～50毫米^{2}计226.6千米，占35千伏线路的15.37%；10千伏导线截面积16～35毫米^2，共12 538千米，占10千伏线路的79.2%；属供电局资产的高耗能配电变压器140台，占总台数25.45%，属农电代管资产的高耗能配电变压器2856台，占总台数48.16%；110千伏线路力率低于0.9的占总条数的66.61%，35千伏线路力率低于0.8的占总条数的28.88%，10千伏线路力率低于0.7的占总条数的17.58%。农村电力管理站承包的484条10千伏线路中，有361条线损指标设定偏大，因此7月份供电局少收电量165万千瓦·时，有123条线损指标设定偏小，承包单位多承担电量109万千瓦·时，两者冲抵后供电局亏损55.2万千瓦·时，使全网线损率上升0.1个百分点。

1999年7月，扬州电网第6次理论线损计算，5个县（市）供电局和扬州市区供电所参加。计算110千伏线路24条，159.48千米，110千伏变压器29台，容量92.45万千伏·安；35千伏线路54条，990.55千米，35千伏变压器108台，容量64.64万千伏·安；10千伏线路390条，6141.95千米，10千伏公用配电变压器1855台，容量41.28万千伏·安。计算结果是110千伏和35千伏网损率分别为1.32%、2.82%，比1996年下降0.66%、0.76%；10千伏网损率3.79%，比1996年上升0.37%，占电网总损耗51.97%。城市电网与农村电网相比，扬州市农村电网供电量是城市电网的3.08倍，线损电量是城市电网的7.69倍；农村电网35千伏损耗比1996年下降1.16%，10千伏损耗上升1.12%。农村10千伏电网损耗上升的主要原因是负荷轻、线径细、供电距离远等。扬州电网110千伏线路损耗超过1.5%的有3条；35千伏线路损耗超过3%的有9条（均为农村线路），损耗电量占35千伏网络总损耗的58.5%；10千伏线路损耗超过9.5%的有11条（均为农村线路），损耗电量占10千伏网络总损耗的11.37%。10千伏线路导线截面积为50毫米^2，共623千米，35毫米^{2}及以下共4844千米，占10千伏线路的89.02%。农村电力管理站承包的46条10千伏线路，7月份供电量7801万千瓦·时，供电局亏损40.41万千瓦·时，使全网线损率上升0.14个百分点。

2001年7月，扬州电网进行全网第7次理论线损计算，5个县（市）供电公司和扬州供电公司电力营销部参加。计算110千伏线路31条，414.22千米，110千伏变压器41台，容量133.65万千伏·安；35千伏线路51条，727.92千米，35千伏变压器110台，容量64.01万千伏·安；10千伏线路433条，9730.35千米，10千伏公用配电变压器3542台，容量65.17万千伏·安。计算结果是110、35、10千伏网络损耗分别为1.2%、

2.66%、3.59%，比1999年分别下降0.12、0.16、0.2个百分点。10千伏及以下配电网络的线路损耗仍居首位，占电网总损耗的53.6%，仍是技术降损的重点。全地区110千伏线路损耗超1.5%的有5条；35千伏线路损耗超3%的有9条，损失电量占35千伏网络总损耗47.62%；农村10千伏线路损耗超7%的有20条，城市10千伏线路损耗超3%的有7条。10千伏线路中25～35毫米^{2}导线占比例为52.4%，50毫米^{2}导线占比例30%。高能耗公用配电变压器还剩余112台未更换，占总台数的3.16%。计算53个低压配电台区，计算供电量204.92万千瓦·时，平均线损率为10.59%，平均力率为0.76。1983～2001年扬州电网理论线损计算情况见表3-2。

表3-2　　1983～2001年扬州电网理论线损计算情况

年份	计算供电量（万千瓦·时）	损失电量（万千瓦·时）					损失率（%）				
		合计	其中				合计	其中			
			线路损耗	变压器铜损	变压器铁损	其他		线路损耗	变压器铜损	变压器铁损	其他
1983	19 013	2029	1271	175	492	91	10.67	6.68	0.92	2.59	0.48
1985	19 973	2056	1117	209	608	122	10.20	5.59	1.05	3.04	0.61
1988	27 402	2229	1404	378	378	151	8.13	5.12	1.08	1.38	0.55
1992	40 861	3056	2033	501	303	219	7.49	4.98	1.23	0.74	0.54
1996	55 555	3569	2306	586	344	333	6.42	4.51	1.05	0.62	0.60
1999	29 121	1567.48	1118.30	203.53	245.65	—	5.38	3.84	0.70	0.84	—
2001	39 790	2572.39	1942.70	293.52	400.49	—	6.63	4.88	0.74	1.01	—

注　1. 1996年及以前为扬、泰两市合计数。

2. 计算供电量均为当年7月份的供电量。

降损措施　降损措施主要有技术措施降损和管理措施降损。技术措施降损包括新建和扩建输变电工程、改善电网结构、更换高耗能变压器、换粗导线、合理安排电网运行方式、配置无功补偿装置等；管理措施降损包括用电营业检查、计量管理以及分线、分台片指标考核等。

1988～1992年，新增220千伏线路252.65千米，新增110千伏线路113.45千米，新增蒋王、靖江、徐庄3座220千伏变电所，新增无功补偿设备5.55万千乏（不包括用户电容器），10千伏换粗导线1569千米，消除迂回供电520千米，更换高耗能配电变压器1114台（11.03万千伏·安）。

1992～1996年主要降损措施有新建或升压220千伏变电所4座，新架220千伏线路5条，计165.6千米，使主网架结构改善；4年间改造输配电线路2249千米，更换高耗能配电变压器1824台，容量16.47万千伏·安；新增110千伏和35千伏变电所布点，缩短供电距离，减少迂回供电；新增无功补偿设备8.35万千乏（不包括用户电容器）；110千伏有载调压变压器41台，容量128万千伏·安，有载调压覆盖面85.4%，比1992年提高21个百分点；35千伏有载调压变压器105台，容量66.3万千伏·安，有载调压覆盖面54.4%，比1992年提高39个百分点。变压器经济运行状况分别为110千伏变压器负载率为54.4%，35千伏变压器负载率为45.7%，10千伏配电变压器负载率为21.1%。

1996～1999年，主要降损措施有扬州第二发电厂配套输变电工程于1996年开始，1999年全部完成，新建220千伏大桥、横沟变电所，扩建220千伏蒋王、真州变电所。220千伏电源点建设使110千伏网络结构改善，与1996年比较，110千伏供电量增长8.2%，线损率下降0.66个百分点。10千伏网损占电网总损耗比重大（51.97%），因此1998年扬州城、乡电网改造开始后将10千伏网络改造列为技术降损的重点，即增加35千伏布点，缩短10千伏线路供电距离，对线损大的10千伏线路先进行改造。110千伏有载调压覆盖面100%；35千伏有载调压覆盖面80.6%，比1996年提高26个百分点。

1999～2001年，主要降损措施有新增220千伏变压器4台，容量54万千伏·安；新增110千伏变压器9台，容量31.75万千伏·安；新架设或改造110千伏线路计117.36公里。110千伏和35千伏网络结构改善，供电半径缩短，与1999年比较，110千伏网络在变压器增加、铜损和铁损上升的情况下，网损仍下降0.12个百分点。110千伏有载调压覆盖面100%，35千伏有载调压覆盖面93%，比1996年提高12.4个百分点。

线损率指标 线损率是国家考核供电企业的重要指标之一。扬州供电局（公司）1991～2002年按照省电力局（公司）要求，控制损耗，每年都完成线损考核指标。线损率统计按照统一口径，2002年起扬州市农村低压线损正式纳入扬州供电公司综合线损率指标考核范围。1991～2002年扬州供电局（公司）线损电量及线损率统计见表3-3，2002年扬州各县（市）供电公司线损率统计见表3-4。

表3-3 1991～2002年扬州供电局（公司）线损电量及线损率统计

年份	1991	1992	1993	1994	1995	1996	1997	1998	1999	2000	2001	2002
线损电量（万千瓦·时）	26 027	30 685	33 507	38 847	41 542	22 218	21 937	20 676	21 263	22 940	25 841	43 480
线损率（%）	6.93	7.14	7.07	7.14	6.98	6.85	6.76	6.66	6.63	6.64	6.76	10.46

注 1. 1996年开始不包括泰州市。
2. 2002年开始农网线损纳入供电公司线损统计。

表3-4 2002年扬州各县（市）供电公司线损率统计

供电公司	全公司	市区	江都	仪征	高邮		宝应
					部属	省属	
线损率（%）	10.46	6.24	12.39	13.95	14.16	12.5	12.99

三、供电可靠率

1991～1995年，扬州地区拉闸限电统计为110千伏线路拉闸共1027条·次，35千伏线路7616条·次，10千伏线路5949条·次。由于实行严格的电力按计划分配，为保证电网系统稳定，电网调度按“谁超限谁”的规定实行强制性限电。在电网缺电大环境下，扬州供电局采取多种措施提高供电可靠率，对输变电主设备实行按计划检修，严格限制临时性检修，保证主设备运行可靠率达标。各地大力推行计划用电、平衡用电。这一时期扬州农村地区供电没有保障，城市供电可靠性指标从1991年“达标”创建即列入考核。扬州市区1992年开始对10千伏东区线、粉厂线、西区线3条线路进行单线复双线改造，使之成为6条线，在支线和干线增设分段断路器，推行动力与照明分线供电。此后又对10千伏瓦窑线、北路线、石塔线、沙口线、修造线等复双线，使扬州城区动力和照明分线供电，高峰负荷时，保证居民生活用电。

1996年后由于工业电量下降，电网缺电状况好转，扬州供电局逐步取消限制用电的有关规定，取消线路轮供轮休。扬州市区于1996年后实行10千伏配电网按计划检修，推行10千伏带电作业，减少临时性停电。1997年，扬州城区平均停电用户数比1996年下降27%。1998年以后城市电网改造，城区高、低压网络按规划进行建设改造，协调发展。1999年上半年，全市凡纳入用户供电可靠性指标考核的10千伏线路出线避雷器全部更换为可卸式避雷器，避免避雷器预试或故障更换时10千伏线路停电。2001年，扬州供电局配合全省电力系统开展的“电力市场整顿和优质服务年活动”，印发文件规定下属各单位除严格执行计划检修外，计划检修的线路必须提前7天通过新闻媒体公告，重要的用户须电话通知；实行24小时用户故障抢修，城区抢修应在40分钟到达抢修现场，农村抢修应在80分钟到达抢修现场；城区用户供电可靠率达到99.98%，农村用户供电可靠率达到99.77%；用户供电可靠性指标分解，2001年全市城区用户停电户数不超过6360户，农村用户停电户数不超过210 800户（扬州城区停电户数不超过3750户；邗江供电局城区不超过250户，农村不超过47 300户；仪征供电局城区不超过580户，农村不超过22 600户；江都供电局城区不超过680户，农村不超过57 600户；高邮供电局城区不超过510户，农村不超过35 500户；宝应供电局城区不超过590户，农村不超过47 800户）。

2002年，向扬州城区（包括邗江区）供电的220千伏变压器容量为66万千伏·安，容载比为2.06；110千伏变压器容量93.25万千伏·安，容载比2.45；10千伏电网经过改造后，供电半径一般在2千米以内，线路之间互相联络“拉手”供电，配电变压器供电半径为200米左右，城区用户供电可靠性指标达到99.982%。扬州农村地区在农网改造以后电网设备的性能、质量、管理水平都有所提高，供电可靠性相应提高，以前农村停电习以为常的状况得到根本性改变，用电量也大幅增加，2002年扬州农村供电可靠性指标达到99.485%。1995～2002年扬州市城镇用户供电可靠性状况见表3-5。

表3-5　　1995～2002年扬州市城镇用户供电可靠性状况

年　份	1995	1996	1997	1998	1999	2000	2001	2002
可靠性指标（RS1）%	98.923	99.892	99.911	99.921	99.981	99.98	99.981	99.982

注　RS1=市中心+市区+城镇。

第五节 供 电 企 业

1991年，扬州供电局辖靖江、泰兴、泰县、泰州、兴化、宝应、高邮、江都、邗江、仪征共10个县（市）供电局以及扬州市区供电所。1996年12月底，扬、泰两市分设，扬州供电局辖宝应、高邮、江都、邗江、仪征共5个县（市）供电局以及扬州市区供电所。1999年底撤销扬州市区供电所，并入扬州供电局本部。2001年3月撤销邗江供电局，并入扬州供电公司本部。至2002年底，扬州供电公司辖宝应、高邮、江都、仪征共4个县（市）供电公司。

一、仪征市供电局（公司）

1962年成立仪征县供电所，隶属扬州供电局。1977年3月成立仪征县供电局。1986年仪征撤县建市，仪征县供电局更名为仪征市供电局。1990年有职工311人，隶属扬州供电局，承担政府的管电职能，固定资产原值2915.5万元，净值1988.42万元。2001年上半年电力体制改革，仪征市供电局更名为仪征市供电公司。

仪征有电始于1921年，高邮人马士杰在仪征十二圩开办大新电灯公司。1950年，仪征县政府在县城大市口建仪征县新仪电厂。1959年12月，仪征县第一座35千伏变电所在县城北门建成投运，架设35千伏扬州电厂至仪征线路，从此仪征开始使用电网输送的电源。第一座110千伏仪征变电所于1976年7月投运，是由原35千伏仪征变电所升压改造而成，从扬州发电厂受电。截至1990年，仪征市共有110千伏变电所3座，35千伏变电所7座，配电变压器1009台。仪征第一座220千伏真州变电所于1992年12月投运，成为仪征市的供电中心。1998～2000年，仪征市实施农村电网改造，国家总投资1.44亿元，共新架设10千伏线路661千米，改造10千伏线路278千米；新架0.4千伏线路294千米，改造0.4千伏线路1572千米；新增配电变压器布点103台，改造更换高耗能配电变压器93台；完成一户一表改造12.21万户，全市电力设施得到很大改善。截止2002年底，仪征市有220千伏变电所1座，总容量24万千伏·安，220千伏线路1条；110千伏变电所5座，27.55万千伏·安，110千伏线路11条；35千伏变电所13座，12.72万千伏·安，35千伏线路28条；配电变压器2668台，41.38万千伏·安，10千伏线路80条；低压线路8255千米。110千伏及以下变电所全部实现无人值班运行。

仪征农村从70年代末开始用电，逐步发展到用电抽水灌溉农田、脱粒、磨面、碾米、生活照明和社队企业工业生产等。1991年以后，先后通过了“三为”服务达标、用电标准化、农村电气化县验收。1994年，269个行政村全部通电，3949个村民小组有3946个小组通电（铜山、刘集有3个村民小组未通电），通电户有119 996户，占农村总户数99.6%。到1995年10月底，仪征村、组、户实现全部通电。“九五”计划期间，仪征市在完成“两改”（农村电网改造、农电体制改革）基础上，农村电价逐步规范化，1999年7月开始执行全省统一销售电价，2000年2月实行一县一价，2001年3月实行城乡生活用电同网同价。

2002年，仪征市最高供电负荷10.66万千瓦，供电量48 527万千瓦·时，售电量41 611万千瓦·时，综合电压合格率99.51%，供电可靠率县城99.981%，农村99.85%。有职工288人，其中生产人员168人，工程技术人员37人，管理人员47人，服务人员10人，其他人员26人。固定资产原值36 413.79万元，净值29 458.83万元。辖11个农村供电所，在编乡电工137人，在编村电工283人。

二、高邮市供电局（公司）

1964年2月成立高邮县供电所。1978年5月成立高邮县供电局。1991年经国务院批准撤县建市，高邮县供电局随之更名为高邮市供电局。2000年11月1日起，高邮湖西菱塘、天山、送桥、郭集4个乡镇供电营业区由邗江县供电局划归高邮市供电局。2001年3月，高邮市供电局更名为高邮市供电公司。

高邮县于1961年11月建成全县第一座35千伏变电所（三垛变电所），变压器1800千伏·安，从高邮电厂架设1条23千米线路到三垛变电所，主要为农业排灌提供电力。1965年架设1条35千伏线路从三垛到兴化陈家变电所，高邮县接入电网。以后主要是兴化陈家变电所以35千伏线路向高邮供电。1976年4月高邮电厂停止发电，全部依靠电网供电。1978年8月建成110千伏扬州经江都至高邮线路，建成全县第一座110千伏高邮变电所，变压器3.15万千伏·安，从扬州发电厂受电。1984年7月建成投运220千伏高邮澄子变电所，安装12万千伏·安变压器1台，从澄子变电所架设3条110千伏线路送电至高邮、兴化、宝应变电所，澄子变电所成为扬州北部的供电中心。1991年7月，澄子变电所扩建投运1台12万千伏·安变压器。至2002年，高邮市有220千伏变电所1座，2台变压器，容量为24万千伏·安；220千伏线路3条，142千米。110千伏变电所4座，4台变压器，容量为16.6万千伏·安；110千伏线路5条，85千米。35千伏变电所12座，变压器24台，容量16.5万千伏·安；35千伏直配变压器9台，容量1.02万千伏·安；35千伏线路28条，234千米。10千伏配电变压器3238台，容量37.51万千伏·安；10千伏线路82条，2011千米。低压线路6564千米。

高邮农村从1961年开始用电，配合农田水利建设，发展电力排灌，由排灌用电逐步向粮食加工、生活照明和乡镇工业发展。1988年全县33个乡镇、672个行政村全部通电。1990年全面开展电力“为农业、为农民、为农村经济发展服务”活动，农村电价在扬州市最低，1993年受到国务院减控农民负担检查组好评。1993年6月，高邮市被省电力局和扬州市政府命名为农村用电标准化市。1994年12月，高邮市通过农村电气化市验收。1995年全面实施扶贫通电工程，乡（镇）、村、户通电率均达100%，同年12月被江苏省扶贫通电工程领导小组表彰为扶贫通电先进集体。1996年开展“为人民服务，树行业新风”活动。1997年10月，龙虬镇电力管理站被华东电管局表彰为“为人民服务，树行业新风”示范窗口单位，1998年11月被国家电力公司授予全国农电示范窗口称号，武安等18个电管站被扬州市委、市政府授予文明单位称号。1998年下半年，高邮市29个乡镇599个行政村全面实施农网改造，一期和二期农网改造累计完成投资1.67亿元、0.21亿元，通过农网改造，农村供电设施和用电状况都得到很大改善。2000年4月高邮市农村电价实行一县一价，2001年8月实行城乡生活照明同网同价。2001年高邮市21个供电所全部接入电力信息网。

高邮市供电局（公司）重视安全生产，1988年全县农村触电保安器安装率、投运率、灵敏率在扬州市位列第一。1989年12月，扬州供电局在全市范围推广高邮供电局安全生产管理经验。至2002年底，高邮市供电公司实现连续安全生产4434天无事故，保持18年农村无触电死亡事故。

2002年，高邮市最高用电负荷10.88万千瓦，供电量52 085万千瓦·时，售电量48 518万千瓦·时。电力销售收入19 144万元，目标利润159.83万元。线损率（原口径）6.85%。城市用户供电可靠率99.991%。供电电压合格率99.55%。电费回收率100%。全市共有各类用电户29.30万户，比1988年增长50%，用电设备总容量89.22万千瓦，比1988年增长80%。高邮市苏源电力实业总公司辖9个分公司，多种产业总收入11 153万元，实现利润1100万元。高邮市供电公司有员工326人，公司下设总经理工作部、人力资源部、综合监察部、生产技术部、电力营销部、财务与产权管理部、安全监察部、调度室、变电工区、线路工区、配电工区。党群口下设党委办公室、组织工作部，有7个党支部、1个党总支以及工会委员会（辖5个分工会和2个基层工会）、共青团委员会（辖6个团支部）、妇女工作委员会。

三、宝应县供电局（公司）

宝应县地处江苏中部，淮河下游，扬州市北端，2002年全县总面积1467.48千米^2，人口92万。宝应县有电始于1923年。1950年宝应县政府建宝应福利电灯厂，1956年改为公私合营宝应福利电厂，1958年改为地方国营宝应电力厂。1961年在宝应县城区北郊大兴洞建成宝应电厂，发电机组2000千瓦，同时建35千伏电厂升压站和望直公社军师降压站，架设1条9.8千米线路到军师降压站。1977年宝应电厂停止发电。宝应县供电局成立于1977年5月，同时撤销宝应电厂革命委员会。2001年7月成立宝应县供电公司。

1970年之前，宝应县的电力供应依靠宝应电厂和淮安购电（1967年架设1条从淮安至宝应35千伏线路，与淮安连网）。望直公社军师降压站向农村提供电力排灌用电。1971年军师降压站由35千伏扩建升压为110千伏红卫（望直）变电所，是全县第一座110千伏变电所，架设1条110千伏线路到兴化变电所。1996年4月，宝应县第一座220千伏安宜变电所投运，新建1台12万千伏·安变压器；2001年9月扩建投运1台12万千伏·安变压器，合计容量24万千伏·安，成为宝应县供电中心。至2002年底，宝应县供电公司共有220千伏安宜变电所1座，变压器2台，容量24万千伏·安；110千伏变电所3座，变压器5台，容量15.75万千伏·安；35千伏变电所13座，变压器19台，容量13.4万千伏·安；送配电线路计6642.42千米。有13座无人值班变电所，占全部变电所的76.4%。

宝应县农村用电初期主要是电力排灌用电，1962年占社会总用电量的57.2%，1970年占社会总用电量的65.1%，1976年占社会总用电量的57.7%。1984年全县30个乡镇全部通电；427个村已通电409个；5077个组已通电2775个，占总数的54.6%；农户20.77万户，已通电9.18万户，占总数的44.1%。1995年宝应县实施扶贫通电工程。扬州市最后一个无电村——宝应县范光湖西的宝粮村，1997年1月至2月在湖中架设58米高铁塔，架设10千伏线路送电到宝粮村。1997年底宝应县乡镇、村、组、户通电率均达100%。1999～2002年，宝应县实施农村电网改造，完成工程投资累计2.2亿元，完成454个村和16个苗林场的电网改造。2001年1月，宝应县农电资产移交给宝应县供电局，计无偿划拨农电资产4515.9万元，资产净值2568.1万元，同年8月完成农电体制改革（撤站建所，农村供电所人员重新录用，由供电局统一管理），实行城乡居民生活照明同网同价。

2002年，宝应县供电公司供电量为35 238.69万千瓦时，售电量30 568.56万千瓦时，线损率为12.99%。固定资产原值为30 737.46万元，净值为24 628.34万元。2002年末共有职工290人，行政机构设置有总经理工作部、人力资源部、生产技术部、安全监察部、综合监察部、财务与产权部、营销部、信息中心。党群组织机构有党委办公室、党委组织部、工会（分工会4个）、党支部（总支）6个、团委。生产单位有调度室、线路工区、变电工区、配电工区。多种经营企业有苏源公司、电力实业公司、苏源物资公司、苏源物业公司、苏源汽车公司、苏源电力宾馆、电力工程部、上海大众汽车特约维修站、电力汽车修理厂、扬州宝达安全工具有限公司。

四、江都市供电局（公司）

1962年7月成立江都县供电所，直属县人民委员会领导。1968年9月，县水利局、农业机械公司和供电所合并，成立江都县机电水系统革命委员会。1970年9月供电所划出，成立江都县供电所革命委员会。1976年10月改名为江都县供电局，行政上是县人民政府的职能机构，业务上属扬州供电局领导，有职工174人。1986年底有职工411人，其中固定职工336人，固定资产原值为1489万元。1994年7月，江都撤县设市，江都县供电局改称为江都市供电局。2001年7月，江都市供电局改称为江都市供电公司。

江都电力工业起步于1920年，方柳江在仙女庙镇开办光华电灯公司。此后大明电气厂、振棠电气厂、大新电灯公司分别在大桥、邵伯、樊汉（川）创办。1949年后江都油米电厂利用糟糠发电，供应县直机关和部分居民照明用电。1957年建成第一座35千伏双沟变电所，架设35千伏扬州振扬电厂至双沟变电所线路，江都开始由电网供电。1978年建成全县第一座110千伏仙女变电所，到1986年底，全县有35千伏及以上公用变电所11座，110千伏线路1条，35千伏线路20条，10千伏线路62条。1987年底，江都县境内建成全省第一座500千伏江都变电所，其配套工程——220千伏砖桥变电所是全县第一座220千伏变电所，同年建成投运。1994年建成第一座无人值班35千伏双沟变电所。1998年江都进行农村电网改造，一期工程国家投资2.5亿元，二期工程投资6380万元，农网改造一、二期工程于2002年底竣工，被省政府和省电力公司表彰为农村电网建设改造工作先进集体。2001年进行城区电网改造。经过城、乡电网改造，江都市农村与城区电力设施得到很大改善，供电质量及可靠性有较大提高。至2002年底，江都市有220千伏变电所2座，110千伏变电所4座，35千伏变电所16座，变电总容量83.23万千伏·安；10千伏配电变压器3867台，总容量为49.88万千伏·安；220千伏线路5条，计81千米；110千伏线路8条，计113千米；35千伏线路39条，计300千米；10千伏线路107条，计2468千米；低压线路计11 946千米。

江都从1957年开始由电网供电，主要用于农业排灌和县城仙女镇用电。随着电网规模不断扩大，用电逐步向农副产品生产加工、农村生活照明、乡镇企业发展。1986年，江都县建成全省第一个用电标准乡（镇）——丁伙镇，全县43个乡镇都通上电，625个村全部通电，户通电率为91.13%。1995年江都市共投入88.8万元实施扶贫通电工程，被江苏省政府评为全省扶贫通电先进集体，1997年实现村、组、户通电率100%。江都农业用电在20世纪80年代初期占全社会用电量的65%，1986年下降到28%，以后一直保持在20%左右；1986～2002年，工业用电占全社会用电量的54%以上；城乡居民生活用电在20世纪80年代初期占全社会用电量的5%，1986年上升到11%，2002年上升到20.8%。“八五”计划期间，江都开展农村用电标准化和农村电气化建设，全县608个村、24万农户的用电设施得到不同程度的改造，1997年3月通过省政府组织的验收。“九五”计划期间，江都市在完成“两改”（农村电网改造、农电体制改革）基础上，农村电价逐步规范化，1999年7月开始执行全省统一销售电价，2000年2月实行一县一价，2001年3月实行城乡生活用电同网同价。

2002年底，江都市最高负荷18.7万千瓦，供电量82 991万千瓦·时，用电量72 959万千瓦·时，分别是1986年的3.3倍、2.94倍、2.79倍。江都市供电公司设置职能部室7个，生产单位6个，5个中心供电所和24个乡镇供电所，共有职工447人，固定资产原值53679万元。

五、邗江县供电局

1963年10月成立邗江供电所，是扬州供电局直属企业，与扬州供电局线路工区合署办公。1966年4月，邗江供电所正式单独办公。1970年1月更名为邗江县供电所，划归邗江县革命委员会领导。1974年1月撤销邗江县供电所，并入扬州供电局直属供电所，负责扬州市区和邗江县供用电工作。1978年5月成立邗江县供电局，有职工196人，属扬州供电局领导，同时承担县政府的管电职能。1986年有职工260人，其中固定职工241人，合同制职工14人，固定资产原值1741.13万元，净值957.97万元。2000年11月1日起，邗江县供电局供电并管理的高邮湖西菱塘、天山、送桥、郭集4个乡镇划归高邮市供电局。2001年3月12日，撤销邗江县供电局建制，并入扬州供电局。

邗江县有电始于1929年，境内霍桥轮船码头发电供码头照明。1937年从扬州振扬发电厂架设1条2.3千伏线路到霍桥集镇，供轮船码头和商铺照明，次年又架设1条2.3千伏线路到高旻寺，在三汊河安装1台15千伏·安变压器，供高旻寺照明。1959年，从扬州发电厂到瓜洲、甘泉山、槐泗桥35千伏线路建成投运，为农业排灌提供电力。邗江县第一座35千伏裔家变电所于1961年建成投运，至1985年境内共有35千伏变电所9座，35千伏线路12条，162千米；有配电变压器1256台，10千伏线路50条，1012千米。1988年在邗江县北部建成全县第一座110千伏方巷变电所，1990年邗江县南部施桥变电所升压为110千伏变电所，从此形成南、北两个电源点，向全县供电。1991年后因扬州市区向西扩大及沿江经济开发，邗江县南部用电量增长快，又新建沙头、汊河变电所，扩建施桥、八里变电所。1998～2000年，邗江县实施农村电网改造，国家总投资1.29亿元，新架和改造10千伏线路780千米；新增10千伏配电变压器布点756台，总容量5.57

万千伏·安；更新改造高耗能配电变压器 578 台，总容量 6.31 万千伏·安；完成一户一表改造 15.41 万户，全县 416 个行政村电力设施得到很大改善。到撤县前的 2000 年，邗江县有 110 千伏变电所 5 座，变压器 8 台，总容量 24.05 万千伏·安，110 千伏线路 6 条 62 千米；35 千伏变电所 13 座，变压器 24 台，总容量 16.07 万千伏·安，35 千伏线路 32 条 266 千米；10 千伏配电变压器 2577 台，总容量 40.26 万千伏·安，10 千伏线路 81 条 1631 千米；低压线路 8670 千米。

邗江县没有县城，农村用电从 1959 年为农业排灌提供电力，逐步发展，到 1985 年，全县 27 个乡镇都通上电，355 个村已通电的为 354 个，4108 个组已通电的为 4030 个，户通电率为 93.72%。农业用电在 20 世纪 80 年代初期占全社会用电量的 67.9%，到 1986 年下降到 22.63%，以后一直保持在 20%左右；工业用电 1986～2000 年占全社会用电量的 60%以上；城乡居民生活用电在 20 世纪 80 年代初期只占全社会用电量的 2.42%，到 1986 年上升到 12.22%，以后直至 2000 年均保持在 12%左右。“八五”计划期间，邗江县开展农村用电标准化和农村电气化建设，地方筹资共 1 亿多元，历时 3 年多，于 1995 年 11 月通过省政府组织的验收。“九五”计划期间，邗江县在完成“两改”（农村电网改造、农电体制改革）基础上，农村电价逐步规范化，1999 年 7 月开始执行全省统一销售电价，2000 年 2 月实行一县一价，2001 年 3 月实行城乡生活用电同网同价（每千瓦·时 0.52 元）。

至 2000 年底，邗江县供电局有职工 285 人，其中生产人员 192 人，工程技术人员 44 人，管理人员 39 人，其他人员 10 人。固定资产原值 24 322.86 万元，净值 20 632.94 万元。2000 年全县用电最高负荷 11.18 万千瓦，比 1985 年增长 2.9 倍；供电量 48 524 万千瓦·时，比 1985 年增长 3.2 倍；用电量 44 969 万千瓦·时，比 1985 年增长 3.2 倍，平均年递增 15.79%，是扬州各县（市）供、用电量增幅最大的县。

第四章　电网调度

第四章 电 网 调 度

扬州供电局于1962年成立调度科，1970年更名为扬州专区水电处电网调度室，1974年更名为扬州供电局调度室，1979年更名为扬州供电局调度所，2001年11月18日更名为扬州供电公司调度通信中心。

扬州电网调度设市调和县调两级调度机构，实行统一调度，分级管理。扬州供电局（公司）调度所（调度通信中心）（简称市调）负责扬州电网生产运行的调度管理，业务上受省电力局（公司）电网调度所（电力调度通信中心）（简称省调）领导，各县（市）供电局（公司）设调度室（简称县调），业务上受市调领导。1992年9月，扬州供电局调度自动化系统通过实用化验收。1996年，扬州供电局所辖10个县（市）供电局调度自动化系统全部通过实用化验收。扬州电网调度通信从有线电话开始，逐步发展，到1991年主要有载波通信、微波通信，以载波通信为主。微波通信在“八五”计划期间开始建设，1994年覆盖所辖县（市）供电局。1998年后载波通信逐渐退出运行，光纤通信迅速发展，历时3年建成扬州电力光纤通信网络，成为电力系统传输各类信息最主要的优质通道。至2002年底，扬州供电公司调度通信中心连续安全生产2944天。

第一节 调度机构及范围

1991～2002年，扬州电网调度设市调和县（市）调两级调度机构，实行统一调度，分级管理。电网调度管辖范围依据《扬州电网调度规程》规定的范围，并严格执行。

一、调度机构

1991年扬州供电局调度所共71人，其中调度人员15人，远动8人，有线通信19人(含话务员)，微波、载波通信15人，管理人员14人(含运行方式等专业技术人员)。1996年底调度所共81人，其中调度人员12人，远动14人，有线通信15人(含话务员)，载波通信10人，微波通信7人，500千伏江都变电所通信班6人，运行方式5人。2001年11月18日调度所更名为调度通信中心。2002年底，调度通信中心共53人，其中调度人员10人，通信线路班6人，通信检修班6人，通信运行班12人(含500千伏江都变电所通信人员)，远动7人，运行方式5人。2003年4月，市调从南通西路79号原扬州供电公司办公楼迁入扬州市维扬路179号新大楼。扬州市区配网调度室1991年隶属扬州市区供电所，共8人，值班为四班三运转，每值1人。2001年6月，市区配网调度与邗江县供电局调度合并，共10人，隶属新成立的电力营销部。2003年7月与扬州市调合并。

1991年扬州市调业务管辖靖江、泰州、泰兴、泰县、江都、邗江、仪征、兴化、高邮、宝应共10个县(市)调，以及扬州市区供电所配网调度室。1997年后业务管辖江都、仪征、邗江、高邮、宝应5个县(市)调和扬州市区供电所配网调度室。2001年撤销邗江县供电局，邗江县调与扬州市区配调合并。2002年扬州电网调度通信中心业务管辖江都、仪征、高邮、宝应4个县(市)调。

二、调度范围

1991年，扬州市调管辖的范围：220千伏馈供线路及220千伏主变压器；220千伏终端变电所220千伏母线、旁路母线及旁路断路器和隔离开关；两个及以上厂站供电的变电所110千伏母线；110千伏连络线；两侧变电所不属同一个单位主管的110千伏馈线及两侧接地开关。

属于扬州市调许可的范围：110千伏主变压器及110千伏侧断路器、中性接地开关；110千伏及以上变电所的35千伏及10千伏母线电压互感器，非管辖的110千伏母线电压互感器；220千伏主变压器的35千伏侧断路器。

县（市）调管辖的范围：110千伏主变压器，县界内的110千伏馈线；220千伏主变压器35千伏侧断路器；110千伏终端变电所110千伏母线，旁路母线；35千伏及10千伏母线、旁路母线、线路；35千伏及10千伏电容器；跨县界的35千伏及以下线路，由县调之间签订调度协议，明确调度关系。

属于县调许可的范围：所（厂）用变压器；35千伏及10千伏压变。

属于发电厂、变电所管辖的范围：除市、县两级调度管辖以外的发供电设备。

1999年8月，重新修改发布《扬州电网调度规程》，规定市调管辖的范围是220千伏馈线及非主干线、主变压器、终端变电所220千伏母线、旁路母线、旁路断路器和隔离开关；与外市连接的220千伏馈供线路（以资产划分为界限）；属于系统联络的110千伏母线及线路。市调许可的范围是220千伏变电所110千伏非管辖线路、110千伏主变压器及其110千伏侧断路器；110千伏及以上变电所的35千伏及10千伏母线电压互感器、非管辖的110千伏母线压变；220千伏主变压器35千伏侧断路器；装机容量10万千瓦以下，0.6万千瓦及以上发电机组。县调管辖的范围是110千伏主变压器、馈供线路、终端变电所110千伏母线及旁路母线；220千伏主变压器35千伏侧断路器；35千伏及10千伏母线、旁路母线及线路；35千伏及10千伏电容器；跨县界的110千伏馈线、35千伏及以下线路（以县调之间签订的调度协议为准）。县调许可范围是所（厂）用变压器；35千伏及10千伏电压互感器；装机容量0.6万千瓦以下发电机组。属于发电厂、变电所管辖的范围是市、县两级调度管辖范围以外的发供电设备。

2002年12月，重新修订《扬州电网调度规程》，规定市调管辖范围是220千伏馈线、非主干线（受省调许可）、主变压器；220千伏终端变电所220千伏母线、旁路母线及旁路断路器和隔离开关；与外市连接的220千伏馈供线路按资产划分调度管辖；系统联络的110千伏母线及线路。市调许可范围是220千伏变电所110千伏非管辖线路；110千伏主变压器及其110千伏侧断路器、中性点接地开关；110千伏及以上变电所的35千伏及10千伏母线电压互感器、非管辖的110千伏母线电压互感器；220千伏主变压器35千伏侧断路器；装机容量10万千瓦（单机容量5万千瓦）以下，0.6万千瓦及以上发电机组。县调管辖范围是110千伏主变压器、110千伏馈线；220千伏主变压器35千伏侧断路器；

110千伏终端变电所110千伏母线及旁路母线；35千伏及10千伏母线、旁路母线及线路；35千伏及10千伏电容器；跨县界的110千伏馈线、35千伏及以下线路（由县调之间签订调度协议明确调度关系）。县调许可范围是所（厂）用变压器；35千伏及10千伏压变；装机容量0.6万千瓦以下发电机组。发电厂、变电所管辖范围是市、县两级调度管辖范围以外的发供电设备。1991～2002年扬州市调管辖及许可的线路、变电所见表4-1。

表4-1 1991～2002年扬州市调管辖及许可的线路、变电所

年份	110千伏				220千伏			
	线路（条）	千米	变电所（座/台）	容量（万千伏·安）	线路（条）	千米	变电所（座/台）	容量（万千伏·安）
1991	45	764	23/36	113.4	2	22	6/9	105
1992	42	706	27/38	129.3	2	22	8/12	129
1993	51	825.8	28/42	141.9	4	83	9/13	141
1994	53	838	30/49	155.8	5	103	10/15	153
1995	54	854.3	31/53	171.2	5	103	10/16	165
1996	34	474.5	20/34	102.35	3	28	6/10	96
1997	35	522.4	18/32	99.75	3	24.9	6/10	96
1998	35	522.4	23/41	115.9	3	24.9	6/10	96
1999	35	522.4	23/41	115.9	3	24.9	7/12	120
2000	45	510	26/47	139.65	3	24.9	8/13	138
2001	53	558.3	30/53	161.95	3	24.9	8/14	150
2002	53	558.3	32/58	181.1	3	24.9	8/15	162

注 220千伏变压器容量不包括扬州发电厂2台连络变压器。

第二节 运行与监控

电网运行遵循安全、优质、经济的原则，发挥本地发电、输电、变电、配电设备能力，保证电网稳定运行和电能质量。1991～1996年，电网严重缺电时期，扬州市调协助政府部门搞好自发电上网，缓解电网压力，严格执行按计划分配电力负荷，严格执行内部计划检修制度，减少临时性停电，保证电网有序运行。市调负责编制电网运行方式，综合设备、潮流等多种因素，保证电网运行处于最佳状态，并对电网的运行进行分析，提出改进的建议。

一、运行方式

扬州供电局调度所1991年设有运行方式（简称运方）专职人，1995年成立运方组。县（市）供电局调度室1993年起设有运方专职人。当年年初编制运行方式，内容有两大

部分（1991年）：第一部分是对上年度电网运行状况进行分析，包括各县（市）及扬州市区用电量、最高负荷实际发生状况，以220千伏变电所为供电中心的各片用电状况，市际之间交换用电状况，主要经济质量指标（线损率和电压合格率），限电拉闸统计，新设备投运项目和时间，电网运行安全状况、结构变化及电压质量等；第二部分是当年电网运行状况分析和评价，提出电网局部薄弱环节的应对措施和建议，当年全市及县（市）用电量、最高负荷预测，可能投运的主设备、项目。1991～1996年，电网缺电严重，每年编制运行方式还包括全市用电状况分析和缺电应对措施。

随着电网运行管理要求不断提高，编制运行方式也越来越细化。1997年后相继新增内容有扬州电网网络结构分析及正常运行方式，年度停电检修统计及完成情况（包括计划检修、非计划检修、临时性检修），电网正常运行方式和停电检修方式预安排，无人值班变电所分布及设备自投运行方式，各变电所紧急拉路顺序，扬州电网一次系统接线图和电网潮流图等。至2002年，运行方式组每年都编制一本年度电网运行方式，记录上一年度电网设备状况、运行状况、负荷分布、电压质量、设备变更、故障或事故等，归档保存。

运行方式常规管理工作主要是日常检修方式安排、季节性检修方式安排、节日期间和政府部门重大活动期间保证正常供电方案的编制，以及新设备投运启动方案的编制并承担启动现场分工内工作。

二、出力管理

1991年后，电网缺电严重，扬州地方各级政府鼓励多家办电，并制定方案鼓励地方电厂、企业自备电厂在用电高峰期满发，谷期停发或少发，调节峰、谷负荷，缓解缺电矛盾。扬州市1991年最大的地方电厂是泰兴发电厂，装有2台1.2万千瓦机组；最大的企业自备发电厂是仪征化纤热电厂，装有4台5万千瓦机组，其余的地方电厂、企业自备电厂规模都很小。市和县（市）两级电网调度与这些地方电厂、企业自备电厂签订上网协议，上网电量的结算为所在地供电局。

1996年，电网供电量的比重由1995年的84.3%降至82.3%，而购自地方或企业自备电厂电量的比重由1995年的5.82%上升到1996年的13.36%（购电量中不包括仪征化纤热电厂和扬州发电厂老机组恢复后发电量）。扬州供电局执行省政府和省电力局有关严格控制小火电建设和加强对地方电厂管理考核的要求，结合本地区状况，制订《扬州市地方、自备电厂上网电量经济考核实施细则》，主要内容是凡0.6万～5万千瓦的发电企业，上网电量由扬州供电局考核，地方电厂峰、谷期上网电量比例为75∶25，谷期超计划上网电量不支付购电费，企业自备电厂谷期不得上网；0.6万千瓦以下的发电企业由县（市）供电局考核。并网运行的地方及企业自备电厂必须服从电网统一调度，按扬州市经济委员会、扬州供电局、扬州市三电办公室联合印发的年度、季度、月度电量上网计划，以及电网调度下达的负荷曲线发电。

1996年列入考核的地方及企业自备电厂有扬州热电厂2.4万千瓦，扬州西南热电站（农药厂）0.9万千瓦，扬州发电厂恢复发电的小机组2.4万千瓦，泰州电厂0.74万千瓦，泰州热电厂1.35万千瓦，江都调峰电厂4.8万千瓦，泰兴电厂2.4万千瓦，泰兴沿江电厂2.4万千瓦，黄桥热电厂2.4万千瓦，靖江江源热电有限公司1.5万千瓦，兴化戴南电厂2.4万千瓦，兴化热电厂2.5万千瓦。2002年底，除属省电力公司调度的扬州发电厂地方机组、江都调峰电厂、仪征化纤热电厂3个发电企业以外，非省调的扬州市热电、余热发电仅扬州威亨热电厂和极少几家企业上网电量共1.87亿千瓦·时，其余均为自发自用。扬州供电公司与上网企业签订购电合约和并网协议，编制年度、季度、月度上网电量计划，上网企业须执行电网调度指令，严格按发电曲线发电。

三、经济调度

扬州电网调度通过调整电网的运行方式，合理分配电力负荷，达到电网的经济运行。1991年以后扬州市调负责110千伏系统网损的管理，在每年编制电网运行方式时，综合分析电网运行状况，提出主设备增容扩建、改善网络结构、变电所无功补偿配置等建议。定期对110千伏系统网损进行分析计算，提出降损措施。加强主设备计划检修管理，电网调度严格执行月度主设备检修计划，在主设备计划检修停电期间，安排变电、线路检修同时进行，避免主设备重复停电。

“八五”计划期间因缺电拉闸限电频繁，加上网络结构薄弱，部分110千伏线路存在超载运行和迂回供电等问题，使网损增加。1997年后，拉闸限电减少。1998年后，扬州在加强主网架建设的同时实施城乡电网改造，各级网络结构逐步完善。110千伏线路供电距离限于本县（市）内，使网损在可控范围。所有110千伏变电所具备双电源条件的都安装备用电源自投装置，提高供电可靠性。至2002年底，全市7座220千伏变电所均为双电源，5座为双变压器，变压器可互为备用，检修不影响正常供电。110千伏网络从扬、泰两市分设后的1997～2002年，变电所由17座增加到30座，变电容量由89.75万千伏·安增加到183.1万千伏·安，增加1倍左右；110千伏线路由36条增加到60条，条数增加近1倍，长度由512千米增加到610千米，增加98千米。网络结构的变化使电网调度的灵活性提高，为实现电网经济运行奠定基础。

四、系统稳定

扬州供电局（公司）每年印发文件下达按频率减负荷装置分配方案。在电网系统频率下降时自动切除负荷，保证电网稳定运行。切除负荷装置分为5个轮次，依次递减，即49、48.75、48.5、48.25、48赫兹，延时均为0.5秒；2个特殊轮次，即49、48.5赫兹，延时为20秒；1个附加轮次，即47.5赫兹，延时为0.5秒。装有按频率减负荷装置的线路不列入计划限电拉路线路或紧急限电拉路线路，并禁止安装备用电源自投装置。每年5月用电高峰期前，市调将县（市）调上报的安装台账汇总后报省调，并会同生产技术科、变电工区到各变电所对低周减载装置进行校验、检查，保证其投运率。

2001年6月，“江泰扬稳定切机装置”投入运行。此安全稳定自动装置由南京电力自动化研究院、北京华瑞泰系统控制技术有限公司制造，安装在500千伏江都变电所、泰州和扬州第二发电厂，采用双计算机配置，并具有独立闭锁装置，保证装置可靠动作。当2条500千伏过江线（江斗线、江南线）其中1条发生跳闸，泰州侧220千伏谏泰1、2号线潮流突然增大，稳定装置启动，通过微波通道向扬州第二发电厂发出切机命令，500千伏江都变电所稳定装置也启动，向扬州第二发电厂发出切机命令，扬州第二发电厂稳定装置接收到切机信号后1秒钟切除1台发电机组。此装置属华东电力调度通信中心调度管理，相关发电厂、供电公司负责运行维护，是确保华东电网稳定运行的重要装置。1991～2002年扬州电网按频率减负荷装置统计见表4－2。

表4－2　1991～2002年扬州电网按频率减负荷装置统计　单位：万千瓦

年　份	1991	1992	1993	1994	1995	1996	1997	1998	1999	2000	2001	2002
49赫兹 0.5秒	2.3	2.4	3.15	3.4	5.1	4.8	3.2	3.7	4.3	5.7	6.0	7.3
48.75赫兹 0.5秒	2.7	2.8	3.48	3.85	5.1	5.6	3.1	3.1	3.5	4.2	3.7	5.5
48.5赫兹 0.5秒	3.1	3.2	3.71	4.05	5.1	5.1	2.5	2.7	2.9	3.1	3.7	4.4
48.25赫兹 0.5秒	3.3	3.4	3.93	4.2	4.9	5.4	2.7	2.7	3.0	3.0	3.5	5.0
48赫兹 0.5秒	3.1	3.2	4.04	4.5	5.0	4.8	2.5	2.8	3.0	3.6	3.2	3.7
47.5赫兹 0.5秒	3.0	3.1	3.71	3.0	4.1	4.9	2.6	2.7	3.0	3.6	3.8	4.7
48.5赫兹 20秒	2.1	2.2	2.79	3.1	4.0	4.8	2.1	2.2	2.7	3.2	3.0	3.4
49赫兹 20秒	1.9	2.0	2.69	3.1	4.0	3.8	2.2	2.3	2.9	2.9	3.2	3.6
合计	21.5	22.3	27.5	29.2	33.7	39.3	20.9	22.2	25.3	29.3	30.1	37.6

五、负荷控制

“八五”计划期间缺电严重，市、县两级调度每年均制定线路拉限电序位表，报政府批准后执行。市调严格按计划对县（市）实行负荷控制管理，在用电高峰期，当县（市）用电负荷超出计划分配负荷时，市调电话通知县（市）调限负荷。正常情况下，市、县两级调度均努力将本地用电负荷控制在计划分配范围，避免被上一级调度部门强行拉闸限电，避免大范围停电。限电拉闸首先是农村线路，首先是10千伏线路。扬州各地采取发展地方小发电和移峰填谷等措施，努力增加电力供给，提高电力利用率，应对缺电。1998年以后，扬州市无拉闸限电，一方面是电网缺电状况有所好转，另一方面是负荷控制的方式向用户端转移，即1997年用户负荷控制系统的建立（用户负荷控制系统详见第五章第二节），通过对大工业用户非重要负荷的遥控并自动切除负荷，实现限电不拉路，实现社会有序用电。此后市、县两级电力调度部门制定线路紧急拉路限电序位表主要是针对电网突发事件的应对措施，以保证电网系统的稳定。1991～1997年扬州市调限电拉路统计见表4－3。

表 4-3　　1991～1997 年扬州市调限电拉路统计

年份		项 目	1991	1992	1993	1994	1995	1996	1997
省调		拉电条·次	98	288	398	438	300	81	47
		少供电量（万千瓦·时）	163.09	754.38	893.44	759.84	438.72	94.45	103.34
全市	110 千伏	拉电条·次	289	164	212	177	185	52	6
		少供电量（万千瓦·时）	365.43	233.43	251.65	207.28	184.13	56.58	4.66
	35 千伏	拉电条·次	1408	1689	1913	1412	1194	461	59
		少供电量（万千瓦·时）	985.19	1170.33	1363.2	955	740.88	248.52	32.93
	10 千伏	拉电条·次	871	1143	1717	1312	906	358	34
		少供电量（万千瓦·时）	318.94	361.93	497.87	362.3	424.63	100.76	4.68

注　此表根据调度所运行方式年报编制。

六、电能质量

1991～2002 年，扬州电网电压质量实行分级管理。扬州供电局（公司）生产技术科（生产运营部）负责电压监测数据汇总、综合分析和上报，是电压质量主管部门。调度所（调度通信中心）负责 A 类即城市变电所（向县城或以上城市供电的变电所）电压合格率统计分析；用电管理科（电力营销部）负责 B、C、D 类即 35 千伏、10 千伏及低压用户电压合格率统计和分析；扬州供电局直属变电工区仪表班负责电压监测器安装、校验、更换。至 2002 年，电压质量仍实行分级管理。生产运营部归口管理，年初分解下达电压考核指标，编制措施计划，每月汇集各单位电压数据并上报；电力营销部负责用户电压管理；调度通信中心负责电网运行无功平衡和电压质量管理；变电运行工区负责变电所主变压器及无功补偿设备的运行管理，以及变电所母线电压、主变压器分接头调节次数、无功补偿装置可用率的统计、上报。

电压监测　电压监测点分 A、B、C、D 类。A 类监测点设置在城市变电所 10 千伏母线，由调度所（调度通信中心）管理；B 类监测点设在 35 千伏专线供电的用户端，C 类监测点设在 10 千伏用户端，D 类监测点设在低压（380/220 伏）用户端，由用电管理科（电力营销部）管理。各类电压监测点按规定设置并具有代表性，检测各级电网的电压质量，并据此提出改进措施。1991 年，扬州供电局设有电压监测点 94 个（A 类 23 个，B 类 24 个，C 类 25 个，D 类 22 个）。1998 年设有 74 个（A 类 21 个，B 类 23 个，C 类 16 个，D 类 14 个）。2002 年设有 110 个（A 类 24 个，B 类 21 个，C 类 23 个，D 类 42 个）。220 千伏变电所母线电压监测点由省调设置，扬州电网调度统计并上报省调。1991～2002 年扬州电网线损率和电压合格率统计见表 4-4，1991～2002 年扬州电网各类监测点电压合格率统计见表4－5，1991～2002年扬州电网220千伏变电所母线电压统计见表4－6。

表4－4　　1991～2002年扬州电网线损率和电压合格率统计

年份		1991	1992	1993	1994	1995	1996	1997	1998	1999	2000	2001	2002
全网线损率（%）		6.93	7.14	7.07	7.14	6.98	6.85	6.76	6.66	6.63	6.64	6.76	6.68
110千伏网损率（%）		1.86	1.87	1.92	1.81	1.82	1.65	1.56	1.65	1.51	1.46	1.52	1.47
电压合格率（%）	110千伏母线	84.4	92.3	91.71	91.76	90.00	98.24	97.1	96.64	89.07	88.86	91.48	92.09
	10千伏母线	93.72	93.8	95.12	94.01	96.16	97.83	99.14	99.13	99.14	99.50	99.43	99.54

注　此表根据调度所运行方式年报编制。

表4－5　　1991～2002年扬州电网各类监测点电压合格率统计

年份	1991	1992	1993	1994	1995	1996	1997	1998	1999	2000	2001	2002
A类（%）	93.72	93.96	95.22	94.01	96.16	97.74	99.12	99.02	99.14	99.45	99.32	99.62
B类（%）	97.03	95.44	94.06	94.53	—	97.61	98.06	98.39	98.67	98.88	98.74	99.33
C类（%）	96.18	97.11	95.24	92.97	—	97.29	98.07	98.57	99.08	98.58	98.82	99.04
D类（%）	89.6	90.61	89.36	89.67	—	94.28	96.58	96.36	97.24	96.8	98.13	98.70
综合（%）	93.27	94.34	94.25	93.20	95.1	96.90	98.34	98.13	98.74	98.77	98.94	99.32

表4－6　　1991～2002年扬州电网220千伏变电所母线电压统计　　单位：千伏

名称 \ 年份		1991	1992	1993	1994	1995	1996	1997	1998	1999	2000	2001	2002
扬州电厂联变	2时	—	231/120	230/119	230/120	228/118	232/118	231/119	—	—	—	—	—
	9时	—	224/116	234/116	223/113	221/113	228/115	225/115	—	—	—	—	—
泰州变电所	2时	230/119	230/118	228/118	229/119	228/118	—	—	—	—	—	—	—
	9时	225/116	223/115	222/115	222/112	222/114	—	—	—	—	—	—	—
砖桥变电所	2时	236/114	234/113	233/113	235/114	229/114	—	229/115	232/116	234/117	235/118	236/118	235/119
	9时	230/111	210/109	229/109	228/109	223/110	—	222/112	227/111	228/113	230/114	231/114	231/116
徐庄变电所	2时	230/119	229/117	227/117	227/119	223/117	—	—	—	—	—	—	—
	9时	224/117	221/114	220/112	219/110	216/110	—	—	—	—	—	—	—

续表

名称＼年份		1991	1992	1993	1994	1995	1996	1997	1998	1999	2000	2001	2002
靖江变电所	2时	228/117	225/116	221/115	223/117	224/116	—	—	—	—	—	—	—
	9时	221/112	218/111	216/111	216/110	215/115	—	—	—	—	—	—	—
澄子变电所	2时	225/117	225/117	223/118	227/117	226/118	227/119	228/119	234/118	234/121	233/120	236/123	233/121
	9时	220/114	218/112	217/112	220/111	220/115	222/116	223/115	226/114	228/116	228/117	230/118	229/118
安宜变电所	2时	—	—	—	—	—	234/114	233/114	233/116	233/117	229/116	234/118	232/117
	9时	—	—	—	—	—	229/112	227/112	226/112	227/113	225/113	228/114	228/115
真州变电所	2时	—	—	226/120	230/121	227/117	228/116	229/117	230/117	231/117	230/117	232/118	231/117
	9时	—	—	219/115	223/114	222/114	225/114	223/114	224/113	226/114	226/114	227/116	228/116
大桥变电所	2时	—	—	—	—	—	—	—	—	235/118	235/118	236/118	233/117
	9时	—	—	—	—	—	—	—	—	230/115	230/115	231/115	229/114
横沟变电所	2时	—	—	—	—	—	—	—	—	—	235/116	235/117	233/116
	9时	—	—	—	—	—	—	—	—	—	230/113	230/113	229/113
蒋王变电所	2时	—	231/116	230/114	230/114	229/115	231/117	231/117	234/120	235/121	235/120	236/120	231/119
	9时	—	225/111	224/110	224/119	223/108	226/113	225/113	228/115	229/116	230/116	231/116	227/116
昭阳变电所	2时	—	—	229/116	229/117	230/113	—	—	—	—	—	—	—
	9时	—	—	225/112	223/111	221/107	—	—	—	—	—	—	—

注 1. 此表根据调度所运行方式年报编制，每月 15 日 2 时、9 时母线电压数据累计÷12 个月＝当年平均数。

2. 220 千伏母线电压/110 千伏母线电压。

系统无功补偿 1991年，扬州市调将本地区每月15日2时、9时电容器装设容量（包括用户）、投运容量、投运率、停用原因等汇总后书面报省调；县调于每月20日前将本县（市）电容器装设容量、投运容量、投运率、停用原因汇总后报市调。1999年起，市调每月25日前，县（市）调每月20日前将以上内容汇总后报上级调度，直至2002年。调度部门每年编制电网运行方式，对各变电所无功补偿设备分布的合理性及增加无功容量提出建议。变电所值班人员通过投切电容器组及其他方式调节变电所母线电压在允许偏差范围。

无功补偿装置随电网有功负荷逐年增长。1991年，变电所电容器由值班人员手动操作，白天高峰负荷投入，夜间低谷负荷切出，根据电压变化要求投切；用户电容器由专线专用变（压器）供电的用户出资，仅少量为按电压自动投切，大部分为手动投切，供电局对用户实行按力率考核，促使用户电容器及时投切。为推行无功就地平衡，1991年，首次购置1台低压无功补偿柜，安装在扬州市区配电网，此后每年均批量购置，安装在城镇低压配电网，自动投切，改善低压配电网电压质量。1996年，扬州供电局推行高压补偿与低压补偿、集中补偿与分散补偿相结合的办法，在技改资金和供电贴费中安排购置电容器，除变电所安装高压电容器外，城镇低压配电网共安装400余台按电压整定自动投切的低压无功补偿柜，容量为2万余千乏。仪征市城区每台公用配电变压器均安装有低压无功补偿柜。1997年后，按照创一流供电企业系统利率达到0.95的要求，每年都根据当年电网内各电源点电压状况增加电容器。1998～2001年，城乡电网改造，新建变电所均配置相应的无功补偿装置。从2002年开始，扬州供电公司本部使用变电所无功电压自动优化系统，不用人工手动操作，至2004年，变电所已全部使用此装置。1991～2002年扬州电网无功补偿设备统计见表4-7。

表4-7 1991～2002年扬州电网无功补偿设备统计 单位：千乏

年份	1991	1992	1993	1994	1995	1996
调相机	125 000	125 000	125 000	125 000	125 000	—
电业	150 000	160 000	155 658	165 166	181 563	113 613
用户	310 000	330 000	355 574	420 895	440 031	203 149
并联电抗器（江都变电所）	—	—	—	—	—	380 000
年份	1997	1998	1999	2000	2001	2002
调相机	—	—	—	—	—	—
电业	124 719	140 654	157 576	165 367	227 853	324 862
用户	269 838	259 554	252 794	328 544	332 764	417 223
并联电抗器（江都变电所）	330 000	330 000	330 000	330 000	330 000	271 404

有载调压装置 在变电所安装带负荷调整电压的变压器，通过值班员调节挡位开关，控制电压在允许范围内。1991年，扬州电网110千伏变电所有载调压变压器共有23台，占总数的63.89%，容量合计66.15万千伏·安，占总容量的60.86%；35千伏变电所有

载调压变压器 23 台，容量计 14.715 万千伏·安，占比例分别为 15.23%、13.40%。此后，重点更新或改造城市变电所的变压器为有载调压变压器。

1995 年，110 千伏城市变电所有载调压覆盖面首次达到 100%。1996 年扬州电网 110 千伏有载调压变压器共 41 台，容量 128 万千伏·安，有载调压覆盖面达到 85.4%；35 千伏有载调压变压器共 105 台，容量 66.3 万千伏·安，有载调压覆盖面达到 54.4%。1998 年，扬州供电局调度所攻克无人值班变电所变压器有载调压开关电压挡位远方显示、调整的技术难题，首次实现通过调度自动化系统对全市 6 座 110 千伏变电所进行电压越限告警、变电运行监控中心通过遥控操作调整电压。1999 年，扬州电网 110 千伏变电所有载调压覆盖面为 100%；35 千伏变电所有载调压覆盖面为 80.6%。2002 年扬州电网 110 千伏变电所有载调压覆盖面 100%；35 千伏城市变电所有载调压覆盖面达到 100%，35 千伏农村变电所有载调压覆盖面为 88.04%（台）、92.63%（容量）。

110 千伏变电所变压器有载调压开关调节次数分别为：1994 年 22 350 次，1998 年 27 862 次，2000 年 24 858 次，2001 年 27 671 次，2002 年 48 177 次。

第三节　调　度　操　作

电网运行设备停、送电操作和事故处理过程由电网值班调度员和变电所值班员共同完成。1996 年以后，扬州 110 千伏变电所开始改造为无人值班变电所，改变了变电所运行值班方式，新组建集控中心和操作班，负责执行电网调度对变电所设备停、送电的操作指令。

一、值班操作

1991 年，市、县两级值班调度员在发布和接受调度操作指令时，必须互报单位、姓名，严格执行发令、复诵、录音、汇报和记录制度，并使用统一操作术语。

市调值班调度员根据运行方式组提供的设备停电申请单，用钢笔填写操作任务票，核对无误后，用电话向变电所值班员下达操作任务内容。操作任务票一般情况下由上一值调度员预发，便于对方了解操作目的，提前做好准备。对单人值班的变电所发操作顺序票，对有 2 人以上值班的变电所发操作任务票。变电所值班人员根据电网调度员下达的操作任务指令，用钢笔填写操作顺序票，复诵无误后，交下一值值班员。下一值值班员根据已填好的操作顺序票，与模拟图版进行核对，按操作顺序票上停电时间和操作顺序到现场执行拉、合断路器等具体操作；再执行许可工作制度流程。非正常操作是在事故或临时性检修等特殊情况下进行，由调度员通过电话发令，对方变电所值班员记录、复诵、核对无误后填写操作顺序票，再执行具体操作。

1997 年，扬州市区 110 千伏南郊、湾头、五里、平山、双桥变电所相继改造为无人值班变电所，改变变电所运行值班方式。扬州供电局直属变电工区于 1996 年 11 月成立无人值班集控中心，下设操作班。电网调度将操作任务票发至集控中心，操作班执行对变电所设备的具体操作。县（市）供电局变电所改造为无人值班后也相应成立集控中心和操作班。2000 年，市调开始通过局域网传输操作任务票。

二、事故处理

值班调度员是处理本系统电网事故的指挥者。值班调度员根据变电所或发电厂值班员汇报的继电保护动作情况，对事故作出判断，采取措施，迅速隔离故障，防止事故扩大。值班调度员向上级领导汇报事故情况，迅速组织人员抢修，恢复对用户供电。事故处理操作必须执行发令、复诵、汇报、录音及记录制度，事故处理现场仅变电所值班员或发电厂值班员接受当值调度员的操作指令。1995年，通过调度自动化系统值班显示屏显示发生事故的设备，帮助调度员更直接快速判断事故发生点。

第四节　继电保护与自动装置

扬州供电局（公司）继电保护采用分级管理办法。1991年全局设有继电保护专业管理网，生产技术科设有继电保护专职人，直属变电工区有2个继电保护班16人，继电保护装置整定由调度所负责。1996年底扬州供电局共有继电保护人员92人，1997年，泰州供电局分出后还有56人。至2002年底，扬州供电公司有继电保护人员44人，其中公司本部有3个继电保护班29人。继电保护归口生产运营部管理，设专职1人。

1996年后，线路保护逐步更换为微机保护和集成电路保护，变电所主变压器和母线保护装置主要采用电磁型保护和微机保护。继电保护装置的运行维护由各变电所负责，检修和调试由变电工区继电保护班负责。实行变电所无人值班后，保护装置的运行状况通过调度自动化系统传递给变电运行监控中心，检修工区负责检修。

一、设备配置

线路保护　1991～1996年，线路保护采用电磁型、整流型和晶体管型保护装置。1996年后逐步更换为微机保护。扬州供电局变电工区1996年结合无人值班变电所改造，首先在110千伏南郊、开发、双桥等变电所更换保护装置为LFP—941、900型微机保护。1997年7月，首次在220千伏蒋王变电所更换电磁型、晶体管C型保护为微机型保护装置（220千伏线路保护装置为LFP—901和WXB—11）。1998年底，500千伏江都变电所扩建时，首次将原500千伏线路保护（集成电路型，RASFE距离保护）更换为微机REL531距离保护，共4套。至2002年底，500千伏线路保护装置共6套（REL系列微机保护），500千伏断路器保护共13套（其中5套是RAZFE配套集成电路保护，8套是REB系列微机保护）；220千伏线路保护装置（含旁路）共35套，全部为微机保护；110千伏线路保护（含旁路）共42套，其中微机保护共24套。

主变压器保护　35千伏至220千伏变电所主变压器主要使用电磁型保护装置，其次为晶体管保护装置。1996年新建110千伏开发变电所，首次使用微机保护。1999年，500千伏江都变电所扩建首次更换为微机保护。至2002年底，500千伏主变压器保护装置2套，其中1套是微机保护，另1套是集成电路保护；220千伏主变压器保护装置共11套均为电磁型保护；110千伏主变压器保护装置共40套，其中微机保护10套。

母线保护　1991年以后，110千伏至220千伏母线保护以双母线固定联结式电磁型保护为主。至2002年，500千伏母线保护2套，均为RADSS型集成电路保护；220千伏母线保护9套，其中5套为集成电路保护，其余为固定联结式电磁型保护；110千伏母线保护7套，均为固定联结式电磁型保护。

故障录波器 1991～1997年，变电所使用PGL型光线式故障录波器，调试复杂，运行维护作业量大。1997年8月，扬州供电局印发《故障录波器运行管理暂行规定》，规定所有220千伏、110千伏枢纽变电所均要安装故障录波器，新建的变电所配置微机录波器，并结合变电所改造扩建逐步更换光线型为微机录波器。1998年，首先将220千伏蒋王变电所更换为YS—8A微机录波器。至2002年，500千伏故障录波器4台，均为微机型；220千伏故障录波器9台，均为微机型；110千伏故障录波器4台，均为微机型。

二、保护整定

扬州市调设有继电保护整定专职人，根据每年本地电网运行方式编制年度继电保护整定方案，确定保护装置的配置类型和具体整定值。继电保护整定计算以正常运行方式为依据。1996年前整定计算由手工完成，1997年开始使用计算机编制继电保护定值单。编制年度继电保护整定方案内容包括系统正常大运行方式及小运行方式、220千伏和110千伏主变压器中性点接地方式、整定原则、存在问题及说明、检修方式下保护配置方案说明、110千伏变电所保护定值限额等。由于电网运行方式及继电保护装置每年都会发生变化，因此对整定作相应的变更，对定值进行各种运行方式下性能分析，保证调度人员和值班人员了解掌握；同时根据电网系统短路容量变化，编制整定计算正序和零序等值阻抗图表，据此对保护灵敏度等进行校核，必要时进行调整，每3～5年复核所有运行继电保护整定通知单。

三、运行维护

1991年，扬州各变电所负责继电保护装置的运行管理。扬州供电局变电工区继电保护专职人根据检修周期，制订检修方案报生产技术科，由相应防区继电保护班检修。保护装置异常情况下，变电所值班人员立即报告变电工区，及时组织人员抢修。1996年后开始推行变电所无人值班，保护装置发生异动情况，信号通过调度综合自动化系统反馈给变电运行监控中心，转检修部门组织抢修。1998年后，变电运行与检修分开，正常检修项目由变电运行工区报生产技术科，再下达检修任务，由变电检修工区检修。保护装置发生异常情况，运行工区直接与检修工区联系，同时报生产技术科，由防区继电保护班抢修。

继电保护技术监督工作。1991～1994年，扬州供电局本部变电工区继电保护班使用电磁型继电器综合试验仪，继电保护培训计36人·次。1995年购置2套扬州电讯仪器厂生产的RT—1微机型继电保护综合试验仪，实现测试半自动化。1995～1996年，扬州供电局继电保护专业“活动年”，成立继电保护领导小组，下设工作组，制订继电保护专业劳动竞赛检查方案，对运行15年以上的旧保护设备调查，制订更新计划，制订《继电保护及自动装置设备定级管理标准》《继电保护现场安全工作标准》《扬州电网继电保护技术监督条例》。1996年，扬州供电局110千伏及以上变电所共发生9次故障，其中继电保护误动作6次，继电保护事故2次（220千伏蒋王变电所母差保护误动，2号主变压器702断路器跳闸；泰州110千伏调相变电所开关距离保护误整定，引起1号调相机损坏）。“活动年”重点是防“三误”，即误碰、误接线、误整定。针对继电保护图纸与实物不符、压板名称编号不全、投错位置、底座断裂、继电器线圈断线、接线松动等普遍性存在问题，规定各单位继电保护专职人对保护装置误动作必须进行分析，填报分析报告，生产技术科保护专职人必须到现场对110千伏及以上保护动作调查分析，作出评价。首次购置计算机分配给继电保护班及调度所（保护整定计算使用）。“保护年”期间，每季度召开1次全局继电保护工作例会，各单位汇报保护设备定级、保护动作分析、保护检验等工作内容，还通过办培训班（1995～1998年培训计48人·次）、责任考核以及加强班组管理等形式，提高继电保护管理水平。1997年5月19日，扬州供电局成立继电保护技术监督小组，共有4人组成，扬州供电局总工程师任组长，成员3人。1997年扬州供电局未发生继电保护“三误”事故，获电力工业部“继电保护年先进单位”、省电力局“继电保护装置改造先进单位”。1999年后购置北京博电新力有限公司生产的PW30微机型继电保护综合试验仪，能自动记录试验全过程。500千伏江都变电所继电保护装置测试使用荷兰产CMC—256三相微机保护试验仪。1999～2002年，继电保护培训计81人·次。2002年扬州电网主系统保护装置共184套，其中微机保护装置99套，占保护装置的53.8%。主系统保护装置检验完成率、高频保护投入率、母差保护投入率、自动装置投入率均达到100%；继电保护动作正确率、故障录波器录波完好率均达到100%。1991～2002年扬州电网继电保护动作统计见表4－8。

表4－8　　1991～2002年扬州电网继电保护动作统计

年份	继电保护动作			重合闸动作		
	总次数	正确次数	正确率（%）	总次数	成功次数	成功率（%）
1991	2498	2488	99.8	723	521	72.1
1992	2926	2924	99.9	997	719	72.1
1993	2289	2289	100	787	554	70.4
1994	3093	3090	99.9	1160	829	71.5
1995	2979	2976	99.9	1160	692	59.7
1996	2313	2307	99.7	861	597	69.4
1997	1402	1402	100	583	424	72.7
1998	1656	1655	99.94	722	540	74.8
1999	1021	1021	100	444	229	67.3
2000	1481	1481	100	598	393	65.7
2001	1274	1274	100	527	375	71.2
2002	1211	1211	100	509	388	76.2

第五节　调　度　通　信

扬州电网调度通信主要有载波通信、微波通信和光纤通信。

载波通信从1960年开始，1991年仍然是市调至各县（市）调以及220千伏、110千伏变电所的调度专用电路，1998年以后，载波通信逐渐退出运行，至2002年，仅500千伏线路装有载波电路，传输继电保护信息。微波通信在“八五”计划期间开始建设，利用跨省、市主干微波电路在扬州的下话路，1994年覆盖所辖县（市）供电局，1999年建成以市局为中心站的一点多址微波通信系统。光纤通信从1998年开始建设，历时3年建成光纤通信网络。1999年建成扬州市区南、北环光纤网，连络周边各变电所；2000年利用省网光纤干线加芯，建成市供电局至县（市）供电局链式光纤网；2001年所辖各县（市）供电局建成南、北环光纤网，与各变电所连接。3年间共建光纤电路410千米，其中市网线240千米，与省网干线合建170千米。光纤网络连接各县（市）供电局和全市各变电所，成为传输各类信息最主要的优质通道。

一、载波通信

扬州电网载波通信始于1960年。1991年仍是电力调度的主要通信方式。1994年，扬州市调共有载波电路22条，载波机70台，是扬州市调与各县（市）调以及220千伏、110千伏变电所的调度通信专用电路，并提供远动信息通道。载波通信覆盖所辖10个县（市）及扬州市区的所有变电所，设备主要型号有ZDD—5、ZDD—7、ZJ—5、ZDD—27等，是1986年前后更新的设备。110千伏线路上搭接的桥路多。1994年后，新建变电所均同步建载波电路。结合新建项目，载波通信网作适当调整，市调至220千伏变电所及地区负荷关口的主要110千伏变电所建载波、微波各1条独立的通道，确保远动信息传送，110千伏线路载波路桥多的逐步向220千伏线路转移，更新ZDD—5型载波机，220千伏变电所及部分通信汇集的110千伏变电所出线A、B、C三相采用宽带阻波器等，形成电网调度通信以载波通信为主，少量数字微波话路为辅的形式。至1998年，市调至各县（市）变电所均为单一电力载波通道，作为电力调度的专用电路。1998年以后光纤通信网迅速发展，载波通信逐步退出运行。

500千伏江都变电所1987年投运后，使用1条38对通信电缆，作为综合性通信用。500千伏电网调度通信专用电路使用美国生产的GE电力线载波设备，配备专用程控交换机，可在载波通信设备上复用传输电力线路保护信号，使单路调度专用载波通信具有多路接续和路由选择功能，保证远动信号的稳定传输。1998年，江都变电所扩建，更新GE载波设备为德国西门子公司生产的2000i数字式电力线载波通信设备，使调度通信及远动、保护数据传输的质量得到进一步提高。至2002年，扬州电网仅6条500千伏线路及110千伏真（州）化（纤热电厂）线电力载波电路仍在运行，电路容量为15路，其中调度电话7路，远动通道7路，是网、省、市调500千伏设备保护信息传输主通道。

二、微波通信

沪徐微波电路及利港微波电路是首条跨越全省的数字微波电路，沪徐微波电路江苏段及利港微波电路共29座微波站（主干线18座，支线5条11座），1991年3月10日试运行，当年5月10日正式投运。沪徐、利港微波电路在扬州境内共有8座微波站，分别是仪征曹山站、扬州电厂站、泰州站、兴化站、泰兴黄桥站、高邮界首站、宝应站、扬州供电局本部站。微波设备采用日本NEC设备，DMR—770型信道设备，复接设备为NEC—6000型PCM终端下话。微波站配备运行值班人员，实行24小时轮值制，并上报微波站运行状况。沪徐、利港微波电路投运后在扬州地区的话路是：①泰州至宝应10个话路，泰州端接口均为4EM型，宝应端5路FXS型，2路FXO型，3路4EM型。②泰州至兴化9个话路，泰州端接口均为4EM型，兴化端5路FXS型，2路FXC型，2路4EM型。③扬州发电厂至仪征8个话路，扬州发电厂端接口为5路FXO型，1路FXS型，2路4EM型；仪征端5路FXS型，1路FXO型，2路4EM型。④泰州至黄桥8个话路，泰州站接口均为4EM型，黄桥站5路FXS接口，3路4EM接口。⑤泰州至泰兴16个话路，其中6路为泰兴经泰州转接至黄桥站，其余10路为扬州局至泰兴局话路，泰州端接口均为4EM型，泰兴端接口为6个FXO型，5个FXS型，5个4EM型。1994年，新建扬州供电局至高邮供电局12路特高频电路（1999年撤销），泰兴供电局至靖江供电局12路特高频电路，泰州供电局至泰县供电局1路特高频电路，从此形成覆盖所辖县（市）供电局的微波、特高频通信网，改变以前单依靠载波通信的状况，为系统内行政通信、调度通信、电话会议、远动等信息的传输提供了另一种优质通道。微波通话语音清楚，能快速接通对方电话。

扬、泰两市分设后，至1998年底，扬州至宝应，沪徐微波支线，扬州经泰州至宝应；扬州至高邮，国产12路特高频；扬州至仪征，沪徐微波支线，扬州供电局经扬州发电厂至仪征；扬州至江都，38对音频电缆，与500千伏江都变电所共用；扬州至邗江，20对音频电缆；扬州市调至市区各变电所，主通道为音频电缆，备用通道为电力载波。扬州市调至各县（市）变电所均为电力载波通道。1998年9月开通500千伏江都变电所至扬州第二发电厂微波支线电路，扬州增加1条与网、省主干通信线连络通道。

江苏电力SDH微波干线电路从徐州—泰州—南京—上海，共25座微波站（其中新建2站，扬州境内高邮澄子变电所微波站是其中之一），工程设计容量为SDH1X155M，除新建站以外，原微波站进行铁塔加固及更换电源系统等改造。扬州境内新建高邮澄子微波站，铁塔高90米，1999年底建成；同年5月，对宝应站、仪征站、江都站、扬州站实施改造，更换为挪威德乐斯公司生产的SK系列电源及GMF系列大容量免维护电池，微波主设备为德国西门子公司生产的SDH数字微波设备。SDH微波干线于2000年12月28日起试运行，3个月后正式投运，是网、省调度通信主干通道。

扬州境内微波站自建站起，配备值班人员4～6人，实行24小时轮值制。扬州市调通信站点原设在扬州市区110千伏南郊变电所，1991年搬迁至电世界大厦13层楼，微波、载波及行政总机在同一层楼，微波通信值班人员4人，实行24小时轮值制，2002年改为综合性通信运行值班。2002年1月，首先对高邮市界首微波站实施无人值班改造，采用南京吉网科技有限公司产品（EP2000无人值班网络监控系统），经4个月试运行，达到设计性能指标，当年投运；至2004年，其余微波站也相继改造为无人值班。

1999年，扬州电网一点多址微波通信网建成投运，设1个中心站，位于扬州供电局电世界大厦13层楼，一个中继站（500千伏江都变电所微波站），9个外围站（扬州市区及周边变电所）。一点多址设备采用法国阿尔卡特桑达通信有限公司生产的A9800型，容量30个64kb/s全双工信道，覆盖范围为扬州供电局本部管辖的各变电所，以及仪征、江都、高邮供电局。一点多址微波增加了备用通道。至2002年，扬州供电公司中心站话路容量128路，运行31路；仪征16路，运行7路；高邮16路，运行5路；江都16路，运行4路；江都变电所16路，运行5路；双桥变电所8路，运行2路；平山变电所8路，运行4路；湾头变电所8路，运行2路；仪征真州变电所8路，运行2路；江都大桥变电所8路，运行2路。

2002年底，扬州境内共有微波站5座。微波站运行设备分别是扬州站有沪徐微波机1台、国电北电SDH微波机3台、江苏电力SDH西门子微波机2台；高邮澄子站有国电北电SDH微波机2台、江苏电力SDH西门子微波机2台；高邮界首站有沪徐微波机2台；宝应站有沪徐微波机2台、国电北电SDH微波机2台、江苏电力SDH西门子微波机2台；江都站有葛沪微波机2台、江都变电所至扬州第二发电厂微波机1台、国电北电SDH微波机2台、江苏电力SDH西门子微波机2台；仪征站有葛沪微波机2台、沪徐微波机2台、国电北电SDH微波机2台、江苏电力SDH西门子微波机2台。以上微波通信设备运行率均为100%。2002年扬州境内微波通信电路容量及使用状况见表4-9，2002年扬州电网微波通信示意如图4-1所示。

表4-9 2002年扬州境内微波通信电路容量及使用状况

电路名称	电路容量	运行使用通道数量				用 户
		调度电话	行政电话	远动通道	继电保护	
沪徐利港微波电路	90	9	48	3		省、市供电公司
一点多址微波电路	128	18	6	16		市供电公司
葛沪江都微波电路	70	13	11	10		网、省、市供电公司
江都变至扬州二电厂微波电路	90	1		1	4	华东总调
		1	7	1		省电力公司

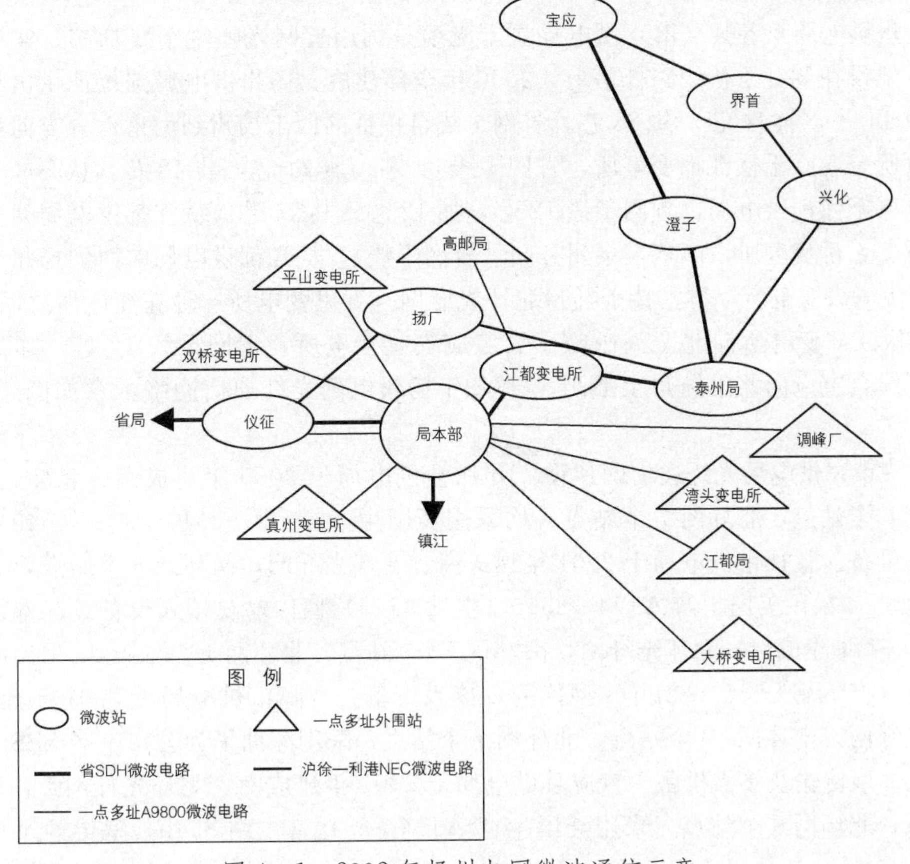

图4-1 2002年扬州电网微波通信示意

三、光纤通信

扬州地区首条光纤通信线路是220千伏陆庄变电所通信工程，1996年10月与陆庄变电所同时投运。架设非金属光缆线路从泰州经220千伏陆庄变电所至姜堰供电局，长36千米，采用日本PDH异步数字光纤通信传输设备3台，PCM接入设备3台。

1997年，架设扬州供电局本部经邗江供电局至220千伏蒋王变电所光纤线路11千米（非金属光缆），采用日本生产SMS—150A/155bit/s型全数字同步传输设备3台，N6011—PCM接入设备6台，1998年又从蒋王变电所延接到110千伏开发变电所。1998年建成扬州供电局本部至扬州发电厂光缆，长13千米。

1998年下半年，扬州城乡电网建设与改造工程开始，光纤通信列入城网改造项日。光缆敷设利用现有杆塔资源。扬州市区南环光纤网：扬州供电局本部—邗江供电局—220千伏蒋王变电所—110千伏开发变电所—220千伏横沟变电所—110千伏南郊变电所—扬州供电局本部，1999年建成并首次使用ADSS自承式光缆。南环自愈网共8个站点，传输和接入设备使用日本SMS—150A/155bit/s型、N6011—PCM型设备。扬州市区北环光纤网：扬州供电局本部—110千伏双桥变电所—110千伏文汇变电所—110千伏西湖变电所—110千伏平山变电所—110千伏琼花变电所—扬州供电局本部，1999年建成。传输及接入设备采用武汉生产GF—06/155bit/s型设备。

扬州供电局至各县（市）供电局主干光缆是利用省网光缆主干线加芯，实现一线二用，架设在220千伏线路杆塔上，2000年全部建成。扬州供电局到仪征供电局，省网干线14芯，加14芯，共28芯。省网干线自仪征向西出扬州到南京六合方向。从蒋王变电所至500千伏江都变电所，省网干线24芯，加24芯，共48芯。从500千伏江都变电所至江都供电局，省网干线12芯，加12芯，共24芯。从江都供电局到220千伏砖桥、大桥变电所，向东至泰州方向（省网干线）。从江都供电局向西到扬州东北郊110千伏湾头变电所，再支接于扬州北环光纤网（五里变电所—琼花变电所之间）。从500千伏江都变电所向北至高邮澄子、宝应安宜变电所，省网干线12芯，加24芯。省网干线自宝应向北出扬州至淮阴。2002年扬州电网光纤通信网络示意如图4-2所示。

县（市）供电局光纤通信网建设：邗江县供电局于2000年建成南、北环光纤网，南环网6个站点，北环网7个站点，均采用美国生产ATM—8510（主站8540）型传输接入设备。仪征市供电局于2001年建成南、北环光纤网，南环网6个站点，北环网10个站点，采用美国生产ATM—8510（主站8540）型传输及接入设备。江都市供电局于2001年建成南、北环光纤网，南环网12个站点，北环网15个站点，采用深圳华为公司生产SBS—155/622bit/s型传输及接入设备。高邮市供电局于2001年建成南、北环光纤网，南环网10个站点，北环网7个站点，采用深圳华为公司生产SBS—155/622bit/s型传输及接入设备。宝应县供电局于2001年建成南、北环光纤网，南环网9个站点，北环网9个站点，采用美国生产ATM—8510（主站8540）型传输及接入设备。

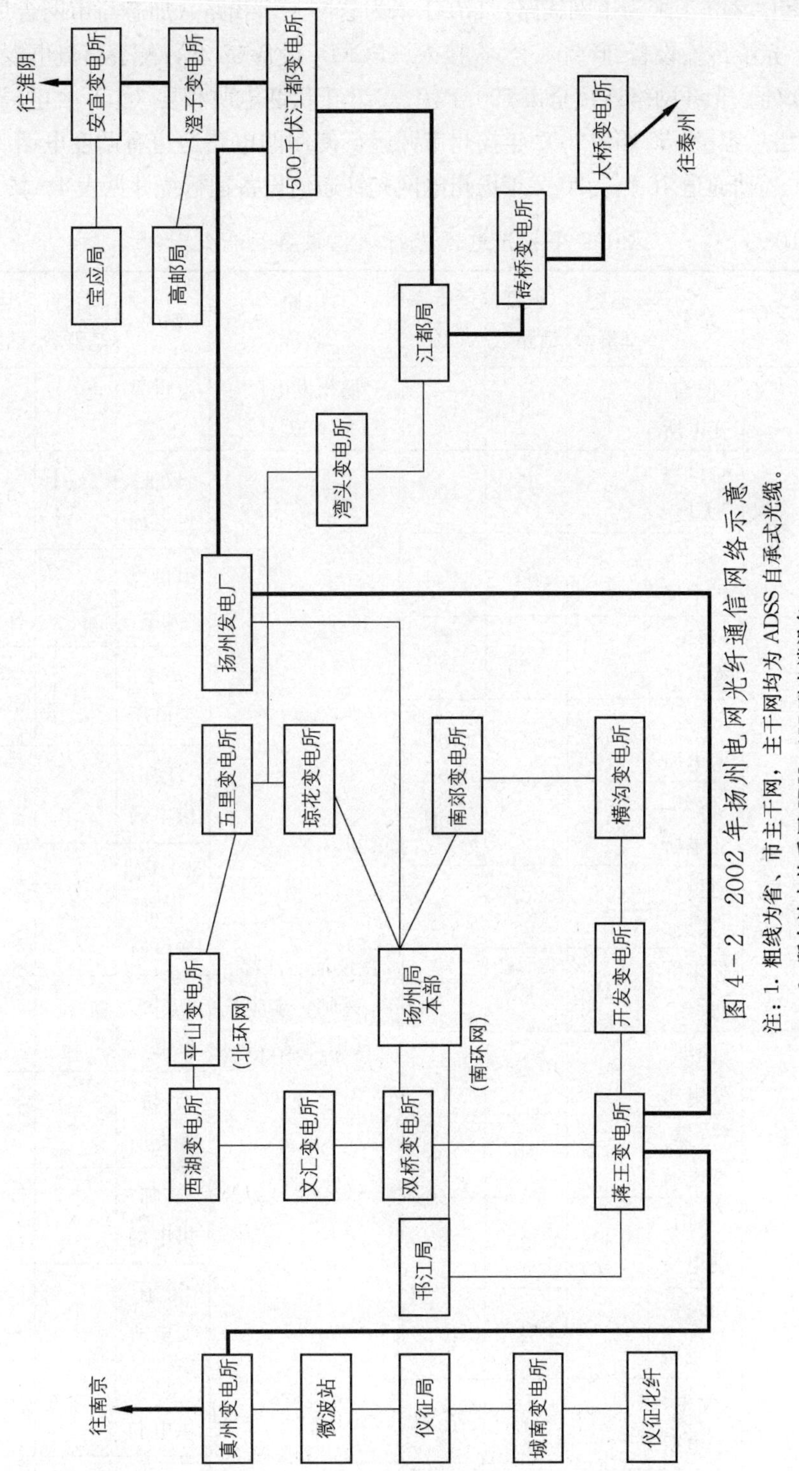

图 4-2 2002 年扬州电网光纤通信网络示意

注：1. 粗线为省、市主干网，主干网均为 ADSS 自承式光缆。

2. 所有站点均采用 SDH-155 型光端设备。

至2001年5月，扬州供电局完成城网改造配套项目中通信网络建设工程，共架设光缆410千米，其中240千米为市网线路，170千米为省网主干线路（加芯与市网合用），共建设站点28个，光缆传输设备30台（套），接入（PCM）设备36套，配套直流电源系统16套，光配线架10列。光纤网络连接全市500千伏、220千伏变电所和县（市）供电局、相关发电厂，光纤网络总容量450路。2002年扬州市调运行使用的电路通道有调度电话17路，行政电话78路，远动通道10路。2002年扬州电网光纤通信设备运行统计见表4－10。

表4－10　　2002年扬州电网光纤通信设备运行统计

电路名称	站名	运行基群数	运行话路数	运行率（%）
南环光纤（NEC）	横沟变电所	1	8	100
	电世界大厦	3	41	100
	邗江供电局	2	34	100
	蒋王变电所	2	3	100
	开发变电所	1	4	100
	南郊变电所	1	6	100
北环光纤（武邮院）	电世界大厦	1	20	100
	局本部远动	1	10	100
	西湖变电所	1	4	100
	五里变电所	1	10	100
	平山变电所	1	3	100
	双桥变电所	5	4	100
	文汇变电所	2	6	100
	琼花变电所	2	4	100
扬州发电厂（NEC）	电世界大厦	1	16	100
往仪征、江都、高邮、宝应（华为设备）	仪征供电局	1	10	100
	电世界大厦	8	48	100
	湾头变电所	1	3	100
	江都供电局	3	34	100
	500千伏江都变电所	2	5	100
	大桥变电所	1	3	100
	砖桥变电所	1	3	100
	高邮供电局	3	4	100
	澄子变电所	2	3	100
	宝应供电局	3	3	100
	安宜变电所	2	3	100

2004年，扬州供电公司到县（市）供电公司之间建成光纤环网。环网路由从北向南：宝应县供电公司24芯普通光缆—宝应供电公司新大楼24芯普通光缆—220千伏安宜变电所24芯ADSS光缆—110千伏高邮变电所24芯ADSS光缆—110千伏江都仙女变电所24芯ADSS光缆—扬州发电厂24芯ADSS光缆—110千伏平山变电所24芯ADSS光缆—110千伏文汇变电所24芯普通光缆—扬州供电公司本部。西至仪征方向，从蒋王变电所出线，110千伏蒋仪线架24芯ADSS光缆至仪征变电所，再到真州变电所，与原干线电路形成环网。扬州市农村电力信息网于2004年建成，共投资2469万元（省电力公司批准概算），实现与各乡镇供电所连网。

四、电话交换网

行政电话交换网 1991年，扬州供电局使用700线SSU—12型上海贝尔公司生产的数字程控交换机，系统内部调度电话、行政电话均自动接续，邮电局公众通信网向系统内通信网拨打电话，仍需供电局总机话务员人工接续。至1995年，所辖邗江、江都、姜堰、泰兴、靖江、高邮供电局相继更换H20—20数字程控交换机，宝应、仪征、兴化供电局使用SOPHO程控交换机。

扬州供电局与邗江供电局以及周边变电所的行政通信，1991年后主要依靠电缆线连接。扬州供电局至500千伏江都变电所38对通信电缆，至扬州发电厂30对电缆，至110千伏南郊变电所30对、50对电缆共2条，至邗江供电局20对电缆，至220千伏蒋王变电所38对电缆，至110千伏平山、五里变电所20对电缆，至110千伏双桥变电所50对电缆。1999年建成扬州市区南、北光纤环网，通信电缆逐步退出使用。

1998年扬州供电局更新交换机，使用美国生产的哈里斯LH20—20型全数字程控交换机，原SSU—12贝尔交换机作为扬州供电局本部职工家庭、机关科室、电世界大厦专用电话。哈里斯全数字程控交换机具有来电显示号码、呼叫转移、接听转移、代接电话、定时闹钟、电话追踪等功能，电话呼通率提高，故障减少，是所辖邗江、江都、仪征、高邮供电局的行政电话汇接中心；并装有2M接口，通过扬州至泰州微波支线，与泰州新建的HARRIS—LX哈里斯数字程控交换机相连接，转接宝应县供电局。

2000年扬州供电局共有8台数字程控交换机，即局本部H—2020L、SSU—12型交换机各1台，5个县（市）供电局各1台，500千伏江都变电所1台。组网及使用通道的状况：至江苏省电力公司，微波电路，2M数字中继，与泰州供电局合用，微波电路，2线环路方式，6条；至扬州电信局，音频电缆，2线环路方式，33条；至宝应供电局，微波电路，2线环路方式，6条；至高邮供电局，一点多址微波电路，2线环路方式，3条；至江都供电局，SDH光缆电路，2M数字中继方式；至邗江供电局，SDH光缆，2M数字中继方式；至仪征供电局，一点多址微波电路，2线环路方式，4条；至500千伏江都变电所，SDH光缆电路，2线环路方式，4条；至扬州供电局本部职工家属区和电世界大厦，音频电缆，2线环路方式，40条。

2002年，扬州供电公司本部使用2台程控交换机：哈里斯H20—20LH型交换机，容量1344线，其中普通用户524户，中继用户104户，E/M中继用户32个，2M中继接口7个，数字用户8户；贝尔SSU—12程控交换机，容量700线，其中普通用户355户，中继用户 35 户。与县（市）供电公司程控交换机全部为 2M 接口连接。与扬州电信公司大用户分局交换机连接，系统内部网与公众电信网之间全自动拨打呼叫。

调度电话交换网 扬州供电局电力调度电话为独立系统，1991 年调度总机 100 门，500 千伏江都变电所调度总机 40 门，蒋王变电所调度总机 20 门，对各县（市）供电局调度（不含邗江县调）按一主一备配备载波电路，其中一路与行政总机组网，构成行政话路。1994 年与行政总机断开，一主一备载波电路全部为调度专用电路。1995 年初，扬州电网调度专用哈里斯 H20—20 数字交换机投入运行，新、旧调度交换机割接后，微波电路用户和电缆电路用户均使用 4 位编号，互相之间可拨号呼叫。1998 年，扬州供电局更新行政交换机后，采用行政、调度合一的总机系统（H20—20LH），调度席位采用数字话机代替方式，直至 2002 年。

五、其他通信方式

无线电话机 扬州供电局于 1980 年开始使用无线电话机（对讲机），主要用于线路施工，有主机和属机之分，主机 1 台，属机 3～5 台，功率一般为 2.5 瓦左右，后使用范围逐渐扩大。1984 年，兴化供电局首先组建无线电通信网，主机设在县供电局调度室，发射功率为 25 瓦，下属 13 个变电所均使用 JDD—801 型属机，工作频率为 150MHz，发射功率 20 瓦，使用天线高度为 12 米，主要是用于县调与农村变电所之间调度通信联系。各县供电局调度无线电通信建设由此推广普及，县境内用户变电所也申请加入网络。1987 年后，有条件的县（市）供电局农村供电所也开始使用无线电话机。1992 年，泰州市供电局首先组建用电无线电通信网，设主台 1 个，属台 10 个。1998 年以后，除线路施工等特殊场所以外，无线电话逐步停止使用。

使用无线电话机必须向江苏省电力工业局无线电管理委员会申请，由其批准无线电设备使用频率、功率，然后由扬州市无线电管理委员会办理批准购买和使用手续。无线电设备报废或变更，同样必须申报，待批准后到发证机关办理注销手续，无线电设备集中监毁。1998 年 7 月，扬州供电局一次报废 60 台无线电话机。扬州市、县两级供电局均设有无线通信站，负责无线电设备的管理。

集群移动通信系统 1997 年，扬州供电局组建 800MHz 集群移动通信网，基站共运行 5 个信道，有车载台 27 部，移动话机 105 只。至 2002 年，车载台 30 台，移动话机 39 台。

第六节 调度自动化

扬州电网调度自动化系统建设起步较早。1987 年被列为全国首批 20 家地（市）调自动化系统实施单位，1992 年通过实用化达标验收，列全省市级供电局第 2 家。其后对系统进行局部升级改造，于 1995 年和 1997 年 2 次通过省电力局实用化复查验收。期间获省电力局 1995 年度自动化远动专业劳动竞赛第一名、华东电网调度自动化 1997 年优胜单位、1997 年全省自动化远动专业劳动竞赛一等奖。1999 年再次对系统进行升级改造，当年通过省调复查验收。2003 年搬迁至新大楼，原设备更新。

县（市）调度自动化系统建设略迟于市调，其中邗江县供电局最早建成，于 1993 年通过省电力局实用化验收。其后相继建成并通过验收的有泰兴、江都、仪征、姜堰、兴化、泰州、高邮、靖江、宝应县供电局，至 1996 年，全地区 10 个县（市）供电局调度自动化系统全部通过省电力局组织的实用化验收。至 2002 年，所辖江都、仪征、高邮、宝应 4 个县（市）调度自动化系统全部进行了系统升级改造。

一、市调自动化系统

扬州电网远动装置始于 1977 年。1987 年，扬州被列为全国首批 20 家地（市）调自动化系统实施单位之一，1987 年 3 月与南京自动化设备厂签订合作共建协议，1989 年 6 月完成主机安装，系统投入试运行，1991 年通过省、部级调度自动化系统实用化验收，7 月 15 日开始实用化试运行，1992 年 9 月 9 日通过实用化达标验收。继南京供电局之后，扬州供电局列全省第二家调度自动化系统达标单位。

调度自动化系统主要技术指标：主机可用率达到 99%以上。扬州电网布局 17 个信息测量点，采集到调度端的遥测量 448 个，遥信量 316 个。收集全市 13 条 220 千伏联络线、6 条 110 千伏联络线实时工况信息，基本掌握电网运行工况。全部完成地区负荷总加，完成率 100%。11 个县（市）调度（包括扬州市区供电所）负荷，完成 9 个，计划用电负荷值可人工输入，进行实时比较。全市 2 个电厂、7 个 220 千伏变电所，全部完成实时信息的收集，包括有功、无功、电压，基本掌握这些厂、站的电气运行工况。具有对电网事故、异常的报警功能，准确反应并进行打印输出。具有事故顺序记录功能，模拟试验以及期间发生的 2 次事故，都准确无误记录。系统可带 2 台打印机（132 行/24 针），一台专作日常报表打印，可进行各条线路电压、有功、无功的一小时整点打印（9 张报表），整点信息保存 48 小时，调度日报表月合格率大于 90%。电网调度人员可以通过屏幕显示，及时了解扬州各县（市）用电负荷和电网的潮流分布状况，掌握扬州发电厂、仪征化纤热电厂机组出力，以及 220 千伏、110 千伏变电所变压器、线路有功、无功、电流值、开关的分合状态，并能够及时发现电网的异常和事故情况。

1993 年，将计算机 INTEL386、486 组成 1 个单 NOVEL 网，将系统的主要功能转移到此网上。网上计算机主频 33M，硬盘为 240M、512M，内存为 4M，基本满足实时数据处理要求；原系统置于备用状态。1994 年，原系统使用年限已满（1987～1994 年），主设备已发生多项损坏，在原 NOVEL 网基础上再建 1 个网，双网并列，互为备用；先后开通了局长工作站和总工程师室、生技科、用电科、计划科、调度运行方式组等工作站；1995 年下半年，又开通至扬州市经委工作站，便于政府部门了解电网实时用电负荷等。系统数据采集采用 INTELDX/66 工控机，接收容量增至 40 个，服务器采用 DELPCX/560 型。至此，系统形成双网络运行，能接收扬州市所有 220 千伏及以上变电所、部分 110 千伏变电所和 11 个县（市）调度（包括扬州市区供电所）提供的电网主要数据，为调度人员控制负荷、监视电网运行潮流、监视电压、掌握变电所实时运行方式提供了极大方便。1995 年编制《扬州供电局“九五”调度自动化规划》。1995 年和 1997 年通过省电力局调度自动化系统实用化复查。

1999年，采用南瑞集团电网控制公司OPEN—2000EMS电能量管理系统，对主站系统升级改造，当年5月投运，与原YJD—200系统并列运行，12月底通过省调组织的系统实用化复查。系统软件配置采用UNIX操作系统，配以SYBASE大型商用数据库，使用C++编程工具语言，组成开放式软件平台；硬件选用美国Digital公司64位高性能计算机。系统接入4座发电厂、1座500千伏变电所（2个口）、7座220千伏变电所、10座110千伏变电所（其中7座是市区无人值班变电所）RTU（电站端设备），5个县（市）调度自动化系统转发的27个厂站2397个遥信量、2248个遥测量、276个遥控量、256个电度量。

2001年5月，OPEN—2000开放式能量管理系统应用软件进入实用化考核，10月底考核期满。2002年1月初，省调组织南通、苏州、常州、连云港市调专业人员对系统及网络拓扑、状态估计、调度员潮流、负荷统计4项应用软件功能进行核查测试，达到验收细则要求，通过实用化验收。至2002年底，扬州电网调度自动化系统直收厂、站的远动设备41套，县（市）调转发系统5套，计46套，采集52个厂、站的运行实时信息：遥测量4712个，遥信量7498个，遥控量971个。

二、厂站端设备

扬州电网的远动设备，1977年前是机电混合结构，以机械结点和电子元件构成，工作原理为机械结点对线同步扫描方式，典型设备是SF—58型，动作慢，传输容量小，精确度底，噪声大，模拟数据传输。1977～1983年，远动设备以分列电子元件构成（晶体管、电阻、电容等），典型设备为上海华通开关厂的YZM—2型（分时脉冲制）、南京自动化设备厂的SZY—3型，传输容量增加，通过电力线载波及微波的音频通道，传输距离不受限制，特别是SZY—3，在数据传输理念上有突破，实现了数据编码调制传输技术，接近于自动化数据传输方式，使远动设备在电网调度运行上具有实用意义。设备为分列元件组成，较为庞大、复杂（SZY—3由2万多只晶体管组成），国产元件质量较差，可靠性不高，运行维护量大。

1986年，远动设备有了小规模IC（PMOS芯片）为主的配置，如上海普江电表厂的JSC—3型等，进入了集成电路年代。这种远动设备担负着电网运行实时功率总加的重要任务，对保证电网安全运行起到了重要作用。这时期的远动设备都是分列的，有一个电站端就有一个调度端与之对应，相互之间独立运行，数据资源不能共享，所以不成为系统。

1987年后，调度端与电站端设备完全分开。电站端设备称为远方终端数据单元（RTU）。1992年9月初，扬州电网调度自动化系统通过省调组织的实用化达标验收。系统调度端设备配置为4台美国产INTEL86—310/3A型16位工业计算机，构成双前置、双后台自动化系统。前置机2台，主频为4.7M，硬盘容量为40M，内存为640K，使用IMX86实时操作系统和PLM编程语言，可接收处理64个厂站的实时数据；后台机2台和另1台外设硬件自动切换装置，主要负责实时数据分类和规格化处理，以及外设的管理。外设主要由3台长岛智能监视器和2台打印机组成，构成2个调度员控制席和1个系统管理员席，打印输出为召唤报表打印和实时事件打印。厂、站端设备的配置主要有南京自动化设备厂生产的SZY—5型，以及江苏无线电厂MWY—II型。因为资金不足，扬州供电局调度所远动组自出图纸，加工空屏，组装电站端设备和变送器屏，1990底完成全部关口变电所远动装置安装和调试，保证了与主系统同步投运。

1996 年以后，结合无人值班变电所改造和基建、大修工程，对 500 千伏江都变电所，220 千伏真州、澄子、砖桥、蒋王变电所，110 千伏五里、平山、湾头、双桥变电所及扬州发电厂、站端设备进行更新改造。

1999 年对系统升级改造，采用南京电力自动化研究院电网所 OPEN—2000 型系统。系统由 2 台 ALPHA/500au 工作站及 8 台终端服务器及 MODEM 和切换板构成前置系统，由 2 台 ALPHA/4100 服务器和 1 台 54GB 磁盘阵列构成文件服务器系统。前置部分采用 10MB 网与终端服务器连接，采用 100MB 网与后台连接。主要用户、无人值班监控中心、远动维护、运方、PAS 应用等使用 ALPIIA/500au 工作站，其他用户通过 MIS 网浏览器进行连接。系统通过前置机系统转发省局、县（市）局及负荷控制系统。厂、站终端设备主要有 DFY—2000、N4F、BJ—2、GR90 等。远动主通道由微波、一点多址微波、光缆构成，备用通道由电缆、载波构成。至 2002 年，扬州电网调度自动化系统主站端仍使用 0PEN—2000 型设备。2002 年扬州电网调度自动化系统厂、站端设备见表 4 - 11。

表 4 - 11　　2002 年扬州电网调度自动化系统厂、站端设备统计

序　号	厂站名称	设备型号	序　号	厂站名称	设备型号
1	江都变电所 1	GR—90	24	文汇变电所	CSM—300C
2	江都变电所 2	GR—90	25	汉河变电所	ECS—2000
3	蒋王变电所	N4F	26	施井变电所	NCS—9000
4	横沟变电所	DR—2000	27	方巷变电所	DEP—1000
5	砖桥变电所	N4F	28	施桥变电所	C—9302
6	大桥变电所	N4F	29	杭集变电所	DEP—1000
7	澄子变电所	DFY—2000	30	沙头变电所	SJ—2000
8	真州变电所	N4F	31	杨寿变电所	ECS—4000
9	安宜变电所	DFY—2000	32	槐泗变电所 1	C—9302
10	扬州发电厂	N4F	33	槐泗变电所 2	C—9302
11	仪化热电厂	MWY—C02	34	贾桥变电所	DEP—1000
12	江都调峰电厂	DFY—2000	35	杨庙变电所	DEP—1000
13	威亨热电厂	FZY	36	公道变电所	DEP—1000
14	五里变电所 1	DFY—2000	37	瓜洲变电所	DEP—1000
15	五里变电所 2	DEP—4000	38	八里变电所	C—9302
16	湾头变电所	DFY—2000	39	红桥变电所	ECS—2000
17	南郊变电所	DFY—2000	40	北洲变电所	DEP—1000
18	开发变电所	BJ—2	41	二桥变电所	DEP—1000
19	双桥变电所 1	DFY—2000	42	仪征转发	WNT—8000
20	双桥变电所 2	DEP—4000	43	高邮转发	FJ—95NT
21	平山变电所	DFY—2000	44	宝应转发	SE—900
22	琼花变电所	BJ—2	45	邗江转发	NT—2000
23	西湖变电所	NSPRO	46	江都转发	SE—900

注　主站和厂、站端设备运行可用率均为 100%。

三、县（市）调自动化系统

县（市）调度自动化系统，邗江县供电局投运最早。1987年，邗江县供电局与南京自动化研究所签订联合共建调度自动化系统协议书。1989年7月，完成系统的安装调试。1990年4月系统投入试运行。1993年3月进入实用化试运行考核期，同年10月通过省电力局实用化验收。RTU（终端）采用DD—93型设备，全县2座110千伏变电所、8座35千伏变电所至1995年全部具备遥测、遥信、遥控、遥调功能。

继邗江县供电局之后，其他县（市）供电局通过实用化验收的日期：泰兴市供电局，使用YJD—100系统，1993年7月进入实用化考核，1994年通过实用化验收；江都市供电局，使用GJK—300系统，1993年8月进入实用化考核，1994年通过实用化验收；仪征市供电局，使用上海继电器厂GJK—300系统，1994年12月进入实用化考核，1995年6月通过实用化验收；姜堰供电局，1995年5月进入实用化考核，当年11月通过实用化验收；兴化市供电局，1995年5月 进入实用化考核，当年11月通过实用化验收；泰州市供电局，1995年5月进入实用化考核，当年11月通过实用化验收；高邮市供电局，1995年5月进入实用化考核，当年11月通过实用化验收；靖江市供电局，使用SWJ—700双机系统，1996年1月进入实用化考核，当年9月通过实用化验收；宝应县供电局，1996年5月进入实用化考核，当年11月底通过实用化验收。至此10个县（市）供电局调度自动化系统全部通过省电力局组织的实用化验收。

1996年后，市调每2年1次对县（市）调度自动化系统进行实用化复查。针对性更换部分设备，逐步完善化。

四、配网自动化系统

1994年9月，扬州供电局与中国科理集团北京胜达公司合作开发配电管理信息系统。采用中文版地理信息系统NEC MAPVIEW Ⅱ平台，EWS4800工作站，UNIX SVR4操作系统，通过数字化录入1∶500城区地理图及配电设备资料数据，将地形图与配电网架空线、变压器、断路器、电杆、电缆等设备合成进行计算机管理，可完成负荷测量、统计、停、送电管理、施工设计等。配电管理信息系统留有接口，可与调度实时系统连接。1996年6月，配电管理信息系统通过省电力局组织的评审，正式投入运行。1997年9月，扬州供电局在省电力局召开的全省配网工作会议上介绍配网地理信息系统。1997年10月，用电管理科刘忠、彭继仁撰写的论文《配网管理信息系统》获全国电力企业现代化优秀成果二等奖。1998年，配电管理信息系统与扬州供电局用电管理信息系统连接。

扬州市区配网调度自动化工程于1999年开始，当年7月与扬州华源电气公司签订合作开发协议，历时9个月，完成一期工程。2001年9月，系统进入试运行。2002年4月通过省电力局城市配网自动化系统实用化验收。配网自动化系统一期工程共有6条10千伏线路（春兰线，四季线，新城线，迎新线，开发1、2号线）以及1座开闭所。系统分为主站、子站、终端设备（线路FTU，配电变压器综合监测仪TTU，自动抄表终端MTU）3个层次，以及通信传输网。主站是配电调度自动化系统的控制与管理中心，设在扬州供电公司电力营销部（原市区供电所）所属市区配电网调度室，配置2台IBM7000服务器、1台IBM5500服务器、2台ADVANTEC工控机。主站集配电自动化系统、负荷管理系统、GIS系统（地理信息系统）等多个子系统为一体，软件系统建立在GIS平台上，2002年共录入城区134条10千伏线路、7965基杆塔、649条电缆、1262台配电变压器、358台断路器、20个环网柜、10个开闭所、10个变电所，以及部份分支箱、高压用户接户点。作为人机交互窗口，系统具有图形显示、数据采集、故障判断、隔离与恢复功能，并具备拓扑分析、状态估计、潮流计算、短路电流计算等应用功能，通过操作后台工作站，可实时监控配电网络的运行工况。子站位于110千伏双桥变电所，配置2台ADVANTEC工控机，是主站与终端设备之间信息传输、转发、处理的中间环节。终端设备一期工程10千伏线路采用ABB公司NXB型负荷开关，配网自动化设备为XK—100型计23台；开闭所采用施耐德公司SM6型负荷开关，采用HK—100型环网柜监控单元一套；在公用变压器上安装JKWF—9C型综合测量仪计63台。

第五章　用　　电

第五章　用　　电

扬州供电局1974年成立用电管理科。1991年用电管理科承担扬州市用电计划、业务、计量、监督、电费、电价、社会电工培训、配电网管理等工作。各县（市）供电局设用电股，负责本县（市）用电管理。1999年底撤销用电管理科，与扬州市区供电所合并，2000年初成立电力营销部，各县（市）供电局也相应成立电力营销部，用电管理职能由行政管理向经营管理转变。营销体制改革后，实现统一机构设置、统一工作标准、统一管理制度。

“八五”计划期间（1991～1995年），扬州市工农业生产发展迅速，全市社会用电量年平均递增为12.17%，高于全省平均水平；电力供应实行按计划分配，在统配计划不能满足社会用电、供需矛盾突出的情况下，市、县两级政府鼓励多家办电，多渠道筹资建小电厂，弥补电力缺口。“九五”计划时期，扬州市社会用电量年平均递增率为3.36%，低于“八五”计划期间，也低于全省平均水平，电力供大于求是因为工业用电量下降。这一时期国家出台一系列重大决策：加快电网建设，改变电网建设滞后于电源建设的局面，建设投资以国家投资为主，地方投资为辅，取消制约用电的有关规定，实施“两改一同价”（农村电网改造，农电管理体制改革，城乡用电同网同价），电力供应的方式由计划分配形式逐步向市场化过渡。在实施这些重大决策的同时，供电企业通过不断深入开展供用电优质服务，营造良好的社会用电环境，促使全市社会用电量在“九五”期末后稳定上升。

第一节　用　电　水　平

用电水平以电量和负荷来衡量，反映本地区经济发展状况。1991年扬州市社会用电量42.45亿千瓦·时，居全省11个市第5位。1995年为68.03亿千瓦·时，仍居全省第5位。1996年底扬、泰两市分设。1997年扬州市社会用电量41.35亿千瓦·时，居全省13个市第7位。2002年扬州市社会用电量54.15亿千瓦·时，居全省13个市第8位。

一、电量与负荷

“八五”计划时期（1991～1995年），扬州市社会用电量年平均递增率为12.17%，高于全省平均水平。1995年扬州市社会用电量68.03亿千瓦·时，比1990年增长77.5%；全市共有电力用户406 663户，比1990年增166 004户，增长68.98%；全市用户装机容量481.54万千瓦，比1990年增加170.04万千瓦，增长54.59 %；全市最高负荷106.01万千瓦，比1990年增加43.13万千瓦，年平均递增10.97%；全市人均用电量724.63千瓦·时，比1990年增加310千瓦·时，增长74.7%；全市城乡居民生活用电量人均为128千瓦·时，是1990年的3.2倍。全市城乡居民生活用电量占总用电量的比例，1995年为17.7%，比1990年的12.9%上升4.8个百分点。

扬州市1991年电力需求量约36.4亿千瓦·时，省电力局下达统配电量为29.12亿千瓦·时，缺口约20%。扬州市采取电力“开源”与“节流”并重的措施应对缺电。“开源”即增加供给，在统配电量不够用情况下，政府部门组织采购煤、油换取发电厂加工电量（1992、1993年委托仪征化纤热电厂加工电量3.9、3.57亿千瓦·时）；鼓励多家办电，鼓励地方电厂、企业自备电厂在用电高峰期满发、上网；“节流”即节约用电，大力推广应用节电技术，其中以降低工业产品耗电为主要节电措施。扬州市三电办公室每年编制各县（市）用电计划，经扬州供电局审核，报扬州市经济委员会批准后下达各县（市）。各县（市）采取多种措施调节用电负荷，实行计划用电。扬州市从1991年开始推行峰、谷电价，凡月用电量10万千瓦·时以上用户（占工业用电量70%）均实行峰、谷电价，价差约3∶1，鼓励工厂多用深夜谷期电，尽量避开用电高峰期，调节用电负荷。

“九五”计划时期（1996～2000年），扬州市社会用电量年平均递增率为3.36%，低于全省平均水平。1996年开始扬州市受地方工业结构调整影响，工业用电量下降。1996年4季度统计扬州市亏损企业共562家，开工不足企业约为40%。1996年底扬、泰两市分设。1997年扬州市全社会用电量41.35亿千瓦·时，1998年为39.96亿千瓦·时，出现供售电量负增长。1998年3月，电力工业部发出《关于停止执行若干限制用电规定的通知》，同年9月国务院颁发《国务院批转国家经贸委、国家计委关于停止执行买用电权等有关规定意见的通知》，要求停止执行买用电权的规定，停止执行控制非生产用电的规定，停止执行超计划指标用电加价收费的规定。扬州供电局以开拓电力市场、增供促销为目的，对外开展供、用电优质服务，对内深化企业内部管理，废除制约用电的有关规定，整顿规范电费、电价，努力改善用电环境，促进供、用电量的增长。

1999年下半年起，扬州市扭转供售电量负增长的局面，社会用电量呈现恢复性增长。这一时期，扬州市大规模的城乡电网改造对促进社会用电量增长起到了关键作用。由于电网设施改善，电网投资发生变化（国家投资为主，地方投资为辅），电价逐步规范统一，城乡用电户及装接容量与以往相比大幅度上升。2001年扬州市全社会用电量49.76亿千瓦·时，比上年增长9%，用电需求大于网供电量，再次出现电力供不应求，夏季用电高峰期电力缺口最大为20万千瓦。2002年扬州市最高用电负荷98.12万千瓦，全社会用电量54.15亿千瓦·时，比上年增长8%，居全省13个市第8位。1991～2002年扬州市用电量与最高负荷统计见表5-1，1991～2002年扬州市供电企业售电量、最高负荷统计见表5-2。

表 5-1　　1991～2002 年扬州市用电量与最高负荷统计

年　份	最高负荷（万千瓦）	年末人口（万人）	供电企业售电量（亿千瓦·时）	全社会用电量（亿千瓦·时）		年人均用电量（千瓦·时/人）
				全社会	其中生活	
1991	67.20	929.26	34.93	42.45	4.22	456.83
1992	75.14	931.13	39.90	48.74	4.99	523.50
1993	81.70	933.89	44.05	53.84	6.16	576.50
1994	92.69	936.96	49.98	60.93	9.17	650.25
1995	106.01	938.81	55.36	68.03	12.05	724.63
1996	70.69	444.87	30.21	40.95	6.59	772.49
1997	74.51	446.14	30.24	41.35	5.92	926.92
1998	77.50	446.59	29.00	39.96	6.0	894.87
1999	81.36	447.39	29.93	42.00	6.26	938.80
2000	75.27	450.62	32.28	45.48	7.21	1009.31
2001	89.62	451.59	35.66	49.76	7.57	1101.97
2002	98.12	452.22	37.22	54.15	7.57	1197.40

注　1996 年及以后统计不包括泰州市。

二、用电结构

1991～2002 年全社会用电量统计，行业分类根据 GB/T 4754—84《国民经济行业分类和代码》的规定，分为农林牧渔水利业、工业、地质普查和勘探业、建筑业、交通运输邮电通讯业、商业公共饮食业物资供销和仓储业、其他事业、城乡居民生活共八大类。

农、林、牧、渔、水利业　农、林、牧、渔、水利业用电中，以农业用电为主，用电量增减与气候、种植结构、面积及机械化程度等相关。1991 年，农、林、牧、渔、水利业用电量为 8.17 亿千瓦·时，占全社会总用电量的 19.25%，其中农业排灌用电为 4.32 亿千瓦·时。1995 年，农、林、牧、渔、水利业用电量 9.26 亿千瓦·时，占全社会总用电量的 13.61%，其中排灌用电为 4.03 亿千瓦·时。扬州市 2000 年实行一县一价后，农村综合变压器损耗不再计入农业用电。2001 年后，农村低压线损不再计入农业用电。2002 年，农、林、牧、渔、水利业用电 4.19 亿千瓦·时，占全社会用电总量的 7.74%，其中排灌用电量为 3 亿千瓦·时。“八五”计划期间，扬州市农、林、牧、渔、水利业用电年平均递增率为 5.71%。“九五”计划期间，扬州市年平均递增率为 0.81%。

表 5－2　1991～2002 年扬州市供电企业售电量、最高负荷统计

名称	1991 年		1992 年		1993 年		1994 年		1995 年		1996 年	
	最高负荷（万千瓦）	售电量（亿千瓦·时）	最高负荷（万千瓦）	售电量（亿千瓦·时）	最高负荷（万千瓦）	售电量（亿千瓦·时）	最高负荷（万千瓦）	售电量（亿千瓦·时）	最高负荷（万千瓦）	售电量（亿千瓦·时）	最高负荷（万千瓦）	售电量（亿千瓦·时）
扬州供电局	67.20	34.93	75.14	39.90	81.70	44.05	92.69	49.98	106.01	55.36	70.69	30.21
一、部属	—	28.10	—	32.35	—	35.55	—	40.64	—	44.90	—	23.57
市区供电所	7.86	4.93	8.99	5.60	11.00	6.53	11.88	7.28	13.85	8.31	15.62	9.06
泰州供电局	6.43	3.79	7.16	4.26	8.36	4.72	8.56	5.29	9.98	5.56	—	—
江都供电局	8.17	4.15	9.31	4.65	9.91	5.25	10.90	5.74	12.37	6.14	12.44	6.15
姜堰供电局	4.71	2.35	5.51	2.67	5.87	3.00	7.01	3.49	7.96	3.97	—	—
泰兴供电局	8.52	3.72	9.63	4.45	10.73	5.11	11.66	5.92	12.34	6.55	—	—
靖江供电局	6.94	3.78	7.52	4.31	8.36	4.85	10.03	5.24	11.75	5.70	—	—
仪征供电局	4.70	2.42	5.45	2.81	5.90	2.90	7.45	3.44	7.81	3.68	7.60	3.45
邗江供电局	4.39	1.99	5.54	2.18	5.08	2.38	5.70	2.89	6.30	3.32	7.37	3.63
提水站	4.60	0.97	4.70	1.43	4.50	0.83	4.60	1.35	4.70	1.67	—	1.28
二、省属	—	6.83	—	7.56	—	8.49	—	9.34	—	10.46	—	6.64
兴化供电局	6.55	2.83	6.93	3.15	6.86	3.53	7.46	3.88	8.62	4.34	—	—
高邮供电局	4.40	2.09	3.80	2.27	4.30	2.52	5.10	2.77	5.85	3.07	6.65	3.29
宝应供电局	3.64	1.91	4.00	2.14	4.50	2.44	5.18	2.68	5.60	3.05	7.10	3.35

名称	1997 年		1998 年		1999 年		2000 年		2001 年		2002 年	
	最高负荷（万千瓦）	售电量（亿千瓦·时）	最高负荷（万千瓦）	售电量（亿千瓦·时）	最高负荷（万千瓦）	售电量（亿千瓦·时）	最高负荷（万千瓦）	售电量（亿千瓦·时）	最高负荷（万千瓦）	售电量（亿千瓦·时）	最高负荷（万千瓦）	售电量（亿千瓦·时）
扬州供电局	74.51	30.24	77.50	29.00	81.36	29.93	75.27	32.28	89.62	35.66	98.12	37.22
一、部属	—	23.60	—	22.42	—	23.47	—	25.69	—	28.58	—	30.13
市区供电所	17.05	9.12	17.44	9.02	18.60	8.52	20.91	10.09	24.37	11.02	37.24	17.12
江都供电局	13.19	6.20	13.54	6.05	13.60	6.22	15.57	6.76	16.44	6.92	18.70	7.07
仪征供电局	8.23	3.32	6.93	3.20	7.51	3.12	6.76	3.34	9.1	3.89	10.66	4.16
邗江供电局	8.50	3.83	8.26	3.86	8.60	4.00	11.18	4.50	10.34	4.53	—	—
提水站	—	1.13	—	0.28	—	1.60	—	1.02	—	1.74	—	—
二、省属	—	6.65	—	6.58	—	6.46	—	6.59	—	7.08	—	7.08
高邮供电局	6.90	3.35	6.80	3.26	7.35	3.26	7.08	3.51	8.2	3.89	9.5	4.02
宝应供电局	7.08	3.30	7.18	3.32	7.44	3.20	7.10	3.08	7.24	3.19	7.98	3.06

注　1. 1996 年及以后统计中不包括泰州市。

2. 江都提水站一栏，是用电负荷和用电量。

3. 市区供电所一栏，2000 年改制为电力营销部，2002 年统计中包括邗江区。

工业　扬州市社会总用电量中，工业用电列首位，占总用电量的60%以上。工业用电分为轻工业用电和重工业用电两大类。工业用电的增减变化与扬州经济发展状况密切相关。1991年，扬州市工业用电量28.41亿千瓦·时（轻工业用电13.17亿千瓦·时，重工业用电15.24亿千瓦·时），占扬州社会总用电量的66.93%。其中乡村工业用电量5.18亿千瓦·时，占工业用电量的18.23%。1995年，扬州市工业用电量43.07亿千瓦·时（轻工业用电19.45亿千瓦·时，重工业用电23.63亿千瓦·时），占扬州社会总用电量的63.32%，其中乡村工业用电量8.29亿千瓦·时，占工业用电量的19.25%。2000年，扬州市工业用电量29.99亿千瓦·时（轻工业用电15.73亿千瓦·时，重工业用电14.26亿千瓦·时），占扬州社会总用电量的65.94%。其中乡村工业用电量3.54亿千瓦·时，占工业用电量的11.81%。2002年，扬州市工业用电量37.93亿千瓦·时（轻工业用电19.40亿千瓦·时，重工业用电18.53亿千瓦·时），占扬州社会总用电量的70.05%。其中乡村工业用电量4.89亿千瓦·时，占工业用电量的12.9%。"八五"计划期间扬州工业用电量年平均递增率为10.50%。"九五"计划期间年平均递增率为3.28%。

地质普查和勘探业　地质普查和勘探业在扬州市社会用电中占比例极小。1991年用电量仅为0.013亿千瓦·时，占扬州社会总用电量的0.03%。2002年用电量为0.074亿千瓦·时，占扬州社会总用电量的0.14%。

建筑业　1991年扬州建筑业用电量为0.102亿千瓦·时，占扬州市社会总用电量的0.24%。2002年用电量为0.35亿千瓦·时，占扬州市社会总用电量的0.65%。

交通运输和邮电通信业　1991年交通运输和邮电通信业用电量为0.287亿千瓦·时，占扬州市社会总用电量的0.67%。2002年用电量为0.61亿千瓦·时，占扬州市社会总用电量的1.13%。

商业、公共饮食业、物资供销和仓储业　1991年商业、公共饮食业、物资供销和仓储业用电量为0.49亿千瓦·时，占扬州市社会总用电量的1.15%。2002年用电量为1.35亿千瓦·时，占扬州市社会总用电量的2.49%。

其他事业　1991年其他事业用电量为0.75亿千瓦·时，占扬州市社会总用电量的1.78%。2002年用电量为2.08亿千瓦·时，占扬州市社会总用电量的3.83%。

城乡居民生活用电　1991年城乡居民生活用电量为4.22亿千瓦·时（乡村2.01亿千瓦·时，城市2.21亿千瓦·时），占扬州市社会总用电量的9.95%。1995年城乡居民生活用电量为12.05亿千瓦·时（乡村6.18亿千瓦·时，城市5.87亿千瓦·时），占扬州市社会总用电量的17.72%。"八五"计划期间扬州市城乡居民生活用电量年平均递增率为26.93%。2000年城乡居民生活用电量为7.21亿千瓦·时（乡村3.77亿千瓦·时，城市3.44亿千瓦·时），占扬州市社会总用电量的15.85%。"九五"计划期间扬州市城乡居民生活用电量年平均递增率为2.38%。实施城、乡电网改造后，扬州市城、乡居民实现一户一表，用户数量和装接容量均大幅增加：1998～2002年扬州市用户数量分别为227 865、337 059、1 378 019、1 468 560、1 558 981户；用户装接容量分别为476 221、706 215、2 949 262、3 251 981、3 633 884千瓦。2002年城乡居民生活用电量为7.57亿千瓦·时（乡村 4 亿千瓦·时，城市 3.56 亿千瓦·时），占扬州市社会总用电量的 13.97%。

1991 年扬州市用电结构如图 5－1 所示。2002 年扬州市用电结构如图 5－2 所示。1991～2002 年扬州市分类用电统计见表 5－3。

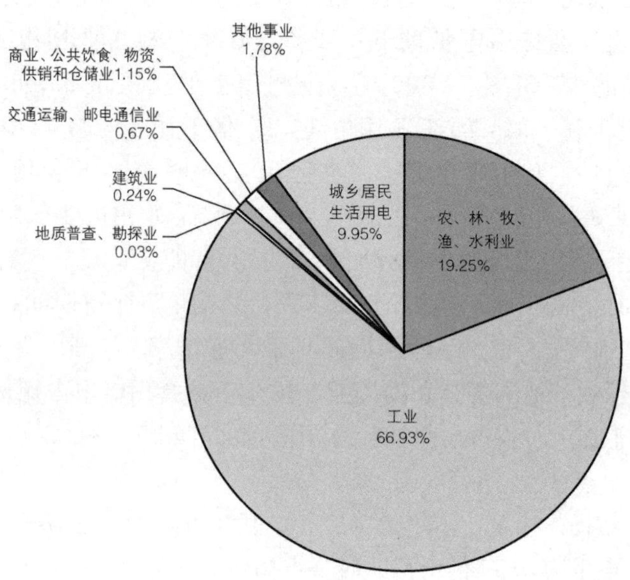

图 5－1　1991 年扬州市用电结构

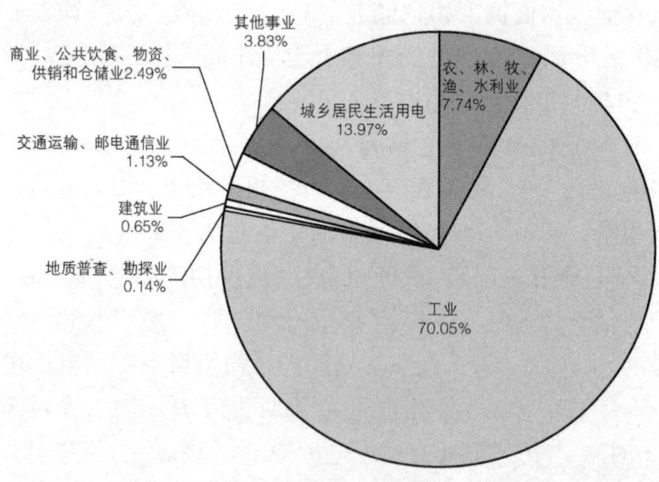

图 5－2　2002 年扬州市用电结构

表 5－3　1991～2002 年扬州市分类用电统计

类别	1991 年		1992 年		1993 年		1994 年		1995 年		1996 年	
	电量（亿千瓦·时）	比重（%）	电量（亿千瓦·时）	比重（%）	电量（亿千瓦·时）	比重（%）	电量（亿千瓦·时）	比重（%）	电量（亿千瓦·时）	比重（%）	电量（亿千瓦·时）	比重（%）
全社会用电总计	42.45	100	48.74	100	53.84	100	60.930	100	68.03	100	40.95	100
1. 农、林、牧、渔、水利业	8.17	19.25	9.43	19.35	9.84	18.27	9.57	15.71	9.26	13.61	4.74	11.58
其中：排灌	4.32	—	4.51	—	3.84	—	4.11	—	4.03	—	2.69	—
农副业	2.94		3.84		4.43		3.8		3.73		1.45	
2. 工业合计	28.41	66.93	32.47	66.61	35.74	66.38	39.37	64.61	43.07	63.32	27.61	67.42
其中：轻工业	13.17	—	14.35	—	15.64	—	17.34	—	19.45	—	13.15	—
重工业	15.24		18.12		20.10		22.03		23.63		14.47	
其中：乡村工业	5.18		5.80		6.33		7.59		8.29		3.34	
3. 地质普查、勘探业	0.013	0.03	0.016	0.03	0.020 5	0.04	0.036 6	0.06	0.053 4	0.07	0.018	0.044
4. 建筑业	0.102	0.24	0.145	0.29	0.246	0.45	0.319	0.52	0.471	0.69	0.11	0.27
5. 交通运输、邮电通信业	0.287	0.67	0.325	0.57	0.34	0.64	0.49	0.80	0.69	1.01	0.28	0.68
6. 商业、公共饮食、物资、供销和仓储业	0.487	1.15	0.67	1.16	0.624	1.16	0.86	1.41	1.09	1.61	0.81	1.98
7. 其他事业	0.754	1.78	0.805	1.65	0.87	1.62	1.12	1.83	1.34	1.97	0.81	1.98
8. 城乡居民生活用电	4.22	9.95	4.99	10.23	6.16	11.43	9.17	15.04	12.05	17.72	6.59	16.09
其中：乡村	2.01	—	2.48	—	3.20	—	4.68	—	6.18	—	3.41	—
城市	2.21		2.50		2.95		4.49		5.87		3.18	

续表

类别	1997年		1998年		1999年		2000年		2001年		2002年	
	电量（亿千瓦·时）	比重（%）	电量（亿千瓦·时）	比重（%）	电量（亿千瓦·时）	比重（%）	电量（亿千瓦·时）	比重（%）	电量（亿千瓦·时）	比重（%）	电量（亿千瓦·时）	比重（%）
全社会用电总计	41.35	100	39.96	100	42.00	100	45.48	100	49.76	100	54.15	100
1. 农、林、牧、渔、水利业	5.39	13.04	4.62	11.56	5.66	13.48	5.18	11.38	5.97	12	4.19	7.74
其中：排灌	3.55	—	2.74	—	4.06	—	3.64	—	4.57	—	3.0	—
农副业	1.61		1.57		1.21		1.22		1.21		0.96	
2. 工业合计	27.64	66.84	26.71	66.84	27.37	65.17	29.99	65.95	32.73	65.78	37.93	70.05
其中：轻工业	13.37	—	12.88	—	14.05	—	15.73	—	16.55	—	19.40	—
重工业	14.26		13.84		13.32		14.26		16.17		18.53	
其中：乡村工业	3.12		3.04		3.02		3.54		4.36		4.89	
3. 地质普查、勘探业	0.019 6	0.048	0.249	0.62	0.029 7	0.07	0.03	0.075	0.11	0.22	0.074	0.14
4. 建筑业	0.11	0.27	0.12	0.30	0.13	0.31	0.14	0.31	0.20	0.40	0.35	0.65
5. 交通运输、邮电通信业	0.32	0.77	0.34	0.85	0.38	0.90	0.42	0.92	0.46	0.92	0.61	1.13
6. 商业、公共饮食、物资、供销和仓储业	1.02	2.47	1.12	2.8	1.09	2.60	1.12	2.47	1.19	2.39	1.35	2.49
7. 其他事业	0.94	2.27	1.02	2.55	1.1	2.62	1.39	3.06	1.53	3.07	2.08	3.83
8. 城乡居民生活用电	5.92	14.32	6.0	15.02	6.26	14.90	7.21	15.85	7.57	15.21	7.57	13.97
其中：乡村	3.01	—	3.14	—	3.27	—	3.77	—	4.11	—	4.00	—
城市	2.91		2.86		2.99		3.43		3.46		3.56	

注 用电分类中，1996年及以后统计数字不包括泰州市。

第二节　电　力　平　衡

为了保证电网安全稳定运行，必须使发电、供电、用电保持平衡。1991～2002 年，扬州市电力平衡工作由行政性管理的计划用电逐步转变为应用现代技术和服务型管理方式进行电力负荷预测、调控，实现社会有序用电。

一、计划用电

电力分配　江苏省三电办公室下达给扬州市的统配（统一分配）电量，由地方统配比例用电量、债券电量、集资电量、购用电权电量、新机组留成电量、重点企业用电量、省戴帽电量以及农药、化肥、翻水专项电量等构成。1999 年后，用电计划按需下达。至此，过去的行政性计划用电管理逐步转变为用电负荷预测加计划安排，即分析、满足市场需求，实现电力资源的优化配置。1991～1998 年，江苏省三电办公室下达给扬州市的统配电量计划见表 5-4（泰州市统配电量由省三电办公室直接下达，故扬州市统配电量中不包括泰州市）。

表 5-4　　1991～1998 年扬州市统配电量计划　　单位：万千瓦·时

年份	合计	其中						
		地方比例用电量	债券电量	集资电量	购用电权电量	新机留成电量	重点企业用电量	省带帽电量
1991	291 200	104 711	2303	74 540	6220	25 914	71 389	6123
1992	305 559	100 942	2303	89 363	6220	30 050	66 389	10 292
1993	297 455	97 246	2303	89 363	6220	30 050	66 150	6123
1994	285 926	87 426	2303	89 363	6220	30 050	64 441	6123
1995	283 227	84 727	2303	89 363	6220	30 050	64 441	6123
1996	281 866	83 906	2303	89 363	6220	30 050	63 901	6123
1997	132 563	50 395	1438	55 231	1590	17 499	3901	2509
1998	132 563	50 395	1438	55 231	1590	17 499	3901	2509

注　省下达泰州市 1991～1996 年统配电量计划分别为 21 044、22 738、22 188、21 435、21 157、21 072 万千瓦·时。

非统配电量的主要成分是地方投资建设省内发电厂的投资分配电量，以各市交省电力局的到账金额为基数进行测算。投资多，分得的电量就多；投资少，分得的电量就少。1986 年 6 月 6 日，江苏省电力工业局与扬州市政府签订参加谏壁发电厂 5 期扩建工程建设集资办电合同，扬州市认购资金 2000 万元，集资电量按各县（市）认购额实行再分配，电价按国家统配电价结算。集资办电本金逐年退还，1991 年扬州市首次收到省电力局退还本金 207 万元。1989 年 9 月，江苏省电力工业局与扬州市政府签订 1.4 万千瓦扬州发电厂扩建集资办电合同，单价为每千瓦 1650 元，省电力局逐年退还各地集资办电本金。1998 年 12 月扬州市在全省非统配集资电厂电力分配中所占比例分别为：华能南通 1 号机，1.99%；新海电厂11号机，2.81%；利港电厂，1.81%；常熟电厂，3.06%；华能淮阴电厂，5.21%；射阳港电厂，2.65%；天生港电厂新机组，2.18%；彭城电厂，3.48%；张家港电厂华宇1号机，3.48%。1999年7月全省实行统一销售电价，停止执行非统配集资电厂电力分配。

扬州市电力分配方式：①扬州市三电办公室根据江苏省三电办公室下达的统配电量计划，编制各县（市）年度、季度、月度统配电量分配计划，报扬州市经济委员会批准后下达各县（市）；②扬州市三电办公室根据各县（市）集资比例、在发电厂存煤存油比例、用电负荷率考核，并结合各地实际用电负荷编制年度、季度、月度加工电量分配计划，经批准后下达各县（市）。扬州供电局用电管理科和电网调度所负责电力分配计划实施、管理、考核。1999年7月，江苏省实行全省统一分类销售电价，不同类别的电量经统一测算，进入统一分类销售电价。扬州市从此结束电力供应按来源、按比例、按额定计划分配。

调整负荷　1991～1996年，扬州市缺电严重，各县（市）采取积极措施，在额定电力分配计划内调剂使用电力，主要措施如下。

削峰填谷，调荷避峰，大动力用户避开峰期（8～22时）用电，鼓励多用谷期（23时至次日8时）电。1991年底，扬州10个县（市）及扬州市区月用电量10万千瓦·时以上用户已全部实行本地制定的峰谷电价，占工业用电量的70%；峰谷电价没有统一标准，在不突破综合电价前提下，一般按照峰期电价是谷期电价的3～4倍测定峰谷电价标准，各县（市）峰谷电价方案由扬州市经委、物价局、供电局共同审批。扬州市1992年日平均用电峰谷差为16.21万千瓦。扬州市区1993年5月起有客车厂、柴油机厂、农药厂等25家大企业按“计划用电凭证”用电，对这类企业实行三定（定负荷、定电量、定时间），实行谷期用电奖励，即谷期用电比例上升0.1个百分点奖励5元，调动各行业管电人员积极性。

增加供给，扬州市1992年委托仪征化纤热电厂煤加工电量3.9亿千瓦·时，比1991年增加160%，峰期上网电价每千瓦·时0.14元，谷期上网电价每千瓦·时0.086元。扬州市1992年煤加工电量共6亿千瓦·时，1993年加工电量共7.15亿千瓦·时（扬州发电厂2台1.2万千瓦报废机组当年修复2号机组发电上网），占全市供电量1/7。各县（市）制订措施，鼓励地方电厂、企业自备电厂在用电高峰期多发电上网，谷期少发或停发（凝汽式机组峰期上网电量不得低于总发电量的68%，谷期上网电量不得高于总发电量的32%），上网电量全部由供电局作为购入电量结算，上网电价峰期高、谷期低。扬州市区供电所和三电办公室在1993年组织市区工厂400千瓦以上柴油发电机组共1.6万千瓦，顶峰发电，市区三电办公室给予补贴每千瓦·时0.25元。

扬州市、县两级电网调度严格执行按计划用电、谁超限谁的规定，出现峰期超负荷用电即电话通知对方压负荷，以避免本地超负荷被上一级电网调度拉闸限电，造成大面积停电。市、县两级电网调度和用电部门每年制订拉限电序位表，报政府批准后执行（1991～1997年扬州市限电拉路统计见第四章第二节）。

电力负荷控制装置具有遥信、遥测、遥控、遥调功能，可实现双向无线通话，供电部门以此对用户用电负荷进行实时监测、控制。1994年上半年，邗江县供电局率先采用无线负荷管理系统，在15个工厂用户安装了负荷控制终端。1995年9月18日，扬州供电局80余人在邗江召开现场会，观看10千伏李工、瓜工线终端演示。1995年江都市有12个乡镇实行计划用电承包，在这些乡镇共安装低压负荷控制器1473台，控制面83%，可控制灯峰（晚间照明时段）负荷在分配的计划之内，按照“不超不拉，谁超拉谁”的规定，照明保障率和负荷率均提高。

1996年9月6日，扬州供电局成立电力负荷管理中心，共13人，归口用电管理科，负责管理和监控直供用电负荷及所属县（市）供电关口。县（市）供电局相应成立电力负荷管理站，归口用电股。1996年12月开始建设电力负荷管理系统中心站（位于电世界大厦顶楼）。这套设备由扬州市三电办公室出资170万元，扬州供电局在配电贴费中支出170万元，投资共340万元（不含用户终端），1997年10月1日进入实用化运行，1998年3月31日考核期满。1999年5月21日通过省电力局实用化验收。系统采用计算机网络技术，通过无线电通信，对用户负荷进行监测、控制、调配，达到“控制到户”、“限电不拉路”目的。扬州市区有528个企业用户安装双向终端装置，与系统中心站连接，其中：500千伏·安用户装用率100%，315～500千伏·安用户装用率为77.86%，100～315千伏·安用户装用率为66.35%。系统可监控负荷占扬州市区总负荷的71.1%，有效可控负荷为3.01万千瓦，占市区最大负荷的16.8%。2001年，随着扬州电网再次缺电，负荷管理系统作为用电需求侧管理的重要手段，扩大了对企业用户负荷控制的覆盖面。截止2002年底，扬州市区（含邗江区）和高邮负荷管理系统达到实用化要求，共安装无线双向用户终端985台，容量在500千伏·安以上用户安装率为100%，315～500千伏·安用户安装率为82.07%，100～315千伏·安用户安装率为67.38%，系统可监控负荷为22.97万千瓦，可限负荷5.37万千瓦。2003年夏季用电高峰期，扬州市区负荷管理系统共操作887户·次，日最高限负荷4.8万千瓦，是电网紧急限电时控制用户非重要负荷的最有效措施。

二、节约用电

工业产品电耗定额管理 工业产品电耗定额是衡量企业生产水平和管理水平的一项综合性指标，通过制定工业产品电耗定额，对产品电耗进行统计、分析、奖惩，实现节电。扬州市、县两级三电办公室依据有关规定并参照同行业的平均水平制定产品电耗定额，对各考核企业的产品实际消耗状况进行统计，对产品单耗低于定额的企业，从节约的电能总值中提取8%～15%作为奖励，不降低用电分配指标，对产品单耗超定额的企业，扣减用电分配指标。

产品电耗定额实行市、县两级分级管理。1991年10个县（市）及扬州市区三电办公室考核的工业产品共1300余个，扬州市三电办公室考核的主要工业产品共392个。1997年扬、泰两市分设，扬州5县（市）及扬州市区三电办公室考核的工业产品共463个，扬州市三电办公室考核的主要工业产品共209个。1999年扬州5县（市）三电办公室考核的工业产品共449个，扬州市三电办公室考核的主要工业产品共209个。1991～1999年，列入产品电耗定额考核的电量占工业电量的比例为50%～60%。

扬州市社会节电量统计中包括4大项，即市级考核产品、县（市）级考核产品、技术措施节电、其他节电。各县（市）三电办公室每季度向扬州市三电办公室报送工业产品电耗考核统计表，扬州市三电办公室每季度向江苏省三电办公室报送考核统计表，并且每季度公布被考核企业产品单耗实绩。2000年后不再报送考核统计表。1991～1999年扬州市社会节电量分别为2.21、3.4、3.77、（1994年缺）、4.0、3.59、2.49、2.56、2.69亿千瓦·时。社会节电量中，市级考核产品即扬州市三电办公室考核的主要工业产品节电量占比例最大，报表统计1991～1999年节电量分别为1.59、2.09、2.5、1.95、2.23、1.87、1.49、1.83、1.68亿千瓦·时。

节电技术推广　1991年后，扬州市推广应用的节电技术主要有5大项，即电动机节电技术（减速技术应用、电动机节电器、电动机末端补偿装置、布机自停节电开关），热处理电炉改造，照明节电技术（节能日光灯细管及配套电子镇流器、日光色镉灯、紧凑型稀土荧光灯、延时开关等各类控制技术），淘汰型高能耗机电设备更新改造（风机、水泵、电动机、变压器）和其他节电技术（溴化锂制冷节电装置、交流接触器无声运行装置、蓄热电锅炉节电技术）。扬州市节电技术推广单项节电量统计分别为1995年2114.82万千瓦·时，1996年1716.88万千瓦·时，1997年1006.79万千瓦·时，1998年1317.65万千瓦·时，1999年794.70万千瓦·时。

市、县两级三电办公室负责节电技术推广应用和统计。三电办公室节电组人员经常到大企业用户了解设备耗电状况，分析电耗升降原因，协助企业制定节电措施，推广节电技术，召开节电经验介绍会议。扬州化工厂1991年玻璃钢产品耗电超定额标准24.5万千瓦·时，1992年分解节电指标到车间班组，节电27.4万千瓦·时，获三电办公室奖励6万元。扬州市区工厂1992年共淘汰高能耗风机36台（594.5千瓦）、水泵58台（1078千瓦）、电动机224台（4008千瓦）、企业高能耗变压器4台（2380千伏·安）、热处理设备24台（2295千瓦）、电加热设备30台（1671千瓦）、高频炉11台（615千瓦），新装变频调速器8台、电动机节电器45台、无声运行交流接触器620台、布机节电开关320台、节电镇流器2730只、新光源85套、末端补偿装置136台。扬州市区1995年7个工厂的设备节电技术改造，总投资190万元，其中市区三电办公室贷款100万元。扬州市区从1995年起推广新型照明灯具，1997年市区新型照明灯具8600盏。1997～1998年，江都市推广应用节能型日光灯5.86万支、电子整流器0.82万支、节能型照明灯1.23万只、钠灯500盏、镝灯、全囟灯各2000套。1998年江都市电动机总数为27 676台，其中节能型占83.9%。1998年12月18日，江都市通过江苏省节电先进县（市）验收。

节电宣传　利用广播、电视、报刊、宣传栏、节电知识竞赛征文、演讲、戏曲等多种方式宣传节约用电，内容有国家法律、法规、电力形势、企事业单位的节电经验、家用节电小常识等，提高全民节电意识。每年的“全国节能宣传周”期间，扬州供电局与三电办公室共同制定节电宣传方案，举办展览会、节电知识竞赛等活动，在城镇悬挂节电宣传标语，设节电宣传咨询台，营造气氛。

电力需求侧管理　电力需求侧管理是从国外引进的先进管理方法，通过优化用电方式，提高用电效率，减少电力消耗，实现节约用电和保护环境。电力需求侧管理包括负荷管理、节电管理、资源综合利用三方面。扬州供电公司电力营销部协助扬州市经贸委开展电力需求侧管理工作。2000 年，扬州市首先在扬州供电局广源丁山大酒店、电力浴室、仪征供电局广源电力培训中心安装使用 6 台（套）230.5 千瓦的电热锅炉，利用夜间低谷电为锅炉制热。扬州供电局向用户宣传推广电力蓄能技术，执行峰、谷电价，调动用户参与的积极性。

扬州市电力需求侧管理节电技术示范项目如下。

高邮市经纬纺织有限公司，4 台配电变压器，容量 8100 千伏·安，年用电量约 3450 万千瓦·时，电费约 2000 万元。2002 年投资 100 万元，对 10 个空调室进行改造，新建四座冷冻站，利用谷期电蓄冷，供空调室白天降温，10 个空调室 1 年可节电 70 万千瓦·时，节约电费 40 万元。

江苏通裕纺织集团有限公司，江苏省大型纺织企业之一，列全国棉纺织行业前 50 名，变压器总容量 18 910 千伏·安，全年用电量 6865.563 万千瓦·时，电费为 3570.09 万元。2001 年采用谷期电蓄能制冰技术，年节约电量 52.70 万千瓦·时，节约电费 16.23 万元。对细纱机工艺进行改造，采用变频技术，年节约电量 96.11 万千瓦·时，节约电费 49.98 万元。

扬州宏达电子有限公司，主要产品是低压电极箔，应用于各类铝电解电容器的生产，销售额从 1996 年 1476 万元增加到 2003 年 7320 万元。2002 年 9 月投资 659.3 万元，完成相关设施的改造，改造前单极铝滚馈电生产工艺每吨耗电 37 828 千瓦·时，改造后多极钛板馈电生产工艺每吨耗电 31 842 千瓦·时。2003 年公司电极箔产量为 346 吨，耗电量为 1101 万千瓦·时，每吨耗电为 3.18 万千瓦·时，每吨单耗比 2002 年下降 15.9%。新增退火炉在谷期升温，峰期保温，全年节约电费 20.2 万元。

扬州五亭桥缸套有限公司，国家定点生产气缸套的大型企业，主要设备有中频感应电炉、热处理炉及机械加工设备，使用的能源为电焦炭、柴油等，2003 年总耗能 13 803 吨标煤，其中年用电量 1984 万千瓦·时，全年电费 1082 万元。2003 年对用电比重最大的铸造生产冶炼工艺进行节电技术改造，淘汰原 3 吨国产工频炉，使用 6 吨中频炉，每吨冶炼成本节电 38 千瓦·时，每年可节约电费 90.4 万元。

三、补充电源

补充电源包括地方集资办电、煤或油加工电、外省购电，是对电网供电不足的补充。特点是总量少、分散、从属于不同的行业。

地方集资办电（厂） 1991 年后，在国家鼓励多家办电、集资办电，应对电力供应紧缺政策的指导下，扬州各地以集资方式建设小发电厂的热情很高。至 1996 年底，扬州市共建有 10 余座小发电厂（地方发电厂和企业自备发电厂），这些小发电厂与各地供电局签订并网协议、供用电协议、调度协议，与各地三电办公室签订结算协议，实行峰、谷电价，鼓励小发电厂用电高峰期多发电上网。扬州供电局生产调度情况分月计算表统计数据：1995 年购小发电厂电量为 9.309 亿千瓦·时，占企业总供电量的 15.64%。1996 年购小发电厂电量为 10.92 亿千瓦·时，占企业总供电量的 17.7%。1997 年以后，扬州缺电状况好转，小发电厂受到国家产业政策的限制，上网电量减少。1997～2002 年，热电联产和余热发电以外的其他小发电厂均没有新建。

煤、油加工电 煤、油加工电是补充电源的另一种做法。1991～1996年，扬州市煤、油加工电的受委托方有仪征化纤热电厂、扬州发电厂（修复旧机组）、望亭发电厂、南京热电厂、天生港发电厂等。扬州市三电办公室按照各县（市）煤、油运存发电厂比例，编制加工电量分配计划，经批准后下达各县（市）。扬州市1992年委托仪征化纤热电厂煤加工电量3.9亿千瓦·时。1992年，扬州市煤加工电量共6亿千瓦·时。1993年加工电量共7.15亿千瓦·时，占全市供电量1/7。1995年由于仪征化纤热电厂三期工程投产，厂用电量增加，上网电量比1994年减少20%，为此扬州市努力争取省非统配电计划，比1994年增加供应44.8%。1996年后煤、油加工电停止。

外省购电 高邮市有4个乡镇地处高邮湖西，由邗江供电局供电，由于供电距离远、条件差，为满足4乡镇用电需求，1994年3月扬州市三电办公室与安徽电力实业总公司电热开发公司拟联合在安徽省与邗江县交界处建设邗江热电厂，后来因为多种原因未建热电厂，改由安徽省天长变电所35千伏天邗线向高邮市湖西3个35千伏变电所供电。1995～2002年购安徽省滁州热电厂电量分别为2629、3033、3929、4243、4263、5186、5539、6012万千瓦·时。

第三节 电 力 营 销

1991年，扬州供电局仍行使政府的管电职能。市、县两级用电管理部门与三电（计划用电、节约用电、安全用电）办公室属两块牌子、一套班子，职责分工不同，共同负责辖区内的用电管理工作。这种状况持续到1999年。2000年初，扬州供电局成立电力营销部，撤销用电管理科，行政管理方式逐渐过渡到市场化的电力营销方式。2001年5月实行公司化改制，扬州供电公司与扬州供电局并存，仍行使政府的管电职能。2002年11月撤销扬州供电局，政企完全分开，相应的政府管电职能移交扬州市经济贸易委员会。

一、机构设置

扬州供电局1991年设置用电管理科，所属各县（市）供电局设置用电管理股，负责用电业务、用电监察、电费抄收、核算、装表接电、电表校验、配电网管理等。1993年，农电管理科撤销后，管理职能移交用电管理科。1996年7月1日起，扬州供电局执行用电营业工作考核办法。1997年4月，扬州供电局对用电营业机构进行调整，成立扬州市区及各县（市）供电局用电服务中心，集承询、稽查、营业业务、用电查勘与检查、装表接电、故障处理于一体，实行“一口对外”服务。1998年，配电网管理职能移交生产技术科。2000年初，扬州供电局率先在全省供电系统进行电力营销体制改革，将用电管理科与扬州市区供电所合并，成立电力营销部，1月21日公布营销部职工双向选择和竞争上岗名单。电力营销部下设4大中心（客户服务中心、负荷管理中心、计量中心、抄收中心）和农电管理。各县（市）供电局也相继成立电力营销部。2001年扬州市郊区共有7个乡镇、77个行政村，7个乡镇供电所于当年合并为东郊（湾头镇）、南郊（汤汪乡、双桥乡）、西郊（西湖镇、平山乡）、北郊（城东乡、城北乡）4个电力营销分部，并入扬州供电局电力营销部。2001年3月撤销邗江县供电局，乡镇供电所全部并入扬州供电局电力营销部，乡镇供电所所长由电力营销部委派。扬州电力营销体制实行统一机构设置、统一工作标准、统一管理制度。

二、用电营业

业务扩充 业务扩充（以下简称业扩）即用电营业业务。业扩内容包括接受用户用电申请，根据用户的用电设备容量、用电性质、负荷大小和地点等，结合当地电网状况进行现场调查，确定供电方案；收取供、配电贴费和有关费用，组织业扩工程的设计、施工和竣工验收；签订供用电协议；装表接电；用户资料归档。农村高压供电的用户办理配电变压器增容，必须向县（市）供电局提出申请，由县（市）供电局办理；乡镇电力管理站负责办理承包范围内低压用户的用电申请、报装、施工和竣工验收。

营业区划分 供电营业区以管辖区域划分。1997年10月18日，江苏省电力工业局颁发给扬州供电局供电营业许可证，编号为“苏丙—070”。江苏省经济贸易委员会2001年3月22日颁发（换证）给扬州供电公司供电营业许可证，编号为“苏丙—070”。根据1996年4月1日起实施的《电力法》第25条“一个供电区只设立一个供电营业机构”规定，扬州供电局依法对供电营业区内营业业务进行规范，具体内容如下。

江苏油田转供电治理整顿。自1975年起，江苏油田与采油区乡镇以支持油田建设和支持地方发展为协议内容，采油区农户和企业使用油田电，农户开始是“包灯头”，后逐渐发展为私拉乱接，用电不付钱，有些农户甚至用电炉取暖，造成电力严重浪费，部分油田专用供电线路超负荷运行，电压低，发生配电变压器和采油电动机烧坏事故。1996年9月至1999年9月，经过3年治理整顿，江苏油田江都市境内8个乡镇37个村计10 100个农户和71个企业与油田分开用电，8个乡镇新增或改造配电线路220千米，配电变压器117台，配电房121座。1997年江苏油田减少电量损耗1634万千瓦·时。

2000年8月31日，扬州供电局与仪征化纤股份有限公司签订切除仪征化纤股份有限公司向厂区外胥浦、青山乡转供电协议。1984年后，应地方要求，仪征化纤热电厂与地方以协议方式向附近乡镇供电，支持地方工农业生产，逐渐形成独立的小供电区。1999年转供电约6000万千瓦·时。2001年4月14日，征化纤股份有限公司转供电全部切除。

2000年11月1日起，高邮市菱塘、天山、送桥、郭集4个乡镇供电营业区划归高邮市供电局；由于4乡镇位于高邮湖西，2000年11月1日前由邗江县供电局供电并管理。

业扩流程 1991年，扬州供电局执行江苏省电力局1990年3月制订的全省统一业扩工作流程。为了使用户了解用电申请的程序，将业扩工作流程图公布在营业大厅内。1993年6月30日，扬州供电局印发业扩增容暂行办法，规定用电营业部门实行“一口对外”，其他部门或单位不得受理用电业务申请，制订业扩工作流程条款，要求执行业扩工作流程。1997年，扬州供电局开展“为人民服务，树行业新风”活动，建立健全“一口对外”服务机制，推行社会公开服务承诺制，修订用电业扩工作流程。2002年，供电企业以“始于客户需求，终于客户满意”作为服务宗旨，扬州供电公司电力营销部

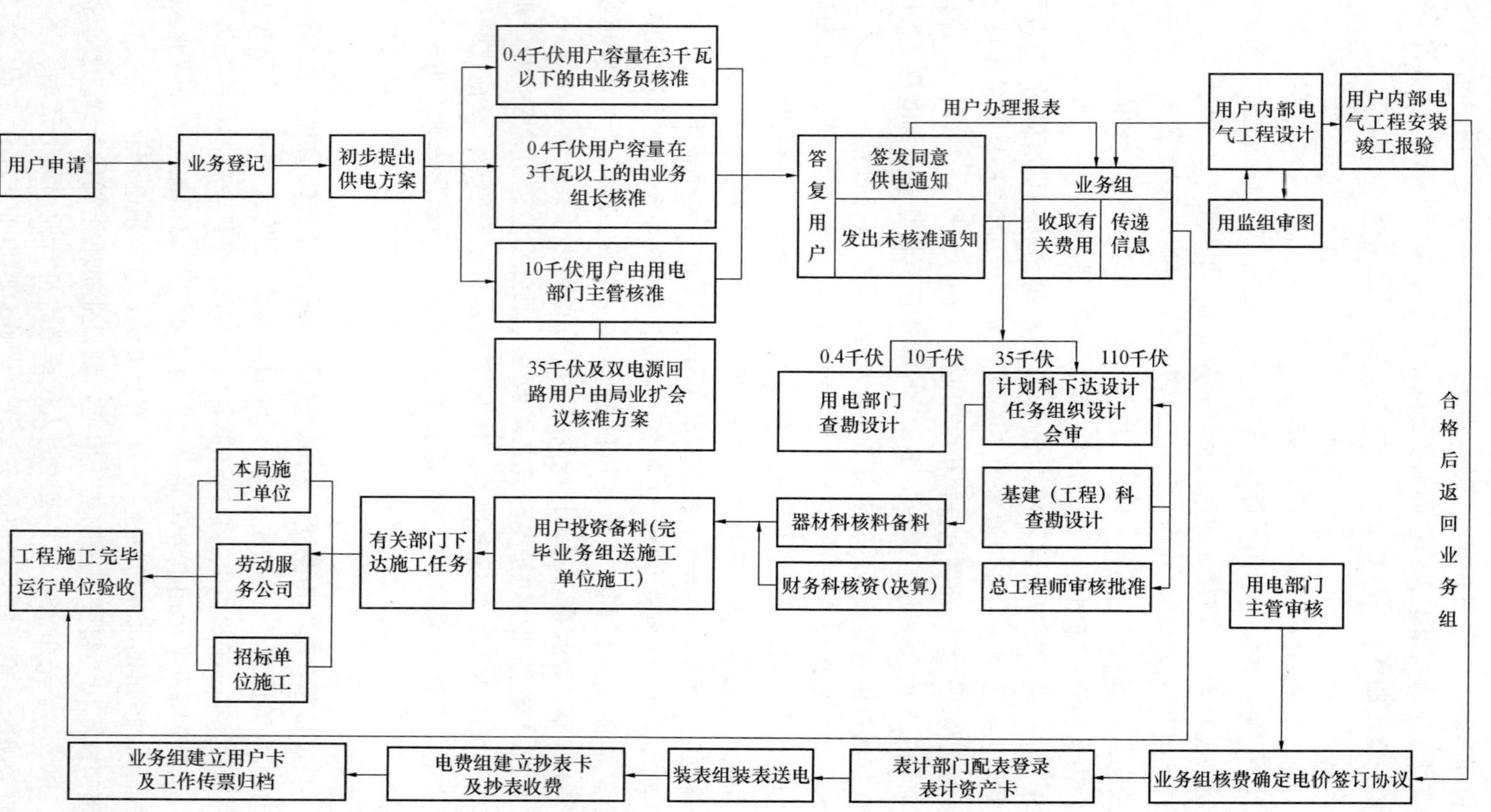

图5－3　1991年扬州供电局业扩工程流程

再次修订业扩流程。1991 年扬州供电局业扩工作流程如图 5－3 所示。1997 年扬州供电局业扩工作流程如图 5－4 所示。2002 年扬州供电公司电力营销部业扩工作流程如图 5－5 所示。

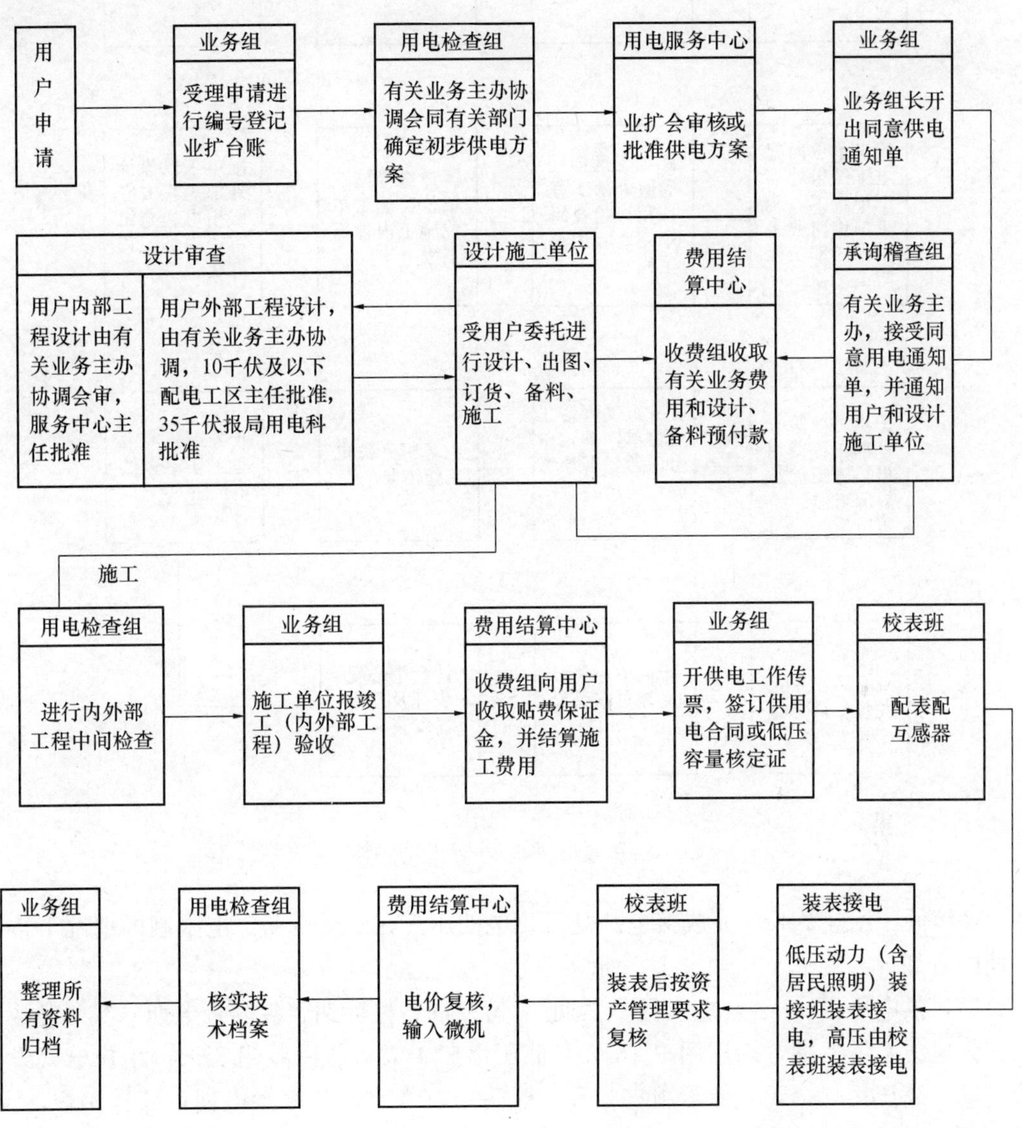

图 5－4 1997 年扬州供电局业扩工作流程

处理期限 1990 年后，扬州供电局执行省电力局《关于加强业扩管理实行统一流程的意见》的规定。一般居民用电申请的答复期不超过 5 天，低压电力及生活用电不超过 7 天，高压供电用户不超过 15 天，特殊供电方式的用户不超过 1 个月。用户所装电气设备检验期限为一般居民用电不超过 3 天，低压电力及生活用电不超过 5 天，高压供电用户不超过 7 天。检验合格的装表接电期限为市区内的各类低压用户 3 天内完成接电，郊

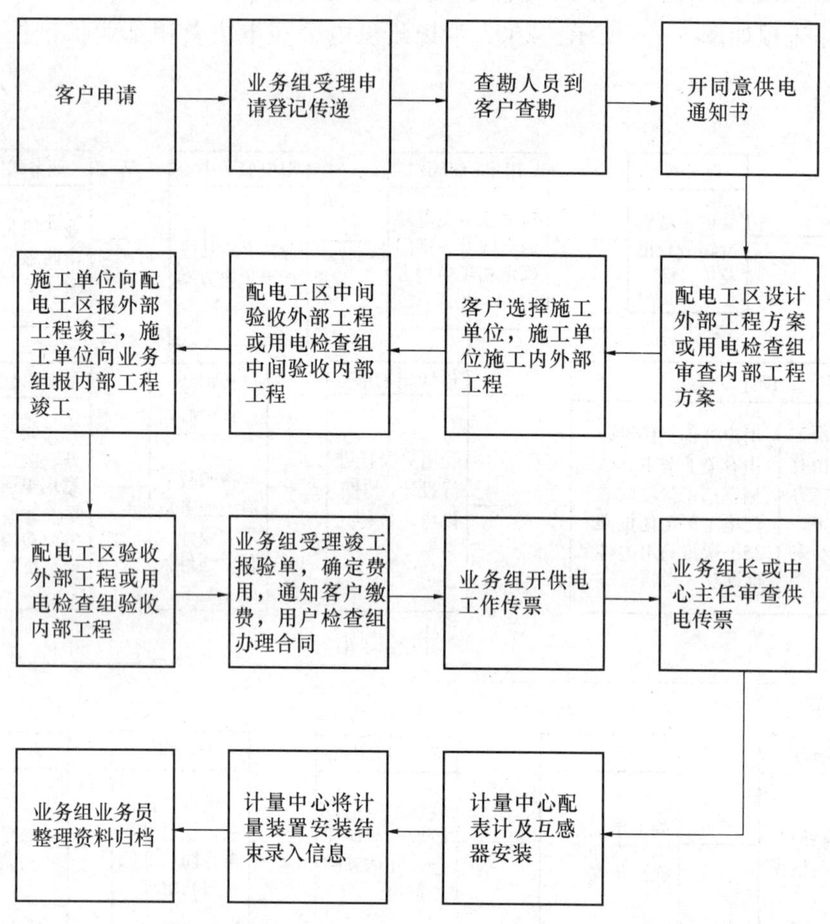

图 5-5　2002 年扬州供电公司电力营销部业扩流程

区、乡镇低压用户 7 天内完成接电，高压供电的用户在不受线路停电限制的情况下按以上期限各加 3 天。

扬州供电局 1995 年业扩工程“三期”（答复期、检验期、装表接电期）实际完成情况：供电方案答复期，高压用户 16 天，低压用户 4 天，居民照明 3 天；用户电气设备检验期，高压用户 3 天，低压用户 2 天，照明用户 2 天；装表接电期，高压用户 3 天，低压用户 3 天，居民照明 2 天。

1996 年扬州供电局业扩处理“三期”实际完成情况：供电方案答复期，高压用户 14 天，低压用户 3.6 天，居民照明 2.6 天；用户电气设备检验期，高压用户 3.5 天，低压用户 2.4 天，照明用户 1.8 天；装表接电期，高压用户 2.9 天，低压用户 2.6 天，居民照明 2.3 天。

1997 年扬州供电局业扩处理实际完成情况：供电方案答复期，居民照明 2 天，低压用户 2.5 天，高压用户 9.8 天；装表接电期，居民照明 2.6 天，低压用户 2.8 天，高压用户 2.4 天。

2002年扬州供电公司规定的业扩处理期限为一般居民用电从申请到装表共5个工作日；低压用户的答复期不超过7天，高压供电用户的答复期为双电源供电方式的用户不超过30天，单电源供电方式的用户不超过15天；装表接电期，所有用电装置验收合格，结清费用并办好相关手续后5个工作日内完成。2002年实际完成情况：供电方案答复期，居民照明用户1天，低压动力用户2天，高压动力用户4天；装表接电期，居民照明用户1天，低压动力用户2.5天，高压动力用户3.5天。

按照业扩流程，在用户提交用电申请后，首先由业务勘察人员进行现场查勘，了解用户情况及电网可能供电的方式，业务部门初步拟定供电方案，召开业扩会议，讨论通过供电方案并形成会议纪要，需报上一级单位组织会审的应及时上报，并将会审意见传递给业务部门，按时限答复用户。2000年后开始网上办理审批供电方案。2000年10月，居民用电装表、移表、增容等可电话预约申请，扬州供电局电力营销部业务人员上门服务，在供电条件允许情况下，施工人员现场办理装表、接电、缴费、签订供用电合同。至2001年底，以电话预约方式施工的用户1441户。扬州市1998年开始城乡电网改造，供电设施改善，用户交纳的贴费、增容费等按规定下降或取消，电力用户尤其是居民用户数量因实施一户一表改造而迅速增加，装接容量也相应迅速增加。2000年县（市）供电局开始对农村供电所人、财、物实行统一管理，统计农村居民用户数量和装接容量。1991～2002年扬州供电局（公司）电力用户数及装接容量见表5-5。

一户一表改造　1991～1997年，扬州城乡居民生活用电以照明为主，小型家用电器有电饭锅、电风扇、电视机、洗衣机之类，呈迅速发展之势。家用电能表大多数为1～3安培，不能使用空调器、电热水器等大型家用电器，居民户用电烧坏电能表屡有发生。扬州老城区内，多户居民共用一只表的约占老城区居民户的10%。“八五”计划期间，扬州市区新建居民住宅区每户配置4千瓦容量的电能表。

一户一表改造是城市电网改造中的一项，与城网改造同时进行。扬州市区及郊区1998年共有居民户18万户，居民电能表总数为6万余只，需新增10万余只电能表。扬州老城区第八区（城网改造中将市区配电网改造划分为13个区）北起三元路，南至甘泉路，东起国庆路，西至小秦淮河，居民户共851户，电能表612只，其中一户一表472只，合用表140只，需新装表379只。扬州市区一户一表改造1999年完成2万户，2000年完成2万户，2001年完成1.46万户，至2002年底，扬州市区一户一表改造共完成7.19万户。2001年开始县级城镇居民一户一表改造，当年完成1.4万户（江都0.4万户，高邮0.3万户，仪征0.3万户，宝应0.3万户，邗江0.1万户）。至2002年底，扬州市累计完成一户一表改造19.6万户，投入资金为16 158.33万元（省电力公司下达给扬州市一户一表改造工程资金）。

居民装表收费情况。扬州市自1984年开始征收电力增容费，作为地方集资，是市政府用于地方电力建设的专项资金。1991年以后，扬州市区用户新装5～20安培的电能表要付2200元增容贴费（按4千瓦计算）和650元电表箱费用。由于缺电及配电设施容量限制，供电局不放开居民户电表增容，因此居民装表难、增容难。1996年1月6日，省电力局印发25号文件，扬州供电局1月9日转发省电力局25号文件《关于调整

表 5－5　　1991～2002 年扬州供电局(公司)电力用户数及装接容量

类　　别	1991 年		1992 年		1993 年		1994 年		1995 年		1996 年	
	装接容量(万千瓦)	用户(个)	装接容量(万千瓦)	用户(个)	装接容量(万千瓦)	用户(个)	装接容量(万千瓦)	用户(个)	装接容量(万千瓦)	用户(个)	装接容量(万千瓦)	用户(个)
全社会用电总计	319.20	258 393	351.11	291 261	403.63	322 237	440.98	351 537	481.54	406 663	277.24	222 684
1. 农、林、牧、渔、水利业	102.91	30 446	101.41	34 852	109.90	36 511	113.61	37 766	117.76	34 985	67.02	13 489
其中：排灌	53.31	14 391	49.84	14 728	52.76	14 967	54.24	15 635	50.34	7905	34.01	3943
农副业	41.20	14 731	42.14	18 601	46.31	19 950	47.50	20 546	54.77	16 123	23.41	7073
2. 工业合计	164.45	17 748	190.35	21 733	226.44	28 587	246.95	33 148	263.27	29 459	146.80	17 689
其中：轻工业	79.52	10 930	85.38	12940	104.76	17 352	109.97	18 593	114.85	17 965	62.07	10 294
重工业	84.93	6818	104.97	8793	121.68	11 235	136.99	14 555	148.42	11 494	84.73	7395
其中：乡村工业	53.42	8399	57.42	13 155	70.11	12 921	72.56	14 134	75.52	13 655	36.44	8150
3. 地质普查、勘探业	0.067 3	8	0.076 3	8	0.069	8	0.069	8	0.133	11	0.38	9
4. 建筑业	2.45	884	2.70	1171	3.08	1339	3.62	1358	4.27	1396	2.37	669
5. 交通运输、邮电通讯业	4.81	977	5.09	1167	5.81	1309	6.30	1409	7.52	1504	5.22	950
6. 商业、公共饮食、物资、供销和仓储业	5.87	5079	6.86	6475	8.18	7335	9.65	7571	11.32	7354	8.74	4637
7. 其他事业	6.17	5326	7.48	6222	8.65	7243	11.87	7837	15.95	8001	9.85	5171
8. 城乡居民生活用电	32.49	197 925	37.14	219 633	41.49	239 905	48.92	262 440	61.31	323 953	36.87	180 070
其中：乡村	16.20	66 136	16.80	63 074	19.45	75 974	22.43	83 428	27.65	114 947	12.39	54 084
城市	16.28	131 789	20.34	156 559	22.04	163 931	26.49	179 012	33.66	209 006	24.48	125 986

续表

类别	1997年		1998年		1999年		2000年		2001年		2002年	
	装接容量（万千瓦）	用户（个）	装接容量（万千瓦）	用户（个）	装接容量（万千瓦）	用户（个）	装接容量（万千瓦）	用户（个）	装接容量（万千瓦）	用户（个）	装接容量（万千瓦）	用户（个）
全社会用电总计	294.80	235 805	298.32	272 465	328.25	383 201	587.74	1452 004	626.44	1 548 793	699.76	1 644 511
1. 农、林、牧、渔、水利业	69.36	14 313	69.98	14 643	73.00	15 589	84.14	29 503	89.63	31 862	92.57	32 468
其中：排灌	35.23	4104	35.54	4402	36.68	4897	41.43	6799	39.81	6700	40.92	7504
农副业	29.14	7573	30.28	9391	31.02	9824	32.53	10 807	33.13	11 860	33.51	11 904
2. 工业合计	155.09	17 851	149.34	18 812	150.80	19 086	169.55	30 339	168.35	32 505	195.20	35 534
其中：轻工业	63.70	10 438	64.60	11 067	65.13	11 290	68.30	18 988	72.66	20 582	88.61	23 047
重工业	91.39	7413	84.74	7745	85.68	7796	101.24	11 351	95.69	11 923	106.59	12 487
其中：乡村工业	35.12	8262	38.95	8681	39.23	8809	41.33	12 419	44.38	14 724	59.97	17 384
3. 地质普查、勘探业	0.59	8	0.60	10	0.60	10	1.47	13	1.47	13	1.59	13
4. 建筑业	2.53	559	2.81	582	2.88	588	3.17	628	3.76	671	4.15	734
5. 交通运输、邮电通讯业	5.59	870	5.85	900	5.98	922	6.26	964	6.92	1032	8.49	819
6. 商业、公共饮食、物资、供销和仓储业	8.83	4223	9.86	4502	10.50	4676	11.19	5810	12.21	6702	14.17	8122
7. 其他事业	10.53	4743	12.25	5151	13.85	5271	17.05	6728	18.89	7448	20.20	7840
8. 城乡居民生活用电	42.28	193 238	47.62	227 865	70.62	337 059	294.93	1 378 019	325.20	1 468 560	363.39	1 558 981
其中：乡村	12.48	45 885	13.61	59 298	31.80	145 958	231.63	1 075 540	242.97	1 130 290	252.48	1 156 344
城市	29.80	147 353	34.01	168 567	38.82	191 101	63.29	302 479	82.23	338 270	110.91	402 637

注 1. 1996年及以后统计数不包括泰州市。

2. 1999年前供电局统计农村用电户数以供电局直接抄收户加上农电承包总表计户，与实际用户数不符，尤其农村居民生活用电户数与实际差距较大，1999年后实施农电体制改革，供电局直接抄收到户。

零散居民照明用电容量贴费限额的批复》，规定以后居民用户装5～20安培的电能表，付1100元贴费（按2千瓦计算）以及电表箱、材料费、施工费共1860元。1997年10月1日起，扬州市区居民装表，平房及楼房底层收取材料费和施工费650元，二层以上每层加收50元。1998年10月1日起，扬州市区城网改造范围内的合表用电居民户、淘汰系列电能表户装表（5～20安培）收费标准为550元增容费和存出80元电表保证金，供电局为装表户无偿提供电表箱。1999年4月20日起，扬州市区公用变压器供电的合表用电户可申请一户一表（5～20安培），须交纳630元供电贴费和80元电表保证金。扬州市物价局、扬州供电局1999年印发第182号文件，针对农村电网改造一户一表外移，规定安装机械式电表安装收费最高为242.20元，安装电子表收费最高为268.20元，接户线及以下设备和材料由农户自筹。扬州市物价局、扬州供电局2000年4月12日印发第100号文件，从2000年3月15日起，扬州市取消向用户收取电表保证金和电费保证金；城镇居民申请增容、居民住宅楼或整单元改造为一户一表，容量在4千瓦以下免收贴费，容量在4千瓦以上减半收取贴费，另收取270元材料和施工费（不分楼层），新增居民用户装表仍收取贴费；合表用电户中单户申请增容，减半收取贴费，收取270元材料和施工费；工厂企业自供或转供电的住宅区进行一户一表改造，高压线路、配电变压器的改造费用由供电局承担60%，工厂企业承担40%，配电变压器低压侧到居民分线盒的费用由工厂企业和居民户承担，其中居民户承担的改造费用为270元，交工厂企业统一办理；非居民户申请增容，仍按规定收取贴费；各县（市）参照扬州市区标准，在省定最高收费标准内确定具体标准。2001年后不再收取贴费，仅收材料、施工费。扬州市区2002年居民住宅装电能表收费规定：容量在8千瓦及以下的，每户收费270元；容量在8～12千瓦的，每户收费880元；容量在12～16千瓦的，每户收费1350元。

业务收费 1991年扬州供电局营业业务收费除电费外，主要有新装、增容用户的供（配）电贴费和有关业务费。业务费包括电能表保证金、电费保证金、移表费、更名过户费、接电费、复电费、受用户委托的供电工程设计和施工费、用户资产的电气设备维修和代管理费、社会电工培训费、电气施工单位资质审查费等。农村低压用户工程业扩收费由乡镇电管站按照县（市）供电局制定的标准执行。1994年根据电力部颁发的《供电企业收费项目管理的暂行规定》，对收费项目清理和规范，此后收费项目主要有国家规定的收费项目、劳务性收费项目、经营性收费项目、理赔性收费项目。

国家规定的收费项目包括电费、随电费收取的各类附加；行政处罚性收费有超计划用电指标加价、超用电单耗加价、空调容量费、违章用电罚款、窃电追补电费及罚款、电费滞纳金；管理性收费有电能表保证金、电费保证金、进网作业电工培训考核和复审费、承装修电气施工单位资质审查费；用户应承担的供电网络建设资金有供电工程贴费；中央或地方政府规定的其他收费。劳务性收费项目包括资产属用户所有的电气设备的交接及预防性试验费、用户内部继电保护整定计算和保护调试费、用户要求校验电能表费、移表费、更名过户费、接电费、复电费、特殊用电保障服务费等。经营性收费包括受用户委托的供电工程设计和施工费用；属于用户的电气设备如线路、变压器、非计费电能表、互感器等维修、维护、试验、校验等费用；受用户委托的用户受电装置启动方案编制费、供电设备租赁费等。理赔性收费包括损坏供电设施赔偿费、因建设或其他工程引起的供电设施迁移改建费、用户损坏或丢失供电局电表的赔偿费、违章增容应追补的供电贴费、高价低接用电追补的差额电费、计量差错应追补的差额电费等。

电表保证金、电费保证金 根据国家规定收取用户电能表保证金、电费保证金，是为了保证电费按时回收和电能表资产安全。1992 年，江苏省电力局要求全省各地加快电能表、电费保证金收取，逐步更新居民家用电能表，当年扬州供电局收取电费保证金 8232 户，计 872.03 万元，收取电能表保证金 38 375 户，计 359.52 万元，占应收总数的 24.5%，新装和增容用户收取占应收总数的 100%。农村用户电能表保证金、电费保证金由乡镇电管站代收，统一交县（市）供电局。1999 年 11 月 30 日起停止收取电能表、电费保证金。2000 年 5 月 20 日开始，按江苏省电力公司文件《关于退还电费、电能表保证金的通知》，扬州供电局向用户退还已收取的电能表、电费保证金。至 2001 年 7 月全部退清。

供配电贴费 扬州供电局从 1984 年开始按国家规定收取用户工程供配电贴费。用户交纳的贴费由供电贴费和配电贴费两部分组成。供电贴费是指用户应承担的 10 千伏以上电压等级的外部供电工程及其配套（工程核算内的辅助生产、生活福利等设施）的建设费用，主要用于 10 千伏以上供电网络的建设和改造；配电贴费是指用户应承担的 10 千伏及以下外部供电工程及其配套的建设费用，主要用于 10 千伏及以下配电网络的建设和改造。

供配电贴费执行中的特殊情况。1992 年开始，为农业服务的排灌工程动力用电、防洪设施用电等免征贴费。

供配电贴费收取标准。1984 年 5 月 7 日，江苏省电力局印发国家计划委员会《关于供电工程收取贴费暂行规定的复文》，从 1984 年开始执行。贴费收取标准为 380 伏及以下电压用户贴费 160 元/(千伏·安)，其中供电贴费 100 元，配电贴费 60 元；10 千伏电压用户贴费 130 元/(千伏·安)，其中供电贴费 100 元，配电贴费 30 元；35 千伏电压用户贴费 100 元/(千伏·安)。1990 年 9 月 14 日，扬州供电局印发 381 号文件，制定供配电贴费收取标准为低压（380～220 伏）用户工程每千伏·安收供电贴费 110 元，配电贴费 70 元；10 千伏用户工程每千伏·安收供电贴费 110 元，配电贴费 30 元；35 千伏用户工程每千伏·安收供电贴费 100 元。1993 年 4 月 15 日，江苏省电力局印发《关于贯彻国家计委调整供电工程贴费标准的通知》，当年扬州供电局重新制定《扬州地区贯彻〈能源部关于 110 千伏及以下供电工程收取贴费的暂行规定〉的实施办法》，新的贴费收取标准截止日期为 2000 年 6 月。1993 年扬州供电局贴费收取标准见表 5－6。1993 年农业生产用电及农村居民生活用电贴费收取标准见表 5－7。

2000 年，根据江苏省物价局、电力局《关于电力增容收费有关问题的通知》，以及江苏省物价局、经济贸易委员会、电力局《关于调整供（配）电贴费标准等问题的通知》，扬州供电局从 2000 年 6 月 10 日起执行新的供配电贴费标准。2000 年扬州供电局贴费收取标准见表 5－8。

表 5－6　　1993 年扬州供电局贴费收取标准

用户受电电压等级（千伏）	用户应交纳的贴费［元/（千伏·安）］	其中		自建本级电压外部供电工程应交纳贴费［元/（千伏·安）］
		供电贴费［元/（千伏·安）］	配电贴费［元/（千伏·安）］	
0.38/0.22	550	210	340	450
10	450	250	200	330
35	330	330	—	180
110	180	180	—	—

表 5－7　　1993 年农业生产用电及农村居民生活用电贴费收取标准

用户受电电压等级（千伏）	用户应交纳的贴费［元/（千伏·安）］	其中		自建本级电压外部供电工程应交纳贴费［元/（千伏·安）］
		供电贴费［元/（千伏·安）］	配电贴费［元/（千伏·安）］	
0.38/0.22	500	190	310	400
10	400	220	180	300
35	300	300	—	150
110	150	150	—	—

表 5－8　　2000 年扬州供电局贴费收取标准

用户受电电压等级（千伏）	用户应交纳的贴费［元/（千伏·安）］	其中		自建本级电压外部供电工程应交纳贴费［元/（千伏·安）］
		供电贴费［元/（千伏·安）］	配电贴费［元/（千伏·安）］	
0.38/0.22	270	100	170	220
10	220	120	100	160
35	170	170	—	90
110	90	90	—	—

注　地下电缆供电工程贴费标准按架空线路贴费标准的 1.5 倍执行。

从 2002 年 3 月 1 日起，扬州供电公司按照物价部门和上级部门的规定，不再对一般用户收取供、配电工程贴费；对新增双电源或多路电源的用户，按合同约定容量最大的一路电源不收贴费，其余各路电源按合同约定容量收取贴费，收费标准按 2000 年标准执行。

1990～2002 年，扬州供电局（公司）收取的供（配）电贴费金额分别是 60.53、

442.95、1755.05、3448.87、4980.36、5291.96、5455.76、4759.10、5986.14、5146.56、1196.84、2315.38、709.48 万元，合计为 41548.98 万元。业扩贴费和材料差价由供电局统一收取，乡镇电力管理站无权收取。扬州供电局（公司）执行国家供（配）电贴费收取标准，按规定对供（配）电贴费进行管理和使用，供电和配电贴费分别列账，归口管理，专款专用，并建立贴费工程立项、审批、审计等制度，为弥补 110 千伏以下电网建设资金不足，改善供电和配电网络起到了重要作用。

劳务性收费 1987 年，江苏省电力工业局印发《关于整顿业务收费项目标准的通知》，统一规定业务收费标准，从 1987 年 9 月 1 日起执行，至 1993 年 2 月止。1993 年省电力局印发《关于颁发供电部门服务项目及收费标准的通知》，对 1987 年的收费标准进行调整，取消继电保护检验费、工作传票工本费、容量核准证费等。1995 年 10 月，省物价局、电力局印发《江苏省供电企业经营性和劳务性部分收费项目及收费标准》，从 1995 年 11 月 1 日起执行。1995 年扬州供电局用电业务项目及收费标准见表 5－9。

2002 年扬州供电公司业扩收费标准。①双电源供电方式的用户，按其中容量小的一回路收取高可靠性供电费用（按 2000 年贴费标准）。②临时用电定金，与用户约定期为 2 年的每千瓦收取 100 元，约定期为 3 年的每千瓦收取 200 元，约定期为 4 年的每千瓦收取 300 元，在约定期内需要撤除约定的退还定金，超过约定期 1 天扣除定金 0.3%，超过约定期 1 年不退还定金。③居民住宅装电能表收费规定，容量在 8 千瓦及以下的，每户 270 元；容量在 8～12 千瓦的，每户 880 元；容量在 12～16 千瓦的，每户 1350 元。④非居民用户按实承担属于自建部分的工程费。

供用电合同 1991 年后，扬州市用电营业管理部门用电检查专职人员负责与动力用户签订供用电协议。1998 年，随着用电管理由原来的行政管理方式逐渐向市场关系转变，以及法制化管理的要求，江苏省电力公司印发《江苏省电力公司供用电合同管理办法》，并对供用电合同签约人培训、考核。扬州供电公司于 2002 年设置供用电合同专职管理岗位，负责供用电合同管理，建立健全供用电合同管理规章制度。扬州供电公司法定代表人授权委托的人员，作为本企业合法的供用电合同签约人，与用户签约，使用供用电合同专用章。与用户的签约事宜在装表接电之前完成。高压供用电合同适用于 10 千伏及以上单电源、双电源供电，以及 1 路为 10 千伏及以上供电，另 1 路为 0.4 千伏及以下供电的双电源用户；低压供用电合同适用于 0.4 千伏及以下单电源、双电源供电的用户；临时供用电合同适用于非永久性用电的用户；委托转供电协议适用于经供电企业同意的转供户和被转供户；居民供用电合同适用于居民用户。

1999 年，用电检查专职人员开始对未办理供用电合同的扬州市区 100 千伏·安及以上（专用配电变压器）用户进行补签供用电合同。2001 年 5 月，扬州市区全面展开供用电合同补签，当年 11 月全部完成。县（市）供电公司也将补签供用电合同列为当年工作重点。2001 年底，扬州供电公司全部完成供用电合同的签订，全年共补充签订供用电合同 11 262 户，其中高压用户 3224 户，低压用户 8038 户。

三、电价、电费

电价 水利电力工业部 1976 年制定的目录电价标准及其说明，简称“76”电价。1991 年，

表 5－9　　1995 年扬州供电局用电业务项目及收费标准

收费项目 / 收费标准（元） / 收费名称	居民生活用电	非居民生活用电	低压动力用电	10 千伏高供低计	10 千伏高供高计	35 千伏高供低计	35 千伏高供高计	110 千伏及以上	说　明
复验费	10	20	80	120	200	300	400	900	指用户的用电工程第一次检验不合格，经消除缺陷后，供电部门组织复验的服务费用，由电气承装单位在复验前支付。再复验，仍按此标准执行。双电源及自发电用户按此标准的 1.5 倍交付
用电启动方案编制费	—	100	200	500	1000	1500	2000	2600	指用电工程竣工后，受用户委托进行接电前的准备工作，包括帮助用户建立电气运行、检修、试验等安全规章制度、审核校对设计图纸、临时性紧急缺陷消除、用户设备进网运行资料的建立与归档、内部计量等设备的选型等。双电源及自发电用户按此标准的 1.5 倍交付
用户受电及配电方案咨询	—	—	—	—	800	1400	1600	2600	指用户为了安全、经济、合理用电，向供电部门提出的用电咨询，用户提出咨询必须填写咨询申请，供电部门必须在规定的期限内答复，复杂的咨询项目，其收费可双方协商确定
接电费	—	20	50	100	200	300	500	800	指临时用电或规定不交纳供电工程贴费的用户，应交付接电费
复电费	20	50	50	100	150	200	300	400	指用户欠电费、违章用电、窃电等，供电部门给予停止供电，以及用户原因申请暂时停止用电（如用户的用电设备故障、设备大修、房屋修建等）后，要求恢复供电，应由用户在复电前交付供电部门
移表费	20	50	100	—	—	—	—	—	指由用户原因，要求供电部门移动电能计量表位置的费用，所需材料费按实与用户结算。高压用户的移表费按工程费的规定执行
更名过户费	10	20	20	50	50	100	100	150	指用户更名或户主的变更，供电部门需核实、变更登记的手续费
其他	（1）用户认为供电部门所装的电能计量表不准，申请验表，其验表费按国家“技监局法发〔1991〕323 号附件”（计量收费项目及收费标准）执行。检验不合格，免收费，并退、补电费。 （2）供电设备因用户责任造成损坏，其赔偿费按实收取。 （3）代用户印制的表、证、申请书等工本费按实收取								

扬州市统配电量销售价仍执行国家“76”电价加煤运加价；超出统配电计划的部分，销售价分为国家目录电价和地方加工电差价，供电局负责收取国家电费，三电办公室收取地方加工电差价。电价分类中，大工业电价执行两部制电价，其余的执行单一制电价。两部制电价是指容量为320千伏·安及以上的用户，执行由三部分组成的电价（按用户用电容量计算的基本电价，按用户用电数字计算的电能电价，根据用户功率因数高低调整电费）；单一制电价是指按用户实际用电数字计算的电能电价。这一时期电价名目繁多，收费复杂。1976年江苏省电网销售电价见表5－10。

表5－10　　1976年江苏省电网销售电价

电价类别 / 电价		电度电价[元/(千瓦·时)]			基本电价	
		不满1千伏	1～10千伏	35千伏及以上	最大需量[元/(千瓦/月)]	变压器容量[元/(千伏·安/月)]
照明电价		0.190	0.185	—	—	—
非工业、普通工业电价		0.085	0.083	0.080	—	—
大工业电价		—	0.058	0.055	6.00	4.00
其中：电解铝、电石		—	0.038	0.035	6.00	4.00
电炉铁合金、电解烧碱、合成氨、电炉钙镁磷肥、电炉黄磷		—	0.048	0.045	6.00	4.00
农业生产电价	直供	0.060	0.058	0.055	—	—
	趸售	0.035	0.030	—	—	—

煤运加价　1985年，水利电力部、国家物价局颁发《1986年煤炭加价和铁路运煤加价，实行用电加价和加价范围的通知》，规定在统配电量中，除城乡生活照明用电外的各类用电均实行加价。1990年，扬州市部属电网煤运加价收取标准为每千瓦·时0.070 2元，省属电网参照部属电网加价标准。1991年收取标准为每千瓦·时0.075元。1992年收取标准为每千瓦·时0.116 3元。1993年新目录电价出台后，煤运加价停止收取。扬州地区各县（市）综合电价由扬州市物价局、供电局共同审定后执行。

新目录电价　1993年江苏省改革用电加价办法，将煤运加价标准并入目录电价，执行新的目录电价。新目录电价对大工业基本电价提高，将照明电价分为居民生活用电和非居民生活用电两类，居民生活用电仅限于照明用电和家用电器用电。根据江苏省物价局、计划经济委员会、电力工业局、财政厅《关于一九九三年电价调整的通知》，扬州市物价局、经济委员会、供电局、财政局于1993年9月13日转发江苏省《关于一九九三年电价调整的通知》，9月24日印发《关于市区城镇各种电力价格调整的通知》，自1993年7月1日起执行。1993年扬州市区国家电价见表5－11。1993年扬州市区省集资及地方电价见表5－12。

表 5－11　　1993 年扬州市区国家电价　　单位：元/（千瓦·时）

<table>
<tr><th colspan="2">电价类别</th><th>电度电价</th><th>三峡工程建设基金</th><th>城市建设附加</th><th>路灯建设附加</th><th>城网改造资金</th><th>合计</th></tr>
<tr><td rowspan="2">居民生活照明</td><td>不满 1 千伏</td><td>0.26</td><td rowspan="10">0.003</td><td rowspan="2">0.02</td><td rowspan="2">0.01</td><td rowspan="2">0.007</td><td>0.30</td></tr>
<tr><td>1～10 千伏</td><td>0.25</td><td>0.29</td></tr>
<tr><td rowspan="2">非居民生活照明</td><td>不满 1 千伏</td><td>0.379</td><td rowspan="2">0.01</td><td rowspan="2">0.005</td><td rowspan="2">—</td><td>0.397</td></tr>
<tr><td>1～10 千伏</td><td>0.369</td><td>0.387</td></tr>
<tr><td rowspan="3">非、普工业用电</td><td>不满 1 千伏</td><td>0.302</td><td rowspan="3">0.007</td><td rowspan="3">—</td><td rowspan="3">—</td><td>0.312</td></tr>
<tr><td>1～10 千伏</td><td>0.295</td><td>0.305</td></tr>
<tr><td>35 千伏及以上</td><td>0.294</td><td>0.294</td></tr>
<tr><td rowspan="2">大工业用电</td><td>1～10 千伏</td><td>0.213</td><td rowspan="2">0.006 2</td><td rowspan="2">—</td><td rowspan="2">—</td><td>0.222 2</td></tr>
<tr><td>35 千伏及以上</td><td>0.202</td><td>0.211 2</td></tr>
<tr><td>磷肥厂生产</td><td>1～10 千伏</td><td>0.181</td><td>0.006 2</td><td>—</td><td>—</td><td>0.190 2</td></tr>
<tr><td>说明</td><td colspan="7">1. 磷肥厂生产用电中省戴帽电量部分再减价 0.02 元，即每千瓦·时为 0.17 元。
2. 大工业电价中基本电价部分另按最大需量每月每千瓦 15 元或变压器容量每月每千伏·安 10 元收取</td></tr>
</table>

表 5－12　　1993 年扬州市区省集资及地方电价　　单位：元/（千瓦·时）

<table>
<tr><th rowspan="3">征收对象</th><th colspan="3">地方综合加工</th><th rowspan="3">省电力建设资金</th><th rowspan="3">二电厂预筹</th><th rowspan="3">配网建设预筹</th><th colspan="3">合计</th></tr>
<tr><th colspan="2">动力</th><th rowspan="2">照明</th><th colspan="2">动力</th><th rowspan="2">照明</th></tr>
<tr><th>峰</th><th>谷</th><th>峰</th><th>谷</th></tr>
<tr><td>实行峰谷用电考核的工业、交通、商业、粮食、建工、物资、外贸、邮电、三资等工业交通企业</td><td>0.15</td><td rowspan="2">免收</td><td rowspan="5">0.05</td><td rowspan="5">0.02</td><td rowspan="5">0.04</td><td rowspan="5">0.04</td><td>0.25</td><td rowspan="2">0.10</td><td rowspan="5">0.15</td></tr>
<tr><td>其中：填谷夜炉企业</td><td>0.12</td><td>0.22</td></tr>
<tr><td>经营服务行业［公司、商店、旅社、宾馆、招待所、浴室、理发、煤球厂（店）、豆食、饼面店、文化娱乐场所、个体工商户］及行政、事业单位</td><td colspan="2">0.18</td><td colspan="2">0.28</td></tr>
<tr><td>自来水、民政福利、校办企业</td><td colspan="2">0.05</td><td colspan="2">0.15</td></tr>
<tr><td>未安装峰谷表的企业</td><td colspan="2">0.15</td><td colspan="2">0.25</td></tr>
<tr><td>说明</td><td colspan="9">1. 地方综合加工电价为调减后的价格，从 1993 年 7 月 1 日起执行。
2. 二电厂预筹和配网建设预筹根据市政府有关规定计收</td></tr>
</table>

扬州市从 1994 年起电价随各类征收附加、集资项目频繁调整。1994～1998 年，扬州市区共调整电价 10 次。1994～1998 年江苏省电网电价及扬州市区各类价格明细见表 5－13～表 5－22。

表 5－13 1994 年江苏省电网电价及扬州市区各类价格明细

电价分类		江苏省电网价格［元/(千瓦·时)］	基本电价		三峡工程	省集资	二电厂集资	地方配网集资	地方附加税	路灯	省市配网	合计
			最大需量(元/千瓦/月)	变压器容量［元/(千伏·安)/月］								
居民生活照明	不满 1 千伏	0.26			0.003				0.02	0.01	0.007	0.30
	1～10 千伏	0.25			0.003				0.02	0.01	0.007	0.29
非居民生活照明	不满 1 千伏	0.403			0.005	0.02	0.04	0.04	0.010	0.005		0.523
	1～10 千伏	0.392			0.005	0.02	0.04	0.04	0.010	0.005		0.512
非普工业电价	不满 1 千伏	0.329			0.005	0.02	0.04	0.04	0.007			0.441
	1～10 千伏	0.321			0.005	0.02	0.04	0.04	0.007			0.433
	35 千伏及以上	0.310			0.005	0.02	0.04	0.04	0.007			0.422
大工业电价	1～10 千伏	0.236	15.00	10.00	0.005	0.02	0.04	0.04	0.006 2			0.347 2
	35 千伏及以上	0.224	15.00	10.00	0.005	0.02	0.04	0.04	0.006 2			0.335 2
农业生产电价	不满 1 千伏	0.274			0.005							0.279
	1～10 千伏	0.265			0.005							0.27
	35 千伏及以上	0.251			0.005							0.256

注 从 1994 年 4 月 19 日起执行。

表 5-14　1995 年 4 月江苏省电网电价及扬州市区各类价格明细

电价分类		江苏省电网价格[元/(千瓦·时)]	基本电价		三峡工程	省集资	二电厂集资	地方配网集资	地方附加税	路灯	省市配网	无电村集资	合计
			最大需量(元/千瓦/月)	变压器容量[元/(千伏·安)/月]									
居民生活照明	不满 1 千伏	0.26			0.003				0.02	0.01	0.007		0.30
	1～10 千伏	0.25			0.003				0.02	0.01	0.007		0.29
非居民生活照明	不满 1 千伏	0.403			0.005	0.024	0.04	0.04	0.010	0.005		0.006	0.533
	1～10 千伏	0.392			0.005	0.024	0.04	0.04	0.010	0.005		0.006	0.522
非普工业电价	不满 1 千伏	0.329			0.005	0.024	0.04	0.04	0.007			0.006	0.451
	1～10 千伏	0.321			0.005	0.024	0.04	0.04	0.007			0.006	0.443
	35 千伏及以上	0.310			0.005	0.024	0.04	0.04	0.007			0.006	0.432
大工业电价	1～10 千伏	0.236	15.00	10.00	0.005	0.024	0.04	0.04	0.006 2			0.006	0.357 2
	35 千伏及以上	0.224	15.00	10.00	0.005	0.024	0.04	0.04	0.006 2			0.006	0.345 2
农业生产电价	不满 1 千伏	0.274			0.005							0.006	0.285
	1～10 千伏	0.265			0.005							0.006	0.276
	35 千伏及以上	0.251			0.005							0.006	0.261

注　从 1995 年 4 月 12 日起执行。

表 5－15 1995 年 9 月江苏省电网电价及扬州市区各类价格明细

电价分类		江苏省电网价格[元/(千瓦·时)]	基本电价		三峡工程	省集资	二电厂集资	地方配网集资	地方附加税	路灯	省市配网	无电村集资	合计
			最大需量(元/千瓦/月)	变压器容量[元/(千伏·安)/月]									
居民生活照明	不满 1 千伏	0.36			0.003				0.02	0.01	0.007		0.40
	1～10 千伏	0.35			0.003				0.02	0.01	0.007		0.39
非居民生活照明	不满 1 千伏	0.403			0.005	0.024	0.04	0.04	0.010	0.005		0.006	0.533
	1～10 千伏	0.392			0.005	0.024	0.04	0.04	0.010	0.005		0.006	0.522
非普工业电价	不满 1 千伏	0.329			0.005	0.024	0.04	0.04	0.007			0.006	0.451
	1～10 千伏	0.321			0.005	0.024	0.04	0.04	0.007			0.006	0.443
	35 千伏及以上	0.310			0.005	0.024	0.04	0.04	0.007			0.006	0.432
大工业电价	1～10 千伏	0.236	15.00	10.00	0.005	0.024	0.04	0.04	0.006 2			0.006	0.357 2
	35 千伏及以上	0.224	15.00	10.00	0.005	0.024	0.04	0.04	0.006 2			0.006	0.345 2
农业生产电价	不满 1 千伏	0.274			0.005							0.006	0.285
	1～10 千伏	0.265			0.005							0.006	0.276
	35 千伏及以上	0.251			0.005							0.006	0.261

注 从 1995 年 9 月 1 日起执行。

表 5-16　　1996 年 1 月江苏省电网电价及扬州市区各类价格明细

电价分类		江苏省电网价格［元/(千瓦·时)］	基本电价		三峡工程	新安江移民	省集资	二电厂集资	地方配网集资	地方附加税	路灯	省市配网	无电村集资	合计
			最大需量(元/千瓦/月)	变压器容量［元/(千伏·安)/月］										
居民生活照明	不满 1 千伏	0.36			0.003					0.02	0.01	0.007		0.40
	1～10 千伏	0.35			0.003					0.02	0.01	0.007		0.39
非居民生活照明	不满 1 千伏	0.403			0.004	0.001	0.024	0.06	0.04	0.010	0.005		0.006	0.553
	1～10 千伏	0.392			0.004	0.001	0.024	0.06	0.04	0.010	0.005		0.006	0.542
非普工业电价	不满 1 千伏	0.329			0.004	0.001	0.024	0.06	0.04	0.007			0.006	0.471
	1～10 千伏	0.321			0.004	0.001	0.024	0.06	0.04	0.007			0.006	0.463
	35 千伏及以上	0.310			0.004	0.001	0.024	0.06	0.04	0.007			0.006	0.452
大工业电价	1～10 千伏	0.236	15.00	10.00	0.004	0.001	0.024	0.06	0.04	0.006 2			0.006	0.377 2
	35 千伏及以上	0.224	15.00	10.00	0.004	0.001	0.024	0.06	0.04	0.006 2			0.006	0.365 2
农业生产电价	不满 1 千伏	0.274			0.004	0.001							0.006	0.285
	1～10 千伏	0.265			0.004	0.001							0.006	0.276
	35 千伏及以上	0.251			0.004	0.001							0.006	0.262

注　从 1996 年 1 月 1 日起执行。

表 5-17　　1996 年 10 月江苏省电网电价及扬州市区各类价格明细

电价分类		江苏省电网价格[元/(千瓦·时)]	基本电价		三峡工程	新安江移民	省集资	二电厂集资	地方配网集资	地方附加税	路灯	省市配网	无电村集资	合计
			最大需量(元/千瓦/月)	变压器容量[元/(千伏·安)/月]										
居民生活照明	不满 1 千伏	0.36			0.003		0.02			0.02	0.01	0.007		0.42
	1～10 千伏	0.35			0.003		0.02			0.02	0.01	0.007		0.41
非居民生活照明	不满 1 千伏	0.414			0.005 5	0.001	0.06	0.06	0.04	0.010	0.005		0.006	0.601 5
	1～10 千伏	0.403			0.005 5	0.001	0.06	0.06	0.04	0.010	0.005		0.006	0.590 5
非普工业电价	不满 1 千伏	0.341			0.005 5	0.001	0.06	0.06	0.04	0.007			0.006	0.520 5
	1～10 千伏	0.333			0.005 5	0.001	0.06	0.06	0.04	0.007			0.006	0.512 5
	35 千伏及以上	0.321			0.005 5	0.001	0.06	0.06	0.04	0.007			0.006	0.500 5
大工业电价	1～10 千伏	0.246	15.00	10.00	0.005 5	0.001	0.06	0.06	0.04	0.006 2			0.006	0.424 7
	35 千伏及以上	0.233	15.00	10.00	0.005 5	0.001	0.06	0.06	0.04	0.006 2			0.006	0.411 7
农业生产电价	不满 1 千伏	0.285			0.005 5	0.001	0.02						0.006	0.317 5
	1～10 千伏	0.275			0.005 5	0.001	0.02						0.006	0.307 5
	35 千伏及以上	0.261			0.005 5	0.001	0.02						0.006	0.293 5

注　从 1996 年 10 月 1 日起执行。

表 5－18　　1997 年 5 月江苏省电网电价及扬州市区各类价格明细

电价分类		江苏省电网价格[元/(千瓦·时)]	基本电价		三峡工程	新安江移民	省集资	二电厂集资	地方配网集资	地方附加税	路灯	省市配网	无电村集资	合计
			最大需量(元/千瓦/月)	变压器容量[元/(千伏·安)/月]										
居民生活照明	不满 1 千伏	0.41			0.003		0.02			0.02	0.01	0.007		0.47
	1～10 千伏	0.40			0.003		0.02			0.02	0.01	0.007		0.46
非居民生活照明	不满 1 千伏	0.456			0.015	0.001	0.06	0.06	0.04	0.010	0.005		0.006	0.653
	1～10 千伏	0.444			0.015	0.001	0.06	0.06	0.04	0.010	0.005		0.006	0.641
非普工业电价	不满 1 千伏	0.374			0.015	0.001	0.06	0.06	0.04	0.007			0.006	0.563
	1～10 千伏	0.366			0.015	0.001	0.06	0.06	0.04	0.007			0.006	0.555
	35 千伏及以上	0.354			0.015	0.001	0.06	0.06	0.04	0.007			0.006	0.543
大工业电价	1～10 千伏	0.273	18.00	12.00	0.015	0.001	0.06	0.06	0.04	0.006 2			0.006	0.461 2
	35 千伏及以上	0.26	18.00	12.00	0.015	0.001	0.06	0.06	0.04	0.006 2			0.006	0.448 2
农业生产电价	不满 1 千伏	0.315			0.015	0.001	0.02						0.006	0.357
	1～10 千伏	0.305			0.015	0.001	0.02						0.006	0.347
	35 千伏及以上	0.29			0.015	0.001	0.02						0.006	0.332

注　从 1997 年 5 月 1 日起执行。

表 5-19 1997 年 7 月江苏省电网电价及扬州市区各类价格明细

电价分类		江苏省电网价格[元/(千瓦·时)]	基本电价		三峡工程	新安江移民	省集资	二电厂集资	地方配网集资	地方附加税	路灯	省市配网	无电村集资	合计
			最大需量(元/千瓦/月)	变压器容量[元/(千伏·安)/月]										
居民生活照明	不满 1 千伏	0.41			0.003		0.02			0.02	0.01	0.007		0.47
	1～10 千伏	0.40			0.003		0.02			0.02	0.01	0.007		0.46
非居民生活照明	不满 1 千伏	0.456			0.015	0.001	0.06	0.04	0.02	0.010	0.005		0.006	0.613
	1～10 千伏	0.444			0.015	0.001	0.06	0.04	0.02	0.010	0.005		0.006	0.601
非普工业电价	不满 1 千伏	0.374			0.015	0.001	0.06	0.04	0.02	0.007			0.006	0.523
	1～10 千伏	0.366			0.015	0.001	0.06	0.04	0.02	0.007			0.006	0.515
	35 千伏及以上	0.354			0.015	0.001	0.06	0.04	0.02	0.007			0.006	0.503
大工业电价	1～10 千伏	0.273	18.00	12.00	0.015	0.001	0.06	0.04	0.02	0.006 2			0.006	0.421 2
	35 千伏及以上	0.26	18.00	12.00	0.015	0.001	0.06	0.04	0.02	0.006 2			0.006	0.408 2
农业生产电价	不满 1 千伏	0.315			0.015	0.001	0.02						0.006	0.357
	1～10 千伏	0.305			0.015	0.001	0.02						0.006	0.347
	35 千伏及以上	0.29			0.015	0.001	0.02						0.006	0.332

注 从 1997 年 7 月 1 日起执行。

表 5-20　　1998 年 7 月江苏省电网电价及扬州市区各类价格明细

电价分类		江苏省电网价格[元/(千瓦·时)]	基本电价		三峡工程	新安江移民	省集资	二电厂集资	地方配网集资	地方附加税	路灯	省市配网	合计
			最大需量(元/千瓦/月)	变压器容量[元/(千伏·安)/月]									
居民生活照明	不满 1 千伏	0.41			0.003		0.02			0.02	0.01	0.007	0.47
	1～10 千伏	0.40			0.003		0.02			0.02	0.01	0.007	0.46
非居民生活照明	不满 1 千伏	0.456			0.015	0.001	0.06	0.04	0.02	0.010	0.005		0.607
	1～10 千伏	0.444			0.015	0.001	0.06	0.04	0.02	0.010	0.005		0.595
非普工业电价	不满 1 千伏	0.374			0.015	0.001	0.06	0.04	0.02	0.007			0.517
	1～10 千伏	0.366			0.015	0.001	0.06	0.04	0.02	0.007			0.509
	35 千伏及以上	0.354			0.015	0.001	0.06	0.04	0.02	0.007			0.497
大工业电价	1～10 千伏	0.273	18.00	12.00	0.015	0.001	0.06	0.04	0.02	0.006 2			0.415 2
	35 千伏及以上	0.26	18.00	12.00	0.015	0.001	0.06	0.04	0.02	0.006 2			0.402 2
农业生产电价	不满 1 千伏	0.315			0.015	0.001	0.02						0.351
	1～10 千伏	0.305			0.015	0.001	0.02						0.341
	35 千伏及以上	0.29			0.015	0.001	0.02						0.326

注　从 1998 年 7 月 1 日起执行。

表 5－21 1998 年 7 月江苏省电网电价及扬州市区各类价格明细

电价分类		江苏省电网价格[元/(千瓦·时)]	基本电价		三峡工程	新安江移民	省集资	二电厂集资	地方配网集资	地方附加税	路灯	省市配网	合计
			最大需量(元/千瓦/月)	变压器容量[元/(千伏·安)/月]									
居民生活照明	不满 1 千伏	0.41			0.003		0.02			0.02	0.01	0.007	0.47
	1～10 千伏	0.40			0.003		0.02			0.02	0.01	0.007	0.46
非居民生活照明	不满 1 千伏	0.456			0.015	0.001	0.04	0.04	0.02	0.010	0.005		0.587
	1～10 千伏	0.444			0.015	0.001	0.04	0.04	0.02	0.010	0.005		0.575
非普工业电价	不满 1 千伏	0.374			0.015	0.001	0.04	0.04	0.02	0.007			0.497
	1～10 千伏	0.366			0.015	0.001	0.04	0.04	0.02	0.007			0.489
	35 千伏及以上	0.354			0.015	0.001	0.04	0.04	0.02	0.007			0.477
大工业电价	1～10 千伏	0.273	18.00	12.00	0.015	0.001	0.04	0.04	0.02	0.006 2			0.395 2
	35 千伏及以上	0.26	18.00	12.00	0.015	0.001	0.04	0.04	0.02	0.006 2			0.382 2
农业生产电价	不满 1 千伏	0.315			0.015	0.001	0.02						0.351
	1～10 千伏	0.305			0.015	0.001	0.02						0.341
	35 千伏及以上	0.29			0.015	0.001	0.02						0.326

注 从 1998 年 7 月 20 日起执行。

表 5-22　　1998 年 11 月江苏省电网电价及扬州市区各类价格明细

电价分类		江苏省电网价格[元/(千瓦·时)]	基本电价		三峡工程	新安江移民	省电建	地方附加税	路灯	合计
			最大需量(元/千瓦/月)	变压器容量[元/(千伏·安)/月]						
居民生活照明	不满 1 千伏	0.417			0.003		0.02	0.02	0.01	0.47
	1～10 千伏	0.407			0.003		0.02	0.02	0.01	0.46
非居民生活照明	不满 1 千伏	0.456			0.015	0.001	0.02	0.010	0.005	0.507
	1～10 千伏	0.444			0.015	0.001	0.02	0.010	0.005	0.495
非普工业电价	不满 1 千伏	0.374			0.015	0.001	0.02	0.007		0.417
	1～10 千伏	0.366			0.015	0.001	0.02	0.007		0.409
	35 千伏及以上	0.354			0.015	0.001	0.02	0.007		0.397
大工业电价	1～10 千伏	0.273	18.00	12.00	0.015	0.001	0.02	0.006 2		0.315 2
	35 千伏及以上	0.26	18.00	12.00	0.015	0.001	0.02	0.006 2		0.302 2
农业生产电价	不满 1 千伏	0.315			0.015	0.001	0.02			0.351
	1～10 千伏	0.305			0.015	0.001	0.02			0.341
	35 千伏及以上	0.29			0.015	0.001	0.02			0.326

注　从 1998 年 11 月 17 日起执行。

江苏省统一销售电价 1999 年 7 月，江苏省物价局、计划与经济委员会、电力局印发《关于在全省实行统一销售分类电价的通知》。这次电价改革将国家批准的电力建设基金及附加费纳入统一销售电价中，不再另行加收，地方综合差价和电力部门收取的上网服务费均停止执行，同时也改变电费由供电局和地方三电办公室分别收取的状况，为电价的统一和规范起到基础性作用，意义重大，影响深远。江苏省统一销售电价执行时间，居民生活用电价格从 1999 年 8 月 1 日抄见电量起执行；其他价格从 1999 年 7 月 15 日抄见电量起执行。1999 年江苏电网销售电价见表 5－23。

表 5－23　　1999 年江苏电网销售电价

电价类别	电度电价[元/(千瓦·时)]					基本电价	
	1 千伏以下	1～10 千伏	35～110 千伏	110 千伏	220 千伏及以上	最大需量[元/(千瓦)/月]	变压器容量[元/(千伏·安)/月]
城镇居民生活	0.52	0.51	—	—	—	—	—
农村居民生活	—	0.393	—	—	—	—	—
商业照明	0.899	0.884	0.869	—	—	—	—
其他照明	0.791	0.776	0.761	—	—	—	—
非工业、普通工业	0.664	0.649	0.634	—	—	—	—
其中：省戴帽中小化肥	0.342	0.327	0.312	—	—	—	—
大工业	—	0.473	0.458	0.443	0.428	27	18
其中：电石、电解烧碱、合成氨、电炉黄磷	—	0.463	0.448	0.433	0.418	27	18
省戴帽中小化肥	—	0.214	0.199	0.184	—	27	
农业生产	0.421	0.411	0.396	—	—	—	—
贫困县农业排灌	0.275	0.273	0.269	—	—	—	—

注 1. 商业照明用电范围，凡从事商品交换，提供有偿服务等电力用户的照明用电，包括商品销售业（商场、商店、批发中心、超市、加油站等）、物资供销仓储业（物资公司、仓库等）、服务业（宾馆、饭店、招待所、旅社、酒店、茶馆、咖啡厅、美容美发厅、浴室、休闲中心等）、娱乐场所（公园、影剧院、录像厅、游戏机室、健身房、保龄球馆、游泳池、歌舞厅等）、修理、修配及其他服务业。

2. 其他照明用电范围，原非居民照明用电减去上述商业照明用电户以外的电力用户。

3. 居民住宅楼内电梯、水泵、楼道照明等直接服务于居民生活的用电，执行城镇居民生活用电电价。

分时电价 扬州市 1991 年开始在地方综合加工电价范围内推行峰、谷分时电价，利用经济手段调整用电负荷，移峰填谷，提高用电负荷率，缓解缺电矛盾。市、县两级三电办公室把这项措施作为计划用电重要内容，制定实施方案，并与工厂用户签约、考核、结算。扬州市月用电量10万千瓦·时以上用户（占工业用电量70%）均实行峰、谷分时电价。峰、谷分时电价价差约3∶1。

1999年，根据江苏省物价局、计划与经济委员会、电力局《关于在部分行业试行峰谷分时电价的通知》，扬州供电局从1999年10月1日起，在机械、冶金、化工、医药、建材、纺织六大行业受电容量在315千伏·安及以上的工业用户及电热锅炉（含蓄冰制冷）用电推行峰谷分时电价。分时电价3个时段划分，即峰段（7∶00～11∶00，17∶00～21∶00）；平段（11∶00～17∶00，21∶00～23∶00）；谷段（23∶00～7∶00）。峰谷比价为3∶1，即峰价在平价基础上上浮50%，谷价在平价基础上下浮50%。从2003年8月1日起，扬州市区逐步实行居民用户峰谷分时电价，峰段8～21时，价格每千瓦·时0.55元，谷段21时至次日8时，价格每千瓦·时0.30元。居民用户自愿申请分时电价。2003年8月13日在扬州市区曙光仪器厂宿舍区安装第一批分时电表，至当年底扬州市区安装4.6万只分时电表。

2002年，扬州市六大行业共428个大工业用户执行峰谷电价，用电量计12.99亿千瓦·时，占总售电量的34.91%。六大行业峰、平、谷电量比为4.3∶4.6∶4.0。1999年江苏电网峰谷分时电价见表5-24。1999年江苏电网省戴帽中、小化肥峰谷分时电价见表5-25。2002年扬州市六大行业峰谷电价执行情况见表5-26。

表5-24　　1999年江苏电网峰谷分时电价　　单位：元/（千瓦·时）

类别		电压等级＼时段	高峰	平段	低谷
大工业	非优待	1～10千伏	0.710	0.473	0.237
		35～110千伏	0.687	0.458	0.229
		110千伏	0.665	0.443	0.222
		220千伏及以上	0.642	0.428	0.214
	优待	1～10千伏	0.695	0.463	0.232
		35～110千伏	0.672	0.448	0.224
		110千伏	0.650	0.433	0.217
		220千伏及以上	0.627	0.418	0.209
非工业普通工业	1千伏以下		0.996	0.664	0.332
	1～10千伏		0.974	0.649	0.325
	35千伏及以上		0.951	0.634	0.317

注　大工业优待指电石、电解烧碱、合成氨、电炉黄磷等。

表 5-25 1999 年江苏电网省戴帽中、小化肥峰谷分时电价

单位：元/(千瓦·时)

类别	电压等级 时段	高峰	平段	低谷
大工业	1～10 千伏	0.321	0.214	0.107
	35～110 千伏	0.299	0.199	0.100
	110 千伏及以上	0.276	0.184	0.092
非工业 普通工业	1 千伏以下	0.513	0.342	0.171
	1～10 千伏	0.491	0.327	0.164
	35～110 千伏	0.468	0.312	0.156

表 5-26 2002 年扬州市六大行业峰谷电价执行情况

行业	峰期电量（万千瓦·时）	平期电量（万千瓦·时）	谷期电量（万千瓦·时）	差价收入（万元）	差价单价[元/(万千瓦·时)]
化学工业	13 497.29	13 734.03	13 068.90	83.08	2.06
医药工业	113.96	128.793	85.41	6.85	20.88
纺织工业	8545.36	9270.29	8275.29	183.93	7.05
建材工业	3340.76	3621.01	3641.83	－166.35	－15.69
冶金工业	4067.77	4382.77	4817.63	－176.47	－13.30
机械工业	8576.61	9592.74	7124.01	316.55	12.52
其他	5013.83	5228.39	3773.39	265.74	18.96
合计	43 155.59	45 958.03	40 786.45	513.30	3.95

农村电价 见第六章第二节中的农村电价。

企业优惠电价 1999～2001 年，电力供应略显供大于求现象，江苏省政府出台了一系列优惠电价，帮助国有企业和业绩优良企业发展生产，也是电力增供促销的措施。扬州市优惠电价种类有一次性电费销售折让（部分企业享受较多统配电量，即全部或基本为平价用电，1999 年 7 月全省实行统一销售分类电价，省政府为实现电价平稳过渡，出台一次性电费销售折让政策，对这类企业适当优惠电费。江苏省经济贸易委员会于 2001 年 7 月 16 日、11 月 12 日印发文件公布扬州市 56 个电费销售折让企业名单及折让金额，享受电费销售折让企业与当地供电局办理兑现手续）、生产调度电量优惠、用电权电量优惠（1985 年起，参与集资建设大型公用发电厂的企业在发电机组投产发电后可以享受集资提留电量用电权，电价按国家规定的现行电价计算，1998 年，国家停止执行企业购买用电权的办法，对已购买用电权电量的企业分期按每千瓦·时优惠 0.10 元）、电力债券优惠、超基数用电优惠（从 2000 年第二季度开始执行）、碌碱优惠（从 2000 年 4 月开始执行）。2000 年扬州市总计优惠电费 3897.9 万元。2001 年总计优惠电费 5553.79 万元，其中，全市部分重点企业、困难企业、用电大户一次性电费销售折让金额 4530 万元，生产调度电量优惠 320 万元，用电权电量优惠 159 万元，电力债券优惠 132.22 万元，碌碱优惠 412.57 万元。2002 年大工业用电中超基数用电优惠电费 112.63 万元，全市部分重点企

业、困难企业、用电大户一次性电费销售折让金额3244万元，返还用电权差价457.98万元；普、非工业用电中各类优惠合计1735.52万元。2002年9月停止执行部分企业新增电量优惠电价。

电费 1991年，扬州供电局部属企业电费抄、核、收人员共357人（扬州市区29人，泰州31人，靖江61人，泰兴79人，泰县56人，江都49人，仪征20人，邗江32人），平均每人抄核收用户数为562户；省属企业抄核收人员共128人（兴化66人，高邮32人，宝应30人），平均每人抄核收用户数为389户。抄核收人员隶属于各供电所、用电营业所等。扬州市农村抄表，1991年共有314个乡镇电力管理站，实行承包的电力管理站共269个，供电局抄变电所出线总表，与电力管理站结算电费，电力管理站抄配电变压器总表及一级分表，村电工抄配电台区内用户电能表，每个月固定日期抄表。扬州市区供电所1991年设有1个抄收班29人（不包括聘请的代收人员），抄收的用户相对固定，抄收人员每两个月固定抄表日抄录居民用户电能表电能数（多户合用一只总电能表，即抄录总表，不抄分表），并现场开出电费通知单给用户，用户在规定的7天期限内凭电费通知单到银行（市区供电所专用电费收取台）交费。

2000年初，扬州供电局成立电力营销部，下设抄收中心，有3个抄收班和电费结算班，负责扬州市区的抄表收费；同年，电力营销部辞退临时性抄表工9人，临时性收费工17人。2000年8月1日起，扬州市区用电营销网络与银行连网，开始实行由银行代收电费。电力营销部发给每户居民电费缴费卡；抄表人员在抄录用户电量后，电费核算人员将用户电量及电费结算资料输入计算机；居民持电费缴费卡到银行交电费；银行凭电费缴费卡编号在计算机查阅用户电费资料，收费并开出电费收据；用户交费时间由原来7天期限改为抄表日3天后至月底；除现金交费外，用户还可以用存折、龙卡等代扣电费。2000年9月11日，电力营销部举行与建设银行、工商银行连网代收电费签字仪式，扬州市区电费交费点由8个增加为98个。2001年9月1日，与交通银行扬州分行签约，增设23个电费交费点。2001年12月，与农业银行签约代收电费，扬州市区及郊区电费交费点共148个。2002年，对扬州市区居民抄表仍为两个月1次，扬州市区及郊区共有银行电费交费点200余个。扬州市农村地区自2001年7月起由各县（市）供电局（公司）直接抄收到户。2002年12月邗江区试点的24个乡镇率先实现由农业银行代收电费。

在用电结构中，扬州市大工业用户（用电容量315千伏·安及以上工业用户）用电量所占比重大（2002年占总售电量的44.68%），抄表收费特别重视，抄表人员也有所选择。1993年实行新目录电价后，抄表时间为每月1次，电量超过100万千瓦·时的用户实行月末抄表，其余为每月25日之后抄表，上门抄表时须有用户代表在场，确认抄表数据准确。大用户每月分3次通过银行划拨电费，进入供电局账户，比例为40%（10日前）、30%（20日前）、30%（当月抄表后结算）。1998年，大用户每月划拨比例为30%、40%、30%。用电容量在100千伏·安及以上的普通工业、非工业用户，每月分2次划拨电费进入供电局账户，即15日前划拨50%，月末抄表后结算其余50%。2002年，扬州市区大用户交费结算方式有3种，第一种是每月通过银行划拨电费，比例为30%、30%、40%；第二种是预交下月电费，通过负荷管理系统督促用户续购电量，当购买电量用完时，系统自动对用户限电；第三种是凭电表卡预购电量方式。

扬州供电局1996年在扬州市区大工业用户安装负荷管理系统，利用负荷管理系统的功能对大用电户远程抄表，通过与生产厂家（上海）合作，1999年在扬州市区安装140户，开始试运行，与抄收中心现场抄表核对，误差在1%以下。2001年，扬州市区及高邮供电局共安装大用户远程抄表装置333户。远程抄表系统不能绝对准确显示用电量，因此对大用户的抄表2002年前仍是抄表人员上门抄表。

居民用户集中抄表系统是通过配电变压器台区信息采集系统显示本台区各用户电量，抄表人员抄录各用户电量资料，免除挨家逐户抄表，提高工作效率。1998年2月开始，扬州市区供电所与生产厂家（南京）合作，在市区四季园小区、翠岗小区、沙中一村小区、东花园小区安装两种方式（电力载波方式、总线方式）的集中抄表装置，共采集4532户居民用户电量。1998年底进入调试阶段，1999年下半年进入试运行，2000年初通过初步验收，进入单轨运行。2000年5月开始，扬州市区居民用户机械式电能表更换为电子表，集中抄表装置也随之由脉冲式传输更新为低压载波传输，原集中抄表装置不再使用；在换装电子表的同时，新装低压载波传输集中抄表装置，进入试运行后，采集各用户电量数据准确无误。至2001年底，扬州市区集中抄表系统已经安装4.5万户。

电费回收管理。1991年，扬州供电局按照江苏省电力局规定，建立电费台账，对票据的领用、消耗建立签收制度。两部制电价和单一制电价动力电费发票由扬州供电局统一印制、统一发票编号、统一管理，发给县（市）供电局。电费回收率按月度考核，纳入月奖金考核中。1992年，扬州供电局为各县（市）供电局配置1台用于电费核算的计算机。1993年9月，扬州供电局规定交付电费的最迟期限为居民用户自抄表后7天内交清电费；用电容量在100千伏·安（千瓦）以下普通工业及非工业用户在5天内交清电费；100千伏·安（千瓦）及以上普通工业用户及非工业用户每月分2次通过银行划拨电费；大工业用户每月分3次通过银行划拨电费；农村用户参照城镇居民和同类型工业用户执行。供电局对逾期交付电费的用户，按规定加收滞纳金；对不交电费的用户限制或停止供电，并停止受理用电增容；对长期拖欠电费或屡次拖欠电费被供电局1年内停电超过2次的用户，终止供电协议，解除供用电关系，用户需恢复供电，按新装用户规定办理。1995年，扬州供电局执行电费回收“五挂钩”考核奖惩制度，明确各级领导和抄收人员的责任，指标层层分解，严格考核兑现，电费回收指标与个人工资奖金挂钩。1996年，扬州供电局在全市范围开展“电力是商品，用电必须交费”宣传活动，增强用户按时缴纳电费意识。

1997年9月9日，江苏省计经委、电力局联合发布传真电报《关于进一步加强电费及电力建设基金收缴工作的通知》。扬州供电局召开电费回收紧急会议，采取多种措施回收电费。1997年9月21日止，扬州市累计欠电费7509.8万元（欠国家电费5501万元，欠地方电费2008.8万元），欠电费50万元以上的用户13户，欠电费最多是扬州钢铁厂，达3036.69万元。扬州供电局帮助扬州钢铁厂恢复生产，使拖欠的电费得以逐步清还。1999年6月16日，省电力公司在南京召开电费回收会议，要求实现“030”目标，即当年电费结零，往年陈欠电费回收30%。

至1999年6月5日，扬州供电局累计欠电费4255万元，其中欠电费100万元以上的用户13个。扬州供电局制订的电费回收措施包括落实电费回收责任制，各部门负责人是电费回收的第一责任人，继续实行电费回收风险承包抵押（1997年四季度开始实行，将电费回收与抄、核、收及相关人员经济责任考核挂钩，调动职工的工作积极性。2001年1874人参加，交保证金104.11万元）；出资3万元在扬州电视台晚间时段播放催收电费宣传广告；建立一本台账、两项记录、三次提醒、四项服务电费回收管理办法；改革农村用户缴费方式，由原坐收或走收电费方式改革为由乡镇所在地的农业银行及邮政支局联网代收电费。2000年对欠费大用户依法实施停、限电188次，2001年停、限电553次。2002年底，扬州供电公司实现当年电费结零，往年陈欠电费全部结清。

2002年底，江苏省电力公司决定电费资金从2003年起在中国建设银行江苏省分行实行统一账户管理。扬州供电公司电力营销部和财务部按照《江苏省电力公司统一电费账户实施办法（试行）》规定，将原电费账户全部清理，建立新的统一电费账户，2003年1月份开始电费汇入新账户。2001年扬州供电局电费回收措施实施情况见表5-27。1991～1999年扬州供电局电费收缴统计见表5-28。2000～2002年扬州供电局（公司）电费收缴统计见表5-29。

表5-27　　2001年扬州供电局电费回收措施实施情况

名　称	电费风险抵押		预付费电卡表		负控摧费	电费违约金		大用户停电通知单	
	人	万元	只	万千瓦·时	户·次	户·次	万元	发放户	停电户
扬州供电局（本部）	983	56.83	—	—	34	20 000	70.75	405	360
邗江供电局	273	13.34	—	—	28	3176	1.42	15	4
仪征供电局	88	1.26	—	—	—	102	1.54	351	117
江都供电局	110	9.48	4090	490.8	—	5912	35	184	20
高邮供电局	135	10.44	—	—	—	500	9.4	130	19
宝应供电局	285	12.76	—	—	—	3511	2.29	201	33
合　计	1874	104.11	4090	490.8	62	33 201	12.40	1286	553

表5-28　　1991～1999年扬州供电局电费收缴统计　　单位：万元

年份	本年应缴		本年实收		回收率（%）		欠费	
	总数	其中农业	总数	其中农业	总数	其中农业	总数	其中农业
1991	57 903.86	8990	57 618.88	8711.73			284.98	
1992	78 831.84	3512.12	77 945.34	3496.95			886.5	
1993	105 492.20	17 382.65	107 266.90	18 476.20			418.06	167.22
1994	171 043.94	20 480.53	171 043.94	20 480.53	100	100	888.2	
1995	206 287.24	19 145.3	206 287.24	19 145.3	100	100		
1996	228 701.47	21 256.02	228 701.47	21 256.02	100	100		
1996	133 525.33	9242.10	133 525.33	9242.10	100	100		
1997	129 118.96	13 899.81	121 971.81	12 287.91			7147.15	1201.98
1998	116 294.40	12 686.75	115 308.74	12 686.75		100	8482.8	
1999	168 190.87		170 087.69				3098.81	

表 5-29　　2000～2002 年扬州供电局(公司)电费收缴统计　　单位：万元

年份	分类 \ 项目		期末累计欠费			本年度电费			本年度以前欠费		
			合计	其中		应收	实收	回收率(%)	上年结转欠电费	本年度累计实收	回收率(%)
				本年度以前	本年度						
2000	电费总额		2079.72	2079.72	0.00	166 363.99	166 363.99	100.00	3098.81	1019.09	32.89
2000	其中	电费	2027.53	2027.53	0.00	154 898.27	154 898.27	100.00	3046.62	1019.09	33.45
2000	其中	电力建设基金	27.17	27.17	0.00	5512.57	5512.57	100.00	27.17	0.00	0.00
2000	其中	三峡建设基金	16.68	16.68	0.00	3724.48	3724.48	100.00	16.68	0.00	0.00
2000	其中	城市附加	8.34	8.34	0.00	2228.67	2228.67	100.00	8.34	0.00	0.00
2001	电费总额		0.00	0.00	0.00	173 579.97	173 579.97	100.00	2079.72	2079.72	100.00
2001	其中	电费	0.00	0.00	0.00	167 405.18	167 405.18	100.00	2027.53	2027.53	100.00
2001	其中	电力建设基金	0.00	0.00	0.00	0.00	0.00	0.00	27.17	27.17	100.00
2001	其中	三峡建设基金	0.00	0.00	0.00	3908.97	3908.97	100.00	16.68	16.68	100.00
2001	其中	城市附加	0.00	0.00	0.00	2265.82	2265.82	100.00	8.34	8.34	100.00
2002	电费总额		0.00	0.00	0.00	187 494.83	18 7494.83	100.00	0.00	0.00	0.00
2002	其中	电费	0.00	0.00	0.00	180 465.32	180 465.32	100.00	0.00	0.00	0.00
2002	其中	电力建设基金	0.00	0.00	0.00	0.00	0.00	0.00	0.00	0.00	0.00
2002	其中	三峡建设基金	0.00	0.00	0.00	4414.52	4414.52	100.00	0.00	0.00	0.00
2002	其中	城市附加	0.00	0.00	0.00	2614.99	2614.99	100.00	0.00	0.00	0.00

四、电能计量

计量机构及管理 1986年7月1日，《计量法》开始实施。1989年，为适应企业计量升级，扬州供电局成立计量管理科，与用电管理科合署办公，当年9月获得国家计量三级证书。1991年3月5日，扬州供电局通过扬州市计量局、江苏省电力局计量办公室国家二级计量考核验收，获得国家计量二级证书。

1991年，计量管理科有2名计量专职人，计量室仪表班有7人，负责所辖10个县（市）供电局电能计量关口、220千伏变电所电能平衡用计量装置的检定、安装、现场校验，以及电流互感器、电压互感器的误差试验，电压二次回路压降测量，县（市）供电局电能计量标准设备的量值传递工作。扬州供电局直属变电工区、扬州市区供电所及县（市）供电局均设有仪表班或校表班，负责所辖范围110千伏及以下变电所电能平衡用计量装置的检定、安装、现场校验，以及电流互感器、电压互感器的误差试验，电压二次回路压降测量，315千伏·安及以上电力用户电能计量装置的检定、安装、现场结算用电能表的检定等。全局有87名计量人员，实行持证上岗。各县（市）供电局负责配置、管理变电所关口表、农村配电变压器总表和一级分表、互感器，作为对乡镇电管站承包电量的结算依据。乡镇电管站对全乡用户电能表建立台账，按校验周期进行校验。

扬州供电局1991年按照企业计量升级的要求，添置三相电能表校验台5套，单相电能表校验台2套，互感器校验台12套，三相表校验仪8台，功率表校验仪9台，稳压电源26台。10个县（市）供电局及扬州市区供电所共有23套电能计量标准装置。扬州供电局本部共有各种计量器具36 677台（件），其中高标准计量装置7套，高标准器具23台（件），计费电能表30 132只。1992年6月初，扬州供电局参加省电力局电能计量4个项目选拔赛，获现场检验第一名、试验室检验第二名、综合项第三名；当年9月参加华东电业管理局电能计量操作比赛，获得两个项目第三名和一个项目第四名。

1994年，扬州供电局重新调整计量机构职责范围和检验周期。扬州供电局仪表班负责校验各县（市）供电局和局本部0.5级的各种携带型试验仪表，直属各变电所指示仪表的修、校；扬州供电局计量室负责管辖的发电厂、变电所及大用户有关技术指标和计费的电能表、互感器的修、校；县（市）供电局计量室负责本地变电所、用户计量、计费电能表和互感器的修、校。检验周期规定，重要表盘（调相机、主变压器、母线、110千伏及以上出线的表盘，省、市级关口电能表、日用电量20万千瓦·时以上用户计费表、发电机电能表、厂用电能表、0.5级及以上仪表、2500伏及以上绝缘电阻表、接地绝缘电阻表及单、双臂电桥）每年1次，其他盘表4年1次，1000伏及以下绝缘电阻表和接地电阻测定器2年1次，感应式标准电能表1年2次，电子式标准电能表1年1次，备用感应式标准电能表及携带型仪表1年1次，标准互感器2年1次，现场计量用互感器5年1次，发电机、厂用电关口及月用电量100万千瓦·时以上的1年4次，计算经济技术指标县（市）级关口及月用电量10万千瓦·时以上表计1年2次，发电厂、变电所其他表计及月用电量10万千瓦·时以下表计1年1次，容量5千瓦及以上用户表计2年1次，容量5千瓦以下用户表计5年1次，仪表校验台5年1次。

1995年，扬州供电局通过江苏省计量局、省电力计量办公室组织的计量执法检查。

电能计量标准及试验设备的配置状况：扬州供电局电能表最高标准 0.1 级三相电能表检定装置用于检定 0.5 级标准表和安装式电能表，电压和电流互感器最高标准 0.01 级互感器检定装置，允许测量误差为 1%的互感器校验仪；各县（市）供电局均配置 0.2 级三相电能表检定装置，用于检定 1.0 级三相安装式电能表，电压和电流互感器最高标准 0.05 级互感器检定装置。

1995 年 9 月，扬州供电局校表室、扬州市区供电所校表室、宝应供电局校表室原三相校表台和单相校表台装置进行改造，率先使用微机校表。单相校表台能同时校表 20 只，提高了工作效率。

1996 年 4 月 1 日起，扬州供电局市、县两级电能计量单位开始使用江苏省电力工业局计量办公室颁发的计量检定机构印章，市、县两级计量检定机构的名称分别为“计量室”、“计量站”，是根据国务院批准的《水利电力部门电测、热工计量仪表和装置检定管理的规定》授权的法定计量检定机构。市、县两级电能计量检定机构接受地方政府计量行政部门的监督和指导。从 1996 年 6 月起，扬州市境内发电厂、110 千伏及以上变电所出线关口电能计量统一由扬州供电局直接管理，计量装置由扬州供电局用电管理科计量室统一管理；此前蒋南支线（793）关口计量由扬州市区供电所管理，昭电 1 号线（756）由兴化供电局管理，砖电 2 号线（744）由江都供电局管理。

1997 年 1 月 16 日，扬州市区供电所、仪征供电局首先通过省电力局组织的计量单轨运行验收。该系统具有表计资产管理、表计轮换管理、定校管理、误差管理、统计报表、传票处理、户表查询和其他 8 项功能。

针对农村电力管理站计量检定装置缺少统一规范和人员素质较差的状况，从 1997 年开始，扬州供电局对 47 个电力管理站计量检定装置进行检测考核，培训农电计量检定人员 91 人，并通过省电力局计量办公室的考试。1998 年，全市农村电力管理站计量检定装置检测考核全部完成，计量检定人员均实行持证上岗操作，农村电能计量开始实行规范化管理。

1998 年，扬州供电局新建成 0.2 级标准计量室，提高电能计量标准检定装置等级；当年 5 月通过省电力局计量办公室、省电力试验研究所的考核验收，获计量标准合格证书。全局范围内的原电工式检定装置更新换代（更新单相检定装置 8 套，三相检定装置 6 套，互感器检定装置 5 套，试验台 4 套，全电子电压互感器二次压降试验仪 7 套），实现电能表、互感器全自动程控检验。

2000 年初，扬州供电局实行体制改革，用电科校表班和扬州市区供电所校表班合并，成立计量中心，隶属电力营销部。当年计量中心对扬州市区计 786 个 100 千伏·安及以上专用变压器用户按实测周期现场校验，对全部 220 千伏变电所和辖区内变电所关口电能表计 346 组现场校验，为县（市）供电局和电力管理站检定 0.2 级标准表 88 只，同时将计量中心 0.05、0.1 级标准表送省中试所检定。扬州市计量局抽查检测扬州市区 33 只居民户电子计量表全部合格，对扬州市郊区抽查 4 次，检测电子表 75 只，机械表 15 只，北郊营销分部有 1 只不合格，其余合格。2001 年，原邗江供电局校表班并入计量中心。计量中心负责所辖县（市）供电局电能计量关口表计、220 千伏变电所电能平衡用计量装置的检定、安装、现场校验，以及电流互感器、电压互感器的误差试验，电压二次回路压降测量；县（市）供电局电能计量标准设备的量值传递工作；局本部所辖110千伏及以下变电所电能平衡用计量装置的检定、安装、现场校验，电流互感器、电压互感器误差试验，电压二次回路压降测量；315千伏·安及以上电力用户电能计量装置的检定、安装、现场校验，电流互感器、电压互感器的误差试验，电压二次回路压降测量，结算用电能表的检定等。

2001年，扬州供电公司作为江苏省计量授权试点单位之一，依据JJF 1069—2007《法定计量检定机构考核规范》的要求，投入资金40万元对计量检定室按计量授权考核要求进行改造，健全规章制度，编制质量体系文件，建立质量管理保证体系，制定计量中心质量方针和质量目标，并按照质量手册和程序文件要求进行实际运行。2002年4月30日，扬州供电公司计量中心通过江苏省质量技术监督局计量授权考核，计量检定具有法律效应。县级计量中心作为市级计量中心的分支机构，不再授权。

2002年底，扬州供电公司共有电能计量人员57人（仪征供电公司8人，江都供电公司8人，宝应供电公司10人，高邮供电公司5人，扬州供电公司计量中心26人），持证检定人员共41人（其中计量中心21人）。扬州供电公司电力营销部计量中心共有员工47人（其中管理人员4人），分为校表一班、校表二班、装表接电班、仪表班。计量设备包括0.05级三相电能表标准检定装置1台，0.1级三相电能表标准检定装置2台，0.2级单相电能表标准检定装置3台，电能表标准装置检定仪1台，现场校验仪2台，压降测量仪2台，0.01级电流互感器、电压互感器检定装置1套，0.05级电流互感器、电压互感器检定装置2套，以及其他仪表检定检测设备。工作范围包括扬州供电公司本部管辖的30座变电所盘表计600只和变压器温度表计60只、主要线路82条回路盘表的校验；负责扬州供电公司本部0.5级150只、县（市）供电供电公司0.5级500余只指示仪表检验和修理；负责扬州市区大用户100余只电压统计表校验；承担扬州供电公司电能、电测仪表的量值传递和计量管理工作；承担与电能质量等有关的测试项目。

2002年底扬州市电能计量点统计：一类用户9个，二类用户70个，三类用户512个，四类用户430 837个，五类（总营业户减去一、二、三、四类）用户31 494个，省际计量关口点121个，地市计量关口点257个，电厂上网计量点13个，线损考核计量点392个。2002年底扬州市运行的电能表、互感器统计：属扬州供电公司资产的单相电能表413 236只（电子式电能表251 123只，感应式电能表162 113只），非扬州供电公司资产的单相电能表1 076 065只（电子式电能表432 122只，感应式电能表643 943只）；属扬州供电公司资产的三相电能表23 512只，非扬州供电公司资产的三相电能表10 641只；属扬州供电公司资产的电流互感器56 749只（高压1966只，低压54 783只），非扬州供电公司资产的电流互感器4346只（高压2653只，低压1693只）；属扬州供电公司资产的电压互感器1879只，非扬州供电公司资产的电压互感器2653只。扬州供电公司电力营销部计量中心管理的属公司资产的电能表共196 351只，非公司资产的电能表246 318只，各种电流互感器、电压互感器共25 612只。电能计量装置现场校验周期规定，一类用户3个月校验1次，二类用户6个月校验1次，三类用户12个月校验1次。轮换周期为

15年。

2002年，计量中心参加江苏省电力公司用电营业技能操作比赛，获团体第一名、装表接电团体第一名、装表接电个人第一、二、五名。1991～2002年扬州供电（局）公司电能表“四率”统计见表5-30。

表5-30 1991～2002年扬州供电（局）公司电能表“四率”统计

年份	校表总数（只）	校验率（%）	轮换表总数（只）	轮换率（%）	调前合格表数（只）	调前合格率（%）	故障差错（次）	故障差错率（%）
1991	2811	99.96	54 224	102.7	2914	99.90	597	0.215
1993	3335	100.00	50142	97.85	3339	100.00	618	0.200
1994	3995	100.00	51451	99.38	3976	100.00	821	0.247
1995		100.00		100.00		100.00		0.204
1998	2116	100.00	25 927	101.86	1926	100.00	417	0.164
2000	2992	100.00	84 440	102	2992	100	160	0.030
2001	2717	100.00	54 953	101	2717	100	112	0.024
2002		100.00		100		100		0

计量表更换升级 1990年以后，扬州供电局对居民用户电能表的配置标准为全国统一设计DD 862—4单相电能表，逐步取代原DD 28型单相电能表。1998年初，扬州市区开始在部分住宅区安装电子计量电能表，适应集中抄表系统的要求。2000年5月开始，扬州市区开始大规模更换居民用户原机械式单相电能表为电子计量电能表，共更换7.1万户（包括2000年前已更换或新装3万户），2001年底扬州市区还剩余6523只机械表未换，至2002年底，扬州市区除极少数长期无人居住的房屋内电表无法更换外，其余全部更换为电子计量表。扬州市农村低压互感器在1999年全部达到0.2级标准。扬州市农村居民用户的计量电能表有用户资产，也有供电企业资产。1999年，针对农村电网改造期间农户一户一表改造，扬州市物价局、供电局印发《关于农村照明用户电能计量装置外移工程收费标准等问题的通知》，规定接户线以下的设备和材料费用由用户承担，所需材料由供电部门统一代理，电力管理站负责安装，最高收费标准为安装机械式电能表收费242.20元，安装电子表收费268.20元，用户原电能表符合规定标准的，电力管理站不得强制要求替换，属于淘汰类电能表须更换新电能表。2002年开始实行农村综合配电变压器以下由供电企业直抄到户，全市农村供电所对电能计量表进行了普查，并建立农村居民用户计量表资料台账。计量中心制订了计量电能表和互感器的购置、校验、安装、管理办法，规定所有电能表、互感器必须经过计量中心检定合格后方可使用，农村居民用户电能计量管理逐步规范化。

工厂企业用户计量装置升级 1992年，扬州供电局将一类电力用户使用的2.0、1.0级电能表全部更换为0.5级电能表。二类用户计量装置升级首先从泰县供电局开始，将二类用户使用的2.0级电能表全部升级为1.0级。至1995年，省对市计量关口全部装用

0.5级分时计量表，市对县计量关口全部装用1.0级分时计量表，小火电厂上网计量装用1.0级分时计量表。扬州市区结合用户改建和扩建，将一、二类用户共142只电流、电压互感器等级提高到0.2级，96只无功电能表等级提高到2.0级，三类用户有功电能表126只等级提高到1.0级。对新装用户配备计量装置的等级为一类用户配用0.5级有功表，2.0级无功表，0.2级计量电流互感器和电压互感器；二类用户配用1.0级有功表，2.0级无功表，1.0级计量电流互感器和电压互感器。

扬州供电局从1991年开始推行峰谷电价，在大用户使用分时计量表，分时计量表有省电力局分配的进口瑞士表，也有自行购置的国产表。1993年，关口计量表及占工业电量70%的工业用户都安装了分时计量表。瑞士进口全电子式分时计量表运行稳定，精密度高，1.0级表误差0.2%以内，0.5级表误差0.15%以内。为配合全省分时电价出台，加快分时计量表安装，至1997年底，扬州市315千伏·安及以上大用户共827户，全部更换为瑞士进口全电子式分时计量表（ZB400系列表533户，ZB200系列表294户）；共安装分时计量表1630只（0.5级表63只，1.0级表1567只）。至2001年，扬州市100～315千伏·安用户安装多功能电子表占70%，扬州市区为98%。

五、用电管理

用电监察（检查） 扬州供电局用电监察人员到工厂企业主要检查安全用电。1987年5月，江苏省计划经济委员会、江苏省电力工业局印发《江苏省用电监察条例实施细则》，共18项监察内容，对各级供电局用电监察部门配备的用电监察人员职责、工作要求作了明确规定。主要职责是对社会用电实施管理，监察督促用户计划用电、节约用电、安全用电；检查用户电气设备的运行状况并确定检修、试验方案，提高用户设备健康水平；负责用户电气设备安装的检查和竣工验收，参加用户电气设备事故或人身触电事故的调查；查用户电力计量装置的运行状况以及违章用电、窃电等。1994年，扬州供电局用电监察人员到工厂企业检查共4875次，按照《用户电气设备缺陷管理制度》，记录用户电气设备三个类别的缺陷，向用户提出整改意见，一、二类缺陷发放用户电气设备缺陷整改通知书，用户必须按要求消除缺陷。1995年底，江苏省政府对供电部门用电监察人员及有关管理人员发放行政执法证，使用电监察工作有法可依。1996年8月1日起，扬州供电局执行《用电营业管理稽查工作规定》，各县（市）供电局成立用电营业稽查领导小组，配备用电稽查员2～3人，用电稽查有内查、外查、抽查等方式，对用户计量装置、容量、电价、窃电和用电营业工作质量、流程、行业作风、经济责任事故等进行检查。

1996年9月1日起施行《用电检查管理办法》（电力工业部令第6号）。用电监察改为用电检查，标志着供电企业管理体制改变，用电检查人员的职责发生了变化，减少监察督促职能，增加为用户提供服务，解决用电方面问题的职能。1998年7月，《江苏省电力公司用电检查工作标准（试行）》发布，明确了用电检查的组织及人员，用电检查人员岗位职责，用电检查周期、范围、内容以及用电检查程序和用电检查纪律。工作标准从1998年10月1日起执行。用电检查人员资格分为一级、二级、三级，一级用电检查人员担任220千伏及以下受电用户的用电检查，二级用电检查人员担任10千伏及以下受电用户的用电检查，三级用电检查人员担任0.4千伏及以下受电用户的用电检查。2002年底，扬州供电公司持有用电检查证人数为32人。

用电检查程序　用电检查人员填写高压用户或低压用户检查工作单，经部门负责人审核批准后才能持单赴用户执行查电工作。用电检查人员进入用户应先出示用电检查证并说明来意，在用户陪同下按检查单所列内容逐项检查，作好记录；检查结束后填写检查情况，对存在的设备缺陷、运行管理不善、不符合安全规定等内容，开具用电检查结果通知书一式二份，经用户盖章后一份交用户签收，一份自留，对违章、违约用电或窃电行为，检查发现后保护现场和依法取证，按有关规定处理；用电检查结束后将用户检查工作单和用电检查结果通知书交部门负责人审查后存档。

用电检查依据的法律与法规　用电检查依据的法律与法规包括《中华人民共和国电力法》，1996年4月1日起施行；《电力供应与使用条例》，国务院令第196号，1996年9月1日起施行；《供电营业规则》，电力工业部令第8号，1996年10月8日起施行；《用电检查管理办法》，电力工业部令第6号，1996年9月1日起施行；《供用电监督管理办法》，电力工业部令第4号，1996年9月1日起施行；《居民用户家用电器损坏处理办法》，电力工业部令第7号，1996年9月1日起施行；《供电营业区划分及管理办法》，电力工业部令第5号，1996年9月1日起施行；《中华人民共和国合同法》，1999年10月1日起施行。

用电检查工作标准　用电检查人员根据《江苏省电力公司用电检查工作标准（试行）》规定的具体检查标准实施检查，用电检查工作标准包括供用电合同履行检查规定、用电设备运行安全检查标准、用户电气设备绝缘监督管理办法、用户继电保护和自动装置检查管理办法、用户电压、无功、谐波检查管理办法、计量、负控、调度通信装置的安全运行检查要求、用户自备电源管理办法、双电源管理办法、用户事故调查及管理办法、计划用电、节约用电执行情况检查管理办法、违约用电和窃电行为检查处理规定、用户受（送）电工程图纸资料审核及工程验收规定、用户进网作业电工管理办法、进网作业电气承装（修、试）单位资质考核及管理办法。

用电检查的工作实施　定期用电检查周期为10千伏及以上高压用户，每年至少检查1次；0.4千伏、100千瓦及以上非居民用户每2年至少检查1次；0.4千伏、100千瓦以下非居民和居民生活用电实行不定期检查。专项检查有特殊性检查（包括政府组织的大型庆典、集会、民间灯会、庙会等，对相关用户进行用电检查）、季节性检查、防污、防雷、防汛、防冻检查，以及执行法律、法规检查等。

用户事故调查　供电营业区内所有高、低压用户在所管辖电气设备上发生的设备和人身事故，及扩大到电力系统造成输配电设备停电事故，均属用户事故。当用户发生两相及以上短路事故、用户影响系统事故、大设备损坏事故、重大用电事故或人员触电事故等，用电检查人员迅速赶到现场，参与事故后现场检查和事故调查、分析。用户事故分为三类，即特别重大事故、重大事故和一般事故。特别重大事故指人身死亡事故一次达50人及以上者，造成直接经济损失1000万元及以上者，省会城市全市停电或中央直辖市减供负荷50%及以上；重大事故指人身死亡事故一次达3人及以上或人身伤亡事故一次死亡与重伤达10人及以上者，省会或重要城市全市减供负荷50%及以上；一般事故指除特大、重大事故以外的事故。用电检查人员接到用户事故报告后，及时组织有关人员进行事故现场调查，及时报告省电力局（公司）用电职能部门，并在7日内协助用户提出事故调查报告，15日内将事故调查报告上报。

窃电查处 依法查处窃电是保证国家电费收入和防止资源浪费的重要措施，也是用电检查人员一项重要职责。扬州供电局反窃电营业普查以用电检查人员、抄表收费人员为主。1994年，用电监察人员查出窃电346户，追补电量134.83万千瓦·时，电费64.7万元。1995～1998年9月，扬州市城乡共查获各类窃电3447户，查处窃电量407.332万千瓦·时，挽回直接经济损失200多万元。

1998年11月17日，扬州市在扬州供电局电世界大厦召开反窃电专项斗争会议，配合全省范围为期5个月的反窃电专项斗争。扬州市政法委书记冀仁贵、公安局副局长樊履根、检察院副检察长汤泉明、法院副院长张森荣参加会议。1998年11月～1999年1月底，扬州市公安、检察、法院、供电联合在全市范围开展反窃电专项斗争。1999年1月13日，扬州供电局在江都市供电局召开反窃电专项斗争通报会，共查出窃电户848户，补收电量565 895千瓦·时，补交电费34.38万元，收取违约金489 209.57元，公安部门行政治安拘留2人。

为摸清扬州市区及郊区用户实际状况，扬州供电局1999年组织了两次规模大的营业普查。

一是扬州市郊区7个乡镇建立健全用户资料的营业普查，从1999年4月14日开始，5月初结束，查清楚7个乡镇共有用电户45 086户，其中，居民照明户41 844户，非居民照明户1827户，非普工业1122户，农业生产293户，5月15日将7个乡镇营业普查的资料全部录入计算机，6月开始7个乡镇用户抄见电量全部实行计算机开票到户。这次营业普查查出未装表用电或装表未计电量705户，高价低计26户。

二是扬州市区营业普查，从1999年4月26日开始，同年8月25日结束。市区供电所及县（市）供电局抽调的农电人员共36人，分为线路普查组、营业普查组、资料核对组、机动组共4个组。普查方法是线路组以变电所或配电变压器为起点，逐杆逐线记录相关数据资料；营业普查组以配电变压器为起点，顺低压线路查找并记录每个用户的户名户址、电能表资料、所属配变台区、接户线杆号等；资料核对组负责将现场资料与存计算机资料进行核对，核对后有误差的返回再次核实，以现场资料为准；机动组负责对普查现场特殊情况的处理。普查中发现的问题共13项（略）。这次普查采用“顺藤摸瓜法”，普查人员记录的资料真实可靠，无遗漏；记录全部10千伏线路、低压线路、配电变压器资料，以此对存计算机内配电网地理信息图进行修改；检查并记录扬州市区居民用户共81011户（不含专变用户）、居民户电能表84 698只，查出窃电户204户，其中牧羊集团计量差错，补收电费55.6万元，江阳电缆厂高价低接，补收电费1万元；现场普查资料有约8000户与存计算机资料不符（电能表编号不符、现场有表计算机内无户、电价不符、计算机内电能表示度与现场电能表示度差异大、地址不符），有约6000户在6个月左右无电量记录；以用电检查专职人员为主的用电检查组负责100千伏·安及以上专变用户的普查，同时补签供用电合同，除发现牧羊集团计量差错外，还查出广陵文化局、塑料11厂窃电。这两次营业普查面广量大，普查人员不畏繁杂，认真负责，为建立健全扬州市区及郊区用户基础资料付出辛勤劳动。

1999 年，扬州市共查获窃电和违章用电 2956 户，追补电量 228.76 万千瓦·时，补收电费及违约金 348.54 万元。2000 年扬州市查处窃电户 94 户，追补电费 47.03 万元，违约用电户 80 余户，追补违约电费 131.96 万元，合计 178.99 万元。2001 年，扬州市查处窃电、违约户 68 户，追补电费 15.9 万元，追补违约电费 63.8 万元。2002 年，扬州市查处窃电户 76 户，追补电费 24.79 万元，追补违约电费 81.31 万元；查处违约用户 48 户，追补电费 1.89 万元，违约使用电费 7.03 万元。

窃电案例：1999 年 7 月至 2000 年 4 月，安徽省马鞍山市人陈元亮承包邗江县第二轧钢厂和汊河轧钢厂，绕越配电房计量表疯狂窃电 170.78 万千瓦·时。邗江县供电局在分析 2000 年 1 季度汊河农业线损耗时发现重大窃电嫌疑，遂排查并确定突击检查方案。2000 年 4 月 24 日晚，邗江县供电局用电服务中心反窃电小组突击检查汊河镇七里桥邗江县第二轧钢厂，抓获窃电证据。2000 年 5 月 25 日，案犯在原籍被警方抓捕。2001 年 5 月 26 日，扬州市中级人民法院判处窃电犯罪人陈元亮无期徒刑。

电工培训　扬州供电局负责本地社会电工培训。1991 年用电管理部门共举办社会电工培训班 36 期，培训电工 1609 人，加上以前培训的社会电工合计 16 342 人，考核发证 14 824 人。对 315 千伏·安及以上用户 453 户的电工共 2033 人进行“三种人”培训发证，其中工作票签发人 513 人，工作负责人 647 人，工作许可人 873 人。此后每 2 年复审 1 次，考核合格后发证。1993 年 2 月 16 日，省电力局印发执行能源部《进网作业电工管理办法》的通知，规定市及县（市）供电局用电管理部门负责进网作业电工和电气承装单位日常管理工作；市供电局负责 110、35、10 千伏供电设备电气承装单位资格审查、登记、签发、发证，县（市）供电局负责 0.4 千伏及以下供电设备电气承装单位资格审查、登记、签发、发证；《电气承装单位进网作业许可证》有关证件、印章由省电力局统一监制发放，有效期 5 年，全省通用；用电监察人员负责检查和处理电气承装单位进网作业安全生产、施工质量、技术装备、人员素质等；供电局用电管理部门负责编制进网作业电工培训教材，逐级上报培训教员名单。1997 年扬州供电局培训社会电工 2207 人，发证率 100％。2000 年，扬州市社会电工合计 10 753 人，其中当年培训、发证人数为 8144 人，年审人数为 6465 人；用户工作票签发人 386 人。2002 年政企分开，受扬州市经济贸易委员会委托，扬州供电公司电力营销部承担扬州市社会电工培训，全年新发证 835 人，复审 3865 人，协助扬州市经济贸易委员会对三、四、五类电气承装（修、试）单位计 24 家进行资质审查。

六、现代化管理

电力营销管理信息系统　1991 年 8 月，扬州供电局在泰兴供电局举办计算机开票培训班，各县（市）供电局共 25 人参加学习计算机开票技术，当年底有 6 个县（市）供电局使用计算机开票。1992 年 5 月完成扬州市区供电所信息网络的安装调试，建成业务、计量、电费、用监、节电 6 个工作站，当年 10 月将动力用户资料输入计算机，并正式对外开票，计量资料开始输入计算机。1992 年，省电力局制定《江苏省电力工业局用电管理信息系统单轨运行规定》。1993 年后，用电管理信息系统应用软件经过补充和完善，主要功能有在用电营业工作流程上制定 17 种工作传票、8 种业务台账和全省统一的业务扩充流程；在电费管理上统一了计算方法、电费台账、票据、抄表卡格式；制定 12 种用户档案格式；统一了全省用电报表格式。1995 年 10 月 11 日，扬州供电局印发《电费管理信息子系统单轨运行验收办法》、《用电管理信息系统职责、制度》、《业务工作传票流程管理规定》、《电费业务工作传票流程管理规定》，为实现电费子系统的单轨运行做好准备。1997 年 1 月 16 日，扬州市区供电所、仪征供电局首先通过江苏省电力工业局计量单轨运行验收，1997～1998 年，所辖各县（市）供电局全部通过扬州供电局组织的电费、计量单轨运行验收。

随着计算机技术的发展和应用需求不断扩大，对原用电管理系统进行升级。1998 年，江苏省电力工业局用电处和无锡环宇公司联合开发的营销管理信息系统软件在扬州供电局新装系统投入双轨运行。1999 年 2 月，营销管理信息系统正式单轨运行。此后在县（市）供电局推广使用。至 2001 年，各县（市）供电公司全面实现营销管理计算机化，营销管理信息系统应用面达到 100%，对外营业窗口实现无笔化作业。2001 年 12 月 20 日，邗江区营销信息系统并入扬州市区营销管理信息系统。2002 年 11 月，电力销售统计分析系统投入运行，实现省对市、县、农村供电所电力营销数据查询、统计、分析。

电力负荷管理系统　电力负荷管理系统是以计算机应用技术、现代通信技术、电力自动控制技术为基础的信息采集、处理和实时监控系统，不仅具有负荷监控的基本功能，还具有对大用户电费催收、电量远方抄录、负荷预测等功能。

扬州供电局 1996 年 12 月开始建设电力负荷管理系统中心站，投资共 340 万元（不含用户终端），1997 年 10 月 1 日进入实用化运行，1998 年 3 月 31 日考核期满，1999 年 5 月 21 日通过省电力局实用化验收。系统采用计算机网络技术，通过无线电通信，对用户负荷进行监测、控制、调配，达到“控制到户”、“限电不拉路”目的。扬州市区有 528 个企业用户安装双向终端装置，与系统中心站连接，其中，500 千伏·安用户装用率 100%，315～500 千伏·安用户装用率为 77.86%，100～315 千伏·安用户装用率为 66.35%。系统可监控负荷为扬州市区总负荷 71.1 %，有效可控负荷为 3.01 万千瓦，占市区最大负荷 16.8%。2002 年，负荷管理系统作为用电需求侧管理的重要手段，扩大了对企业用户负荷控制的覆盖面，当年底，扬州市区（含邗江区）和高邮负荷管理系统达到实用化要求，共安装无线双向用户终端 985 台，容量在 500 千伏·安以上用户安装 349 台，安装率为 100%；315～500 千伏·安的用户安装 218 台，安装率为 77.86%；100～35 千伏·安的用户安装 319 台，安装率为 67.7%。系统可监控负荷为 22.97 万千瓦，可限负荷 5.37 万千瓦。2002 年仪征、江都、宝应供电公司正在建设负荷管理系统。

用户缴费系统　2000 年 8 月 1 日起，扬州市区开始实行由银行代收电费，首先与建设银行、工商银行连网，实现跨行业网络互连，改变了扬州市区传统的缴费方式。2001 年又与交通银行、农业银行连网。至 2002 年底，扬州市区及郊区共有银行电费交费点 200 余个。各县（市）供电公司也已经实行委托银行代收电费。居民用户的电量通过抄表人员抄录或集中抄表系统两种方式获取，资料输入计算机，形成各居民用户应交电费，银行凭居民电费缴费卡在计算机上完成查阅、核对、收费并开出电费收据。居民用户以外，动力用户的电量可通过负荷管理系统获取准确数字，实行银行代收电费，或预交、代扣、转账等。用户缴费系统既方便了用户缴费，也减轻了抄收人员的工作量，避免了以往因电费通知单传送过程引起的很多麻烦，同时也保证了电费资金的集中、统一、安全。

用户服务系统 用户服务系统依托计算机技术，通过电话、因特网、传真等多种形式与用户双向沟通。2001 年 7 月下旬，扬州供电公司开始筹建客户服务中心，当年 9 月 10 日，建成客户服务中心，开通使用全省统一的供电服务专线电话“2902222”，投入试运行，9 月 28 日向社会公布，正式运行。2002 年 3 月，客户服务系统（一期）通过江苏省电力公司的验收。2002 年 3 月，按照省电力公司的统一部署，全省统一供电服务专线电话“2902222”改为全国统一供电服务热线电话“95598”，同时建立所辖 4 县（市）客户服务网络中心，将受理、服务的范围拓展到所辖县（市）、农村供电所。“95598”全国统一供电服务电话有语音提示查询和人工服务两种服务方式，具备语音电话、图文电话、E—mail、Web 浏览器、传真等功能，全天 24 小时为全市用户提供电力故障报修、居民业务受理、咨询、电费电价查询、投诉、举报、停电信息查询等服务。至 2002 年底，“95598”受理用户电话 109 762 次，其中报修受理 7165 次，咨询受理 22 809 次，查询受理 32 458 次，投诉举报受理 47 次，电力业务受理 28 次，电话回访 36 613 次。2002 年，“95598”客户服务中心共有 13 人。2002 年 3 月 8 日，客户服务中心被扬州市妇女联合会评为 2001 年度“巾帼示范岗”。2002 年 5 月被扬州市总工会命名为“五一文明示范岗”。

2003 年 3 月，客户服务一期系统从扬州市甘泉路 220 号（原市区供电所、电力营销部）搬迁至维扬路 179 号新办公大楼，随后完成客户服务系统二期工程建设。二期工程在一期工程的基础上进行了系统双机互备、提高运行可靠性建设、语音流程优化完善，对坐席应用系统和管理功能也进行了完善和补充，可在办公自动化等相关支持系统的接口中，进行工作单的传递，实现数据交换。2003 年 10 月 31 日，开通“95598”网站业务，实现了居民用户的网上交费，新装、增容、变更用电的网上受理，以及网上咨询、查询、报修、投诉、举报、交谈等多项业务功能，成为用户需求受理中心。客户服务系统经过两期建设，拥有两条 30 路的双向中继电路，坐席 20 个，30 线语音自动应答，6 线传真。

七、用电服务

职工职业道德教育 1994 年，扬州供电局制订《扬州供电局职业道德建设实施意见》、《扬州供电局为用户服务十不准》等规章制度，对 22 个主要岗位和工种职业道德行为有明确的要求，经过职代会审议通过。1996 年底，开展“为人民服务，树行业新风”活动，范围主要是农村供电所、电力管理站，以及城镇用电营业部门，倡导为用户提供热情服务。2001 年，学习宣传《公民道德建设实施纲要》，制订《扬州供电局职工行为规范》，根据“纲要”精神，开展评比“季度职工明星”、“家庭美德典型”、“职业道德典型”、“社会公德典型”活动。2002 年，扬州供电公司制订《职工文明服务行为规范》，以及职工社会公德、职业道德、家庭美德规范，开展评选“十佳社会公德标兵”、“十佳职业道德标兵”、“十佳家庭美德标兵”活动。

营业厅建设 营业厅是用户到供电部门联系工作、业务洽谈的场所，营业厅建设目的是对外方便用户，对内便于联系，能及时受理各种用电业务，更好地为用户提供服务。1992年，江苏省电力工业局印发《关于颁发供电局营业厅建设标准的通知》，对营业厅建设标准和要求作了详细规定。扬州供电局开始筹建营业厅。

1995年，仪征供电局在本局对面购商品房200余米^2，建成扬州市第一个按标准化配置的用电营业厅，耗资85.4万元，在配电贴费中支出，通过江苏省电力局验收，正式挂牌。营业厅受理用电咨询、营业业务和故障报修。营业厅外有明显的标志，内设大厅、用户接待室、资料室、业务办公室。大厅的一侧是承询台，工作人员主动接待上门的用户，大厅的另一侧设有1台触摸式查询屏，供用户查询电费、电量、装表接电费用收取、用电常识等，大厅还设有用户休息区、报刊阅览区，配置电话、饮水机、雨伞、雨衣、眼镜、纸、笔等。营业厅图版公开供电职工服务守则、电价表、贴费收费标准、业务费率收取标准、保证金收取标准，以及业务扩充流程、查勘、检验、接电期限规定，填写用电申请书方法，营业员照片与工号等，供用户查看和监督。1995年10月，扬州供电局批准扬州市区供电所在配电贴费中列支50万元，新建营业厅。各县（市）供电局的用电营业厅均在建设之中。

1997年7月29日，扬州供电局召开“讲文明、树新风、创文明行业动员大会”，按照电力部文明示范窗口10条标准，首先确定扬州市区供电所和江都市昌松乡电力管理站为示范“窗口”，以点带面，推动发展。县（市）供电局确定城区和农村各1个示范“窗口”。1997年11月24日，扬州供电局推出第一批正式授牌的8个示范窗口，即宝应供电局用电服务中心、高邮供电局用电服务中心、仪征供电局用电服务中心、高邮市龙虬镇电力管理站、高邮市武安乡电力管理站、宝应县氾水镇电力管理站、江都市昌松乡电力管理站、江都市江都镇电力管理站。1998年上半年又推出第二批54个示范窗口。

1997年3月11日，高邮市龙虬镇电力管理站被省电力局命名为全省农电服务示范窗口。1998年11月4～8日，国家电力公司在山东威海召开为“人民服务、树行业新风”示范窗口现场会，并对全国23个农电示范窗口正式授牌，高邮市龙虬镇电力管理站被授予全国农电示范窗口称号。龙虬镇电力管理站在创建文明窗口活动中健全31项管理制度、13项岗位规范、20项公布项目、15项考核办法。1998年11月2日，华东电力集团公司在徐州召开示范窗口工作会议，扬州市区供电所用电营业厅被授予“华东电力系统为人民服务、树行业新风示范窗口”称号。2000年2月22日，仪征供电服务中心被华东电力集团公司授予“达标窗口”称号并正式挂牌。

1998年底，扬州供电局建成部、网（华东电力集团公司）、省级示范窗口3个，市级示范窗口8个。1998年4月底，扬州市文明办检查组对扬州供电局25个窗口单位考核验收，综合评定得分93.3分；在全市各行业行风测评中，扬州供电局得分90.5分，列第二位。2000年，扬州供电局建成部、网、省级示范窗口3个，局（省电力局）级32个，市级21个。2002年底，建成部、网、省级示范窗口4个，局（省电力局）级示范窗口32个，市级示范窗口21个，扬州供电公司示范窗口62个。全市105个乡（镇）供电所全部建成文明供电所，82个供电所成为规范化管理供电所，占80%。

社会承诺服务 扬州供电局1996年底开始在全市供电系统开展“安全优质供用电，

人民电业为人民”创建活动。1997 年 3 月 25 日，扬州供电局召开“为人民服务，树行业新风”动员大会，高邮市龙虬镇电力管理站以及江都市昌松乡电力管理站在会议上介绍为民服务的做法。

1997 年 5 月 28 日，扬州供电局首次向社会公布八项服务承诺。扬州市委常委、市政府常务副市长蒋进以及市政府有关部门的负责人、扬州市各新闻媒体的记者参加了“服务承诺”新闻发布会。次日，扬州市各新闻媒体报道扬州供电局 8 项承诺内容。1998 年，扬州供电局与市公安局建立 110 联动电力故障抢修体系。1999 年，110 联动故障报修共 3213 次，从接到报修电话到抢修结束，平均时间为 40 分钟。从 2000 年 10 月起，扬州供电局电力营销部推出电话预约服务，营业人员按照用户约定时间上门服务，有关用电申请等手续均由营业人员完成。到 2001 年底，电力营销部共办理电话预约新装表、增容、移表、拆表等共 1441 户。

2001 年，扬州供电公司开展“群众满意供电所”评选活动，推动农村供电所供电优质服务。2001 年 2 月 23 日，扬州供电公司召开“电力市场整顿和优质服务年”活动动员大会，扬州市副市长祝庭龄出席会议，扬州供电公司向社会公布重新修改后的 8 项社会服务承诺。2001 年 8 月 8 日，扬州供电公司召开“心桥行动”动员大会。2001 年底，扬州供电公司被省电力公司评为电力市场整顿和优质服务年活动先进单位。2002 年 8 月，扬州市政府授予扬州供电公司“投资建设优质服务窗口”称号。

大客户服务处　2002 年 10 月，扬州供电公司电力营销部设立大客户服务处，为大客户新建或增容业务提供方便。大客户服务处的业务人员代表客户，负责从客户申请用电开始直至用户工程竣工投运的全过程服务。

第六章　农 村 电 力

第六章 农 村 电 力

1949 年新中国成立后，扬州地区农村用电发展很快。1954 年开始有农村用电量的统计，为 7 万千瓦·时，全地区总用电量为 613 万千瓦·时。1960 年后扬州地区开始大力发展农村电力排灌，因此农村用电量迅速增加，1963 年农村用电量已达 4173 万千瓦·时，占全地区总用电量的 39%。农村电网建设初期，各地办电的热情很高，特点是简易、快速。扬州南部地区农村电网发展较快，北部水乡地区滞后于南部地区。到 1978 年，农村用电量已达 54 066 万千瓦·时，占全地区总用电量的 45%。至 1990 年底，扬州地区计 317 个乡（镇）全部通电；6080 个村已通电的为 6051 个，通电率 99.52%；农户共 246.72 万户，已经通电的 220.22 万户，通电率 89.26%。

1991 年后，扬州地区农村经过低压配电网整改、用电标准化建设、农村电气化建设以及扶贫通电工程，供电设施和管理都得到进一步改善。“八五”计划期间扬州用电增长迅速，缺电严重，农村用电受电网缺电和建设资金缺少的双重影响，普遍存在供电设施陈旧、电压低、线损大、经常停电等问题，农村经济发展受限。

1998～2002 年，经过连续几年大规模的农村电网建设与改造，扬州农村电网得到很大改善，用电状况也得到很大改善。至 2002 年底，扬州按期全面完成“两改一同价”（农村电网改造、农村电力管理体制改革、城乡用电同网同价），农村电力供应基本上有了保障，电价实现了统一，供用电服务水平进一步提高，为农村经济发展提供了可靠保障。至 2002 年底，农村用电量（不含县城）120 873 万千瓦·时，比农网改造前的 1998 年增 14 043万千瓦·时，农村用电设备容量（不含县城）395.84 万千瓦，比 1998 年增 275.79 万千瓦，农村 10 千伏线路比 1998 年增 2975 千米，农村配电变压器比 1998 年增 5268 台，容量增加 59.14 万千伏·安。2002 年全市共有 100 个乡镇供电所，承担农村供用电工作。乡镇供电所直属各供电公司，共有职工 1590 人，农村电工计 3719 人。

第一节 农 村 电 网

扬州市区以外的 110 千伏及以下电网设施属于农村电网。1990 年前后，扬州市农村电网重点是低压配电网整改，解决农村三类设备（用竹竿木棍代替电杆、铁丝作电线等）危及人身安全的问题，以及对简易变电所和 10 千伏、35 千伏“两线一地”制线路（1990 年还有 900 余千米）的改造。

1991 年，扬州市农村电网有 110 千伏变电所 18 座，变压器 29 台，总容量 91.3 万千伏·安，110 千伏线路计 666 千米；35 千伏变电所 95 座，变压器 197 台，总容量 83.63 万千伏·安，35 千伏线路 1757 千米；10 千伏配电变压器 18 384 台（含 35 千伏直配变压器 225 台)，总容量 222.32 万千伏·安，10 千伏线路 13 259 千米，低压线路 50 862 千米。1991 年以后，扬州市实施农村用电标准化建设、农村电气化县建设和扶贫通电工程，使农村电网得到改善。1996 年底，扬州与泰州两市分设。1997 年，扬州市农村电网有 110 千伏变电所 11 座，变压器 19 台，总容量 57.4 万千伏·安，110 千伏线路计 418 千米；35 千伏变电所 61 座，变压器 117 台，总容量 65.89 万千伏·安，35 千伏线路 1088 千米；配电变压器 10 830 台（含 35 千伏直配变压器 179 台)，总容量 149.05 万千伏·安，10 千伏线路 7309 千米，低压线路 30 251 千米。

1998 年下半年扬州市开始实施农村电网建设与改造，一、二期工程国家共投入资金 11.351 3 亿元。扬州市农村电网建设 1998 年前主要依靠地方自筹资金，供电部门在供配电贴费中给予适当补贴，农电资产属地方集体所有，委托供电部门代管维护。国家投资农网改造使农村电网首次统一按规划进行改造，农网设施得到极大的改善。1999 年，扬州市按照江苏省政府《江苏省加快农村电力体制改革加强农村电力管理实施细则》要求，在省计经委、省电力局（公司）的指导下，各县（市）政府组织有关部门及县（市）供电企业对乡及乡以下农村集体电力资产进行资产清理、核实，理清债权、债务，完成农电资产向县（市）供电局的移交。农村电网自此由供电部门统一规划、建设、管理。

到 2002 年底，扬州市农村电网有 110 千伏变电所 20 座，变压器 33 台，总容量 105.9 万千伏·安，比农网改造前的 1998 年增加 8 座，容量增加 46.5 万千伏·安。110 千伏线路计 481 千米，比 1998 年增加 61 千米。35 千伏变电所 74 座，变压器 131 台，总容量 85.48 万千伏·安，比 1998 年增加 12 座，容量增加 15.89 万千伏·安。35 千伏线路 1258 千米，比 1998 年增加 129 千米。配电变压器 16 616 台（含 35 千伏直配变压器 24 台)，总容量 220.66 万千伏·安，比 1998 年增加 5268 台，容量增加 59.14 万千伏·安。10 千伏线路 10 362 千米，比 1998 年增加 2975 千米。低压线路 44 101 千米，比 1998 年增加 13 567 千米。1991～2002 年扬州市农村电网供电设备情况见表 6-1。

表 6-1　　1991～2002 年扬州市农村电网供电设备情况

年份	线路（千米）				变电所（万千伏·安）						配电变压器（万千伏·安）				
	110千伏	35千伏	10千伏	低压线路	110千伏			35千伏			容量合计	35/0.4千伏		10/0.4千伏	
					座	台	容量	座	台	容量		台	容量	台	容量
1991	666	1757	13 259	50 862	18	29	91.3	95	197	83.63	222.32	225	13.1	18 159	209.22
1992	675	1775	13 619	53 059	18	29	91.3	101	204	88.92	247.52	255	19.88	18 732	227.66
1993	703	1761	14 090	57 465	21	33	101.5	104	212	108.75	253.18	253	22.65	19 277	230.53
1994	752	1875	14 662	62 041	25	40	125.95	103	202	112.11	328.74	290	36.79	21 574	291.95
1995	754	1961	14 830	59 000	25	41	134.05	108	218	120.54	401.95	288	39.49	22 931	362.46
1996	776	1968	15 236	59 699	27	44	142.35	113	228	131.72	416.18	301	34.05	23 788	382.13

续表

年份	线路（千米）				变电所（万千伏·安）						配电变压器（万千伏·安）				
	110千伏	35千伏	10千伏	低压线路	110千伏			35千伏			容量合计	35/0.4千伏		10/0.4千伏	
					座	台	容量	座	台	容量		台	容量	台	容量
1997	418	1088	7309	30 251	11	19	57.4	61	117	65.89	149.05	179	7.67	10 651	142.38
1998	420	1129	7387	30 534	12	20	59.4	62	118	69.59	161.52	158	9.24	11 190	152.28
1999	432	1133	7985	32 308	12	22	67.85	66	122	71.20	175.53	156	11.58	12 223	163.95
2000	436	1223	8480	34 246	18	29	92.45	68	124	75.81	191.85	123	11.50	13 989	180.35
2001	459	1210	9171	39 028	19	30	95.60	71	127	81.28	200.81	101	10.92	14 750	189.89
2002	481	1258	10 362	44 101	20	33	105.90	74	131	85.48	220.66	24	6.18	16 592	214.48

注 1. 此表根据扬州市农村电气化综合统计年报制作。

2. 1997年及以后统计不包括泰州市。

一、农网规划

扬州市农村电网资产在1999年之前属地方集体所有，委托各地供电局代管理，没有系统的规划。1982年，水利电力部颁发《关于建立代管社队农电资产维护基金的通知》，扬州供电局按照省电力局制定的实施细则，由产权所有者提出申请，与所属县（市）供电局签订农村高压供电设备（包括10千伏、35千伏线路和配电变压器）代管协议，报请当地县（市）政府监证后实行代管，代管维护费用由供电局承担。各县（市）供电局建立了代管农电资产维护基金，每年按核定代管资产净值的5.5%计提维护资金，列入生产成本。代管农电资产维护基金须逐级上交，60%由省电力局集中使用，统筹安排，专款专用，40%由市供电局掌握，并按比例留存县（市）供电局。维护基金主要用于代管资产的维护、大修和更新改造。1991年后按核定代管资产净值的8.1%计提维护资金，县（市）供电局留存20%，其余80%交扬州供电局用于安排每年农村高压供电设备更新改造。扬州供电局1991年代管农电资产包括部属企业7个县（市）供电局10千伏线路2223.46千米，配电变压器2394台，容量计25.298万千伏·安，资产总值为3712.553 2万元；省属企业3个县（市）供电局10千伏线路620.98千米，配电变压器705台，容量计5.544万千伏·安，资产总值为831.325 2万元。扬州供电局每年都编制农网更新改造计划，项目和资金下达给县（市）供电局，更新改造的项目主要是线损高的35千伏、10千伏线路（含“两线一地”制线路）改造，以及35千伏变电所变压器更新、高耗能配电变压器更新。

1998年扬州市实施农网改造。上半年，扬州供电局组织专业人员收集资料，对全市的行政村和集镇逐一进行调查，分析农村电网现状，编制扬州市农村电网建设与改造工程计划和项目可行性研究报告，制定年度投资、进度计划方案，优先安排急于改造的项目，在省电力局计划下达后，再根据具体情况将项目分批下达，实行全过程计划管理。

二、农网建设

用电标准化建设 1985年8月，水利电力部在全国农电标准化建设会议上倡导标准化建设，将农村低压电网按技术规程进行改造，称为“标准化”建设，目的是实施农村用电综合治理，达到安全、经济、可靠供用电和减轻农民不合理电费负担。江苏省电力局1986年制订《江苏省建设用电标准化村、乡的暂行标准》。1992年6月20日，修订《江苏省农村用电标准化乡（镇）、村标准》，同时制订《江苏省农村用电标准化县标准（试行)》，从当年7月1日起执行。《江苏省农村用电标准化乡（镇）、村标准》规定：10千伏配电设备完好率达到100%，其中一类设备为60%；低压配电装置完好率必须达到95%，消灭三类设备，一类设备必须达到60%以上；漏电保护器安装率、投运率达到100%，并灵敏可靠；努力做到低压线损率在12%以下，10千伏线损率在10%以下。1995年8月10日，江苏省电力工业局重新修订印发《江苏省农村用电标准化乡标准》和《江苏省农村用电标准化县标准》。

扬州供电局1985年开始在全市范围建设用电标准村、乡，主要是改造农村低压网络，达到规定的要求，配备乡村电工并经过考核合格，加强用电安全管理等。资金投入采取乡、村出一部分、电力管理站出一部分、农户集资一部分的办法。到1991年底，全市318个乡（镇）、6082个村中，建成用电标准乡45个、用电标准村2543个。1991年扬州市农村用电标准化建设状况见表6-2。

表6-2　　1991年扬州市农村用电标准化建设状况

名称	用电标准乡建设		用电标准村建设	
	乡镇总数	已建成数	村总数	已建成数
扬州市郊	7	1	72	27
泰州	6	4	79	134
兴化	45	3	1409	380
高邮	33	11	673	458
宝应	30	2	438	233
靖江	24	2	348	127
泰兴	43	6	996	425
泰县	38	2	817	291
江都	43	12	624	359
邗江	26	1	361	84
仪征	23	1	265	25
扬州市合计	318	45	6082	2543

1993年6月，高邮市在扬州全市范围内率先建成用电标准化市。1995年2月，靖江、泰州市建成用电标准化市。1995年11月，泰兴市建成用电标准化市。1996年3月，邗江

县建成用电标准化市。1997年以后省电力局推进农村电气化县建设，不再对农村用电标准化县验收和命名。扬州供电局要求各县（市）供电局对标准化建设和农村电力管理站定级管理的事项进行清理，在不增加农民负担的前提下，仅开展“三为服务达标站”竞赛活动，由各县（市）供电局自评自定，扬州供电局验收、命名。

农村电气化县建设 1991年，能源部颁发《农村电气化标准》，从当年7月1日起开始执行。《农村电气化标准》考核的主要标准为乡、村通电率100%，户通电率95%以上；排灌用电保证率100%，乡村居民用电保证率90%以上；电压合格率达到90%以上；全县人口年均用电量达到300千瓦·时以上，全县农业人口年均农村用电量达到160千瓦·时以上，全县农业人口年均农村居民生活用电量达到50千瓦·时以上；10～110千伏输、配、变电设备完好率达到100%，其中一类设备为70%以上；低压配电装置完好率达到95%以上，其中一类设备为60%以上。同时规定，农村电气化考核每年进行一次，由省人民政府组织有关部门进行考核验收，验收合格后，报能源部授予农村电气化县称号。

1994年，高邮、靖江、泰州市通过江苏省政府农村电气化验收组的验收，成为农村电气化县（市）。1995年12月，邗江县、泰兴市通过验收，成为农村电气化县（市）。1997年1月，江都市通过验收，成为农村电气化县（市）。1997年11月，宝应县通过验收，成为农村电气化县（市）。1998年1月，仪征市通过验收，成为农村电气化县（市）。至此扬州市各县（市）全部通过验收，成为农村电气化县（市）。扬州市、县两级政府成立了创建工作领导小组，各县（市）政府与所属乡（镇）签订目标责任书。建设资金由政府统筹协调，按照“谁受益，谁出资”的筹资办法筹集资金，努力做到少花钱，多办事。

扶贫通电 1991年，省电力局下达扬州市通电补助资金21万元，资助兴化市18个村通电。1994年，江苏省政府发布《征收无电村通电补助资金的通知》，规定除居民生活用电以外的所有用电量每千瓦·时征收0.006元，作为无电村通电补助资金，征收时间3年。1997年1月再次发布文件，续征扶贫通电资金，征收标准与1994年相同，执行至1999年6月底。

1995年1月10日，扬州市经济计划委员会、财政局、供电局印发《扬州市扶贫通电工程实施管理办法》，要求各县（市）编制扶贫通电工程项目建议书和年度计划。扬州市1995年扶贫通电工程投资5523万元，其中江苏省扶贫通电补助资金2093万元，供电局补助资金320万元，地方集资1978万元，农户自筹资金1132万元。扬州市1996年扶贫通电工程投资3770万元（兴化市1500万元，宝应县1000万元，姜堰市570万元，泰兴市640万元，江都市60万元），其中江苏省扶贫通电补助资金1890万元，地方集资937万元，农户自筹资金943万元。扬州市1997年扶贫通电工程投资67万元。江苏省和供电局筹措的扶贫通电资金，用于配电变压器及以上输配电工程建设、改造，以及适当补助特困地区低压主干线的建设；市、县、乡、村筹措的通电资金用于低压线路及配电装置的建设；农户自筹资金用于接户线、进户线、电表等购置与施工。扶贫通电工程中的10千伏及以上工程由县（市）供电局负责，低压配电网及无电户安装施工由所在乡镇电力管理站负责。

1995年1月16日，扬州市政府召开扶贫通电工程动员大会，扬州市政府常务副市长丁解民与各县（市）负责人签订扶贫通电工程责任书。各县（市）成立扶贫通电领导小组。扬州供电局及所属县（市）供电局成立扶贫通电工程专业组，负责扶贫通电工程施工。1995 年初扬州市共有 317 个乡（镇），6038 个村，全部通电；有 273 个组和 88 496 户没有通电。1995 年底，扬州市全市 317 个乡（镇），6038 个村，全部通电；农户合计 2 856 004户，通电 2 812 003 户，通电率为 98.46%。其中扬州市郊 7 个乡，72 个村，农户 53 643 户，全部通电；高邮市 33 个乡，672 个村，农户 241 179 户，全部通电；靖江市 24 个乡，350 个村，农户 215 534 户，全部通电；江都市 43 个乡，625 个村，农户 337 263户，全部通电；邗江县 26 个乡，356 个村，农户 175 736 户，全部通电；泰州市 5 个乡，81 个村，农户 113 495 户，全部通电；仪征市 22 个乡，264 个村，农户 180 568 户，全部通电；泰兴市 42 个乡，997 个村，全部通电，农户 430 341 户，已通电 424 644 户；姜堰市 38 个乡，784 个村，全部通电，农户 331 792 户，已通电 327 412 户；宝应县 30 个乡，427 个村，全部通电，农户 275 745 户，已通电 266 037 户；兴化市 47 个乡，1410 个村，全部通电，农户 500 708 户，已通电 476 492 户。1996 年扬州市有 99 个无电组和 375 43 个无电户通上电（兴化市 40 个组，17 318 户；宝应县 33 个组，9708 户；泰兴市 26 个组，5697 户；姜堰市 4380 户；江都市 399 户），村、组通电率 100%，剩余无电户 13 070 个。1997 年，扶贫通电工程实施的最后一年，扬、泰两市已分开，扬州市所辖 5 县（市）中仅剩余宝应县还有 998 户没有通电，以及因新建宁（南京）通（南通）一级公路拆迁的 264 户没有通电，扶贫通电工程进入收尾阶段。1997 年 8 月 31 日，扬州市完成扶贫通电工程，比江苏省政府下达的目标提前 4 个月完成，乡、村、组通电率 100%，户通电率为 99.98%。

农村电网建设与改造 1998 年 8 月，江苏省政府在南京召开加快农村电网建设改造工作会议，副省长陈必亭代表省政府与省电力公司、各市政府签订目标责任书，省电力公司总经理与各市供电局局长也签订目标责任书。1998 年 10 月，国家计委批准江苏农村电网建设与改造工程投资 123.5 亿元，用于县及县以下公用电网和乡以下配电网改造。省电力公司作为项目法人，负责农村电网建设改造资金的统贷统还。扬州市农村电网建设与改造一期和二期工程投资合计 11.351 3 亿元。

一期工程 1998 年上半年，扬州供电局及各县（市）供电局均成立了农网建设与改造领导小组，下设各专业小组负责收集资料、制订规划、办培训班等前期工作。扬州市、县（市）、乡三级政府成立农网建设与改造领导小组，负责协调工程建设。1998 年 12 月 26 日，仪征市在朴席镇举行全市农网改造开工典礼，市委书记陈明等出席仪式。1999 年 1 月底，仪征市首批每乡一村农网改造竣工，在北部丘陵山区的铜山、谢集乡，当地政府主动要求农网改造，组织农民抬电杆、拉电线，热情很高。1999 年 6 月 22～24 日，宝应县人大常委会组织了一次农网改造效果调查。1999 年 7 月底，扬州市郊区湾头、汤汪、西湖、平山、城北 5 个乡镇首批 32 个村农网改造攻坚开始，各县（市）供电局派出的施工队以及扬州供电局送变电公司、供用电工程公司共 9 个施工队 800 余名施工人员冒着高温施工；江都供电局施工人员 80 余人，承担市郊西湖镇 4 个村施工，立杆 1000 余根，架设 10 千伏线 7.5 千米，低压线 60 千米，新装配电变压器 20 台，8 月 25 日通过竣工验收；

高邮供电局60余名施工人员，承担湾头乡4个村施工；邗江供电局施工人员110人，承担平山乡5个村的施工；工程于当年9月中旬竣工。1999年8月9～10日，国家计委稽查办赴江苏农网稽查组一行5人在高邮市检查农村电网改造工作。1999年8月26～27日在南京召开全省农网改造会议，高邮供电局在会议上介绍农网改造经验。1999年9月8日，扬州市农网改造现场会在高邮市召开。2000年9月16日，江苏省电网建设（改造）工作领导小组在全省首批36个农网改造竣工县中评选出5个先进集体单位，江都供电局被评为农网改造先进集体。江都供电局从1998年上半年开始收集资料，6个小组收集江都市6个供电区资料，由下而上返用电股、分管局长，再由上而下确定各乡镇农网改造分步实施方案，在月度生产计划会议下达施工任务，器材物资及停电计划同步下达；施工必须按照月度计划进行，10千伏部分由中心供电所施工，低压配电网由乡镇农电站施工；1998～1999年共举办4期安全技术培训班，每个施工人员必须通过考试持证上岗。

扬州市农村电网建设与改造一期工程于1998年10月开工，2001年8月竣工。1998～2001年，江苏省电力公司下达扬州市一期农网改造工程投资计划85 502万元（其中110千伏工程13 239万元，35千伏工程5568万元，10千伏工程60 918万元，通信网工程及其他共5777万元），累计到位资金总额88 081万元，累计完成投资87 568万元。共新建6座110千伏变电所，改造4座110千伏变电所，新增变电容量34.05万千伏·安，新建110千伏线路94.69千米，扩建110千伏变电所间隔2个；新建35千伏变电所8座，改造35千伏变电所9座，新增变电容量13.01万千伏·安，新建35千伏线路176千米，改造35千伏线路6.5千米，扩建35千伏变电所间隔14个；新建10千伏线路2059千米，改造10千伏线路1944千米，新增配电变压器3830台，更换配电变压器2565台；新建低压线路7350千米，改造低压线路12 952千米；完成各县（市）供电局信息网建设工程。一期工程经审计结余资金513.89万元，用于农网其他改造项目中。

二期工程 扬州市农村电网建设与改造二期工于2002年1月开始，2003年4月竣工。2002年江苏省电力公司下达扬州市二期农村电网建设与改造工程资金25 945万元（其中宝应县4260万元，高邮市4325万元，仪征市5830万元，江都市6380万元，扬州市郊5150万元）。全市新建和改造10千伏线路1827千米；新增或更换配电变压器1252台，容量12.51万千伏·安；新建和改造低压线路2990千米；完成配电台区改造2137个，受益农户140 856户。二期工程是对一期工程的补充，重点建设与改造10千伏及以下配电网络。

农网建设与改造的成效 农网建设与改造提高了供电能力。扬州农村电网新增110千伏变电容量34.05万千伏·安，新增10千伏配电变压器容量50.78万千伏·安，能够满足农村用电需求。

农网建设与改造提高了供电可靠性。网络结构趋于合理、完善，电网设备的性能、质量及可靠性提高，2002年农村供电可靠性提高到99.485%；使用电量大幅增加，1998年全市农村用电量（不含县城）106 830万千瓦·时，2002年增加到120 873万千瓦·时。

农网建设与改造改善了电能质量。综合电压合格率由农网改造前（1998年）的98.70%提高到98.95%（2001年），农村居民端电压合格率从2001年的90%提高到2002

年的92.71%；使电能损耗下降，10千伏线路和低压线路供电半径缩短，农网线损率由2001年的7.08%下降到2002年的6.60%。

农网建设与改造使农网装备的现代化水平提高。完成农村变电所综合自动化改造，完善了电网安全保障体系，实现电网继电保护及故障信息的实时传送；所有农村变电所接入具有自愈功能的光纤通信网，建成使用光纤传输设备的35千伏及以上变电所73座，中心站4个，敷设光缆共846.08千米（其中非金属普通光缆557.69千米，ADSS自承式光缆288.39千米）；信息网工程不仅改善了农网系统的通信状况，而且为变电所的无人值班、远程监视、自动控制等提供了充足的宽带资源。

农网改造后，动力线到组，农户可以方便地使用水泵抽水灌溉。宝应县地势最低洼的曹甸镇，农网改造期间按照日降雨量150毫米确保24小时能排出的标准建成59座排灌站，合计900千瓦，可确保全镇农田旱涝保收。宝应县芦村乡芦东村6组，2000年有水稻204亩，全组合用一台12匹柴油机抽水灌溉，共支出6000余元，摊到各户的水费是每亩田30元左右，2001年农网改造时架设了动力线，安装1台11千瓦水泵，每亩田水费摊7元；芦村乡农网改造期间共新装23台水泵，计363千瓦，比以前用柴油机抽水灌溉年节省费用约15万元。仪征市后山区月塘乡赵桥村、东风村共有300多户从事雨花石加工，加工"一机子"雨花石（10个滚桶，内装卵石1700斤），以前用柴油机作动力，成本为60元，农网改造后有了动力线，用电成本为40元，平均每户每年加工成本下降约5000元。

农村电网科技进步 农网建设与改造促进了农村电网科技的进步，具体表现如下。

安装漏电保护器 扬州农村从1976年开始推广使用直跳式电压型漏电总保护器，用来迅速切断电源，保护人身和设备安全。1983年前后逐步更新为电流型漏电保护器。1985年开始推广使用家用漏电保护器，减少总保护器频繁动作跳闸。至1991年，扬州农村电网共安装三相漏电保护器54 909台（其中总保护器31 162台，分支线保护器23 747台），安装率99.68%，投运率99.7%，灵敏率99.7%；安装单相家用漏电保护器677 550台，安装率为32.46%。高邮市农村家用漏电保护器安装率在10个县（市）中最高，达68.7%。1993年后，针对漏电保护器频繁动作跳闸、用户意见大的问题，按规程规定将保护器由原最低漏电15毫安调整为30毫安以上，降低灵敏度，减少动作跳闸。此后，在农村"两化"（用电标准化、农村电气化）建设和扶贫通电工程中，农户单相漏电保护器安装率逐年上升。1998年后，农户一户一表改造中，电表箱全部改为户外型，每个农户都按规定配置漏电保护器。

设备更新 10千伏"二复三"线路改造。1970年后扬州地区架设了一批10～35千伏两线一地制简易线路，主要集中在农村，1985年后逐年改造，至1991年，35千伏线路已改造完，10千伏线路还剩余500余千米。1993年完成163千米"二复三"线路的改造。1996年5月扶贫通电工程中，宝应县少量10千伏两线一地制线路全部改造完成。更新高耗能配电变压器。1993年，扬州农村电网共有高耗能配电变压器12 661台（其中公用变压器1099台，代管农电资产变压器7139台，用户专用变压器4426台），此后逐年更新改造，至1998年10月高耗能配电变压器占比例为15.3%，农网改造工程中将这类高耗能配电变压器全部更换。

农村变电所通信网建设 1984年，兴化县供电局首先组建无线电通信网，主机设在县供电局调度室，发射功率为25瓦，下属13个变电所均使用JDD—801型属机，工作频率为150MHz，发射功率20瓦，使用天线高度为12米，主要是解决县调与农村变电所之间调度通信联系。各县供电局调度无线电网络建设由此推广普及，县境内用户变电所也申请加入网络。1987年后，有条件的县供电局农村供电所也开始使用无线电话机。1998年一期农网改造项目中，通信网工程及其他项目共投资5777万元，农村35千伏及以上变电所全部接入光纤通信网，建成信息传输大通道，改变了农村变电所主要依靠载波通信的状况，极大提高了农网系统的通信水平，同时也为变电所无人值班等新技术应用创造了条件（2004年，扬州市农村各乡镇供电所也全部接入电力信息网）。

第二节 农 村 用 电

1991年底，扬州10个县（市）有318个乡镇、6082个村，农业人口计6 434 162人，耕地面积874.85万亩，其中电力排灌面积425.88万亩。由于严重缺电，农村地区供电线路限负荷拉闸频繁。全市共有314个乡镇电力管理站，承担农村供用电管理工作。1992年全地区321个乡镇有229个乡镇每月生活照明用电可以达到15天以上，其余的乡镇达不到15天。农业排灌期和夏收、秋收期工业让电，农村用电得到优先照顾。

至1997年，扬州市农村相继完成配电网整改、“两化”建设和扶贫通电工程，农村电网设施有所改善，尤其是由上而下各级政府开展的扶贫通电工程，使每家每户都通了电，深受农户的欢迎。1998～2002年，扬州市实施“两改一同价”，即农村电网改造、农村电力管理体制改革、城乡用电同网同价，使农村电网设施改善，电价统一，用电水平大幅提高。至2002年底，扬州市5个县（市、区）有100个乡镇、1255个村，农业人口3 243 777人，耕地面积3 163 500千米^2，其中电力排灌面积2 661 100千米^2。农村用电量（不含县城）120 873万千瓦·时（1998年106 830万千瓦·时），农村用电设备容量（不含县城）395.84万千瓦（1998年120.05万千瓦）。

一、用电水平

通电率 1991年底，扬州市318个乡（镇）全部通电；共计6082个村，已通电6053个，通电率为99.52%；农户共计254.43万户，已通电231.96万户，通电率为91.17%。其中扬州市郊区农户3.84万户，通电率100%；泰州市农户9.8万户，已通电9.75万户，通电率99.5%；兴化市农户43.14万户，已通电35.99万户，通电率83.4%；高邮市农户23.31万户，已通电20.14万户，通电率86.4%；宝应县农户26.9万户，已通电24.5万户，通电率91.08%；靖江县农户19.69万户，通电率100%；泰兴县农户35.93万户，已通电32.28万户，通电率89.84%；江都县农户27.25万户，已通电26.91万户，通电率98.74%；邗江县农户15.5万户，已通电15.3万户，通电率98.7%；泰县农户32.6万户，已通电27.1万户，通电率83.1%；仪征市农户16.47万户，已通电16.46

万户，通电率99.94。1995年初扬州市开始实施扶贫通电工程，当年底扬州市共有317个乡（镇），全部通电；共有6038个村，全部通电；农户共计285.6万户，通电的农户281.2万户，通电率为98.46%。1996年扬州市共有312个乡（镇），全部通电；共有5707个村，全部通电；通电的农户284.91万户，通电率为99.54%。1997年，扬、泰两市分设，扬州市所辖5县（市）中仅剩余宝应县还有998户没有通电，以及因新建宁通一级公路拆迁的264户没有通电，至当年底扬州市乡、村、组通电率均为100%，户通电率为99.98%。2002年底，扬州市共有100个乡（镇），全部通电；共计1255个村，全部通电；农户共计139.44万户，全部通电。

用电量 农村总用电量统计中包括农村用电量和县城用电量。农村用电量包括农、林、牧、渔、水利业用电，乡镇工业用电以及农村居民生活用电和其他用电，不包括县城用电量。扬州农村用电量在1998年实施农网改造后迅速增加，2002年农村用电量是1998年的1.13倍。扬州市农村用电设备在1999年后供电局直接抄收到户，统计数据逐步完整、准确（主要反映在其他用电设备一栏）。1991～2002年扬州市农村用电水平见表6-3。1991～2002年扬州市农村用电设备统计见表6-4。

二、用电分类

农村用电分为排灌用电、农副加工用电、乡镇工业用电、农村居民生活用电及其他用电。农村用电中不包括县城用电。

排灌用电 扬州农村用电最初主要是排灌用电。扬州南部平原地区1960年以后电力灌溉迅速发展，公社（乡）建电灌站，修筑灌溉渠引水到各大队（村），支渠引水到生产队（组），实现“旱改水”（旱作物改为种水稻）。扬州北部水乡地区地势低，河流密布，农村用电迟于南部平原地区，京杭大运河沿线建自流灌渠，引运河水灌溉农田，建电力排灌站作为农田灌溉或排水之用。扬州西北部邗江、仪征丘陵地区建多级提水站引长江水灌溉田地，补充水源不足。因为有了电力排灌站（电灌站），公社集镇架设低压线路，用上电灯，排灌站附近的生产队也用上电灯，农村生活用电以排灌站为中心逐步发展。排灌用电量在农村用电初期占比例最大。1975年排灌用电量占农村用电量的70.83%。1978年后扬州农村分田到户，电力灌溉也逐渐发生变化，排灌用电量开始减少。1979年排灌用电量占农村用电量的58.9%。1990年排灌用电量占农村用电量的24.55%，1995年排灌用电量占农村用电量的10.29%。排灌用电量下降，一方面是农村其他用电增加、分类统计比较清楚，原先有些地方纳入排灌用电中的农村生活用电或其他用电被分离出去；另一方面是电力排灌覆盖面缩小（1985年排灌面积占全地区实有耕地面积的90.38%，1991年排灌面积425.88万亩，占全地区实有耕地面积的48.68%）。人民公社时期建的电灌站和灌溉渠逐渐消失。有动力线路的村、组可以使用水泵抽水灌溉农田，无动力线路的多使用柴油机抽水，水费按田亩均摊，有些农户使用水车提水灌溉秧田。这种情况到1998年后发生了大变化，各县（市）实施农网改造，动力线到组率2002年接近100%，村、组使用水泵抽水使农田灌溉成本大幅下降。全市农村排灌设备增加（1998年35.43万千瓦，2002年40.17万千瓦）。排灌用电量升降还受当年气候变化的影响。2002年排灌用电量占农村用电量的10.29%。

表 6-3　　1991～2002 年扬州市农村用电水平

年份	总用电量（农村+县城）（万千瓦·时）	农村用电量		农村用电设备容量（万千瓦）	通电情况						农业人口（万人）	农业人口年均用电量[人/(千瓦·时)]
		用电量（万千瓦·时）	占总用电量（%）		乡		村		农户			
					通电乡（个）	通电率（%）	通电村（个）	通电率（%）	通电户（万户）	通电率（%）		
1991	309 739	150 276	48.52	195.774 3	318	100	6053	99.52	231.96	91.17	643.416 2	233.56
1992	337 048	165 259	49.03	211.586 4	321	100	6080	99.93	255.743 7	92.07	784.114 7	210.76
1993	366 312	182 344	49.78	223.546 7	318	100	6035	100	262.363 6	94.37	821.946 9	221.84
1994	486 284	210 828	43.34	234.955 5	319	100	6030	100	271.563 6	96.84	772.126 1	273.05
1995	536 894	228 963	34.88	231.357 5	317	100	6038	100	281.200 3	98.46	765.360 1	299.16
1996	486 449	234 354	48.18	219.354 3	312	100	5707	100	284.913 6	99.54	760.048 5	308.34.
1997												
1998	206 886.86	106 829.86	51.64	120.046 3	155	100	2330	100	131.175 9	100	340.515 2	351.37
1999	205 906	105 614	51.29	124.262 3	155	100	2297	100	134.295 3	100	338.739 1	311.79
2000	221 873	116 084	52.32	341.617 1	152	100	2111	100	134.593 9	100	333.511 6	348.07
2001	241 204	125 541	52.05	330.445 0	103	100	1505	100	138.570 2	100	327.969 1	327.97
2002	246 464	120 873	49.04	395.838 5	100	100	1255	100	139.439	100	324.377 7	372.63

注　1. 此表根据扬州市农村电气化综合统计年报制作。
2. 1997 年扬、泰两市分开，当年统计数字缺少。
3. 第二栏“总用电量”是农村用电量和县城用电量的合计数。

表 6－4　1991～2002 年扬州市农村用电设备统计

年份	总计（千瓦）	农村用电设备（千瓦）								县城用电设备（千瓦）		
		合计	农、林、牧、渔、水利业				乡（镇）村工业		其他用电设备	合计	县办工业	其他
			小计	排灌	生产	农副加工	小计	其中村及以下工业				
1991	3 176 184	1 957 743	1 111 767	509 048	90 472	512 247	708 446	225 487	137 530	1 218 441	977 409	241 032
1992	3 413 086	2 115 864	1 148 000	519 373	110 116	518 511	753 481	243 232	214 383	1 297 222	1 012 208	285 014
1993	3 693 047	2 235 467	1 215 528	541 776	123 823	549 929	806 125	238 674	213 814	1 457 580	1 131 579	326 001
1994	3 914 500	2 349 555	1 242 233	551 430	144 908	545 895	831 679	302 887	275 643	1 564 945	1 264 203	300 742
1995	4 177 724	2 313 575	1 177 589	503 375	140 200	534 014	799 060	302 380	336 926	1 864 149	1 418 796	445 353
1996	4 115 879	2 193 543	1 117 171	545 690	197 851	373 630	834 480	352 774	241 892	1 922 336	1 438 553	483 783
1997												
1998	2 232 349	1 200 463	678 830	354 306	324 524		389 484	148 459	132 149	1 031 886	756 634	275 252
1999	2 270 668	1 242 623	698 243	365 224	333 019		389 825	155 232	154 555	1 028 045	753 581	274 464
2000	4 778 363	3 416 171	839 383	412 643	426 740		410 751	192 747	2 166 037	1 362 192	775 621	586 571
2001	4 778 024	3 304 450	852 070	368 511	483 559		428 621	230 326	2 023 759	1 473 574	834 760	638 814
2002	5 497 098	3 958 385	915 002	401 679	513 323		511 264	232 630	2 532 119	1 538 713	817 785	720 928

注　1. 此表根据扬州市农村电气化综合统计年报制作。

2. 1997 年扬、泰两市分开，当年统计数字缺少。

农副产品加工用电　1991年用电量27 307万千瓦·时，占农村用电量的18.17%。1995年用电量37 344万千瓦·时，占农村用电量的16.31%。2000年用电量15 226万千瓦·时，占农村用电量的13.12%。2002年用电量11 944万千瓦·时，占农村用电量的9.88%。

乡镇工业用电　扬州市乡镇工业始于1970年左右。1978年后农村分田到户，农村劳动力开始向外转移，忙时务农，闲时务工。乡镇工业机制灵活，市场对各类产品的需求旺盛，有劳动力作支撑，因此迎来大发展时期。1991年乡镇工业用电量58 254万千瓦·时，占农村用电量的38.76%。1995年用电量82 964万千瓦·时，占农村用电量的36.23%。1996年后乡镇工业受地方产业结构调整以及产品技术含量低、滞销等多种因素的影响，开始回落，用电量下降。扬、泰两市分设后的第二年（1998年），扬州5个县（市）乡镇工业用电量30 585万千瓦·时，占农村用电量的28.63%。1998年后农村电网改造改善了乡镇用电状况，乡镇及村办企业经过3年的市场调整后，在用电有保障的基础上，出现了一批上规模的乡镇企业集团、公司，也是用电大户。2002年乡镇工业用电量48 917万千瓦·时，占农村用电量的40.47%。

农村居民生活用电　1991年，扬州农村居民生活用电量20 233万千瓦·时，占农村用电量的13.46%，每人平均年生活用电量31.45千瓦·时。农户生活用电以照明为主，家庭使用小型家用电器如电风扇、电饭锅、电视机等。农村用电不正常，经常停电，电压低（主要是离电源点远的末端用户），宝应县农村流传的口头谣："日光灯跳不亮，电视机有声音没图像，买个洗衣机做做样（摆设）"。1995年扬州开始实施扶贫通电工程，农村用电普及率提高，农村居民生活用电量62 396万千瓦·时，占农村用电量的27.26%，每人平均年生活用电量提高到81.53千瓦·时。1998年下半年扬州市开始实施农村电网改造，极大方便了农户用电，家用电器在农村迅速普及使用，有的农户还购买空调器、电热水器等大型家用电器，农村线路也很少停电。2000年，扬州农村居民生活用电量37 738万千瓦·时，占农村用电量的32.51%，每人平均年生活用电量113.15千瓦·时。2002年扬州农村居民生活用电量40 031万千瓦·时，占农村用电量的33.12%，每人平均年生活用电量123.41千瓦·时。1991～2002年扬州市农村用电分类统计见表6-5。

表6-5　　1991～2002年扬州市农村用电分类统计　　单位：万千瓦·时

年份	合计	农、林、牧、渔、水利业用电				乡镇工业用电		生活	其他
		小计	排灌	生产	农副加工	小计	其中村及村以下工业		
1991	150 276	68 040	33 691	7042	27 307	58 254	15 478	20 233	3749
1992	165 259	80 035	30 836	10 862	38 337	58 031	9722	24 846	2347
1993	182 344	88 267	28 703	16 508	43 056	59 548	15 939	29 726	4803
1994	210 828	88 538	28 695	22 661	37 182	70 533	20 711	47 865	3892
1995	228 963	79 219	23 563	18 312	37 344	82 964	23 456	62 396	4384

续表

年份	合计	农、林、牧、渔、水利业用电				乡镇工业用电		生活	其他
		小计	排灌	生产	农副加工	小计	其中村及村以下工业		
1996	234 354	77 683	32 257	24 173	21 253	85 514	25 588	684 19	2738
1997	—	—	—	—		—	—	—	—
1998	106 830	43 071	24 524	18 547		30 585	12 842	30 292	2882
1999	105 614	40 720	24 721	15 999		29 057	13 125	32 705	3132
2000	116 084	41 452	26 226	15 226		33 878	17 628	37 738	3016
2001	125 541	41 180	27 386	13 794		39 845	22 608	41 114	3402
2002	120 873	29 223	17 279	11 944		48 917	20 855	40 031	2702

注 1. 此表根据扬州市农村电气化综合统计年报制作，全部数字中不包括县城用电。

2. 1998年后“生产、农副加工”栏目改为“副业及生产”，仅一组数字。

3. 1997年扬、泰两市分设，缺少统计数字。

4. 排灌用电中不包括江都引江提水站用电量。

三、农村电价

1990年12月18日，扬州市经济委员会、物价局、供电局印发《关于加强农村电价管理的实施意见》，针对农村一乡一价状况以及执行电价的随意性，规定农村电价的收取标准为：①国家规定电价，工业、非工业电价低压每千瓦·时0.085元，高压（10千伏）每千瓦·时0.083元；农业电价（包括排灌、脱粒、村民口粮加工等）低压每千瓦·时0.06元，高压（10千伏）每千瓦·时0.058元；照明电价低压每千瓦·时0.19元，高压（10千伏）每千瓦·时0.185元。②电价加价的范围包括省电力建设资金每千瓦·时0.02元，征收范围为登记注册并具独立法人地位的所有企业用电；煤运加价征收范围为除城乡居民生活照明外的各类用电，具体由各县（市）物价局、供电局按省规定确定加价标准；综合加价（包括统配电煤缺额电价，加工、合资电价和地方自办公用电厂电价）按省、市规定由各县（市）测算加价标准；管理费（用于开支额定电工报酬、办公及劳保用品等）以乡核定标准最高不超过每千瓦·时0.03元，征收范围为乡镇电管站管理范围内的工业、非工业、农业、生活照明用电；变压器损耗按实际供电时间计算损耗电量，用电单位按工业、农业、照明电量比例按实分摊；低压线损以国家电价为基础加收最高不超过20%的费用，即每千瓦·时0.01～0.04元，分户电表加收1千瓦·时。各县（市）根据“实施意见”结合实际制定电价方案。乡镇电力管理站执行当地县（市）物价局制定的电价。

1992年底，扬州10个县（市）农村照明生活电价每千瓦·时0.30元左右的有高邮、江都、靖江、泰州、仪征共5个县（市）。

1997年2月27日，江苏省政府办公厅印发《省政府办公厅转发省电力价格清理整顿领导小组关于取消随电价征收的非电力建设资金及加价项目的通知》，要求全省各地自

1997年3月10日抄见电量起，必须坚决取消随电价征收的所有非电力建设资金及加价项目，凡是与电力建设无关的各类集资、摊派均在取消之列，任何地方或部门不得以未明令禁止为由继续征收，各地要将取消的项目向社会公布，于3月15日前将取消后的情况上报省电力价格清理整顿领导小组办公室。扬州各县（市）对农村电价进行清理整顿。全市农村照明生活电价平均每千瓦·时为0.62元。高邮市598个村，照明电价均不超过每千瓦·时0.55元。

1998年7月，扬州供电局执行江苏省物价局、计划与经济委员会、财政厅《关于明确省电力建设费有关问题的通知》，以及江苏省政府办公厅《关于整顿电价秩序坚决制止乱加价乱收费行为的意见的通知》，与扬州市经贸委、物价局联合召开清理整顿农村电价会议，推行农村电价电费“五统一”、“三公开”，停止各地和各级地方政府随电费收取的加价项目。全市农村生活照明电价平均为每千瓦·时1元左右。

2000年1月18日，江苏省物价局印发《关于扬州市实行农村统一销售分类电价的批复》，确定扬州市实行农村统一销售分类电价。2000年1月27日，扬州市物价局、供电局联合召开农村一县一价会议，扬州市从2月（高邮市3月）抄见电量起执行农村一县一价。实行一县一价后，各地不得在价外加收任何费用，也不得搞计划内外、基数内外两种价格以及在抄见电量外加收损耗。实行一县一价后，扬州市农村电价平均每千瓦·时下降0.1元。2000年扬州市农村统一销售电价见表6-6。

表6-6　　2000年扬州市农村统一销售电价　　单位：元/（千瓦·时）

地区	居民生活照明	其他照明	非普工业	农业生产	其中	
					折旧	运行
高邮	0.60	0.98	0.899	0.64	0.025	0.01
宝应	0.64	0.99	0.89	0.66	0.025	0.01
江都	0.60	0.99	0.86	0.64	0.025	0.01
邗江	0.61	0.98	0.86	0.62	0.025	0.01
仪征	0.64	0.99	0.89	0.65	0.025	0.01
市郊	0.59	0.99	0.89	0.60	0.025	0.01

注 1. 上述价格为1千伏以下的到户电价水平。

2. 上述价格中均含国家规定的附加，其中居民生活每千瓦·时为0.033元，其他照明、非、普工业每千瓦·时为0.052元，农业生产每千瓦·时0.046元。

2001年3月1日起，扬州第一批3个农村电网改造竣工县（市）（江都市、仪征市、邗江县）实行城乡居民生活用电同网同价，即农村居民生活用电价格与城市居民生活用电价格相同，每千瓦·时0.52元。2001年8月1日起，扬州市5个县（市）农村居民生活用电全部同网同价，每千瓦·时0.52元。2002年8月1日起，扬州市城乡非居民照明用电实行同网同价。2002年12月扬州市农村综合变以下电力销售单价分别为非工业、普通工业用电每千瓦·时0.866 46元，农业生产用电每千瓦·时0.641 99元（其中农业生产用电每千瓦·时0.641 98元，排灌用电每千瓦·时0.650元)，农村居民生活照明用电每千瓦·时0.52元，其他照明用电每千瓦·时0.791元(2002年8月前每千瓦·时0.973 71元)。

第三节 农村电力管理

扬州供电局于1980年成立农电管理科，负责全地区农村电力管理，各县(市)供电局用电股配置分管农电副股长和农电专职3～4人。1993年“三改”时扬州供电局撤销农电管理科，农电管理职能归口用电管理科。

扬州地区1981年开始成立农村电力管理站，行政上属当地乡(镇)领导，是政府的管电职能部门，技术业务受当地县(市)供电局领导，财务受当地县(市)供电局监督。1983～1991年，各县(市)先后成立农电管理联站，1995年改为农电管理总站，对本县(市)内各乡镇电力管理站实施归口管理。1998年各县(市)供电局成立农电管理总站财务结算中心，对各乡(镇)电力管理站财务实行收支两条线管理。1999年底，扬州供电局实施农电体制改革，撤销电力管理站，成立供电所，对农电资产进行清理、核实，理清债权、债务，完成农电资产向县(市)供电局的移交。撤站建所后，县(市)供电局(公司)对农村供电所人、财、物实行统一管理。至2002年，扬州农电管理体制实行市、县、乡三级直供直管的管理体制。

一、管理体制

乡(镇)电力管理站 扬州地区于1981年开始成立农村电力管理站(从公社农机管理站分出)，行政上属当地乡(镇)领导，是政府的管电职能部门，技术业务和财务分别受当地县(市)供电局领导和监督。农村电力管理站主要负责本乡(镇)低压配电设备的运行、维护、检修以及农村安全用电管理、收电费等。1991年底，扬州市共设有314个乡镇电力管理站，职工总数4155人，总人数中编制内的人员2830人(农民合同制职工1014人，非农民合同制职工1816人)，其中工程技术人员412人。全市共有村电工7535人，乡镇、村工厂企事业单位电工10 103人。村电工由各村民委员会聘任，供电局负责对村电工业务培训和考试。1991年扬州市农村电工状况见表6-7。

表6-7　　1991年扬州市农村电工状况

名称	农村电力管理站						村电工人数	乡镇、村工厂企业电工人数
	个数	总人数	在编补贴人数	在编非补贴人数	多种经营	退休人数		
扬州市郊	7	56	25	31	—	—	93	390
泰州	9	172	29	35	108	—	205	330
兴化	45	398	147	180	65	6	1659	1296

续表

名 称	农村电力管理站						村电工人数	乡镇、村工厂企业电工人数
	个数	总人数	在编补贴人数	在编非补贴人数	多种经营	退休人数		
高邮	29	277	99	170	8	—	710	507
宝应	29	287	95	101	90	1	619	749
靖江	24	193	78	114	—	1	395	1355
泰兴	43	376	135	155	86	—	996	444
泰县	34	238	106	124	—	8	726	766
江都	43	323	133	105	82	3	720	1050
邗江	29	304	95	159	49	1	451	1046
仪征	22	206	72	78	43	13	960	2170
扬州市合计	314	2830	1014	1252	531	33	7535	10 103

扬州地区1982年后推行农村用电承包责任制，供电局以变电所出线关口表计为计量点，每月按抄见电量减去5%～7%的损耗后作为售电量，与乡镇电力管理站结算收费。电力管理站按与供电局签订的供用电合同向辖区内各类用户收费。承包指标测算由县（市）供电局用电管理部门负责，报扬州供电局用电科审批后与电力管理站签订承包协议，实行经济、责任承包，自负盈亏。1991年，扬州市共有314个乡镇电力管理站，实行承包的电力管理站共269个。1991年扬州市农村乡镇电力管理站承包状况见表6-8。

表6-8　　1991年扬州市农村乡镇电力管理站承包状况

名 称	电管站个数	承包数	其 中		
			安全用电承包	安全经济承包	农电管理承包
扬州市郊	7	6	1	5	—
泰州	9	7	—	7	—
兴化	45	28	28	—	—
高邮	29	28	28	—	—
宝应	29	20	20	—	—
靖江	24	9	9	—	—
泰兴	43	43	—	—	43
泰县	34	34	34	—	—
江都	43	43	32	—	11
邗江	29	29	5	16	8
仪征	22	22	14	—	8
扬州市合计	314	269	147	52	70

1992年9月，江苏省劳动局、财政厅、电力局对农村电力管理站的建设和管理作出明确规定：电力管理站是县属集体事业单位，是乡（镇）一级管理组织，行使乡（镇）政府管电职能，受乡（镇）人民政府和县供电局双重领导，由县（市）供电局实行归口管理。乡（镇）电管站电力管理员的性质、户口、粮油关系不变，用工形式按农民合同制工人管理，吸收、录用需按规定报劳动行政部门审批。各站定编人数按《乡电管站编制定员暂行标准》，由县（市）供电局与编制部门核定。站长的任用、调动、撤换、奖惩需经县（市）供电局与乡（镇）政府共同研究，并征得乡（镇）党委同意，由供电局办理。电力管理站主要职责是：①负责编制并组织实施所辖范围的乡村电力发展规划及低压电网的建设和整改计划。②负责安全用电、计划用电和节约用电工作。③负责农村电工管理及乡村企、事业单位电工业务培训和工作考核。④负责所辖范围低压电网运行、维护检修、更新改造工作，实行标准化管理；完成县（市）供电局规定的10千伏配电网的运行、维护检修工作任务。⑤执行电价政策，加强电价、电费管理，按时按规定组织和完成抄表、收缴电费工作。⑥负责办理职权范围内的用电申请、报装、施工和竣工验收工作。⑦贯彻实施电力设施保护条例，会同有关部门保护电力设施。⑧建立健全各种规章制度和基础资料，按时统计、分析、上报各种业务报表。⑨完成乡（镇）人民政府和县（市）供电局布置的工作任务，并定期汇报工作。

乡（镇）电力管理站执行事业单位会计制度（财政部1988年9月17日印发），其财务核算，按“自收自支、以电养电”原则办理。任何单位或个人不得平调或挪用乡电管站资金。经费来源于电力部门原给予的定额补贴、实行农村用电管理承包责任制得益部分、按规定收取的低压电网维修管理费及多种经营及劳务收入等。经费支出主要包括管辖范围内的农村电网的运行维修和部分更新改造、必须购置的生产工器具、日常管理费用，以及职工报酬、劳保、福利、保险和国家、地方政府规定的各种津贴等费用。经费若有结余，主要用于“以电养电”，当年结余可结转下年滚动使用。乡电管站人员的工资待遇、劳保福利按照各县（市）集体事业单位有关规定执行。乡电管站主办的各类经济实体（企业），属乡镇办集体性质，执行财政部、农业部制发的《乡镇企业财务会计制度》。站办实体应继续由乡电管站领导，任何单位和个人不得以任何理由改变其隶属关系和平调其财物，其收入应重点用于农村电气化建设。县（市）供电局必须加强对乡电管站的财务管理和监督。乡电管站应严格执行财经制度，遵守财经纪律和政策、法令。财务上要配备专门会计人员，健全各类账册，做到账目清楚、科目健全、手续完备、开支合法，并按照会计制度的规定，定期向县（市）供电局和乡镇财政部门报送会计报表，接受财政、审计部门的检查、监督、指导。每年必须编制经费收支计划，经县（市）供电局审批后严格执行，严禁乱支乱用。

1994年，扬州供电局按照省电力局要求，对农村电力管理站的性质、归属、人员编制、财务管理进行统一规范，理顺农电体制，实行行业归口管理，完成对电力管理站人员的定编。至1998年底，扬州市共有乡（镇）电力管理站155个，职工1627人，农村电工4477人。

农村电力管理（联站）总站 扬州各县（市）农电管理联站1983年开始成立，至

1991年，10个县（市）全部成立农电联站。农电联站是乡（镇）电力管理站的联合体，负责对电力管理站的检查、监督、管理、电工培训、电能表校验、漏电保护器修试等，属于集体企业，行政和业务直接受县（市）供电局领导，经济上实行独立核算，配备站长及用电、财务等专职人员，由乡（镇）电力管理站上交一定费用作为主要经费来源。有的农电联站还兼营电力施工、安装、电器修理及代购、经营农电器材。1995年，农电管理联站改为农电管理总站，站长由县（市）供电局分管农电工作的副局长兼任，副站长由分管农电工作的用电股副股长兼任，配置5～8人，从乡镇电力管理站借用。农电管理总站在供电局统一领导下，对本县（市）内的各乡镇电力管理站的人、财、物和技术业务工作实施归口管理。1998年，各县（市）供电局成立农电财务结算中心，隶属农电管理总站，农电财务结算中心负责各乡（镇）电力管理站的电费回收、上交及有关费用的测算、分解、下达，按乡建账，分项分类记账，实行收支两条线管理；各乡镇电力管理站每月必须通过银行将电费及按规定随电费收取的其他资金汇入财务结算中心；财务结算中心根据各乡镇的售电量、线损、资产总值、设备状况、安全状况等测算各乡镇电力管理站的运行维护费、工资、奖金、福利费、办公费等，汇入各乡镇电力管理站的账户。

农电体制改革 1999年11月15日，江苏省政府印发《江苏省加快农村电力体制改革加强农村电力管理实施细则》，要求各地执行。“实施细则”明确，到2002年，理顺并建立符合江苏农村经济发展水平的农村电力管理体制。实行政企分开，以县供电局为基础组建县供电公司；改革乡电管站的现行管理模式，撤销乡电管站（相应撤销县农电总站），将其改为县供电企业所属的供电所，其人、财、物由县供电企业实行统一管理、统一核算；乡电管站改为供电所后，所有人员由供电企业按电力部门有关定员定编要求，优先从1998年10月4日前在编的乡电管站人员和优秀村电工中统一考试考核，择优招用，持证上岗，并按《中华人民共和国劳动法》的有关规定由县供电企业与其签订劳动合同，统一办理社会保险，实行合同制管理；在省计经委、省电力局（公司）的指导下，由各县（市）人民政府组织有关部门及县供电企业对乡及乡以下农村集体电力资产和相关的债权债务进行清理；乡及乡以下农村集体电力资产（不含乡电管站所办三产）采取无偿划拨方式，移交县供电企业统一管理，并由其承担维护管理责任。

1999年底，扬州市155个乡（镇）电力管理站全部改为供电所，正式挂牌营业。“撤站建所”后，县（市）供电局对农村供电所人、财、物实行统一管理。在县（市）政府和扬州供电局的领导下，会同有关部门对原农村集体电力资产进行资产清理、核实，理清债权、债务，完成农电资产向县（市）供电局的移交。

2000年9月6日，省电力公司制定《农村供电所职责》共11条：①认真贯彻执行国家有关电力法规、制度、标准，做好农村供电和电力营销工作；②在县供电企业组织安排下，负责10千伏及以下低压电网的建设与改造；③负责所辖供电区域内农村10千伏及以下低压电网的运行、检修和维护管理工作；④按照县供电企业规定受理或承办供电区域内的新装、增容、临时用电和变更用电工作；⑤按照县供电企业规定开展供电区域内的用电检查工作；⑥负责供电区域内抄表、收费工作，抄表收费全面实行“三公开”、“四到户”、“五统一”；⑦负责所辖供电区域内计量装置的安装、校验、维修和管理工作；⑧负责供电所生产建设的安全工作，搞好农村安全用电工作，指导用户安全用电；⑨开展并认真做好农村供电所规范服务，积极开拓农村电力市场；⑩加强供电所内部管理和自身建设，负责所内职工的管理和考核；⑪完成县供电企业下达的各项技术经济指标和其他工作任务。

2001年5月28日，江苏省政府办公厅印发《省政府办公厅转发省经贸委等部门关于江苏省农村供电所人员和农村电工招用工作实施意见的通知》，对农村供电所人员和农村电工的定员定编、岗位设置、人员招用条件、用工合同、社会保险及人员待遇6个方面作出明确规定。据此，江苏省经贸委、劳动保障厅和省电力公司联合制定《江苏省农村供电所人员和农村电工考试考核办法》。2001年6月2日，省电力公司根据"实施意见"和《农村供电所职责》，制定《农村供电所人员岗位职责》（农村供电所人员岗位设置为供电所所长、技术员、安全员、核算统计员、营业员、计量员等）和《农村电工岗位职责》，统一规范农村供电所人员和农村电工的岗位职责。

扬州供电公司执行"实施意见"和"考核办法"，对农村供电所人员的招用范围是1998年10月4日以前在编原乡镇电管站在职农电工和编外农电工，村电工的招用范围是1998年10月4日以前在编原乡镇电管站编外农电工和在职村电工。扬州供电公司于2001年8月29日对全市155个原乡镇电力管理站人员进行考试，设宝应、高邮、仪征、邗江及扬州郊区5个考场，同时间开考，参考人员计1656人。2001年9月16日，对全市1872名农村电工进行考试。县（市）供电公司招用农村供电所人员和村电工，依靠各级政府的支持，在广泛动员和宣传教育的基础上，按照公正、公平、公开的原则，择优招用。被招用的人员一律持证上岗，并按《中华人民共和国劳动法》的有关规定与县（市）供电公司所属的集体企业签订劳动合同，统一办理社会保险，实行合同制管理。2001年12月7日，省电力公司批复扬州供电公司招用农村供电所人员1011人（扬州市郊46人，宝应县189人，江都市267人，邗江县157人，仪征市137人，高邮市215人）。2002年邗江、高邮等地被辞退的农电工和村电工共10余次约500余人·次参与上访，围堵扬州供电公司电力营销部大门，占据部分办公场所，限制工作人员人身自由，扬州供电公司通过与地方政府、公安部门共同努力，耐心疏导，妥善解决遗留问题，事态得到控制，未发生越级上访事件。

2002年，扬州市共有农村供电所100个，农电职工5309人。农电人员文化程度分别为初中学历的占60.5%，高中学历的占30.2%，中专学历的占5.9%，大专及以上学历的占3.4%，大专及以上在读人员占7.1%。扬州供电公司电力营销部按照农电体制改革后城乡一体化管理和农电人员一律持证上岗要求，对农电人员进行上岗前培训（至2003年4月，共举办培训班20期，培训1074人，占需培训人数的35.2%；共举办计算机培训班5期，培训180人）。2002年底各县（市）供电所农电职工统计见表6-9。

表6-9　　2002年底各县（市）供电所农电职工统计

县别 项目	仪征	江都	高邮	宝应	市郊	全市
农电职工总数（人）	760	1385	1115	1012	1037	5309

续表

项目 \ 县别		仪征	江都	高邮	宝应	市郊	全市
乡镇供电所	乡镇（个）	11	24	21	16	28	100
	供电所（个）	11	24	21	16	28	100
	一长两员（人）	33	72	63	48	84	300
	电管员（人）	255	356	265	242	172	1290
村电工	行政村（个）	193	312	283	238	229	1255
	村电工（人）	472	957	787	722	781	3719

二、农村电力服务

“三为”服务 1991年7月，能源部在山东召开全国农电工作会议，会议提出开展电力为农业、为农民、为农村经济（简称“三为”）服务达标竞赛活动。1992年，江苏省电力工业局印发《关于进行“三为”服务达标竞赛考评和选报的通知》，把“三为”服务同扶贫通电工程、农村电气化建设和减轻农民不合理电费负担结合起来。1993年，省电力局将“三为”服务达标作为供电系统评选优质服务先进单位和双文明单位的必备条件之一。

扬州供电局1992年印发《关于加强县（市）供电系统“三为”达标活动指标考核的通知》，在全市范围内开展“三为”服务达标活动。主要有3项措施，即为农户检测家用电器，单相供电改为三相四线供电，提高电压质量；整顿农村电价，纠正乱摊派、乱集资、乱加价，制止人情电、关系电、无表用电；提高农村通电率和照明保障率。1992年5月，高邮市供电局被能源部首批命名为“三为”达标单位。1993年，江都、泰州市供电局被能源部命名为“三为”服务达标单位。1994年，邗江县和兴化市供电局被电力工业部命名为“三为”达标单位。1996年，仪征、泰兴、宝应、姜堰、靖江共5个县（市）供电局通过电力工业部“三为”达标审核。至此，扬州市10个县（市）供电局全部被能源部（电力工业部）命名为电力“三为”服务达标单位。

从1994年起，扬州供电局开展“三为”服务合格站、达标站活动，并于当年印发《乡（镇）电管站“三为”服务合格站、达标站考核评分细则》。“三为”服务达标站的必备条件有5项，即3年内本供电区无触电死亡事故，本年度无重伤事故（含乡村电工施工事故）；站内人员无违纪违法行为，无严重不团结现象；组通电率100%，户通电率98%以上；照明保障率60%以上；本年度受到地方政府或县（市）供电局以上单位表彰（不含单项先进）。“三为”服务合格站由各县（市）供电局自评自定。“三为”服务达标站由各县（市）供电局提出申请，扬州供电局验收、命名。“三为”服务达标站正式命名后，达标站全体定编人员在原有工资基础上上浮2级工资作为奖励，达标站复验不合格上浮奖励取消，连续3年复验合格的达标站增加1级固定工资。达标站定编人员的上浮工资按1个年度计算兑现。1995年，扬州供电局命名68个电管站为1994年度“三为”服务达标电管站。1996年8月20日扬州供电局命名91个电管站为1995年度“三为”服务达标电管站。到 1997 年 11 月，全市 157 个乡镇电管站已有 155 个被命名为“三为”达标电管站。

1997 年以后，电力“三为”服务的要求和标准逐步被供电优质服务的要求和标准取代。2001 年 7 月 2 日，国家电力公司决定今后不再单独开展电力“三为”服务达标活动，有关“三为”服务的考核内容和评价指标已分别纳入供电企业“创一流”和“示范窗口”活动中进行考核。

规范化服务 1997 年 1 月，省电力局决定在建设城市供电营业厅示范窗口的同时，建设乡镇电力管理站供电营业示范窗口。规定示范乡镇电管站必须达到 10 项规范服务要求：①礼貌服务，即工作人员着装整洁，使用文明用语，礼貌待人，热情服务；②文明环境，即站容站貌整洁美观，标志齐全；③公开办事程序，即工作场所内张贴供电服务有关规章制度和用户办理用电程序；④公开电费电价，即实行综合分类电价或最高限价，电费电价实行“五统一”管理，电费电价张榜公布率达到 100%，杜绝“人情电、关系电、权力电”，禁止乱收费；⑤事故抢修，即在接到故障报告后，维修人员应及时赶到现场进行抢修，一般的事故处理不超过 24 小时；⑥咨询服务，即热情接待用户查询，耐心解答用户提出的问题；⑦科学管理，即运用计算机等现代化管理手段，提高管理水平；⑧杜绝以电谋私行为，即严格执行电力部下发的“严禁以电谋私规定”，不发生“吃、拿、卡、要”用户等问题；⑨受理投诉，即公开投诉电话，设立举报箱，对用户的投诉、举报，在 5 日内答复受理情况，15 日内反馈处理结果；⑩加强安全用电宣传教育，开展便民服务，主动为用户排忧解难，让用户满意。1997 年 3 月 11 日，高邮市龙虬镇电力管理站被省电力局命名为全省农电服务示范窗口。

扬州供电局于 1997 年 3 月 25 日召开“为人民服务，树行业新风”动员大会，5 月 28 日首次向社会公开八项服务承诺。1997 年 7 月 29 日召开“讲文明、树新风、创文明行业动员大会”。1997 年 9 月 27 日，扬州供电局确定江都市昌松乡电力管理站为全市农村供电服务示范窗口，并要求县（市）供电局在本县（市）选择确定 1 个农村服务示范窗口，以点带面，推进发展。1997 年 11 月 24 日，扬州供电局推出第一批正式授牌的 8 个示范窗口，即宝应供电局用电服务中心、高邮供电局用电服务中心、仪征供电局用电服务中心、高邮市龙虬镇电力管理站、高邮市武安乡电力管理站、宝应县氾水镇电力管理站、江都市昌松乡电力管理站、江都市江都镇电力管理站。1998 年上半年又推出第二批 54 个示范窗口。

1998 年 11 月 4～8 日，国家电力公司在山东威海召开为“为人民服务、树行业新风”示范窗口现场会，并对全国 23 个农电示范窗口正式授牌，高邮市龙虬镇电力管理站被授予全国农电示范窗口称号。龙虬电力管理站在创建文明窗口活动中健全 31 项管理制度、13 项岗位规范、20 项公布项目、15 项考核办法。

2001 年 2 月 23 日，扬州供电局召开“电力市场整顿和优质服务年”活动动员大会。2001 年 8 月 8 日，扬州供电公司召开“心桥行动”动员大会。至 2002 年底，扬州供电公司建成部、网、省级示范窗口 4 个，局（省电力局）级示范窗口 32 个，市级示范窗口 21 个。全市 105 个乡（镇）供电所全部建成文明供电所，82 个供电所建成规范化管理供电所，占供电所总数的80%。

三、安全和生产管理

农电安全管理 扬州农村用电初期由于缺少用电常识和管理混乱，全地区农村触电死亡人数1971年达161人，1972年148人。1980年成立农电管理科，各县（市）供电局也配置专职人员，开始对农村用电安全进行管理，农电事故率下降。1981年全地区农村触电死亡人数42人，1982年4人，1990年4人。1991年（省考核事故）发生1起农村触电人身死亡事故（泰县，漏电保护器失效）。1992年发生1起农村触电人身死亡事故（新建房，临时电源，私拉乱接）。1995年发生1起农村触电人身死亡事故（6月13日，靖江市农村），破扬州市农电连续安全983天记录。2000年发生1起农村触电人身死亡事故（仪征市农村，动力设备，私拉乱接）。2001年发生1起农村触电人身死亡事故。2002年全市无农村触电人身死亡事故，共有9台配电变压器烧坏（1台雷击烧坏，8台超负荷烧坏，均发生在仪征市农村）。

农村电力管理站属地方政府和供电局双重领导，供电局承担安全管理的职责。1991年，扬州供电局将农电安全管理列入各县（市）供电局双文明建设考核范围。县（市）供电局以不同方式，分层次落实安全责任，与电力管理站签订安全责任书，实行安全责任考核（站长业绩、承包收益、人员工资晋级等）；电力管理站对电管员的安全考核与本人工资收入挂钩，实行经济奖惩。扬州供电局农电科（用电科）每季度召开一次农电工作例会，布置农电安全等工作，各县（市）供电局分管用电的副局长、用电股和农电联站等部门、单位的人员参加。

扬州农村安全技术管理的重点 1990年前后主要是低压三类线路的整改。三类线路又称简易线路，有的用竹竿或树棍代替电杆，用铁丝代替导线，最容易发生人身触电和设备事故。经过连续几年的整改，至1991年底全市还剩余835千米三类线路（其中400伏线路70千米），至1996年全部改造完毕。安装和管理漏电保护器。1991年底全市农村共安装漏电保护器732 459台（三相漏电保护器54 909台，安装率100%；单相漏电保护器677 550台，安装率32.46%）。漏电保护器有效防止了人身触电和设备事故。1992年后逐年增加安装家用单相漏电保护器。1993年底全市农村共安装漏电保护器920 128台（三相漏电保护器52 177台，安装率79.87%，投运率79.55%；单相漏电保护器877 951台，安装率45.35%），因触电引起漏电保护器动作49次，因线路设备漏电引起漏电保护器动作5344次。至2002年底，全市农村共安装漏电保护器1 014 474台[三相总漏电保护器31 311台，安装率100%，投运率100%；三相分支漏电保护器9141台，安装率100%，投运率100%；末端（家用）漏电保护器974 022台，安装率92.01%，投运率99.83%]，三相总漏电保护器动作3502次，拒动51次，动作正确率为98.56%。农村用电安全检查。检查的形式有供电局组织的“四夏”大忙安全检查、秋季用电安全检查，有农电联站（总站）、电力管理站组织的用电安全检查。检查的内容是乡办企业和村、组的用电设备、漏电保护器、场头脱粒机、田头小水泵、临时线路以及农户家用电器等。1992年扬州供电局共组织安全检查2009次（其中县供电局组织安全检查298次），检查场头、小水泵84 458处，检查乡村企业8726个，检查农户778 008户，检查漏电保护器206 172台，处理线路下障碍25 620处。此后每年都组织开展用电安全检查。

1995年，县（市）农电联站改为农电总站后，实行农电安全责任制，规定总站站长是县（市）农电安全第一责任人；供电所主任、各片负责人是本供区、本片安全第一责任人；电力管理站站长、各片电管员、村电工是辖区安全第一责任人。规定电力管理站每星期六半天时间开展安全活动，学习安全规程和有关文件，分析安全情况和防范措施。

1998年下半年，农村电网改造开始，扬州供电局制定了《农网改造工程施工安全管理规定》、《关于农村低压电网改造停送电及工作许可的规定》、《关于加强农网改造工程安全管理的通知》等管理办法，明确安全监察部门对农网改造工程实行安全管理控制。农村电网改造面广量大，作业点分散，各县（市）供电局着重抓前期安全技术培训和施工现场的安全管理，加强组织领导，健全安全监督网络，落实安全责任。此外，还严格外包工程、临时工的安全管理，确保农网改造工程的全方位安全。

1999年底“撤站建所”后，各县（市）供电局对农村供电所人、财、物实行统一管理，农电安全管理也纳入供电局一体化管理范围。农村供电所人员岗位设置中设有专职安全员，班组设有兼职安全员，形成三级安全管理网络，在供电局安全委员会的领导下开展农电安全管理工作。在理顺农电安全管理体制后，2002年对农电人员进行培训（其中包括安全生产培训），与用户签订供用电合同，明确供、用双方承担的责任（其中包括安全责任）。

农电生产管理 1995年，10个县（市）供电局均组建了农电总站，对各乡镇电力管理站的人员编制，按照扬州供电局核定人数进行定岗、定员，从组织上加强对电力管理站的领导。农电总站把生产管理作为农电管理工作的一部分，建立农电生产组织机构，负责年、季、月生产计划的编制并督促各电管站实施，负责设备改造项目的勘察、设计、上报和安排施工，进行中间检查和验收，召开农电生产工作会议，对设备进行评级，消除设备缺陷，并建立健全农电管理的有关规章制度。

农电体制改革后，扬州供电公司设农电工作部，对农村供电所实行归口管理，统一制定了各类规章制度，实行规范化管理。2002年，农村供电所生产管理有值班记录，报修服务记录，电力设备巡视和缺陷记录，设备检修记录，停送电、事故、障碍记录，线路交叉跨越及对地距离记录，漏电保护器测试记录，安全工具试验记录，配电变压器台账和高低压线路地理接线图等。

四、农电培训

扬州农村电力管理站（供电所）人员的用工性质分为编制内人员、编制外临时工及村电工三类。市、县两级供电局承担农电培训工作，通过培训提高农电人员的技能，适应岗位工作要求。1991年至1992年下半年，各县（市）供电局采用半脱产学习方式举办工程技术职称基础知识培训班，共设有数学、电工基础、电子技术等5门课程，960学时，参加培训人员550名，考试及格525人，考试及格者由各县（市）供电局考核评审技术职称。1992年3～8月，举办乡（镇）电力管理站财会人员培训班，共设有政治经济学、会计原理、计算数学、专业会计等6门课程，640学时，参加培训人员502名，考试及格478人，考试及格者由供电局进行上岗资格审查，发给上岗证，独立从事财务工作。“九五”计划（1995～2000年）期间，扬州供电局先后举办了县（市）农电总站管理人员计算机培训班、农电系统计算机培训班、农电管理各专业人员培训班等。

1993年，扬州供电局执行《江苏省农电系统进网作业电工管理办法》，对社会电工进行培训。进网作业电工培训考核和发证归口管理由用电科（股）用电监察（检查）人员负责。各县（市）供电局负责低压电工培训和考试，进网作业许可证盖扬州供电局印章；扬州供电局负责高压电工培训、考试、发证。农电系统的电气承装单位除必须持有省电力局制发的电气承装单位进网作业许可证外，其工作人员还必须持有进网作业许可证。培训考核的内容有电气理论知识（7项）、电业安全与作业技能（7项）、电业作业规定（3项，高压电工6项）。1993年全地区共有社会电工19 831人（其中当年培训社会电工2098人，年审6188人），发证给电气承装单位13家。此后每两年对持证承装单位和社会电工进行1次复审，并对新人员考试发证。至2002年，社会电工培训管理仍然由扬州供电公司承担，扬州供电公司电力营销部用电检查专业组当年复审社会电工3865人，新发进网作业许可证835人，协助扬州市经贸委对24家三、四、五类电气承装单位进行资质审查。

农电体制改革完成后，按照省电力公司用2年时间对农村供电所人员和农村电工进行一次全面的岗位培训的要求，扬州供电公司电力营销部制定《农电人员培训管理办法》，并制定教育培训计划。2002～2003年4月，共举办上岗培训班20期，受培训人员1074人，占需培训人数35.2%。此外还有针对性地举办了“两票”填写培训班、“安规”培训班、降损节能培训班、计算机培训班以及供电所专职人培训班等专项培训。各县（市）供电公司负责农村电工的培训。2002年扬州市农电职工文化水平统计见表6－10。

表6－10　　2002年扬州市农电职工文化水平统计　　单位：人

<table>
<tr><th colspan="3">农电职工</th><th>全市</th><th>市郊</th><th>江都</th><th>仪征</th><th>高邮</th><th>宝应</th></tr>
<tr><td colspan="3">总　数</td><td>2937</td><td>532</td><td>778</td><td>365</td><td>624</td><td>638</td></tr>
<tr><td rowspan="9">供电所电工</td><td colspan="2">人数</td><td>977</td><td>196</td><td>243</td><td>133</td><td>214</td><td>191</td></tr>
<tr><td rowspan="8">文化</td><td>本科</td><td>3</td><td>2</td><td>1</td><td>0</td><td>0</td><td>0</td></tr>
<tr><td>本科在读</td><td>3</td><td>1</td><td>0</td><td>0</td><td>2</td><td>0</td></tr>
<tr><td>大专</td><td>144</td><td>14</td><td>44</td><td>34</td><td>37</td><td>15</td></tr>
<tr><td>大专在读</td><td>65</td><td>27</td><td>0</td><td>6</td><td>18</td><td>14</td></tr>
<tr><td>中专</td><td>73</td><td>8</td><td>31</td><td>7</td><td>10</td><td>17</td></tr>
<tr><td>中专在读</td><td>27</td><td>3</td><td>4</td><td>0</td><td>20</td><td>0</td></tr>
<tr><td>高中</td><td>356</td><td>77</td><td>71</td><td>46</td><td>57</td><td>105</td></tr>
<tr><td>初中</td><td>306</td><td>64</td><td>92</td><td>40</td><td>70</td><td>40</td></tr>
</table>

续表

农电职工			全市	市郊	江都	仪征	高邮	宝应
村电工	人数		1960	336	535	232	410	447
	文化	本科	0	0	0	0	0	0
		本科在读	1	0	0	1	0	0
		大专	48	10	18	10	4	6
		大专在读	63	28	11	5	18	1
		中专	87	23	25	4	14	21
		中专在读	37	6	6	0	25	0
		高中	483	69	135	69	88	122
		初中	1441	200	340	143	261	297

第七章　科技　信息化
环境保护

第七章　科技　信息化　环境保护

扬州电力行业在国家“改革开放”方针指导下，引进吸收大量先进技术和设备，应用于生产和基本建设，促进生产力的发展。1991～2002年这12年间，扬州供电局结合生产实际开展群众性合理化建议活动、QC小组活动，开展科技项目的研究开发，加强对设备的技术监督，推进信息化建设，环境保护意识逐渐加强。科技进步为生产经营创造了显著的经济效益。

第一节　科　技　工　作

扬州供电局1990年8月成立科技教育科，是科技管理的职能部门，县（市）供电局设科技专职人，归口生产技术股。1991年成立科技工作领导小组，有科技专职24人，兼职22人。科技教育科编印科技简报《扬州供电科技信息》，每季度出一期。1999年底扬州供电局实施机构改革，撤销科技教育科，科技管理职能由生产技术部负责。科技简报改名《扬州电力科技》，由扬州供电局与扬州市电机工程学会联办，仍为每季度一期。2002年成立科技环保部，设科技专职1人，与生产技术部合署办公。科技管理工作按照省电力局考核办法执行。

一、科技管理

扬州供电局科技活动主要有两类，一类是群众性科技活动，包括职工合理化建议和各单位组织的QC小组活动；另一类是正式申报立项的科技项目，按程序申报、立项、签订合约，项目完成后要提供开发研制技术报告，验收及申请鉴定，职能部门每年确定有应用和推广价值的重点科技项目并进行评选。

1991年，扬州供电局继续开展职工合理化建议活动。各单位职工提出的合理化建议，填表交工会分类和初审，转交科技教育科，再送有关部门鉴定，被采纳的建议由合理化建议领导小组明确实施单位，对取得显著效果的按规定给予奖励。当年全局共收集合理化建议1698项，其中，220千伏护线条复用、500千伏变电所定位巡查箱、进口500千伏故障录波器国产化替代等建议实施后节约生产成本，有利于安全生产，效果明显。QC小组活动自1993年开始，重点结合本单位新工艺应用、技术革新等，自行命题设立项目，职能部门每年组织1次QC小组成果发布，评选和奖励优秀项目。1997～2002年，共收集合理化建议5508项，采用4251项，创造（节约）价值973万元。

项目管理　科技项目由各单位填写项目申请表和可行性报告，当年9月底之前报科技教育科汇总，经局科技领导小组审定，当年10月向省电力局上报重点科技项目，申报立项，经审查批准的项目，省电力局下达项目费用。科技教育科每年下达年度科技开发及科技推广应用项目、资金，组织专门人员验收，并向省电力局报告，申请鉴定。科技项目资金主要来源是省电力局下达的科技专项资金，科教科归口管理，财务科分项立账，专款专用。从1997年起，科技项目分为重点项目和自定项目两类，重点项目仍然执行申报审批制，自定项目由扬州供电局自行审批和组织验收，向省电力局报送完成情况。2001年修订科技管理标准、专职岗位工作标准、科技项目管理标准、科技情报管理标准、科技专利管理标准、科技费用管理标准、科技成果及新产品鉴定管理标准、科技进步鼓励规定共8项管理标准。2002年，向省电力公司上报6种报表，即省电力公司立项的项目表、扬州供电公司自定项目表、科技项目投入与产出统计表、科技成果奖励汇总表、专利申请和实施情况统计表、专利法实施后状况表。

专利管理 按照《江苏省企业专利工作试行办法》，1991年以后，扬州供电局各单位上报的发明创造成果，经科技教育科初步审查，总工程师组织评审，报分管局长批准，最后由科技教育科统一办理申请专利手续。扬州供电局职工因本职工作或主要利用扬州局物质条件完成的发明创造属于职务发明创造，申请专利的权利及所授的专利权属于扬州供电局，个人不得自行申报或私自转让。1991～2002年，扬州供电局（公司）共有17项专利持有，具体见表7-1。

表7-1　　1991～2002年扬州供电局（公司）专利持有情况

序号	项目名称	专利类型	设计人	申请号	专利号	授权日期	持有人单位
1	电子延时节电开关	实用新型	谢培义	91 2 07377.2	ZL91 2 07377.2	1992.05.06	江都市供电局
2	无声节电器	实用新型	吴金乾 张兴祥 姜　烨 于光明	91 2 13726.6	ZL91 2 13726.6	1992.04.08	扬州供电局
3	低压释放式无声节电器	实用新型	吴金乾	92 2 01113.3	ZL92 2 01113.3	1992.08.12	扬州供电局
4	插座式单相漏电开关	实用新型	吴金乾	92 2 13187.2	ZL92 3 13187.2	1992.12.30	扬州供电局
5	语言提示标志牌	实用新型	居继源 夏正新	92 2 18089.X	ZL92 2 18089.X	1993.03.12	宝应县供电局
6	双控双保险电工安全带	实用新型	陈其祥 居继源	93 2 37796.3	ZL93 2 37796.3	1994.07.12	宝应县供电局
7	低压电力负荷自动控制器	实用新型	谢培义	94 2 26780.X	ZL94 2 26780.X	1995.04.07	江都市供电局

续表

序号	项目名称	专利类型	设计人	申请号	专利号	授权日期	持有人单位
8	避雷器在线监测仪	实用新型	夏正新	94 2 42771.8	ZL94 2 42771.8	1996.04.13	宝应县供电局
9	单相电力负荷控制开关	实用新型	谢培义 谢　彪	95 2 41202.0	ZL95 2 41202.0	1996.03.12	江都市供电局
10	安全带带式坠落缓冲器	实用新型	陈其祥 居继源 许宝淮 梁允宁	96 2 47247.6	ZL96 2 47247.6	1998.03.12	宝应县供电局
11	避雷器	外观设计	樊志义 张和平 陆祥贵	98 3 13619.X	ZL98 3 13619.X	1999.04.22	邗江县供电局
12	售电时控器	实用新型	万步全	98 2 42413.2	ZL98 2 42413.2	1999.09.29	
13	串行通信式变电站电压无功控制装置	实用新型	丁国光	98 2 47392.3	ZL98 2 47392.3	1999.11.06	扬州供电局
14	电容型设备在线测试仪	实用新型	谢崇鸿 陈章龙	98 2 42690.9	ZL98 2 42690.9	1999.12.17	扬州供电局
15	可卸式合成绝缘氧化锌避雷器	实用新型	樊志义 张和平 陆祥贵	98 2 26962.5	ZL98 2 26962.5	2000.04.14	邗江县供电局
16	跨越架	实用新型	朱清和 丁中伟	00 2 21325.7	ZL00 2 21325.7	2001.06.16	扬州供电公司
17	平行集束架空绝缘电缆	实用新型	姜　俊 窦安星 胡恒山 夏　明 张爱社	02 2 18888.6	ZL02 2 18888.6	2002.11.13	高邮市供电公司

二、获奖成果

获市级及以上奖励的科技成果　1991～2002 年，扬州供电局（公司）获市级及以上奖励的科技成果共 18 项，其中获省电力局（公司）及以上奖项有 15 项，获省电力公司、扬州市政府奖项 3 项，见表 7－2。

表7-2 1991～2002年扬州供电局（公司）获市级及以上奖励的科技成果

序号	年度	项目名称	获奖单位	获奖等级	授奖单位
1	1994	低压电力负荷自动控制器	江都市供电局（谢培义）	科技进步三等奖	江苏省电力局
2	1994	用筒化改进烘燥方法处理高压充油互感器	直属修试工场	先进QC小组奖	华东电业管理局
3	1995	微机在变电运行中的应用	直属变电运行工区	先进QC小组成果奖	江苏省电力局
4	1995	10千伏配网带电拆搭引线及更换跌落式熔丝具规范程序	泰州市供电局	先进QC小组成果奖	江苏省电力局
5	1995	变电所实时信息管理系统的开发研制	仪征市供电局	先进QC小组成果奖	江苏省电力局
6	1996	供电企业生产管理系统	生产技术科	合理化建议二等奖	江苏省电力局
7	1996	高空跌落冲击力吸收装置	宝应县供电局	科技进步三等奖	江苏省电力局
8	1997	10千伏及以下线路施工检修安全管理规范	高邮市供电局	先进QC小组成果奖	江苏省电力公司
9	1998	10千伏带电可卸式避雷器研制	邗江县供电局	优秀QC小组成果奖	江苏省电力公司
10	1999	高压试验防人身触电控制保护器	邗江县供电局	优秀QC小组成果奖	江苏省电力公司
11	1999	治理主变渗漏油，创无渗漏设备	直属变电工区	先进QC小组成果奖	江苏省电力局
12	1999	在线快捷校验电量变送器	调度所	先进QC小组成果奖	江苏省电力公司
13	2000	互感器检定装置的改进	邗江县供电局	优秀QC小组奖	华东电管局 江苏省电力公司
14	2000	互感器检验装置误差自动上网	电力营销部计量中心	先进QC小组三等奖	江苏省电力公司
15	2000	架设ADSS光缆不断航跨越京杭运河	直属线路工区	先进QC小组成果奖	江苏省电力公司
16	2001	提高内部资源利用率	信息中心	优秀QC小组成果奖	扬州市政府 江苏省电力公司
17	2001	检修中防误操作程序的研制	仪征市供电局	优秀QC小组成果奖	扬州市政府 江苏省电力公司
18	2001	变压器经济运行点的计算机管理	仪征供电局	先进QC小组成果奖	扬州市政府 江苏省电力公司

获扬州供电局（公司）奖励的科技成果　1991年扬州供电局向省电力局申报的合理化建议、技术改进和科技成果项目共5项，即SG—1计数仪（靖江供电局）、SG—2安全记录仪（靖江供电局）、ZDY—4型智能电参数测试仪（靖江供电局）、变电所主变压器非经济运行预告信号装置（靖江供电局）、WJ型无声节电器（高邮供电局）。

1992年扬州供电局重点科技项目9项，即实时显示电气防误装置（仪征供电局）、红外近电报警器（靖江供电局）、带电更换220千伏谏泰1号线大跨越塔阻尼线夹（泰州供电局）、单相电能表在线实测装置（江都供电局）、高空跌落冲击力吸收装置（宝应供电局）、500千伏直线塔带电更换绝缘子工具（直属线路工区）、江都变站内自动化SOE打印实用化（变电工区）、混凝土补强技术推广（生产技术科）、SF1型故障寻址器和EFD－91B型接地故障探测仪应用（扬州市区供电所）。

1993年扬州供电局重点科技项目8项，即混凝土电杆补强（高邮供电局）、避雷器带电测试仪（变电工区）、防误登杆闭锁装置（兴化供电局）、避雷器带电测试仪（直属变电工区）、35千伏城东变电所微机综合监控装置（江都供电局）、合成绝缘子应用（生产技术科）、变电所主变压器经济运行监察继电器（靖江供电局）、低压电力负荷自动控制器（江都供电局）。

1994年扬州供电局重点科技项目共3批（首批32项，第二批11项，第三批4项。略）。1995～2002年获扬州供电局（公司）奖励主要科技成果见表7－3。

表7－3　　1995～2002年获扬州供电局（公司）奖励主要科技成果

年度	项目名称	获奖单位	获奖等级	授奖单位
1995	变电运行管理系统软件	生产技术科	科技进步、技术改进三等奖	扬州供电局
	变电所当地功能实时信息管理系统	仪征市供电局	科技进步、技术改进三等奖	扬州供电局
	10千伏带电拆搭引线和更换跌落式熔丝具及其规范程序	泰州市供电局	科技进步、技术改进三等奖	扬州供电局
1996	供电企业生产管理系统	生产技术科	科技进步、技术改进三等奖	扬州供电局
	高空跌落冲击力吸收装置	宝应县供电局	科技进步、技术改进三等奖	扬州供电局
	管理信息系统实用化	信息中心	科技进步、技术改进三等奖	扬州供电局
	配电管理信息系统开发	用电管理科	科技进步、技术改进三等奖	扬州供电局
1997	电力负荷监控工程	用电管理科	科技进步、技术改进三等奖	扬州供电局

续表

年度	项目名称	获奖单位	获奖等级	授奖单位
1997	110千伏琼花输变电工程	扬州广源设计公司	科技进步、技术改进三等奖	扬州供电局
	真空开关专题调研	科技教育科	科技进步、技术改进三等奖	扬州供电局
	电气设备带电测量传感器及测试仪	直属变电工区	科技进步、技术改进三等奖	扬州供电局
	全自动盐密测量仪	直属线路工区	科技进步、技术改进三等奖	扬州供电局
	新型农村小型化变电所设计	仪征市供电局	科技进步、技术改进三等奖	扬州供电局
1998	农村全户外型无人值班变电所	仪征市供电局	科技进步、技术改进三等奖	扬州供电局
	可卸式有机外套无间隙氧化锌避雷器研制	邗江县供电局	科技进步、技术改进三等奖	扬州供电局
	售电时控器研制与应用	高邮市供电局	科技进步、技术改进三等奖	扬州供电局
	配电自动保护开关	宝应县供电局	科技进步、技术改进三等奖	扬州供电局
	电容设备绝缘在线检测传感器电流表	扬州广源送变电公司	科技进步、技术改进三等奖	扬州供电局
1999	串型通信式变电站电压无功综合自动化控制装置	调度所	科技进步、技术改进三等奖	扬州供电局
	电力负荷管理系统及远方抄表系统	扬州市区供电所	科技进步、技术改进三等奖	扬州供电局
	JPD型低压无功自动补偿成套装置	宝应县供电局	科技进步、技术改进三等奖	扬州供电局
2000	CPROTEL电子CAD在农电制图中应用	江都市供电局	科技进步一等奖	扬州供电局
	配电运行智能控制器的研究	宝应县供电局	科技进步一等奖	扬州供电局
	电力信息网资源保护方案	信息中心	科技进步一等奖	扬州供电局
	HP6890色谱仪改造	直属变电工区	科技进步一等奖	扬州供电局

续表

年度	项目名称	获奖单位	获奖等级	授奖单位
2001	扬州城市配网自动化系统	直属配电工区	科技进步一等奖	扬州供电局
	收发信机在线自动监测系统	直属变电工区	科技进步一等奖	扬州供电局
2002	固定式人字抱杆起立 ϕ190×15 000mm直线单杆仿真模型	高邮市供电公司	科技进步一等奖	扬州供电公司
	配电网管理系统	江都市供电公司	科技进步一等奖	扬州供电公司
	生产动态查询系统	信息中心	科技进步一等奖	扬州供电公司
	低压电缆故障的快速定位研究	直属输配电运行工区	科技进步一等奖	扬州供电公司

扬州供电局 QC 小组活动自 1993 年开始，职能部门每年组织 1 次 QC 小组成果发布，评选奖励优秀项目。1993～2002 年获扬州供电局（公司）奖励主要 QC 小组成果见表7-4。

表 7-4　　1993～2002 年获扬州供电局（公司）奖励主要 QC 小组成果

年度	项目名称	获奖单位	获奖等级	授奖单位
1993	220 千伏谏（壁）泰（州）1 号线直线双杆同步升高	泰州市供电局	QC 小组成果三等奖	扬州供电局
	避雷器泄漏电流测试仪	直属变电工区	QC 小组成果三等奖	扬州供电局
1994	变电所无人值班及全县遥控	邗江县供电局	QC 小组成果三等奖	扬州供电局
	变电运行倒闸操作模块教材	宝应县供电局	QC 小组成果三等奖	扬州供电局
	35 千伏双沟无人值班变电所	江都市供电局	QC 小组成果三等奖	扬州供电局
1996	变压器有载调压和无功补偿自动投切装置的研究	仪征市供电局	优秀 QC 小组成果奖	扬州供电局
	微机生产管理系统的应用	生产技术科	先进 QC 小组成果奖	扬州供电局
	继电保护及安全自动装置现场检修工艺程序卡的应用	直属变电工区	先进 QC 小组成果奖	扬州供电局
	强化管理　攻克孤山变 10 千伏进出线计量误差	靖江市供电局	先进 QC 小组成果奖	扬州供电局
	充油设备渗漏处理	兴化市供电局	先进 QC 小组成果奖	扬州供电局
	电缆头绝缘制作及材料选型	泰州市供电局	先进 QC 小组成果奖	扬州供电局
1997	变电压分接头整角机位置数字化远传	调度所	优秀 QC 小组成果奖	扬州供电局
	服务中心触摸查询及电话语音应答系统	仪征市供电局	优秀 QC 小组成果奖	扬州供电局

续表

年度	项目名称	获奖单位	获奖等级	授奖单位
1997	全自动盐密度测量仪	直属线路工区	优秀 QC 小组成果奖	扬州供电局
	用电业务管理系统	宝应县供电局	优秀 QC 小组成果奖	扬州供电局
	新型农村小型化变电所设计	仪征市供电局	优秀 QC 小组成果奖	扬州供电局
	10 千伏及以下线路施工检修安全管理规范	高邮市供电局	优秀 QC 小组成果奖	扬州供电局
1998	ZYZ—1 型智能全自动盐密测量仪	直属线路工区	优秀 QC 小组成果奖	扬州供电局
	10 千伏可卸式避雷器研制	邗江县供电局	优秀 QC 小组成果奖	扬州供电局
	声光一体化安全围栏	宝应县供电局	优秀 QC 小组成果奖	扬州供电局
	不停电闸刀辅助开关防护罩的改制	江都市供电局	优秀 QC 小组成果奖	扬州供电局
	售电时控器的研制与应用	高邮市供电局	优秀 QC 小组成果奖	扬州供电局
	自立式绝缘越线架	邗江县供电局	优秀 QC 小组成果奖	扬州供电局
	XJ—1 型变电所巡检系统	直属变电工区	先进 QC 小组成果奖	扬州供电局
	四柱液压举升机构的技术改造和安全保险装置的研究	扬州广源汽车公司	先进 QC 小组成果奖	扬州供电局
	单相变压器的调查研究	扬州市区供电所	先进 QC 小组成果奖	扬州供电局
	配电自动保护开关	宝应县供电局	先进 QC 小组成果奖	扬州供电局
	远动数据采集装置死机问题的探索和实践	高邮市供电局	先进 QC 小组成果奖	扬州供电局
	110 千伏及以上线路继电保护及安全自动装置检验记录微机化	高邮市供电局	先进 QC 小组成果奖	扬州供电局
	视屏监控综合保安系统	江都市供电局	先进 QC 小组成果奖	扬州供电局
	变压器压力释放阀校验装置	邗江县供电局	先进 QC 小组成果奖	扬州供电局
	设备带电注油装置的研制与应用	仪征市供电局	先进 QC 小组成果奖	扬州供电局
1999	高压试验防人身触电控制保护器	邗江县供电局	优秀 QC 小组成果奖	扬州供电局
	治理主变压器渗漏油　创无渗漏设备	直属变电工区	优秀 QC 小组成果奖	扬州供电局
	在线快捷校验电量变送器	调度所	优秀 QC 小组成果奖	扬州供电局
	SW2—110 及 220 千伏开关带电补充油	直属变电工区	优秀 QC 小组成果奖	扬州供电局
	线路施工跨越架研制	扬州广源送变电公司	优秀 QC 小组成果奖	扬州供电局
	FOM—8 在小型变电所的应用	仪征市供电局	优秀 QC 小组成果奖	扬州供电局

续表

年度	项目名称	获奖单位	获奖等级	授奖单位
1999	485电路研究与设计	高邮市供电局	优秀QC小组成果奖	扬州供电局
2000	互感器检定装置的改进	邗江县供电局	优秀QC小组成果奖	扬州供电局
	互感器检验装置误差自动上网	电力营销部计量中心	优秀QC小组成果奖	扬州供电局
	架设ADSS光缆不断航跨越京杭运河	直属线路工区	优秀QC小组成果奖	扬州供电局
	电量追补与研究开发	高邮市供电局	优秀QC小组成果奖	扬州供电局
	完善调度管理系统	邗江县供电局	优秀QC小组成果奖	扬州供电局
	乡镇供电所用电管理系统开发与完善	江都市供电局	优秀QC小组成果奖	扬州供电局
	氮压不停电充油装置的研制	江都市供电局	优秀QC小组成果奖	扬州供电局
	进一步改善通信通道	仪征市供电局	优秀QC小组成果奖	扬州供电局
	改造消防系统服务无人值班	调度所	优秀QC小组成果奖	扬州供电局
	社会承诺服务与故障抢修	直属配电工区	优秀QC小组成果奖	扬州供电局
2001	提高内部资源利用率	信息中心	优秀QC小组成果奖	扬州供电局
	检修中防误操作程序的研制	仪征市供电局	优秀QC小组成果奖	扬州供电局
	变压器经济运行点的计算机管理	仪征市供电局	优秀QC小组成果奖	扬州供电局
	ZN型真空开关检修专用小车的研制与使用	高邮市供电局	优秀QC小组成果奖	扬州供电局
	硬质遮栏的研制	宝应县供电局	优秀QC小组成果奖	扬州供电局
2002	更换500千伏CVT工程的技术改进	直属输变电检修工区	优秀QC小组成果奖	扬州供电公司
	提高无人值班变电所运行安全与工作效率	仪征市供电公司	优秀QC小组成果奖	扬州供电公司
	增加35千伏及以下电网合环调电方式的运行率	仪征市供电公司	优秀QC小组成果奖	扬州供电公司
	开关技改对重合闸的影响及其反措	高邮市供电公司	优秀QC小组成果奖	扬州供电公司
	提高工程图纸的设计水平和综合运用	江都市供电公司	优秀QC小组成果奖	扬州供电公司
	全县农电电力销售报表生成程序	宝应县供电公司	优秀QC小组成果奖	扬州供电公司

第二节 技术监督

扬州供电局生产技术科是技术监督的归口管理部门，1991年分管全地区10个县（市）供电局的技术监督工作。直属变电工区设高压试验班（7人）以及油化班（7人），负责直管设备的电气试验和绝缘油检验。1992年各县（市）供电局先后建立健全技术监督网。1996年成立扬州供电局技术监督工作组，由局总工程师任组长，工作组成员由各相关单位负责人组成。1996年电测仪表监督职能归口用电管理科，2000年初归口电力营销部计量中心管理。2002年1月调整技术监督工作领导小组，共有20人组成，下设绝缘监督组、继电保护监督组、电测仪表监督组、电能质量监督组、节能监督组计5个专业组。

扬州供电局技术监督工作以“安全第一、预防为主”为指导方针，以管理制度和技术措施为保证，按照依法监督、分级管理、行业归口的原则，对电力生产全过程实施监督管理，保证每年设备“三率”（预试率、缺陷消除率、完好率）达到100%。不间断开展专业培训和劳动竞赛，适应高电压技术快速发展要求，提高人员专业水平。1993～1998年扬州供电局技术监督工作连续5年获省电力系统技术监督竞赛第一名。本节记述绝缘监督、油务监督、电气仪表（电测）监督；节能监督在第三章第四节线损中记述，电能质量监督在第四章第二节电能质量中记述，继电保护监督在第四章第四节《继电保护与自动装置》中记述。1991～2002年扬州供电局（公司）110千伏及以上设备（不包括隔离开关）绝缘“三率”统计见表7-5。

表7-5　1991～2002年扬州供电局（公司）110千伏及以上设备（不包括隔离开关）绝缘“三率”统计

年份	1991	1992	1993	1994	1995	1996	1997	1998	1999	2000	2001	2002
运行设备总数（台/相）	1306	1369	1575	1748	1896	2173	1279	1369	1504	1844	1960	2116
计划预试（台/相）		614	392	568	793	733	510	723	612	791	976	1166
实际预试（台/相）		576	519	688	954	733	560	723	763	1010	1056	1175
预试率（%）	100	100	100	100	100	100	100	100	100	100	100	100
发现缺陷（台/相）	30	21	34	16	26	31	16	37	61	13	10	64
消除缺陷（台/相）	30	21	34	16	26	31	16	37	61	13	10	64
消缺率（%）	100	100	100	100	100	100	100	100	100	100	100	100
设备完好率（%）	100	100	100	100	100	100	100	100	100	100	100	100

2002年底扬州供电公司电气设备绝缘定级情况。

变电所主变压器：500千伏共4台全部绝缘一级；220千伏共12台全部绝缘一级；110千伏共54台全部绝缘一级。35千伏电抗器共6台全部绝缘一级。

电流互感器：500千伏共51台全部绝缘一级；220千伏共171台全部绝缘一级；110千伏共504台全部绝缘一级。

电压互感器：220千伏共48台全部绝缘一级；110千伏共174台全部绝缘一级。

电容式电压互感器：500千伏共26台全部绝缘一级；220千伏共29台全部绝缘一级；110千伏共74台全部绝缘一级。

少油断路器：220千伏共6台全部绝缘一级；110千伏共3台全部绝缘一级。

六氟化硫断路器：500千伏共13台全部绝缘一级；220千伏共51台全部绝缘一级；110千伏共157台全部绝缘一级。

耦合电容：220千伏共51台全部绝缘一级；110千伏共32台全部绝缘一级。

穿墙套管：110千伏共21支全部绝缘一级。

电力电缆：110千伏共9件全部绝缘一级。

氧化锌避雷器：500千伏共26台全部绝缘一级；220千伏共114台全部绝缘一级；110千伏共405台全部绝缘一级。110千伏主变压器中点54台全部绝缘一级。组合电器间隔：110千伏共6台全部绝缘一级。

一、绝缘监督

绝缘监督主要是对电气设备绝缘强度、过电压保护、接地系统以及相关专业人员执行规程、条例、标准、反事故措施等进行监督。扬州供电局重视设备前期管理，实行设备选型、招标、监造、安装、验收环节全过程监督（如对220千伏及以上的变压器实行赴厂监造，对110千伏变压器进行出厂验收）。坚持定期试验，切实做到“应试必试，试必试全”。扬州供电局1991年11月修订统一格式的变电设备绝缘试验报告，制订《扬州供电局电气设备绝缘试验现场规程》，规定新设备投运后，3年内每年预试1次，变电所内母线零值绝缘子2年测量1次，变电所薄绝缘变压器每月作1次油色谱分析，老型号的220千伏电流互感器每年预试1次等。1993年7月制订《扬州供电局设备绝缘试验现场工艺程序卡》、《扬州供电局电气设备绝缘预试及油质分析周期》。1996年制订《关于加强扬州电网技术监督工作的若干规定》，调整技术监督网络。1997年执行新预试规程，调整绝缘预试和油质分析周期。1998年3月制订《扬州供电局高压绝缘试验现场工作标准》，统一规范现场检测试验人员的职责和测试项目。2000年制订《扬州供电局电气设备带电测试安全作业规定》。2001年重新修订《扬州供电公司绝缘监督管理条例》、《扬州供电公司高电压专业管理标准》、《扬州供电公司电气设备绝缘试验现场工作规程》、《扬州供电公司二十五项反措实施细则》。

绝缘性能监督　500千伏江都变电所使用瑞士BBC公司生产的MWM型避雷器共14台，运行中发现该类型避雷器泄漏电流较大，内部压力释放压板材质存在问题，1992年3月～1997年3月共发生6次同类型重大设备缺陷，通过绝缘试验、带电测试和加强运行巡视等发现缺陷，避免电网发生严重事故。1995年刚投运1年的110千伏湾头变电所1、

2号变压器和平山变电所增容的2号变压器中性点套管介质损增大，原因是生产厂家（抚顺电瓷厂）套管电容芯材质及干燥不彻底，至2001年，将抚顺电瓷厂生产的110千伏变压器套管27支全部更换。1998年110千伏南郊变电所15台电流互感器在交接安装前检测有14台介质损耗大于产品出厂值，均返厂更换；1年后预试，有2台介质损上升，返厂更换。1999年新建220千伏横沟、大桥变电所，新设备交接验收中发现有220千伏电流互感器21台及110千伏电流互感器30台介质损偏高，厂家认为是绝缘材料应用不当及干燥不彻底所致，返厂更换。2002年，220千伏大桥变电所1号变压器预试，发现平衡绕组缺陷。

过电压监督 扬州供电局从1992年开始对220千伏泰州变电所薄绝缘变压器避雷器（普阀型）更换为氧化锌避雷器，至1997年，220千伏变电所变压器避雷器全部更换为氧化锌避雷器。110千伏变电所主变压器避雷器更换从1995年开始，首先更换9台（江都丁沟变电所2台，仪征谢集变电所1台，泰州调相变电所1台，靖江康兴变电所1台，泰兴西郊变电所1台，姜堰溱潼变电所1台，高邮变电所1台，兴化大垛变电所1台）薄绝缘变压器避雷器为氧化锌避雷器，至1998年，110千伏变电所避雷器全部更换为氧化锌避雷器，110千伏和220千伏氧化锌避雷器运行总台数为303台。2001～2002年，对35千伏变电所运行15年以上的F2—35型避雷器共46组全部更换为氧化锌避雷器。对运行中的氧化锌避雷器阻性电流每年预试1次。

扬州供电局直属线路工区1994年对管辖的220千伏江（都）澄（子）线、清（河）澄（子）线、江（都）泰（州）2号线、六（合）真（州）线、真（州）扬（州）线全部更换接地线。此后两年，全局110千伏及220千伏运行15年以上的线路共更换杆塔接地线1713基，提高了线路防雷击能力。10千伏配电变压器雷击损坏在1991年前后较多，主要原因是低压侧极少装避雷器，1994年后首先在雷击多发地区及城市郊区的配电变压器安装低压氧化锌避雷器，其后逐年安装约20%，雷击损坏配电变压器逐年下降。

1998年城网改造开始后，10千伏电缆较以前大幅增加，导致系统电容电流增大。2000年开始对城市变电所10千伏电网的电容电流进行测试，并在2001年与生产厂家联合开发制造电容电流测试仪。通过测试，采取相应措施在变电所加装消弧线圈，有效抵御系统电容电流的危害。至2002年，县（市）城区变电所测试仍在继续中。从2001年开始对运行中的500千伏变电所、220千伏变电所接地网进行接地电阻测量，及时掌握运行年限较长的变电所防雷状况。1991～2002年扬州电网设备遭受雷击跳闸统计见表7-6。

表7-6　　1991～2002年扬州电网设备遭受雷击跳闸统计

年份	雷电起止日期及雷电天数	500千伏线路		220千伏线路		110千伏线路		35千伏线路		配电变压器	
		跳闸次数	重合成功次数	跳闸次数	重合成功次数	跳闸次数	重合成功次数	跳闸次数	重合成功次数	损坏台数	损坏率[台/(百台·年)]
1991	3月6日～9月4日/39天	0	0	0	0	0	0	35	31	101	0.55

续表

年份	雷电起止日期及雷电天数	500千伏线路		220千伏线路		110千伏线路		35千伏线路		配电变压器	
		跳闸次数	重合成功次数	跳闸次数	重合成功次数	跳闸次数	重合成功次数	跳闸次数	重合成功次数	损坏台数	损坏率[台/(百台·年)]
1992	1月29日~10月3日/33天	2	2	2	1	8	8	62	61	90	0.56
1993	3月24日~8月25日/23天	0	0	0	0	3	2	28	25	73	0.637
1994	3月11日~10月20日/29天	0	0	2	1	3	3	68	57	65	0.427
1995	4月22日~9月8日/26天	0	0	2	2	3	3	41	37	60	0.46
1996	2月16日~12月31日/32天	0	0	1	1	2	2	23	23	24	0.131
1997	1月1日~11月12日/38天	0	0	0	0	1	0	20	19	17	0.129
1998	3月19日~8月26日/42天	0	0	0	0	4	3	20	20	23	0.174
1999	2月5日~9月19日/17天	0	0	0	0	0	0	1	1	5	0.085 7
2000	1月5日~9月30日/28天	0	0	1	1	0	0	10	10	5	0.223
2001	2月23日~8月8日/22天	0	0	0	0	1	1	6	6	54	0.601
2002	3月21日~8月26日/18天	0	0	0	0	2	2	2	2		

注 雷电起止日期及当年雷电总天数资料由扬州气象台提供。

防污闪监督 扬州供电局将输变电设备防污秽闪络作为安全生产重点。1991年首次绘制了扬州电网污秽区分布图，并首先对500千伏江（都）斗（山）线（扬州段）更换悬垂串钢化绝缘子为防污型绝缘子计3312片，当年110千伏和220千伏线路污秽区更换防污型绝缘子计12 183片，500千伏江都变电所内全部悬垂串绝缘子更换为防污型绝缘子，变电设备全部进行水冲洗（此后每年逢停电均进行水冲洗、擦洗）。1992年对500千伏任（庄）江（都）线，220千伏谏（壁）泰（州）1、2号线，通（南通）靖（江）线，扬

（州）王（蒋王）线，江（都）扬（州）1、2号线，江（都）泰（州）2号线以及17条110千伏线路更换防污型绝缘子，共45 735片。靖江110千伏马洲变电所母线全部更换防污绝缘子。1993年，110千伏和220千伏线路更换防污绝缘子计52 020片。1994年开始对110千伏及以上线路全面采样测试盐密值，110千伏及以上变电所空挂绝缘子串测试盐密值，重新修订污秽区分布图。1995年更换110千伏和220千伏耐张杆塔防污型绝缘子计15 960片；首次对污秽严重的110千伏仙女变电所、宝应变电所、泰兴西郊电所110千伏隔离开关绝缘子加装硅橡胶防污伞裙。1996年更换220千伏耐张杆塔防污绝缘子117基计19 656片，更换110千伏耐张杆塔防污绝缘子计820只。1997年更换220千伏耐张杆塔防污型绝缘子68基计1082串（13 060片）。至此扬州电网110千伏及以上线路除变电所零档线以外，其余均更换为防污型绝缘子。

输电线路更换防污型绝缘子后，污秽闪络跳闸次数下降：1991年，110千伏靖（江）康（兴）线、泰（州）马（甸）线绝缘子闪络跳闸各1次。1992年，220千伏江（都）泰（州）1号线93号绝缘子闪络引起跳闸，110千伏仙（女）高（邮）线、兴（化）望（直）线、澄（子）高（邮）线、泰（州）干（中干河）线、澄（子）化（兴化）线各发生1次闪络引起跳闸。1993年，220千伏江（都）澄（子）线94号杆C相闪络跳闸1次，110千伏施（桥）高（桥）线闪络跳闸1次。1994年，220千伏线路发生2次绝缘子闪络跳闸，110千伏线路发生3次闪络跳闸。1995年，220千伏线路发生2次绝缘子闪络跳闸，110千伏线路3次闪络跳闸。1996年，220千伏线路1次闪络跳闸，110千伏线路2次闪络跳闸。1996年12月27～31日，扬州地区连续5天大雾，全部输电线路未发生绝缘子闪络。1997年，110千伏线路1次闪络跳闸。1998～2002年未发生绝缘子闪络跳闸。

新技术、新设备应用 1991年，扬州供电局研制成QS1强电场抗干扰校正仪，用于变电所设备的介质损耗测试，取代移相器，对110千伏及以上互感器介质损耗测试，可不拆除引线。1995年9月21日，220千伏蒋王变电所安装广州供电局科立公司生产的计算机多功能绝缘监测装置投入运行，可对变电所90%的设备进行绝缘状况监测，通过接在设备上的传感器，经电缆传送设备运行信息至绝缘监督中心（前方机），经过整理后的数据发往绝缘监督点（生技科、变电工区），判断设备的绝缘状况。1996年开始带电测试氧化锌避雷器，同年扬州供电局首次在扬州市区110千伏蒋（王）开（发）线、热（电厂）开（发）线使用合成绝缘子，至1999年，局直属线路工区管辖的15条110千伏线路全部更换为合成绝缘子，至2002年，扬州电网110千伏线路使用合成绝缘子串共2091串，占总数的96%。1997年开始使用生产管理系统软件，将设备台账、测试周期、数据等输入计算机，供有关部门和单位查阅。1998年生产技术科与变电工区研制成功电容型设备带电流表在线检测传感器，安装在110千伏南郊变电所南扬线耦合电容器，可实现不停电测量耦合电容器一次的电容电流值，在线了解耦合电容器运行状况及性能，此后在县（市）供电局共安装14相，主要解决重要线路和单电源变电所难以停电预试的问题。1998年开始带电测试耦合电容器，减少变电所主设备测试停电的次数。1999年开始使用红外线成像仪检测设备热缺陷，当年对110千伏及以上变电所全部设备进行红外热像检测，共检测出28处设备过热缺陷，其中6台隔离开关握手部位温升为60～80摄氏度。2000年承担江苏省电力试验研究所研制的绝缘诊断监督管理软件试用，并推广到县（市）供电局使用。

二、油务监督

扬州供电局对主要设备如主变压器和油浸式互感器每年进行1次油色谱预试。1991年，扬州地区遭受特大洪涝灾害，灾后对所有变电所充油设备进行检查，发现35千伏及以上变电所绝缘缺陷共56台，其中重要缺陷有220千伏泰州变电所2号变压器电流互感器介质损增大，油样中有微水超标，9台SW4—110断路器油耐压下降，油中有水，此后扬州供电局将防渗漏列为反事故措施重点，采取仪器探伤，带压快速堵漏消除缺陷。1993年初，油色谱分析除扬州供电局直属变电工区外，江都、泰州、泰兴等少数县（市）供电局能开展这项工作，为此生技科举办油色谱分析培训班，让油化验人员掌握这项技术，每月对薄绝缘变压器作油色谱分析。

1992年，扬州电网共有5台主变压器（均为省调管辖设备）铁芯绝缘下降，每月均采油样作色谱分析，并串接电阻串电流表接地，运行人员在巡视中抄录电流表数据，监视运行状况。1993年共检测出14台110千伏互感器（均为投运1年左右）油中乙炔含量增大（最大为112ppm）。1994年，110千伏招贤变电所2号变压器交接验收，测试绝缘油不合格，变压器线圈绝缘下降值仅为出厂值1/3，制造厂全部更换绝缘油。1995年，扬州电网110千伏变电所共运行44台南京电瓷厂生产的电流互感器，由于内一次导电回路紧固件松动（铜铝材质，长期大电流通过产生变异，开盖检查有接触部分烧黑现象），油色谱分析数据呈逐年上升趋势，1995年更换9台，1996年更换17台，1997年更换6台，2000年将剩余12台电流互感器全部更换。

三、电气仪表（电测）监督

1986年7月1日，《计量法》开始实施。1989～1990年，扬州供电局为适应企业计量升级，成立计量管理科，与用电管理科合署办公，1989年9月获得国家计量三级证书，1991年3月获得国家计量二级证书。扬州供电局1991年有87名计量人员，实行持证上岗，局计量管理科有2名计量专职人，计量室仪表班有7人，负责10个县（市）供电局电能计量关口、220千伏变电所电能平衡用计量装置的检定、安装、现场校验、电流、电压互感器误差试验、电压二次回路压降测量，以及县（市）供电局电能计量标准设备的量值传递。扬州供电局直属变电工区、扬州市区供电所及县（市）供电局均设有仪表班或校表班，负责所辖范围内110千伏及以下变电所电能平衡用计量装置的检定、安装、现场校验、电流互感器、电压互感器误差试验、电压二次回路压降测量，以及315千伏·安及以上电力用户电能计量装置的检定、安装、现场结算用电能表的检定等，业务归口生产技术科（股）。

1994年，扬州供电局对电测仪表监督进行全面整顿，一年中召开3次电测仪表专业会议，建立和健全电测仪表监督网，生技科设电测仪表监督专职人，各有关单位每月将仪表“三率”和电能表“五率”的统计情况向生技科和用电管理科报告，重新修订了《扬州供电局仪表监督管理制度》，明确计量室仪表班与工区和县（市）供电局仪表班（校表班）不同的职责范围。

1995年，扬州供电局通过江苏省计量局、省电力计量办公室组织的计量执法检查。省对市计量关口表全部装用0.5级分时表，市对县计量关口表全部装用1.0级分时表，扬州市区一类用户全部装用0.5级电能表。1996年4月1日起，扬州供电局市、县两级电能计量检定机构的名称分别为计量室、计量站，是法定计量检定机构，接受地方政府计量行政部门的监督和指导。从1996年6月起，扬州境内发电厂、110千伏及以上变电所出线关口电能计量统一由扬州供电局负责管理，电测仪表监督职能计量装置由扬州供电局用电管理科计量室统一管理。

1998年，扬州供电局新建成0.2级标准计量室，当年5月通过省电力局（公司）计量办公室、省电力试验研究所的考核验收，获计量标准合格证书。全局范围内的原电工式检定装置更新换代（更新单相检定装置8套，三相检定装置6套，互感器检定装置5套，试验台4套，全电子TV二次压降试验仪7套），实现电能表、互感器全自动程控检验。

2000年1月，用电管理科校表班和扬州市区供电所校表班合并，成立电力计量中心，隶属电力营销部。电力计量中心下设仪表班，负责公司本部变电所盘表、变压器温度表、主要线路盘表校验，以及江都市、高邮市、宝应县、仪征市供电公司0.5级指示仪表校验和修理。当年作为江苏省计量授权试点单位之一，依据JJF 1069—2007《法定计量检定机构考核规范》的要求，投入资金40万元对计量检定室按计量授权考核要求进行改造。2002年4月30日，扬州供电公司计量中心通过江苏省质量技术监督局计量授权考核，计量检定具有法律效应。县级计量中心作为市级计量中心的分支机构，不再授权。

2002年底，扬州供电公司共有电能计量人员57人，其中持证检定人员41人。扬州供电公司电力营销部计量中心计量设备有0.05级三相电能表标准检定装置1台，0.1级三相电能表标准检定装置2台，0.2级单相电能表标准检定装置3台，电能表标准装置检定仪1台，现场校验仪2台，压降测量仪2台，0.01级电流互感器、电压互感器检定装置1套，0.05级电流互感器、电压互感器检定装置2套，以及其他仪表检定检测设备。负责扬州供电公司本部管辖的30座变电所盘表计600只和变压器温度表计60只、主要线路82条回路盘表的校验；负责扬州供电公司本部0.5级计150只，以及江都、高邮、宝应、仪征供电公司0.5级计500余只指示仪表检验和修理；负责扬州市区大用户100余只电压统计表校验；承担扬州供电公司电能、电测仪表的量值传递和计量管理工作；承担与电能质量等有关的测试项目。

第三节　信　息　化

扬州供电局从1984年开始使用计算机，主要是计算机单项应用。1994年开始计算机子系统应用与开发。1995年开始计算机管理信息系统（MIS）设计和应用。1996年建成局域网，当年12月通过江苏省电力工业局管理信息系统实用化验收，MIS系统正式投入运行。

1997年以后按照省电力局“三统一”（统一领导、统一规划、统一开发）和推广应用的要求，建设网络、系统、应用平台。1999年建成与县（市）供电局和省电力局连接的IP路由方式的广域网，陆续推广使用省电力局统一开发的各子系统。2001年建成连接县（市）供电公司的光纤主干网，实现与省电力公司和县（市）供电公司的广域连接。至2002年，建成扬州供电公司Web（网页），实现应用子系统的数据集成，综合查询，管理子系统有办公自动化系统、生产管理系统、综合查询系统等共计20余个。

1999年县（市）供电局成立信息中心。2001年2月，扬州供电局印发县（市）供电局管理信息系统实用化实施细则和评分标准。2001年3月，仪征、高邮、江都、宝应县（市）供电局先后通过扬州供电局组织的MIS系统实用化验收。

一、信息中心

扬州供电局于1984年成立计算机室，共有3人，隶属总工程师室。其后机构调整，隶属企业管理办公室。1991年1月并入科技教育科。1994年成立扬州供电局计算机领导小组，局本部建立专、兼职计算机信息员网络，专职人员共7人。1996年12月2日成立计算机中心，负责扬州供电局计算机应用发展规划制定，管理信息系统的开发、应用、维护以及建章立制、人员培训等。1999年1月成立扬州供电局信息中心，共9人。2002年，信息中心与科技环保部合署办公，共12人。

计算机普及应用培训从1994年开始，至1996年，扬州供电局共举办计算机应用培训班10余期，接受培训400余人。通过培训，职能科室人员会使用计算机的占40%～80%，生产单位有1～2名兼职计算机人员负责本单位的计算机管理。此后，规定年龄在45岁以下管理岗位人员均要接受计算机培训和考试，达到能够独立操作。至2002年，扬州供电公司职能部室和生产单位管理岗位每人都配置计算机，主要依靠计算机来完成岗位工作；生产班组均配置计算机用来管理班组资料台账等。

二、信息技术

扬州供电局科技教育科于1991年3月制订计算机软件管理细则，规定计算机系统软件由各单位的专管员负责保管、维护，购置系统软件须征得科教科计算机室同意。应用软件（各单位自行开发或上级单位推广使用的软件）由开发人或使用人保管、维护，并报告计算机室，计算机室负责向本系统推广介绍优秀软件，组织鉴定和评比。计算机系统的安全措施，主要是规定非应用和操作人员不得上机操作，对外来软盘进行防病毒检查，查毒、解毒软件由计算机室统一拷贝复制。

扬州供电局市区供电所于1992年首先实现内部6个股室、11个班组的计算机联网，运用计算机进行电费结算、开票及用户资料管理。设备配置为网络文件服务器1台（SYSTEMPRO，美国COMPAQ公司生产，配置硬盘240MB，软盘1.2MB+1.44MB，内存8MB，彩色显像640×480VGA），终端工作站18台（DP386/20E 1台，其余为ASTP286和DP286），以及AR3240打印机12台。扬州供电局设计室1993年开始使用计算机辅助设计（CAD）技术绘图，使用SBDCAD等软件，提高工作效率，到1995年每人配备1台计算机，实现无图版设计绘图。

1994年，扬州供电局管理信息系统建设被列入全省发供电企业试点单位。1995年初完成系统设计。此后利用已有的硬、软件资源，自行组织施工安装和调试，建成MIS局域网，形成连接各部门、单位的硬件平台，共有扬州供电局主服务器及用电、财务、调度等7台服务器，采用NOVELL网互联。1995年还敷设1.5千米光缆连接用电管理科和扬州市区供电所，网络拓扑采用总线或辐射结构。局域网建成初期共有53台计算机（工作站），县（市）供电局通过内部程控交换网实现联网，经6个月试运行，1996年12月13日通过省电力局管理信息系统（MIS）实用化验收，考核得分95.4分，被授予MIS系统实用化达标单位，颁发铜牌和证书。MIS系统进入正式运行，共有计划统计、生产技术、财务审计、用电管理、劳动人事、安全监察、车辆管理、物资管理、电网实时信息、科技教育、扬州市区配电网地理信息管理、规划地理图形管理、设计制图（CAD）计13个业务子系统及初级办公自动化系统、综合查询系统、电子邮件系统，实现本地和远程数据集中传输。其中变电运行管理子系统功能齐全，实用性强，在扬州供电局10个220千伏变电所使用，可进行计算机开工作票、操作票及各类运行报表的编制、自动传输上报、设备管理等。电网调度管理子系统具有电网实时状态显示负荷、负荷率、发电量、峰谷负荷状况，直观反映电网的运行状态。用电管理子系统具有用户档案管理、抄表计量管理及配电网业扩用电管理等多项功能，1996年10月通过江苏省电力工业局电费、计量单轨运行验收。

1997年MIS系统升级改造，上半年建成以IBMG30小型机、高速交换机、智能HUB、远程服务拨号器、广域网路由器、光缆及五类双绞线组成的MIS高速以太网。在建成新硬件平台基础上，陆续推广使用省电力局统一开发的新子系统，如当年6月安装使用生产管理子系统；7月安装使用劳动人事子系统、财务管理子系统；9月推广使用办公自动化子系统（OA）（1998年1月进入单轨制运行）；12月安装使用计划统计管理子系统；1998年4月安装使用安监车辆管理子系统；11月安装教育培训子系统；1999年2月安装综合查询子系统，向各级用户提供局域网信息。

1999年，以SDH的2M接口和64K微波通道，建成与各县（市）供电局和省电力局连接的IP路由方式的广域网，主服务器为IBM RISC/6000。局域网用户计算机共210台。MIS系统软硬件配置状况。

硬件环境：网络主服务器，IBM RS6000 G40 1台，256M内存，18G硬盘。DHCP服务器，HP NETSERVER 128M内存，2G硬盘。WWW服务器，IBM NETFINITY 5500 512M内存，27G硬盘。

邮件服务器：IBM NETFINITY 5500 512M内存，45G硬盘。

文件服务器：HP PC Server 1台。

网络设备：交换机CISCO 2924，IBM 8271，可堆叠以太网集线器8224，Accton Entherhub-16s等各式集线器。

网络信息传输：五类双绞线，多模、单模光纤等。

网卡：NE2000、ACCTON、3COM、DLINK等。计算机（工作站），IBM、HP、COMPAQ、AST、DEC、DELL、联想等各式计算机。

外部设备：HP 4VC、6L激光打印机、LQ 1600K等。

电源：信息中心机房采用双回路互备电源，为保证安全，采用UPS在线供电，主要是供服务器和网络设备的使用。

软件环境：网络操作系统，AIX、Windows NT 4.0、NOVELL 4.1。工作站，Windows95、Windows98、WindowsNT workstation4.0、Windows3.2、DOS 等。

MIS 系统主要子系统的功能：生产管理子系统有设备管理、检修管理、线路管理、线损及电压管理、技改管理、可靠性管理；用电管理子系统有电费、电能计量、业扩用户档案、计划用电、节约用电、安全用电；办公自动化子系统有发文管理、收文管理、档案管理、主题词库、系统维护、讨论组管理、检修申请、计划与总结；劳动人事子系统有人员管理、干部管理、工资管理、奖金词库、考勤管理、培训管理、系统维护、报表管理；计划统计子系统有关口数据处理、关口数据报表、电厂数据处理、电厂数据报表、综合数据处理、综合数据报表、行业用电管理、设备台账管理；安全监察子系统有安全指标管理、事故管理、安全规范考核管理、特殊工种管理、车辆管理、防误装置管理、安全器具管理、两措管理。综合查询子系统采用浏览器技术。

2001 年建成连接县（市）供电公司的主干光纤网，成为电力系统内部各类信息传输的优质主通道。在建成本地区综合业务广域网基础上，使用 CISCO8540 MSR 综合业务交换机作为局域网交换核心，同时使用调度三级网的 155M ATM 通道实现与省电力公司的广域连接，使用 CISCO8540 MSR 的 155M ATM 端口通过光纤通道实现与宝应、高邮、江都、仪征、邗江 5 县（市）供电公司的广域连接。至 2002 年底，实现各应用子系统的数据集成、综合查询。应用系统建成扬州供电公司 WEB（网页），共有 20 余个管理子系统投入应用，均运行稳定，安全可靠，其中办公自动化系统、供电生产管理系统、FMIS 子系统使用面广，部门专业使用的有计划统计、医疗改革、教育培训等子系统。扬州供电公司开发的子系统有信息专业管理系统、生产动态管理系统等。

第四节　环　境　保　护

1998 年，国务院发布 253 号令《建设项目环境保护管理条例》。2000 年 5 月，江苏省电力公司召开输变电工程环境保护会议，规定总投资 500 万元以上的输变电工程，均要由具备资质的评价单位编制环境影响报告书（表），报省电力公司职能部门组织预审，由江苏省环境保护局审查合格后下达批复文件。环保审批手续在输变电工程可行性研究阶段完成，环境评价费用列入工程概算。扬州供电局（公司）的环境保护重点是对变电所的变压器噪声治理，以及对新建输变电工程按规定实行全过程环境保护管理。2001 年 11 月 18 日，扬州供电局成立科技环保部，设专职 1 人，与信息中心合署办公。2002 年建立由公司领导、总工程师、各部门负责人组成的环保领导小组，健全环保工作网络，当年购置电磁辐射测试仪 2 套，噪声频谱分析仪 1 套。2002 年起输变电工程投运前必须按照国家环保总局《建设项目竣工环境保护验收管理办法》编制环境保护验收监测报告或调查报告，上报扬州市环保局，提出初审意见，再转报省环保厅，下达批准文件。

1997 年，扬州供电局新建 110 千伏琼花变电所位于扬州市区中部文昌中路，周围都是居民住户，设计采用低噪声自冷式主变压器，防止变压器噪声影响周围居民，此外在3个变压器室安装自动灭火报警装置，起到防火防爆作用。此后扬州城市电网改造中新建变电所均采用低噪声主变压器。

2002年，扬州供电公司配合江苏省环境监测中心完成对扬州市区施井、杭集变电所、江都市龙川、金湾变电所以及仪征市浦西、谢集变电所进行噪声测试和电磁场强度测试。更换扬州市区变电所室外主变压器散热风机及电抗器室对外排风机，在变压器外侧加装隔声吸声屏，减少变电所室外主变压器的噪声。当年12月，省电力公司组织召开扬州220千伏和110千伏输变电工程环境影响报告书预审会议，对新建及续建的220千伏张套变电所和110千伏仪征浦西、高邮武安变电所等一批当年下达的环境评价项目进行评议，确保新建工程项目必须符合环保要求。

第八章 企业管理

第八章 企 业 管 理

扬州供电局（公司）属江苏省电力局（公司）领导，2002 年政企分开前同属扬州市人民政府领导，由部（能源部、电力工业部、国家电力公司）属企业和省属企业组成。部属企业以华东电业管理局为独立核算单位，省电力局（公司）为内部核算，基层企业实行收支两条线；省属企业以省电力局（公司）为独立核算单位，基层企业也实行收支两条线。

1991～2002 年，扬州供电局（公司）的管理体制经历三个阶段。第一阶段，1991～2001 年 5 月 11 日，扬州供电局是政企合一单位，既作为企业开展正常生产经营活动，又是政府职能部门，承担相应的政府行政管理职能；第二阶段，2001 年 5 月 11 日，扬州供电公司揭牌，与扬州供电局并存，企业生产经营性资产的经营主体变更为供电公司，属于政府行政管理的职能由供电局实施，属于企业对外运营和管理的职能由供电公司实施；第三阶段为 2002 年 11 月 15 日扬州供电局撤销后，相应的政府行政管理职能移交给扬州市经济贸易委员会，实行完全企业化管理。

随着管理体制的变化，管理工作也随之变化。扬州供电局从 1990 年开始安全、文明生产达标创建工作，通过这种方式促进企业生产经营管理水平的提高，促进企业生产力的发展，1991 年 9 月 5 日，被江苏省电力局命名为全省供电系统首家“安全、文明生产创水平达标”企业。此后，以巩固达标成果、创建一流供电企业为目标，继续推进创建活动，1994 年 6 月 17 日，被电力工业部授予“安全文明生产达标”供电企业，1996 年 8 月 14 日，获“1995 年度江苏省电力工业局一流供电企业”称号。2000 年 9 月，国家电力公司命名扬州供电局为“1999 年度一流供电企业”。

2002 年末，扬州供电公司有固定资产净值 272 418 万元；全员劳动生产率 346 217 元/(人·年)；共有职工 2580 人，是 1962 年扬州供电局建局时 580 人的 4.5 倍。职工文化结构，本科及以上 258 人，大专 605 人，中专 269 人；各类专业技术人员 688 人；高级职称 20 人，中级职称 235 人。

第一节 体 制 与 机 制

扬州供电局（公司）隶属江苏省电力局（公司）领导，按照国家电力公司确定的“公司化改组、商业化运营、法制化管理”的改革取向，逐步深化电力体制改革，实行厂长负责制、承包经营责任制，加强企业管理，实现了电力安全生产、经济效益和精神文明建设良好业绩。

一、体制

1959年5月成立扬州专员公署电业管理局，实行局、厂合一。1961年改称扬州专员公署电业局。1962年6月，撤销专员公署电业局，成立扬州供电局，由部属（仪征、邗江、江都、泰州、泰兴、姜堰、靖江）、省属（高邮、宝应、兴化）两部分供电企业组成，属江苏省电业管理局领导，1975年江苏省电力局成立后属其领导，并担负相应辖区内的供电任务。

1991年，扬州供电局下设职能部门25个，分别为办公室（档案科）、计划科、生技科、安监科、用电科、财务科、劳资科、农电科、审计科、科教科、保卫科、企管办、监察室、供应科、计量科、基建科、行政科、党办、组干科、宣传科、纪委、工会、团委、党校和政校。

1993年，电力工业部实行体制改革。根据省电力局统一部署，进行劳动、工资、人事制度配套改革，行政职能部门由25个减少到14个，分别为办公室、计划科、生技科、安监科、劳资科、财务审计科、用电科、科教科、保卫科、基建科、纪委监察室、党办团委、组干科、工会。1996年，职能部门由14个增加到15个（财务审计科分设为财务科、审计科）。

1996年，省电力局根据《国务院关于同意江苏省调整扬州市行政区划和设立泰州市的批复》和《电力工业部关于调整扬州供电局管辖范围和设立泰州供电局的批复》，对扬州供电局管辖范围进行调整，设立泰州供电局，原属扬州供电局管辖的姜堰、泰兴、靖江、兴化4个县（市）供电局划归泰州供电局管辖，扬州供电局管辖江都、仪征、高邮、宝应、邗江5个县（市）供电局和扬州市区供电所。

1997年，扬州市区供电所划分为城东、城西供电所（仅成立机构，未正式实施）。1998年，职能部门由15个增加到17个（增设总工程师室、器材科）。1999年扬州供电局在全省供电系统率先进行机构改革，扬州市区供电所与用电科合并成立电力营销部。1999年12月2日，省电力公司印发《关于同意扬州供电局进行供电企业机构改革试点工作的批复》，同意扬州供电局在全省供电系统率先进行机构改革。1999年12月20日，扬州供电局印发《关于调整我局机构设置的通知》，扬州供电局职能部门设置办公室（法制办）、策划部、工程部、生产技术部、安全监察部、人力资源部、财务部、电力营销部、保卫部（人武部）、监察部、审计部、政治工作部，直属生产单位设置线路工区、变电工区、配电工区、调度所、信息中心。

2001年3月12日，撤销邗江县供电局建制，并入扬州供电局。随着国家电力体制改革由上而下逐步深入，2001年开始实施政企分开的公司制改革，同年5月11日，扬州供电公司揭牌，各县（市）供电局也相继改制为县（市）供电公司。

2001年7月26日，省电力公司印发《关于印发地方供电公司组织机构设置方案的通知》，要求下属各供电公司（包括已进行机构改革的试点单位）按照省电力公司机构设置方案统一规范机构设置。扬州供电公司于2001年11月9日印发《关于印发扬州供电公司本部组织机构设置的通知》，设置22个行政部室，分别为总经理工作部、规划与计划部、生产运营部、科技环保部、安全监察部、工程建设部、企业管理部、人力资源部（社会保险办公室）、财务与产权管理部、电力营销部（客户服务中心）、农电工作部、法律事务部、审计部、保卫部、监察部、人事与董事管理部、思想政治工作部、青年工作部、物资管理部、调度通信中心、信息中心、多种产业部（多种经营集团公司）。设置7个党委和工会部室，分别为纪委办公室、人武部、党委办公室、组织部、党委宣传部、团委、工会办公室。设置3个直属生产单位，分别为线路工区、变电工区、配电工区。其中合署办公的部门有党委办公室与总经理工作部合署办公、企业管理部与规划与计划部合署办公、科技环保部与生产运营部合署办公、党委宣传部与思想政治工作部合署办公、人武部与保卫部合署办公、组织部与人事与董事管理部合署办公、纪委办公室与监察部合署办公、青年工作部与团委合署办公、物资管理部与物资公司合署办公、农电工作部与电力营销部合署办公。新机构名称从2001年11月18日开始启用。2002年1月15日成立招投标管理部。2002年8月6日，扬州供电公司本部撤销线路工区、变电工区、配电工区，成立输配电运行工区、变电运行工区、输变电检修工区（公司）、配电检修工区（公司）。

2002年11月15日，江苏省经济贸易委员会与江苏省电力公司联合发文撤销扬州供电局，原供电局承担的政府管电职能移交给扬州市经贸委，扬州供电公司成为以经营区域性电网为主的国有大型企业。到2002年末，扬州供电公司职能部门共28个，其中合署办公8个，分别为党委办公室与总经理工作部合署办公、企业管理部与总经理工作部合署办公、党委宣传部与思想政治工作部合署办公、人武部与保卫部合署办公、组织部与人力资源部合署办公、纪委办公室与监察部合署办公、青年工作部与团委合署办公、物资管理部与物资公司合署办公。

1991年扬州供电局组织机构如图8－1所示。1993年扬州供电局劳动、工资、人事制度配套改革后组织机构如图8－2所示。1997年扬、泰两市分设后扬州供电局组织机构如图8－3所示。2002年扬州供电公司组织机构如图8－4所示。1987～2002年扬州供电局（公司）行政领导人员更迭情况见表8－1。

二、机制

江苏省电力系统1987年全面推行厂长负责制，同年6月29日，省电力局批准扬州供电局由党委领导下的局长负责制转变为局长负责制。局长由省电力局任命，副局长、总工程师由局长提名，报省电力局批准后由局长聘任；中层行政干部正职由局长聘用，副职由正职提名，局长聘用。实行局长负责制后，注重理顺局长、党委、职代会的关系，明确划分三者的职责范围，分别制订三者的实施细则，即局长行使生产经营的决策权、指挥权和行政干部的聘免权，党委起保证监督作用，职代会行使民主管理权。局长负责制任期4年，任期目标及年度目标均提请职代会讨论通过，任期届满时向职代会作述职报告并经过上级审计。局长负责制换届后，同步对县（市）供电局（公司）和本部中层干部进行换届、调整。

1988年后推行承包经营责任制，1993年进行劳动、人事、工资三项制度配套改革，1990～2002年开展安全文明生产达标和创一流企业活动，强化各项专业管理，企业经营机制由生产型向生产经营型转变，并逐步向市场经营型过渡。

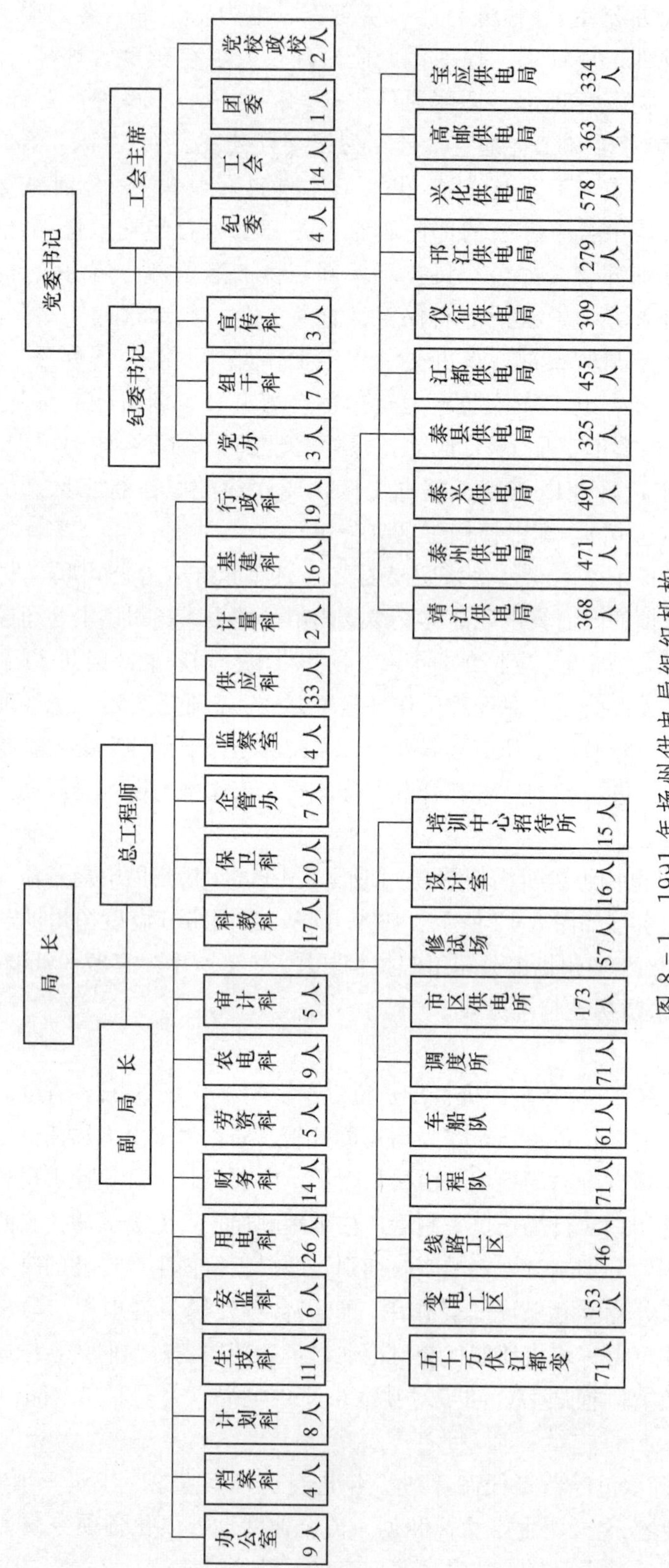

图8-1 1991年扬州供电局组织机构

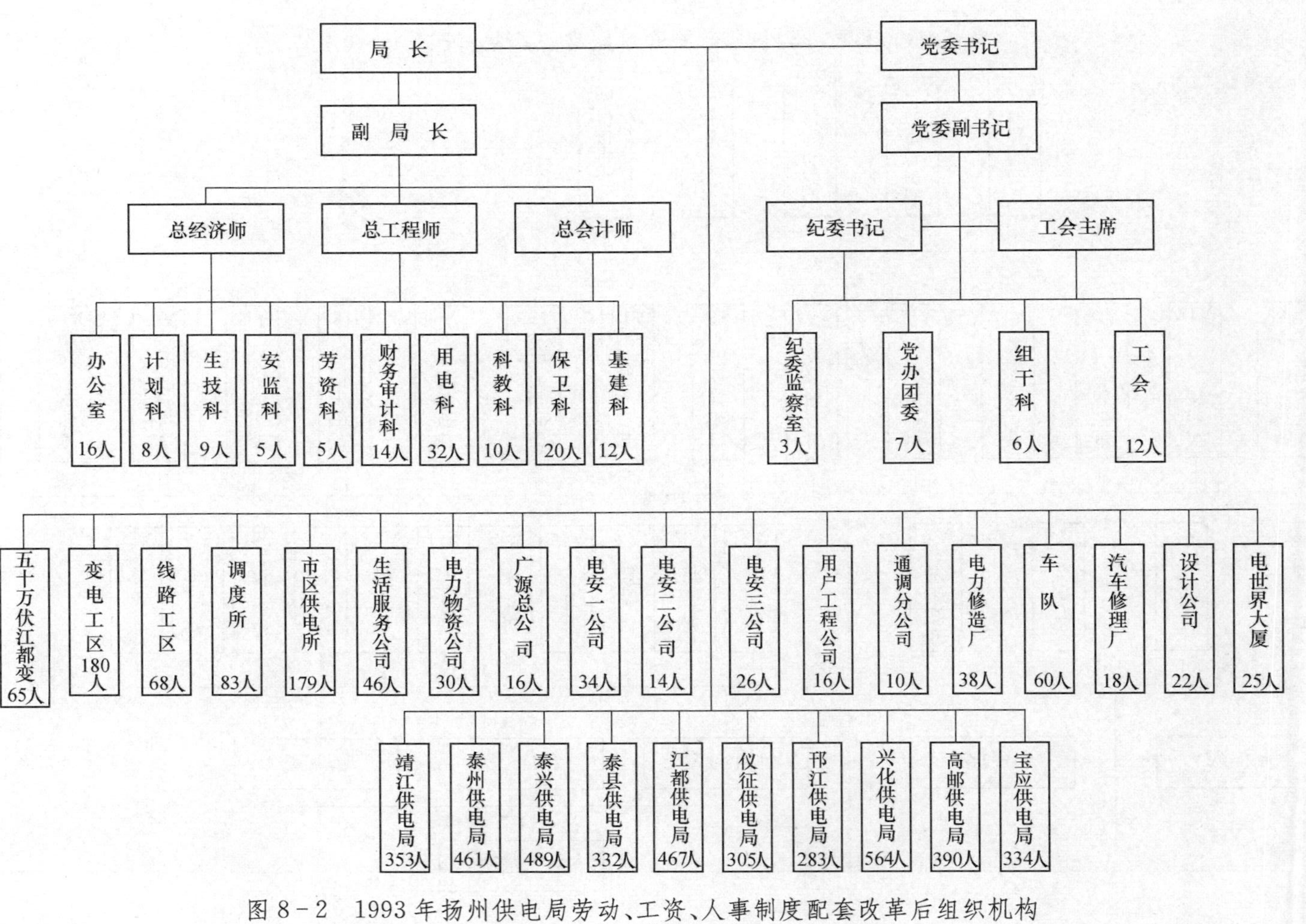

图 8－2　1993 年扬州供电局劳动、工资、人事制度配套改革后组织机构

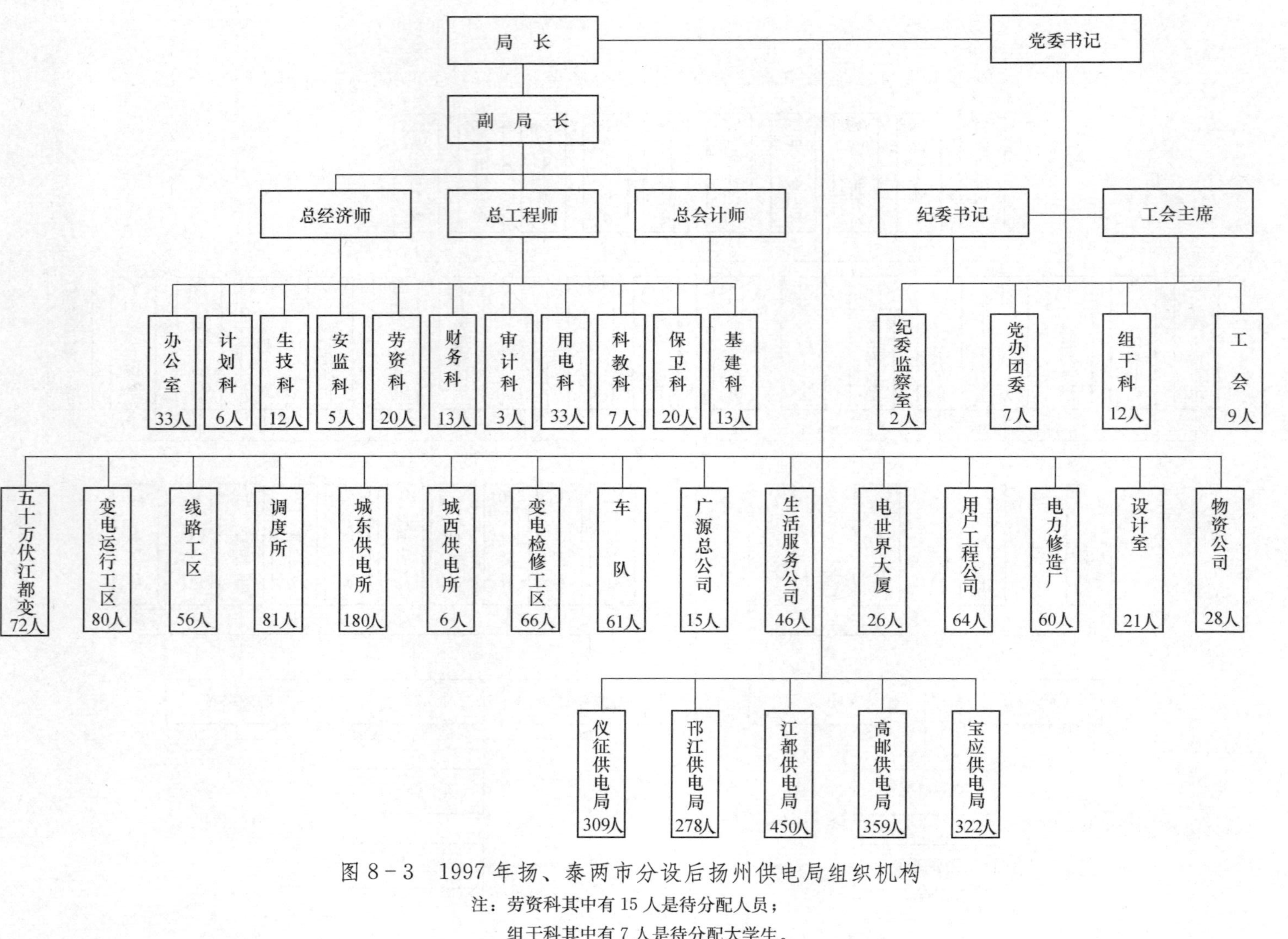

图8－3　1997年扬、泰两市分设后扬州供电局组织机构

注：劳资科其中有15人是待分配人员；
组干科其中有7人是待分配大学生。

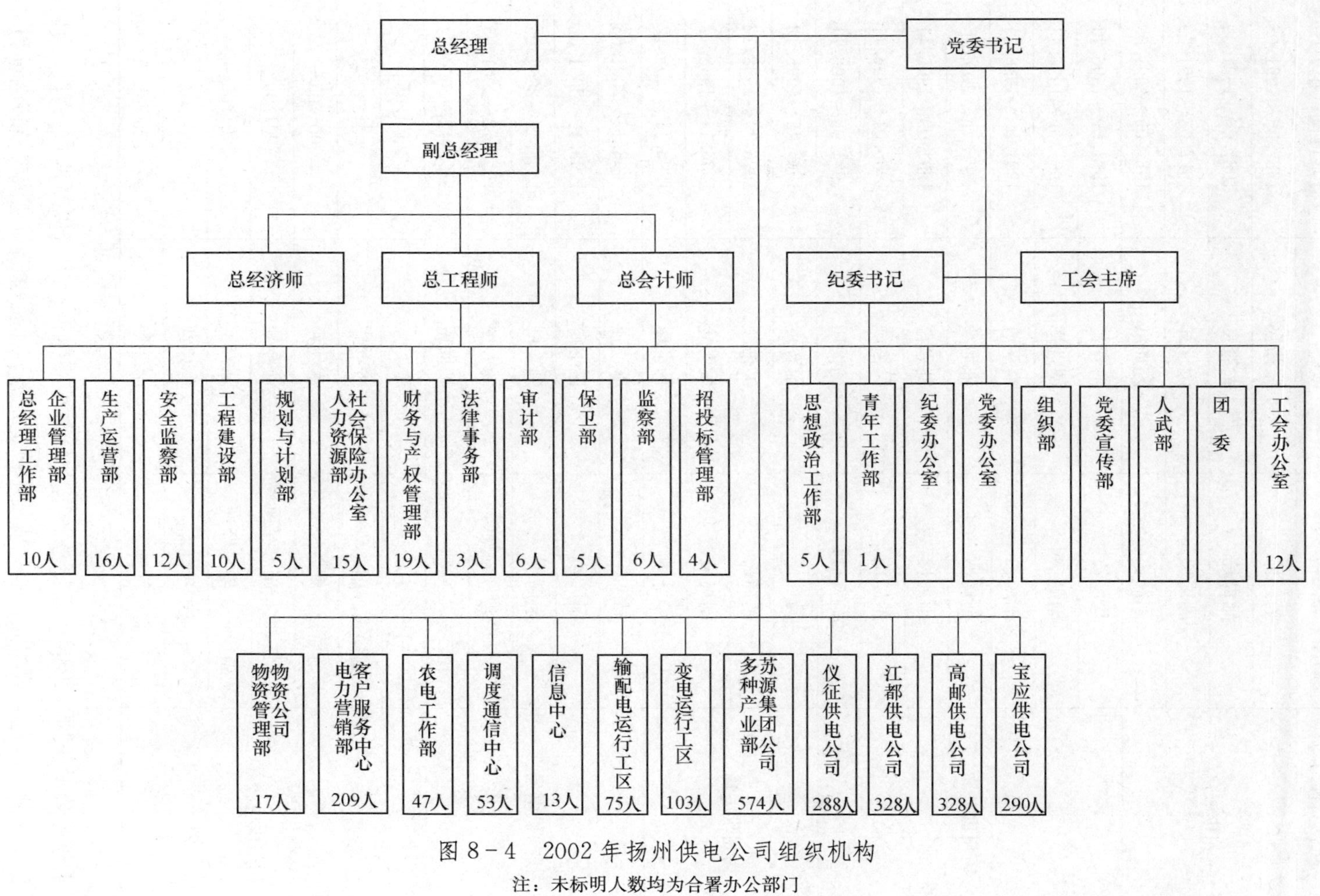

图 8－4　2002 年扬州供电公司组织机构

注：未标明人数均为合署办公部门

表 8－1　　1987～2002 年扬州供电局（公司）行政领导人员更迭情况

机构名称	职务	姓名	任职时间（年．月）
扬州供电局	局　长	张望崧	1987.06～1991.08
	副局长	俞育良	1987.06～1991.09
	副局长	谢瑞祥	1987.06～1991.09
	副局长	陈加洪	1987.06～1991.09
扬州供电局	局　长	俞育良	1991.09～1996.11
	副局长	谢瑞祥	1991.09～1996.11
	副局长	高汉清	1991.09～1996.11
	副局长	陈加洪	1991.09～1995.1
	副局长	刘恩喜	1991.09～1996.11
	副局长	吴佑顺	1995.01～1996.11
	总工程师	杨世珏	1991.09～1996.11
扬州供电局	局　长	俞育良	1996.11～1998.12
	副局长	吴佑顺	1996.11～1998.12
	副局长	段书岭	1996.11～1998.12
	总工程师	杨世珏	1996.11～1998.12
扬州供电局	局　长	季　强	1998.12～2001.05
	副局长	段书岭	1998.12～2001.05
	副局长	刘人楷	1998.12～2001.05
	局长助理（副处级）	汤人杰	1998.12～2001.05
	总工程师	杨世珏	1998.12～2000.04
扬州供电局 扬州供电公司	局长、总经理	季　强	2001.05～
	副局长、副总经理	段书岭	2001.05～
	副局长、副总经理	唐红兵	2001.05～
	副局长、副总经理	俞金顺	2001.05～
	副局长、副总经理	陈泰生	2001.05～
	总工程师	文乐斌	2001.05～
	总会计师	金　华	2001.05～2001.10

承包经营责任制　1988 年，江苏省电力公司对部属企业实行以“两包一挂”为内容的承包责任制，即包实现利润、包完成技术改造任务，工资总额与完成考核售电量和实现利润挂钩，各单位承包经营指标以 1987 年实绩为基数，承包期为 1988～1990 年。1991～1992 年，实行第二轮承包经营责任制。扬州供电局完成省电力局下达的承包任务，2 年减

亏526.179万元。1993年，省电力局改“承包经营管理”为“目标利润管理”，根据“一局一价”、“一电一价”的办法测算制订各局的目标利润，扬州供电局完成省电力局下达的目标利润指标。1996年，实现目标利润1956.34万元，增加726.53万元。1997年实行《江苏省电力公司基层企业第三轮承包经营责任制实施办法》，扬州供电局实现目标利润502万元，增加80万元。1998年，省电力公司推行新的目标利润管理办法，即《江苏省电力公司内部模拟市场管理办法》，同年11月13日，制订执行《工资总额同经济效益挂钩办法》，同时停止执行《江苏省电力公司基层企业第三轮承包经营责任制实施办法》，企业的工资总量继续实行与电量和实现利润复合挂钩形式，同时对安全等主要技术经济指标进行考核，上不封顶，下不保底，供电企业工资总额的30%与网供售电量挂钩，70%与实现利润挂钩。1999年，为了加强资产经营的考核和管理，提高企业经济效益，省电力公司与所属企业签订资产经营责任书，实行《江苏省电力公司资产经营考核办法》，并于2000年6月22日印发《江苏省电力公司资产经营考核办法（修订稿）》。扬州供电局每年都完成资产经营考核指标。按照《江苏省电力公司内部模拟市场管理办法》和《江苏省电力公司资产经营考核办法》及有关调整政策，扬州供电局同期与各县（市）供电局签订资产经营考核责任书；各县（市）供电局都完成资产经营考核指标，并依据资产经营考核办法考核兑现。2001～2002年，省电力公司开始实行综合计划管理，对基层企业实行以全员综合承包和领导班子实行风险抵押形式的双文明综合承包责任制，制订考核办法；同年，扬州供电公司对所属各县（市）供电公司实行以全员综合承包和领导班子实行风险抵押形式的双文明综合承包责任制，制订考核办法，签订《2002年度双文明综合承包责任书》。承包内容包括否决指标和考核指标，否决指标包括安全生产、资产经营、党风廉政建设方面对公司造成重大损失或影响的事件；考核指标包括经营管理、安全生产、党风廉政建设、综合管理4个方面，考核结果与单位考核工资、领导班子成员综合承包风险抵押挂钩。

劳动、人事、工资三项制度配套改革 1993年5月，扬州供电局在省电力局的统一部署下全面推行劳动、人事、工资制度配套改革（简称“三改”），转换机制，以减人为突破口，进一步解放和发展生产力，增强企业活力，提高企业双效，当年11月通过省电力局组织的“三改”考评认定。

劳动制度 按照“精干、效能、科学”的原则，通过实行合理劳动组合、实行全员合同化制管理、实行内部待业制度、合理分流富余人员，建立“国家宏观调控，企业自主用工、多样形式并存、全员劳动合同”的劳动制度，实行全员劳动合同制。根据“机构要精简、定岗要求实、定员要科学、定责要全面”和“四统一”（机构设置、岗位、岗级、职数）、“四定”（定编、定岗、定员、定责）要求，扬州供电局抽调人员组成专业测评组，对市供电局260个生产岗位、272个管理岗位，县（市）供电局92个生产岗位、58个管理岗位逐一进行岗位测评。电力企业岗位测评共分21级，生产岗位区间在3～15级，管理专业技术岗位在6～20级，第三产业在6～12级。1993年9月23日，扬州供电局职工代表大会通过了《扬州供电局关于工人岗位合理劳动组合的实施办法》、《扬州供电局全员上岗劳动合同化管理试行办法》、《扬州供电局动态劳动组合管理办法》、《扬州供电局待岗职工管理暂行办法》、《扬州供电局关于职工停薪留职有关问题的暂行规定》、《扬州供电局内部劳务市场管理暂行办法》。"三改"后，职能科室由25个下降为14个，减少11个；生产车间由10个下降为6个，减少4个；中层干部（主业）由147个下降为103个，减少44个；管理岗位由270个减少为216个，减少54个；生产岗位由323个减少为294个，减少29个；后勤服务岗位由28个减少为19个，减少9个。"三改"前（1992年）实有职工人数5156人，"三改"后（1993年）实际在岗人数5080人，比部颁定员减少12.8%。实际在岗人数中，生产人员占84.6%，管理人员占10.12%，党群人员占1.7%。"三改"前主业实有人数5048人，"三改"后实际在岗人数4104人，比部颁定员减少29.5%。用人机制由静态变为动态，实行竞争上岗、签订合同、内部待业、动态管理。"三改"后安置富余人员1052人，其中转入第三产业多种经营976人，转入待岗35人。

人事制度 "三改"中，坚持和完善局长负责制的同时，对中层干部和管理人员实行双向选择，打破干部、工人的身份界限，推行干部聘用制，按照"公开、平等、竞争、择优"的原则，平等竞争干部岗位，做到干部能上能下，实现"人员高素质、工作满负荷、高效率"的要求。"三改"后主业原岗位组合3750人（升转73人，降转149人），生产人员聘到管理岗位38人，管理人员聘到生产岗位106人；享受干部待遇到工人岗位的128人，从非国家干部中选聘421人；科室与基层干部交流9人，因年龄和其他原因下岗的原中层干部28人。

工资制度 以"工作责任、技术要求、劳动强度、劳动条件"为岗位测评依据，推行以岗位技能工资为主要形式的结构工资制度，以理顺高层次管理人员与一般管理人员，一线生产工人与二、三线人员，特殊岗位与一般岗位的工资关系，体现按劳分配的原则，引导企业内部人员的合理流向。技能工资为现行标准工资，岗位工资通过岗位测评确定工作岗位和岗位工资，实行有考核的岗位工资浮动办法。扬州供电局1993年11月完成"三改"任务，经省电力局审批后实行岗位工资，执行《扬州供电局岗位工资实施考核办法》。1993年扬州供电局"三改"前后人员配备情况见表8-2。

表8-2　　1993年扬州供电局"三改"前后人员配备情况

名称	部颁定员标准（人）	省局下达定员（人）	三改前实有人数（人）	三改后在岗人数（人）	比部颁定员减少（%）
合计	5823	5264	5156	5080	12.8
一、主业	5823	5264	5048	4104	29.5
1. 生产人员	4716	4257	3933	3323	29.5
运行	966	900	842	842	15.5
检修　修配	2060	2290	1819	1375	33.0
其他	1660	1067	1272	1106	33.0

续表

名 称	部颁定员标准（人）	省局下达定员（人）	三改前实有人数（人）	三改后在岗人数（人）	比部颁定员减少（%）
2. 管理人员	742	675	793	514	30.7
3. 党群人员	79	72	93	87	1.1
4. 服务人员	286	260	229	180	37.0
二、多种经营	—	—	108	976	—
三、待岗	35 人（三改后）				

注 “三改”前实有人数按 1992 年末人数，“三改”后在岗人数指“四定”后组合上岗的人数。

企业达标创一流 扬州供电局（公司）企业达标创一流工作，1993 年前由企业管理办公室负责，三项制度改革后，先后由局办公室（总经理工作部）、规划与计划部负责，2001 年起由企业管理工作部负责。

安全文明生产达标 1990 年，扬州供电局从企业实际情况出发，在全省供电企业中率先开展安全、文明生产创水平达标工作（简称“达标”）。抓住设备、管理、人员素质三个环节，突出安全、文明、经济三个重点，全面推进。按照部颁达标考核标准规定的 4 项必备条件和 28 项考核指标以及 5 项专业管理要求，进行量化分解，逐项逐条落实保证措施，明确工作标准，明确分管领导、职能部门、责任人，工作内容下达到工区、班组，并纳入月度工作计划，限期完成。1991 年 9 月 5 日，扬州供电局被省电力局命名为全省供电系统首家“安全、文明生产创水平达标”企业。1993 年印发了《扬州供电局创部级安全文明生产达标企业保证措施》、《扬州供电局现场安全管理实施细则》等 4 个管理制度。通过双达标活动，企业安全、文明生产、各项技术经济指标明显提高，110 千伏及以上设备完好率达到 100%，其中一类设备占 86.1%，电压合格率 94.25%，供电可靠率 99.71%，线损率 7.07%，220 千伏及以上变压器、断路器、线路等主要设备可用率分别为 99.6%、99.49%、99.87%。1994 年 6 月 18 日，扬州供电局被电力工业部授予“安全文明生产达标”供电企业。

创建一流供电企业 以巩固达标成果、创建一流供电企业为目标，扬州供电局继续推进创建活动。1994 年制订《扬州供电局争创一流企业三年工作规划（1994～1996）》，9 月 22 日召开“不断巩固和发展达标成果，努力创建社会主义一流供电企业”动员大会，提出确保 3 年建成一流供电企业目标，并制订《扬州供电局贯彻华东电业管理局安全文明生产达标动态考核办法实施细则》。1996 年制订《扬州供电局争创一流供电企业规划（1996～1998）》及保证措施。1996 年 8 月 14 日，扬州供电局被省电力局命名为“1995 年度江苏省电力工业局一流供电企业”。1996 年 8 月 16 日，扬州供电局下属广源实业总公司第一电力安装分公司发生 1 人触电死亡事故后，被撤销“安全、文明生产达标企业”、“一流供电企业”称号。1997 年 8 月 16 日，经复查后恢复部“全国供电安全、文明生产达标企业”和“江苏省电力工业局一流供电企业”称号。1998 年因扬州供电局个别主要领导人经济犯罪被摘牌。1996年2月和1998年2月，先后两次申报华东电力集团公司一流供电企业考核验收，均因为申报期间发生事故和经济犯罪而未能获得命名。1999年9月2日，扬州供电局恢复部达标企业，并于同年10月19日被华东电力集团公司命名为华东电力系统一流供电企业。2000年9月，国家电力公司命名扬州供电局为“1999年度一流供电企业”。

专业管理 2002年，扬州供电公司在省电力公司的统一部署下，开展“专业管理效益年”活动，成立“专业管理效益年”活动领导小组和安全生产、综合计划、企业标准、财务监审、物资招投标、人力资源6个专业委员会，印发《关于开展专业化管理效益年活动的实施意见》，制订《专业管理效益年实施计划进度表》，明确活动的主要内容、方法和标准。按“专业化管理、集约化经营”的目标，实行运行、检修分开，2002年8月6日扬州供电公司本部撤销线路工区、变电工区、配电工区，成立输配电运行工区、变电运行工区、输变电检修工区（公司）、配电检修工区（公司）。推进电力营销系统城乡一体化建设，加快电力营销系统物流、信息流、资金流三大平台建设，实行农村供电所统一规范化管理，提升优质服务水平。

综合计划管理 2001年政企分开后全省电力系统实施统一集中管理的创新模式，即综合计划管理。根据《江苏省电力公司综合计划管理与考核办法》的精神，结合企业实际，制订扬州供电公司综合计划。综合计划涵盖公司系统主要的生产、建设和经营活动。综合计划实施动态管理，适时跟踪，按需调整。加强部门之间、专业之间的横向协调，对阶段目标执行情况进行跟踪检查，每季度考核一次。

财务管理 2002年，扬州供电公司全面清查固定资产，采用先进的科技手段对固定资产进行管理，公司本部完成固定资产管理系统试运行，并正式启用。同年，扬州供电公司在同步双轨试运行省电力公司自行开发的财务管理信息系统（FMIS）的基础上，进一步修改完善财务手册，进行相关岗位人员培训，完善改进基础工作，进行系统的调试与试运行，保证2003年在公司本部推行FMIS2.0并为在县（市）供电公司推行FMIS2.0做准备工作。在县（市）供电公司全面推行财务预算制度、建立预算体系，深化公司本部日常预算管理，加强资本性支出的预算管理。

物流管理 建立适应市场化和物资集约化经营的机制，公司内部机构进行调整，建立适应市场经济要求和省电力公司集中招标、采购、配送管理要求的公司内部机构，以县（市）供电公司物资部门为依托，成立物资销售分部，与县（市）供电公司物资部门构成较完善的营销网络，对物资实行统一归口管理。

人力资源管理 根据《国家电力公司职工教育培训暂行规定》和《国家电力公司职工教育培训“十五”规划纲要》、《江苏省电力公司职工教育培训工作“十五”规划纲要》以及《关于江苏省电力公司教育培训体系建设的意见》，结合本公司职工队伍素质现状和“十五”计划人才资源开发战略，制订《扬州供电公司教育培训“十五”规划》和《扬州供电公司2002年度教育培训工作计划》，制订《扬州供电公司2002年度教育培训考核办法》、《扬州供电公司职工教育培训工作目标责任制考核细则》、《扬州供电公司培训班管理规定》和《扬州供电公司教育培训经费管理办法》。注重技能培训，组织各类技能人员进行技能鉴定；强化岗位竞争机制，实现优胜劣汰，进一步理顺、规范劳动关系，深化人事制度改革，完善聘任制、合同制，竞争上岗；积极做好减人增效和下岗转岗分流，逐步提高劳动生产率；形成职务能上能下、人员能进能出、收入能增能减的机制。

专业技术管理 通过修编制度、制订企业管理标准、制订规划、专业分析，各项专业管理工作有规划、有计划、有深度、有特色，建立专业管理和指标评价系统。2002 年，扬州供电公司根据企业法制化管理的要求，对原已执行的各项规章制度进行全面审查、重新补充修改，修订企业标准体系表。根据组织机构设置，完成工作标准的修订；根据公司现有的各项规章制度，完成管理标准的修订。修订安全生产管理标准，制订安监工作规范化标准、安全生产违章撕票考核办法、乡镇供电所安全管理标准、交通安全规范化标准、输电线路安全管理规范化标准，制订《防止电力生产重大事故的二十五项重点要求》的实施细则。建立、健全电力设施保护网络，制订保护网络规范。制订扬州供电公司审计工作规范。建立图书资料管理系统。

生产运营管理 规范设备管理、管理标准、工作标准、技术规范和基础工作。加强生产建设、改造、大修等项目的监控力度，建设生产动态查询系统；统一 220 千伏以下变电所现场运行规程公共部分，修订扬州供电公司变电运行管理标准、五防装置的运行维护规程、变电设备验收管理规定、设备大修管理办法、现场变电运行管理实施细则、变电运行管理制度、高电压技术监督工作管理标准、电气设备绝缘监督工作条例、电气设备绝缘试验现场规程、带电测试工作标准、变电检修管理标准、继电保护管理标准、继电保护装置运行规程、缺陷管理制度和管理流程、架空送电线路现场运行规程和现场检修规程；编写制订消弧线圈运行维护工作标准、生产维修管理办法、六氟化硫断路器检修导则、六氟化硫断路器检修工序卡、变压器检修导则、变压器有载调压开关运行维修导则、220 千伏和 110 千伏线路保护试验报告格式及试验项目、配网运行、检修分开的管理办法、工作流程、工作标准、供电可靠性考核管理办法、带电作业考核管理办法和现场操作规程、配网自动化线路管理办法、送电线路运行和检修管理办法、工作流程、工作标准。

基建工程管理 基建工程中严格实行工程项目法人责任制、建设监理制、招投标制、合同管理制、廉政责任制，开展达标投产活动，提高工程建设质量。制订基建工程程序化管理办法、工程项目管理办法、标准及实施细则，借鉴 220 千伏工程达标投产的经验，制订达标投产考核方法，成立考核工作机构，将达标投产工作延伸到 110 千伏、35 千伏工程。

营销管理 以“始于客户需求，终于客户满意”的服务理念，开展承诺服务，开通“95598”服务电话，建立集抢修、咨询、查询、投诉等受理功能为一体的客户服务中心，建立电力营销稽查网，并实行以营销业务、客户服务为主线的稽查链式管理与互保责任机制。2002 年所有乡镇供电所与县（市）供电公司联网，使用新的营销业务系统。

农电管理 在完成农网建设与改造、实施农电体制与机制改革中，2002 年开展“农电管理年”活动，按照国家电力公司《农村供电所规范化管理标准》和《供电所规范化管理考核评分细则》等文件精神，开展创建“规范化管理供电所”活动，规范供电所的基础工作，台账、记录、资料等各项专业化管理得到加强，各专业对口制订各项管理办法和规章制度，实行“统一机构设置、统一管理模式、统一基础资料、统一规章制度、统一考核办法”。

信息资源管理 以建设“数字电力公司”为目标，建设结构合理、高速宽带、安全可靠的企业内联网，形成功能完善、高度集成的应用系统。2002年各县（市）供电公司宽带接入以扬州供电公司本部为核心的企业内联网，扬州供电公司本部宽带接入以省电力公司本部、常州、泰州、淮安4个节点为核心的全省电力企业内联网核心环；结合公司本部生产调度大楼的建设，建成以多种高速数据交换设备联成的局域网和城域网；利用企业资源规划（ERP）等先进的管理思想和理念，提升公司的信息应用系统，基本建成生产管理系统、安全性评价动态考核管理系统、信息专业管理系统、经营管理系统、人力资源管理系统、客户服务系统、工程管理系统、行政管理系统、电子商务系统、信息综合服务与检索系统。

第二节 安全监察管理

1991～2002年，扬州供电局（公司）坚持“安全第一、预防为主”方针，建立健全各级安全监察网络和规章制度，通过安全教育培训、安全检查考核、制订和落实各级人员安全生产责任制等多种形式，加强管理，保证电网主设备安全和人身安全。1996年8月17日～2002年5月18日，实现连续安全生产2101天，创本企业最高安全记录。

一、监察网络

1991年，扬州供电局各级安全委员会和安全领导小组成员计262人，安全监察科是安全委员会的日常办事机构，共5人，直属生产单位专职安监员10人，10个县（市）供电局安监股共30人。全局安全监察专职人员45人，占职工总数8.8%，班组兼职安全员507人。

1993年，推行企业劳动、人事、工资制度配套改革，人员调整。扬州供电局安全委员会成员计23人，各级安全领导小组19个，成员计242人。全局安全监察专职人员计49人，生产班组兼职安全员339人，多经企业安全员52人。

1996年底，扬州、泰州两市分置前扬州供电局安全委员会成员28人，安监科5人，10县（市）供电局安监股共35人（兴化4人，高邮4人，宝应3人，仪征3人，邗江4人，江都4人，靖江4人，泰兴2人，泰州4人，姜堰3人），扬州供电局本部生产单位安监员共10人。1997年，扬州供电局安全委员会成员28人，安监科5人，5个县（市）供电局安监股共15人，局本部生产单位安监员共10人。

1999年12月，扬州供电局安全监察科改名为安全监察部。2001年11月，扬州供电公司本部9个生产单位实行安监人员委派制，公司向被委派人员颁发聘书，被委派人员属安监部，定期集中。2002年，扬州供电公司安全委员会共46人，安全监察部共8人，直属生产单位专职安全监察员11人，班组兼职安全员129人。4个县（市）供电公司安监部共 15 人。

扬州供电局（公司）安全委员会主任由局长（总经理）担任，副主任由分管生产副局长（副总经理）、党委书记、工会主席担任，组成人员有各部门主要负责人。安全委员会视人员变动情况不定期调整。安全委员会每年召开 1～4 次会议，讨论和确定年度安全生产目标、方针及其他重大事项。安全监察科（部）在安全委员会的领导下开展具体工作，如制订计划和实施方案、组织安全检查、召开安全生产会议、对事故调查分析等。

二、安全工作

规章制度　1991 年后，扬州供电局制订了一系列安全生产规章制度，对保证全局安全生产起到了重要作用。1991～1996 年重要的规章制度有《扬州供电局加强现场安全管理若干规定》(1991)、《关于宣传贯彻执行扬州市劳动局“企业职工伤亡事故和处理规定”的通知》(1991)、《县（市）供电局、局属生产单位安全第一责任者到位十二项要求》(1991)、《关于印发“贯彻能源部第 2 号安全生产指令实施细则”的通知》(1992)、《扬州供电局运行人员安全生产纪律》(1992)、《扬州供电局检修人员安全生产纪律》(1992)、《扬州供电局安全监察巡视员制度》(1992)、《扬州供电局百日安全无事故竞赛考核办法》(1992)、《扬州供电局安全生产奖惩规定》(1993)、《扬州供电局多种经营安全管理规定(试行)》(1993)、《扬州供电局安全生产岗位责任制》(1993)、《关于贯彻电力部“反习惯性违章工作要点”的实施细则》(1994)、《关于转发电力部、省电力局“关于发布〈电力生产事故调查规程〉电力行业标准”的通知》(1995)、《关于实施安全生产风险抵押承包的通知》(1995)、《关于转发电力部〈电力生产安全工作规定〉等三个文件的通知》(1996)、《关于印发变电所无人值班安全管理规定的通知》(1996)。

1997 年后，扬州供电局制订的重要安全生产规章制度有《关于执行〈华东电力集团内部人身伤亡事故全口径统计报告的规定〉的通知》(1997)、《扬州供电局安全生产三级控制办法》(1997)、《关于开展供电企业安全性评价的通知》(1997)、《关于电力工程外包项目安全管理的规定》(1998)、《关于印发〈工作票制度实施细则〉的通知》(1998 年，原 1990 年印发的“工作票填写规定”废止)、《关于电力生产违章记分、试岗、离岗、内部待岗的规定》(1999)、《关于实行安全生产第一责任人述职考评制度的通知》(1999)、《关于贯彻生产现场安全设施标准化工作有关事项的通知》(2000)、《关于转发〈国务院关于特大安全事故行政责任追究的决定〉的通知》(2001)。

2002 年 12 月，扬州供电公司发布安全管理企业标准共 21 项，自 2003 年 1 月起执行，这些标准分别是：《扬州供电公司党政工负责人安全生产奖惩规定》、《扬州供电公司党政工负责人安全工作到位标准》、《扬州供电公司安全监督工作规范化标准》、《交通安全管理规范化标准》、《配网安全管理标准》、《生产班组安全管理标准》、《电力工程中外包项目安全管理办法》、《工作票制度执行规定》、《误入带电间隔触电事故防范措施》、《高处作业坠落事故防范措施》、《个人保安辅助接地线的使用规定》、《生产、基建、多经交圈地带作业安全管理规定》、《施工现场临时用电的管理规定》、《脚手架（跨越架）搭、拆使用管理规定》、《安全工器具管理规定》、《人身伤亡事故防范措施》、《二类障碍规定》、《事故及异常调查分析、统计报告管理》、《乡镇供电所安全管理标准》、《现场管理到位标准》、《各级人员安全生产职责》。

2002年6月29日，第九届全国人大常委会第二十八次会议通过并颁布《中华人民共和国安全生产法》，于当年11月1日起施行。扬州供电公司于当年9～12月分阶段宣传、学习、贯彻《中华人民共和国安全生产法》。

安全生产责任制 1991年3月，扬州供电局制订《县（市）供电局、局属生产单位安全第一责任者到位十二项要求》，明确县（市）供电局和局属生产单位主要负责人对本单位安全生产承担的责任，以及对安全生产第一责任人的检查、考核。1992年能源部颁发安全生产二号指令后，扬州供电局制订实施细则，明确各级人员应担的安全生产责任。1993年7月印发《扬州供电局各级领导人员安全生产责任制》。1994年1月印发《扬州供电局各级生产人员安全生产责任制》（共14个工种）。1995年对基层党政主要负责人安全生产考核情况印发文件向全局公布。从1997年起扬州供电局每年与基层各级安全生产第一责任人签订安全生产责任书。

随着生产体制的调整，安全生产职责也相应调整，不断完善。1998年4月，扬州供电局执行国家电力公司《电力企业各级领导人员安全生产职责规定》，对1994年起实行的各级人员安全生产责任制作了重新修订。

2001年7月，根据国家电力公司印发的《安全生产工作规定》，以及江苏省电力公司2000年印发的《党、政、工领导安全工作到位标准》，重新修订《扬州供电公司党政工领导人员安全工作到位标准》。2002年12月，按照企业标准化建设要求，扬州供电公司安监部对原安全管理方面的规章制度作了全面修订和完善，制订《各级人员安全生产职责》，对各级人员承担的安全生产责任作了具体规定。

安全活动 1991年，扬州供电局继续开展每年1次的“安全月”活动，每月1次安监人员工作例会，每月1次全局安全运行分析会议，每季度1次县（市）供电局分管局长及安监人员安全例会，生产单位安全会议每月1～2次，生产班组每周六上午集体安全活动。从1995年开始，扬州供电局本部每月召开1次各科室、各生产单位全体人员参加的集体安全活动会，安监科在集体安全活动会议上通报上个月全局安全生产情况，提出下个月安全工作任务，局领导（正常为分管生产领导或总工程师）提出安全工作要求、任务、目标等，发生事故、故障的单位负责人在会上要“说清楚”，每次会议时间约2个小时。生产工区每月1次、班组每月2次安全活动，直至2002年仍未改变。

安全检查 1991年，全局性安全大检查有春季安全大检查、迎峰度夏安全检查、秋冬季安全大检查和交通安全大检查，主要查各基层单位主要负责人安全生产到岗到位、季节性预防、运行设备状况，以及执行安全规章制度等，提出整改意见。非固定性的检查有“安全月”检查、专业安全检查等。直至2002年仍未改变。另一种检查方式是现场安全检查，如1992年8月，成立8个安全纪律检查组，由局领导带队，检查的日期、单位及内容由安监科安排。1993年安全纪律检查组下基层检查共36次，安监科现场安全检查500千伏变电所27次，220千伏变电所84次，110千伏变电所170次，35千伏变电所175次，夜间检查变电所值班纪律68次。2002年8月，扬州供电公司部室人员组成3人现场安全检查小组，安监部统一安排现场检查的人员和内容，检查小组当天到安监部集中外出检查，检查结束后填写工作日志报安监部，安监部将检查结果在局域网公布。

安全教育及培训　1991年，新进职工及大、中专毕业生须接受安全教育并安全规程考试合格，才能进入工作现场。对临时用工及非本企业的实习人员，须经过安全知识培训并经考试合格才能进入作业现场。扬州供电局生产单位每年进行1次安全规程考试，各单位负责人、工程技术人员每2年进行1次安全规程考试。1992年，首次举办各单位安全生产第一责任人和党支部书记、工会主席安全生产到岗到位培训班，党、政领导带队到10个县（市）供电局宣讲新颁发的《电业安全工作规程》。局工会每年都组织安全生产劳动竞赛、安全知识竞赛、巡回演讲，共青团组织发动青年成立“青年安全监督岗”，开展“我为安全献一策”、“安全警句”、“事故隐患众人评说”等安全教育活动。1997年，扬州供电局首次开设安全教育室，设立违章作业曝光栏。1999年，扬州供电局安全教育主题为“安全、生命、稳定、发展”，工会组织“安全月及安全生产1000天”巡回演讲，在《扬州供用电报》出安全专刊9期。2000年，安全教育主题为“掌握安全知识、迎接新的世纪”。2001年安全教育活动主题为“落实安全规章制度，强化安全防范措施”，同年5月“安全月”期间，局工会和安监部共同举办《电业生产事故调查规程》和《防止电业生产重大事故的二十五项重点要求》知识竞赛。2002年11月1日国家《安全生产法》正式实施，扬州供电公司制订学习、宣传、贯彻计划，举办培训班、讲座、征文活动。

安全考核　1991扬州供电局执行《百日无事故奖惩办法》和《安全生产第一责任者奖惩办法》。1993年印发《扬州供电局基层党政主要负责人安全生产奖惩规定》；1994年8月修订此规定，继续执行。1995年2月制订《扬州供电局安全生产目标经济考核办法》，考核结果与综合奖、岗位工资挂钩。1995年10月起扬州供电局实行安全生产风险抵押承包，1999年4月修订为《安全生产保证金考核办法》，直至2002年仍未改变。从1995年4月1日起，扬州供电局执行电力工业部发布的DL 558—1994《电业生产事故调查规程》，确定110千伏及以上设备是扬州供电局安全记录的考核范围，35千伏线路及城区变电所是县（市）供电局安全记录的考核范围。从1997年1月1日起，执行《华东电力集团内部人员伤亡事故全口径统计报告的规定》，此规定扩大了考核的覆盖面，加强对电力行业的考核力度，全面、全方位统计人身伤亡情况，促使企业加强对电力多种经营企业及非本企业人员在涉及电力生产、施工过程中的安全管理和监督。1997年3月5日起，执行江苏省电力工业局印发的《安全生产奖惩规定》和《扬州供电局职工安全行为考核办法》。1999年12月，扬州供电局制订《关于电力生产违章记分、试岗、离岗、内部待岗实施细则》，加大对违章作业的考核力度。从2000年开始扬州供电局建立责任追究制度，按照“违章考核—试岗考察—离岗培训—内部待岗”动态管理要求，制订了《关于误操作导致严重后果的主要责任人解除劳动合同》制度。

现场安全管理　现场安全管理是扬州供电局安全管理的特色，主要是抓基层、班组和过程，立足于现场安全管理。1991年现场安全管理抓5项工作，即班组长、班组安全员、工作负责人、工作许可人队伍建设；着重把好工作准备关、实施关、工作终结关；每周六上午安全活动定人员、定内容、定要求；凡3人及以上人员参加的工作必须有现场安全员；建立生产现场安全检查、监督制度。1992年7月起，首次对施工现场人员戴安全帽作出规定：现场工作指挥人员戴红色安全帽；工作班成员戴白色安全帽；到现场安全检查的管理人员戴黄色安全帽。

1993年，扬州供电局印发《现场安全管理实施细则》。1994年，以创部级安全文明生产达标企业为主线，把加强现场管理作为安全生产重点，制订了8个现场管理实施细则，覆盖面达到供电生产主要环节。这期间安全生产重点突出“防高空摔跌、防误登杆塔、防走错间隔”，预防措施有重点线路安装硬闭锁装置（共7545组）、变电所安装“五防”装置（室外四防）、线路登高作业必须做到“三戴一接地”。1994年12月2日，扬州供电局直属线路工区进行110千伏扬南线停电清扫绝缘子作业，一名检修工误登扬湾线3号塔（带电线路），因使用个人保安接地线，抛挂接地线引起线路接地跳闸，但避免了人身触电伤害。这类预防措施也是现场安全检查监督的重点。

1997年7月，重新修订现场管理各级人员到位标准，如运行、检修现场管理，规定局领导、职能科室、工区领导、专职人年度或月到各类变电所、线路运行或检修现场检查的次数；实行重点工作报告制度，凡规定的重点施工项目，安监、生技科人员必须到施工现场监督。同年将人身、设备事故防范措施汇编成册发到每个班组和个人，要求强制性执行。至2002年，扬州供电公司坚持现场安全检查监督，以反违章为重点，以班组无异常、个人无违章为目标，狠抓现场“三种人”教育和4个环节（工作转移、间断、终结、汇报），不断加强和深化现场安全管理。

安全评价 1997年4月24日，扬州供电局成立安全性评价小组，共17人组成，下设变电、输电、配电、调度通信、继电保护及专项组共6个专业组，开始对华北电力集团编写的《供电企业安全性评价》资料学习和调研。2001年3月5日，扬州供电公司召开安全性评价工作动员大会，成立由24人组成的领导小组，下设专家工作组，有10人组成。安全性评价分4个阶段，即1～3月为准备阶段；4～5月各单位自评、整改；6月中旬对各单位检查；第4阶段完成安全性评价报告，提交公司安全委员会审议。2001年11月30日，召开安全性评价自评总结会议，12月3日上报江苏省电力公司。12月11～18日，省电力公司安全性评价专家组计11人在扬州供电公司自查、自改、自评基础上进行了检查、评价，应得分4565分，实际得分3266.5分，得分率为71.56%，提出158个问题，其中有43个主要问题。2002年3月1日，扬州供电公司将评价报告发各基层单位，落实整改，当年5月19日，整改计划上报省电力公司。整改投入资金计7013.7万元。安全性评价涉及的内容很广，包括电网、通信、调度、配电、用电等共计361个项目，普遍检查现场的每台设备、每基杆塔、每件工器具，对设备、人员素质、作业环境、安全管理的现状进行全面综合诊断，作出客观评价，发现存在的薄弱点，通过整改，杜绝可能发生的事故。

安全互保 1996年10月，扬州供电局开始推行班组劳动安全互保，形式有班组长与班组成员互保、工会小组长与班组成员互保、作业小组成员结对互保。结对双方通过互相提醒、检查、监督，达到工作任务明确、安全工器具合乎要求、不违章操作等目的。1997

年11月28日，扬州供电局工会在高邮市临泽供电所召开班组成员劳动安全互保现场会，推广临泽供电所安全互保做法，即每张工作票后面附1张互保责任书，开工前先签互保书后签工作票；现场作业人员做到6项明确（工作任务明确、地点明确、互保对象明确、形式明确、内容明确、责任明确）、5项互查（互查安全工器具、人员精神状态、工作任务及地点、现场安全措施和执行情况、工作结束材料工器具回收及是否拆除接地）；工会小组长承担安全互保日常管理工作，每月底将资料汇总报供电所安全互保领导小组；供电所负责考核。1999～2002年，扬州供电局（公司）变电、线路、调度等6个主要工种推行班组安全互保。

三、安全记录

1995年4月1日起，扬州供电局执行电力工业部发布的DL 588—1994《电业生产事故调查规程》，110千伏及以上设备、人身重伤及以上事故是扬州供电局安全记录考核范围，35千伏线路及城区变电所是县（市）供电局安全记录考核范围。1997年1月1日起，执行《华东电力集团内部人员伤亡事故全口径统计报告的规定》，考核范围扩大到多种经营企业以及非本企业人员在涉及电力生产、施工过程中所发生的人员伤亡事故。按照考核的范围和标准，扬州供电局连续安全生产天数逐日累计至发生事故中断记录为止，重新开始下一次连续安全天数累计；县（市）供电局、直属生产单位以及各变电所，按照不同的考核范围和标准累计连续安全生产天数。1996年8月17日～2002年5月18日，扬州供电公司实现连续安全生产2101天，创本企业最高安全记录。1990～2002年，扬州供电局（公司）连续安全生产纪录见表8-3。1991～2002年扬州供电局（公司）输变电设备事故率见表8-4。

表8-3　　1990～2002年扬州供电局（公司）连续安全生产纪录

起始日期（年.月.日）	截止日期（年.月.日）	连续安全天数（天）	中断记录原因
1990.12.01	1991.06.05	187	1991.06.06人身重伤
1991.06.07	1991.11.26	173	1991.11.27人身死亡
1991.11.28	1992.10.07	314	1992.10.08设备事故
1992.10.09	1993.05.12	216	1993.05.13人身重伤
1993.05.14	1993.09.07	117	1993.09.08设备事故
1993.09.09	1994.03.10	183	1994.03.11设备事故
1994.03.12	1996.03.05	725	1996.03.06设备事故
1996.03.07	1996.08.15	162	1996.08.16人身死亡
1996.08.17	2002.05.18	2101	2002.05.19设备事故
2002.05.20	2002.10.24	158	2002.10.25设备事故
2002.10.26	2002年底保持无事故		

表 8-4　1991～2002 年扬州供电局（公司）输变电设备事故率

年　度	变电事故率[次/(台·年)]	输电事故率[次/(百公里·年)]
1991	0	0
1992	0	0.06
1993	0	0.06
1994	0	0.057
1995	0.012 7	0
1996	0.029	0.044
1997	0.016	0
1998	0	0.083
1999	0	0
2000	0	0
2001	0	0
2002	0.009 09	0.0393

四、事故选例

1991 年 6 月 6 日，兴化供电局变电工区检修工在 35 千伏史堡变电所进行开关消缺时因误登相邻带电间隔，造成电弧灼伤（重伤）事故。

1991 年 11 月 27 日，泰兴供电局变电工区检修工杨春寿（42 岁）在 35 千伏东郊变电所电容器开关检修时突然病发，摔跌头部受重创，抢救无效死亡。

1992 年 10 月 8 日，220 千伏扬王线 24 号铁塔 A 相导线掉落在被跨越的 220 千伏六扬线上，造成 2 条 220 千伏线路停电。事故原因是局直属线路工区当天上午进行带电调爬作业，A 相导线线夹碗头与绝缘子串球头未能安装到位，误以为连接良好，下午 8 时导线碗头脱落，导线坠落。

1993 年 5 月 13 日，靖江市供电局在 10 千伏线路施工紧线作业时，因耐张混凝土电杆折断倒伏，造成 1 人重伤，二人轻伤的群伤事故。（原因是混凝土杆质量差，钢筋滑筋）。

1993 年 9 月 8 日 6 时，110 千伏泰干 1 号线跳闸，重合闸重合成功后再次跳闸。事故原因是 8 日 6 时线路送电负荷高达 6 万千瓦，泰干 1 号线导线为 LGJ—120 毫米^2 钢芯铝绞线，超负荷运行导致线路弧垂下降对下方芦竹放电。

1994 年 3 月 11 日，220 千伏靖江至南通线路 15 号塔因风筝碰线引起靖江变电所跳闸。

1996 年 3 月 6 日，泰州市供电局 110 千伏调相变电所 1 号调相机（5 万千伏·安）发生损坏，110 千伏招贤变电所、35 千伏东郊、城中变电所停电。事故原因为调相变电所 702 开关保护误整定（应为 4.1 秒，实为 1.4 秒）动作造成 702 断路器跳闸，35 千伏副母线、10 千伏母线、厂用变压器失电，引发调相机损坏，当年 4 月 1 日修复后重新投运。

1996年8月16日，扬州广源实业总公司第一电力安装公司用电部低压照明班蒋新华(临时合同工)，在市区流水桥87号用户更换220伏照明接户线施工中，因脚扣滑动，身体失去平衡，右手抓及带电导线引起触电，抢救无效死亡。

2002年5月19日，江都供电公司苏源送电工程分公司在220千伏扬砖线7～9号更换C相导线施工结束，漏拆除12号塔上的携带型接地线，即向调度汇报恢复送电，造成带接地合闸事故。

2002年10月25日，宝应县供电公司220千伏安宜变电所在进行开关验收检查时，运行人员擅自保存并使用解锁钥匙，在无人监护状况下，误将解锁钥匙插入26002隔离开关的程序锁插孔，造成带接地合闸事故。

第三节 规划与计划管理

扬州供电局自1962年成立后，没有编制系统的电网发展规划。1973年，开始编制《“五五”电力发展规划》。此后，每个5年计划期间，都编制电网发展规划，以及远景规划。规划的编制遵循“统一规划，分级管理”、“一次规划、分步实施”的原则，在实施过程中滚动修改。1980年扬州供电局设计划科。1999年机构改革，撤销计划科，成立策划部。2001年撤销策划部，成立规划与计划部，负责企业发展规划管理、综合计划管理、投资与项目管理和统计分析管理。2002年以前，编制的计划主要有生产经营计划、电力基建与小型基建计划等。2002年政企分开后开始实行综合计划管理，对综合计划的完成情况进行考核，与分配挂钩。

一、发展规划

编制电网发展规划，依据地方国民经济发展规划和全省电力发展规划，分5年计划和远景发展规划两种形式。1991年5月，制订《扬州供电局企业发展十年规划和“八五”计划纲要》。针对社会缺电、电网结构薄弱的现状，规划长江边新电厂在“八五”计划后期开工建设，逐步形成以城市电网为中心，与地区经济发展相适应的市级电网。1991年12月，扬州供电局依据《扬州市城市总体规划》及调整方案，编制了《扬州市区配电网发展规划（1991～2000)》，提出将110千伏线路引入市区，城区东、西、南、北、中都设有110千伏电源点，10千伏出线均匀辐射，形成可靠的供电网络，市区主要街道开始使用电缆，增加、改造10千伏线路，完成低压台片改造，实施配网自动化。

1995年扬州供电局与扬州市规划局依据《扬州市国民经济和社会发展“八五”计划和十年规划纲要》、《扬州市城市总体规划》、《扬州市老城区规划》、《扬州市西部新区规划》，于当年7月31日共同编制完成《扬州市城区电网规划（1995～2015)》，将扬州市城区分成老城区、东南部区、东部区、西部新区和北部区5个区，并以老城区作为重点，进行配电网规划。1996年底扬州、泰州行政区域划分以后，修订《扬州电网“九五”计划和2010年远景规划》。1998年，为了保证扬州市城乡电网改造顺利实施，扬州供电局收集大量基础资料，编制扬州市城乡电网建设与改造规划。2000年9月编制《扬州市“十五”电网建设方案和2015年目标网架规划》共6卷，分别是扬州220千伏及以上主网、市区110千伏及以下电网；邗江电网；仪征电网；江都电网；高邮电网和宝应电网。2001年，扬州供电公司依据《江苏省电力发展“十五”计划纲要》和《扬州国民经济和社会发展第十个五年计划纲要》，编制《扬州供电公司“十五”发展计划》（2002年修订），规划在2005年以前基本达到国家电力公司系统国际一流供电公司标准，总目标分为经营发展目标、市场占有率和劳动生产率目标、科技进步目标、拥有电力设施及生产技术经济指标、安全指标、社会经济效益指标、现代企业制度建设目标、管理强化目标、人力资源开发目标、员工待遇目标共10项。

二、经营计划

“八五”计划和“九五”计划时期，扬州供电局生产经营指标主要包括供电量、售电量、安全生产、基本建设、电能线路损失率、全员劳动生产率及企业“双文明建设”等。“九五”计划期间省电力局（公司）对生产经营指标随各年度实际情况增加无人身死亡事故、企业达标创一流、农村通电率、农村电气化等考核、控制指标。1991～2001年扬州供电局主要生产经营指标完成情况见表8-5。

表8-5　　1991～2001年扬州供电局主要生产经营指标完成情况

年份	本企业供电量（万千瓦·时）	售电量（万千瓦·时）	电能线路损失率（%）	全社会用电总计（万千瓦·时）	全员劳动生产率[元/（人·年）]	基本建设投资总计（万元）
1991	375 323	349 296	6.93	424 512	27 265	3300
1992	429 709	399 024	7.14	487 444	28 777	2364
1993	473 965	440 458	7.07	538 392	33 983	215
1994	538 210	499 763	7.14	609 259	36 906	810
1995	595 158	553 616	6.98	680 287	44 687	6686
1996	324 300	302 082	6.85	409 516	55 713	19 910
1997	324 319	302 382	6.76	413 538	50 956	10 304
1998	310 663	289 987	6.66	399 641	55 479	12 823
1999	320 588	299 325	6.63	420 008	58 965	4217
2000	345 736	322 796	6.64	454 814	64 163	2449
2001	382 464	356 623	6.76	497 638	71 443	17 209

注　1996年开始不包括泰州市。

扬州供电公司2002年开始实行综合计划管理，主要内容由电力产量、固定资产投资、电力建设规模、资产经营、劳动工资、安全管理、供电质量、能源节约、科技信息9项计划组成。

规划与计划部在当年10月份会同有关职能部门编制公司系统各专项计划，汇总形成公司综合计划，经公司领导审定后上报省电力公司。下一年度3月底以前，规划与计划部会同有关职能部门对省电力公司正式下达的综合计划进行分解，经公司领导审定后下达给各单位执行。综合计划下达后一般不作调整，确需对综合计划指标进行调整的，在8月底前提出调整计划申请，并说明调整理由，经省电力公司批准后，按调整后计划执行。

每季度第一个月10日前，规划与计划部形成公司系统上季度综合计划跟踪分析报告，并上报省电力公司。每季度第一个月末，公司召开综合计划季度分析例会，对有关情况进行通报。各单位综合计划目标和实际完成情况作为双文明综合承包考核的主要依据，根据《扬州供电公司双文明综合承包考核分配办法》进行考核兑现。2002年扬州供电公司综合计划指标完成情况见表8-6。

表8-6　　2002年扬州供电公司综合计划指标完成情况

计划指标	单位	考核计划	完成实绩	比考核计划增减数
一、电力产量				
售电量	亿千瓦·时	35.65	37.21	1.56
其中：国电属	亿千瓦·时	28.75	30.13	1.38
省属	亿千瓦·时	6.9	7.08	0.18
委托购电量	万千瓦·时	32 300	31 264	－1036
二、固定资产投资	万元	66 077	67 751	1674
电力基本建设项目总计	万元	61 076	62 750	1674
其中，大中型电网基建	万元	15310	16 984	1674
城网建设与改造	万元	6000	6000	0
农网建设与改造	万元	25 945	25 945	0
县城网改造	万元	12 068	12 068	0
企业建设项目	万元	1153	1153	0
高邮供电公司营销信息系统	万元	600	600	0
电网技术改造项目	万元	3541	3541	0
农网技术改造项目	万元	1450	1450	0
环保项目	万元	10	10	0
三、电力建设规模				
220千伏开工规模	千米/(万千伏·安)	12/18	12/18	0
110千伏开工规模	千米/(万千伏·安)	169/19.15	169/19.15	0
35千伏开工规模	千米/(万千伏·安)	115/5.15	115/5.15	0
220千伏投产规模	千米/(万千伏·安)			0
110千伏投产规模	千米/(万千伏·安)	23/10.3	23.03/10.3	0
35千伏投产规模	千米/(万千伏·安)	59/5.15	59/5.15	0

续表

计划指标	单位	考核计划	完成实绩	比考核计划增减数
四、资产经营				
国电属：				
利润总额	万元	−18 612	−17 592	−1020.00
固定资产回报率	%	−8.07	−7.63	−0.44
资产负债率	%	53.67	53.04	−0.63
应收电费余额	万元	3821	3815	−6
省属：				
利润总额	万元	−6190	−6170	−20
固定资产回报率	%	−11.15	−11.11	−0.04
资产负债率	%	74	73.67	−0.33
应收电费余额	万元	901	895	−6
五、劳动工资				
职工人数(国电属)	人		2001	
工资总额(国电属)	千元	51 225	46 470	−4755
劳动生产率(国电属)	元/(人·年)	368 539	373 827	5288
职工人数(省属)	人		579	
工资总额(省属)	千元	13 750	13 845	95
劳动生产率(省属)	元/(人·年)	252 622	264 333	11 711
六、供电质量				
客户供电可靠率	%	99.982	99.982	0
供电电压合格率(综合)	%	99	99.32	0.32
城市居民端电压合格率(D类)	%	98.15	98.7	0.55
农村供电可靠率	%	99.3	99.485	0.185
农村居民端电压合格率	%	91	92.71	1.71
七、安全管理				
特别重大事故	次数	0	0	0
人身死亡事故	人/次	0	0	0
重大电网事故	次数	0	0	0
重大设备事故	次数	0	0	0
重大火灾事故	次数	0	0	0

续表

计 划 指 标	单　位	考核计划	完成实绩	比考核计划增减数
八、能源节约				
全口径线损率	%		10.46	
其中，国电属	%		9.8	
省属	%		13.18	
原口径线损率	%	6.7	6.68	−0.02
其中，国电属	%	6.58	6.56	−0.02
省属	%	7.17	7.16	−0.01
农村10千伏及以下线损率	%		21.63	
九、科技环保				
科技开发投入	万元	销售收入的1%	1897	占销售收入的1.19%
建设项目环保审批率	%	100	100	0
建设项目环保竣工验收完成率	%	100	100	0

三、统计

扬州供电局(公司)计划科(规划与计划部)配备专职综合统计人员，各职能部门和下属单位设有兼职统计人员。“八五”计划期间统计工作的任务是对扬州电力行业各项指标数据进行收集、统计、上报，完成向上级单位报送报表任务，执行《中华人民共和国统计法》和省电力局制订的有关规章制度。“九五”计划期间统计工作增加了反映经济效益的内容，并进行统计分析，为企业生产、经营、管理服务，提供决策依据。统计手段也由使用计算器汇总数据、人工填写报表、邮寄逐步向使用计算机完成统计操作、网络传输过渡。1994年5月16～25日，省电力局在邗江供电局举办“计划子系统”试点应用学习班，从此开始统计手段逐渐转变。1998年1月起，扬州供电局开始使用省电力公司推广的“计划子系统”应用程序，并对所属各县(市)供电局统计人员进行培训。2002年，扬州供电公司全部使用省电力公司研制开发的“计划子系统”软件，统计报表实现省电力公司—市公司—县(市)公司联网。

简报与年报　省电力公司对每月的简报没有统一规定。扬州供电局(公司)以省电力公司月度统计简报为样板，每月编制全公司经济指标简册，综合反映生产经营状况和扬州市电力市场情况，通过局域网将本年度各时间段的主要经济指标完成情况上网公布。统计年报的编制执行省电力公司统计年报制度，对每项指标的统计范围、统计口径及计算公式、上报时间均有明确规定。每年12月省电力公司召开一次全省供电生产统计年报会议，根据统计年报制度布置下年度年报工作及总结表彰等，扬州供电局(公司)在每年底也召开一次县(市)供电局(公司)统计年报会议。1993年之前，扬州供电局计划科每年编制一本上年度《电力工业统计资料汇编》，由印刷厂制作，内容一般有5大项，即概况、供用电生产统计、供用电设备、劳动工资、基本建设，属机密资料，印数200册(1991、1992年合订本，149页，1993年10月印刷)，每册均有编号，有选择分送有关部门或单位，供查阅使用。1996年计划科编制出版《“八五”计划期间扬州市电力工业统计资料汇编(1991～1995年)》，计107页，内容有“八五”计划期间江苏省电力工业统计(1995年全省主要发电厂、供电局资料、全省各市供电局供电量、售电量及平均增长速度)；扬州市国民经济主要统计指标[全市人均用电量、全市工业用电单耗及弹性系数、全市工农业总产值及用电量、全市及各县(市)工业总产值]；“八五”计划期间扬州供电局概况[1995年企业经营情况、电力工业总产值、全市及各县(市)最高负荷、供电量、用电量、扬州供电局及县(市)供电局供电量、平均增长速度、售电量、线损率、扬州市地方及企业自备电厂设备容量及发电量、扬州市及各县(市)全社会用电分类、用户及装接容量分类、扬州供电局及县(市)供电局线路、变压器及无功补偿设备分类]；企业自备变压器统计；1991～1995年，扬州供电局电力基本建设完成情况及年度基建新增生产能力。2001年，编制出版《“九五”计划期间扬州市电力工业统计资料汇编(1996～2000年)》，计59页，内容有“九五”计划期间全省13个市级供电局企业供电量、售电量及平均增长速度、“九五”计划期间扬州市国民经济主要统计指标、“九五”计划期间扬州供电局概况、电力工业总产值及利润情况、扬州市人均用电量、扬州供电局及县(市)供电局供电量、平均增长速度、售电量、线损率、扬州市地方及企业自备电厂设备容量及发电量、扬州市及各县(市)全社会用电分类、用户及装接容量分类、扬州供电局及县(市)供电局线路、变压器及无功补偿设备分类、企业自备变压器统计。

经济活动分析　扬州供电局(公司)经济活动分析是对生产、经营、投资等经济活动的分析，包括对宏观经济环境、市场需求、生产运营、电力建设与投融资、财务状况、人力资源、科技信息等方面的分析。1991年后，扬州供电局继续每季召开一次经济活动分析会。经济活动分析围绕经营目标，总结经营状况，突出重点，关注经营环境的变化，揭示经济运行规律，分析存在的问题，提出解决问题的措施和建议，明确下一阶段生产经营的方向和重点。2002年二季度经济活动分析会对农村低压线损较高的问题进行分析，从管理和技术措施两方面提出解决问题的方案，根据负荷的具体情况合理布点配电变压器，达到降损节电，提高企业经济效益。

专项普查　1995年6月21日，扬州供电局转发国务院《关于进行第三次全国工业普查的通知》和电力工业部《关于电力系统进行第三次工业普查的通知》，成立扬州供电局工业普查领导小组和工作机构，各县(市)供电局也相继成立工作机构，调查年度标准时点为1995年12月31日，全局共230多人参加普查，从1995年8月～1996年8月，历时1年完成普查工作。扬州供电局获国家第三次全国工业普查办公室“第三次全国工业普查先进集体奖”，黄泰获“第三次全国工业普查先进工作者”。

2001年，扬州供电公司贯彻执行国务院《关于第二次全国基本单位普查的通知》和省电力公司《关于成立第二次全国基本单位普查领导小组和工作机构的通知》，成立主业和多种经营企业共同组成的第二次全国基本单位普查领导小组和工作机构，制订基本单位普查实施方案，开展第二次全国基本单位普查，普查标准时点为2001年12月31日。普查历时1年多完成，获省电力公司“基本单位普查先进集体”。

第四节 劳动工资管理

劳动工资管理是企业的一项基础管理工作。江苏电力系统劳动工资管理实行电力行业劳动工资管理模式。扬州供电局(公司)在省电力局(公司)的统一部署下，进行劳动、人事、工资制度配套改革，逐步建立起适应企业发展的新型劳动组合和分配关系，并开展多种形式的职工文化教育和岗位技能培训，提高职工队伍整体素质。

一、劳动定员

1991～2002年，扬州供电局(公司)劳动定员测算共进行4次。1990年3月，省电力局制订《江苏省电力局劳动定员管理细则(试行)》，扬州供电局根据1983年水利电力部颁发的《供电劳动定员标准》和省电力局的补充规定，根据各县(市)供电局生产经营规模，测算并下达县(市)供电局劳动定员标准。1992年，《江苏省电力局供电企业劳动定员管理细则(试行)》出台，扬州供电局据此测算、核定、下达局本部及10个县(市)供电局的劳动定员标准。1996年5月，省电力局提出贯彻《供电劳动定员标准》的新要求。1998年4月，省电力局组织新标准的定员测算。扬州供电局按照省电力公司统一部署，实施减人增效、下岗分流再就业工程，制订3年下岗925名富余人员的分流方案，成立再就业服务中心，建立再就业基金，完成待岗率3%的目标，改变了人员超编情况。2001年，省电力公司以国家电力公司2000年颁发的《供电劳动定员标准(试行)》对所属13个市供电公司的定员人数进行测算。2002年，省电力公司开始实行按新定额优化供电企业劳动组织，将原输电线路检修、变电检修、配电检修、电力修配、修缮和服务人员及“三电”(计划用电、节约用电、安全用电)工作人员等，从原标准中划出，列为新标准的附录参考标准，并逐步实施配电与电力营销合二为一，输电、变电运行与维护合二为一。2002年全省供电企业统一定员标准，按部颁定员标准和生产经营规模测算，省电力公司核定扬州供电公司定员为2995人，其中管理人员316人，党群管理人员54人。实有人员2580人，其中管理岗位423人，专业技术岗位342人，生产岗位1217人，服务岗位14人，其他(多经企业与主业生产无关的人员及不在岗职工)584人。1991～2002年扬州供电局(公司)定员情况见表8-7。

表8-7　　1991～2002年扬州供电局(公司)定员情况

年份	人数(人)	
	省电力局核定定员人数	实有人数
1991	4817	5140
1993	5264	5166
1997	2741	2785

续表

年　份	人数（人）	
	省电力局核定定员人数	实有人数
2001	2784	2600
2002	2995	2580

二、职工结构

(一)在职职工

职工劳动岗位构成　1991年，扬州供电局共有职工5140人，其中生产岗位工人3630人，专业技术岗位人员456人，管理岗位人员577人，服务岗位人员231人，其他人员246人。1993年初扬州供电局实施劳动、人事、工资三项制度配套改革，建立“国家宏观调控，企业自主用工，多种形式并存，全员劳动合同”的劳动制度，逐步实行全员劳动合同制。扬州供电局制订了《工人岗位合理劳动组合实施办法》、《全员上岗劳动合同化管理试行办法》等8项制度，实行工人岗位合理劳动组合，企业管理人员和专业技术人员竞争上岗，择优录用。1993年底，三项制度配套改革后，扬州供电局共有职工5166人，其中生产岗位工人3349人，专业技术岗位人员247人，管理人员413人，服务岗位人员140人，其他人员1017人(其中976人转入多种经营企业)。

1996年底，扬州、泰州两市分设。扬州供电局1997年共有职工2785人，其中正式职工2714人。正式职工中工人1889人，工程技术人员341人，管理人员319人，服务人员154人，其他人员11人。1999年底扬州供电局实施机构改革和体制改革，从成立电力营销部开始，历时半年完成。至2002年底，扬州供电公司共有职工2580人，其中：生产岗位工人1217人，专业技术岗位人员342人，管理人员423人，服务岗位人员14人，其他人员584人。

职工技术职称构成　扬州供电局1991年有高级职称人员19人(其中局本部12人)；中级职称人员224人(其中局本部99人)；初级职称人员454人(其中局本部177人)。1996年底扬州、泰州两市分设前扬州供电局有高级职称人员23人(其中局本部13人)；中级职称人员294人(其中局本部129人)；初级职称人员712人(其中局本部186人)。1997年扬州、泰州两市分设后扬州供电局有高级职称人员21人(其中局本部17人)；中级职称人员215人(其中局本部142人)；初级职称人员355人(其中局本部149人)。2000年扬州供电局有高级职称人员16人(其中局本部12人)；中级职称人员240人(其中局本部148人)；初级职称人员378人(其中局本部164人)。2002年扬州供电公司有高级职称人员20人(其中公司本部16人)；中级职称人员235人(其中公司本部159人)；初级职称人员527人(其中公司本部290人)。

职工年龄构成　扬州供电局1995年51岁以上的职工共654人，占全部职工比例17.4%；36～50岁职工1410人，占全部职工比例37.5%；21～35岁职工1647人，占全部职工比例44%；20岁及以下职工43人，占全部职工比例1.1%。1996年底(扬州、泰州两市未分设前)55岁及以上的职工，部属企业占比例为11%，省属企业占比例为10%；

50～54 岁的职工，部属企业占比例为 10%，省属企业占比例为 14%；45～49 岁的职工，部属企业占比例为 11%，省属企业占比例为 15.5%；35～44 岁的职工，部属企业占比例为 25%，省属企业占比例为 26.5%；35 岁及以下的职工，部属企业占比例为 43%，省属企业占比例为 34%。2000 年底 55 岁及以上的职工共 254 人，50～54 岁职工 248 人，45～49 岁职工 370 人，35～44 岁职工 767 人，25～34 岁职工 729 人，25 以下职工 285 人。2002 年底 55 岁及以上的职工共 237 人，50～54 岁职工 299 人，40～49 岁职工 642 人，30～39 岁职工 959 人，29 岁及以下职工 443 人。1991～2002 年扬州供电局(公司)在职职工人员构成情况见表 8-8。

(二)离、退休职工

退休 扬州供电局 1991 年共有退休职工 581 人。1993 年 11 月扬州供电局开始实行岗位技能工资。1993 年 1 月起办理退休手续的职工，执行部颁岗位工资和过渡期技能工资，作为退休费基数。离休人员同样执行此标准。1994 年 1 月起办理离退休手续的职工，按本人技能工资等级和岗位工资等级部颁标准执行，岗位工资低于 6 级的按 6 级计发。扬、泰两市分设之前的 1996 年扬州供电局共有退休职工 1040 人。扬、泰两市分设之后的 1997 年扬州供电局共有退休职工 608 人。2002 年扬州供电公司共有退休职工 920 人。

1991～2002 年，扬州供电局(公司)设有退休办公室，有办事员 2 人，隶属工会；设有退休人员党支部，与退休办公室合署办公。退休办公室建立完善退休职工档案，关心每一位退休职工的生活和身体状况，与他们建立联系方式。退休人员党支部不定期组织退休党员进行学习、听党课、参观旅游等活动，丰富老党员业余生活。退休办公室负责退休职工工资(2001 年 10 月开始实行离、退休人员工资社会化发放，社保中心每月将工资打到各人银行卡上)、福利品的发放，每两年组织 1 次退休职工身体检查，每逢老职工生病都上门看望，组织退休职工外出参观、旅游，或举办唱歌、绘画、书法、摄影等活动。1999 年 5 月，扬州供电局成立由 26 名离、退休人员组成的老年门球队，年龄最大的 77 岁，最小的 61 岁，有专门的训练场地，并定期参加各类比赛。

离休 1998 年以前，离休干部管理执行中共中央组织部老干部局和中共江苏省委老干部局有关老干部管理的政策和相关制度。1999 年 10 月 10 日，省电力公司离休干部申请办理工作全部结束，从此不再有新的离休干部。

1991～2002 年，扬州供电局(公司)设有离休办公室，有办事员 2 人，隶属组织干部科；设有离休干部党支部，与离休办公室合署办公。离休办公室负责管理离休干部的学习和生活，执行国家离休干部有关政策，在生活上体贴、关心离休干部，配备老干部病床、专用车辆，在医疗、用车等方面为离休干部提供方便。离休干部每个月定期集中 1 次，开展党组织活动、看文件、听报告等。扬州供电局 1991 年共有离休干部 74 人(享受副局级待遇 9 人，享受正、副处级待遇 33 人，其他 32 人)，当年新建老干部活动室 60 余米^2，有报刊阅览室、棋牌室、乒乓球室，定期开放。1995 年扬州供电局共有离休干部 78 人(享受副局级待遇 5 人，享受正、副处级待遇 37 人，其他 36 人)。2002 年老干部活动室迁至原供电局对面老三楼，面积 520 米^2，设有棋牌室、健身房、乒乓球室、阅览室以及会议室，当年共有离休干部 42 人(享受副局级待遇 5 人，享受正、副处级待遇 22 人，享

表 8-8　　1991～2002 年扬州供电局（公司）在职职工人员构成情况　　单位：人

年份	隶属	年末人数	按劳动岗位分组					按职称分组			按年龄分组					
			管理岗位	专业技术岗位	生产岗位	服务岗位	其他	高级职称	中级职称	初级职称	55 岁及以上	50～54 岁	45～49 岁	35～44 岁	25～34 岁	25 岁以下
1991	部属	3865	419	368	2711	162	205	18	183	375						
	省属	1275	158	88	919	69	41	1	41	79						
	合计	5140	577	456	3630	231	246	19	224	454						
	其中：局本部	1126	135	177	662	66	86	12	99	177						
1992	部属	3875	414	379	2713	161	208	24	204	459						
	省属	1281	157	93	928	69	34	1	43	103						
	合计	5156	571	472	3641	230	242	25	247	562						
	其中：局本部	1127	132	184	657	64	90	17	116	202						
1993	部属	3885	302	203	2502	109	769	24	203	479						
	省属	1281	111	44	847	31	248	1	42	125						
	合计	5166	413	247	3349	140	1017	25	245	604						
	其中：局本部	1190	73	67	818	37	195	18	117	203						
1994	部属	3772	387	327	2879	177	2	21	193	500						
	省属	1242	118	71	989	60	4	1	39	137						
	合计	5014	505	398	3868	237	6	22	232	637						
	其中：局本部	1105	126	151	760	66	2	15	107	213						
1995	部属	3754	430	284	2866	171	3	20	206	496	654 51	1410 36	1647 21	43 20		
	省属	1221	93	47	1051	30		1	42	138	268 岁	587 至	354 至	12 岁		
	合计	4975	523	331	3917	201	3	21	248	634	922 以	1997 50	2001 35	55 以		
	其中：局本部	1085	176	114	690	105		14	97	207	188 上	382 岁	499 岁	16 下		
1996	部属	3642	408	415	2626	176	17	21	244	547	393	362	400	917	1570	34
	省属	1167	102	107	873	78	7	2	50	165	121	159	183	311	393	岁
	合计	4809	510	522	3499	254	24	23	294	712	514	521	583	1228	1963	以
	其中：局本部	1048	157	175	585	124	7	13	129	186	110	102	102	251	483	下

续表

年份	隶属	年末人数	按劳动岗位分组					按职称分组			按年龄分组					
			管理岗位	专业技术岗位	生产岗位	服务岗位	其他	高级职称	中级职称	初级职称	55岁及以上	50～54岁	45～49岁	35～44岁	25～34岁	25岁以下
1997	部属	2068	254	263	1428	120	3	20	183	275	203	188	248	499	763	167
	省属	646	65	78	461	34	8	1	32	80	62	90	88	108	141	157
	合计	2714	319	341	1889	154	11	21	215	355	265	278	336	607	904	324
	其中：局本部	1038	149	175	604	107	3	17	142	149	107	104	122	253	363	89
1998	部属	2013	252	280	1344	122	15	18	194	281	150	185	249	527	729	173
	省属	609	65	66	441	27	10	0	23	74	53	89	87	89	157	134
	合计	2622	317	346	1785	149	25	18	217	355	183	274	336	616	886	307
	其中：局本部	1010	141	173	582	108	6	15	139	148	86	100	128	268	336	92
1999	部属	2051	346	295	1268	122	20	16	197	284	173	203	292	525	685	173
	省属	600	72	93	380	27	28	1	13	78	59	80	97	104	140	120
	合计	2651	418	388	1648	149	48	17	210	363	132	283	389	629	825	293
	其中：局本部	1010	272		387	92	259	13	133	148	92	96	140	272	319	91
2000	部属	2051	312		1261	230	248	15	213	301	194	163	272	599	571	252
	省属	602	84		422	51	45	1	27	77	60	85	98	168	158	33
	合计	2653	396		1683	281	293	16	240	378	254	248	370	767	729	285
	其中：局本部	994	183		518	76	217	12	148	164	98	70	129	282	244	171
2001	部属	2009	320	234	1019	18	418	17	190	297	141	198	507 40	791 30	372	29
	省属	591	114	82	309	28	58	2	27	79	47	75	159 至	206 至	104	岁
	合计	2600	434	316	1328	46	476	19	217	376	188	273	666 49	997 39	476	以
	其中：局本部	1008	187	86	463		272	14	129	126	53	102	282 岁	413 岁	158	下
2002	部属	2001	305	251	919	10	516	17	210	417	169	212	506 40	758 30	356	29
	省属	579	118	91	298	4	68	3	25	110	68	87	136 至	201 至	87	岁
	合计	2580	423	342	1217	14	584	20	235	527	237	299	642 49	959 39	443	以
	其中：局本部	1246	212	136	584		314	16	159	290	116	141	313 岁	429 岁	247	下

注 1.“按职称分组”一栏，1991～1994 年根据扬州供电局干部统计年报表，1995 年后根据扬州供电局（公司）劳动工资统计年报。

2.“按劳动岗位分组”一栏中的“生产岗位”，1991～1999 年名称为“工人”和“学徒”，2000 年开始改为“生产岗位”。

3.“其他”一栏指多种经营企业从事与主业生产无关的人员及不在岗职工。

4.2000 年“按劳动岗位分组”中包括专业技术人员 711 人（部属 606 人，省属 105 人）。

受正、副科级待遇2人，其他13人)。1991～2002年扬州供电局(公司)离、退休人员及保险福利费用构成情况见表8-9。

表8-9　1991～2002年扬州供电局(公司)离、退休人员及保险福利费用构成情况

年份	性质	离退休人员年末人数(人)				保险福利费用构成(千元)					
		合计	离休	退休	退职	合计	离休金	退休金	退职生活费	医疗卫生费	其他
1991	部属	497	55	437	5	1653	138	671	6	471	367
	省属	168	19	144	5	515	38	176	4	103	194
1992	部属	563	60	498	5	2563	248	1221	76	559	459
	省属	186	18	163	5						
1993	部属	709	59	645	5	3995	204	1886	5	985	915
	省属	231	17	209	5	1331	46	470	13	433	369
1994	部属	769	62	703	4	6607	490	3442	75	2013	587
	省属	252	17	230	5	2252	111	940	18	619	564
1995	部属	801	62	738	1	7974	989	4301	39	1798	847
	省属	262	16	241	5	2811	113	1353	43	719	583
1996	部属	848	64	781	3	9346	683	5647	11	2031	974
	省属	280	16	259	5	3326	184	2006	29	814	293
1997	部属	491	43	445	3	6100	505	3507	17	1827	244
	省属	175	7	163	5	2492	94	1184	25	922	267
1998	部属	587	41	542	4	8655	833	5284	24	1779	735
	省属	217	7	205	5	2725	134	2061	27	336	167
1999	部属	597	39	554	4	8040	760	6141	24	937	178
	省属	226	6	215	5	3798	122	2340	42	1039	255
2000	部属	613	37	572	4	10 172	629	6554	27	2220	742
	省属	237	6	226	5	3444	103	2585	45	650	61
2001	部属	662	37	622	3	9404	836	7363	22	676	507
	省属	261	6	252	3						
2002	部属	705	36	666	3	10 706	826	8503	21	440	916
	省属	265	6	254	5	1176	57	860	9	100	150

注　1. 本表根据扬州供电局(公司)劳动工资统计年报制作。

2. “其他”栏中包括生活困难补助费、防暑降温费、取暖费、节日福利费、丧葬抚恤费、交通费、老干部活动经费等。

三、班组建设

扬州供电局贯彻省电力局印发的《班组建设暂行条例》和《班组建设升级竞赛考核办法》，1988年底开始班组建设升级试点，1989年制订《班组建设标准》和《班组管理条例》，作为班组建设工作的依据。在班组建设工作中，选配和培训了一批班组长，建立了“五大员”(技术培训员、安全员、经济核算员、工具材料员、劳动事务员)制度，建立健全以岗位责任制、安全生产责任制、经济责任制为核心的各项规章制度，统一制订了班组安全、设备、质量、培训和民主管理等10种共性制度。扬州供电局明确班组建设基础资料目录必须具备6个系列3320条目，局本部63个班组修订岗位责任制(40个专业4个类型330种)，制订各种规章制度889种，建立原始记录965种，各种台账216本，收集和制订各种规程、工作标准445本，图纸、图表资料475种。1989年9月20日，全局355个班组，评出一级班组68个，二级班组165个，合格班组106个，合格以上班组占95.5%。局本部63个班组，评出合格以上班组57个，其中一级班组10个，二级班组19个，不合格班组6个。

1991年6月，江苏省电力工业局先进企业考评组考评时，扬州供电局370个班组，一级班组109个，二级班组185个，合格班组76个，合格以上班组占100%。

1994年6月24日，扬州供电局召开班组建设工作会议，讨论、修改、通过了《扬州供电局班组建设升级标准》，并于1994年9月7日正式下发执行。

1995年8月8～9日，扬州供电局召开全市供电系统班组建设工作会议。会议听取了局长的工作报告，交流班组建设工作经验，讨论班组建设工作规划和考评标准。同年10月4日，扬州供电局印发《班组建设二年规划、升级考核细则和十四个生产班组考评评分标准》。

1999年3月25日，根据全省电力系统第二次班组建设工作会议的精神和创国家一流供电企业的要求，扬州供电局结合本局实际情况，印发《扬州供电局班组建设二年规划》、《扬州供电局班组建设升级考核实施细则》和《扬州供电局、扬州供电局工会班组建设管理先进单位竞赛考核办法》，由各单位贯彻执行。

2001年，扬州供电公司转发并执行省电力公司重新制订的《江苏省电力公司班组建设管理规定》、《供电企业班组定级考评标准》、《江苏省电力公司班组建设管理先进单位竞赛考核办法》和《江苏省电力公司一流班组考核办法(试行)》，进一步加强公司系统班组建设，不断提高班组的管理水平，全面提高企业整体素质。

四、劳动报酬

工资 扬州供电局(公司)工资构成有技能工资、岗位工资、薪级工资、效益工龄工资。1992年执行企业工资新拟企干级、新拟企工级，即标准工资加浮动工资(企业工资)和工龄工资。1993年实行岗位技能工资，职工工资由基本工资和辅助工资两部分组成，基本工资由技能工资和岗位工资组成，辅助工资是在基本工资以外，以其他形式支付给职工的工资性收入(补贴、津贴、奖金等)。

技能工资 技能工资是根据不同岗位对劳动技能的要求和职工实际具备的劳动技能水平及工作实绩，经考核确定的工资。扬州供电局从1993年1月1日起实行技能工资，标准起点为78元。1994年7月1日起技能工资标准起点从78元调整为90元。1994年10月1日起由90元调整为97元(技能工资入轨后企业工资标准)。1995年7月1日起企业工资标准由97元调整为118元。1999年7月1日起，企业工资标准与部颁技能工资归并，工资起点为118元。1993～1994年扬州供电局技能工资标准见表8-10。

表8-10　1993～1994年扬州供电局技能工资标准

技能等级	部颁标准(元)	1993年1月企业标准(元)	1994年7月企业标准(元)	技能等级	部颁标准(元)	1993年1月企业标准(元)	1994年7月企业标准(元)
1	56	78	90	21	193	255	280
2	61	84	96	22	201	267	293
3	66	90	103	23	210	280	306
4	72	96	110	24	220	293	320
5	78	103	117	25	231	306	334
6	84	110	125	26	243	320	348
7	90	117	133	27	256	334	363
8	97	125	141	28	270	348	378
9	104	133	150	29	285	363	393
10	111	141	159	30	300	378	409
11	118	150	168	31	315	393	425
12	125	159	178	32	330	409	441
13	132	168	188	33	345	425	458
14	139	178	198	34	360	441	475
15	146	188	209	35	375	458	492
16	154	198	220	36	390	475	510
17	161	209	231	37	405	492	528
18	169	220	243	38	420	510	546
19	177	231	255	39	435	528	565
20	185	243	267	40	450	546	584

岗位工资　岗位工资是根据不同岗位承担的责任、技能要求、劳动强度、劳动条件确定的工资。扬州供电局1993年11月“三改”(劳动、人事、工资三项制度改革)验收通过后开始实行部颁岗位工资(省电力局1994年6月6日印发批复文件，扬州供电局补发岗位工资)。部颁岗位工资的标准起点为32元，即1岗32元，2岗40元(岗级差8元)，3岗48元，以此类推，至20岗184元。

扬州供电局岗位工资结构情况：无1、2岗，3岗76人，4岗121人，5岗129人，6

岗663人，7岗1096人，8岗804人，9岗1006人，10岗397人，11岗438人，12岗185人，13岗39人，14岗41人，15岗50人，16岗15人，17岗11人，18岗3人，19岗4人，20岗2人。

生产岗位中，运行人员平均岗级为9.57岗，占职工总数的20.5%，检修人员平均岗级为8.15岗，占职工总数的60.4%，服务人员平均岗级为4.89岗，占职工总数的4.5%；管理岗位中，处级领导干部平均岗级为19岗，占职工总数的0.2%，科级干部平均岗级为14.77岗，占职工总数的2.5%，一般管理人员平均岗级为9.63岗，占职工总数的11.9%。

1994年1月1日起实行企业岗位工资，标准起点从32元增加为100元，级差10元(运行岗级差12元)。实行岗位工资企业标准后，国家规定的物价补贴26元(1979、1988年两次副食品价格补贴15元和1991、1992年两次粮油调价补贴11元)以及临时岗位津贴、运行岗位津贴、班组长津贴取消。人员岗位变动，按新岗位岗位工资执行。实行企业岗位起点工资(100元)的人员有新分配见习期内的大中专、技校毕业生；转正前学徒工；试用期内的外系统转入人员和复员转业军人。

1994年7月1日起企业岗位工资标准起点从100元增加为200元，级差20元(运行岗级差25元)。1995年7月1日起，企业岗位工资标准起点为200元，级差调整为40元(运行岗级差45元)。1999年7月1日起，岗位工资标准起点为200元，级差调整为50元(运行岗级差60元)。2001年1月1日起，岗位工资标准起点为200元，级差调整为70元(运行岗级差80元)。

执行岗位技能工资后，在职职工的工资收入提高。以某继电保护工为例，1976年参加工作，1991年月工资为139元(标准工资111元，企业工资28元)；1992年12月月工资为201元(标准工资146元，企业工资39元，省级先进企业起点工资10元，粮贴6元)；1993年1月起实行技能工资，技能等级21级，工资为255元；1994年1月工资为455元(技能工资21级，255元；岗位工资11岗，200元)；1994年7月调整后月工资为680元(技能工资280元，岗位工资11岗，400元)；2001年1月工资为1598元(技能工资23级，340元；岗位工资11岗970元，薪级3级80元；工龄工资208元)。2002年12月工资为1816元(技能工资23级，340元；继电保护班长岗位工资14岗1180元，薪级3级80元；工龄工资216元)。

岗位薪级工资 岗位薪级工资由工作年限、上岗年限、业绩考评三方面综合确定，解决因同岗位工龄、技术等级、工作业绩差异产生的矛盾。岗位薪级工资从1997年1月1日起执行，按每岗位设5个薪级标准，级差为10元。1999年7月1日起级差调整为15元，2001年1月1日起级差调整为25元。2001年平均薪级为2.7级，其中5薪级占2%，从当年10月起实行薪级工资动态管理。

效益工龄工资 从1991年10月1日起由每月0.5元调整到1元，1999年7月1日起由每月1元调整到4元，2001年1月1日起由每月4元调整到8元。

奖金 扬州供电局1992年实行局本部月度奖金考核办法(试行)，1995年、1997年修订，实行部门综合系数与指标考核百分计奖的办法。月奖基数根据企业的经济效益和奖励基金的来源而定，每年修订1次。各部门制订内部考核办法，适当拉开档次，考核到班组及个人。

1997年开始，在奖金分配上逐步压缩一次性奖金发放，合并奖金项目，加大考核力度，建立岗位浮动奖励制度。1999年对奖金考核办法进行修改，制订《扬州供电局奖金考核发放管理办法》，进一步明确奖金的考核根据为"经济责任制考核指标"，实行百分制考核记分，并按照权责明确、层层负责的原则，逐级考核。奖金项目有正常奖项(月综合奖、百日安全无事故奖、安全风险保证金)和专项奖(电费风险保证金、线损节电奖、工会劳动竞赛奖、其他奖)。奖金的发放实行归口管理(含集体企业)，除由于个人或部门作出突出成绩、突出贡献，由上级部门专门拨付的奖金外，所有奖金均通过局奖金考评小组考评审核，由劳动工资科统一发放。

2000年对《扬州供电局奖金考核发放管理办法》进行修改，印发《扬州供电局局本部奖金考核发放管理办法》。奖金项目主要设有月综合奖、百日安全无事故奖、安全风险保证金、电费风险保证金和工会劳动竞赛奖。此外，还有一些单项奖励，如科技项目奖、合理化建议和技术改进奖、知识竞赛奖、年度先进生产(工作)者奖等。2002年政企分开后，省电力公司实行综合计划管理，对地市级供电公司的安全生产、资产经营和党风廉政建设采用综合承包考核办法考核，扬州供电公司修订《扬州供电公司经济责任制考核标准》，从2002年8月起执行。

扬州供电局1991年共发放奖金254.5万元，每人平均498元(其中局本部47.9万元，每人平均424元)。1997年共发放奖金579.8万元，每人平均2088元(其中局本部302.3万元，每人平均2849元)。2002年共发放奖金1101.9万元，每人平均4264元(其中公司本部528.6万元，每人平均4253元)。

津贴和补贴　扬州供电局(公司)执行的津贴与补贴，有国家政策规定的主要副食品价格补贴、粮油价格补贴和粮价补贴；省、市政策规定的肉贴、煤电价格补贴、粮油价格放开补贴、煤水综合物价补贴、综合物价补贴、房贴和夜班津贴；行业政策规定的书报费、洗理费、误餐费和运行岗位津贴。1988～2002年扬州供电局(公司)津贴、补贴内容和执行标准见表8-11。

表8-11　1988～2002年扬州供电局(公司)津贴、补贴内容和执行标准

分类	名　称	标　准	依　据	执行时间 (年.月.日)	范围和对象
国家政策	主要副食品价格补贴	10元/(人·月)	国发〔1988〕23号文	1988.03.16	全部职工(含离退休退职人员)
	粮油价格补贴	6元/(人·月)	国发〔1991〕44号文	1991.05	全部职工(含离退休退职人员)
	粮价补贴	5元/(人·月)	财综字〔1992〕38号文	1992.04.01	全部职工(含离退休退职人员)

续表

分类	名　称	标　准	依　据	执行时间 （年．月．日）	范围和对象
省市政策	肉贴	2元/（人·月）	苏财商 〔1992〕11号	1992.03.01	全部职工（含离退休退职人员）
	煤电价格补贴	10元/（人·月）	苏财工 〔1992〕108号	1992.08.01	全部职工（含离退休退职人员）
	粮油价格放开补贴	6元/（人·月）	苏财传 〔1993〕5号	1993.04.01	全部职工（含离退休退职人员）
	煤水综合物价补贴	8元/（人·月）	苏财综 〔1993〕81号	1993.06.01	全部职工（含离退休退职人员）
	综合物价补贴	26元/（人·月）	苏劳薪 〔1994〕5号	1994.01.01	全部职工（含离退休退职人员）
	房贴	按所在市、县标准执行			全部职工（含离退休退职人员）
	夜班津贴	大夜班1元 小夜班0.8元	苏财工 〔1987〕397号 苏劳薪 〔1987〕30号	1987.12	全部职工
	夜班津贴	大夜班3元 小夜班2.5元	苏财工 〔1992〕180号 苏劳薪 〔1992〕20号	1993.01.01	全部职工
	夜班津贴	大夜班3元 小夜班2.5元	苏财工 〔1995〕112号 苏劳薪 〔1992〕23号	1995.11	全部职工
行业规定	书报费	10(12)元/（人·月）	电话通知	1988.01.01	全部职工（含离退休退职人员）
	洗理费	30元/（人·月）	1993年省劳资、财务会议纪要	1993.07.01	全部职工（含离退休退职人员）
	误餐费	78元/（人·月）	1993年省劳资、财务会议纪要	1993.07.01	全部职工

续表

分类	名称	标准	依据	执行时间（年．月．日）	范围和对象
行业规定	运行岗位津贴（调度）	省调18元/(人·月) 市调12元/(人·月) 县调8元/(人·月)	苏电〔1988〕劳字第92号	1988.07.01	组长
		省调18元/(人·月) 市调10元/(人·月) 县调7元/(人·月)			正值
		省调16元/(人·月) 市调7元/(人·月) 县调5元/(人·月)			副值
		省调5元/(人·月) 市调5元/(人·月) 县调4元/(人·月)			通信值班
	运行岗位津贴（变电）	500千伏变电所14元/(人·月) 220千伏变电所12元/(人·月) 110千伏变电所10元/(人·月) 110千伏以下变电所8元/(人·月)	苏电〔1988〕劳字第92号	1988.07.01	班长
		500千伏变电所12元/(人·月) 220千伏变电所10元/(人·月) 110千伏变电所8元/(人·月) 110千伏以下变电所7元/(人·月)			正值
		500千伏变电所8元/(人·月) 220千伏变电所7元/(人·月) 110千伏变电所5元/(人·月) 110千伏以下变电所5元/(人·月)			副值

续表

分类	名　称	标　准	依　据	执行时间 (年.月.日)	范围和对象
行业规定	运行岗位津贴 (变电)	500 千伏变电所 6 元/(人·月) 220 千伏变电所 5 元/(人·月) 110 千伏变电所 4 元/(人·月) 110 千伏以下变电所 4 元/(人·月)	苏电〔1988〕劳字 第 92 号	1988.07.01	其他

综合物价补贴　1993 年起，国家规定的 1979、1988 年两次副食品价格补贴 15 元，以及 1991、1992 年两次粮油调价补贴 11 元计 26 元纳入岗位工资标准，临时岗位津贴、运行岗位津贴、班组长津贴停止执行。扬州供电局在职职工从 1994 年 10 月起综合物价补贴由 49.5 元调整为 62.5 元。1999 年 7 月 1 日起调整为 165 元。离退休人员工龄补贴从 1991 年 10 月起由 0.5 元/(月·年)调整为 1 元/(月·年)。2002 年，扬州供电公司共发放各种津贴与补贴 1095.8 万元。1991～2002 年扬州供电局(公司)职工劳动报酬构成情况见表 8-12。

表 8-12　1991～2002 年扬州供电局(公司)职工劳动报酬构成情况

年份	性质	平均人数 (人)	劳动报酬 (千元)	其中			
				工　资 (千元)	各种奖金 (千元)	各种津贴 (千元)	加班工资 (千元)
1991	部属	3835	12 072	8143	1802	2038	89
	省属	1274	4359	2843	743	724	49
1992	部属	3852	15 698	10 275	1687	3598	138
	省属	1276	5626	3513	880	1181	52
1993	部属	3827	22 613	15 756	2125	4470	262
	省属	1220	8529	5584	1359	1499	87
1994	部属	3815	34 383	25 505	2713	5630	535
	省属	1244	11 871	8484	1207	1995	185
1995	部属	3761	44 426	34 061	3395	6245	725
	省属	1238	13 624	9154	1570	2508	392
1996	部属	3743	50 766	38 827	4255	6755	929
	省属	1217	16 435	12 650	1138	2266	381

续表

年份	性质	平均人数（人）	劳动报酬（千元）	其中			
				工　资（千元）	各种奖金（千元）	各种津贴（千元）	加班工资（千元）
1997	部属	2125	32 814	22 542	4401	5095	776
	省属	652	10 013	6663	1397	1793	160
1998	部属	2068	35 640	21 512	9380	4123	625
	省属	629	10 665	6740	2285	1473	167
1999	部属	2043	37 562	22 838	8738	5390	596
	省属	607	11 204	7193	2206	1624	181
2000	部属	2051	39 814	19 105	13 101	6160	1448
	省属	598	11 726	7250	1974	2258	244
2001	部属	2037	45 737	27 255	8261	9079	1142
	省属	592	12 498	8133	1874	1866	625
2002	部属	2004	46 470	29 591	7020	8681	1178
	省属	580	13 845	7073	3999	2277	496

注　1. 本表根据扬州供电局（公司）劳动工资统计年报制作。

2. 1997 年开始不包括泰州市。

五、劳动保护

劳动保护由劳资、工会、安监部门和行政管理部门共同负责。劳资部门承担劳动保护职能，负责劳动保护费用管理、用品配备、制订制度。劳动保护资金列入局（公司）预算。行政管理部门负责劳动保护用品的采购、保管和发放。扬州供电局职工个人防护用品发放 1991 年 1 月 1 日起执行《扬州供电局职工个人防护用品发放管理办法（试行）》，1994 年以后执行《江苏省电力公司职工个人劳动防护用品发放标准》和《江苏省电力公司职工个人防护用品管理办法》。劳保用品逐步实行招标采购制和工作服定点生产。工会负责劳动保护监督检查，成立劳动保护监督检查委员会，健全三级劳动保护网络，开展职工安全互保活动，组织多种形式的安全宣讲活动。安全监察部门负责安全技术劳动保护，每年编制安全技术劳动保护措施计划，内容包括安全教育培训、危险点分析与预控、安全性评价、安全大检查、安全工器具、劳动工器具专项检查、反事故演习、安全月活动等。

女职工按国家规定进行劳动保护。1990 年 3 月 6 日，扬州供电局、扬州供电局工会印发《扬州供电局女职工劳动保护条例实施细则》，对女职工月经期、怀孕、哺乳期、产假、更年期劳动保护，以及女职工卫生保健、女职工卫生室等作出具体规定。1993 年 8 月 3 日，为维护女职工和婴儿的身心健康及保证电力企业的安全生产，制订《扬州供电局女职工生育延长假管理办法》，对女职工申请生育延长假的条件、办理、延长假时间、待遇等作出规定。

六、保险

社会保险包括养老保险、医疗保险、失业保险、工伤保险和生育保险。根据电力行业的特点和需求，1991～2002 年，扬州供电局（公司）养老保险和医疗保险由电力行业管理向属地管理过渡，失业保险、工伤保险和生育保险系属地管理。

（一）养老保险

1991～2002 年，养老保险制度经历了离退休费用统筹、电力行业养老保险统筹、“过渡期”养老保险制度改革、基本养老保险地方统筹 4 个阶段。

离退休费用统筹 1991 年扬州供电局离退休养老金管理实行 1986 年 1 月 1 日国务院颁发的《水利电力部直属企业离退休费用统筹试行办法》。离退休费用统筹项目包括离退休金、副食品价格补贴、粮煤补贴、取暖补贴、生活补贴等，省电力局按工资总额的 15％提取统筹基金。统筹基金实行分级管理，专款专用。1994 年 10 月 1 日起按省电力局规定适当提高离退休人员待遇，并从当年起建立离退休人员基本养老金常规调整增资机制。1995 年开始按当年工资总额的 17％提取养老保险统筹基金，职工个人缴费按本人上年工资总额的 3％缴纳。

电力行业养老保险统筹 1994 年前，省属企业的养老金为属地管理，按工资总额 24％ 提取的养老金结余已交各地方政府，暂由各地方政府核查后管理。从 1994 年 1 月 1 日起，全省电力养老保险由省电力局统一归口管理，实行部属企业和省属企业同一政策、同一标准。1996 年 1 月 1 日起，省电力局试行劳动部《电力行业职工养老保险制度改革试点方案实施办法》，按照“以收定支、略有结余、部分积累”原则，实行企业和个人筹集相结合的办法，建立养老保险基金，由企业计提和职工个人账户两部分组成。企业计提部分按电力部核定公布的计提比例执行，由财务成本税前列支；职工个人账户由职工个人缴纳工资基数的 3％和企业按此基数的 3 倍（9％）提取金额之和，进入职工个人账户实为 12％。扬州供电局 1996 年建立基本养老保险职工个人账户，执行《江苏省电力公司职工个人缴纳基本养老保险费的暂行办法》。

按照电力部 1996 年 6 月下发的《关于改善和提高劳动模范、先进工作者待遇的通知》规定，对 1995 年底前离退休的全国劳动模范和先进工作者每月津贴 150 元，省、部级劳动模范每月津贴 100 元；1980 年前离退休的劳动模范和先进工作者，每月再增加 20 元；1996 年 1 月 1 日后离退休的劳动模范和先进工作者，企业给予一次性奖励，不再增发荣誉津贴。1996 年 7 月 1 日起，按照电力部下发的《1996 年基本养老金正常调整办法》，对 1996 年基本养老金进行调整，调整标准按 1995 年平均工资增长率的 55％计算（电力部规定为 40％～60％），增长离退休金 13.5％，即 1995 年底前离退休的人员，人均月增加养老金 70 元。

过渡期养老保险 为保证基本养老金计发办法的平稳过渡，1997 年 9 月 30 日省电力局制订《江苏省电力局职工养老保险制度改革过渡期间基本养老金计发办法》，确定 1996～1998 年为职工养老保险制度改革过渡期。过渡期养老金计发办法与职工本人工龄、缴费年限和社会平均工资有关，由社会性养老金、缴费性养老金、补贴和调节金 4 部分组成。3 年过渡期间，新旧 2 种养老金计发办法同时并存，就高不就低，但高于老办法的部分按不超过老办法计算的1.05倍“封顶”。养老金计提办法改革前已退休的人员，仍沿用原计算办法，但可按改革后的办法进行调整。

1997年1月1日起，省电力公司对职工退休金的调节金计算办法进行调整，并对新办法计发的养老金继续进行调控，调整后的调节金为地区差价补贴170元和个人账户累计储存额（本息之和）除以120之和，调控系数由105%提高到108%。同时根据国家电力公司《关于调整增加离退休矽肺病患者定期治疗期间补贴的通知》，对离退休矽肺病患者按一、二、三期病情区分，补助费调整为每天8元、10元和15元，定期治疗期定为90天、180天和360天；对离退休人员死亡及其供养直系亲属生活困难补助费列支标准也进行调整；对连续工龄20年及以上且参加电力行业统筹单位的离退休归侨人员，每月增加60元津贴。为保障离退休人员基本生活，省电力公司从1997年7月1日起对离退休人员每月增加基本离退休金50元，离休人员另增加生活津贴10～50元，按职务高低区别发放。同时对1994年9月30日前离退休的人员，按连续工龄20年及以下、21～30年、31～40年、40年以上分4档分别增加生活补贴15元、20元、25元、30元。1998年6月，国家电力公司规定1998年办理离退休手续的人员仍执行“过渡办法”，江苏调节金按地区差价210元加上个人账户累计储存额（本息之和）除以120计算，同时新老办法继续实行调控，调控系数调整为112%，从1998年1月1日起执行。

省级统筹养老保险　1997年国务院下发《国务院关于建立统一的企业职工基本养老保险制度的决定》和《实行企业职工基本养老保险省级统筹移交地方管理有关问题的通知》，要求从1998年8月起将行业统筹养老保险移交地方管理，实施省际养老保险统筹管理。扬州供电局根据《江苏省行业统筹企业职工基本养老保险移交地方管理的实施办法》要求，职工基本养老保险账户于1998年8月正式移交地方管理，纳入江苏省社会保障体系，由省劳动和社会保障厅统一管理，并负责收缴企业基本养老保险统筹基金和发放离退休人员基本养老金。江苏省统筹退休金由基础养老金、账户养老金、过渡（推算）养老金、调节金、过渡期行业补贴和缴费年限养老金组成。其中行业补贴为低于原办法水平的实际差额，按劳动和社会保障部、财政部核定的电力行业企业5年过渡期计算：1998年9月1日至1999年4月30日退休的，在基本养老保险基金中的列支差额为100%；1999年5月1日至1999年底退休的支付90%；2000年退休的支付70%；2001年退休的支付50%；2002年退休的支付30%；2003年退休的支付10%；2004年电力行业过渡期满，2004年及以后退休的人员全部执行省养老保险统筹基金计发办法。

补充养老保险　补充养老保险是国务院1991年批准实施的一种自愿性保险制度，是基本养老保险制度的配套措施。1992年1月电力部制订补充养老保险暂行办法，省电力系统同期实行企业补充养老保险与职工个人储蓄性养老保险挂钩的办法，挂钩比例逐年调整。扬州供电局根据省电力局《关于贯彻华东电力联合公司〈电力企业建立补充养老保险暂行办法〉的实施细则》，建立了职工补充养老保险，并于1995年7月、1996年1月、1997年1月、2001年1月分别进行了调整。补充养老保险的基数、标准、调整时间与基本养老保险一致。

职工内部退养　1999年2月3日，扬州供电局转发并执行省电力公司《关于印发

〈职工内部退养期间生活待遇等问题的处理意见〉的通知》，按国家电力公司新颁定员标准组织生产，妥善安置分流下岗人员，保障下岗职工基本生活，实行职工内部退养办法。企业分流下岗进入再就业服务中心符合内部退养条件（离国家规定退休年龄5～10年）的人员，经本人要求（经夫妇双方签约），组织批准后办理内部退养。内退职工内退期间领取退养生活费，退养期间不再参加企业工资调整，但因物价等因素可提高起点工资标准的，按新的工资标准调整生活费。内退职工内退期间仍为在职职工，连续计算工龄，工龄工资与在岗职工同步调整；社会保险金按期缴纳，并建立社会保险个人账户；若自愿参加个人储蓄保险，为其建立补充养老保险，个人缴费系数按工龄和6级岗岗级确定，若低于职工平均工资60％则按60％缴纳个人养老保险；其他福利待遇如住房公积金、医疗保险等，均与在职职工相同。内退职工到达国家规定退休年龄时即办理正式退休手续，按社会保险规定计发养老金。扬州供电局（公司）内退职工1999年2人（本部1人，江都1人），2000年2人（本部1人，江都1人），2001年3人（本部1人，江都1人，邗江1人），2002年3人（本部2人，江都1人）。

（二）医疗保险

医疗制度改革　省电力公司于1996年4月1日成立医疗保险制度改革领导小组和社会保险事业管理局（设在劳资处），扬州市也相应成立电力医改领导小组，供电局局长为组长，市各电力企业厂长为副组长，下设办公室，形成扬州市电力系统医疗网络，医疗保险制度改革由此全面开展。

1998年4月1日起，扬州供电局在职职工和离退休职工共3380人全部参加医疗制度改革，建立行业统筹医疗基金和职工个人医疗账户相结合的职工医疗制度。当年制订《扬州供电局职工医疗保险改革方案实施细则》，印发《扬州供电局医疗制度改革的问题解答》和职工就医一览表，确定定点医院。行业统筹医疗基金按职工工资总额的8％提取上缴省电力公司，省电力公司统一平衡后返还上缴企业，进入企业医疗基金（1999～2001年省电力公司对医疗保险基金支付办法适时进行调整）。企业医疗基金分统筹医疗基金和个人账户两部分。统筹医疗基金主要用于支付职工住院医疗费用和个人账户超支部分，职工就医实行定点医院和药品目录制度，诊断治疗费全额报销，药品按省电力公司医疗保险药品报销范围和药品目录规定，可报销药品有中成药655种，西药993种，其中控制药6种，抢救药物24种，以及门诊特殊病种的医疗费。

个人账户金额具体划入比例按不同年龄职工上年度工资（退休费）总额的5％～8％划入（35岁以下为4％，36～50岁为5％，51～60岁6％，退休人员65岁及以下为7％，退休人员66岁及以上为8％），离休人员及二等乙级伤残军人因不参加医改，仅建立个人医疗费台账，不设个人账户。个人账户主要用于支付局卫生所药品费（诊断、检查、中医理疗等不交费），以及定点医疗机构门诊医疗费用，不足支付时，由职工个人自付，超出个人支付范围的医疗费，视金额大小由统筹基金支付。实施医疗保险制度改革后，为加强职工子女和职工家属（直系供养亲属）医疗费报销的管理，1998年4月24日，根据扬州市财政局、计划生育委员会、公费医疗管理委员会1998年1月1日《关于少年儿童医疗费报销有关规定的通知》，结合本局医疗改革实际情况，制订《扬州供电局职工子女以及家属医疗费报销管理办法》(简称“办法”)。“办法”规定16周岁(高中、职中在校生18周岁)以下职工独生子女(已领取独生子女证)门诊或住院必须在指定医疗机构，门诊复式处方限额100元以内，门诊或住院医疗费由扬州供电局报销90%；检查费超过200元须经过卫生所同意，报销80%～70%；职工配偶和父、母是纯农业人口或城镇无工作，医疗费报销50%(工会负责核实并公布可报销医疗费人员名单)。医疗制度改革后，职工医疗费由公费医疗时期的无限制变为有限制，病人按需用药，避免了药品的浪费。扬州供电局卫生所1998年4、5两个月与1997年同期相比，门诊人数1997年4、5两个月共5756人·次，药品消耗量为180 052.14元；1998年4、5两个月门诊人数为2350人·次，药品消耗量为81 780.45元，有了明显下降。

属地基本医疗保险　扬州供电公司在职职工和退休职工2001年12月参加扬州市基本医疗保险。2002年1月起享受扬州市基本医疗保险待遇。实行扬州市基本医疗保险后，列入本企业福利费中的医疗费为参保前职工工伤或旧伤复发产生的医疗费，企业为职工体检的体检费，职工独生子女(已领取独生子女证)16周岁及以下(高中、职中在校生18周岁)可报销90%医疗费(年最高限额1350元)，职工配偶、父母是纯农业人口或城镇无工作，医疗费报销50%(年最高限额600元，工会负责核实并公布可报销医疗费人员名单)。扬州供电公司按江苏省医改政策规定全额就地上缴医疗保险基金(企业缴费7%，个人缴费2%)。扬州市医疗统筹基金主要用于支付参保人员住院医疗费用，2002年最高支付限额为3万；个人账户主要用于支付指定医院门诊费用。个人账户资金划入根据缴纳医疗保险费率而有差异。扬州市2002年医疗统筹基金起付标准以上、最高限额以下医疗统筹与个人支付的比例为一级医院起付标准至1万元，个人支付10%；1万元以上至2万元，个人支付5%；2万元以上至3万元，个人支付3%。二级医院起付标准至1万元，个人支付15%；1万元以上至2万元，个人支付10%；2万元以上至3万元，个人支付5%。三级医院起付标准至1万元，个人支付17%；1万元以上至2万元，个人支付12%；2万元以上至3万元，个人支付7%。市外医院起付标准至1万元，个人支付20%；1万元以上至2万元，个人支付15%；2万元以上至3万元，个人支付10%。

扬州供电局于2001年4月建立大病医疗救助基金，所有参保职工按每人每月缴纳6元(企业与个人各缴纳3元)，参保人员在1个投保年度中发生符合大病医疗救助规定，医疗费用3万～10万元，由救助基金支付8 0%(市外转诊病人救助基金支付75%)，大病医疗救助金余额不归个人所有。

补充医疗保险　省电力公司根据国家电力公司指导意见，2001年11月制订《江苏省电力公司补充医疗保险实施办法(试行)》，确定从各地电力企业参加本地区基本医疗保险之日起，可同时参加电力补充医疗保险。扬州供电局为执行单位。2001年12月，省电力公司社会保障事业管理中心制订《江苏省电力公司补充医疗保险实施细则(试行)》，对基金的征集与管理、基金的支付与结算、原电力企业基本医疗保险费用的处理等作出具体规定。补充医疗基金按上年度工资总额和退休金总额的4%提取，由省电力公司统一归口管理。补充医疗基金中统筹基金与个人账户占比例为4∶6。统筹基金主要用于支付职工住院和门诊特定医疗项目，符合属地规定的医疗费用中需由个人支付的起付标准和医疗费用，按在职职工支付50%、退休（退职）人员支付60%、建国前老工人支付70%；属地基本医疗保险最高支付限额以上、属地大病救助限额以下、符合属地医疗救助基金规定的医疗费用中需由个人支付的部分，分别按在职职工支付50%、退休（退职）人员支付60%、建国前老工人支付70%；属地大病医疗救助基金支付限额以上、符合属地规定的医疗费用中需由个人或单位支付的医疗费用，最高限额不超过10万元。离休人员、老红军、二等乙级以上伤残军人不参加补充医疗保险，医疗费用按原规定执行。补充医疗基金中职工个人账户医疗资金划入标准：在职职工35岁及以下为本人上年度工资总额的1.8%，36～46岁为2.2%，46岁及以上为2.6%，退休（退职）人员按上年度退休费总额的3.2%划入，建国前老工人按上年度退休费总额的4%划入，院士、全国劳动模范另加1000元/（人·年），部、省级劳动模范另加500元/（人·年）。补充医疗个人账户主要用于支付扬州供电公司卫生所药品费。

（三）工伤保险

职工发生工伤后，按国家有关工伤处理规定执行。2001年起职工工伤实施社会化保险。特殊工种由安全监察部门实施考核准岗制。2001年扬州供电公司工伤保险费24.9万元，2002年工伤保险费35.5万元。

（四）失业保险

扬州供电局（公司）参加扬州市失业保险。2002年扬州供电公司失业保险费142.9万元。

（五）生育保险

1988年10月18日，省电力局转发劳动部《关于女职工生育待遇若干问题的通知》，女职工在本单位的医疗机构或者指定的医疗机构检查和分娩时，其检查费、接生费、手术费、住院费和药费由所在单位负担，费用由原医疗经费渠道开支。扬州供电局按规定提取和发放计划生育补贴。2001年起女职工生育实施社会化保险，参保女职工享受生育保险费（检查费、接生费、手术费、普通病房住院费和药费）、生育津贴、一次性营养补助等待遇。2001年扬州供电公司生育保险费25.5万元，2002年生育保险费47.4万元。

第五节 教育与培训

扬州供电局（公司）职工教育培训以适应企业发展为目标，通过多种形式的文化教育、技能培训、岗位培训，提高在职职工的文化水平和技能水平，满足企业对生产、经营、管理等各岗位对专业人员的需求。

一、组织机构

扬州供电局科技教育科成立于1980年，是职工教育培训的职能部门。1991年设有职工教育委员会，由14人组成，全局有职工教育管理人员12人，专职教师22人，教学用房建筑面积2468米^2，教育经费（教材费、培训费、学费、教师酬金等）按省电力局规定从职工工资总额中提取（当年规定提取比例为1.5%，实际使用为19.01万元，占比例为

1.42%)。1995年扬州供电局有非学校建制的培训中心3个，科教科建成计算机培训教室，配置30台计算机（386型）供学员使用。扬州、泰州两市分设前的1996年全局有教职人员25人，扬州、泰州两市分设之后的1997年扬州供电局有非学校建制的培训中心1个，教职人员13人。1999年底扬州供电局实施机构改革，撤销科技教育科，职工教育管理职能移交人力资源部，2000年1月成立扬州供电培训中心，具体负责职工教育培训。2002年底，扬州供电公司有职工教育专职管理人员6人（其中公司本部2人），培训用房面积1235米^2，教育经费实际提取使用为140.4万元，占职工工资总额的2.32%。

二、教育培训管理

1991年初，扬州供电局编制《1991～1995年职工教育培训规划》（简称“规划”），“规划”以1990年全局人员结构为依据，制订职工教育培训实施方案。鼓励职工利用业余时间自学并参加各类统一考试，获取国家认定的学历证书，并根据扬州供电局制订的规定给予经济补偿或奖励，以多种措施提高职工队伍素质。1992年扬州供电局制订《职工教育工作考核办法（试行）》。1994年制订《扬州供电局职工成人学历教育管理办法》，要求各单位本着“组织推荐、计划送培、专业对口、业余为主”的原则，属全脱产性质的送出培训，各单位必须审核报考人员资格，确定人数，学员一般只能报考省电力局指定的院校或专业；参加函授教育的学员，接受扬州供电局函授辅导站的管理，函授学员的学费一般可报销2/3，面授期间享受脱产学习假期并可报销差旅费、限额内住宿费，学员的学习成绩由函授辅导站通知各单位，作为对学员的奖惩依据。1995年编制《扬州供电局“九五”计划期间职工教育培训规划》。2000年扬州供电局根据上级部门有关规定制订了《扬州供电局成人学历教育工作意见》和《扬州供电局职工参加学历教育的有关规定》，不再承担学员的学习费用（学费、面授期间差旅费、住宿费等）。继续鼓励职工自学并参加全国统一自学考试，获取学历证书。1991～2002年扬州供电局（公司）教职人员、教学设施及经费使用情况见表8-13。

表8-13　1991～2002年扬州供电局（公司）教职人员、教学设施及经费使用情况

年份	教职人员（人）		教学用房（米^2）		教育经费（万元）	
	管理	教师	面积	人均	经费	占工资总额（%）
1991	12	22	2468	0.51	19.01	1.42
1994	26		2224	0.45	44.76	1.39
1995	17		1963	0.395	64.4	—
1996	25		2319	0.48	80.78	1.46
1997	13		1418	0.52	76.28	2.17
1999	13		1045	0.39	90.05	2.10
2000	8		1235	0.47	126.7	2.80
2001	6		1235	0.475	182	3.125
2002	6		1235	0.478	140.04	2.32

三、文化教育

扬州供电局1978年以后通过函授和脱产等方式培养大专生293人，至1990年，毕业207人，占全局大专学历职工人数的74%；培养中专生101人，至1990年，毕业81人，占全局中专学历职工人数的15%。1990年扬州供电局职工文化结构状况为大学本科108人，占职工总人数2.22%；大学专科279人，占职工总人数5.73%；中专学历554人，占职工总人数11.4%；技校生182人，占职工总人数3.74%；高中文化1262人，占职工总人数25.95%；初中及以下文化2478人，占职工总人数50.95%。

“八五”计划期间，扬州供电局送出培训的函授大专及以上毕业生共有100余人。为方便学员面授课程，节约教育经费，1991年省电力局和南京电力专科学校同意在扬州供电局设立函授中专辅导站，首期招收《农村供用电专业》学员52人。“八五”计划期间扬州函授中专辅导站三届（南京电力专科学校“91”、“92”、“94”届）学员共138人（局本部25人，扬州供电系统77人）。至1995年底扬州供电局大学本科和大学专科人数为612人，占职工总人数的12.3%；中专学历639人，占12.82%；技校生人数为363人，占7.29%；高中文化1336人，占26.85%，初中及以下文化1925人，占38.69%。干部岗位大专及以上文化程度的人数占干部总人数的39.2%。

“九五”计划期间，扬州供电局成人学历教育共有142人毕业，其中大学本科毕业3人，大学专科毕业71人，中专毕业68人。1997年扬州、泰州两市分设后扬州供电局大学本科人数为123人，大学专科286人，中专学历383人，技校生人数为264人，高中文化808人，初中及以下文化850人。1999年省电力局在扬州开办“电力系统及其自动化”专业大专函授班。至“九五”计划期末的2000年底，扬州供电局大学本科人数为164人，占职工总人数的6.18%；大学专科366人，占13.8%；中专学历438人，占16.51%；技校生人数为355人，占13.38%；高中文化624人，占23.52%；初中及以下文化706人，占26.61%。管理人员大专及以上文化程度的人数由“八五”计划期末的39.2%上升到52.16%。

2002年底，扬州供电公司职工学历教育培训中有59人为在读研究生；大学本科在读67人，当年毕业36人；大学专科在读537人，当年毕业152人；中等专科在读34人，当年毕业28人；技校毕业54人。扬州供电公司2002年底大学本科毕业共258人，占职工总数的10%；大学专科毕业共605人，占职工总数23.45%；中等专科毕业共269人，占职工总数10.43%；技校毕业共449人，占职工总数17.4%；高中文化576人，占职工总数22.33%；初中及以下文化程度共423人，占职工总数16.4%。扬州供电公司供电培训中心2002年共开设5个函授班（中专1个，大专3个，专科升本科1个），学员272人。

根据1995年电力部颁发的《电力系统职工教育暂行规定》要求，1997年9月～2000年对初、高中文化的职工进行职工业余中技教育（又称普中技），函授性质，中技学历，学制3年，扬州供电局共有262人参加学习（其中局本部46人），联办学校为苏州电力学校，有235人获得技校毕业证书和中级工等级证书，通过中级工职业技能鉴定，成为扬州供电局首批通过职业技能鉴定的技术工人。1998～2002年扬州供电局（公司）职工函授学历教育主要项目见表8-14。

表8-14　1998～2002年扬州供电局（公司）职工函授学历教育主要项目

年·月	联办学校	专业	学制	学历	函授人数（人）
1998.09	南京电力高等专科学校	发电厂及电力系统	4年	大专	26
2000.03	扬州信息工程学院	专科升本科	3年	大学	56
2000.09	扬州大学	电力系统自动化	3年	大专	99
2000.09	扬州教育学院	农电人员经济管理	3年	大专	74
2000.09	南京电力高等专科学校	“计0002”班	3年	大专	42
2000.09	南京电力高等专科学校	供用电技术	3年	中专	40
2001.03	扬州信息工程学院	“后大专教育班”	3年	大专	80
2001.06	扬州大学	电力系统及自动化	3年	大专	40
2001.09	扬州大学	电力系统及自动化	3年	大专	70
2001.11	扬州教育学院	经济管理	3年	大专	68
2002.03	北京大学	企业管理	2年	研究生	52
2002.11	扬州教育学院	工商管理	3年	大专	36

四、岗位培训

（一）管理人员培训

“八五”和“九五”计划期间，管理人员岗位培训分层次、分级进行。从1990年下半年起，对具有中级职称及以上的中层及以上干部进行《电力工业企业管理》培训，首批参加培训45人，占应培训人数的26.3%，参加考试39人，培训采取聘请南京电力专科学校的老师讲课，自学与辅导相结合的方式。1991年和1992年，根据省电力局的要求，55周岁以下在职的大型企业局（厂）长、党委书记、总工程师、总经济师、总会计师到电力高等院校进行第二轮岗位培训。按照省电力局“在1992年底前所有中层干部都要参加岗位培训后方可上岗”的要求，1991年安排7名中层干部参加华东电业管理局、省电力局举办的岗位培训，82名中层干部参加“现代化管理”培训。对统一分配到本企业的军队转业干部，上岗前均进行电业部门基本业务知识的学习培训。

“九五”计划期间科级干部岗位培训考核合格共发证43人，已完成培训待发证44人。扬州供电局受省电力局委托，完成扬州发电厂、扬州第二发电厂、扬州电力修造厂、江苏电建三公司、泰州供电局5个企业计120余名科技干部的培训和考核。“九五”计划期间继续开展计算机等级培训，到2000年底，取证率为65%，到2002年，扬州供电公司管理人员、技术人员全部通过培训考核。管理人员岗位培训率达到100%。除选派干部到外地培训进修，扬州供电局（公司）还利用党校和政校对干部进行思想政治理论培训。

（二）生产人员培训

扬州供电局“七五”计划期间完成19个工种的中级工培训。这次培训历时4年，从1986年9月开始在兴化县举办首期变电运行中级工培训班，12月在局本部举办首期线路中级工培训班，到1990年12月结束。培训后中级工“应知”、“应会”双合格人数为1675人，占应培训人数的97.8%，占技术工人总数63.2%。“七五”计划期间全局有589名班组长参加《供电企业班组管理》培训，占应培训人数的95.6%。

“八五”计划期间，中级工技术培训纳入正常培训范围，即继续开展以技能培训为重点的中级技术培训，适应工作岗位要求。1991～1994年，扬州供电局35千伏至110千伏变电所计571名运行人员参加变电运行岗位培训。从1993年开始对新工人上岗前先进行半年至1年的培训，经考试合格并取得技术等级证书后才能上岗，对统一分配到本企业的大、中专毕业生均必须在一线生产岗位实习1年。“九五”计划期间以单项岗位技术培训为主，紧密结合生产实际和经营管理工作，使生产一线工人掌握新技术、新产品的使用方法，适应科学技术发展快的时代要求，这一时期举办的单项岗位培训有继电保护、电缆工、调度远动、高压试验、电测仪表、用电业务等共计250余期培训班。2001年开始对农电体制改革后新录用人员进行岗位培训，同年举办紧急救护培训，历时4个月，扬州供电公司本部各生产单位计678人参加培训。

五、技能培训

1994～1995年，扬州供电局选送89名220千伏变电所运行值班员参加南京电力专科学校模拟变电所“仿真机”培训，平均每座220千伏变电所有8人参加“仿真机”培训。此后220千伏变电所值班人员“仿真机”轮训每3年进行1次。

高级工培训从1992年开始，扬州供电局当年选送5人参加线路、电气仪表、汽车驾驶工种的高级工培训，选送3人参加继电保护工种专业证书培训。“八五”计划期间扬州供电局每年选送4～8名工人参加省电力局举办的高级工技术培训。“九五”计划期间选送人数有所增加。至2002年，扬州供电局（公司）共选送培训高级工340人［其中局（公司）本部106人］。

按照国家规定的工种范围、任职条件和考核标准，经考评组织考核合格的技术工人具备技师任职资格，可以被聘为技师。1987年10月省电力局成立技师考评委员会并成立技师考评组。扬州供电局也相应成立技师专业考评组，按照技术工人总数的2%设技师岗位（首聘为1.5%），由各单位按额定指标推荐申报技师名单，扬州供电局考评组评审后上报省电力局。1988年4月省电力局批复扬州供电局首批工人技师49人（其中局本部13人）具备任职资格。扬州供电局1991年实际聘任技师为46人，受聘技师每月有不超过20元的职务津贴。省电力局1993年批复扬州供电局13人（其中局本部2人）具有技师任职资格，当年扬州供电局实际聘任技师为48人，聘任技师中有17人参加各类技术培训。1996年聘任技师39人，有17人参加各类技术培训。扬州、泰州两市分设之后的1997年扬州供电局聘任技师21人（其中局本部6人），有14人参加各类技术培训。1998年聘任技师16人。1999年聘任技师19人（其中局本部10人）。2000年聘任技师24人。2001年聘任技师23人。2002年聘任技师52人（其中公司本部23人），当年省电力公司开始举办技师培训班，共开办培训工种39个。

六、技术比赛

为提高职工技能水平，扬州供电局（公司）每年都举办各类技术操作比赛、知识竞赛、劳动竞赛、表演赛等，这类操作比赛或竞赛有基层各单位组织的，有全局（公司）范围的，也有参加上级单位组织的，促进和提高职工技能水平，营造学技术、学先进的氛围。1992年5月，扬州供电局参加省电力局在南京举办的全省供电系统电能计量技术比赛，获电能表检修、电能表现场校验第一名，电能表试验室校验第二名，综合项目第三名。1992年9月参加省电力局在南通举办的全省电力系统10千伏高压断路器检修技术比赛，获供电团体第一名。1997年4月参加省电力局在连云港供电局仿真培训中心举办的第一届220千伏变电运行仿真操作技术比赛，扬州、泰州联队（扬州、泰州供电局刚分开，因此组成联队）获团体第一名。1999年6月参加省电力局在扬州发电厂举办的全省电气试验工首次调考，比赛设高压电容式套管、电动机、高压电缆等三项标准试验项目，扬州供电局参赛队获供电系统第二名。2002年扬州供电公司参加省电力公司及以上单位举办的工人技术比赛有220千伏运行人员操作比赛、110千伏运行人员操作比赛、装表接电劳动竞赛、用电检查劳动竞赛、10千伏带电作业操作表演赛，参赛人数为108人。2002年筹划2003年“员工技能练兵年”活动，设立技能大赛项目共24项，覆盖各工种及管理岗位，凡45岁以下员工全部参赛，并选送优秀者参加省电力公司、国家电力公司技能竞赛。

七、继续教育

省电力局1991年印发《关于贯彻执行“电力系统专业技术人员继续教育暂行规定”的通知》，要求具有中专以上学历或中级以上技术职称的人员参加与本专业或相关专业的新理论、新技术、新方法、新工艺的培训学习，适应时代发展的要求。1994～1995年，局级领导、中层干部全体分期分批进行电力应用文、领导科学、计算机知识、电力生产现代化管理培训。1998～2000年，管理人员、技术人员计653人完成公共课程（电力应用文、计算机应用、电力企业现代管理、市场经济概论）培训，完成率78.4%；2000上半年扬州供电局完成机构改革，因岗位变动，新聘用人员继续公共课程和专业课程培训。

第六节　财务与产权管理

扬州供电局（公司）是省电力局（公司）统一核算下的内部核算单位，财务与产权管理执行两级和三级核算，会计核算分为部属企业和省属企业两部分，执行工业企业会计制度，会计科目根据省电力局统一会计科目和内部管理的要求设置，资产经营状况由省电力局直接考核。扬州供电局1991年通过省电力局财务达标并升三级的验收，华东电业管理局批复扬州供电局为会计工作三级单位，会计档案通过能源部组织的国家一级验收，会计电算化通过省电力局组织的双轨运行验收，从1992年1月1日起实行会计电算化单轨运行。1993年撤销财务科，设立财务审计科，同年7月1日起执行新会计制度。1996年财务科、审计科分设。1997年通过省电力局财务信息系统单轨运行验收。1999年改名扬州供电局财务部，同年10月21日省电力公司对扬州供电局副总会计师兼财务科长实行委派。为适应财务工作由核算型向管理型转变，扬州供电局2000年9月28日使用省电力公司自行开发的财务管理信息系统（FMIS）（省电力公司供电企业第一家试运行单位），2001年4月进入同步双轨试运行阶段。2001年财务部改为财务与产权管理部，同年9月25日扬州供电公司对所属县（市）供电公司实行财务委派，被委派人任县（市）供电公司副总会计师兼财务与产权管理部主任。

省电力局从1988年开始推行承包经营责任制，即包实现利润、包完成技术改造任务，工资总额与完成考核售电量和实现利税挂钩。1991～1992年为第二轮承包期。第二轮承包期结束后，省电力局推行目标利润管理。1998年建立内部结算价格机制和业绩评价指标体系。从1999年起省电力公司与所属企业签订资产经营责任书，同年6月6日制订《江苏省电力公司资产经营考核办法》，2000年6月22日修订印发《江苏省电力公司资产经营考核办法（修订稿）》，对市级供电公司考核指标为利润总额、固定资产回报率、应收电费余额和资产负债率4项指标。扬州供电局1999年制订《扬州供电局资产经营考核办法》，2000年修订并与所属县（市）供电局及所属有关单位签订资产经营责任书，确定考核指标，由预算管理委员会对所属各单位考核兑现。1991～2002年，扬州供电局（公司）全面完成了省电力公司下达的各项内部资产经营考核指标。

一、资产与资金

资产 1993年，根据省电力局要求，扬州供电局成立清产核资领导小组和办公室，对全局固定资产进行全面清查，通过资产清查、所有权界定、资产重估和资金核实，摸清家底。通过资产重估，提高固定资产原值，部属企业占56.17%，省属企业占60.24%，部属企业资产总值24 251万元，省属企业资产总值4470万元。1993年年底，部属企业资产价值75 092万元，省属8962万元（不含增值）。1998年开工的城乡电网改造工程使得资产总量大幅度增加。2002年扬州供电公司成立资产清查领导小组，下设工作小组，进行资产清查。2002年底，企业资产原值347 659.10万元，净值272 417.68万元。

扬州供电局固定资产管理实行统一领导与归口分级管理相结合的原则。2000年制订《扬州供电局固定资产管理办法》，包括固定资产管理的任务与要求、固定资产的划分标准、固定资产管理的职责划分、健全固定资产管理网络、固定资产的登记、固定资产增减变动的手续和工作流程等内容。生技部门设置全局固定资产卡片和台账，掌握生产设备、机动运输设备、生产房屋和设施的技术状态及负责其运行、维护等技术管理工作；财务部门建立固定资产明细账，从价值形式上加以管理；固定资产的分管部门设置台账和卡片，生产车间和班组建立所管固定资产的技术资料和卡片，做好卡片与实物的经常核对，保证卡物相符。每年组织一次检查，确保账、卡、物三相符。

基建工程、专项工程和零星购置新增固定资产由使用部门固定资产管理员根据竣工决算中新增固定资产清册（单）填制卡片，生技、财务、使用部门据以登记台账。

固定资产系统内部无偿调入、调出由调出单位填制《固定资产调拨单》，并报有关部门审批后由生技或分管部门负责办理调入手续，组织财务、使用部门固定资产管理员现场清点、核对无误后由使用保管部门填制固定资产卡片，生技、财务、使用部门各执一份，据以登记台账。财务部门根据调拨单和卡片进行资产增加、减少的账务处理。

固定资产的有偿调出，由调出部门填制《固定资产调拨单》并行文报省电力公司审批。省电力公司批准后，聘请具备资质的社会中介评估机构进行资产评估，财务部门根据资产评估价、调拨单和注销卡片进行资产有偿调出的账务处理。

固定资产正常报废由保管使用部门提出固定资产报废申请，生技部门或分管部门组织鉴定，分析报废原因，提出鉴定意见。确认报废的填制“固定资产报废鉴定表”按规定审批权限报批。属于非常原因造成的固定资产损坏必须报废时，除按规定鉴定外，还须专案上报审批。对参加保险的资产向保险公司办理索赔手续，生技部门或分管部门会同使用单位编制损失清单交财务部办理索赔手续。固定资产同意报废后由生技部门或分管部门负责报废具体事宜，会同财务、供应、使用单位的固定资产管理员到现场清点核对。核对无误后，注销原立资产卡片，卡片仍归原部门存档保管，据以销账。财务部门根据固定资产报废鉴定审批表，进行固定资产减少的账务处理。

本单位内部各固定资产使用单位互相转移固定资产，由生技部门或分管部门填制固定资产内部调拨单，经新旧使用保管部门双方鉴证后办理固定资产交接手续，原使用单位卡片交给新使用单位，生技部门或分管部门、财务部门据以办理固定资产卡片的内部转移手续。1991～2002 年扬州供电局（公司）固定资产统计见表 8－15。1991～2002 年扬州供电局（公司）固定资产增值资金来源情况统计见表 8－16。2002 年扬州供电公司资产经营考核结果见表 8－17。

表 8－15　1991～2002 年扬州供电局（公司）固定资产统计　单位：万元

年　份	原　值	净　值
1991	46 178.29	30 614.63
1992	55 109.79	37 847.42
1993	84 053.97	55 936.15
1994	110 810.24	76 827.14
1995	131 031.07	90 732.14
1996	165 586.43	117 796.27
1997	111 228.51	80 365.06
1998	129 289.27	92 569.46
1999	157 675.57	122 861.77
2000	235 547.98	193 984.59
2001	286 239.98	230 343.23
2002	347 659.10	272 417.68

表 8－16　1991～2002 年扬州供电局（公司）固定资产增值资金来源情况统计

单位：万元

年　份	固定基金	基建借款	长期借款	所有者权益	合计
1991	4123.68	－665.92	0	0	3457.76
1992	4638.50	2587.95	0	0	7226.45
1993	0	0	－420.13	20 852.84	20 432.71
1994	0	0	－754.63	19 699.45	18 944.82
1995	0	0	－111.86	14 600.40	14 488.54
1996	0	0	4727.53	24 960.01	29 687.54

续表

年 份	固定基金	基建借款	长期借款	所有者权益	合计
1997	0	0	21 541.89	−30 614.48	−9072.59
1998	0	0	−4150.53	14 368.64	10 218.11
1999	0	0	44 482.71	19 372.67	63 855.38
2000	0	0	45 391.81	8908.00	54 299.81
2001	0	0	27 288.74	26 527.11	53 815.85
2002	0	0	47 529.69	24 661.34	72 191.03

表 8-17　　2002 年扬州供电公司资产经营考核结果

(1) 基本分值　部属企业

序 号	考核指标	基本分值	考核结果
1	利润总额	40	42
2	固定资产回报率	15	16
3	应收电热费余额	25	26
4	资产负债率	20	20
	总分	100	104

基本分值　省属企业

序 号	考核指标	基本分值	考核结果
1	利润总额	40	40
2	固定资产回报率	15	15
3	应收电热费余额	25	30
4	资产负债率	20	20
	总分	100	105

注　未完成指标扣减分值计算公式＝（实际完成指标－核定指标）/核定指标×100％×标准分值。

(2) 辅助分值

序号	评价指标	基本分值区间	奖励分值	考核结果
1	平均电价	≥核定值	10	10
		<核定值	5	
2	供电单位固定成本	≤核定值	10	5
		>核定值 0～2 分/(千瓦・时)	5	
		≥核定值 2 分/(千瓦・时)以上	0	
3	每元固定资产原值的售电量	≥核定值	10	10
		<核定值	5	
4	三年及以上应收电热费余额占全部应收电热费额的比重	≤省公司平均值	10	10
		>省公司平均值	4	
5	总资产增长率	≥10	10	10
		5～10	6	
		0～5	3	
		<0	0	
	最高分值		50	45

资金　扬州供电局(公司)不断完善资金管理，保证资金安全，发挥资金效益。1991年，企业资金主要划分为固定资金、流动资金和专项资金3部分。固定资金和流动资金主要用于购置固定资产和流动资产，专项资金包含7项基金，即更新改造资金(即固改资金)，主要用于技改措施；大修理基金，来源于固定资产折旧计提，用于大修理费用；生产发展基金，来源于完成承包利润所得基数及超利润分成；职工福利基金，按企业工资总额计提，用于福利和医药费开支；业务扩充基金，来源于用户供、配电贴费，用于补助材料差价；代管农电资产维护基金，按代管农电资产原值计提；其他专用基金——代收地方附加费等。

1993年实行新会计制度后，废除了企业资金按固定、流动和专项资金划分法，建立了资本金核算体系，将原企业固定资金、流动资金和专项资金中的更新改造资金等，由作为国家投资而转为国家资本金，其他方面投资转作法人或个人资本金，企业提取的折旧不再冲减资本金而在流动负债中核算，可用作投资或参与生产资金周转。生产发展基金、后备基金、福利基金转入“盈余公积”核算，可用作补亏或转增资本。取消专项资金。大修理费用直接计入成本。全部资金集中在“银行存款”核算。

1994年5月，扬州供电局结算中心成立，属于扬州供电局的非独立核算机构。结算中心将扬州供电局主业、三电办公室（“计划用电、节约用电、安全用电”办公室）及集体企业56个账户、近12亿资金进行账户归集，在工商银行开设一个主账户，1994年7月1日正式运作。结算中心与工商银行合署办公，联行往来，主要承担扬州供电局所属全民、集体单位[含县（市）供电局]的各类资金结算、划拨业务，同时承担企业内部的资金融通业务，吸储放贷，并受理委托银行放款业务。结算中心集中了巨额资金，取得了明显效益，1998年上半年获得183.2万元的利息收入（正常活期利息已剔除)。

1998年，以资金管理为中心，执行省电力公司内部模拟市场管理办法，建立内部市场竞争机制。将利润预算分解到基层单位，实施分级归口管理。会同有关职能部门建立健全各种消耗定额、储备定额和费用开支定额，建立和完善各种计量、检测手段和原始记录。加强成本管理，修订成本管理办法，将各项费用分解到各个部门，与奖金挂钩，严格控制考核。进一步加强工程概预算和决算的管理，充分发挥资金运营效益，资金管理进一步规范化，杜绝对外拆借资金和对外担保，保证资金安全。

2002年，扬州供电公司为加强内部资金管理，提高申请资金的使用效率，同时节约资金划拨成本，制订《关于对现金流量申报的考核办法》，凡要发生业务支出的部门必须在手续齐全的前提下进行资金申报。财务部根据各部门填写的《现金流量申报表》安排现金流量，没有申报现金流量的业务不能保证配置资金，凡参加现金流量申报的各部门、生产单位以及各县级公司财务股均参加考核。

流动资金　企业流动资金来源主要是省电力局（公司）拨入经费。1991～2002年扬州供电局（公司）流动资金统计见表8-18。

电力建设投资　1991～2002年，扬州供电局（公司）电力建设投资总计233 130万元。其中拨款11 701万元，贷款190 894万元，债券2450万元，地方集资6164万元，自筹资金8918万元，贴费13 003万元。1991～2002年扬州电力建设投资情况见表8-19。

表 8-18 1991～2002 年扬州供电局(公司)流动资金统计

类别	项目	单位	年份(年)											
			1991	1992	1993	1994	1995	1996	1997	1998	1999	2000	2001	2002
部属企业	定额流动资金年末占用	万元	7972	12 133	24 215	37 487	41 236	47 042	37 478	47 616	64 802	56 952	71 943	93 099
	定额流动资金平均占用	万元	356	388	505	623	612	575	336	360	351	207	64	38
	定额流动资金周转天数	天	2.67	2.14	2.09	1.82	1.48	1.27	1.34	1.44	1.17	0.71	0.20	0.11
	每百元产值占用流动资金	元	601.49	538.35	358.62	329.65	360.37	346.85	240.19	188.86	166.20	185.29	160.49	140.85
	每百元生产费用占用流动资金	元	92.79	82.40	59.07	92.54	76.90	92.27	58.70	58.30	59.40	85.90	81.02	80.24
	每公里输电线路占用流动资金	元	1639.94	2442.03	4373.38	6331.65	7853.13	32 084.65	19 796.00	24 019.61	25 022.08	17 084.18	19 554.67	22 889.07
	国拨流动资金	万元	7972	12 133	24 215	37 487	41 236	47 042	37 478	47 616	64 802	56 952	71 943	93 099
省属企业	定额流动资金年末占用	万元	2859	2775	6342	11 940	11 737	18 481	14 612	15 120	11 320	15 321	11 683	20 650
	定额流动资金平均占用	万元	93	97	99	101	100	105	108	164	131	117	123	28
	定额流动资金周转天数	天	3.36	2.59	1.92	1.61	1.30	1.17	1.95	2.88	2.06	1.55	1.62	0.36
	每百元产值占用流动资金	元	348.12	486.79	294.12	189.39	236.12	174.80	136.86	135.90	202.65	176.88	234.64	137.62
	每百元生产费用占用流动资金	元	320.69	426.35	222.84	178.69	206.34	146.71	110.34	106.62	160.39	37.65	66.85	54.94
	每公里输电线路占用流动资金	元	1619.89	1537.70	3082.65	5501.55	5257.86	27 807.27	21 266.79	14 848.41	10 725.42	12 279.38	6588.81	11 179.61
	国拨流动资金	万元	2859	2775	6342	11 940	11 737	18 481	14 612	15 120	11 320	15 321	11 683	20 650

表 8-19　　1991～2002 年扬州电力建设投资情况　　单位：万元

年份	合计	拨款	贷款	债券	地方集资	自筹资金	贴费
1991	6037	0	2608	1000	2234	195	0
1992	2402	0	317	1450	230	405	0
1993	1409	0	0	0	0	1409	0
1994	420	0	30	0	0	390	0
1995	6528	4153	1875	0	0	500	0
1996	4850	940	1910	0	2000	0	0
1997	5000	0	5000	0	0	0	0
1998	6620	0	6620	0	0	0	0
1999	52 851	6608	41 543	0	1700	0	3000
2000	45 873	0	40 863	0	0	150	4860
2001	38 319	0	35 379	0	0	1437	1503
2002	62 821	0	54 749	0	0	4432	3640
合计	233 130	11 701	190 894	2450	6164	8918	13 003

预算　1995 年，扬州供电局开始推行预算管理，制订《扬州供电局财务预算管理办法》，成立各级预算管理委员会，规定了议事规则。1997 年，扬州供电局推行全面预算管理，预算管理委员会是本企业资金管理决策的最高机构，日常办事机构设在财务部门。预算管理的基本原则是量入为出，综合平衡，效益优先，保证重点，分级实施，权责明确，目标控制，防范风险。预算编制遵循“自上而下、自下而上、上下结合、分级编制、逐级汇总”的程序进行。预算编制主要依据江苏省电力公司关于预算编制的总体原则和要求，结合本企业生产经营活动进行安排。财务部门以目标利润为中心，编制供售电量、线损、平均电价、税金、成本等年度预算，每季度进行分析考核，确保完成年度预算目标。编制年度现金预算，与工程预算、物资采购预算等相结合，提高现金预算编制质量。

利润预算编制按照分工，电力营销部门负责提供预算期售电结构预算资料；生产部门负责提供预算期检修计划及物质消耗定额等预算资料；劳资部门归口负责提供预算期挂钩工资基数及预计增长、劳动工资分配计划、劳动保护标准、劳动保险费用收支标准、职工教育培训计划及费用标准等预算资料；物资部门提供预算期材料采购、耗用预算资料；计划部门负责提供预算期发、供电等生产技术经济指标预算资料；各生产单位负责汇总审核各班组上报的预算期生产检修耗用定额及费用预算；财务部门负责提供成本、财务费用、营业外收支、投资收益、税金等其他预算资料共同进行编制。

从 2000 年开始，扬州供电局（公司）每年都编制年度预算编制方案，所有职能部门及相关岗位的人员都参与预算编报工作，突出群众性、真实性、可操作性，并做到各项预算资金在部门初审后最终由预算管理委员会集体讨论决定，按照当年制订的《预算管理实施细则》，对预算资金在年度执行过程中实行定期分析、监控、考核，对确需增加的临时费用项目，必须报领导批准后列入预算调整范围，在预算调整会议上解决。2002 年，扬州供电公司对各单位预算管理工作进行了专项检查。

二、成本与利税

成本　扬州供电局（公司）成本由购电成本与供电成本组成。企业成本随购电成本的增减而变化，供电成本通过核算、加强管理、降低消耗实现降低成本。2000 年，为加强企业的成本管理，统一成本核算方法，正确划分输电、配电成本，制订了《扬州供电局成本核算实施方案》。

利税　从 1993 年起，江苏省电力局对所属供电企业实行目标利润管理，每年下达指令性目标利润指标，对成本支出严格考核。扬州供电局完成资产经营考核指标的税后利润，按照超额完成利润扣除 33%后的 5%公益金和 10%的公积金进行分配。1991～2002 年扬州供电局（公司）成本结构见表 8－20。1991～2002 年扬州供电局（公司）部属企业实现利润及上交利税统计见表 8－21。1991～2002 年扬州供电局（公司）省属企业实现利润及上交利税统计见表 8－22。

三、电费与电价

江苏电价管理实行“统一领导、分级管理”的原则，按中央和省政府划分不同类型的电价进行管理。省电力公司电价结算办法是计划上网电量按国家和省物价部门核定的上网电价核算，市场采购电量按市场价格结算。省统一销售电价由国家物价主管部门核批。省级电网平均销售电价由上网电价加供电环节成本、费用、损耗、利润和税金构成，同时还包括国家征收的基金和城市建设附加费（电价组成和演变情况详见第五章《用电》第三节第三目《电价、电费》）。扬州供电局财务科配合用电管理部门执行国家的电价、电费政策，保证电费回收上缴。

1993 年 7 月改革电价政策，执行新的目录电价。当年财务科配合用电科及有关单位与地方政府商谈新电价实施方案，派专门人员帮助扬州市区供电所清理拖欠的电费，督促县（市）供电局回收 1976 年之前的陈欠电费，数额达 1100 余万元。为完成省电力局自 1992 年开始实行的目标利润指标考核（涉及供售电量、电价、电费、线损、成本等），实现目标利润增长，财务部门将目标利润作为每年最重要的一项工作，制订实施方案并落实基层考核指标，着重抓平均电价增长，如严格划分居民电价与非居民照明电价、农电承包中的分配比例、力率考核等，促使平均电价合理增长。1998 年江苏省政府办公厅转发省物价局等部门关于整顿电价秩序坚决制止乱加价乱收费行为的通知印发后，原由地方三电办公室收取的地方综合差价改由供电局收取，供电局财务部门按省物价局批准的上网电价直接与集资电厂结算，地方小火电差价根据地方物价部门核定的标准与地方小火电厂结算。1999 年 6 月，省电力公司在南京召开电费回收会议，加大电费回收的力度，财务部门配合电力营销部门制订电费回收方案，确保完成“030”目标（当年电费结零，往年电费回收 30%）。2002 年底省电力公司决定电费资金从 2003 年起在中国建设银行江苏省分行实行统一账户管理。扬州供电公司电力营销部和财务部按照《江苏省电力公司统一电费账户实施办法（试行）》规定，将原电费账户全部清理，建立新的统一电费账户，2003 年 1 月份开始电费汇入新账户。

表 8-20　　1991～2002 年扬州供电局(公司)成本结构

类别	年份	总成本(万元)	单位成本[元/(兆瓦·时)]	成本结构比重(%)									其中	
				燃料	购入电力费	水费	材料	工资	基本折旧	大修理费	其他	合计	变动成本(%)	固定成本(%)
部属企业	1991	7398	20.83	0	41.17	0	3.49	10.76	23.78	9.12	11.68	100.00	41.17	58.83
	1992	9998	24.63	0	41.94	0	2.98	11.38	20.97	7.60	15.12	100.00	41.94	58.06
	1993	14 303	32.08	0	35.75	0	3.06	13.04	18.72	11.50	17.93	100.00	35.75	64.25
	1994	34 692	68.24	0	51.77	0	4.12	9.70	12.50	7.51	14.40	100.00	51.77	48.23
	1995	31 710	56.38	0	43.86	0	2.22	15.97	17.08	6.86	14.02	100.00	43.86	56.14
	1996	43 404	76.27	0	48.37	0	2.11	13.55	14.62	7.14	14.21	100.00	48.37	51.63
	1997	21 999	71.51	0	30.01	0	5.10	18.59	20.23	6.91	19.16	100.00	30.01	69.99
	1998	27 758	94.05	0	40.91	0	3.42	13.19	18.42	6.48	17.58	100.00	40.91	59.09
	1999	38 493	124.46	0	47.46	0	2.85	11.96	16.75	7.04	13.94	100.00	47.46	52.54
	2000	48 924	190.43	0	41.36	0	9.65	8.83	17.21	8.98	13.98	100.00	41.36	58.64
	2001	58 289	210.95	0	46.28	0	2.59	8.26	21.00	7.50	14.37	100.00	46.28	53.72
	2002	74 704	247.90	0	33.90	0	4.37	6.45	20.57	14.30	20.39	100.00	33.90	66.10
省属企业	1991	9167.52	134.25	0	87.18	0	0.80	3.88	3.50	1.76	2.88	100.00	87.18	12.82
	1992	11 833.00	156.62	0	84.95	0	0.79	4.82	4.12	1.50	3.83	100.00	84.95	15.05
	1993	14 131.00	166.41	0	83.21	0	0.99	5.80	3.18	0.23	6.59	100.00	83.21	16.79
	1994	21 336.00	228.49	0	81.52	0	1.63	4.78	3.33	2.08	6.66	100.00	81.52	18.48
	1995	24 217.00	231.49	0	80.25	0	0.78	5.85	3.76	2.66	6.70	100.00	80.25	19.75
	1996	27 213.00	238.06	0	78.62	0	0.91	6.88	4.36	2.29	6.95	100.00	78.62	21.38
	1997	16 124.00	242.54	0	76.22	0	1.46	6.07	6.10	2.91	7.24	100.00	76.22	23.78
	1998	16 122.00	244.87	0	75.33	0	1.49	5.57	7.12	2.82	7.67	100.00	75.33	24.67
	1999	18 158.00	281.03	0	74.60	0	1.56	6.53	8.24	2.86	6.21	100.00	74.60	25.40
	2000	5768.00	87.55	0	0	0	13.78	20.80	34.71	8.08	22.62	100.00	0.00	100.00
	2001	7810.00	116.54	0	0	0	8.55	18.50	37.34	13.00	22.61	100.00	0.00	100.00
	2002	11 346.00	145.46	0	0	0	7.50	12.90	33.09	23.89	22.62	100.00	0.00	100.00

表 8-21　　1991～2002 年扬州供电局(公司)部属企业实现利润及上交利税统计　　单位：万元

指标名称	1991 年	1992 年	1993 年	1994 年	1995 年	1996 年	1997 年	1998 年	1999 年	2000 年	2001 年	2002 年
产品销售收入	47 952	65 321	86 839	123 578	148 600	163 167	90 018	89 929	107 699	105 529	115 465	131 131
产品销售税金	3998	5522	7413	754	438	490	270	274	338	421	462	525
产品销售成本	7398	9998	14 304	34 692	31 711	43 405	22 000	27 758	38 493	48 924	58 290	74 704
产品销售利润	36 482	49 697	65 122	88 131	116 451	119 273	67 748	61 897	68 868	56 184	56 713	55 902
其他销售利润	7	39	44	22	225	39	30	38	86	21	27	64
营业外收支净额	−356	−357	−281	147	687	551	205	0	−3012	−7017	−29	−65
利润总额	36 131	49 399	65 506	88 365	118 850	121 114	68 103	62 524	65 823	47 171	53 044	53 939
上交利润	36 131	49 399	65 506	88 365	118 850	121 114	68 103	62 524	65 823	47 171	53 044	53 939
年末应收电、热费	1396	1868	2879	1819	0	0	7497	8084	9063	4918	4413	3799
其中农电欠费	1334	1334	0	0	0	0	0	0	0	0	0	0
资金利润率(%)	100.45	103.78	84.58	81.43	93.58	74.91	61.11	48.33	39.32	22.08	20.95	17.76

表 8-22　　1991～2002 年扬州供电局(公司)省属企业实现利润及上交利税统计　　单位：万元

指标名称	1991 年	1992 年	1993 年	1994 年	1995 年	1996 年	1997 年	1998 年	1999 年	2000 年	2001 年	2002 年
产品销售收入	9951	13 511	18 653	22 613	27 714	32 304	19 998	20 549	22 941	27 099	27 412	28 417
产品销售税金	939	1392	1934	151	87	101	66	68	82	119	121	125
产品销售成本	9168	11 834	14 132	21 336	24 218	27 112	16 124	16 121	18 158	5768	7810	11 346
产品销售利润	−173	260	2587	1127	3409	5091	3808	4360	4701	21 212	19 481	16 946
其他销售利润	3	6	4	31	6	57	14	15	25	3	3	46
营业外收支净额	−867	−152	−78	−74	34	−43	−18	−11	−1007	−2255	−6	−39
利润总额	−1036	113	2546	1215	3415	5507	4081	4543	3753	18 498	18 430	16 285
上交利润	−1036	113	2546	1215	3415	5507	4081	4543	3753	18 498	18 430	16 285
年末应收电、热费	0	415	418	0	0	0	1762	398	1527	1817	675	687
其中农电欠费	0	15	0	0	0	0	0	0	0	0	0	0
资金利润率(%)	−8.07	0.88	19.83	5.38	12.93	14.72	14.45	15.12	11.54	43.52	33.76	24.46

第七节 内部审计

扬州供电局（公司）于1988年设置审计科，配备人员3人。1993年撤销审计科，成立财务审计科，配备审计人员3人。1996年成立财务科，配备审计人员3人。2000年成立审计部，配备人员5人，2002年配备人员7人。审计科（部）负责对本单位主业和集体企业实施审计监督。县（市）供电局（公司）配备专（兼）职审计员，负责对本单位及所属集体企业实施审计监督。内部审计以促进企业依法经营、提高企业经济效益为目标，依法检查监督会计账目及其相关资产，防范风险。审计工作为企业开源节流、发挥资金规模效益、提高经营管理水平、维护财经纪律、促进廉政建设等发挥作用。

一、审计制度

扬州供电局（公司）以1995年1月1日实施的《中华人民共和国审计法》等法律法规为依据，先后印发《扬州供电局内部审计工作实施细则》、《扬州供电局工程项目审计实施细则》、《扬州供电公司审计成果运用管理办法》、《扬州供电公司审计业务委托社会审计暂行办法》、《扬州供电公司任期经济责任制审计实施细则》、《扬州供电公司内部审计工作规范》、《扬州供电公司大修理项目审计办法》等审计制度、工作标准。

随着电力体制改革，政企分开后，内部审计从账项检查和纠正违法违规事项，逐步转移到围绕企业经营目标和中心工作，以完善和转化企业经营机制为目标的内部控制检查与评价，重在改善和加强经营管理机制。

二、审计效益

扬州供电局（公司）审计工作项目有任期经济责任制审计、离任审计、资产经营责任审计、经济效益审计、建设工程审计、会计决算审计、财务收支审计、签证审计、内部控制制度审计、审计调查等。

1991年，国家审计署驻南京特派员办事处作出《关于对仪征市供电局有关问题的审计结论和决定》，对仪征供电局违反财经纪律私设“小金库”的错误作出处罚。扬州供电局对仪征供电局私设“小金库”做了进一步检查审计，共查出违纪金额55.238 8万元，“小金库”收入为344 381.21元。1998年，扬州供电局对扬州市区供电所与郊区湾头电力管理站应收、应付电费账不符的问题进行专项审计，发现电费账差错300多万元。2001年核减农网改造工程款52.21万元，2002年核减农网改造工程款123.78万元。截止2002年上半年，扬州供电公司城网改造项目全部审计结束，35千伏及以上项目全部进行竣工决算审计，出具了竣工决算审计报告；10千伏及以下项目工程结算实行全面审计，审计率100%，并按年度项目进行竣工决算审计，出具竣工决算审计报告；共审计3年的城网工程结算418份，审计金额6.6亿元，审计审签共核减金额6231.5万元。1997～2002年，扬州供电局（公司）共审计174项，签证审计2189项，提出审计建议201条。1997～2002年扬州供电局（公司）审计汇总情况见表8－23。

表 8-23　　1997～2002年扬州供电局（公司）审计汇总情况　　单位：项

年份	项目总数	其中							签证审计	审计建议（条）	审计建议采纳率（%）	违规处理（万元）	促进增收节支（万元）
		其他项目审计	审计调查	任期经济责任审计	资产经营责任审计	经济效益审计	内控制度审计	工程审计					
1997	28	13	2	5	0	0	0	8	110	0	—	16	397.57
1998	54	16	1	0	0	0	0	37	57	0	—	1.65	325.87
1999	19	14	0	0	0	0	0	5	193	42	100	3.66	699.7
2000	20	12	0	2	0	0	0	6	429	53	100	164.8	1634.86
2001	17	1	0	5	6	2	0	3	517	50	100	61.03	1624.09
2002	36	2	2	0	4	9	2	17	883	56	100	66.55	7392.5
合计	174	58	5	12	10	11	2	76	2189	201	100	313.69	12 074.59

扬州供电公司根据《国有企业及国有控股企业领导人员任期经济责任审计暂行规定》及其实施细则，对县（市）供电公司、所属多经企业公司（含分公司）主要负责人或法定代表人任职期间经营管理职责履行情况实施审计，主要负责人在任期届满、调（离）任、解聘、免职前以及任职期间所在单位进行资产重组、破产清算等重大变动时，都进行任期经济责任审计，审计结果进入个人档案，作为考核、任用、奖惩的重要依据。2001年，对广源电气有限公司、华源电气有限公司2个多经企业进行经济效益审计，对广源电脑有限公司、广源汽修厂、省电通公司扬州分公司、广源电力物资分公司、兴源电力技术经贸有限公司、广源用电工程公司6个多经企业进行资产经营责任审计，共查出违规金额61.03万元，提出审计意见12条，审计建议23条。

第八节　招 投 标 管 理

扬州供电局1998年3月2日成立电力设备招投标领导小组并设立办公室，办公室设在电力器材公司，招投标项目首先是设备材料采购。2000年9月29日，扬州供电局建立电力设备招标评标专家库。扬州供电公司于2002年1月15日成立招投标管理部，人员编制4人，是省电力公司招投标工作的二级管理机构，对凡是公司对外出资、有选择权的建设工程、采购项目统一纳入招投标管理。扬州供电公司对县（市）供电公司的招投标工作实行统一归口管理。2002年2月4日成立招投标领导小组，当年3月27日人员调整，由公司总经理担任组长，纪委书记、总工程师担任副组长。

一、制度建设

1995年8月15日，省政府发布施行《江苏省建设工程招标投标管理办法》，规定“凡本省行政区域内的各类新建、改建、扩建和技术改造工程项目（除属抢险救灾的；投资总额低于人民币50万元的；法律、法规规定的情形外），都必须按照本办法进行招标投标”。规定“建设工程招标投标应当公开条件，坚持公正合法、诚实信用、平等竞争的原则，不受地区、部门和所有制性质的限制”。“国家有关部门对招标投标有某些特殊性专业性规定的，从其规定，并同时按照本办法接受建设行政主管部门的统一归口管理和监督”。当年，电力部先后制订《电力工程施工招标投标管理规定（暂行）》、《电力工程设计招标投标管理规定（暂行）》和《电力工程设备招标投标管理办法》，1996年7月和1997年2月又先后印发《电力工程材料招标投标管理办法》和《电力工业利用外资电力项目设备国际采购暂行办法》，1997年10月印发《电力工程建设招标文件范本（试行）》，规范招投标行为，提高招投标管理水平。

1997年11月10日，省建委批复同意省电力局成立江苏省建设工程电力招标投标办公室（简称省电力招投标办公室），具体负责按照江苏省招标投标的统一管理规定，对江苏境内电力建设工程项目招标文件制订、投标单位选择、评标办法制订、评标活动和定标结果确认、合同签署等方面组织指导管理和检查。江苏境内电力建设工程项目报建、招标申请书、评标定标办法及标底审定、中标通知书签发、合同审查，仍由省建设工程招标投标办公室负责办理；省电力局可以将本系统内的工程项目按年度计划汇总后，在填报招标申请书前，统一向省建设工程招标投标办公室办理报建手续，招标申请书、招标文件、中标通知书在签发之前，由省电力局盖章确认。政企分开后，省电力公司于2001年4月30日成立招投标管理中心，归口负责公司系统的招投标管理工作，12月17日印发《招投标管理暂行办法》、《物资招投标管理实施细则（试行）》和《工程招投标管理实施细则（试行）》。

扬州供电公司执行省电力公司有关招投标管理的规定，接受省电力公司招投标管理中心的指导、监督和检查，负责制订本单位招投标管理的各项标准、程序、办法、实施细则等，对本单位管理范围内的招投标工作实行管理。1997年，扬州供电局印发《关于贯彻省局〈关于加强经营管理，规范经济行为的暂行规定〉实施意见的通知》，把设备招投标制引入物资采购，规定凡合同估价在50万元人民币及以上的设备，采取分级招投标，220千伏及以上输变电工程设备及装置性材料必须由省电力公司统一组织招投标，110千伏及以下输变电工程主要设备由扬州供电局统一组织招议标，扬州供电局本部生产维修、技改、重措等方面设备的采购，参照上述规定执行。2001年10月23日印发《关于进一步规范招投标工作的通知》，规定扬州供电公司和各县（市）供电公司的招投标必须事先通知监察部派员参加，并填写“监察部参与公司招标项目登记台账”，招投标工作结束后由监察部整理归档。

2002年6月18日，扬州供电公司印发《扬州供电公司招投标管理暂行办法》、《扬州供电公司物资招投标管理实施细则》、《扬州供电公司工程建设项目招投标管理实施细则》，规定必须招投标的范围为单项合同估价在50万元人民币及以上的工程建设项目和资金额度在30万元人民币及以上的物资采购。省电力公司直接组织招投标的范围为单项合同估价在50万元人民币及以上的工程建设项目，列入《江苏省电力公司物资集中招标采购管理目录》（简称“目录”）范围的物资采购，“目录”范围外资金额度在500万元及以上的物资采购和省电力公司适宜招投标的金融、保险、软件、咨询、企业文化建设等各类服务项目的选择和采购。扬州供电公司组织招投标的范围为单项合同估价在50万元人民币以下的工程建设项目，“目录”范围外资金额度在500万元及以下的物资采购，扬州供电公司管理范围内适宜招投标的软件、咨询、企业文化建设等各类服务项目的选择和采购。在省电力公司委托范围内，但不适宜进行招投标的各种项目，由扬州供电公司招投标管理部负责报经本公司领导批准后执行。规定物资招标程序依次为招标申请、招标申请的审查、资格预审、招标文件、发标、投标截至、开标评标、定标、项目管理单位按照合同管理规定与中标人进行合同谈判、签订合同。规定工程建设项目邀请招标的程序依次为报建登记、招标申请、潜在投标人确定、招标文件、开标评标、定标、招投标管理部监督项目管理单位与中标人进行合同谈判、签订合同并履行工程建设项目合同。任何单位和部门不得将必须进行招投标的项目化整为零，或者以其他任何方式规避招投标。

二、招投标工作

1996年，新建110千伏琼花变电所工程是扬州供电局第一个通过报建和招标确定施工单位的项目。1997年，新开工的江都110千伏富民变电所和邗江110千伏杭集变电所工程，都是采取报建和土建施工招标。此后扬州供电局所有新开工的大中型基建工程项目都进行报建和招标，工程报建率和招标率均达到100％。土建施工由基建部门组织上报有关文件资料，由省招办或扬州市招办组织招标。1997年，配合省电力局招标设备项目有220千伏大桥变电所、横沟变电所、真州变电所（扩建工程）的主变压器，220千伏和110千伏六氟化硫断路器、隔离开关、电流互感器、氧化锌避雷器，35千伏固定式金属开关柜。1998年，扬州供电局通过招标，设备款的第一报价与最后中标价差价900多万元。2000年共组织设备、材料招标15次，总标的额6480.58万元，与最高投标价相比下降10％（513.84万元）。2001年共组织设备、材料招标30次，招标金额6710万元。

扬州供电公司招投标管理部2002年1月成立到2002年底共完成68个项目的招标，其中工程类招标率100％，项目9个，中标金额612.6万元，比估算金额下降38.99万元，下降率6.36％；物资类招标率95.83％，项目52个，中标总金额8852.4731万元，比最高报价降低1363.0169万元，下降率15.4％；无具体招标数量的常用材料，招标项目3个，平均比国家“红本价”（普通标准件行业在我国南方大部分执行的一个基准计算价）下浮29.5％；服务类项目4个，招标金额570.991万元，比估算价下降77.763万元，下降率13.62％。

第九节 法律事务管理

扬州供电局1997年以前没有法律事务机构，只是聘请律师事务所律师为常年法律顾问，遇有法律事务，由聘请的律师代为处理。随着国家法制建设的推进和电力体制改革的深入，企业依法治企、依法维护自身利益的问题日益突出，扬州供电局于1997年设置法律事务办公室。2001年公司制改革后，设立法律事务部。各县（市）供电局（公司）设专职（兼职）法制岗位。法律事务部门主要承担企业的合同管理、诉讼与非诉讼案件管理、工商营业执照及企业代码等证照管理、法制宣传教育等。2002年，建立了统一规范的基础台账资料。

一、依法管理

扬州供电局1997年6月9日设置法制办公室，与局办公室合署办公。全局1997年有171名行政执法人员和监督管理人员通过江苏省人民政府执法证件1997年注册，具备合法的执法主体。1998年1月，各县（市）供电局、扬州市区供电所设置兼职法制岗位，行政办公室兼管法制工作，明确法制工作岗位主要职责，归口管理本单位重要规章制度的起草和修改或废止，承担电力行政执法的监督检查，管理本单位的经济合同并监督经济合同的履行，办理与本单位经营管理活动有关的法律事务，依法维护企业自身权益。2001年机构改革，法制办公室更名为法律事务部，与总经理工作部合署办公。2002年7月24日与总经理工作部分开办公，法律事务部共有4人。扬州供电公司共有法制工作人员16人。

1991～2002年，扬州供电局（公司）主要以开展普法活动为载体，加强电力法制宣传教育，把普法宣传教育与依法治企工作列入局（公司）两个文明建设的重要内容，制订普法规划和年度计划，组织职工学习国家一般法律法规、经济法律法规、专业法律法规和企业管理制度，并考试。领导干部是普法教育的重要对象。

扬州供电局1991～1995年开展的“二五”普法活动，以普及《中华人民共和国宪法》和电力法规为重点，同时学习《行政拆讼法》、《公司法》、《赔偿法》、《劳动法》、《电力保护条例》和《电网调度管理条例》等法律法规。在1996～2000年开展的“三五”普法活动中，扬州供电局以学习、宣传电力法规、工商法规、行政法规、新合同法和会计法为重点，并突出对骨干力量的培养，提高法制队伍骨干的业务素质。2001年，扬州供电公司启动“四五”普法活动，并从2001年起，将每年10月份定为公司的法制活动月，通过活动推动公司的法制化管理。

二、依法经营

合同事务管理。扬州供电局1997年印发《关于贯彻省局〈关于加强经营管理，规范经济行为的暂行规定〉实施意见的通知》，明确经济合同办理程序。1998年印发《扬州供电局经济合同管理办法》。2000年，根据《中华人民共和国合同法》和《江苏省电力公司合同管理办法》，制订《扬州供电局合同管理办法》，规定企业合同管理在企业法定代表人的领导下实行分级管理，实行合同授权委托管理制度、承办人制度、审核会签制度、合同台账和统计报表制度等。扬州供电局为企业合同的一级管理单位，由法制部门对各类合同实施归口管理，各县（市）供电局和局本部业务承办部门为企业合同二级管理单位（部门）。承办部门配备专（兼）职合同管理员。法制部门的主要工作为建立健全本单位的合同管理制度，管理本单位营业执照，经法定代表人同意，办理法定代表人身份证明书和法定代表人授权委托书，参与本单位重要合同的谈判，监督本单位及下级单位的合同依法签订和履行，参与本单位合同纠纷的调解和处理，负责本单位合同纠纷的仲裁或诉讼活动，负责办理外聘律师工作，负责合同承办人员的培训及合同承办人资格证的发放，对违反合同管理办法的单位、部门或有关责任人员提出处理意见等。一级合同管理单位管理的合同范围为标的额在100万元以下的合同，租赁物原值100万元以下，租赁期不超过3年的资产租赁合同，非省电力公司管理的其他合同，省电力公司授权管理的合同；二级合同管理单位（部门）管理的合同范围为标的额在30万元以下合同，租赁物原值30万元以下，租赁期不超过1年的资产租赁合同，非上级单位管理的合同。

2000年以前，扬州供电局的合同和协议，以物资供应和工程建设内容为主，根据《扬州供电局经济合同管理办法》签订，由主办部门自行管理。2000年起，由法制部门对各类合同实施归口管理。2000～2002年，扬州供电公司法律事务部审核的各类合同共1469份，未发生重大失误或合同纠纷。

诉讼和非诉讼案件。扬州供电局1997年设置法制办公室以前，案件管理列入保卫工作范围。政企分开后，扬州供电公司案件涉法事务管理由法律事务部归口，相关部门配合，分工负责，统一按照法律、法规和相关规章制度处理。2001年扬州供电公司发生诉讼案件14起（民事赔偿4起，民事抗诉1起，合同纠纷4起，排除妨碍2起，人身伤害赔偿3起），当年结案10起，胜诉率70%，非诉讼案件2起。2002年发生诉讼案件9起（民事赔偿3起，民事案件1起，合同纠纷3起，电力建设与相邻权纠纷2起），当年处理12起（2002年9起及上年度未处理结案3起）。

案例。220千伏真王线90号杆位于扬州市邗江区杨庙镇友谊村境内，由于当地人制砖取土，危及真王线90号杆基。1999年7月，线路运行单位一扬州供电局线路工区决定砌护坡保护杆基，遭到当地少数农民无理阻拦，当地政府、公安机关多次调解未果，使工程拖了1年多。2001年扬州供电公司向法院起诉杨庙乡友谊村3位带头闹事的农民，并请求法院先予执行。法院于2001年9月20日到施工现场强制执行施工，使拖延1年多的工程得以完工，保证了电力设施安全运行。

第十节 物 资 供 应 管 理

1991年以后，物资供应方式变化，物资供应渠道由原来单一的国家分配转变为多渠道供应，实现由计划经济向市场经济的过渡。扬州供电局物资供应仍实行电力行业归口管理，主渠道（部、省定点厂）供货，保证质量，实行计划目标管理、招标采购、物资配送、统一仓储管理，确保电力生产、基建等物资供应。管理方法先后采用ABC分类法、价值工程、目标管理、全面质量管理、PDCA循环法、经济活动分析法、预测技术等管理方法，用于物资计划、采购、仓储、资金管理及定额管理。

一、体制

扬州供电局成立后就设有材料供应科，负责全局物资供应工作。1991年物资供应科有33人（其中大运河仓库11人）。1992年12月成立扬州广源电力器材公司（隶属扬州广源实业总公司），与物资供应科一套班子，两块牌子。1994年6月，电力物资门市部开业，开始对外销售电力物资。1998年物资供应科改名为器材科，电力器材公司改名为扬州广源实业总公司电力物资公司。2001年11月成立物资管理部，与电力物资公司合署办公。物资管理部是扬州供电公司物资供应管理职能部门，负责归口管理扬州供电公司直属各单位以及各县（市）供电公司的物资供应管理工作，负责扬州供电公司生产、基建物资计划编制，并大宗物资、设备的招标、议标工作。2002年物资管理部（电力物资公司）有39人，下设综合管理部、计划经营部、物资配送部、物资仓储部。

二、物资管理

1992年，供应科供应钢材1463吨（其中县供电局494吨），水泥4164吨，从仓库送货到工地525吨，当年6月10日通过省电力局物资达标验收，10个县（市）供电局也于当年通过扬州供电局组织的物资达标验收。1993年，物资价格全面放开，基本上没有国家统配的三大材（木材、钢材、水泥）等供应，仍实行电力行业归口管理，主渠道（部、省定点厂）供货，保证质量。1993年，供应钢材1450吨，水泥2120吨，导线103吨，木材80米^3，仓库送货到工地1500吨。当年，电力器材公司销售物资1700万元，实现利税300.8万元。1992年和1993年物资供应科（电力器材公司）6项经济指标完成实绩：库存资金710.8万元、924.63万元；物资周转51天、33天；三大材节约钢材为50吨、55吨，木材38米^3、44.85米^3，水泥439吨、199.3吨；废钢回收95.8吨（1992年）；积压物资处理6.07万元、9.23万元；钢材周转100天、85天。

1994年，供应科（电力器材公司）供应钢材460吨，水泥804吨，导线37.5吨，全年共采购252项，金额223.2万元，签订购货合同63份，金额1938万元，大修、固改、用户工程共耗材610万元，实现营业额1835.54万元（其中当年6月开业的电力物资门市部对外销售280.15万元），超过与广源总公司签订的承包营业额1700万元指标，实现利税314.55万元。电力物资门市部对外销售的产品质量有保证，销售向农村电力器材扩展，尽量送货上门，销售额占总销售额60%。大型设备材料如变压器、铁塔、导线等，直接由供货厂家送往工地，减少中转，实现增收节支。1995年供应科（电力器材公司）供应钢材1456吨，水泥2100吨，导线118.66吨，全年共采购291项，金额213.7万元，签订购货合同83份，金额4000万元，营业额1856.71万元（其中对外销售770万元），实现利润313.79万元。当年制订《扬州供电局电气产品进网管理办法》，划清分级管理的范围，220千伏及以上项目由扬州供电局负责，110千伏及以下项目由各县（市）供电局负责，进一步明确市、县两级供电局电力器材公司是本单位物资器材采购、供应的归口部门，负责办理管理范围内业务，杜绝多部门采购物资，杜绝不合格产品进入电网运行。

1997年扬州供电局器材公司首次参加省电力局组织的物资招标、议标会议，订购德国AEC公司生产的110千伏六氟化硫断路器12台。当年底按省电力局招、议标领导小组要求，对扬州第二发电厂配套输变电项目新建220千伏横沟、大桥变电所及扩建仪征真州变电所的主设备进行招标、评标，评议结果上报省电力局，选择供货厂家。当年扬州供电局器材公司供应基建工程钢材494吨，水泥1575吨，导线150吨，铁塔88基（743吨），钢管杆42支（210吨），钢绞线65吨，10千伏真空断路器57台、开关柜21台，高压瓷瓶7400只，实现营业额3158.8万元（其中对外销售568万元），利润173万元。当年7月建立物资管理专用网络，逐步在各县（市）供电局推广应用。1998年后，扬州供电局设备采购全面引入招、投标制，规定凡合同估价在50万元人民币及以上的设备，必须实行分级招、投标，220 千伏及以上输变电工程设备及装置性材料由省电力公司统一组织招投标，110 千伏及以下输变电工程主要设备以及扬州供电局本部生产维修、技改、重措等设备的采购由扬州供电局统一组织招、议标。扬州供电局器材科（电力物资公司）1998 年参加省电力局统一招标购进技改项目 6 台 110 千伏断路器，统一招标购进一点多址微波通信设备、城网改造项目中的配电变压器、电杆、导线、配电箱等，对小额设备实行比质比价采购。农网改造所需物资器材也全部按规定实行招标购置。

2000 年 2 月扬州供电局制订《物资配送管理办法》，物资公司成立物资配送中心，由计划核算组、配送组、仓库 3 部门组成，制订了物资配送工作流程：各生产单位或基建施工单位编制物资需求计划—主管部门审核、平衡并编制物资供应计划—物资公司向厂家发布招标信息—工程部组织招标、评标—物资公司根据评标结果与厂家签订供货合同并负责物资运输配送—生产单位或基建施工单位验货并办理到货手续。2000 年共配送物资 12 521万元，节省仓储中转等费用约 20 万元。

2001 年物资管理部（物资公司）实现营业额 8280 万元，利润 1040 万元。全年招标采购 30 次，金额 6710 万元，比质比价采购 48 次，金额 605 万元。2002 年扬州供电公司建立起物资集中招标、采购、配送的内部机构，成立物资销售分部，与县（市）供电公司物资部门构成较完善的营销网络，对物资实行统一归口管理。

省电力公司于 2001 年 10 月 15 日印发《江苏省电力公司物资采购管理办法（暂行）》和《江苏省电力物资集中招标采购管理目录（修订版）》。2002 年 7 月 23 日，扬州供电公司制订《扬州供电公司物资采购管理办法（暂行）》，同年根据省电力公司对物资采购实行统一归口、分级管理、授权委托的管理要求，制订《扬州供电公司物资招标采购管理目录（修订版）》。扬州供电公司本部各单位根据批准的工程项目编制生产维修、大修、技改、基建工程物资需用计划，经项目主管部门及财务部门审核，报物资管理部。县（市）供电公司根据“目录”范围编制本单位生产、基建、技改工程物资需求计划，按年、季、月报扬州供电公司物资管理部和项目管理部门。扬州供电公司物资管理部负责汇总各单位上报的物资需求计划，编制采购计划，会同项目管理部门审核，并经主管领导审批后，分别报省电力公司物资管理部和扬州供电公司招投标管理部组织招、投标，确定供货厂家，物资部门办理采购供应。“目录”范围以外的物资由各基层单位物资部门招标采购。所有物资采购均应签订物资购销合同并交由上一级物资管理部门加盖合同审核专用章。扬州供电公司审计、纪检监察、财务、法律事务等部门参与物资采购供应工作。扬州供电公司物资招标采购管理目录见表 8－24。

表 8－24　　扬州供电公司物资招标采购管理目录

序号	名　称	招标范围		备　注
		省电力公司	扬州供电公司	
1	电力变压器	10 千伏及以上		
2	GIS	110 千伏及以上		
3	COMPASS	110 千伏及以上		

续表

序号	名　称	招标范围		备　注
		省电力公司	扬州供电公司	
4	断路器	10千伏及以上		含10千伏柱上负荷开关、重合器
5	隔离开关	110千伏及以上	35千伏	
6	互感器	110千伏及以上	35千伏	含电容式电压互感器
7	避雷器	110千伏及以上	35千伏	
8	电力电容器及装置	35千伏及以上	10千伏	
9	高压开关柜	10千伏及以上		含环网开关柜
10	高压电瓷	220千伏及以上	110千伏及以下	含悬式绝缘子、合成绝缘子、支柱绝缘子
11	继电保护装置	10千伏及以上		含元件、线路保护、故障录波器
12	变电站综合自动化装置	110千伏及以上	35千伏	
13	交、直流电源屏		全部	含通信电源及电池
14	消弧线圈补偿装置		全部	
15	通信远动设备		全部	
16	电力电缆	10千伏及以上		
17	电缆附件	110千伏及以上	35千伏及以下	
18	控制电缆	500千伏变电站	220千伏及以上	
19	通信电缆与光缆	全部		
20	架空绝缘导线	10千伏及以上	10千伏以下	
21	钢芯铝绞线	10千伏及以上		
22	混凝土电杆		全部	含110千伏以上变电构支架
23	线路铁塔	220千伏及以上	其他	含钢管杆塔
24	变电钢构（支）架	220千伏及以上	110千伏及以下	含避雷针
25	线路电力金具	500千伏及以上	其他	含绝缘线及光缆等特殊金具
26	配网自动化设备	全部		
27	计算机及网络设备	全部		
28	电能表	全部		
29	电能表箱		全部	
30	工程车	全部		含带电作业车辆

续表

序号	名　称	招标范围		备　注
		省电力公司	扬州供电公司	
31	电梯	全部		
32	其他机电设备	全部		工程建筑
33	合金钢管	全部		
34	合金钢板	全部		
35	镀锌薄板	全部		
36	防锈铝卷板	全部		
37	稀土锌铝金合镀层钢绞线	全部		输变电工程用
38	镀锌钢绞线	全部		
39	各类钢材	全部		输变电工程及工程建筑用
40	铜排	全部		变电站用
41	铝排	全部		变电站用

扬州供电局（公司）事故备品配件由生产技术管理部门根据生产需要，列出事故备品配件清单，并列项，财务部门落实资金，物资管理部门负责备品的订货、加工和验收、保管、保养。执行省电力局制订的《供电事故备品管理办法》《配件供应管理办法》和《设备事故备品集中管理暂行办法》。2001 年，电压等级在 220 千伏及以上事故备品执行省电力公司制订的《备品配件管理办法（试行）》，实行资源共享。2002 年执行省电力公司制订的《备品配件集中管理规定》，全省电力物资系统备品配件管理全部改三级储备（省电力公司、企业、车间）为二级储备（省电力公司、车间），对 500 千伏系统设备备品配件实行集中存放，发挥资源优势。2002 年 11 月 15 日起，扬州供电公司启用省电力公司备品备件管理系统软件。

三、物资仓储

扬州供电局大运河仓库位于京杭运河东岸、扬州运河大桥向南约 1 千米处，建于 1974 年，占地总面积 6220 米^2，1977 年建码头、消防水塔、深井等设施，后几经扩建，1991 年仓库占地总面积 16 700 米^2，其中库房 2790 米^2，料棚 1930 米^2，库房有水泥仓库、有色金属仓库、化工（危险品）仓库、轻工仪表仓库、废品仓库以及仓库管理人员办公和生活场所，主要机具设备有 5 吨门式吊车 1 台，3 吨磨盘吊车 2 台，铲车 1 台，仓库管理人员 11 人。水路运输经大运河入长江，船只可停靠在仓库码头卸货，货物上岸后即为堆场、库房，不必中转，陆路运输有公路连接。1993 年以前，仓储物资采用 ABC 分类法（A 类是资金量大、品种少的重要物资、备品、机电产品；B 类是一般物资、五金、仪表；C 类是易购物资、非金属、油类等），根据各类物资在生产中使用和资金占有比重，将库存物资分为 A、B、C 三类。在资金安排上，首先保证 A 类与 B 类物资需要，其次为 C 类。1994 年推行定置管理，绘制定置图，规范物资的划区，分为待验收区、合格品区、待处理区，并挂上相应标识，建立健全各种资料记录台账（进货记录、计量检验记录及月报、计量检测校验周期记录、产品质保书、安全记录、安全活动记录、起重机械维护保养及检修计划记录、损耗记录及工具、器具、文件资料台账等），制订仓库管理、安全、消防、行车、铲车操作等规章制度，制订仓库主任、保管员、安全员、门卫等岗位职责。物资仓储工作要求做到“三无”（无差错、无事故、无霉烂变质）、“四符”（账、卡、物、资金相符）。

在计划经济时期，国家分配调拨给扬州供电局的三大材（钢材、木材、水泥）及其他大件物资如变压器、导线、电杆等大多数存放在大运河仓库，局下属各单位凭手续领取，是物资集散地。1991年后，大运河仓库主要存放局本部大件物资，包括工程回收的绝缘子、导线等废旧物资。局本部职工需领用或更换的工具如钢丝钳、板手等小件物品，存放在器材科小仓库，职工凭领料单领取。2002年扬州供电公司物资仓储总面积19 792米^2，其中库房3719米^2，料棚1591米^2，主要机具设备有5吨门式吊车2台，3吨铲车2台。截止2002年底，仓库无火灾记录为5122天。

第十一节　治　安　保　卫

扬州供电局1991年设有保卫科，20人（包括传达室门卫），县（市）供电局设保卫股或人保股，配置治安保卫专职人。1996年扬、泰两市分设之前全局共有治安保卫专职人员39人。1999年12月实施机构改革，撤销保卫科，设立保卫部（人武部），共7人，县（市）供电局配置保卫人员2～3人，全局共18人。2000年5月传达室门卫划归扬州鸿达电力工贸有限公司。2002年保卫部（人武部）共5人，县（市）供电公司设保卫专职1人。保卫科（保卫部）负责本企业治安综合治理、民事调解、防火防盗、电力设施保护等工作。

一、电力设施保护

电力设施保护组织与管理　1987年9月15日，国务院发布《电力设施保护条例》。1989年5月2日，扬州市成立以副市长为组长的保护电力设施领导小组。1989年6月20日，江苏省公安厅批复同意成立扬州市公安局护电民警办公室，同年9月25日正式建立。护电民警办公室与扬州供电局保卫科一个机构两块牌子，合署办公，对内是保卫科，对外是护电民警办公室。护电民警办公室下设秘书股、护电股、内保股，人员定编22名。护电民警办公室主要职责是负责辖区内电力设施保护，履行相应的公安保卫职能，查处盗窃、破坏电力设施的刑事案件，协助当地公安机关侦破重大案件。1999年，根据《省政府办公厅关于我省企业事业单位公安机构体制改革有关问题的通知》，撤销护电民警办公室。

在扬州市电力设施保护领导小组的领导下开展电力设施保护工作，管理上实行电力管理部门、公安部门、电力企业和群众相结合，属地管理、条块结合的方式。1995年以后，保卫科负责护线检查、监督、考核和护线费用的分配，群众护线由县（市）供电局与当地农村供电所（电力管理站）签订护线责任书，农村供电所（电力管理站）与当地护线员签订护线责任书，做到每条电力线路（含过境高压输电线路）都有人护线，同时开展多种形式保护电力设施的法制宣传，包括线路两侧防护区内不得建房、不得种植树、竹等高杆植物的宣传。扬州供电局（公司）及所属各县（市）供电局（公司）线路运行单位每年都要组织人员清障（线路通道内障碍物如树、竹等），尤其是500千伏、220千伏重要线路两侧防护区高大树木，对输电线路威胁很大，清障难度也较大，通过物质补偿与法制宣传，减少树线矛盾，同时将电力设施保护工作纳入供电企业年度指标考核内容，统一布置、检查、考核、评比，推进属地管理，保证过境线路安全。2002年扬州供电公司保卫部向线路防护区内违章建房的单位或个人发送违章通知书200余份，制止违章建房13处，向法院申诉强制拆除违章建房8处。2002年4月，220千伏蒋王变电所东侧3条110千伏线路下面和防护区大面积建房，多次劝阻制止无效，发生违章施工导致高压线路放电烧伤施工人员，在市政府直接干预下，邗江建设区管委会与扬州供电公司达成由区政府出资对线路改造、改造前停止施工的协议。

反窃电与打击防范盗窃、破坏电力设施行动 窃电查处详见第五章第三节用电管理。扬州市1991年发生盗窃、破坏电力设施案件4起，1995年发生4起，以后案件呈上升趋势，2000年发生16起，2002年发生52起。案件主要是以谋利为目的的盗窃电线、配电变压器，也少量发生过盗窃铁塔角铁、电杆金具等，案发于夜间或偏僻地区。1994年，扬州供电局印发《关于加强电力设施技防工作的通知》和《关于实施加装铁塔防盗螺丝的通知》，对全市输电铁塔6米以下全部换装防盗螺丝，对线路拉线也加装防盗螺丝，均起到较好的防盗作用。2001年下半年，全市范围推广实施配电变压器装防盗螺栓，或点焊法加固（将变压器与构架、面板与底座焊接），对新建、改建、扩建的电力工程，技术防范措施与工程项目同设计、同施工、同验收。扬州供电局直属配电工区对管辖的城郊结合部和邗江区农村3175台配电变压器进行防盗检查，对其中47台变压器加装和补装防盗螺栓，对75台季节性用电农灌变压器实施焊接加固，加装落地板线防盗护管2468根。2002年5月26日，仪征市新集镇紫竹村电灌站1台200千伏·安变压器被盗贼打开变压器顶盖，因变压器装了防盗螺栓，盗贼无法盗取铜芯。2002年7月3日，仪征市新城镇管胜村夏庄电灌站50千伏·安变压器被盗贼剪断高、低压线并拆除上盖螺丝，由于安装了防盗螺栓，上盖无法打开。2002年，扬州供电公司开始对无人值班变电所等重要场所安装视频监控系统，公司本部办公及生产场所视频监控系统和防火防盗系统进行了技术改造并将软件升级，运行稳定，完成县（市）供电公司监控系统技术方案的编制。

重大案例：1998年2～10月，家住仪征市古井乡的周某、徐某二人共同作案，共偷盗仪征、邗江等地电灌站内补偿器37台，1998年9月～1999年1月，二人采取爬电杆、剪断高压线、拆卸螺丝等手段，在仪征、邗江等地共偷盗配电变压器24台，卖铜芯获利，危害社会公益事业，公安机关和供电部门联合设捕，在旧货收购点将案犯抓获，2000年1月5日，扬州市中级人民法院作出判决，以破坏电力设备罪判处周某、徐某死刑，1月28日案犯伏法。2000年下半年起，安徽籍朱某、王某窜至江都市大桥、吴桥、花荡、宜陵、丁伙、麾村、砖桥等乡镇，夜间爬上电杆剪电线计18千米，盗窃配电变压器38台，取铜芯获利，致使数万用电户突然停电，2001 年 3 月 7 日，江都市警方接到废品回收场举报，称有外地人卖大块铜件，3 月 11 日夜间，案犯朱某在其暂住地被江都市宜陵镇公安人员抓获。2001 年 11 月～2002 年 3 月，全省开展打击盗窃、破坏电力设施及反窃电专项行动，扬州供电公司配合公安部门破获盗窃、破坏电力设施案件 92 起（其中省公安厅挂牌案件 1 起，市公安局挂牌案件 6 起），破获盗窃电能案件 1 起（省公安厅挂牌案件），摧毁犯罪团伙 4 个，抓获犯罪嫌疑人 19 人。

二、消防安全

消防组织与管理 扬州供电局（公司）防火安全贯彻执行“预防为主，防消结合”的方针，实行统一领导，分级管理。1991 年，防火安全委员会主任由分管生产副局长担任，保卫科长任副主任，委员由局属各部门主要负责人担任，保卫科设消防专职 1 人。局直属各生产单位均成立防火领导小组，设立义务消防队。1996 年扬、泰两市分设之前扬州供电局防火安全委员会有 16 人组成，二级防火组织为下属各单位，共 69 人，义务消防员由各单位生产班组安全员担任，共 55 人。1999 年末防火安全委员会有 22 人组成，二级防火组织 13 个，共 63 人，义务消防组织 7 个，共 82 人。每年消防投入资金约 4 万元。

消防设施实行分级管理，每季度检查一次，发现异常及时向消防专职人报告。消防专职人每年对消防器材检查鉴定 1～2 次，泡沫灭火器每年换药 1 次，其他类型的灭火器根据跑气情况或 3～5 年拿到专业维修单位维修充装，确保每个现场的消防器材始终处于良好状态。为普及消防知识，扬州供电局（公司）直属各单位每年都举行消防演练 3～4 次，并请扬州市消防队上门讲授消防常识，现场指导消防演练，使义务消防队达到能熟练使用消防器具。保卫科（部）不定期组织包括县（市）供电局（公司）参加的消防知识竞赛、消防演练。1991～2002 年，扬州供电局（公司）未发生火灾事故。

消防器材配置 1991～2002，扬州供电局（公司）本部共配置灭火器 1000 余只。生产办公场所配置手提式 MP6 型化学泡沫灭火器、手提式 MY4 型（3 型）1211 灭火器、MT2 型（3 型）二氧化碳灭火器、手提式 MFZ4 型（3 型）BC 干粉灭火器。局（公司）大院停车场、大运河仓库、黄金坝变压器油库配置推车式 MPT90 型化学泡沫灭火器、推车式 MFT35 型 BC 干粉灭火器、推车式 MYT25 型 1211 灭火器。各变电所配置推车式 MFT35 型 BC 干粉灭火器、推车式 MYT25 型 1211 灭火器。每辆汽车上配置 MY1 型（2 型）或 MFZ1 型（2 型）灭火器。宿舍区在 1991 年配置 MFZ4 型 BC 干粉灭火器 42 只，1998 年每个职工家庭配置 1 只 450 克 1211 灭火器。手提式化学泡沫灭火器 1994 年底以后停止使用，推车式化学泡沫灭火器 1996 年底以后停止使用，改用轻水泡沫或其他类型的灭火器。2000 年开始，新配置的干粉灭火器均为 ABC（MFZL3 型、4 型）干粉灭火器，对 BC 干粉灭火器逐步淘汰。1997 年，首次在 110 千伏琼花变电所采用自动报警装置和二氧化碳自动灭火系统。变电所电缆防火封堵从 1996 年初开始规范化，既能防小动物进入，又能防火。1999 年完成 35 千伏以上变电所以及调度所电缆防火封堵工作。2000 年，按照《江苏省电力公司电缆防火封堵工作标准》，对电缆防火封堵工作进行全面专项检查，对电缆防火封堵工作制订切实可行的工作计划和整改措施，进一步规范电缆防火封堵工作。

三、社会治安综合治理

扬州供电局（公司）归口扬州市广陵区社会治安综合治理办公室管理，是其成员单位，县（市）供电局（公司）归口当地社会治安综合治理部门管理。扬州供电局（公司）内部治安综合治理贯彻“预防为主、确保重点、依靠群众、综合治理”的工作方针，实行内部治安分级承包责任制，每年与扬州市社会治安综合治理委员会签订年度社会治安综合治理承包责任书，对内与各直属基层党支部签订责任书，并按照考核细则每年进行一次考核。2001 年扬州供电公司与 18 个基层单位签订《扬州供电公司内部治安综合治理承包责任书》，基层单位与 89 个班组签订责任书。2002 年，扬州供电公司形成由上而下的综合治理组织网络，社会治安综合治理列入年度工作目标和双文明建设内容，当年 9 月，开展“百日治安安全防范竞赛”活动。2002 年处理 27 起群体性事件（参与总人数 1000 多人·次，主要是农电体制改革中被辞退的农电工和村电工），以省政府农电体制改革政策为依据，协助各方妥善解决被辞退人员的待遇和经济补偿，化解矛盾，防止 2 起集体上访事件，社会治安综合治理工作列扬州市广陵区第一名。

重大案例：1996 年 11 月 3 日夜间，扬州供电局办公大楼 3 楼和 4 楼大部分办公室被盗贼撬门入室作案，共有 64 张办公桌抽屉被撬，被盗现金合计 18 940 元。

第十二节　综　合　管　理

扬州供电局（公司）办公室（总经理工作部）和后勤服务部门承担综合管理职能。综合管理包括公务文书、信访工作、档案管理、生活后勤和车辆管理（公务用车）等。综合管理工作贯穿于企业的各个部门，负责统筹、协调企业生产、建设、经营、管理、服务的各个环节，是企业事务工作和服务工作的中心。1991 年，扬州供电局办公室共 13 人（包括档案科 4 人，江苏电力报记者站 2 人），行政科共 52 人。1993 年实施三项制度配套改革，办公室共 16 人（撤销档案科，并入办公室），行政科成立生活服务公司，两块牌子一套班子，共 46 人。1997 年设置法制办公室，与局办公室合署办公。1999 年 5 月实行后勤体制改革，生活后勤系统与主业分离，生活服务中心并入新成立的鸿达电力工贸有限公司。2001 年 5 月，鸿达公司改名扬州广源物业管理有限公司。2001 年 11 月，扬州供电局办公室改名扬州供电公司总经理工作部。2002 年 7 月法制办公室与总经理工作部分开办公。2002 年末，总经理工作部（企业管理部、党委办公室）共 10 人，物业管理有限公司正式职工 72 人，临时用工 182 人。

一、公务文书

公务文书主要是公文管理。1991 年，扬州供电局办公室设专职文书管理员和打字员，负责文件的收文登记、传阅、归档，以及发文制作。公文为规范体式，具有法律效力，是传达贯彻国家方针政策、发布规章制度、请示和答复问题、安排生产和经营、报告情况和交流经验的重要工具。发文由发文单位、秘密等级、字号、签发人、标题、主送单位、抄送单位、正文、附件、印章、主题词、成文时间等部分组成；收文包括登记、签收、分发、传递、拟办、批办、承办、催办、立卷、归档等程序。公文为纸质文件，通过邮寄往来传递。各县（市）供电局办公室公务文书管理方式同市供电局。公文的性质，在2001年政企分开后，主要是传递电力系统企业信息和国家电力公司、省电力公司文件，不再兼具政府部门发布方针、政策、法规与制度等职能。

扬州供电局从1997年9月推广应用办公自动化（OA）系统，逐步实现通过计算机网络传输文件，除纸质文件外还需邮送电子公文，与省电力局和下属各单位实现联网，形成安全、准确、快捷的公文传输系统。收文管理提供了收文登录、拟办、批示、办理、流转、催办、督办、查询、统计、打印等功能；发文管理具有发文拟稿、审稿、会签、核稿、签发、发文登录、全文链接、电子邮送、查询、统计、打印等功能。1999年5月1日，扬州供电局机关办公自动化系统单轨制运行。1999年9月1日，办公自动化系统启用扬州供电局开发的工作计划和总结，通知，信息、简报、会议纪要，会议安排4种应用程序。2000年制订《扬州供电局办公自动化（OA）系统收发文管理办法》。2002年扬州供电公司OA系统收、发文处理流程如图8-5和图8-6所示。

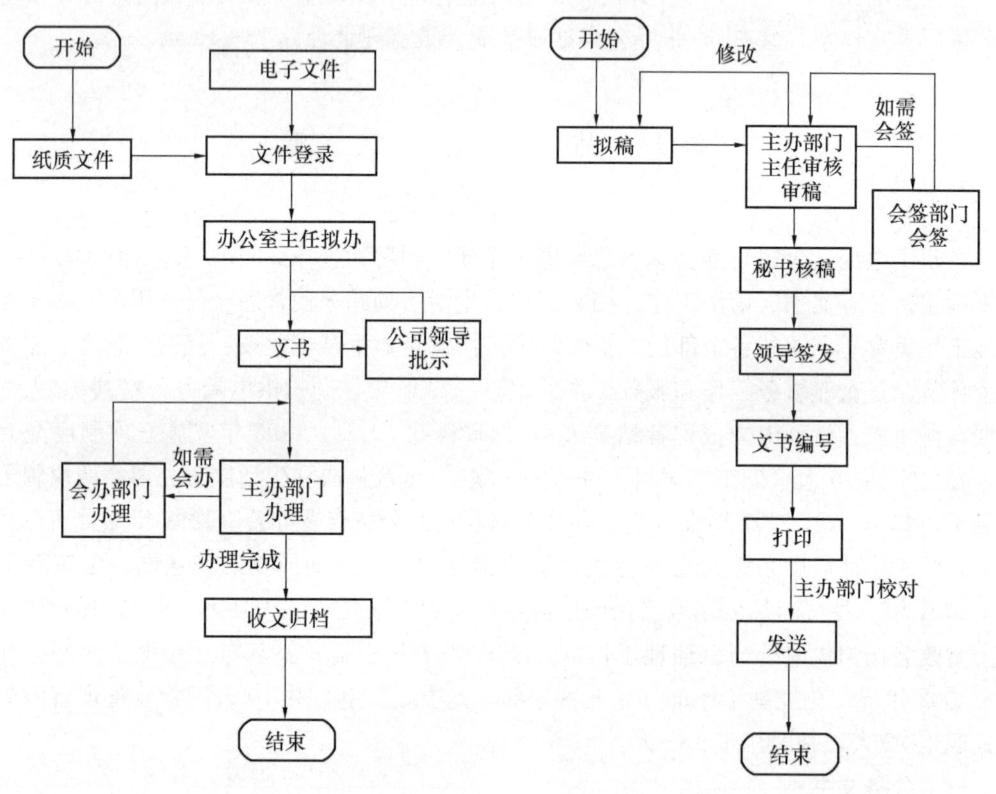

图8-5　2002年扬州供电公司OA系统收文处理流程

图8-6　2002年扬州供电公司OA系统发文处理流程

二、信访工作

扬州供电局（公司）办公室（总经理工作部）设一位秘书负责信访接待工作，负责来信来访登记、统计和信访处理报结、资料归档，兼管为民服务公开电话和受理市人大代表建议、政协委员提案工作。执行国务院和省政府《信访条例》，实行局长为第一责任人、由局长办公室主任直接领导的管理机制。信访工作的内容是妥善处理以来信、来人或电话方式向扬州供电局（公司）反映愿望、要求，或提出的申诉、控告、检举、批评、建议。扬州供电局1994年成立信访工作领导小组，建立信访工作网络。2000年制订《关于进一步加强信访工作的意见》、《扬州供电局信访管理办法》。2001年，扬州供电公司成立扬州市人大建议、政协提案办理领导小组，印发了《关于进一步加强信访工作的通知》，坚持“谁主管、谁负责，一级抓一级，一级对一级负责”、“预防为主，教育疏导，依法处理，防止激化”的工作原则，层层抓落实，同年推广使用信访软件。2002年制订《扬州供电公司本部受理接待人民群众来信来访归口分工管理暂行办法》，进一步明确公司本部各部室在信访工作中的职能及承担的责任，并在局域网建立总经理工作部网页，设立信访栏目，来信、登记、办理、办结、存档均在计算机上完成。2002年，收到人大建议9件，政协提案3件，办结率100%，满意、基本满意率98.5%。

三、档案管理

机构与设施 1991年，扬州供电局成立档案科，与局办公室合署办公，档案室在办公大楼一楼，库房面积210米^2，配置计算机2台，空调机1台，去湿机4台，复印机1台，档案管理专职人员4人，兼职人员共34人。全局［包括10个县（市）供电局］1991年有综合档案室11个，库房总面积824米^2，保存档案共48 576卷，档案管理专职人员共25人，兼职人员共135人。1993年实施三项制度配套改革，撤销档案科，并入局办公室。1995年底，扬州供电局本部档案室库房面积360米^2，配置计算机3台，空调机1台，去湿机4台，复印机1台，档案管理专职人员3人，兼职人员共39人。全局［包括10个县（市）供电局］综合档案室仍为11个，配置计算机共12台，库房总面积884米^2，档案管理专职人员共22人，兼职人员共188人，保存档案74 245卷、底图19 317张、蓝图42 438张、竣工图30 680张、录音或录像带402盒、照片12 903张，查阅档案共17 780人·次。2000年扬州供电局本部档案室库房面积400米^2，有档案柜12个，密集架43列，档案室配置计算机3台，空调机（分散式）5台，去湿机4台，复印机1台，档案管理专职人员2人。全局［包括5个县（市）供电局］综合档案室共6个，配置计算机7台，空调机14台，去湿机12台，复印机6台，刻录机1台，库房总面积1330米^2，档案管理专职人员共9人，兼职人员共123人，保存档案共64 808卷、底图10 900张、录音或录像带618盒、照片8940张，查阅档案共计12 100人·次。2001年3月邗江县供电局撤销，并入扬州供电局，原保存的邗江县供电局档案并入扬州供电局档案室。2003年扬州供电公司档案室搬迁至维扬路179号新办公大楼4楼。

分类立卷 扬州供电局档案推行标准化、规范化管理，除配备专职档案人员外，各部门还明确档案负责人并配备兼职档案员，负责档案收集、整理等。档案来源于生产、经营、基建、管理过程中形成的文字、报表、图册、声像等资料，经过档案室整理立卷而成。档案立卷按照上级主管部门各个时期分类规则，结合本局（公司）档案形成的特点，力求便于保管和提供利用。

1990年以前的分类编目方法：科技档案采用《华东电网供电单位科技档案分类大纲》分类方法和四段式隶属编目的方法；文书档案1984年之前实行按年度—问题分类方法，1984～1990年采用按年度—组织机构（结合问题）分类法和年度—小流水号编目方法；会计档案按照财政部、国家档案局颁发的《会计档案管理办法》的分类法，采用保管期限大流水号编目方法；声像实物档案采用年度—问题分类法和大流水号编目方法。1991～2002年档案分类编目方法有所改变，统称为企业档案，分类类号为0～9大类；照片档案为了保持图文一致，采用与0～9大类档案相一致的分类方法，采用一级类目；声像、实物档案均采用年度—问题分类和大流水编目方法。使用计算机管理档案目录从1991年开始，1992年开始应用办公自动化档案子系统软件，实现企业档案0～9大类分类、组卷和多种检索，进入局域网，实现网络档案资源信息共享，此后又编制了全引目录、案卷目录、卷内目录、专题目录、卷号、文号对照表、会计档案目录、声像档案目录、实物档案目录、全宗目录等十多种检索工具，用计算机进行档案检索。

扬州供电局档案室编制和续编的内部资料有《年鉴》《组织机构沿革》《工程简介》《大事记汇编》《生产运行情况汇编》《用电分析》《线损分析》《安全分析》《多种经营经济分析》《科技进步发展规划汇编》等18种，为企业生产经营提供资料性服务。

档案升级 1991年10月6日，扬州供电局本部档案管理获国家一级企业档案管理合格证，是江苏省供电系统首个获国家一级企业档案管理合格企业。1991年12月10日，档案科被能源部评为“档案工作先进集体”。1995年11月24日，扬州供电局被江苏省档案局和省计划与经济委员会授予“江苏省档案管理标兵企业”。1997年12月18日，扬州供电局本部档案管理通过企业档案管理国家一级复查认定。扬州供电局下属单位江都供电局1997年通过国家一级认定，仪征供电局通过国家二级认定。1998年6月15～17日，高邮、宝应、邗江供电局通过企业档案国家二级认定。到“九五”计划期末的2000年，扬州供电局有国家一级档案单位2个，国家二级档案单位4个。1991～2002年，扬州供电局（公司）本部档案室收存的科技档案共3015卷（永久1675卷，长期1143卷，短期197卷）。1991～2002年扬州供电局（公司）本部档案室文书档案情况见表8-25。

表8-25　1991～2002年扬州供电局（公司）本部档案室文书档案情况

年份	本年保存档案数（卷）			编研成果（种）	档案利用	
	永久	长期	短期		人·次	卷·次
1991	236	643	329	3	302	535
1992	284	815	540	3	310	1021
1993	327	953	726	4	395	
1994	360	1103	882	4	358	
1995	388	1251	1042	4	385	
1996	422	1403	1194	—	360	
1997	472	1613	1382	—	320	

续表

年份	本年保存档案数（卷）			编研成果（种）	档案利用	
	永久	长期	短期		人·次	卷·次
1998	496	1733	1493	—	423	
1999	542	1884	1654	—	380	
2000	576	2078	1827	—	450	
2001	612	2274	1989	—	600	808
2002	104（件）	2383（件）	463（件）	—	260	1343

注 1.2002年以件为保存单位。

2.不包括县（市）供电局（公司）。

四、生活后勤

（一）后勤机构设置

1991年，扬州供电局设有行政科，负责职工生活后勤工作。行政科共52人，下设职工食堂、托儿所、维修班、服务班4个班组以及行政管理组和卫生所。维修班有木工、水电工、瓦工、油漆工，负责办公、生产场所及职工家庭水、电、房屋维修。服务班有招待所、洗衣房、浴室。1992年底，行政科增设生活服务公司，两块牌子一套班子。生活后勤由原来的单纯服务型转变为服务经营型，对内承担局本部后勤服务工作，对外自主经营，自负盈亏。生活服务公司隶属广源实业总公司，每年与总公司签订经济承包协议，承担办公、生产场所及职工房屋维修管理，兼承包小型房屋建造工程。

1998年9月，扬州广源生活服务公司更名为扬州广源服务公司。1999年5月开始进行以主辅分离、减人增效为目标的后勤体制改革，将生活后勤与主业分离，服务公司并入新成立的鸿达电力工贸有限公司，以物业管理为主，为职工生活后勤服务职能不变。2001年5月，鸿达公司更名为扬州广源物业管理有限公司，当年4月获江苏省建设厅颁发的物业管理企业三级资质证书。至2002年，物业公司共有本企业职工72人，临时工182人，经营项目除生活后勤服务外，还有物业管理、印刷、浴室、瓶装纯净水及纸杯生产、建筑装潢、旅游服务等，经营主项是物业管理，接受业主（扬州供电公司）委托管理的办公及生产房屋总面积为132 883.75米^2。

（二）职工住房

1991～2002年，扬州供电局（公司）职工住房经历由福利分房到取消福利分房，按国家政策向职工出售公有住房的过程。职工住房资产由公有集体资产变为职工个人资产。

1991年，扬州供电局本部职工住房共622套，建筑总面积41 847.59米^2。1993年，省电力局下达扬州供电局小型基建职工宿舍4200米^2、资金85万元的计划，其中省电力局补贴 40 万元，其余由扬州供电局自筹，当年新分房 68 户，调剂房 35 户，解决青年职工结婚房 16 户。1996 年扬州供电局本部职工住房增至 711 套，建筑总面积46 580.85米^2。

1996 年 6 月 14 日，扬州供电局召开出售公有住房职工动员大会，根据国家公有住房出售有关政策，以及上级部门的文件要求，对公房出售宣布 8 条规定：①职工购房自愿，购或租由职工选择；②先审批、评估，后出售，未经审批评估的公房一律不得出售；③按省政府批准的住房价格出售，不得擅自降低价格；④统一售房折扣，不得另定标准；⑤统一付款办法；⑥明确产权；⑦搞好售后服务；⑧加强售房款管理，实行统一管理，专款专用。至 1996 年 8 月 20 日，扬州供电局本部有 293 户职工自愿递交了购房申请登记表。凡交纳购房款并办理购房手续的职工户，住房属职工个人资产，不再每月交房租，未办理购房手续的职工户，仍每月交房租。此后，扬州供电局执行扬州市政府关于逐步提高房租的规定，公有住房的租金较以前大幅提高。

1998 年 4 月 24 日，扬州供电局召开局本部职工代表会议，共有 92 名代表参加，会议审议通过《扬州供电局职工住房出售办法》和《扬州供电局职工自购商品房、自建房补贴的暂行规定》。1999 年 7 月 27 日，扬州供电局出售扬州市区文汇东路秋雨新村共 6 幢 152 套新建房。这次售房有 8 项规定，即售房对象、购房条件、否决条件、购房原则及面积标准、购房方法、售房程序、组织领导及相关制度、其他。售房对象主要是符合购房条件的处级、科级干部及 30 年以上工龄的老职工。

1999 年，扬州供电局新一届领导班子把解决职工住房问题列为年度工作目标，决定多方筹集资金，扩大房源，扩大售房覆盖面，争取在政府规定的住房改革截止日期前，解决长期存在的职工（主要是工龄未满或接近 30 年的工人）住房普遍未达规定标准面积的难题。1999 年 8 月 17 日，扬州供电局召开局本部职工代表会议，共有 97 名代表参加，会议审议通过《扬州供电局职工住房出售、补贴实施办法》，成立 12 人组成的售房领导小组和 11 人组成的售房工作小组。这次售房严格执行“三公开一监督”（出售房源及面积公开、购房条件公开、购房人员三榜公布、职工监督）。1999 年 9 月 2 日第一榜，公布扬州供电局本部申请购买住房职工的基本资料，售房工作小组收集职工的意见，逐一调查核实，职工申请购买住房报告共 509 份，符合条件的 348 人，不符合条件的 161 人。1999 年 10 月 29 日第二榜，公布核实后具备购房资格的职工名单及各单项得分和总得分。1999 年 11 月 23 日第三榜，公布出售新建房给 145 户职工的名单及各户单项得分和总得分（以此排定择房先后顺序）。自 1999 年 8 月开始，至 2000 年 4 月结束，扬州供电局本部共出售或调整职工住房 586 套［出售新建房 320 套，调整入住旧房 67 套（包括住房困难及配偶户口在异地的 14 人），补充面积房 129 套（指住房面积未达标准，又未申请新建房的职工户，补充房超过标准的面积按规定交付现金结算），出售给单身职工住房 70 套（1998 年 11 月 30 日之前参加工作，其中有 7 人弃权未申请）］。

扬州供电局售房工作小组于 2000 年 11 月底撤销。此后职工购房属个人行为。未参与住房改革的新职工首次购买住房，按规定由本企业给予经济补贴。扬州市区商品房价格自房改政策实施后上涨，2002 年房价比 1998 年上涨约 40%。1991～2002 年扬州供电局（公司）本部职工宿舍、住宅区情况见表 8-26。

表 8－26　1991～2002 年扬州供电局（公司）本部职工宿舍、住宅区情况

住宅地点	户数	幢数	建筑面积（米^2）	建造年份
南通路职工宿舍	172	7	11 824.21	南通路北六层楼 1991 年建，其他 6 幢为 1997、1998 年建
运河西街职工宿舍	36	2	2857.56	1977、1978 年建，2002 年 5 月拆除
小三巷职工宿舍	13	2	805.28	1971 年建
黄金坝职工宿舍	30	2	1782.78	1977、1978 年建
南门街职工宿舍	20	1	974.02	1974 年建，2007 年拆除建南门广场
扬中职工宿舍	118	5	6458.33	前 3 幢 1980 年建，后 2 幢 1985 年建
潘桥职工宿舍	245	9	31 014.78	1、2 幢 1985、1986 年建。3、4 幢 1987 年建。6、7 幢 1989 年建。8、9 幢 1992 年建
秋雨新村住宅区	150	6	15 074.79	1997 年建
金林苑住宅区	120	4	11 483.24	1998 年建
宝带新村住宅区	25	3	2610.94	1998 年建
新城花园住宅区	144	4	12 577.68	1998 年建
得月苑住宅区	72	3	8871	2002 年使用（原邗江供电局职工住房）
梅庄新村住宅区	40	1	2749	1995 年使用（原邗江供电局职工住房）
孙庄新村住宅区	40	1	2431	1990 年使用（原邗江供电局职工住房）
集贤庄职工宿舍	24	2	1233	1972、1976 年建，1992 年拆除（原邗江供电局职工住房）
贾庄职工宿舍	104	4	7749	1979、1983、1986、2002 年使用（原邗江供电局职工住房）
宝带新村住宅区	5		393	1995 年使用（原邗江供电局职工住房）

（三）职工医疗

卫生所　扬州供电局（公司）卫生所是非盈利性企业医疗机构，医疗模式以治病为中心，中、西医结合治疗。1991 年卫生所位于扬州供电局机关大院对面职工住宅区，隶属行政科，有医师 3 人，护师 1 人，医士 1 人，护士 3 人，卫生所用房 140 米^2，有中、西医门诊室、注射室、药房、化验室、理疗室、观察室、女工检查室、小手术室。西药房常用药品齐全，凭医师处方免费取药；无中药房，凭中医处方到扬州市区指定中药店取药，并随带扬州供电局卫生所印制的药品费结算单（特约单）交药店，药店凭结算单及处方单与扬州供电局卫生所结算药品费。职工住院必须是扬州供电局指定的医院，用卫生所印制的特约结算单与医院结算医疗费用。卫生所根据需要采购药品及医疗器具，费用列入职工福利费。1993 年卫生所门诊人数为 35 121 人·次，出诊 238 人·次，中医处方 2117 张，针灸或理疗 2763 人·次，医疗注射（含静脉滴注）117 96 人·次，换药 1095 人·次。

中医治疗集中医内治、中药外治、经络导平、理疗、家庭病房为一体，采用理疗、针灸、牵引、中药熏蒸、外敷、足浴、雾化、耳穴埋药、丸药、膏方等方式，选用微波、超短波、中频、中药熏蒸治疗仪、腰颈椎牵引机、气血循环治疗仪等理疗设备，免费为职工治疗疾病（医疗体制改革后需承担药品费）。1991～2002 年，卫生所中医处方每年平均 2640 张，中医理疗每年平均 3700 人·次。卫生所主要医疗检查器械有 X 光胸透仪 1 台（暗室透视），1992 年购置，仅作为职工体检用，1996 年配备专门操作人员，很少使用，2002 年淘汰。B 超检查仪 1 台，黑白屏显示，1996 年购置，很少使用。心电图显示仪 1 台，1991 年之前购置，正常使用。中医治疗器械有腰颈椎牵引床、频谱治疗仪、超短波治疗仪、中药熏蒸治疗仪、TDP 红外线灯等。1999 年扬州供电局［含县（市）供电局］医疗资源统计：卫生所 5 个，病床 7 个，中西医师中级职称 10 人、初级职称 10 人，护士 11 人，检验 1 人，放射 1 人（兼），药剂人员 1 人，大型医疗设备 13 台。

2002 年扬州供电公司卫生所属扬州广源物业管理有限公司，地址在原扬州供电局（南通西路 79 号）对面公路北侧老三楼二层楼，用房 8 间，面积 448 米^2。卫生所诊疗责职之外，还根据季节或特殊情况制作防治疾病宣传资料，如防乙肝、防红眼病等，向职工介绍预防疾病知识。卫生所每两年为职工进行一次身体健康检查。扬州供电局（公司）本部职工身体健康检查情况：1994 年体检人数 1086 人，查出重病人数 1 人（男）；1996 年体检人数 1109 人，查出重病人数 1 人（男）；1998 年体检人数 1092 人，查出重病人数 1 人（女）；2000 年体检人数 1120 人，查出重病人数 1 人；2002 年体检人数 1425 人，查出重病人数 1 人（女）。

医改过程 1996 年以前是公费医疗时期，职工全部享受免费医疗，医疗费列入企业福利费，由企业控制管理。1996 年后开始实施医疗体制改革（详见第八章第四节保险）。1998 年 4 月 1 日起，扬州供电局在职职工和离退休职工共 3380 人全部参加医疗体制改革，建立行业统筹医疗基金和职工个人医疗账户相结合的职工医疗制度。扬州供电局 2001 年建立大病医疗救助基金。2001 年 12 月，省电力公司社会保障事业管理中心制订《江苏省电力公司补充医疗保险实施细则（试行）》，扬州供电公司是参加单位。2001 年 12 月扬州供电公司在职职工和退休职工参加扬州市基本医疗保险，2002 年 1 月起享受扬州市基本医疗保险待遇。1991～2002 年扬州供电局（公司）职工保险福利费用构成情况见表 8－27 和表 8－28。

表 8－27　1991～1997 年扬州供电局（公司）职工保险福利费用构成情况

年份	性质	合计（千元）	集体保险福利费（千元）				个人保险福利费（千元）			
			福利设施事业补贴	文娱体育宣传费	医疗卫生费	其他	丧葬抚恤救济费	生活困难补助	计划生育补贴	其　他
1991	部属	2007	232	23	1027	419	53	124	129	
	省属	914	153	33	478	170	3	63	14	

续表

年份	性质	合计（千元）	集体保险福利费（千元）				个人保险福利费（千元）			
			福利设施事业补贴	文娱体育宣传费	医疗卫生费	其他	丧葬抚恤救济费	生活困难补助	计划生育补贴	其 他
1992	部属	2149	417	63	1143	373	23	52	78	
	省属									
1993	部属	5376	1271	55	2115	52	108	202	113	1460
	省属	1669	287	38	834	1	13	51	21	424
1994	部属	5244	504	291	3244	307	140	237	150	371
	省属	1772	413	57	1016	11	22	71	57	125
1995	部属	7406	1053	237	4467	395	56	156	249	793
	省属	1847	350	62	1187	5	39	73	59	72
1996	部属	12 361	2170	398	5908	1780	98	149	292	1566
	省属	3468	1230	77	1419	484	76	104	65	13
1997	部属	8505	172	187	3599	4547				
	省属	2504	776	56	1112	560				

注 1. 本表根据扬州供电局劳动工资统计年报制作。

2. 1997年开始不包括泰州市，“其他”栏中包括补助费、慰问费、职工探亲路费、工伤护理费等。

表8-28　1998～2002年扬州供电局（公司）职工保险福利费用构成情况

年份	性质	合计（千元）	职工社会保险费（千元）					职工保险福利费构成（千元）			
			养老保险费	医疗保险费	失业保险费	工伤保险费	生育保险费	集体福利设施、事业补贴费	文娱体育宣传费	医疗卫生费	其他
1998	部属	24 172	10 597	4677	706	58	—	2093	116	4766	1159
	省属	6401	3806	1181	183	—	—	607	57	451	116
1999	部属	20 392	7716	3598	434	—	—	2741	285	4585	1033
	省属	6370	3063	1029	238	—	—	806	125	1067	42
2000	部属	29 297	12 736	3621	849	—	—	4152	238	4147	3554
	省属	7577	3577	1459	228	—	60	1224	136	790	103
2001	部属	22 955	9059	2714	658	149	130	3161	956	3728	2400
	省属	7376	4108	1739	250	100	125	877	25	84	68

续表

年份	性质	合计（千元）	职工社会保险费（千元）					职工保险福利费构成（千元）			
			养老保险费	医疗保险费	失业保险费	工伤保险费	生育保险费	集体福利设施、事业补贴费	文娱体育宣传费	医疗卫生费	其他
2002	部属	24 360	11 780	4830	1152	244	335	2090	828	1311	1790
	省属	7897	4768	1423	277	111	139	598	164	355	62

注 1. 本表根据扬州供电局（公司）劳动工资统计年报制作。

2. “其他”栏中包括补助费、防暑降温费、计划生育补贴、取暖费、节日福利费等。

（四）职工福利

食堂 1991年，扬州供电局本部职工食堂除为职工供应早、中、晚餐外，还承担小型会议用餐，并根据需要为工地送饭，为电网调度值班人员送饭，或派出炊事员随施工队外出烧饭。食堂设有白案无蝇间、生菜切配间、临时人员售菜间，就餐大厅有40余张饭桌。食堂的设施，瓷砖化率95%，炊事机械使用率85%，不锈钢餐具使用率70%。食堂坚持“伙委会”管理制度，由职工代表监督管理食堂，定期公布账目，每逢春节，代为职工蒸包子、做点心等。至2002年，扬州供电公司搬迁，原址除公路边办公大楼保留，其余建筑物全部拆除，食堂也随之拆除。

液化气供应 扬州供电局行政科1985年开始为职工代购液化石油气，将空瓶送到南京等地灌装，因货源奇缺，实行按量分配，职工凭票供应（大瓶装15千克，小瓶装10千克），职工家庭仍以烧煤炭为主，瓶装液化气备为急需之用。1991年行政科供应职工液化气67.15吨，扬州供电局本部职工平均每人5.5瓶。1992年供应液化气83吨。1992年行政科与扬州市煤气公司联系，开始为职工家庭安装管道煤气，当年使用管道煤气共262户。1993年安装管道煤气150户，液化气供应120吨。1995年潘桥职工住宅区安装管道煤气243户，瓶装液化气需求量减少，不再凭票供应。

洗衣房 1991年6月1日洗衣房正式开张，免费为外线工洗工作服。洗衣房有大型滚筒式洗衣机1台，1991年为职工洗工作服11 349件。1993年洗衣房停业。

托儿所 扬州供电局本部托儿所1980年3月8日开办。1991年有保教员6人，入托儿童30人左右，最多58人。有儿童教育室、休息室4间，约80米^2，儿童活动场所配备玩具、器械等。2000年托儿所停办。

浴室 扬州供电局本部浴室建于1980年8月。1992年电世界大厦对所属电力浴室进行整修，当年12月12日开业，1993年1月浴室对外开放，男浴室有大、小2池（小池在楼上）及喷淋间，有座位100多位，女浴室有喷淋间和放衣柜。行政科每月给职工发浴票，凭票洗浴，对外经营收费。2000年10月，浴室改造装修后重新营业，并公开竞聘经营承包人，实行个人承包经营。2002年扬州供电公司搬迁，原址除公路边办公大楼保留，其余建筑物全部拆除，浴室也随之拆除。

纯净水厂 扬州供电局行政科（生活服务公司）1997年建纯净水厂，生产桶装纯净水。每年为局本部各部门、单位和职工发放水票，桶装纯净水有专人送，凭票换桶。1999年公开竞聘纯净水厂经营承包人。2000年，纯净水厂年产量10万桶纯净水，对外经营。2001年新安装大桶装纯净水2号机组和瓶装纯净水流水线。2002年扬州供电公司搬迁，原址除公路边办公大楼保留，其余建筑物全部拆除，纯净水厂迁至贾庄原邗江县供电局院内。

招待所　电力酒家　扬州供电局大院内有2个招待所，一是位于紧临公路（南通西路）南侧楼房三楼，1979年开始营业，有床位52个，俗称“大招待所”，1991年电世界大厦建成后停业。另一处俗称“小招待所”，位于扬州供电局大院内东侧浴室楼上，1987年开业，有11间房，29张床位，1993年停业。电力酒家在扬州供电局大院内南侧，门面临街（南通西路），1994年电力酒家试营业，1995年实行承包制，经营者年承担生活服务公司4名职工的工资及奖金，年底与生活服务公司结算，1999年电力酒家停业。

电世界大厦　电世界大厦位于古运河北岸，渡江桥西，扬州供电局大院东侧，正面临街（南通西路），1991年初建成试营业，对外又称供电培训中心招待所，是扬州供电局本部的集体企业，独立核算，自负盈亏，对外经营餐饮和客户住宿，1992年共接待各种会议180次，住客人数4.8万人，客房利用率65%。2000年初电世界大厦停业装修，更新内部设施，重新聘用职工，2000年12月8日恢复营业，更名为广源丁山大酒店。2003年广源丁山大酒店扩建南楼竣工，南楼与原楼房连成一体（详见第十一章第三节商业和服务业）。

纸杯车间　纸杯车间在扬州市区文汇东路原双桥电力管理站院内，2000年7月18日投产，属鸿达电力工贸有限公司，至当年底生产90万只纸杯。纸杯对外销售，并供售给扬州供电局各部门、单位及职工个人。

第九章　设计　施工　基建管理

第九章　设计　施工　基建管理

1991年以后，扬州电网发展很快，设计与施工任务重。扬州供电局设计室1992年改制为集体企业。1993年具备丙级设计资质，主要承担本地区110千伏及以下送变电工程设计。县（市）供电局最早成立电力设计室是泰州、泰兴市供电局，时间为1995年，均为独立核算、自负盈亏企业。至2002年，设计工程主要是本地区110千伏及以下输变电工程以及部分220千伏输变电工程。扬州供电局供用电工程公司1991年施工资质为三级，1992年施工资质由三级升为二级，主要承担本地区220千伏及以下输变电工程施工。2000年后对外承建220千伏线路工程。电力基本建设管理，“九五”计划期间开始推行工程招投标制、项目法人责任制、工程监理制、工程达标投产，有效保证了工程建设的进度和质量。用户工程施工，扬州市区自1999年初开始，停止执行1994年扬州供电局印发的159号文件《关于加强城市低压动力及居民照明用电安装工程管理的通知》，只要取得电力部门颁发的“承装（修、试）电力设施许可证”的施工单位，都可以参与竞标工程项目，承担用户工程施工。

第一节　设计与施工

一、设计

扬州供电局设计室成立于1980年8月18日，有12人。1982年2月，经电力工业部批准颁发勘察设计证书。1987年设计人员增加到17人，设变电、线路、土建3个专业组。1991年有15人（设计人员13人，勘测人员2人），其中高级工程师1人，工程师6人，助理工程师2人，技术员4人。设计资质为丙级。设备有晒图机1台，经纬仪2台，计算机2台（TJ—386 1台，TJ—PC 1台），打印机2台，绘图仪2台。1992年12月7日，扬州供电局印发581号文件，设计室改制为集体企业，名扬州广源电力设计公司，隶属于扬州广源实业总公司，独立核算，自负盈亏。1992年12月10日，扬州市工商行政管理局颁发营业执照，注册号14072394—8，经营性质为集体所有制，注册资金10万元，经营范围为110千伏及以下电压等级送、变电工程设计，本单位丁级范围的工业与民用建筑工程设计，兼营电力技术咨询服务。1993年12月4日，江苏省建设委员会颁发设计资质证书，等级为丙级，编号为1027213，设计范围为送变电110千伏工程设计及配套土建设计。至2002年，扬州广源电力设计公司共27人，下设线路、变电、土建、概预算4个专业组，有高级工程师3人，工程师13人，助理工程师4人。

设计公司从1993年开始使用计算机辅助设计（CAD）技术，组织设计人员外出学习、培训，增添计算机，到1995年电气、线路、土建、概预算等全部使用计算机操作。

使用的设计软件有 AUTOCADR12、SBDCAD、D2CAD、INTERCAD 等，改变依靠图版、纸、笔、尺传统手工操作方式，提高了设计效率。1994 年，扬州有机化工厂 35 千伏变电所设计首次采用计算机监控保护装置，同年首次设计 110 千伏双回路钢管塔和 220 千伏蒋王变电所计算机线路高频保护装置。1996 年设计扬州首座无人值班变电所——110 千伏开发变电所。1996 年设计 110 千伏琼花变电所，首次采用 110 千伏地下电缆、电气设备全室内紧凑型布置、环保型消音隔爆门、烟感和温感探测器及声光警报自动灭火装置、变压器和散热装置分体、计算机监控保护装置、六氟化硫组合电器等新技术、新设备。设计获奖项目有 110 千伏湾头变电所获得 1994 年度江苏省电力工业局优秀工程设计（三等奖）。110 千伏泰宇变电所、110 千伏琼花变电所、110 千伏西湖变电所获得江苏省电力工业局优秀工程设计奖。2000 年 10 月 30 日，江苏省建设厅公布 110 千伏琼花变电所获 2000 年度江苏省优秀工程设计表扬奖。

1993～2002 年，扬州广源电力设计公司共完成输变电工程初步设计 104 项（投资额 73 135.3 万元，建筑面积 26 188 米^2），完成施工图设计 119 项（投资额 85 074 万元，建筑面积 27 888 米^2），完成设计折合 1 号图纸 8486 张，其中应用 CAD 完成 7421 张，完成工程测量 86.84 千米^2。2002 年设计完成产值 480 万元，利润 268.3 万元。1990～2002 年扬州广源电力设计公司人员状况和完成产值见表 9 - 1。1993～2002 年扬州广源电力设计公司工程勘测设计项目完成情况见表 9 - 2。1991～2002 年扬州广源电力设计公司设计主要输变电项目见表 9 - 3。

表 9 - 1　1990～2002 年扬州广源电力设计公司人员状况和完成产值

年份	年末人数	其中				完成产值（万元）	全员劳动生产率［元/（人·年）］	利润总额（万元）	计算机（台）
		高级工程师	工程师	助理工程师	技术员				
1990	15	1	6	2	4				1
1991	15	1	6	2	4	34	22 667		2
1992	17	2	5	2	4	41	24 117		2
1993	18	2	5	3	5	62	32 632		4
1994	20	2	5	3	5	150	75 000	42	6
1995	23	2	6	6	2	130	56 522	35	6
1996	25	2	9	5	2	180	72 000	68	14
1997	26	3	9	6	1	205	78 846	81.4	16
1998	26	3	9	6	1	210	80 769	78.5	16
1999	26	3	13	3	1	280	107 692	144.7	26
2000	25	3	13	3		330	132 000	165.8	26
2001	26	3	13	4		395	151 923	207.5	30
2002	27	3	13	4		480	177 778	268.3	30

表 9－2　1993～2002 年扬州广源电力设计公司工程勘测设计项目完成情况

年份	完成初步设计			完成施工图设计			完成设计折合1号图纸数（张）	其中，应用CAD完成张数	工程测量（标准千米²）
	项目数	投资额（万元）	建筑面积（米²）	项目数	投资额（万元）	建筑面积（米²）			
1993	4	2124.3	1179	5	2066.6	1253	471	232	6.11
1994	6	4321.2	1988	7	4530.3	2013	857	387	6.47
1995	7	5144.3	2215	6	4231.5	1980	732	532	6.73
1996	8	6335.7	2156	7	6478.6	2332	862	706	7.12
1997	11	6527.2	2734	9	7321.4	3286	878	878	6.07
1998	10	5812.3	2295	17	7586.7	3427	895	895	8.49
1999	9	8149.5	3185	11	9823.2	2843	834	834	8.27
2000	13	9525.7	3037	15	11 785.7	3376	957	957	9.78
2001	17	11 222.8	3542	19	14 107.1	3125	897	897	12.57
2002	19	13 972.3	3857	23	17 142.9	4253	1103	1103	15.23
合计	104	73 135.3	26 188	119	85 074	27 888	8486	7421	86.84

表 9－3　1991～2002 年扬州广源电力设计公司设计主要输变电项目

年份	变电所	线路
1991	220 千伏泰州变电所扩建 1×12 万千伏·安。110 千伏靖江土桥变电所 2×3.15 万千伏·安	110 千伏兴望线开环，2 千米。110 千伏兴招线开环，2.2 千米。110 千伏砖吴线，17 千米。110 千伏真州—城南线，8 千米
1992	110 千伏溱潼变电所 2×3.15 万千伏·安。110 千伏南郊变电所改造。110 千伏泰兴北郊变电所 1×3.15 万千伏·安。110 千伏江都吴桥变电所 1×3.15 万千伏·安。220 千伏砖桥变电所扩建 1×12 万千伏·安	110 千伏靖江—太和线，9 千米
1993	110 千伏施桥变电所 1×3.15 万千伏·安。110 千伏湾头变电所 2×3.15 万千伏·安。110 千伏仪征城南变电所 2×3.15 万千伏·安	110 千伏电厂—湾头变线路，2.9 千米。110 千伏蒋王—南郊线改造。110 千伏蒋王—施桥线路，10.48 千米。110 千伏施桥—高桥线路改造
1994	220 千伏蒋王变电所扩建 1×12 万千伏·安。110 千伏太宇变电所 1×3.15 万千伏·安	110 千伏安宜—宝应线路，4.77 千米。110 千伏蒋王—双桥线路改道，2.9 千米。110 千伏扬平线，3.85 千米。110 千伏宝应联络线路，5.1 千米
1995	110 千伏开发变电所 2×4 万千伏·安	220 千伏真扬线开环线路，16.7 千米。110 千伏靖江—土桥线路，13 千米

续表

年份	变电所	线路
1996	110千伏琼花变电所3×4万千伏·安 110千伏杭集变电所1×2万千伏·安	110千伏热开线路，3千米。110千伏蒋开线路，5.56千米。110千伏琼花变电所电缆线路，2×740米
1997	—	110千伏陆庄—溱潼线路，15.1千米。110千伏大桥—富民线路，15千米。220千伏蒋王—二电厂线路，13千米。110千伏陆庄—张甸线路，11.8千米
1998	110千伏沙头变电所2×3.15万千伏·安	110千伏大桥—吴桥线路，9.46千米。110千伏大桥—砖吴支线，7千米。220千伏蒋王—横沟线路11千米
1999	110千伏甘垛变电所1×3.15万千伏·安。110千伏汉河变电所1×3.15万千伏·安。	110千伏澄子—甘垛线路，21.3千米
2000	110千伏鲁垛变电所1×3.15万千伏·安。110千伏杭集变电所扩建1×3.15万千伏·安	110千伏安宜—鲁垛线路，20.8千米。110千伏真州—城东线路。110千伏蒋王—西湖双回线路，6.56千米
2001	220千伏真州变电所扩建新增110千伏线路4回。110千伏仪征城东变电所1×4万千伏·安。110千伏文汇变电所2×4万千伏·安	110千伏扬方线改造。110千伏施井变电所进线，5千米。110千伏蒋王—邗江线路，4千米
2002	110千伏龙川变电所2×4万千伏·安。110千伏西湖变电所2×4万千伏·安。110千伏仪征圩区变电所2×4万千伏·安。110千伏施井变电所2×4万千伏·安	110千伏江都龙川变电所进线，5千米。宁启铁路35～220千伏交跨线路改造。110千伏张仙线，12千米。110千伏张丁线，10千米。110千伏张富线，19千米

二、施工

线路施工 扬州供电局1974年底开始施工第一条220千伏南京热电厂经扬州至泰州线路。1991年扬州供电局供用电工程公司职工160人，施工资质为三级。1992年7月，施工资质由三级升为二级。承担扬州地区范围内220千伏及以下线路施工。1992年成立扬州广源实业总公司后，原供用电工程公司改名为扬州广源实业总公司第一电力安装分公司，下设送电部。1998年9月改名为扬州广源实业总公司送变电工程公司，下设送电分公司，有4个线路施工班，计80余人。2002年成立苏源集团公司后，送变电工程公司下设线路部，有4个施工班，施工人员最多时近200人。

对外承建工程 扬州广源实业总公司2000年首次中标对外承建220千伏常州芳（渚）

钢（中天钢厂）线。芳钢线长5.8千米，铁塔17基，线路跨越沪宁铁路及110千伏线路5条、35千伏线路6条、10千伏线路13条、公路9条、河道8条。2000年6月1日开始立塔，6月15日立塔结束，6月17日铁塔验收，6月18日开始架线。2～4号塔跨越5条110千伏线路，释放导线施工时4条线路停电，1条不停电，批准停电时间为6月21～22日。施工队以竹架、15米越线塔、汽车吊臂可开闭式越线器组合解决多处跨越，认真细致做好安全措施，6月21日常州大雨，给施工带来很多困难，施工人员冒雨登塔进行连续释放导线作业，在批准的停电时间内完成释放导线。芳钢线6月30日竣工，9月19日投运。继芳钢线之后对外承建的第二条220千伏线路是东溧线，东溧线从南京江宁县境内500千伏东善桥变电所至溧水县220千伏变电所，全长36.2千米，计108基塔，途经丘陵地区，塔基多为岩石层，需爆破或采用风钻开挖塔基，施工队克服困难，按期优质完成施工任务。2001年，扬州广源送变电公司共完成施工产值1500万元，利润100万元。至2002年底，送变电工程公司对外承建的220千伏线路有常州芳钢线、南京东溧线、盐城盐新线、盐城盐都线、徐靖线开环、江庄线开环、徐州桃阎1、2号线、淮阴马盱线，合计143.6千米。主要大型施工器具有16、12、8吨吊车各1辆、工程车4辆、牵引张力机3台、拖拉卷扬机6台、ϕ400组合式铝合金抱杆1组、ϕ300独立式抱杆3组。

新技术、新工艺应用　1992年，施工220千伏泰兴徐庄至黄桥线路，3～9号耐张段跨越多处房屋，工程技术人员首次使用档侧放、紧线法，在线路一侧选择地形，固定地锚和滑车，展放导、地线，紧线时以绳索控制导、地线升高，避开房屋。此法后来还在220千伏宝应开环线路5～6号等多处使用，效果好。1996年首次使用组合式人字型双抱杆起吊110千伏双回线路钢管杆，首次进行110千伏蒋双线双回路终端塔整体移位8.66米，此塔高23米，重7.56吨，塔脚根开4.15米，整体移塔施工时间半天，确保蒋双线晚上送电。为适应城区电缆和架空绝缘线施工，从1994年起添置了电缆展放机、电缆绝缘切割刀、硅橡胶预制式中间接头、安普楔形线夹、绝缘导线耐张线夹等新工具、设备。2000年4月施工220千伏江澄线，革新耐张塔紧线方法，不仅减少对塔翅的下压力，安全性提高，而且划尺寸准确，减少塔上人员工作量。2000年7～9月，承担全省电力信息主干光缆敷设（利用220千伏线路杆塔）扬州段260千米、常州段53千米、淮阴至宿迁及淮阴至泗阳段100余千米，合计占全省电力信息主干光缆长度40%。当年8月扬州供电局在全省光缆施工专业会议上作了经验介绍，推动了全省电力信息主干光缆建设。1991～2002年扬州广源送变电公司承建线路工程主要项目见表9-4。

表9-4　1991～2002年扬州广源送变电公司承建线路工程主要项目

项　目	建设规模	开工日期	竣工日期	投运日期
220千伏六(合)扬(州发电厂)线开环入真州变电所	18.9千米，46基双杆，9基铁塔	1991.10	1991.12	1991.12.26
110千伏靖江至礼士线	LGJ—185，23千米，塔11基，杆79基	1991	1991.07	1991.07

续表

项　　目	建设规模	开工日期	竣工日期	投运日期
110千伏蒋(王)南(郊)线	LGJ—185，7千米，杆30基	1991	1991.08	1991.08.02
110千伏蒋(王)双(桥)1、2号线	LGJ—185，3千米，双回塔11基	1991	1991	1992.01.19
110千伏泰(州)干(中干河)1号线	LGJ—120，26千米，塔8基，杆80基	1991	1991	1991.12.17
110千伏干(中干河)曲(塘)线	LGJ—120，15千米，塔8基，杆54基	1991	1991	1991.12.17
220千伏徐(庄)黄(桥)线	LGJQ—400，22千米	1993.10.19	1994	1994.06.21
220千伏江(都)砖(桥)2号线	LGJQ—400，6千米，塔14基，双杆4基	1992	1993.10	1993.10.27
110千伏扬(州发电厂)湾(头)线	LGJ—185，3千米，塔14基	1993.10.20	1993.12.25	1994.01.31
110千伏泰(州)陵(海陵)线	LGJ—150，24千米，塔5基，杆94基	1993	1993.05	—
110千伏徐(庄)北(郊)线	LGJ—185，8千米，塔20基，杆33基	1994	1994.12	—
110千伏徐(庄)口(岸)线	LGJ—120—185，28千米，塔25基，杆102基	1994	1994	—
220千伏真(州)扬(州发电厂)线开环进蒋王变电所	LGJ—400，17.7千米，塔63基	1995.09	1997.11	1997.11.22
110千伏扬(州发电厂)花(琼花变)线	LGJ—240，5千米，杆塔33基	1996.09	1997	1997.07.10
220千伏江(都)海(安)线开环进陆庄变电所	ACSR—400，3千米	1996	1996.10	1996.10.25
220千伏蒋(王)电(二电厂)线路	LGJQ—400，19.7千米，塔45基	1997.03	1997.11	1997.11.28
110千伏平(山)蒋(王)线1～23号改造	LGJ—240，5千米，双回线路	1997.04	1997.09	1997.11.19
220千伏江(都)大(桥)线	LGJ—300，双回双分裂，22千米，塔65基	1998.06	1998.12	1999.04.25
220千伏扬(州)江(都)1号线开环进砖桥变电所	LGJQ—400，2.4千米	1998.06	1998.12	1998.12.10
220千伏横(沟)蒋(王)线	LGJ—400，单、双回路混合，10.6千米，塔19基	1998.11	1999.05	1999.11.10

续表

项目	建设规模	开工日期	竣工日期	投运日期
220千伏江(都)澄(子)1号线(扬州施工段)	LGJQ—400，22千米，塔66基	1999.09	2000.05	2000.05.27
110千伏蒋(王)文(汇)线	LGJ—185，5千米，塔27基	1999.03	2000.07	2000.12.30
110千伏蒋(王)汉(河)线	LGJ—240，单、双回混合，3.8千米		2000.05	2001.12
110千伏方巷变电所第二电源	LGJ—185，11.1千米，杆45基		2000.07	2001.12.29
220千伏常州芳(渚)钢(中天钢厂)线	LGJ—400，5.8千米，塔17基	2000.04	2000.06.30	2000.09.19
220千伏南京东(善桥)溧(水)线	LGJ—400，单回双分裂，36.2千米，塔108基	2000.01	2001	2001.05.24
110千伏蒋(王)西(湖)线	LGJ—240，双回，6.4千米，塔15基，钢管杆22基	2001.02	2001.11	2001.11.30
110千伏施井变支接线路2条	LGJ—240—185，单、双回混合，3.9千米	2001.11	2002.01	2002.01.31
220千伏盐城盐(城)都(盐都)线	LGJ—400，单回，12.9千米，塔36基	2001.10	2002.05	2002.09.14
220千伏盐城盐(城)新(城)线	LGJ—300，双回双分裂，13.2千米，塔40基	2000.05	2002.08	2002.08.23
220千伏徐(庄)靖(江)线开环入生祠变电所	LGJ—400，5.2千米	2001.11	2002	2002.05.25
220千伏江(都)庄(陆庄)线开环入泰州北郊变电所	LGJ—400，24千米	2001.12	2002	2003.10.20
220千伏徐州桃(园)阎(集)线	LGJ—300，单回双分裂，15.6千米，塔45基	2002.06	2002.11	2002.11.24
220千伏淮安马(坝)盱(眙)线	LGJ—400，24.8千米，塔69基	2002.04	2002	2003.05.10

变电施工 扬州供电局施工的第一座220千伏变电所是220千伏砖桥变电所，1987年8月7日投运。至1997年，扬州供电局直属变电工区运行与检修合一，既承担变电所运行与检修，也承担变电所基建工程。1997年7月，运行与检修分开，成立变电工程公司，负责变电检修以及变电所基建施工。1998年8月，变电工程公司与扬州广源供用电公司合并，成立扬州广源送变电工程公司，设变电部，共50余人，有2个继电保护班，2

个检修班，承担新建变电所电气安装及变电所检修、改造、扩建工程。

扬州供电局直属变电工区（变电工程公司、扬州广源送变电工程公司）施工的主要220千伏变电所项目有1990年220千伏蒋王变电所新建工程和1995年扩建工程、1991年220千伏澄子变电所扩建工程、1992年仪征市220千伏真州变电所新建工程及1999年二期扩建工程、1994年220千伏黄桥变电所升压工程、1998年新建220千伏横沟变电所工程、2001年扩建宝应县220千伏安宜变电所工程。110千伏及以下变电所新建和扩建、改造工程属地承建，由所在地县（市）供电局承担。从2000年起，新建220千伏变电所工程项目由省电力公司统一招标，异地承建。

第二节　基　建　管　理

1991年，扬州供电局设有基建科，共12人，负责基建工程项目管理。1994年成立扬州市电力建设工程监督站，负责对大中型送变电工程监督检查。1999年开始推行工程监理制。1998年开始220千伏输变电工程达标投产，110千伏输变电工程达标投产从2001年开始，按照考核标准，在考核期满后进行项目投产自检，申请预检和复检，上级单位对符合达标投产标准的工程命名并发给达标投产证书。2001年7月机构调整，改名为工程建设部，共有8人。

一、管理职责

1991年基建科承担的主要职责是受省电力局委托，负责对地方自筹资金建设的110千伏输变电项目进行初步设计及概算审查，组织召开审查会议，上报审查意见；35千伏输变电工程初步设计及概算审查，下达审查意见；向财务科提出季度工程用款计划，审核施工单位预付款、工程进度款等。基建工程项目日常管理委托县（市）供电局管理，基建科分工1人为单一项目的联络负责人。1994年9月5日，扬州供电局重新修订印发基建管理制度，主要内容有基建管理程序及范围、建设单位及职责、计划任务书和设计审查、概预算管理、投资包干、施工管理和设计变更、工程质量管理、生产准备和竣工验收、工程档案和工程总结。修订后的基建管理制度，新增规定施工单位在开工前须向建设单位报送开工报告、施工技术组织措施、安全措施、质检人员名单，以及施工形象进度和设备材料计划，待建设单位批准后开工，施工结束后报竣工并提交图纸、记录、文件等；凡列入基建工程的项目（包括35千伏农改工程），发、包双方签订的工程承包合同，均须审计部门批准后才能开工，大中型基建工程须由国家审计署驻南京特派员办事处审计后开工。1996年5月27日，扬州供电局对1994年制定的基建工程管理制度作补充修改，规定35千伏及以上送变电工程的设计、施工单位必须具备相应工程项目资质证书，必须有可靠的安全技术措施，施工现场有专职安全员，多种经营企业承包的工程不得对外转包，完善三级验收，未经质量监督的工程不得投入使用。1998年后基建工程全部推行“五制”管理，即项目法人制、建设监理制、招投标制、合同管理制、项目资本金制。2001年7月基建科改名为工程建设部，负责电网项目的建设和管理，参与制定电网的发展规划；负责电网技术改造项目的实施和管理；负责工程建设安全质量管理；负责输变电设备的启动投运；负责职责范围内的招投标管理和物资管理；负责环境保护的实施与管理；负责工程计划和统计工作，协调解决工程建设方面的有关问题；负责省电力公司和用户委托的工程项目的实施。

二、概预算

扬州供电局执行上级部门制定的电力工程概预算定额标准。1988 年电力部颁发《火电、送变电工程建设预算费用构成及计算标准（试行）》。1994 年省电力局制定《江苏省电力工程建设预算建筑安装工程编制办法》《江苏省电力建设安装工程装材综合价》、江苏省电力建设建筑工程地区差价万元指标调整系数，以及安装工程辅材、机械费调整系数等，使电力建设工程概预算编制及管理走向规范化。“八五”计划时期，部分材料、设备价格上调，工程建设标准提高，工程造价上升较快。省电力局 1996 年 1 月起试行《江苏省电力建设控制工程造价的实施细则（试行）》，对概预算人员进行资格认证。1997 年 4 月 4 日，电力部颁发《电力工业基本建设预算管理制度及规定》，并修订 1993 年版《火电、送变电工程建设预算费用构成及计算标准》，与已颁发的《电力建设工程概算定额》《送电线路预算定额》及相应的“价目本”（1996 年价格水平）配套，于 1998 年全面执行。1998 年省电力局转发华东地区《电力建设装置性材料预算价格》的通知，为概预算编制提供基础依据。2002 年 3 月省电力公司制定《江苏省电力公司电网基建工程内部发承包管理办法（试行）》，明确发包方和承包方的责任和权利。2002 年 5 月 23 日，省电力公司印发《江苏省电力公司 220、110 千伏输变电工程初步设计及审查管理办法》，明确分级管理，对初步设计采取分级审查、统一行文的方式，投资在 1000 万元及以下的 110 千伏变电、线路工程，由各省辖市供电公司组织审查；投资在 1000 万元以上的 110 千伏变电、线路工程，由各省辖市供电公司组织审查，省电力公司工程建设部派员参加，审查意见由省电力公司统一下发；工程配套的 35、10 千伏工程由各省辖市供电公司在不突破可行性研究造价的前提下，负责技术审查并行文，省电力公司工程建设部进行概算核查确认后列入工程概算；220 千伏变电、线路工程由省电力公司组织审查和下达审批文件。2002 年 9 月 3 日，省电力公司制定并执行《电网建设工程概（预）算编制费用构成及计算标准规定》。

三、工程招投标

1995 年 8 月 15 日，江苏省人民政府发布施行《江苏省建设工程招标投标管理办法》，规定“凡本省行政区域内的各类新建、改建、扩建和技术改造工程项目（除属抢险救灾的；投资总额低于 50 万元的；法律、法规规定的情形外），都必须按照本办法进行招标投标”。规定“建设工程招标投标应当公开条件，坚持公正合法、诚实信用、平等竞争的原则，不受地区、部门和所有制性质的限制”。当年电力工业部先后制定《电力工程施工招标投标管理规定（暂行）》《电力工程设计招标投标管理规定（暂行）》《电力工程设备招标投标管理办法》，1996 年 7 月 30 日和 1997 年 2 月 15 日又先后印发《电力工程材料招标投标管理办法》和《电力工业利用外资电力项目设备国际采购暂行办法》，1997 年 10 月 28 日印发《电力工程建设招标文件范本（试行）》，规范招、投标行为。

扬州供电局从1996年开始推行基建工程招、投标。110千伏琼花变电所工程是扬州供电局第一个通过报建和招标确定施工单位的项目。从1997年起220千伏及以上输变电工程设备和装置性材料由省电力公司统一组织招（议）标采购，110千伏及以下输变电工程设备和装置性材料由扬州供电局统一组织招（议）标采购。从1998年起，新开工建设50万元以上项目全部实行招（议）标采购。扬州供电局1998年3月2日成立电力设备招投标领导小组并设立办公室（与电力器材公司合署办公），招投标项目首先是设备材料采购。2000年9月29日，扬州供电局建立电力设备招标评标专家库。2001年10月23日印发《关于进一步规范招投标工作的通知》，规定扬州供电公司和各县（市）供电公司的招投标必须事先通知监察部派员参加，并填写监察部参与公司招标项目登记台账，招投标工作结束后由监察部整理归档。2002年1月15日成立招投标管理部，人员编制4人。2002年2月4日成立招投标领导小组，当年3月27日调整，由公司总经理担任组长，纪委书记、总工程师担任副组长。2002年6月18日，扬州供电公司印发《扬州供电公司招投标管理暂行办法》《扬州供电公司物资招投标管理实施细则》《扬州供电公司工程建设项目招投标管理实施细则》。

四、达标投产

扬州市电力建设工程质量监督站成立于1994年，是江苏省电力基本建设工程质量监督中心站的派出机构，业务上接受其领导，监督站有质量监督员32人，负责对大中型送变电工程进行质量监督，办事机构挂靠扬州供电局基建科。质量监督站对重点项目实行监督检查，向上一级质量监督中心站出具监督报告并提出质量监督检查申请，由质量监督中心站对工程总体质量作出评价，出具质量监督检查报告。从1999年起，扬州供电局首先在新建高邮市110千伏甘垛变电所推行工程监理制，监理人员负责现场施工监督，监督单位为江苏省电力设计院（后改为江苏兴力工程建设监理咨询有限公司）。施工现场的工程专职人员不再承担施工监督责任，主要负责施工管理和协调处理工程事务。工程监理单位由江苏省建设工程电力招标投标办公室通过招标方式确定。2002年，基建工程全部实行监理制。

扬州供电局从1998年开始推行220千伏输变电工程达标投产，2001年开始推行110千伏输变电工程达标投产，2002年35千伏及以上输变电工程全部推行达标投产。按照考核标准，建设单位在考核期满3个月后，先进行工程项目达标投产自检，自检报告呈报上级主管部门并申请预检、复检。500千伏输变电工程由国家电力公司或委托华东电业管理局组织复检，由国家电力公司命名；220千伏输变电工程由省电力公司组织复检，由省电力公司命名；110千伏输变电工程统一由省电力公司命名。符合达标投产标准的工程项目，命名并颁发达标投产证书。至2002年，扬州供电公司被省电力公司命名的达标投产工程有2000年8月23日命名220千伏大桥输变电工程，2001年5月29日命名220千伏横沟输变电工程，110千伏工程有浦西输变电工程。

五、工程投资

1996年以前，大中型基建工程（220千伏输变电项目）项目立项的基本条件是发电厂新建或扩建配套工程，建设资金由国家和地方共同承担，比例一般为各承担50%。110千伏及以下工程主要由地方筹资建设。1996年国务院48号文件规定，今后新建国家电网范围内的输变电工程，由国家电力公司及其子公司筹措资金，向金融机构贷款和通过地方融资，进行项目建设并负责偿还本息。电力工业部1997年464号文件《关于加强电网规划管理的若干意见》，规定对电网建设统一规划、统一建设、统一调度、统一管理，抓住一段时期内电力供需矛盾趋缓的有利时机，调整资金投向，把资金重点投入到电网建设中，尽快扭转电网发展滞后于电源的不合理局面，以电网的不断加强和发展作为开拓电力市场和提高服务质量的重要手段。从1998年起，110千伏以上输变电项目资金由江苏省电力工业局统贷统还；110千伏及以下项目资金由扬州供电局提供还贷来源，作为省电力局批准项目及借款的必要条件。

自此之后，地方出资从无偿使用改为有偿使用，供电局须向投资方还本付息，基建、财务须参与规划编制、概算审查、工程建设阶段的资金使用监督，以及编制竣工决算，并委托会计师事务所对工程决算进行审计，出具审计报告。1991～2002年扬州供电局（公司）电力基本建设完成情况见表9-5。

表9-5　1991～2002年扬州供电局（公司）电力基本建设完成情况

<table>
<tr><th rowspan="2">年　份</th><th colspan="3">本年投资完成（万元）</th><th rowspan="2">新增固定资产（万元）</th><th colspan="3">新增生产能力</th></tr>
<tr><th>合计</th><th>送电</th><th>变电</th><th>电压（千伏）</th><th>线路（条/千米）</th><th>变电[台/万千伏·安)]</th></tr>
<tr><td>1991</td><td>3181</td><td></td><td></td><td></td><td>220</td><td>1/18.6</td><td></td></tr>
<tr><td rowspan="2">1992</td><td rowspan="2">2213</td><td rowspan="2"></td><td rowspan="2"></td><td rowspan="2"></td><td>220</td><td>2/61.5</td><td>3/36</td></tr>
<tr><td>110</td><td></td><td>1/3.15</td></tr>
<tr><td>1993</td><td>0</td><td></td><td></td><td></td><td></td><td></td><td></td></tr>
<tr><td rowspan="2">1994</td><td rowspan="2">500</td><td rowspan="2"></td><td rowspan="2"></td><td rowspan="2"></td><td>200</td><td></td><td>1/12</td></tr>
<tr><td>110</td><td>2/25</td><td></td></tr>
<tr><td rowspan="2">1995</td><td rowspan="2">4300</td><td rowspan="2"></td><td rowspan="2"></td><td rowspan="2"></td><td>220</td><td>1/21.6</td><td>1/12</td></tr>
<tr><td>110</td><td>1/16</td><td>5/15.75</td></tr>
<tr><td rowspan="2">1996</td><td rowspan="2">18 840</td><td rowspan="2">7580</td><td rowspan="2">11 260</td><td rowspan="2">8206</td><td>220</td><td>4/118</td><td>3/36</td></tr>
<tr><td>110</td><td>3/70</td><td></td></tr>
<tr><td>1997</td><td>9504</td><td>2497</td><td>7007</td><td>4000</td><td>220</td><td>3/31.5</td><td></td></tr>
<tr><td>1998</td><td>12 083</td><td>5480</td><td>6603</td><td></td><td></td><td></td><td></td></tr>
<tr><td>1999</td><td>4217</td><td>2367</td><td>1850</td><td>22 943</td><td>220</td><td>7/108.3</td><td>3/42</td></tr>
<tr><td>2000</td><td>2449</td><td>1489</td><td>960</td><td>2816</td><td></td><td></td><td></td></tr>
<tr><td rowspan="4">2001</td><td rowspan="4">17209</td><td rowspan="4">6041</td><td rowspan="4">5968</td><td rowspan="4">10 237</td><td>220</td><td>1/15.7</td><td>1/12</td></tr>
<tr><td>110</td><td>1/12</td><td></td></tr>
<tr><td>35</td><td>3/33.6</td><td>2/2</td></tr>
<tr><td>10</td><td>/56.18</td><td>/0.59</td></tr>
</table>

续表

年　份	本年投资完成（万元）			新增固定资产（万元）	新增生产能力		
	合计	送电	变电		电压（千伏）	线路（条/千米）	变电［台/万千伏·安)］
2002	30 291	11 600	17 682	30 080	220		
					110	3/23.03	3/10.3
					35	6/60.2	7/5.15
					10	/280.43	/7.75

注　1991～1995 年根据扬州供电局计划科《“八五”期间扬州市电力工业统计资料汇编》；1996～2000 年根据扬州供电局电力基本建设及以大代小投资统计年报资料；2001～2002 年根据扬州供电公司电力投资统计年报资料。

第十章　党　　群

第十章　党　　群

中国共产党在扬州供电局（公司）及其所属县（市）供电局（公司）均设有基层组织，各级基层组织在当地中国共产党委员会和上级单位中国共产党组织的领导下，加强党的组织建设和企业的两个文明建设，发挥党组织的政治核心作用，围绕企业中心工作，团结带领企业职工完成本企业供电生产、经营等各项工作任务。

扬州供电局（公司）工会和共青团在中共扬州供电局（公司）委员会的领导下，按照章程开展工作，“推动党的全心全意依靠工人阶级的根本指导方针的贯彻落实”，发挥群众组织的桥梁、纽带和助手作用。扬州市电机工程学会挂靠在扬州供电局（公司），按照电机工程学会章程开展学术研究和科技信息交流活动。扬州供电企业管理协会以供电系统企业管理研究为主，由热心于企业管理研究的科技人员组成。

第一节　共产党组织与工作

中国共产党在扬州供电局（公司）设立的基层组织有中共扬州供电局（公司）委员会、中共扬州供电局（公司）纪律检查委员会、所属县（市）供电局（公司）党委、总支部委员会、支部委员会，以及在各下属单位按照中国共产党章程设立的总支部委员会、支部委员会、党小组。扬州供电局（公司）各级中共组织履行中国共产党章程规定的职责，贯彻落实《中共中央关于加强和改进党的作风建设的决定》《中共中央关于进一步加强和改进国有企业党的建设工作的通知》和省电力公司党委《基层党委工作规则》，以本单位发展为目标，加强党的自身建设、干部管理、离退休干部管理、纪检监察、思想政治工作、精神文明建设、新闻宣传工作，加强对工会、共青团工作以及学会工作的领导，为本企业生产经营活动提供思想、组织、政治保证。

一、中共扬州供电局（公司）委员会

中共扬州供电局（公司）委员会受中共扬州市委员会和中共江苏省电力局（公司）委员会的领导，以马克思列宁主义、毛泽东思想、邓小平理论和“三个代表”重要思想为指导，贯彻执行中共的路线、方针、政策，坚持和执行民主集中制原则，参与企业重大事项的决策，加强领导班子建设和干部管理，加强思想、组织、作风建设，加强基层党组织建设和党员教育与管理，充分发挥党委的政治核心和保证作用，实现企业的全面发展与进步。

组织机构　1962 年 9 月 7 日，经中共扬州地委批准建立中国共产党扬州供电局委员会。至 1990 年底，扬州供电局党委直属基层党组织共有 14 个党支部，有党员 310 人，其中生产工人 92 人，管理干部 114 人，专业技术人员 52 人，其他人员 41 人。有 10 个县

（市）供电局党（总）支部。

1991年，扬州供电局党委下设党委办公室、组织干部科、宣传科、纪委办公室和党校、政校。1993年三项制度改革，设党委办公室、组织干部科、纪委监察室。1999年机构调整，扬州供电局党委下设政治工作部、监察部。2001年5月11日，扬州供电公司挂牌。2001年9月5日，经中共扬州市委批复同意，中共扬州供电局委员会更名为中共江苏省电力公司扬州供电公司委员会。2001年11月18日，扬州供电公司党委下设党委办公室（与总经理工作部合署办公）、纪委办公室（与监察部合署办公）、组织部（与人力资源部合署办公）、宣传部（与思想政治工作部合署办公）、青年工作部（与团委合署办公）、人武部（与保卫部合署办公）。2002年底，扬州供电公司本部共设有党总支部4个，党支部25个，党小组47个，有党员450人。其中，女党员68人，35岁以下108人，大专以上文化程度186人，生产工人71人，管理人员88人，专业技术人员156人。县（市）供电公司共建有党委4个。1990～2002年中共扬州供电局（公司）委员会直属党组织见表10－1。1990～2002年中共扬州供电局（公司）委员会党员构成状况见表10－2。

表10－1　1990～2002年中共扬州供电局（公司）委员会直属党组织状况

单位：个

年　份	基层组织总数	总支部数	支部数
1990	14	0	14
1995	15	0	15
2000	17	1	16
2002	29	4	25

表10－2　1990～2002年中共扬州供电局（公司）委员会党员构成状况

年　份	党员数（人）			年　龄			学　历		
	总计	预备党员	女	35岁及以下（人）	36岁至60岁（人）	61岁及以上（人）	初中及以下（人）	高中、中专（人）	大专及以上（人）
1990	310	0	44	66	213	31	104	146	60
1995	339	11	46	59	215	65	102	164	73
2000	401	2	53	81	223	97	98	175	128
2002	450	10	68	108	216	126	92	172	186

党员代表大会　1990年2月28日～3月1日，召开中共扬州供电局第五次党员代表大会。1998年3月13～14日，召开中共扬州供电局第六次党员代表大会，党员代表88人，实到84人，列席代表16人。扬州供电局党委书记徐金山代表中共扬州供电局第五届委员会向会议作《深入贯彻党的十五大精神，努力提高企业党建工作水平，全面开创我局两个文明建设新局面》的工作报告。会议选举产生中共扬州供电局第六届委员会和中共扬州供电局第四届纪律检查委员会。1990～2002年扬州供电局（公司）领导班子情况见表10－3。1990～2002年中共扬州供电局（公司）委员会成员更迭情况见表10－4。

表 10-3　　1991～2002 年扬州供电局（公司）领导班子情况　　单位：人

类别 年份	干部总数	平均年龄（岁）	文化程度				年龄结构					专业技术职称		
			研究生以上	本科	大专	中专	35 岁以下	36～45 岁	46～55 岁	56～60 岁	61 岁以上	高级	中级	初级
1991	10	51.3	—	3	3	3	-	2	6	2	—	3	4	1
1992	10	52.3	—	3	3	3	—	2	5	3	—	4	5	—
1993	10	53.3	—	3	3	3	—	2	4	3	1	4	5	—
1994	10	54.3	—	3	3	3	—	1	4	3	2	4	5	—
1995	9	52	—	2	3	4	—	2	4	3	—	4	5	—
1996	7	51	—	1	3	3	—	2	2	3	—	2	4	1
1997	7	52	—	1	5	1	—	2	2	3	—	3	3	1
1998	8	49	—	3	4	1	—	3	3	2	—	4	4	—
1999	8	50	—	4	3	1	—	2	3	3	—	4	4	—
2000	6	48	—	4	2	1	—	2	3	3	—	2	4	—
2001	9	44.3	—	7	2	—	—	5	4	—	—	4	5	—
2002	9	45.3	—	8	1	—	—	4	4	1	—	5	4	—

表 10-4　　1990～2002 年中共扬州供电局（公司）委员会成员更迭情况

组织名称	职　务	姓　名	任期时间
中共扬州供电局委员会（五届）	书记	严　忠	1990.03～1995.01
	副书记	高汉清	1990.03～1991.09
	副书记	郑惠民	1991.09～1995.01
	委员	张望崧	1990.03～1991.08
	委员	徐金山	1990.03～1995.01
	委员	俞育良	1990.03～1995.01
	委员	高汉清	1990.03～1992.04
	委员	李学纯	1990.03～1995.01
	委员	商汉清	1990.03～1995.01
中共扬州供电局委员会（五届）	书记	郑惠民	1995.01～1996.11
	委员	徐金山	1995.01～1996.11
	委员	俞育良	1995.01～1996.11
	委员	李学纯	1995.01～1996.11
	委员	商汉清	1995.01～1996.11

续表

组织名称	职　务	姓　名	任期时间
中共扬州供电局委员会（五届）	书记	徐金山	1996.11～1998.03
	委员	俞育良	1996.11～1998.03
	委员	张　军	1996.11～1998.03
	委员	李学纯	1996.11～1998.03
	委员	商汉清	1996.11～1998.03
中共扬州供电局委员会（六届）	书记	徐金山	1998.03～1998.12
	委员	俞育良	1998.03～1998.12
	委员	段书岭	1998.03～1998.12
	委员	吴佑顺	1998.03～1998.12
	委员	张　军	1998.03～1998.12
	委员	李学纯	1998.03～1998.12
	委员	叶安林	1998.03～1998.12
中共扬州供电局委员会（六届）	书记	徐金山	1998.12～2000.10
	委员	季　强	1998.12～2001.05
	委员	段书岭	1998.12～2001.05
	委员	刘人楷	1998.12～2001.05
	委员	张　军	1998.12～2001.05
	委员	李学纯	1998.12～2001.05
	委员	叶安林	1998.12～2001.05
中共扬州供电局、江苏省电力公司扬州供电公司委员会（六届）	书记	何　杰	2001.05～2001.09
	委员	季　强	2001.05～2001.09
	委员	张　军	2001.05～2001.09
	委员	段书岭	2001.05～2001.09
	委员	唐红兵	2001.05～2001.09
	委员	俞金顺	2001.05～2001.09
	委员	陈泰生	2001.05～2001.09
	委员	张　民	2001.05～2001.09
中共江苏省电力公司扬州供电公司委员会（六届）	书记	何　杰	2001.09～
	委员	季　强	2001.09～
	委员	张　军	2001.09～
	委员	段书岭	2001.09～
	委员	唐红兵	2001.09～
	委员	俞金顺	2001.09～
	委员	陈泰生	2001.09～
	委员	张　民	2001.09～

党委建设 扬州供电局（公司）党委中心组1985年建立后，按照电力部党组《关于加强各级党委中心组学习的若干规定》和扬州供电局《党建工作例会制》的规定，坚持每月2次中心组学习，学习的内容主要是各个时期党的方针政策，把理论学习的过程变成统一思想、完善决策、指导工作的过程。党委中心组成员包括党委书记、副书记、纪委书记、工会主席、总工程师、党委委员等，党委书记任组长。扬州供电局（公司）党委半年对县（市）供电局（公司）党委中心组学习情况检查一次，予以通报，对公司本部各党支部中心组的学习不定期抽查，与支部争先创优挂钩。从1988年开始，对原有的党建工作制度陆续进行修订和补充，汇集成党建工作10项制度。1989年初，将10项制度下发给各支部征求意见和试行。1990年，扬州供电局制订《端正党风责任制》，实行分级负责制，规定各级党员干部党风责任制。

根据《中国共产党党内监督条例（试行）》及中共中央纪律检查委员会、中共中央组织部《关于改进县以上党和国家机关党员领导干部民主生活会的若干意见》的规定，中共扬州供电局委员会制订《党内民主生活会制度》，每半年召开一次局（公司）党委民主生活会（扩大到局级党员干部），各级党支部每半年召开一次民主生活会。民主生活会由党委书记主持，联系实际，开展批评与自我批评，制订整改措施，会议记录复制报送上级有关部门。领导班子贯彻执行民主集中制原则，坚持党委会、党政联席会和行政办公会等制度，对关系到全局的重大决策、干部人事任免、重要建设项目和大额资金使用等均经过党委集体讨论，做到“集体领导、民主集中、个别酝酿、会议决定”，对涉及职工切身利益的问题，提交职代会讨论。

1995年成立扬州供电局国有企业领导干部廉洁自律工作小组，印发《扬州供电系统县（市）局、科级以上干部党风廉政建设责任制》《关于加强廉政建设反对腐败的若干规定》和《关于对党员领导干部进行党风廉政教育自查自纠工作的意见》。1998年开始，中共扬州供电局委员会和基层单位党政主要负责人签订党风廉政建设责任书。2000年，制订《扬州供电局党风廉政建设责任制考核细则》《扬州供电局党风廉政建设责任制责任追究办法（试行）》等一系列管理制度。2001年，各县（市）供电公司制订本单位《党风廉政建设责任制考核细则》。2002年，扬州供电公司与所属各基层单位党政负责人签订《扬州供电公司双文明综合承包责任书》，各县（市）供电公司也层层签订《双文明综合承包责任书》，同年3月，扬州供电公司成立监审工作委员会，构建党内监督、行政监督、组织监督、群众监督、经济监督、法律监督的监审体系。

按照《中共中央关于县级以上党政领导班子、领导干部中深入开展以讲学习、讲政治、讲正气为主要内容的党风教育的意见》以及上级党组织的要求，1999年，扬州供电局领导班子成员全部参加了中共扬州市委、省电力公司党委开展的“三讲”教育，并按照上级党委的部署，在全体党员干部中开展以“三讲”为主要内容的党性党风教育。2000年，根据省电力公司党委、扬州市委的部署，扬州供电局开展“三个代表”重要思想集中教育活动，分为准备动员、学习宣传教育和总结3个实施阶段，时间6个月。2001年，根据中央办公厅和扬州市委、省电力公司党委关于在农村开展“三个代表”重要思想学习教育活动的意见和部署，在县（市）供电公司党员干部和乡镇供电所普遍开展了“三个代表”重要思想学习教育活动。各县（市）供电公司学习教育活动的重点是县级供电企业的领导班子和中层干部及乡镇供电所负责人。2002年，扬州供电公司党委组织开展全市乡镇供电所“三个代表”学教活动，并在高邮龙虬供电所召开了“三个代表”学教活动现场会，同年4月完成县级供电企业和乡镇供电所“三个代表”学教活动回访复查工作。高邮龙虬供电所被省电力公司表彰为农村基层供电所“三个代表”学教活动先进单位。

重要决策 1991～2002年，扬州供电局（公司）党委参与本企业若干重大问题决策，发挥政治核心作用。党委支持行政领导行使生产经营决策权，同时对干部管理、“达标、创一流”、创建文明行业、企业发展规划、多种经营等重大问题坚持由党委集体研究决定，保证党的路线、方针、政策和上级党委各项工作部署的贯彻落实。

1991年，在抗击百年未遇的特大洪涝灾害中，扬州供电局党委始终坚持在抗洪救灾第一线，带领职工抢险，确保变电所、线路正常供电；执行市防汛指挥部指示，灵活调度电力，向灾区多供电，党委书记严忠连续几天在电网调度所现场指挥救灾调电。当年扬州供电局被扬州市、国家能源部授予“抗洪救灾先进集体”称号，并荣获全国总工会颁发的“五一劳动奖状”。1992年底，扬州供电局党委决定成立扬州广源实业总公司，使三项制度（劳动、人事、工资）配套改革中从主业精简的人员向多种经营分流，实现精干高效，同时促进多种经营发展。1993年，扬州供电局党委制订《扬州供电局党组织在安全生产中的工作实施计划》，突出党组织对企业安全生产承担的责任。

1996年底，扬、泰两市分设，扬州供电局在全市供电系统开展以“安全优质供用电，人民电业为人民”为主题的创建文明行业活动，成立了以党政主要负责人为组长的创建领导小组和专门工作班子，全面宣传发动，按照创建标准开展工作，全市供电服务工作进入新的阶段。1997～1998年度，扬州供电局（公司）被评为扬州市文明行业。1999～2000年度被江苏省委、省政府授予“江苏省文明行业”称号。1999年扬州供电局在全省供电系统率先改革管理体制，确立以电力营销为中心，以提高企业经济效益为目标的改革思路和体制框架，实现从“政府职能型”向“企业经营型”的转变，党委组织开展历时7个月的“电力走向市场与转变思想观念”大讨论，帮助干部职工统一认识、转变观念，党委以“谈心”方式先后与300多人交流思想，保证了人心稳定、中层干部队伍稳定。2000年9月，国家电力公司命名扬州供电局为1999年度“一流供电企业”。2001年5月，江苏省政府办公厅印发《省政府办公厅转发省经贸委等部门关于江苏省农村供电所人员和农村电工招用工作实施意见的通知》，根据省电力公司部署，扬州供电公司党委以政治思想工作为先导，依靠地方各级政府的支持，严格执行政策条例，实现农电体制改革的平稳过渡。2001年扬州供电局（公司）党委开展“电力市场整顿和优质服务年活动”和“心桥行动”，制订2001～2005年行风建设规划和实施分解方案，广泛动员，全员参与，创新优质服务机制，不断开拓服务工作领域。2002年，扬州供电公司党委开展创建“群众满意农村供电所”活动，要求农村供电所不断提高工作透明度，主动接受群众监督。

基层党组织与工作 中共扬州供电局（公司）委员会下属基层党组织，一是本部直属党（总）支部，由局（公司）党委直接领导和管理；二是所属县（市）供电局（公司）党委（总支、支部），其组织关系隶属于当地县（市）中共党的委员会，人事任免和工作关系隶属扬州供电局（公司）党委。

1991年结合局长换届、干部考评，选拔专职支部书记和副书记8人［其中县（市）供电局2人］，局本部14个党支部，设有专职书记或副书记的为10个，占71.4%，每个支部都设立组织、宣传、纪检委员。10个县（市）供电局有7个设专职书记或副书记。扬州供电局党委定期召开支部书记例会，研究、分析党员和职工的思想状况，对上级布置的重大活动和关系到职工利益的重大事项，预先召开支部书记会议进行传达、布置，每季度为全体党员上一次党课。党委采取党校培训等多种形式对党员进行党性、党纪教育。1991年，中国共产党建党70周年，党委组织“我爱中国共产党”系列活动。1995年，根据中共四中全会“用三年的时间，在全体党员中有计划、有步骤地开展一次建设有中国特色社会主义理论和党章的学习活动”的要求，制订了培训党员三年规划。1995～1996年，扬州供电局党校每年举办3期“学理论、学党章”培训班。1998年，扬州供电局党委被扬州市委评为“党员双学先进集体”，扬州供电局党校1998年被扬州市委命名为“优秀基层党校”，2001年被江苏省委宣传部授予“江苏省优秀基层党校”称号。1999～2002年，组织全体党员收看《中国共产党纪律处分条例》系列录像片，邀请扬州市委党校教授为全体党员讲授“从十一届三中全会到十五届三中全会我国经济社会发展的历史性成就”、“用整风精神深入开展‘三讲’教育”，举办党员干部“三个代表”重要思想学习培训班。各党支部坚持“三会一课”（支部大会、支委会、党小组会、党课）制度，开展“争创先进党支部”、“争当优秀党员”、“党员身边无事故”、“党员责任区”、“我为一流争贡献”等活动。每两年一次民主评议党员，1991～2002年，民主评议党员共7次（2432人·次），共有117人·次被评为优秀党员。500千伏江都变电所党支部每年都被评为先进党支部。

扬州供电局（公司）党委按照“坚持标准、保证质量、改善结构、慎重发展”的方针，严格培养教育、考察、审批程序，制订《入党积极分子手册》，使发展党员的工作规范化、制度化。注重在生产一线、青年工人和知识分子中培养发展党员，把发展党员工作列入党支部目标管理。1991～2002年，扬州供电局（公司）直属单位共发展新党员77人，其中工人23人，35岁以下46人。2002年，中共扬州供电公司委员会下属基层党组织均配置专职书记或副书记，扬州供电公司本部直属党总支4个，党支部25个，县（市）供电公司党委4个。

二、纪检与监察

组织机构　1990年，中共扬州供电局委员会召开第五次党员代表大会，选举产生第三届纪律检查委员会，由5人组成，徐金山任纪委书记。1998年，中共扬州供电局委员会召开第六次党员代表大会，选举产生第四届纪律检查委员会，由5人组成，张军任纪委书记。

扬州供电局1991年设立纪委办公室、监察室，设纪委书记1人、监察室主任1人、专职纪检员1人、纪检干事2人、监察人员3人；全局［含县（市）供电局］共有纪检干部18人。1993～1998年设立纪委监察室。1999年改名为监察部，共4人。2001～2002年设立纪委办公室、监察室。所属各县（市）供电局1994年开始设纪检员、监察员，2001年7月以后，设立纪律检查委员会和综合监察部，设纪委书记和监察部主任各1人。

党风廉政建设 1991年，举办党员中层干部、入党积极分子党纪培训班，共6期，每期脱产学习6天，共313人接受培训。1993年，学习江泽民在中纪委二次全会上的讲话以及邓小平关于反腐败论述，扬州供电局100多名中层干部集中学习，发放学习材料3000多册，从当年9月中旬开展自查自纠行动，共查出清退各种礼券、回扣等折款30多万元，局领导与科室领导干部通过自查自纠共查出回扣和礼品券等折款6600元，其中局领导1160元，有2名干部主动向纪委交了在下属单位报销的2700元住房装修费。修订完善《关于进一步加强领导班子思想作风建设的意见》《关于进一步加强会议活动和接待工作管理的规定》《关于开展行风检查和优质服务的工作意见》《关于加强廉政建设反对腐败的若干规定》《扬州供电局党委关于党风廉政建设责任制》等规章制度。1994年，全局清理公费购买摩托车107辆，折款287 500元，以电谋私行为7件，计11 300多元，全部处理。1996年，扬州供电局开展弘扬勤政廉政、无私奉献为主要内容的反腐倡廉、优质服务活动，宣扬全系统行风廉政建设的典型，从3月8日～5月1日，共巡回演讲12场。1996年起，扬州供电局党政工领导执行《关于党政机关县（处）级以上领导干部收入申报的规定》，申报事项由组干科归口管理，纪委监督。1998年起执行礼品登记、重大事项报告、对重点岗位任职的中层干部廉政提醒谈话制度；同年将移动电话132部（企业资产，个人使用）全部折价给个人，收回折价款14.5万元，每年约减少企业电话费支出20万元；将住宅电话61部（企业资产，个人使用）全部过户给个人，收回折价款2.82万元，每年约减少企业电话费支出16万元。2000年，建立健全《扬州供电局党风廉政建设责任制考核细则》《扬州供电局党风廉政建设责任制追究办法（试行）》等制度，建立领导干部离任审计制度，实行公开招聘管理岗位人员和干部任前公示制。2001年，制订《扬州供电局党风廉政建设和反腐败工作五年规划》《关于加强对党员、管理人员八小时以外的活动实施监督管理的暂行办法》，同年，扬州供电公司利用局域网开通“政工网上行”纪检监察网页。

行风建设 1991～1995年，扬州供电局对农村电费、电价的管理进行检查，稳定农村电费电价。1992年，靖江县24个乡镇农村照明电价均控制在每千瓦·时0.29元以下。1994年，在坚持推广“五统一”（统一电价、统一发票、统一抄表、统一核算、统一考核）的同时，又实行了“四不准（不准自行定价、不准价外加价、不准乱摊派、不准乱集资）、三禁止（禁止无票收费、禁止白条收费、禁止村电工和村干部无表用电）、两公开（电价标准公开、农户电费每月张榜公布）、一监督（接受农民监督）”的监督制度。

从1993年10月起，扬州供电局开展供电优质服务活动。1995年，贯彻电力部《供电文明服务用语》，制订《扬州供电局服务忌语》和《行风责任制奖惩条例》，聘请社会各界行风监督员470名，完善监督网络。1996年，开展农电“三为”服务活动，把解决用电中的报装难、接电难、流程慢等问题作为优质服务的重点，建立“一口对外，一条龙服务”体系，共举办各种类型优质服务活动170次，参加人数1338人·次。1997年向社会公开八项服务承诺，开展农电“三为”服务活动126次，共1646人·次参加，为农户办实事19435件。1998年开始全面推行规范服务，实施挂牌上岗制、首问负责制、服务承诺制、投诉举报制、明查暗访制、“一把手”负责制等，建成了一批服务规范的示范“窗口”。2001年，开展“电力市场整顿和优质服务年活动”和“心桥行动”，制订2001～2005年行风建设规划和实施分解方案。2002年，农村供电所开展创建“群众满意农村供电所”活动。2002年扬州供电公司获江苏省服务质量奖、全国电力行业用户满意服务单位。

效能监察 1995年对废旧物资处理、资金外借监督，收缴回扣和下浮款127.4万元。1996年成立以局长为组长，分管副局长、纪委书记为副组长的执法监察领导小组，开始参加重大事故的调查处理和电力工程项目监察，公布监督电话，设立举报箱，通过营业普查发现偷漏电费200多万元，对7名当事人给予纪律处分。1997年开始对开工项目报建率和招投标率进行监督。1999年成立城乡电网建设和改造工程执法监察领导小组，下设办公室，负责日常工作，各县（市）供电局也成立相应的工作机构，对工程项目的实施情况进行监察。2000年对5个县（市）供电局农网改造物资招投标情况进行检查、资金使用情况进行专项审计。2002年逐步建立完善廉政准入制度，在物资采购、工程建设等事项，与物资供应商、施工企业、项目承包单位签订廉政协议书。扬州供电公司监察部设立经济稽查人员，对各种业务费的收取、承诺服务、营业流程执行情况及用电检查、抄表情况等进行稽查。2001年制订《经济稽查工作职责》和《用电营销稽查工作规范》，建立经济稽查台账。

案件查处 1991～2002年，扬州供电局（公司）纪委、监察室共受理各种类型举报、信访件529件，立案查处49件，受处分人数52人。其中行政警告7人，行政记过9人，行政记大过6人，行政降级7人，撤销职务7人，开除留用察看6人，刑事处分5人，党内警告4人，党内严重警告4人，留党察看2人，开除党藉3人。扬州供电局个别主要领导人利用职务之便，先后7次非法收受人民币51 000元，构成受贿罪，被判处有期徒刑3年。

中共扬州供电局（公司）纪律检查委员会、监察室（部）1994年1月被江苏省委、省政府授予“先进纪检监察组织”称号。1994年9月被电力工业部表彰为“电力工业部纪检监察工作先进集体”。1999～2002年，连续被省电力公司党委评为“党风廉政建设先进单位”和“纪检监察先进集体”。

三、干部管理

管理体制 根据省电力局“改革干部管理体制，采取分级管理，原则上只管下一级”的精神，扬州供电局（公司）处级干部由省电力局（公司）管理，对处级干部的考核与任免以省电力局（公司）党委为主，在征求中共扬州市委的同意后执行。扬州供电局（公司）科级以下干部的考察、任免由中共扬州供电局（公司）委员会管理。对所属各县（市）供电局（公司）领导班子的考核与任免以扬州供电局（公司）党委为主，在征求所在地县（市）中共党委的同意后执行。1991年1月30日，扬州供电局党委制订《扬州供电局干部管理暂行办法》，对干部的培养、教育、考察、职务任免以及干部调配、大中专生和军队转业干部的接收分配和安置、干部离休、退休等均作了明确规定。1993年6月30日，扬州供电局制订《扬州供电局干部考试考核办法》。1993年7月15日，扬州供电局制订《扬州供电局干部聘（任）用管理办法》，公开干部岗位、任职条件、职责范围、待遇，双向选择，择优聘用，按干部管理权限逐级聘（任）用，局长（局党委）与中层干部签约，部门主要负责人与一般管理干部及专业技术干部签约，中层干部与局领导班子聘期相同，一般管理干部及专业技术干部聘任期为两年。1999 年开始，对所属县（市）供电局（公司）党政“一把手”的任免，按“报省电力公司党委、省电力公司批复”的规定执行。

考察任免 中共扬州供电局（公司）委员会对本部中层干部和县（市）供电局（公司）领导班子一般每年进行一次年度考核，对职务任免和聘任期满的干部进行综合考察。坚持每年一次民主评议干部制度。

1991 年 6 月，扬州供电局实行局长负责制第一届任期届满，当年 9 月，省电力公司党委、省电力局对扬州供电局领导班子进行了调整充实。扬州供电局党委对 10 个县（市）供电局、9 个直属生产单位、22 个职能科室的领导干部进行考察、民主测评和调整，10 个县（市）供电局的领导干部，调整 3 人，提拔 6 人；9 个直属生产单位的领导干部调整 2 人，提拔 14 人，撤销职务 2 人；22 个职能科室调整 8 人，提职 20 人。中层干部合计调整 13 人，提职 40 人（其中新进入中层的 17 人），撤销职务 2 人。1996 年底分设扬州供电局和泰州供电局。扬州供电局新一届领导班子组成，对仪征、江都、高邮、宝应、邗江 5 个县（市）供电局领导班子和直属各单位中层干部进行考核、调整、换届。

1998 年制订《关于科（局）级领导干部选拔任用工作暂行规定》。1999 年，扬州供电局加大中层干部交流的力度，首次从县（市）供电局抽调 3 名科、股级干部担任扬州供电局部门负责人，原有中层干部有 16 人进行易岗交流。2000 年，对拟聘用的干部一律进行任前公示，接受职工群众的监督，在干部使用过程中，按有关程序跟踪管理。2001 年，根据省电力公司推进干部交流、改善班子结构、加大选拔培养年轻干部［县（市）供电局可设置局长助理岗位］、干部能上能下的原则，扬州供电公司本部和县（市）供电公司领导班子调整，共异地交流中层干部 17 人，提拔 54 人，因各种原因免职 15 人。

干部调配 扬州供电局（公司）调进干部以大、中专毕业生和军队转业干部为主。每年向省电力局（公司）编报各专业大、中专毕业生需求计划，并按照下达的指标接收毕业生。军队转业干部接收安置，严格按照与地方人事部门协调的计划数接收。选拔优秀工人充实到干部岗位，受聘期间享受同职务干部的待遇，解聘后不保留其聘用期的待遇。1993 年三项制度改革后，扬州供电局执行省电力局 1993 年 113 号文件《关于重申干部调配制度的几项规定》，大、中专毕业生分配仍实行省电力局统一分配，不能自行接收计划外毕业生，系统以外的干部调入需报省电力局审批，在职干部不能借调到外系统工作，已借出的必须返回或办理调出手续，新建工程项目筹建处或工程投产后干部配备，原则上由省电力局在系统内统一协调解决，未经组织同意，自行在外单位工作的干部，不搞停职留薪，办理调出手续。1991～2002 年，扬州供电局（公司）共接收分配大、中专毕业生 323 人，调进干部 57 人（其中转业干部 49 人），调出干部 20 人。

后备干部队伍建设 1995 年国家能源部党组印发《关于加强与改进后备干部工作的通知》，省电力公司制订了《厂（处）级后备干部工作的管理办法（试行）》，规定处级后备干部与现职处级干部的配备比例为 2∶1、正职为 3∶1，后备干部年龄最大不超过 45 周岁，35周岁以下的不少于2/3，一般为大专以上学历。选拔后备干部首先在广泛听取群众意见的基础上提出人选，由组织干部部门考核，经党政领导班子集体讨论通过，按干部管理权限经主管部门同意后列入后备干部名单。1996年底扬州供电局对各县（市）供电局领导班子和直属各单位中层干部进行考核换届、调整的同时，按照正职1∶3，副职1∶2的比例调整充实后备干部队伍，制订后备干部选拔培养规划，形成近、中、后期三级后备干部梯队。填写后备干部年度考核表，建立后备干部档案，每年向省电力公司上报后备干部名单和档案材料，对后备干部实行跟踪考核，并适时进行调整充实。对后备干部采取轮岗换岗锻炼、异地交流任职等方式培养，或选派到党校参加系统学习，提高后备干部政治理论水平。后备干部名单由组织部门掌握，不向本人和群众公开。

专业技术干部 1990年底，扬州供电局专业技术干部共782人，占干部总数（1131）的69%，其中工程技术干部553人。1992年5月24日，经省电力局批复同意，扬州供电局成立工程师评审委员会，负责本单位的工程师任职资格评审。1994年11月29日，省电力局印发《江苏省电力工业局关于1994年度专业技术职务评聘工作的意见》，规定专业技术干部评审范围包括高级统计师、主任医师、教授、副教授、教授级高工、高级讲师报国家能源部评审；高级会计师（审计师）、高级经济师、副主任医师、馆员报华东电业管理局评审；高级工程师、工程师、经济师、统计师、教育卫生系列中级和初级技术职务、政工系列高级和中级技术职务、图档和新闻系列初级技术职务报省电力局评审；市级供电局评定的初级技术职务人员须报省电力局审核批准。1995年实行评审与聘任分开，评审任职资格时，不再实行指标控制。1996年10月31日，省电力局通知，不再进行经济、会计（审计）和统计系列中、初级专业技术职务任职资格的评审，一律参加全国统考。从1999年开始，由国家电力公司统一负责组织评定专业技术资格，对专业技术人员的管理和专业技术资格认定纳入本单位的日常管理工作，不单独设立领导小组，打破工人和干部身份界限，评定专业技术资格不再受个人身份和指标限制，实行专业技术资格和专业技术职称评、聘分开，初级专业技术资格认定由本单位依据《国家电力公司系统专业技术资格审查办法（试行）》和《国家电力公司系统专业技术资格考核认定（确认）办法（试行）》执行，晋升中、高级专业技术资格报省电力公司统一参加国家电力公司人才评价指导中心组织的评审。2002年底，扬州供电公司有专业技术干部共688人，占干部总数的81.13%，同年，扬州供电公司有2人被批准为省电力公司工程技术类三级专家。

干部档案 干部档案实行分级管理。扬州供电公司处级干部档案由省电力公司人力资源部（组织部）管理，科级干部和一般管理干部的人事档案由扬州供电公司人力资源部（组织部）管理。1999年扬州供电局本部干部档案达到三级标准，所属县（市）供电局干部档案，邗江供电局同年达到三级标准，2000年仪征供电局、江都供电局和高邮供电局达到三级标准。扬州供电局专业技术干部业务考绩档案建于1989年，主要内容包括基本情况、培训进修学习情况登记、本人述职、完成的主要专业技术工作、创造发明及成果登记、著作论文及重要技术报告登记、工作失误、失职情况登记、其他考核测验登记及考核鉴定。评定为初级和中、高级职称人员的资料，按规定归入个人人事档案和专业技术档案。

离退休干部情况见第八章第四节职工结构。

扬州供电局1990年底有干部1131人［其中局本部395人，各县（市）供电局736人］。2002年底，扬州供电公司有干部848人［其中公司本部459人，各县（市）供电公司389人］。848名干部中有专业技术干部688人，占干部总数的81%；专业技术干部中，有高级职称21人，中级职称209人，初级职称527人。848名干部中有管理人员160人，正、副科长及相当职务144人；干部平均年龄39.69岁，大专以上文化程度占62%。1991～2002年扬州供电局（公司）干部结构情况见表10-5。1991～2002年扬州供电局（公司）各类专业技术人员情况见表10-6。

表10-5　　1991～2002年扬州供电局（公司）干部结构情况　　单位：人

年份	干部总数	性别		政治情况			文化程度				处级干部	科级干部	其他干部
		男	女	共产党员	共青团员	民主党派	研究生	本科	大专	中专			
1991	1209	1041	168	575	163	3		121	255	424	11	142	1056
1992	1263	1093	170	604	184	3		125	281	430	10	157	1096
1993	1279	1078	201	537	163	3		130	309	440	11	135	1133
1994	1267	1057	210	521	196	5		143	314	466	10	123	1134
1995	1271	1048	223	535	151	5		149	341	448	9	125	1137
1996	1380	1141	239	608	186	4	1	175	356	433	9	119	1252
1997	848	690	158	346	87	4		127	248	259	7	106	735
1998	823	659	164	328	92	4		136	257	232	8	106	709
1999	836	668	168	341	93	3		146	268	229	8	107	721
2000	832	657	175	335	105	3		156	276	222	8	99	725
2001	823	644	179	327		2		174	289	200	9	112	701
2002	848	649	199	322		2		198	325	184	9	144	695

注　本表根据扬州供电局（公司）干部统计年报表制作。

四、思想政治工作

中共扬州供电局（公司）委员会贯彻执行《中共中央关于加强和改进企业思想政治工作的通知》《中共中央关于加强和改进思想政治工作的若干意见》，制订了《中共扬州供电局委员会关于当前加强和改进企业思想政治工作的若干意见》。通过创建文明单位、文明行业等载体，把思想政治工作融入两个文明建设中。思想政治工作为建立良好的人际关系和工作环境发挥相应的作用。

政治理论学习　1991年，扬州供电局组织职工学习《社会主义理论与实践讲座》、江泽民在纪念中国共产党诞生七十周年大会上的讲话。1992年，学习新宪法、《全民所有制工业企业转换经营机制条例》《关贸总协定》《涉外经济合同法》等。1993年进行中共基本路线的再教育，干部学习《建设有中国特色社会主义理论与实践》《社会主义市场经济

表 10-6　　1991～2002 年扬州供电局（公司）各类专业技术人员情况　　单位：人

类别 / 年份	专业技术人员总数	工程技术				会计 经济 统计				医卫人员				图书档案文博人员				新闻出版人员				政工人员			
		高级	中级	初级	合计	高级	中级	初级	合计	高级	中级	初级	合计	高级	中级	初级	合计	高级	中级	初级	合计	高级	中级	初级	合计
1991	856	19	198	292	636	—	22	136	182	—	4	11	23	—		13	13	—	—	2	2	—	—	—	—
1992	971	24	200	330	655	—	22	135	186	—	3	11	20	—		13	13	—	1	2	4	1	21	71	93
1993	907	24	186	357	587	—	32	162	205	—	7	13	21	—	1	12	13	—	1	2	4	1	18	58	77
1994	965	21	189	401	659	—	19	139	182	—	7	13	21	—		13	13	—	—	2	3	1	17	69	87
1995	976	24	179	424	656	—	22	146	189	—	8	13	21	—	1	13	14	—	—	2	3	—	16	77	93
1996	1075	23	210	398	706	—	22	152	204	—	8	12	22	—	3	10	13	—	—	2	3	—	33	94	127
1997	710	19	178	199	474	—	15	86	133	—	8	7	17	—	2	6	8	—	—	2	2	2	25	49	76
1998	693	15	163	190	455	—	14	83	138	—	7	7	16	—	2	8	10	—	—	2	2	2	27	43	72
1999	707	13	157	202	462	—	15	81	142	—	8	7	17	—	2	8	10	—	—	2	2	3	27	44	74
2000	719	12	185	189	479	—	15	83	136	—	8	7	17	—	2	10	12	—	—	2	2	3	27	43	73
2001	705	14	167	221	466	—	14	86	127	1	7	6	16	—	2	11	13	—	—	2	2	4	27	50	81
2002	688	17	156	242	451	—	18	83	127	1	6	6	15	—	2	11	13	—	—	1	1	3	27	51	81

注　本表根据扬州供电局（公司）干部统计年报表制作。

知识讲座》，工人学习《转换机制，走向市场，建设扬州》《全民所有制工业企业转换经营机制条例》《企业法》。1996 年，学习《抓好国有企业改革这个中心环节》《坚持物质文明和精神文明共同进步》《中共中央国务院关于加强社会治安综合治理的决定》《中共中央关于加强社会主义精神文明建设若干重要问题的决议》。1997 年，学习《供电职工职业道德规范》《电业职业道德》《电业优良传统教程》3 本书。1999 年，学习《认清形势、转变观念、积极推进电力企业改革》宣传材料，开展“电力走向市场与转变思想观念”大讨论。2001 年，在职工中开展“法轮功”邪教的性质、对人心灵的毒害、对家庭和社会的危害等教育活动，使全体职工在思想上认清“法轮功”邪教反人类罪行，划清界限，坚决反对。2002 年，学习《公民道德建设实施纲要》《职工文明行为规范》《安全生产法》等。

思想政治教育 1991 年，根据全国总工会《关于在企业职工中进行基本国情与基本路线教育的通知》，扬州供电局开展“热爱社会主义祖国”的教育，全局 500 多名青年工人全部轮流培训。1992 年，教育职工正确对待第二职业。1993 年，三项制度改革，开展劳动用工制度改革、分配制度改革等方面的专题教育。1994 年，开展“创企业精神，树主人翁形象”主题教育活动。1995 年，世界反法西斯战争和中国抗日战争胜利 50 周年，扬州供电局组织党员、青年参观史料展览，进行爱国主义教育。1997 年 7 月 1 日，香港回归中国，扬州供电局开展“爱祖国迎回归”为主题的爱国主义教育。1999 年，国庆 50 周年，澳门回归中国，扬州供电局组织丰富多彩的文艺节目，举办扬州电力发展成就图片展览。2000 年开展“学政治、学法规、学技能”活动，举办“三个代表”、“双思”（致富思源，富而思进）、“221－500”（国电公司的战略定位：成为控股型、经营型、现代化、集团化管理的国际一流企业，跻身全球 500 强企业行列）知识竞赛。2002 年，开展“争创文化型城市，争建学习型单位，争做知识型员工”主题教育活动。扬州供电局（公司）围绕安全生产抓安全思想教育。制订各级党组织书记、工会主席、团委书记和党群口各部门安全思想教育到岗到位要求。支部开展“党员身边无事故”活动，工会组织“安全在我心中”巡回演讲和以安全生产为主题的文艺演出、安全知识竞赛，团委建立“青年监督岗”，开展“我为安全献一计”和“岗位成才”等活动。

思想政治工作研究 扬州供电局职工思想政治工作研究会成立于 1986 年 4 月，是中共扬州供电局委员会领导下的群众性团体，省电力职工思想政治工作研究会和扬州市职工思想政治工作研究会的团体会员，业务上受其指导。1993 年 8 月 3 日召开研究会年会，修改通过研究会章程，改选了理事会理事，理事会成员 37 人，研究会下设思想工作研究组、党建工作研究组、青年工作研究组。1997 年 7 月 29 日召开研究会年会，改选了理事会理事，理事会成员 34 人。1999 年 9 月 27 日召开研究会年会，改选了理事会理事，理事会成员 26 人。职工思想政治工作研究会每年召开年会，主要内容是交流企业思想政治工作的形式、方法，论文汇编成册。

五、精神文明建设

（一）工作规划

1995 年，扬州供电局召开思想政治工作暨精神文明建设会议，制订《扬州供电局 1995～1997 年精神文明建设规划》《扬州供电局加强和改进思想政治工作的意见》。1997

年，制订《扬州供电局1996～1998年精神文明建设规划》。1998年，修订《扬州供电系统创建双文明单位考核实施细则》。2001年，制订《扬州供电公司“十五”职业道德建设规划》《扬州供电局精神文明建设发展规划（2001～2005年）。2002年，制订《精神文明建设考核办法》和《精神文明建设“事故”调查分析和责任考核办法》，明确各级领导对精神文明建设所负的责任。

（二）职业道德建设

1994年，扬州供电局开展市场经济条件下职业道德建设工作，制订《扬州供电局职业道德建设实施意见》《扬州供电局为用户服务十不准》等规章制度，对22个主要岗位和工种职业道德行为有明确的要求，经过职代会审议通过，在《扬州供用电报》公布。举办征文和职业道德知识竞赛。1996年底开展“为人民服务，树行业新风”活动，范围主要是农村供电所、电力管理站，以及城镇用电营业部门，倡导为用户提供热情服务。2001年，学习宣传《公民道德建设实施纲要》，制订《扬州供电局职工行为规范》，根据“纲要”精神，开展评比“季度职工明星”、“家庭美德典型”、“职业道德典型”、“社会公德典型”活动。2002年，扬州供电公司制订《职工文明服务行为规范》，以及职工社会公德、职业道德、家庭美德规范，评选“十佳社会公德标兵”、“十佳职业道德标兵”、“十佳家庭美德标兵”。

（三）创建活动

当文明职工 扬州供电局1995年开展争当文明职工活动。1998年制订“争当文明职工活动”实施意见，要求职工遵守文明言行、环境卫生、服务质量、交通秩序4个方面的规定。2000年，制订《文明单位、文明职工考核细则》。2001年，制订《职工文明行为规范》，拍摄《十项常规行为规范示范片》，成立职工文明行为规范督查组，对各单位执行情况抽查考核，上网公示，并开展文明职工和双文明明星评选。从2002年开始评选十佳社会公德、职业道德、家庭美德标兵。

创建文明单位 扬州供电局（公司）创建文明单位，以提高企业综合素质为目标，制订创建标准，从上往下层层推进创建活动。1991年以后，扬州供电局（公司）根据省电力局建设双文明单位的规定，多次制订和修改扬州供电局（公司）双文明单位评选办法和条件、实施细则、考核办法，每年对所属各部门和单位进行考核、评选、表彰或命名，同时接受上级部门的检查和考核。扬州供电局（公司）1992～1995年、1997年、1999～2002年被省电力公司党委、电力局（公司）、电力工会命名为“江苏省电力系统双文明单位”。1994、1995年被电力工业部命名为“全国电力系统双文明单位”。被国家电力公司命名为1996～1997年度、1998～1999年度、2000～2001年度“国家电力公司双文明单位”。1994年、1995年、1997年、1999～2000年度、2001～2002年度，被江苏省人民政府授予“江苏省文明单位（行业）”称号。

创建文明行业 以扬州供电局（公司）为整体开展的创建文明行业活动。重点是转变行业作风，倡导为用户提供优质服务，为社会经济发展提供电力保障。农村供电所、电力管理站以及城镇用电营业部门等窗口单位开展争创各级“示范窗口”活动。

扬州供电局1996年底开始在全市供电系统开展“安全优质供用电，人民电业为人民”

创建活动。1997年，江苏省文明委、省电力局联合下发《关于在全省电力系统深入开展创建文明行业的实施意见》，扬州供电局与扬州市精神文明建设活动委员会办公室、市廉政建设领导小组办公室联合下发《关于在全市供电系统深入开展创建文明行业的实施意见》。扬州供电局成立创建文明行业活动委员会，下设办公室，负责日常工作。1997年7月29日，扬州供电局召开“讲文明、树新风、创文明行业动员大会”。按照电力部文明示范窗口10条标准，首先确定扬州市区供电所和江都市昌松乡电力管理站为示范“窗口”，以点带面，推动发展。1997年5月，省电力局确定高邮市龙虬电力管理站为全省农电服务示范站。县（市）供电局确定城区和农村各1个示范“窗口”。高邮市龙虬电力管理站在创建活动中健全31项管理制度，13项岗位规范，20项公布项目、15项考核办法。江都市昌松电力管理站承诺服务实行“六化”目标管理。1998年，扬州供电局建成部、网（华东电力集团公司）、省级示范窗口3个，市级示范窗口8个。2000年，建成部、网、省级示范窗口3个，局（省电力局）级32个，市级21个。2002年，建成部、网、省级示范窗口4个，局（省电力局）级示范窗口32个，市级示范窗口21个，扬州供电公司示范窗口62个。全市105个乡镇供电所全部建成文明供电所，82个供电所建成为规范化管理供电所，占80%。2001年，开展“电力市场整顿和优质服务年”活动及“心桥行动”，是创建活动的深入发展，要求职工牢固树立客户至上观念，恪守“始于客户需求，终于客户满意”服务理念，以优质、方便、规范、真诚的服务满足客户需求。开通了全省统一服务电话和全国统一服务电话。

六、企业文化建设

1990年，扬州供电局开始“双达标”活动，在职工中倡导“敢为人先、勇于开拓”的精神，努力为企业达标作贡献。1994年以后，开展“创企业精神，树主人翁形象”、“勇于拼搏，团结奉献，严细求实，争创一流”、“竞争求发展，创新当先行”企业文化活动。随着对企业文化建设不断探索研究，扬州供电局企业文化建设引入以人为本的管理思想，拓宽企业文化的内涵，以开拓创新的精神，促进企业管理水平的提高。1996年开展企业文化建设研讨活动。1997年举办职工文艺调演并进行评选。1998年举办首届职工艺术节和首届职工运动会。2000年在全体职工中开展“精干、高效、协调、统一”大讨论活动，宣传现代经营理念。2001年，按照省电力公司企业文化建设规划要求，制订了《扬州供电公司企业文化建设2001～2005年规划》。2002年，导入省电力公司企业文化理念，统一企业标牌，统一营业厅门面，统一抢修车、工程车外观，统一在办公用品上引入企业标识。

2002年，中共扬州供电公司委员会按照中共十六大提出的“形成全民学习、终身学习的学习型社会，促进人的全面发展”的要求，以及《江苏省电力公司关于建设学习型企业的指导意见》，开展职工读书活动和创建学习型企业活动。教育和引导职工树立正确的世界观、人生观、价值观，努力学习科学技术知识，鼓励职工岗位成才。

七、新闻宣传

扬州供电局（公司）新闻宣传对内沟通交流信息，对外宣传行业动态、政策、供电服务等，是行业与社会沟通联系的重要途径。

1988年4月4日成立《江苏电力报》扬州市记者站，与扬州供电局新闻通信站合署办公，挂靠局办公室。1990年，各县（市）供电局和扬州市区供电所设立新闻通信站。1992年，扬州供电局创办《信息简报》和《电力情况简报》两种内部交流读物。1993年12月22日，扬州供电局成立《扬州供用电报》社，建制为科级，编制5～6人，编委会由18人组成，局长任编委会主任兼社长，党委书记、办公室主任任编委会副主任兼副社长，办公室主任兼任总编，设副总编1人。1994年1月1日，《扬州供用电报》正式创刊、出版、发行，江苏省新闻出版局批准刊号“苏新编JSBX”。《扬州供用电报》每星期出版1期，每期4版，内容以行业动态、行业新闻、供电优质服务、安全供用电知识普及为主，摄影、书法、文艺作品为辅。发行范围为扬州供电系统、大用户及省内外有关供电局。各县（市）供电局、市区供电所成立《扬州供用电报》记者站，隶属于行政办公室，建立健全新闻报道网络。

《扬州供用电报》是扬州供电局（公司）新闻宣传的重要载体，也是全市电力新闻宣传的主渠道。1994年，《扬州供用电报》配合局职业道德建设活动，开辟“道德建设专栏”，宣传职业道德建设中涌现出来的先进人物、先进事迹。1996～1998年，以供电优质服务、“窗口”建设为主要宣传内容。1998～2000年，以城乡电网改造、“两改一同价”为主要宣传内容。每年出版52期，刊发稿件约2000篇。2001年起，《扬州供用电报》不再印刷，改为电子版在局域网传播，归口思想政治工作部（党委宣传部）。

扬州供电局（公司）对外发稿以“三报”（江苏电力报、华东电力报、中国电力报）为主，1992年“三报”用稿为502篇，省级报刊（广播电台）60篇，市级报刊（广播电台）367篇。1998年，“三报”用稿265篇，省级报刊（广播电台）185篇，市级报刊（电台、电视台）665篇。2002年，《扬州供用电报》与《扬州晚报》合办“电与社会”栏目，每月1版，全年共12期。2002年全公司在市级及以上报刊（电台、电视台）发表文章1050篇。

第二节　群　众　组　织

扬州供电局（公司）工会是中共扬州供电局（公司）委员会领导下的群众组织，同时受扬州市总工会和江苏省电力工会领导。贯彻执行“推动党的全心全意依靠工人阶级的根本指导方针”，履行“维护、参与、教育、建设”4项职能，建立职工代表大会制度，动员和组织全体职工参与企业的民主管理。共青团扬州供电局（公司）委员会是中共扬州供电局（公司）委员会领导下的青年群众组织，同时受共青团扬州市委员会和共青团江苏省电力局（公司）委员会领导。共青团组织担负对青年职工“教育、带领、维护”的职能，组织青年带头开展生产突击活动、形式多样的文明创建活动，发挥党组织的助手作用。扬州市电机工程学会是扬州市企业电机工程技术人员自愿组成的学术性群众团体，挂靠在扬州供电局（公司），按章程开展学术交流、课题研究、科学技术的推广、普及、应用等，促进科学技术进步发展。扬州供电企业管理协会在扬州供电局党委领导下，按照“服务、研究、交流、提高”的宗旨开展工作。

一、扬州供电局（公司）工会

扬州供电局（公司）工会贯彻执行《企业法》《工会法》《全民所有制工业企业职工代表大会条例》，把全心全意依靠工人阶级、加强民主管理、落实好职代会4项职权作为工会工作的重点。履行对基层工会的领导、指导、协调职能，为基层工会和职工服务。扬州供电局工会第六届期间（1986～1997年），被扬州市总工会授予“八五”建功立业先进单位称号。1991年10月28日，被全国总工会授予抗洪救灾“五一”劳动奖状。被扬州市总工会、省电力工会评为民主管理先进单位。连续3年被省电力工会评为“达标、创一流”工会竞赛先进单位。被扬州市总工会、江苏省总工会、省电力工会、华东电力工委授予“先进职工之家”、“模范职工之家”称号。扬州供电局工会第七届期间，被省电力工会授予“1999年度江苏省电力系统先进基层工会”、“江苏省电力系统工会生产保护工作争先创优先进单位”、“2000年度先进基层工会”、“2002年先进基层工会”。被扬州市企务公开协调小组办公室评为“2000年度推行企务公开先进单位”，被扬州市总工会授予“2000年度市直产业（系统）工会目标管理先进集体”。被江苏省总工会评为“安康杯”竞赛活动先进单位。被中国能源化学工会华东电力工作委员会评为“1999～2001年度华东电力系统工会劳动保护先进集体”。2002年被省、市总工会授予劳动保护先进集体称号。

（一）组织建设

扬州供电局（公司）工会会员代表大会选举产生工会委员会、经费审查委员会、女职工委员会。工会委员会选举产生工会主席、副主席（中共扬州供电局（公司）委员会提名）。

1989年7月，扬州供电局召开第六次工会会员代表大会。

1997年7月10～11日，扬州供电局召开第七次工会会员代表大会，会员代表共126人，列席代表20人，特邀代表6人；会议审议通过扬州供电局工会第六届委员会工作报告、经费审查报告，选举产生第七届工会委员会、经费审查委员会；李学纯当选为工会主席，刘维鹏当选为工会副主席，黄泰当选为经费审查委员会主任。1997年9月12日，工会第七届女职工委员会第一次会议选举徐健为女职工委员会副主任。

2001年5月22日，扬州供电局（公司）召开第七届工会委员会会议，选举张民为工会主席。2001年10月31日，扬州供电局（公司）召开第七届工会委员会会议，选举王宝翔为工会副主席。2001年8月15日，工会女职工委员会召开会议，选举戴乐平为女职工委员会主任。

2002年2月5～6日，扬州供电公司召开第八届工会会员代表大会，会员代表共132人，列席代表13人；会议审议通过扬州供电局（公司）工会第七届委员会工作报告、经费审查报告，选举产生第八届工会委员会、经费审查委员会、女职工委员会；张民当选为工会主席，王宝翔当选为工会副主席，吴鸿当选为经费审查委员会主任，戴乐平当选为女职工委员会主任。

扬州供电局（公司）工会委员会批准设立下属基层分工会。1991年直属单位基层分工会共13个，工会小组99个；县（市）供电局工会共10个。2001年开始，县（市）供电局工会可根据规定设立下属分工会。2002 年直属单位基层分工会共 17 个，县（市）供电公司工会共 4 个。1991～2002 年扬州供电局（公司）工会领导人更迭情况见表 10－7。1991～2002 年扬州供电局（公司）工会组织情况见表 10－8。

表 10－7 1991～2002 年扬州供电局（公司）工会领导人更迭情况

职务	姓名	任期时间
工会主席	李学纯	1986.08～2001.05
工会主席	张 民	2001.05～
工会副主席	刘维鹏	1991.02～2000.01
工会副主席	王宝翔	2001.11～

表 10－8 1991～2002 年扬州供电局（公司）工会组织情况

年份	局（公司）直属单位分工会组织		县（市）局（公司）工会组织	
	组织个数	会员人数	组织个数	会员人数
1991	13	1126	10	4014
1992	13	1127	10	4029
1993	13	1190	10	3976
1994	13	1105	10	3909
1995	13	1085	10	3890
1996	13	1077	10	3866
1997	14	1067	5	1718
1998	15	1011	5	1654
1999	16	1010	5	1641
2000	17	994	5	1659
2001	17	1008	4	1592
2002	17	1246	4	1334

（二）民主管理

职工代表大会 扬州供电局 1987 年 6 月第三届职工代表大会第一次会议审议通过《扬州供电局职工代表大会实施细则》。1989 年 3 月（三届三次）、1992 年 1 月（四届一次）职工代表大会对部分条文进行修改。2002 年 2 月（六届一次）职工代表大会再次修改、审议通过《扬州供电公司职工代表大会条例》，建立扬州供电公司每年召开 1～2 次职工代表大会、直属基层单位每年召开 2 次职工代表大会、生产班组每月 1 次班组民主管理会制度。

四届一次职工代表大会于 1992 年 1 月 20～22 日在扬州召开，正式代表 161 人，列席代表 33 人。会议听取和审议了局长俞育良的工作报告、副局长刘恩喜的财务工作报告、

《扬州供电局县（市）供电企业安全文明生产达标实施细则》，审议了局长任期目标。大会讨论通过生产经营管理、生活福利、评议监督干部、提案工作 4 个专门委员会组成人员名单。

四届二次职工代表大会于 1993 年 2 月 8～9 日在扬州召开，职工代表 196 人。会议听取和审议了局长俞育良的工作报告、副局长刘恩喜的财务工作报告，并形成相应的决议。

四届三次职工代表大会于 1994 年 2 月 24～25 日在扬州举行，职工代表 183 人。会议听取和审议了局长俞育良的工作报告。由局长代表行政，工会主席代表职工，党委书记监证，首次签订了《共保合同》。

四届四次职工代表大会于 1995 年 2 月 20～21 日在扬州举行。会议听取和审议了局长俞育良的工作报告，审议通过《扬州供电局安全生产目标考核办法》《扬州供电局基层党政负责人安全生产奖惩规定》《扬州供电局生产人员安全行为规范奖惩规定》《扬州供电局职业道德规范》。局长代表行政，工会主席代表职工，党委书记监证，签订《共保合同》。

四届五次职工代表大会于 1996 年 3 月 21～22 日在扬州召开，职工代表 177 人。会议听取并审议通过局长俞育良的工作报告、副局长刘恩喜的财务工作报告以及局招待费使用情况的报告。局长代表行政，工会主席代表职工，党委书记监证，首次签订《集体合同》。

四届六次职工代表大会于 1997 年 3 月 3～4 日在扬州召开，职工代表 152 人。会议听取和审议了局长俞育良的工作报告、副局长段书岭的财务工作及业务招待费开支情况报告、《集体合同》执行情况的报告。审议通过《扬州供电局执行省电力公司（安全生产奖惩规定）实施细则》《扬州供电局基层党政主要负责人安全生产奖惩规定》（修订稿）《扬州供电局职工安全行为考核办法》（修订稿）《扬州供电局创建一流班组实施意见》《扬州供电局职工上岗考试考核暂行规定》。

五届一次职工代表大会于 1998 年 2 月 18～19 日在扬州召开，正式代表 129 人，列席代表 34 人。会议听取并审议通过局长俞育良的工作报告、副局长段书岭的财务工作报告和业务招待费开支情况的报告。

五届二次职工代表大会于 1999 年 3 月 1～2 日在扬州召开。会议听取、审议了局长季强的工作报告、局长助理汤人杰的财务工作报告和业务招待费开支情况的报告、工会主席李学纯代表集体合同监督检查小组所作关于第一轮集体合同（1996 年 3 月～1999 年 3 月）履行情况的报告。签订第二轮集体合同（1999 年 3 月～2001 年 3 月）。

五届三次职工代表大会于 2000 年 1 月 31 日～2 月 1 日在扬州召开，职工代表 142 人，列席代表 20 人。会议听取和审议局长季强的工作报告、副局长段书岭的财务工作报告和业务招待费开支情况报告、局长助理汤人杰的企务公开实行情况报告。通过了《扬州供电局奖金考核发放管理办法》《扬州供电局安全生产百日无事故奖发放办法》《扬州供电局安全生产保证金考核办法》。

五届四次职工代表大会于 2001 年 1 月 15～17 日在扬州召开，职工代表 147 人，列席代表 20 人。会议听取和审议了局长季强的工作报告。审议、通过和签订《扬州供电公司集体合同》。审议通过《财务工作报告》《业务招待费开支情况的报告》《企务公开实行情况的报告》《审计工作报告》《扬州供电公司“十五”期间企业发展战略目标》。签订 2001

年《党风廉政建设责任书》《安全生产责任书》和《资产经营责任书》。

六届一次职工代表大会于2002年2月5～6日在扬州召开，正式代表132人，列席代表13人。会议审议通过总经理季强的工作报告。审议通过2001年财务工作报告和业务招待费开支情况的报告、企务公开实行情况的报告、审计工作报告。会议审议通过公司“十五”发展计划（修订稿）。修改、审议、通过《扬州供电公司职工代表大会条例》。会议讨论通过生产经营管理、生活福利、评议监督干部、提案工作、集体合同监督检查等5个专门委员会组成人员名单。签订2002年双文明综合承包责任书。

民主评议干部 1984年9月，扬州供电局二届二次职工代表大会通过“扬州供电局贯彻执行《国营工业企业职工代表大会暂行条例》的实施细则”，把民主评议党政领导干部列为职工代表大会职权。此后，每年召开职工代表大会，局（公司）领导作述职报告，对中层以上行政领导干部进行民主评议，民主评议方式为无记名填写测评表，汇总后向大会报告测评结果。在局长负责制换届对干部的考评中，扬州供电局（公司）党委重视听取职工代表对干部的评议，测评结果由组干部门与本人见面。扬州供电局（公司）下属单位每年召开职工代表大会，本单位领导作述职报告，民主测评结果在职代会上公布。

集体合同 1994年2月25日（四届三次职工代表大会），工会（主席）与行政（局长）双方就生产经营安全目标、技术进步目标、企业管理目标、多种经营目标等达成一致，首次签订《扬州供电局共保合同》。1995年2月21日（四届四次职工代表大会），在奖励兑现1994年《共保合同》的基础上，签订1995年《共保合同》。1996年3月22日（四届五次职工代表大会），首次签订《集体合同》（1996年3月～1999年3月），集体合同监督检查小组按规定对合同的履行情况进行检查，听取职工的意见，向党、政领导汇报。1999年3月2日（五届二次职工代表大会），根据《中华人民共和国劳动法》以及劳动部《集体合同规定》等法律、法规，签订《扬州供电局集体合同》（1999年3月～2001年3月）。2001年2月12日，经五届四次职工代表大会审议通过，扬州市劳动局审查批准，公司经理代表公司，工会主席代表职工，签订《扬州供电公司集体合同》。

企务公开 扬州供电局从1999年初开始推行企务公开，同年1月6日成立“企务公开、民主监督”领导小组和办公室，同年5月6日，扬州供电局、扬州供电局工会印发《扬州供电局企务公开实施细则》。“实施细则”共12项，即企业改革、发展的重大决策公开实施细则，民主评议领导干部公开实施细则，招待费使用情况公开实施细则，领导干部廉洁自律情况公开实施细则，中层干部任免公开实施细则，用工制度公开实施细则，物资采购、供应公开实施细则，自购房、售房、补贴公开实施细则，职工收入分配公开实施细则，职称评聘公开实施细则，评优评先公开实施细则，供电社会服务承诺公开实施细则。每项实施细则包括工作小组、公开目的、公开内容、公开形式和程序、公开时间。企务公开首先在局本部全面展开，后逐步在县（市）供电局推行。2000年6月21日，根据省电力公司“关于印发《江苏省电力公司关于推行厂务公开制度实施意见》”的通知要求，重新修订《扬州供电局企务公开实施细则》，共18项，新增加6项实施细则（大额奖金使用、多种经营状况、集体合同签订及履行、职工福利基金使用情况、财务审计、工程项目招标情况），相应设立18个工作小组。2000年12月15日，制订《扬州供电局企务公开考核办法》。2001 年 9 月 7 日，扬州供电局党委印发《关于进一步深化和推进企务公开工作的意见》。2002 年 9 月 30 日，根据《中共中央办公厅、国务院办公厅关于在国有企业、集体企业及其控股企业深入实行厂务公开制度的通知》，扬州供电公司印发《关于进一步落实生产工区（多经公司）事务公开、班组班务公开制度的通知》，将企务公开延伸到基层生产工区、多种经营企业。

扬州供电局（公司）企务公开的内容通过职工代表大会、局域网等形式发布。2002 年，六届一次职工代表大会测评企务公开知情度为 97.6%，满意度 97.9%。

（三）群众生产

扬州供电局（公司）工会职责范围内群众生产活动包括劳动竞赛、争先创优、合理化建议、技术革新、技能比赛等。

劳动竞赛 扬州供电局工会 1991 年以后结合各个时期生产经营特点，组织职工开展多形式、多层次的劳动竞赛，内容有安全知识竞赛、变电运行、变电检修、线路运行、线路检修、电力调度、科技进步、技术监督、继电保护、车辆管理、优质服务等专业竞赛。各单位将专业竞赛项目报工会，自行组织实施。工会适当补贴劳动竞赛经费并奖励竞赛优秀者。通过劳动竞赛，鼓励职工学技能，岗位成才，提高职工队伍技术素质。2002 年，工会按照中共扬州供电公司委员会部署，筹划 2003 年“员工技能练兵年”活动，设立技能大赛项目共 24 项，覆盖各工种及管理岗位，凡 45 岁以下员工全部参赛，并选送优秀者参加省电力公司、国家电力公司技能竞赛；制订各层次获奖团体或个人相应的荣誉、技术职称规则。

合理化建议和 QC 小组活动 扬州供电局（公司）各级工会发动和引导职工围绕企业生产、经营开展合理化建议活动和 QC 小组活动，对获奖项目及个人给予奖励。各单位职工提出的合理化建议，填表交工会，分类、初审后转科教科。1991 年，工会共收集职工合理化建议 1698 条，其中“220 千伏旧护线条复用”、“500 千伏变电所定位巡查箱”等建议，利用价值较高。1992 年工会共收集职工合理化建议 1220 条，1993 年收集 114 条，1995 年收集 1540 条。1997～2002 年，工会共收集职工合理化建议 5508 条。QC 小组活动从 1993 年开始，以新设备新技术应用、技术革新、创造发明等设立项目，各单位自行组织。合理化建议和 QC 小组获奖项目详见第七章第一节中的科技成果。

评先进、选模范 扬州供电局（公司）工会每年都评选先进单位、先进集体、先进生产（工作）者，按照评选标准，由下而上，各单位将评选结果报工会，党委、行政、工会审核批准后公布，鼓励先进，树立榜样。1991～2002 年，扬州供电局（公司）共推选省、部级劳动模范 3 人，市级劳动模范 3 人。1991～2002 年扬州供电局（公司）先进单位、先进集体、先进个人统计见表 10－9。

表 10－9　1991～2002 年扬州供电局（公司）先进单位、先进集体、先进个人统计

年　份	先进单位	先进集体（班组）	先进个人
1991	5	42	15
1992	4	49	97

续表

年　份	先进单位	先进集体（班组）	先进个人
1993	6	56	95
1994	5	28	82
1995	6	25	26
1996	5	19	26
1997	5	16	30
1998	7	15	44
1999	4	19	40
2000	8	23	47
2001	8	19	36
2002	9	39	51

（四）劳动保护

扬州供电局（公司）执行全国总工会颁发的《基层工会劳动保护监督检查委员会工作条例》，各级工会组织履行职责，按照行政管理，工会参与、监督的安全生产体制，建立健全工会三级劳动保护网络，完善相应的管理制度，对职工安全保护提出建议，维护职工的合法权益。2002年，扬州供电公司三级劳动保护监督网络共建立5个安全生产劳动保护监督委员会，建立直属单位劳动保护工作小组8个，220多个生产班组均设立劳动保护监督检查员，并建立了“三会”制度（公司劳动保护检查委员会例会、生产工区劳动保护检查委员会月度例会、班组每周安全活动会进行监督检查分析）。

生产现场巡视　坚持贯彻“安全第一、预防为主”的方针。1991年以后，围绕企业“达标”、“创一流”中心工作，工会人员参加各类安全检查，对涉及职工安全保护的问题及时提出意见和建议。1995年，工会组织职工代表到仪征、姜堰、高邮3个县14个供电所检查，召开职工座谈会，了解安全生产、劳动保护现状和职工的思想动态，将检查的情况向局党政汇报。1997年，扬州供电局工会和县（市）供电局工会组织职工代表对基层供电所、线路施工现场安全进行巡查，督促企业安全生产“三级控制办法”的贯彻执行。1999年，组织职代会安全生产专门委员会的人员和职工代表，检查线路、变电、城网和农网改造施工现场，听取职工的意见和建议，查看施工作业现场人员互保履行情况。2001年，工会两次组织职工代表和职代会安全生产专门委员会成员巡视检查5个县（市）供电局、局直属生产单位共20个施工作业现场、28个变电所、18个供电所、8个电力管理站、7个多种经营企业的生产现场。

安全互保　1996年开始，扬州供电局在各县（市）供电局和局属生产单位生产班组推行安全互保。1997年11月，扬州供电局工会在高邮临泽供电所召开班组成员劳动安全互保现场会，推广临泽供电所安全互保的经验，促进全局安全互保工作。1998年，扬州供电局工会把班组劳动安全互保作为评选优秀班组、“模范职工小家”的必备条件，建立工会、分工会与班组联系点制度。为了规范互保内容与责任，1999 年 11 月 12 日，扬州供电局工会印发线路检修、变电检修、变电运行、继电保护、高压试验、配电检修现场工作安全互保责任书。2000 年，把互保作为安全检查巡视的重要内容，突出施工现场的动态互保，同年，工会印发调度通信、远动等 4 个专业现场劳动安全互保责任书。2002 年把劳动安全互保执行情况作为班组班务公开的内容之一。

（五）女职工工作

扬州供电局（公司）工会设立女职工委员会，制订了《女职工劳动保护实施细则》。女职工委员会围绕企业生产、经营工作，开展“巾帼创业、奉献在岗位”、“勤业、敬业、创业”、为主题的“巾帼示范岗”、“巾帼建功”、“四自教育”、“文明新风家庭”等评比竞赛活动，引导教育女职工以主人翁姿态，立足岗位，为企业的改革、发展作贡献。女职工委员会以维护女职工权益、关心女职工身体健康为己任，每月召开一次会议，布置女工工作，每年安排女职工进行妇科检查，对女职工“五期”保护作出具体规定。1991 年以后，扬州供电局工会女职工委员会先后被扬州市总工会、省电力工会、省总工会评为先进女职工委员会。

（六）职工教育和文体活动

扬州供电局（公司）各级工会围绕企业中心工作，配合党委和行政开展职工政治思想教育、职业道德教育、爱国主义和集体主义教育、遵纪守法教育，开展多种形式的文体活动。1991 年，工会设有阅览室、乒乓球室、棋牌室，定期开放，供职工活动使用。工会每年组织各分工会参加游泳、篮球、广播操、乒乓球、围棋、象棋、扑克牌、卡拉 OK、歌咏、舞会、猜灯谜比赛。遇重大喜庆节日，如建国 50 周年、迎接香港回归祖国、迎接澳门回归祖国、建局 40 周年等，由各分工会出节目，工会组织大型文艺会演。1991～1997 年，工会开展的教育活动有“树企业形象，展四德风采，兴班组新风”、“三学”、“三树”、“实施三项工程”。1998 年后开展以供电优质服务、文明创建、技能竞赛为主题的职工教育活动，有“讲文明、树新风”、“争当文明职工，争创文明单位”、“三学一树”等活动。1998 年，扬州供电局自编自演的扬州评话《板车班的故事》，参加全省创建文明行业文艺会演，获江苏省委宣传部优秀节目三等奖；贺斌参加扬州市首届“乒协杯”乒乓球赛获男子单打第一名。2001 年，成立了扬州供电公司工会文体协会，同年，与扬州第二发电有限公司工会共同承办全省电力系统苏中片庆祝建党 80 周年文艺会演，获扬州市乒乓球比赛女子团体第二名、女子个人第一名。

二、共青团

共青团扬州供电局（公司）委员会接受中共扬州供电局（公司）委员会、扬州市团委、省电力局（公司）团委的领导，用中国共产党的基本理论教育和引导团员青年，提高青年思想道德素质和业务技能水平，加强团组织自身建设，团结带领团员青年积极投身两个文明建设。扬州供电局（公司）团委多次被授予扬州市“五四红旗团委”、“优秀青年志愿者服务集体”称号。

组织建设　扬州供电局共青团组织成立于 1963 年 3 月 15 日。1975 年 8 月 2 日组建扬州供电局团支部。1977 年末扩建为共青团扬州供电局总支委员会。1981 年 7 月改建为共青团扬州供电局委员会。1990年底，扬州供电局团委下设9个支部，有团员226人。

1992年，召开共青团扬州供电局第四次代表大会，范正满任团委副书记。1998年6月10日，召开共青团扬州供电局第五次代表大会，团员代表共40人，严安任团委副书记。2001年12月7日，召开共青年团扬州供电局第六次代表大会，团员代表51人，梁丽任团委副书记。2002年底，扬州供电公司共有青年1156人，团员413人，其中女团员153人；团员中28周岁及以下372人，29周岁及以上41人；研究生1人，大学本科149人，大学专科139人，中专90人，高中34人。扬州供电公司本部设有13个团支部，共有青年524人，团员249人，其中女团员103人。4个县（市）供电公司有团总支4个，团支部14个，团员164人。1991～2002年扬州供电局（公司）团组织领导人见表10-10。

表10-10　1991～2002年扬州供电局（公司）团组织领导人

职 务	姓 名	任期时间
副书记	芮庆元	1991.01～1991.08
副书记	范正满	1991.08～1996.11
副书记	严 安	1996.11～2000.03
副书记	张 东	2000.03～2001.12
副书记	梁 丽	2001.12～

思想教育 扬州供电局团委1991年在青年中开展“学雷锋精神，做四有新人”活动，当年，扬州遭遇百年不遇特大洪涝灾害，团委组织青年突击队，抗洪抢险。1992年，团委开展“安全在我心中”系列活动（安全知识竞赛、我为安全献一策、事故隐患众人评说）。1993年，团委开展安全教育活动（团员身边无事故、千次操作无差错竞赛、青年安全监督岗）。1994年组织团员青年收看《爱国主义教育》电视教育片，开展学雷锋活动，组织青年职工参加社会公益事业，走上街头，走进社区，义务为群众服务，开展“求知、成才、贡献”主题读书活动。1996年以后，团委组织青年职工开展多种形式的供电优质服务活动，有“青年志愿者”行动、“文明号助万家”活动、“青年志愿者服务站”。青年职工利用节假日义务为民服务，内容有受理电力增容、修理家用电器、居民家庭线路整修、宣传《电力法》等。2001年3月，团委成立青年服务队，共30余人，专门为社会孤寡老人、残疾人、有突出贡献的专家学者等特殊人群提供特别服务，身穿印着“青年服务队”标记的红马甲，头戴小红帽，每到居民社区都受到居民的赞扬。

创建活动 1991年，扬州供电局团委开展争创“合格团支部”活动，制订了百分考核标准，促进基层团支部标准化建设。开展争创“青年突击手”、“优秀青年工作者”、“青年工作先进单位”竞赛活动。1994年，团委以团中央提出的跨世纪两个文明工程为目标，开展争创“青年文明号”和争当“青年岗位能手”活动。1997年，与共青团扬州市委联合印发《关于在全市供电系统中开展“双争”活动的通知》，成立“双争”领导小组并制订实施细则、考核评定办法。此后每年由“双争”领导小组考评、授予“青年文明号”和

"青年岗位能手"称号，成为团组织主要的创建活动内容。

1996年，500千伏江都变电所被共青团中央授予"青年文明号"。1997年，220千伏蒋王变电所被共青团省委和省电力局授予省电力系统"青年文明号"。1998年2月5日，扬州市供电系统"双争"活动领导小组评定220千伏澄子变电所、220千伏真州变电所、邗江供电局校表室、广源一公司用电部低压照明班、扬州供电局城东供电所营业厅承询稽查组、扬州供电局修试工场高试班6个集体为1997年度扬州市供电系统"青年文明号"(1998年度被重新认定为"青年文明号")；陈金妹、丁忠伟、冯斌3名青年被评为扬州市供电系统"青年岗位能手"。1999年4月15日，扬州市供电系统"双争"活动领导小组评定220千伏安宜变电所、110千伏丁沟变电所、扬州供电局变电工区操作班、扬州供电局线路工区检修三班4个集体为1998年度扬州市供电系统"青年文明号"（2001年度被重新认定为市级"青年文明号"）；胡恒山、贾锡金、居峻、王有广、刘一军、孙涛6名青年被评为1998年度扬州市供电系统"青年岗位能手"。2000年，220千伏蒋王变电所（继续认定）、广源用电工程公司低压照明班（新命名）被授予1998～1999年度江苏省电力系统"青年文明号"。2002年，500千伏江都变电所第4次被国家电力公司、共青团中央授予"全国青年文明号"。2002年4月25日，扬州市供电系统"双争"活动领导小组评定扬州供电公司财务与产权管理部、220千伏横沟变电所、高邮供电公司客户服务中心、220千伏澄子变电所4个集体为2001年度扬州市供电系统"青年文明号"(2002年度被重新认定为市级"青年文明号")。2003年3月19日，扬州市供电系统"双争"活动领导小组评定扬州供电公司电力营销部客户服务班、校表一班、苏源电气研究所、广源国美大卖场、配电检修工区电安三班、仪征供电公司承询稽查组6个集体为2002年度扬州市供电系统"青年文明号"。2002年底，扬州供电公司有1个国家级"青年文明号"，2个省级"青年文明号"，10个市级"青年文明号"；1个省级"青年岗位能手"、4个市级"青年岗位能手"。

三、学会与协会

1991～2002年，扬州电力行业经民政部门批准注册登记的学会与协会有扬州市电机工程学会和扬州供电企业管理协会。学会和协会根据国家有关法规，按照各自"章程"的要求，独立开展多种形式的活动。

扬州市电机工程学会　扬州市电机工程学会是扬州市电机工程科学技术工作者自愿结成的学术性社会团体，受扬州市科学技术协会的领导，挂靠在扬州供电局（公司)。1962年，江苏省电机工程学会扬州市分会成立，叶企衡任理事长。1966年换届改选组成第二届理事会，管玉清任理事长。"文化大革命"期间中断活动。1978年恢复活动。1984年下半年，扬州市电机工程学会成立，张望崧任理事长。1989年国务院发布《社会团体登记管理条例》，规定群众团体应向民政部门登记注册。扬州市电机工程学会根据民政局要求进行自整，按规定申请登记为非法人社会团体。1993年换届改选，组成第四届理事会，俞育良任理事长。1999年根据1998年国务院发布的《社会团体登记管理条例》登记换证，成为独立法人。1999年8月30日，召开扬州市电机工程学会第五届会员代表大会，会议回顾了第四届理事会工作，修改学会章程，换届改选，组成第五届理事会，29名理事分别由江苏油田、扬州大学、扬州电讯仪器厂、扬州供电局等 19 家单位的人员担任，季强任理事长。会议明确以后几年学会的工作重点是围绕农网改造、城网改造、火力发电、环保等开展课题研究和学术活动。

2002 年底，扬州市电机工程学会共有会员 473 人，分布在扬州供电公司、扬州大学、仪征化纤热电有限公司、江苏油田、扬州发电厂、扬州第二发电厂、扬州电力修造厂、扬州国电许继电讯有限公司等企事业单位。学会按学术专业设立发电、供电、城市用电、农村用电、自动化与计算机应用、电机电器、安全技术、电力环保等 8 个专业部和组织、学术、编辑 3 个工作部。

扬州市电机工程学会坚持中共中央倡导的“科学技术工作必须面向经济建设”的基本方针，围绕扬州经济建设，积极开展形式多样的学术交流、科学普及、继续教育等活动，取得了一定的成果和较好的社会效益，连续多年被扬州市科学技术协会评为先进集体，被扬州市民政局评为先进社团。

扬州供电企业管理协会 扬州供电企业管理协会是由热心于企业管理研究的科技人员组成的群众性、学术性团体，以供电企业管理研究为主，工作上接受江苏电力管理协会的指导，是其团体会员。1986 年 6 月 12 日在扬州召开扬州供电企业管理协会成立大会暨第一届理事会。第一届理事会有理事 30 人，俞育良任会长，管玉清为名誉会长。协会分企业管理、质量管理、施工管理和设备管理 4 个组。协会按照“服务、研究、交流、提高”的宗旨开展工作。协会成立后开展集资办电、农电体制改革等研究。协会协助行政部门搞好电力企业管理工作，提高管理水平，起到调查研究、提出建议、交流情况、推广经验的作用。1992 年按照《社会团体登记管理条例》申请登记为非法人社会团体。2000 年申请注销扬州供电企业管理协会。

第十一章　多种产业

第十一章 多 种 产 业

扬州供电局多种经营从1980年后开始。“七五”计划期间，全局多种经营企业共10余个。1991年4月，能源部提出电力多种经营“电为核心，多种产业，三大支柱，协调发展”的十六字方针，对多种经营的发展明确了方向。扬州供电局按照省电力局多种经营与主业协调发展、安置与效益并重、发展多种经营的思路，把多种经营纳入全局发展总体规划，确立多种经营在全局发展的位置。“八五”计划期间，扬州供电局多种经营收入平均每年增长57.62%，1993年全局多种经营企业95个，1994年116个，1995年达到160个，总收入4.01亿元，实现利税2417.6万元，县（市）供电局多种经营总收入超过3000万元的有泰州、高邮、泰兴、江都市供电局，超过2500万元的有宝应县、靖江市、姜堰市、仪征市供电局。有34个基层供电所成立多经分公司，经营项目由单一的电力建设安装向商业、服务业发展。1996年扬州供电局多种经营总收入在江苏省发、供电企业中排列第三位，位于苏州、无锡之后。1996年底扬、泰两市分设后，扬州供电局多种经营保持稳定发展。1997年初，按照省电力局要求，扬州供电局对多种经营企业资产进行清查、产权界定、价值重估、核实登记，当年底完成，12月，扬州广源实业总公司实行股份制改造。1998年，5个县（市）供电局多种经营企业股份合作制改造全部完成。1998年下半年开始，按照省电力局对多种经营企业“清理、整顿、规范、发展”的要求，扬州供电局将所有科室和生产工区办的公司全部撤销，业务归并到扬州广源实业总公司统一经营。2001年，按照国家电力公司“公司化改组，商业化运营，法制化管理”要求，实施股本结构调整和集团化改组，扬州广源实业总公司改制为扬州苏源集团有限公司，4个县（市）供电公司多种经营企业均改制为“苏源”公司。2002年，扬州供电公司多种经营总收入10.08亿元，利润4385.7万元，固定资产原值1.737亿元，固定资产净值1.082亿元。

第一节 企 业 体 制

1991年底，扬州供电局多种经营集体所有制企业共20个，归口管理单位是1990年成立的扬州供电局集体企业办公室。扬州供电局本部的集体企业共有6个，分别是供用电工程公司、供电培训中心招待所（电世界大厦）、电力制杆厂、电业汽车修理厂、电力用户服务部、供电设备修试厂。10个县（市）供电局均设有供用电工程公司或电力用户服务部、供电工程安装部。1992年12月成立扬州广源实业总公司，下设10个分公司。总公司与多种经营管理科、集体企业办公室合署办公，一套班子，三块牌子。县（市）供电局在1993年上半年也相应成立广源实业总公司，共16个分公司。1991年扬州供电局多种经营企业情况见表 11－1。1992 年扬州供电局多种经营企业情况见表 11－2。1995 年扬州供电局多种经营企业情况见表 11－3。1996 年扬州供电局多种经营企业情况见表 11－4。

表 11－1　　1991 年扬州供电局多种经营企业情况

名称	人数	其中		经营收入(万元)	利润总额(万元)	平均工资[元/(人·年)]
		全民职工	集体职工			
合计	1922	98	1824	4111.86	67.34	2681
扬州供电局供用电工程公司	313	12	301	893.20	15.00	3402
扬州供电局供电设备修试厂	81	8	73	54.68	0.03	3605
扬州供电局电业汽车修理厂	44	6	38	106.30	3.88	2864
扬州供电局电力用户服务部	110	2	108	335.50	4.88	2855
扬州供电局供电培训中心招待所(电世界大厦)	128	12	116	262.48	—2.16	1624
靖江供电局电力工程公司	212	9	203	446.80	1.90	2600
泰兴供电局供用电工程公司	149	20	129	337.69	5.00	2127
泰州供电局供用电工程公司	84	6	78	157.24	6.51	2599
泰县供电局供用电工程公司	113	7	106	136.38	0.85	2469
江都供电局集体办	274	8	266	452.53	12.73	2092
邗江供电局电力服务公司	96	—	96	211.76	1.86	2617
仪征供电局集体办	67	5	62	168.07	11.62	2445
兴化供电局供用电工程公司	153	9	144	316.00	3.00	3110
高邮供电局供电工程安装部	98	3	95	143.23	2.24	2667

表 11－2　　1992 年扬州供电局多种经营企业情况

名称	人数	其中			经营收入(万元)	利润总额(万元)	平均工资[元/(人·年)]
		全民职工	集体职工	聘用			
合计	2220	108	2088	24	6912.64	120.04	3422
扬州供电局供用电工程公司	228	12	205	11	992.3	7.9	5347
扬州供电局供电设备修试厂	98	8	90	—	83.12	0.03	4100
扬州供电局电业汽车修理厂	50	6	43	1	106.14	0.83	3908

续表

名　　称	人数	其中			经营收入（万元）	利润总额（万元）	平均工资[元/(人·年)]
		全民职工	集体职工	聘用			
扬州供电局电力用户服务部	110	2	100	8	661.7	5.72	3311
扬州供电局供电培训中心招待所（电世界大厦）	198	12	186	—	415.6	−2.16	2809
靖江供电局多经企业	221	9	212	—	851.37	16.61	3097
泰兴供电局多经企业	205	20	185	—	620.0	10.0	3541
泰州供电局多经企业	138	9	129	—	531.42	24.45	3509
姜堰供电局多经企业	120	7	113	—	194.69	18.7	4106
江都供电局多经企业	297	10	287	—	696.12	18.07	2736
邗江供电局多经企业	100	3	93	4	517.29	10.0	3253
仪征供电局多经企业	130	5	125	—	346.2	11.07	2889
兴化供电局多经企业	119	2	117	—	335.3	13.3	3104
高邮供电局多经企业	206	3	203	—	561.39	4.96	2564

表 11-3　　　　1995 年扬州供电局多种经营企业情况

名　　称	人数	其中			经营收入（万元）	利润总额（万元）	总资产（万元）	平均工资[元/(人·年)]
		全民职工	集体职工	其他				
合　　计	3728	2169	341	1218	40 166.7	1434.4	51 894.2	10 110
扬州供电局多经企业	911	513	—	398	11 572.0	692.3	19 730.7	14 021
靖江供电局多经企业	231	176	—	55	2850.8	54.6	1648.1	8294
泰兴供电局多经企业	324	250	—	74	3128.6	81.2	8753.5	10 484
泰州供电局多经企业	326	218	—	108	3585.6	111.7	3772.5	9730
姜堰供电局多经企业	227	143	—	84	2646.7	107.7	1603.1	7709
江都供电局多经企业	415	206	—	209	3069.2	17.5	3462.8	7202
邗江供电局多经企业	190	137	—	53	2258.2	35.0	1884.4	8777
仪征供电局多经企业	234	162	—	72	2508.8	16.8	1835.6	10 948
兴化供电局多经企业	218	126	—	92	2060.0	21.4	1615.9	10 591
高邮供电局多经企业	335	170	165	—	3582.8	49.1	5366.9	9218
宝应供电局多经企业	317	68	176	73	2904.0	247.1	2220.7	6035

表11-4　　1996年扬州供电局多种经营企业情况

名称	人数	其中			经营收入（万元）	利润总额（万元）	总资产（万元）	平均工资[元/(人·年)]
		全民职工	集体职工	其他				
合计	3306	1902	473	931	41 633.8	2267.3	50 999.6	12 216
扬州广源实业总公司	811	458	—	353	8539.6	1346.2	20 030.9	16 208
靖江广源实业总公司	231	157	—	74	3069.5	47.2	1453.0	10 483
泰兴广源实业总公司	285	204	—	81	3524.9	196.8	5177.2	13 752
泰州广源实业总公司	273	165	—	108	3781.0	78.4	4392.2	12 385
姜堰广源实业总公司	128	105	—	23	2889.0	77.6	2442.2	11 602
江都广源实业总公司	310	208	—	102	4218.8	40.5	4646.5	8075
邗江广源实业总公司	197	137	—	60	2535.8	38.5	1562.8	10 660
仪征广源实业总公司	234	162	—	72	2619.4	64.9	1759.8	13 521
兴化广源实业总公司	184	126	—	58	2339.4	33.7	2081.4	13 419
高邮广源实业总公司	345	115	230	—	5100.0	134.9	4610.3	10 023
宝应广源实业总公司	308	65	243	—	3016.4	208.6	2843.3	7888

1996年底，扬、泰两市分设后，两市供电局多种经营相应分开。1997年扬州供电局多种经营企业共76个，其中独立核算法人企业18个，非独立核算法人企业58个，多种经营企业共2105人，其中在职职工1604人，集体企业和临时用工501人。全局多种经营总收入2.89亿元，利润1510万元，税金743万元，增加值7197万元，全员劳动生产率31 102元/（人·年）。全局多种经营资产合计4.34亿元，负债合计3.49亿元，权益合计8497万元。1997年扬州供电局多种经营企业主要指标见表11-5。

表11-5　　1997年扬州供电局多种经营企业主要指标

名称	经营收入（万元）	利润总额（万元）	劳动生产率[元/(人·年)]	增加值（万元）	人均利税[元/(人·年)]
扬州供电局本部多经企业	11 000	921.4	37 936	3660.9	16 278
江都供电局多经企业	3882.1	14.2	19 517	610.9	5466
邗江供电局多经企业	2846	37.2	29 248	614.2	6476
仪征供电局多经企业	2815.3	−17.8	27 454	639.7	4760
高邮供电局多经企业	5310.8	63.5	30 379	1048.1	9388
宝应供电局多经企业	3051.7	110.3	19 294	623.2	6616

1998 年，市、县两级供电局多种经营企业完成股份合作制改造。1998 年扬州供电局多种经营法人企业共 27 个，其中股份制企业 3 个（江苏广源电器有限公司、扬州宝达有限公司、宝应广源电力广告公司），股份合作制企业 5 个（扬州广源实业总公司、高邮广源实业总公司、邗江广源实业总公司、江都广源实业总公司、仪征广源实业总公司），中外合资企业 1 个（高邮广源电线电缆公司），其余集体所有制企业 18 个。1998 年扬州供电局多种经营企业情况见表 11－6。

表 11－6　　1998 年扬州供电局多种经营企业情况

名　称	人数	其中			经营收入（万元）	利润总额（万元）	总资产（万元）	从业人员劳动报酬（万元）
		安置主业	集体职工	其他				
合　计	2268	809	582	877	42 125.4	1595.0	53 865.1	3544.6
扬州广源实业总公司	631	349	—	282	13 663.3	1186.7	26 436.8	1419.2
扬州广源电力设计公司	23	21	—	2	197.7	1.1	135.8	94.4
扬州广源印刷厂	15	3	—	12	63.5	0.3	73.2	15.1
扬州广源生活服务中心	18	10	—	8	83.0	0.1	985.5	32.0
扬州广源电世界大厦	131	20	—	111	614.0	0.1	340.7	140.0
江苏广源电器有限公司	83	7	—	76	8585.2	－133.8	5981.4	106.7
高邮广源实业总公司	102	56	46	—	2832.9	255.0	3732.8	206.8
高邮供用电服务公司	132	8	124	—	495.8	1.2	290.9	125.6
高邮广源电线电缆公司	112	5	107	—	2744.2	21.3	2850.5	104.7
高邮三垛供电门市部	3	1	2	—	57.0	—	67.9	3.6
高邮三垛纯净水厂	2	—	2	—	4.6	0.2	47.4	1.0
高邮供电装潢广告部	3	—	3	—	0.2	－1.7	28.3	1.0
邗江广源实业总公司	220	100	—	120	3039.4	72.0	2831.7	315.0
江都广源实业总公司	228	96	—	132	3832.5	91.5	4087.0	393.3
扬州电力水泥制杆厂	62	14	—	48	323.3	1.2	246.0	37.0
宝应电力实业总公司	186	38	148	—	1508.8	33.4	2689.8	197.9
宝应安全工具厂	35	1	34	—	105.0	12.4	410.3	25.1
扬州宝达有限公司	72	3	69	—	555.8	2.9	674.6	54.3
宝应大众汽车维修站	24	3	21	—	229.5	10.2	470.0	19.7
宝应广源汽车修理厂	11	1	10	—	25.1	－6.9	111.9	8.4

续表

名　　称	人数	其　中			经营收入（万元）	利润总额（万元）	总资产（万元）	从业人员劳动报酬（万元）
		安置主业	集体职工	其他				
宝应荷露纯净水厂	9	1	8	—	21.5	−3.1	47.9	7.1
宝应广源电力广告公司	9	1	8	—	18.5	0.6	24.8	7.3
宝应建筑装潢经营部	3	3	—	—				4.0
仪征广源实业总公司	104	64	—	40	2217.0	85.2	2418.0	190.8
仪征广源电力器材厂	42	2	—	40	236.8	0.4	212.0	22.2
仪征电力器材经营部	8	2	—	6	479.3	0.6	376.4	12.4
扬州广源电力修试中心					191.5	−35.9	93.5	

2002 年，扬州供电公司多种经营法人企业共 34 个，从业人员 3251 人，安置主业职工 926 人，其他人员 2325 人；多种经营总收入 10.08 亿元，比 2001 年多 2.9 亿元；税前利润 4385 万元，比 2001 年多 1145 万元；资产负债率 77.6%；各公司共完成增加值18 887万元，比 2001 年多 1535 万元；全员劳动生产率 59 264 元/（人·年），比 2001 年提高 4%；多种经营资产总额 14.69 亿元，其中流动资产 11.81 亿元，固定资产 1.08 亿元，长期投资 1.56 亿元；负债总额 11.41 亿元，其中流动负债 11.12 亿元；净资产 3.28 亿元，其中实收资本 2.03 亿元，资本公积 0.32 亿元；利税总额 7071 万元，人均利税 22 188 元/（人·年），分别比 2001 年增长 27%、22%；多种经营企业工资支出计 8551 万元。

2002 年，扬州供电公司本部多种经营从业人员 2051 人，安置主业职工 552 人，其他人员 1499 人，总收入 7.03 亿元，利润总额 3406 万元，增加值 12 772 万元，资本总额 12 709万元，全员劳动生产率 63 393 元/（人·年）。公司本部 14 个法人企业分别为扬州广源电力设计公司、扬州广源汽车公司、扬州广源电脑公司、广源物业管理有限公司、苏源电气设备有限公司、江苏广源电气有限公司、邗江广源实业公司、邗江广源电杆有限公司、兴源电力技术经贸公司、苏源建筑装饰装潢公司、扬州苏源信息技术公司、扬州苏源丁山大酒店、扬州广源丁山大酒店、江苏电通扬州分公司。

扬州苏源集团有限公司主营业务为电力建设安装施工，下属分公司有送变电工程公司、用电工程公司、电力物资公司、驻南京工程处，2002 年资本总额 7567 万元，其中职工持股会 5037 万元，苏源集团 2530 万元。2002 年总收入 2.53 亿元，比 2001 年多 1.03 亿元；税前利润 2112 万元，比 2001 年多 1048 万元；资产负债率 78.23%；共完成增加值 5069 万元，比 2001 年少 1522 万元；全员劳动生产率 61 367 元/（人·年），比 2001 年减少 20%；多种经营资产总额 6.29 亿元，其中流动资产 4.65 亿元，固定资产 4992 万元，长期投资 1.27 亿元；负债总额 4.92 亿元，其中流动负债 4.92 亿元；净资产 1.37 亿元，其中实收资本7567万元，资本公积1304万元；利税总额2589万元，人均利税31 351元/（人·年），分别比2001年增长54%、59.5%；工资支出计2965万元。2002年扬州供电公司本部多种经营企业情况见表11-7。2002年各县（市）供电公司多种经营企业主要指标见表11-8。

表11-7 2002年扬州供电公司本部多种经营企业情况

名称	人数	其中		总收入（万元）	利润总额（万元）	增加值（万元）	资本总额（万元）	劳动生产率[元/(人·年)]
		安置主业	其他					
扬州苏源集团有限公司（送变电工程公司、用电工程公司、驻南京工程处、电力物资公司）	880	262	618	25 276	2112	5069	7567	61 367
扬州广源电力设计公司	35	17	18	411	77	182	100	55 242
扬州广源汽车公司	196	52	144	4212	268	2070	406	106 706
扬州广源电脑公司	45	17	28	2190	91	321	120	69 848
扬州广源电力旅行社	2	1	1	106	5		30	
扬州广源印刷厂	8	2	6	68	—0.2		10	
广源物业管理有限公司	125	52	73	1114	79	651	610	44 910
苏源电气设备有限公司	110	28	82	10 587	569	1734	600	149 448
江苏广源电气有限公司	150	8	142	17 255	15	670	500	44 667
邗江广源实业公司	210	78	132	3010	10	925	1427	44 062
邗江广源电杆有限公司	44	2	42	717	27	171	147	38 864
邗江供电培训招待所	10	1	9	80			2	
兴源电力技术经贸公司	22	8	14	505	117	263	50	125 286
苏源建筑装饰装潢公司	22	8	14	918	9	96	500	106 111
扬州苏源信息技术公司	12	2	10	2066	—0.7	131	400	93 357
扬州苏源丁山大酒店	60	5	55	302	—99	4	100	447
扬州广源丁山大酒店	120	9	111	1521	127	485	140	40 392
合计	2051	552	1499	70 338	3406	12 772	12 709	

注 扬州苏源集团资本总额结构中，职工持股会5037万元，苏源集团2530万元。

表11－8　2002年各县（市）供电公司多种经营企业主要指标

名称	人数	其中		总收入（万元）	利润总额（万元）	资本总额（万元）
		安置主业	其他			
仪征苏源实业有限公司	155	70	85	3321	183	1009
仪征市广源电力器材厂	44	12	32	1654	3.9	51.9
仪征广源商场	10	2	8	2710	102	39.2
扬州苏源家具有限公司	5	2	3	183	37.4	100
仪征市苏源制茶厂	6	1	5	84	−2	18
高邮市苏源实业总公司	195	54	141	2946	39.8	1490
扬州苏源电线电缆有限公司	136	31	105	7921	1.6	950
高邮苏源电力安全工具器具有限公司	14	2	12	270	46.5	50
高邮市供电装潢广告部	2		2	17	10.7	30
江都苏源实业公司	301	109	192	6284	371	1000
扬州苏源混凝土制品公司	78	16	62	761	−14.8	600
宝应县苏源电力实业有限公司	83	35	48	984	68.7	1218
宝应县广源电力实业公司	40	30	10	1815	130	405
宝应县安全工具厂	57	5	52	372	2.7	226
扬州宝达安全工具有限公司	42	2	40	779	−2.9	299
上海大众汽车宝应县特约维修站	27	2	25	325	1.5	35
宝应县广源电力汽车修理厂	5	1	4	79	1.2	30
合　　计	1200	374	826	30 505	980.3	7551

一、扬州广源实业总公司

1992年12月18日成立扬州广源实业总公司，是扬州供电局本部集体企业，自主经营，独立核算，自负盈亏。扬州市计划委员会1992年第757号文件批准成立。扬州市工商行政管理局企业法人营业执照注册号为14072334，注册资金1005.7万元，经营方式为安装施工、加工、批发零售、服务，经营范围主营220千伏及以下电力工程施工、电气设备修造、调试检验，110千伏以下电力工程设计、咨询、电力器材物资供应，兼营电力金属构件、水泥制品加工，汽车修理、汽车及配件，煤炭、建材、工程土建、五金机电、计算机、劳保用品、百货、住宿、餐饮、广告、印刷、副食品、浴室、培训服务等。江苏省电力工业局副局长王能才为扬州广源实业总公司揭牌。扬州广源实业总公司设董事会，有23人组成，董事会选举董事长，并任命总经理。扬州广源实业总公司与扬州供电局多种经营管理科、集体企业办公室合署办公，一套班子，三块牌子。扬州广源实业总公司下设业务管理部、财务部、事务部，设副总工程师、副总经济师、副总会计师各1人，连同各分公司经理，均由总经理聘任。

扬州广源实业总公司成立后下设10个分公司。10个分公司中有5个是原有独立核算的集体企业，但名称变更，扬州供用电工程公司更名为扬州广源电力安装一公司、扬州电力用户服务部更名为扬州广源电力用户工程公司、扬州供电设备修试厂更名为扬州广源电力修造厂、扬州电业汽车修理厂更名为扬州广源汽车修理厂、扬州供电培训中心招待所更名为电世界大厦。新增5个分公司，分别为扬州广源电力安装二公司、扬州广源电力安装三公司、扬州广源电网通调自动化公司、扬州广源电力设计公司、扬州广源电力器材公司。新增的5个分公司是扬州供电局直属生产单位线路工区、变电工区、调度所、设计室和物资供应科，一套班子，两块牌子。总公司与下属分公司签订年度承包经营合同，确定分公司年度经营额和上交总公司税前利润额，各分公司经营效益与分配挂钩。

经中国人民银行扬州分行批准，扬州广源实业总公司向扬州供电局本部职工筹集不超过300万元开办资金，按照职工自愿、每人不超过2股（每股1000元）、年息加分红15%、按年付息分红、三年归还本金的筹资办法，一期集资首次交款日期为1992年12月8～10日，第二次交款日期为1993年4月8～10日，二期集资交款日期为1993年3月25～28日。

1992年后，扬州供电局本部相继成立的分公司有变电工程公司、广源电力劳务服务公司、安全劳保用品公司、广告装潢公司、用电技术经贸公司、生活服务公司、农电技术开发公司、电力技术咨询公司、劳武服务公司、会计事务所、广源电器有限公司、广源商贸公司、广源印刷厂。1995年，经扬州市劳动局核准认定扬州广源实业总公司为劳动就业服务企业。1997年，扬州广源实业总公司下属分公司共有19个，其中法人企业有扬州广源电力设计公司，非法人企业18个。

二、股份合作制改造

1997年12月，扬州广源实业总公司实行股份合作制改造。12月18日，扬州供电局本部职工代表大会审议通过“扬州广源实业总公司股份合作制章程”、“扬州广源实业总公司股权证管理办法”、“扬州广源实业总公司职工股东代表大会产生办法”、“扬州广源实业总公司招股办法”、“扬州广源实业总公司股份合作制改造的实施方案”。

按照改制程序，委托江苏省兴光会计师事务所对总公司截至1997年3月31日之前的资产评估界定（剔除4个独立核算企业），总计为19 537万元，负债总计16 686万元，净资产即所有者权益2851万元。评估结果经扬州市地方税务局验证确认。募集股金，按照扬州广源实业总公司招股办法，扬州供电局本部职工个人股认购从1997年12月23日开始，25日结束，共有1269人认购职工个人股，占全局职工总数（包括离退休人员）的97.17%，共计募集1036.65万股，合人民币1036.65万元，占公司总股本的50.89%。公司集体股1000万股，合人民币1000万元。

扬州广源实业总公司改制后的管理体制，实行股东代表大会制度，并按照章程定期召开。设立董事会，董事由股东代表大会投票选举产生，任期4年。董事会设董事长1人，副董事长1～2人，实行董事会领导下的总经理负责制，总经理对公司的生产经营、行政管理负全面责任。监事会是企业活动的监督机构，监事的任期每届不超过4年。1997年

12月29日，扬州广源实业总公司召开首届股东代表大会，106名股东代表参加会议，股东代表审议通过“扬州广源实业总公司股份合作制章程”，选举出第一届董事会和监事会。

1998年，5个县（市）供电局多种经营企业股份合作制改造全部完成。

1999年2月8日，扬州广源实业总公司在电世界大厦召开一届二次职工股东代表大会，共122名股东代表出席会议。1999年5月，扬州广源实业总公司通过ISO 9002质量体系认证。2000年1月21日，扬州广源实业总公司召开一届三次职工股东代表大会，103名股东代表出席会议。2001年1月18日，扬州广源实业总公司召开一届四次职工股东代表大会，共168名股东代表出席会议。

三、扬州苏源集团有限公司

2001年6月5日，扬州广源实业总公司召开职工股东代表会议，出席会议代表共95人，会议通过广源实业总公司改制为扬州苏源集团有限公司的方案。6月6日召开扬州苏源集团有限公司组建暨首届股东会议，扬州电力职工持股会和江苏苏源集体资产营运中心的股东代表计62人出席会议，会议审议通过扬州苏源集团有限公司章程，选举首届董事会成员9人，董事会选举董事长1人，副董事长2人，选举首届监事会成员5人，监事会选举监事会主席1人，监事会副主席1人。2001年6月25日，省电力公司印发文件《关于季强等同志兼职的批复》，同意扬州供电公司季强等9人兼任扬州苏源集团有限公司董事会董事，季强兼任董事长，段书岭、唐红兵兼任副董事长；同意何杰兼任扬州苏源集团有限公司监事会监事、监事会主席。2001年10月4日，江苏苏源集体资产营运中心印发文件《关于同意扬州广源实业总公司改制的批复》，同意《扬州苏源集团有限公司章程》，同意扬州广源实业总公司改制为有限责任公司，委派季强、文乐斌、俞金顺、张军为董事会成员。2001年11月18日，扬州苏源集团有限公司正式挂牌。当年4个县（市）供电公司多种经营企业均改为“苏源”公司。

组建苏源集团有限公司后，理顺全局多种经营企业关系，优化企业法人治理结构，扶持成长性向好的苏源电气等下属分公司，取消企业内部相互投资的独立法人公司所设立的董事、监事会，以资产纽带关系确立集团公司统一管理。针对各多经企业长期以来的分散管理，实施财务、物资、车辆集中管理，即财务账目集中管理，资金统一调度，人员分级委派；成立物资配送中心，对物资招标采购、入库、配送实行全过程统一管理；主业和多种经营企业使用的车辆实行集中管理，保证内部用车，开拓外部运输市场，降本增效，优化企业资源配置。

第二节 规范管理

扬州供电局多种经营创办初期，存在主业与多种经营资产模糊、界限不清情况。1997年按照省电力局要求对多经企业进行资产清查、核对，界定产权所属，理顺资产关系，为股份制改造提供了条件。1998年下半年对多经企业进行清理、整顿，撤销机关科室和生产单位办的公司，明确多种经营发展方向。2001年6月，成立扬州苏源集团有限责任公司，将集体资产归并入江苏苏源集体资产营运中心，进一步规范多种经营管理，保证多种经营在国家《公司法》规范下健康发展。

一、清产核资

为规范多种经营管理，摸清集体资产家底，1997年初，按照省电力局要求，扬州供电局对多种经营企业资产进行清查、产权界定、价值重估、核实登记，当年底完成。扬州供电局集体企业资产计3.322 7亿元（部属集体企业资产2.776 4亿元，省属企业0.547 3亿元），负债计2.770 5亿元（部属企业2.259 3亿元，省属企业0.411 2亿元），权益计0.572 9亿元（部属企业0.418 4亿元，省属企业0.154 5亿元），资产盘赢80.3万元，盘亏61.1万元，待报废资产23.5万元，具不确定风险因素的长期投资5万元，资金挂账83万元。

扬州广源实业总公司对剔除4个独立核算集体企业后的资产进行核对评估，并委托江苏兴光会计师事务所评估界定，至1997年3月31日，扬州广源实业总公司资产总计1.953 7亿元，负债总计1.668 6亿元，净资产即所有者权益0.285 1亿元。评估结果报扬州市地方税务局确认。

二、清理整顿

1998年下半年开始，按照省电力局对多种经营企业“清理、整顿、规范、发展”的要求，扬州供电局将所有科室和生产工区办的公司全部撤销，业务归并到扬州广源实业总公司统一经营，总公司下属的分公司财务收支全部集中到总公司财务部核算。1998年9月1日，扬州广源实业总公司决定撤销原法人企业扬州广源电力设备安装修试中心、扬州广源印刷厂（经营到年底）。撤销非法人企业扬州广源实业总公司变电工程分公司、扬州广源实业总公司第二电力安装分公司、扬州广源实业总公司用电技术经贸分公司、扬州广源实业总公司电力技术咨询分公司、扬州广源实业总公司电网通调自动化分公司、扬州广源实业总公司安全劳保用品分公司、扬州广源实业总公司劳武服务分公司、扬州广源实业总公司食品批发分公司、扬州广源实业总公司综合批发分公司、扬州广源实业总公司农电技术开发分公司、扬州广源商贸有限公司、扬州广源电力酒家、江都广源制冷设备经营部。变更名称的企业有：扬州广源实业总公司供用电工程分公司变更为扬州广源实业总公司送变电工程公司、扬州广源实业总公司电力用户工程分公司变更为扬州广源实业总公司用电工程公司、扬州广源生活服务中心变更为扬州广源服务公司。保留扬州广源电力设计公司、江苏广源电气有限公司、扬州电世界大厦、扬州广源旅行社、扬州广源实业总公司电力物资分公司、扬州广源实业总公司汽车修理厂、扬州广源实业总公司广告装潢分公司。新办扬州广源电脑有限责任公司、扬州广源实业总公司电力设备修造厂、扬州广源服务公司印刷厂。

三、集体资产归并

2001年6月，按照省电力公司“解放思想多经大发展，苏源电力十年创名牌”，实现产业化、集团化经营的构想，扬州广源实业总公司改制为扬州苏源集团有限公司。这次改制将扬州广源实业总公司职工个人股归并到扬州供电职工持股会，由江苏电力集体资产营运中心和扬州供电职工持股会共同出资，组建扬州苏源集团有限公司。集团有限公司注册资本共6310万元，其中，扬州供电职工持股会出资3780万元，占总股本59.90%，注册号“苏扬（工）法证字第00073号”，地址为扬州市南通西路79号；江苏苏源集体资产运营中心出资2530万元，占总股本40.10%，注册号“3200001104884”，地址为南京市北京西路20号。集体资产归并后，扬州苏源集团有限公司设股东会。股东会由出资双方组成，是集团公司的最高权力机构，决定集团公司的经营方针和投资计划，选举和更换董事、监事，审议、批准董事会、监事会报告、集团公司年度财务预算、决算方案、利润分配方案等。股东会选举产生董事会、监事会。董事会由9人组成，设董事长1人，副董事长2人，董事长为集团公司法定代表人。监事会由5人组成，设监事会主席、副主席各1人，是集团公司的监察机构。董事会聘任集团公司总经理、副总经理，实行董事会领导下的总经理负责制。集团公司为独立的法人主体企业，对各分公司实施管理。

第三节　产　业　结　构

电力建设安装是扬州供电局多种经营的支柱产业。“八五”计划期间，多种经营范围开始向商业、服务业延伸，项目有空调器销售、汽车修理、餐饮、印刷及电力器材销售等。1999年后，产业结构局部调整，电建施工业仍作为支柱产业，立足本地，参与外部市场的竞争，开始走出扬州到外地施工，同时发展以华源电气公司为主的工业制造业以及建筑装潢、房地产业。至2002年，形成电力建设安装业、工业制造业、商业服务业为主的多种经营产业结构。

一、建筑安装业

扬州广源送变电工程公司　扬州供电局供用电工程公司成立于1987年7月，营业执照号“扬企字4－102号”，集体所有制企业，职工108人，其中固定工58人，合同工50人。1989年被江苏省城乡建设委员会评定为送变电工程三级施工资质。1991年有职工160人，其中全民所有制职工101人，承担本地区线路工程施工以及扬州市区用户工程，当年产值982万元（其中物资销售额442万元），利润15万元（其中物资销售利润6.7万元），当年10～12月，220千伏六扬线开断环入仪征真州变电所线路工程施工。1992年，施工资质由三级升为二级，当年底供用电工程公司改名为扬州广源第一电力安装分公司，隶属扬州广源实业总公司。1994年，第一电力安装分公司从扬州供电局大院内迁出，征地重建，地址在市郊潘桥乡石庄村（110千伏双桥变电所对面），新建四层办公楼及生产生活设施，增加空调器销售业务，形成线路施工、市区用户工程和空调器销售三大块。1995年公司经营总收入5540万元（其中工程施工产值2540万元，空调器销售额3000万元），利润182万元，当年空调器销售部从第一电力安装分公司分出，单独成立扬州广源电气有限公司。1998年9月，多经企业机构调整，变电公司并入，分出用电部，成立扬州广源送变电工程公司。2001年6月，扬州广源送变电工程公司改名为扬州苏源集团有限公司送变电工程分公司，职工共300余人，其中正式职工53人，当年完成施工产值1500万元，利润100万元。2002年8月6日，扬州供电公司本部实行检修与运行分开，撤销线路工区、变电工区，检修人员并入送变电工程公司，成立输变电检修工区（公司），办公地点设在原市区供电所大院内，线路和变电检修人员仍承担输变电设备检修任务，送变电工程公司仍然以基建施工为主。输变电检修工区（公司）下设事务部、变电部、送电部、质安部、生产经营部、材供部、运输部，正式职工增加到150人。2002年资产总额3634.8万元，主营业务收入4013.3万元，利润542.2万元。

扬州广源送变电工程公司主要承担扬州本地区220千伏送变电工程施工，县（市）供电局主要承担本县（市）110千伏及以下送变电工程施工。2000年，省电力局开始实行220千伏送变电工程异地招标。扬州广源送变电工程公司参与竞标并于2000年6月首次中标对外承建220千伏常州芳钢线，长5.8千米。至2002年底，输变电检修工区（公司）送电部（送变电工程公司）中标对外承建的220千伏线路有南京东溧线（36.2千米）、盐城盐新线（13.2千米）和盐都线（12.9千米）、泰州徐靖线开环（5.2千米）、江庄线开环（24千米）、徐州桃阎线（15.6千米）和淮安马盱线（24.8千米）。变电部2002年完成新建110千伏扬州市区施井变电所和仪征浦西变电所施工，扩建110千伏邗江区杭集变电所和35千伏红桥变电所施工，完成扬州市区平山变电所更换变压器施工及扬州市区43个用户工程。

扬州广源电力设计公司 扬州供电局设计室成立于1980年。1991年有15人。1992年12月7日，扬州供电局印发581号文件，设计室改制，名称为扬州广源电力设计公司，隶属于扬州广源实业总公司，集体企业，独立核算，自负盈亏。扬州市工商行政管理局于1992年12月10日颁发营业执照，执照号为14072394－8，注册资金10万元，经营范围为110千伏及以下送变电工程设计，本单位丁级范围的工业及民用建筑工程设计，兼营电力技术咨询服务。设计公司共16人，其中设计人员14人，勘测人员2人，有高级工程师1人，工程师6人，助理工程师3人，技术员5人，工人1人。1993年12月4日，江苏省建设委员会颁发丙级设计资质证书，编号为1027213，设计范围为送变电110千伏工程及配套土建设计。规定设计范围以外，广源电力设计公司还接受江苏省电力设计院委托的部分220千伏送变电工程设计。广源电力设计公司1993年开始使用计算机辅助设计(CAD)技术，改变以往依靠图版手工制图作业方式，1995年每人配置1台计算机，电气、线路、土建、概算全部使用计算机操作，使用的设计软件有AUTOCADR12、SBD-CAD、D2CAD、INTERCAD等。2002年底广源电力设计公司共21人，设线路、变电、土建、概预算4个专业组，有高级工程师3人，工程师13人，助理工程师4人。2002年注册资金100万元，其中扬州广源投资有限公司出资60万元，占60%，扬州供电职工持股会出资40万元，占40%。资产合计974万元，主营业务收入411万元，利润总额76.6万元。2002年完成施工图设计有110千伏仪征浦西、江都吴桥（扩建）、邗江杭集（扩建）、江都龙川、高邮武安输变电工程及市区用户配电房设计、县级城网改造中开闭所和电缆工程设计。

1991～2002年获奖设计项目：110千伏湾头变电所获1994年度省电力局优秀工程设计三等奖；获得省电力局优秀工程设计奖的有110千伏泰宇变电所、110千伏琼花变电所、110千伏西湖变电所。

扬州广源用电工程公司 扬州广源用电工程公司成立于1998年9月，由原供用电工程公司用电部与扬州市区供电所电力用户工程公司合并而成，办公地点设在原市区供电所大院内。公司成立之初，扬州市区城网改造开始，配电网工程施工量大，1998～2001年城网改造期间，用电工程公司主要承担扬州市区大量用户工程和10千伏以下配电网工程，如城网改造中汶河北路至友好会馆电缆下地工程、古运河风光带电缆下地工程、328国道电缆下地工程、文昌路、扬子江路等主干道电缆下地工程，均由用电工程公司施工。用电工程公司人员构成以临时合同工为主。2000年完成城网改造项目35项，10千伏用户工程147项，0.4千伏用户工程155项，一户一表改造15 821户，新装低压照明4393户（其中电话预约安装330户），用户接户线改造5000户。2001年6月，扬州广源用电工程公司改名为扬州苏源集团有限公司用电工程分公司，同年邗江县供电局撤销，邗江广源公司人员并入用电工程公司。2002年8月6日，扬州供电公司本部实行检修与运行分开，撤销直属配电工区，配电检修人员（包括低压带电作业班人员）并入用电工程公司，新成立配电检修工区（公司）。2002年底，配电检修工区（公司）地点仍设在原市区供电所大院内，共设有8个部室，16个班组，人员计256人，其中正式职工101人。2002年资产总额3959万元，苏源集团有限公司下达用电工程公司产值8050万元，利润890万元，实际完成产值7325万元，主营业务收入5252万元，利润总额706万元。

扬州广源实业总公司驻南京工程处 扬州广源实业总公司驻南京工程处成立于2000年5月，主要承建南京市10千伏及以下用户工程。2002年共91人，其中正式职工11人，资产总额592万元，主营业务收入876万元，利润总额92万元。

二、工业制造业

扬州苏源电气设备有限公司 扬州供电局修试工场于1983年从扬州供电局大院搬迁到扬州市区邗沟路7号（北郊黄金坝仓库），名扬州供电设备修试厂。1992年，供电设备修试厂更名为扬州广源电力修造厂，隶属扬州广源实业总公司，正式职工56人。1992年11月25日，扬州市工商行政管理局颁发营业执照，执照号为84072484－5，注册资金122万元，属集体所有制企业，主营35千伏以下电力用户供用电设备安装、大修、小修、试验，兼营金具加工等。1999年5月20日，撤销广源电力修造厂，重新组合，成立华源电气有限公司。华源电气有限公司注册资金100万元，其中扬州广源实业总公司出资45万元，廊坊开发区电研华源电力有限公司出资40万元，江苏鸿达电力工贸有限公司出资15万元。重组后华源电气有限公司有职工70余人，生产的产品有避雷器、断路器、熔丝具等。2000年华源电气有限公司与美国ABB公司、澳大利亚NULEC公司、法国ALSTOM公司合作，引进配件，生产VR－3S重合器、负荷开关、配网自动化系统，当年销售额3417万元，利润50万元，比1999年创办初期年销售额273万元、利润16万元大幅提高。

2000年8月，由扬州广源实业总公司、江苏省电力器材公司、南京自动化设备总厂、常州市华南电力设备有限公司共同投资，重组华源电气有限公司，改名为扬州苏源电气设备有限公司。苏源电气公司重组后加强与国际知名企业（公司）的合作，引进高科技产品，被省电力局定为中压开关、配网设备定点生产厂。2000年9月，经中国质量方圆认证委员会江苏审核中心专家组审核，苏源电气设备有限公司通过ISO 9002质量体系认证。2001年8月3日，扬州苏源电气设备有限公司与阿尔斯通（ALSTOM）公司合作生产110千伏及220千伏六氟化硫断路器签字仪式在镇江举行，扬州苏源电气设备有限公司董事长季强与阿尔斯通输配电部副总裁扬国威在合作协议上签字。江苏省电力公司副总经理阮前途出席签字仪式。

2002年1月18日，扬州苏源电气设备有限公司从扬州市区北郊黄金坝邗沟路7号迁至市区西南郊开发区鸿大路南端。新厂占地面积33 350米^2，厂房7000米^2。2002年4月，厂房向北扩大12 006米^2，名2号厂房，安装冲孔机、折弯机、剪板机等数字控制设备。至此，扬州苏源电气设备有限公司形成产品设计、生产、销售完善体系。至2002年底，扬州苏源电气设备有限公司共有职工110人，其中正式职工28人，生产的产品有110千伏、220千伏六氟化硫断路器，负荷开关，配网综合自动化系统，户外交流高压真空断路器，铠装移开式金属封闭开关，计算机变压器成套保护装置，计算机保护测控装置，串行式电压无功综合自动控制装置等。2002年经营销售总收入10 587万元，利润总额569万元，注册资金600万元，其中扬州苏源集团有限公司出资300万元，占50%，南京南方科技发展有限公司出资100万元，占16.67%，苏源集团江苏物资有限公司出资100万元，占16.67%，常州市华南电力设备有限公司出资100万元，占16.66%。

扬州广源汽车有限公司 扬州电业汽车修理厂位于扬州市区南通西路79号，是扬州供电局本部6个集体企业其中之一，与扬州供电局汽车队一套班子，两块牌子。二类汽车维修，许可证号“苏汽修管乙字282号”（发证单位扬州市汽车维修行业管理局，发证日期1991年3月10日），集体所有制企业，维修范围汽车三级保养、部分总成大修，兼营汽车配件零售、批发。1991年正式职工61人，临时用工38人，承担本局汽车维修，兼对外营业，当年总收入106.3万元，利润3.88万元。1992年扬州电业汽车修理厂更名为扬州广源汽车修理厂，共18人，隶属扬州广源实业总公司。1992年11月25日，扬州市工商行政管理局颁发营业执照，执照号为84072488－8，注册资金28.5万元，属集体所有制企业，主营汽车三级保养、部分总成大修，兼营汽车配件零售、批发。汽车队60人属主业。1996年9月，汽车队（汽车修理厂）从扬州市区南通西路79号扬州供电局大院搬迁到扬州市区通港北路18号供用电工程公司所在地，两个单位合用一幢四层楼，汽车队在三、四层楼，供用电工程公司在一、二层楼。1997年汽车修理厂经营收入381.5万元，利润5.16万元，当年9月12日，汽车修理厂南京依维柯汽车特约维修站开业。1997年扬州供电局本部共有汽车174辆，其中大型车44辆，小型车130辆，车型有10种，有专职驾驶员144人（其中临时工驾驶员76人）。174辆车中38辆由车队调度使用，136辆供生产单位和科室固定使用：市区供电所18辆，广源电力用户工程公司7辆，变电工区4辆，变电公司8辆，线路工区12辆，广源电力修造厂6辆，500千伏江都变电所5辆，调度所5辆，局办公室13辆，供用电工程公司23辆，物资供应科、用电科各4辆，广源实业总公司、基建科各3辆，老干部科、电世界大厦、设计室各2辆，局工会、党办、纪委、生技科、安监科、计划科、保卫科、科教科、财务科、劳资科、生活服务公司各1辆。车队有8个班组（3个驾驶班，3个维修班，机电班，门市部），共104人（其中临时工50人)。2000年7月，扬州供电局本部为提高车辆使用效率，降低生产成本，实行车辆集中管理，主业共有102辆汽车有偿转让给汽车公司，主业专职驾驶员转岗(超过50岁共11人不转岗)。汽车公司聘请江苏岳华注册会计师事务所对车辆进行资产评估，聘请扬州市价格事务所对运输价格进行审核，对内保证本局生产、基建、公务用车，对外开拓运输业务，新增“五十铃”、“三星”汽车特约维修和事故车定点维修，新增扬州总代理销售“江铃”汽车，并代客户提供办照、年检、维修、保险等服务。

2000年12月22日，组建扬州广源汽车有限公司，注册资金400万元，其中扬州广源实业总公司出资341.5万元，占总股本的85%，汽车公司职工持股会出资58.5万元，占总股本的15%。2001年7月12日，扬州广源汽车修理厂通过ISO 9001国际质量管理体系认证。2001年汽车公司完成产值3751.2万元，其中对外销售及修理1871.2万元，其他业务收入1880万元。2002年8月与上海通用汽车公司签订别克汽车经销协议，将原送变电工程公司的四层办公楼拆除，改造成别克“4S”(销售、维修、配件供应、售后服务)店房，面积2061米^2。9月18日，组建扬州广源汽车销售服务有限公司，注册资金450万元，其中扬州广源投资有限公司出资360万元，占80%，扬州广源汽车有限公司出资60万元，占13.3%，江苏苏源鸿达电力工贸有限公司出资30万元，占6.7%。12月8日正式对外营业。

2002年底，扬州广源汽车有限公司共有正式职工49人(其中兼职驾驶员9人)，劳务用工驾驶员198人，各类车辆274辆(汽车公司201辆，送变电公司、用电工程公司等多经企业73辆)。2002年经营总收入4212万元，利润总额268万元。主要业务有4项，即汽车维修业务，共有2个维修车间，除完成本企业汽车维修任务外，2002年对外维修汽车7231台·次(截止当年11月底)，产值758万元；事故车维修和车辆施救业务，2002年事故车维修180余辆(截止当年11月底)，产值近200万元，施救车辆1021辆，利润70余万元；汽车销售业务，2002年汽车销售257辆(截止当年11月底)(“江铃”汽车销售129辆，“依维柯”汽车24辆，“尼桑”汽车29辆，天津汽车销售28辆，其他轿车和工程车销售47辆)，汽车销售总值3427.32万元；对外运输业务，在保证本企业用车前提下，对外运输完成产值近80万元(截止当年11月底)。

扬州供电局办公室(总经理工作部)主要管理公务用车，车辆资产及驾驶员属扬州广源汽车有限公司(小车班)，小车班设车辆调度(班长)1人。车辆配置情况，局(公司)领导配置固定车辆及驾驶员，其余车辆作为公务用车使用。至2002年底，总经理工作部管理公务用车共16辆，其中轿车13辆，小客车2辆，大客车1辆。

扬州供电局江都水泥制杆厂 江都水泥制杆厂1990年成立，1991年9月1日移交江都供电局。主营钢筋混凝土电杆的制造和销售。

扬州供电局广源变压器厂 广源变压器厂位于泰兴市，又名泰兴电力设备修造厂，1994年9月18日挂牌，固定资产1800万元，主要生产S7、S9、SZ7系列配电变压器，年生产能力60万千伏·安，1996年归属泰兴市供电局。

三、商业和服务业

电世界大厦 电世界大厦位于扬州市区南通西路79号，1991年初建成试营业，对外又称供电培训中心招待所（扬州供电局科教科 1991 年春搬入，在电世界大厦 2～4 层，其中 3～4 层作为教学培训用房），是扬州供电局本部的集体企业，独立核算，自负盈亏。1992 年 11 月 25 日，扬州市工商行政管理局颁发营业执照，执照号为 84072483－7，注册资金数额 240 万元，属集体所有制企业，主营住宿、饭菜、会议服务，兼营洗浴、日用百货、副食品、糕点等。扬州广源实业总公司成立后，电世界大厦隶属扬州广源实业总公司，与总公司签订年度安全生产和营业利润上交指标。1992 年电世界大厦有 128 人，其中临时人员 116 人，当年共接待各类会议 180 次，住客人数 4.8 万人，客房利用率 65％，完成营业额 430 万元，其中膳食部 220 万元，客房部 130 万元，商品部 90 万元，上交利润 70 万元。1993 年 3 月，扬州供电局根据国经贸 93 号文件“对全民所有制工业兴办的集体所有制第三产业企业，也可以采取将其占有的固定资产转卖，分期收回资金的办法，使工业的富余职工以及闲置设备、厂房、场地等向第三产业转移”，向扬州市财政局和省电力局呈送转售电世界大厦资产报告。1993 年 3 月 30 日，省电力局印发 962 号文件，批准同意扬州市财政局中企科审定的 688 万元的价格，将电世界大厦转售给扬州广源实业总公司。此后电世界大厦每年与扬州广源实业总公司签订经营承包合同，上交经营利润。2000 年初电世界大厦停业装修，按三星级酒店更新配置内部设施，重新聘用职工。2000 年 12 月 8 日恢复营业，更名为广源丁山大酒店，聘请南京丁山花园管理公司人员参与管理。2001 年广源丁山大酒店共接待各类团队 30 批，接待各类会议 300 次，住店客人 22 000 人·次，住客率 63％，全年完成营业额 1200 万元。2002 年广源丁山大酒店共 182 人，其中正式职工 9 人，经营总收入 1520.6 万元，利润总额 126.6 万元；电费 212 万元及水费 8.4 万元未交纳，实际利润为负。2002 年主要经营项目和利润率：客房部营业收入 455.41 万元，利润率 73.38％，餐厅部营业收入 558.98 万元，利润率 19.41％，商品部营业收入 387.99 万元，利润率 7％。2002 年注册资金 100 万元，扬州苏源集团有限公司出资。2003 年广源丁山大酒店扩建南楼竣工，扩建工程由扬州苏源房地产公司承建。

扬州鸿达电力工贸有限公司 扬州供电局行政科在 1992 年底改制，增设生活服务公司，一套班子，两块牌子。1992 年 12 月 10 日，扬州市工商行政管理局颁发营业执照，执照号为 84072530－3，注册资金 25 万元，集体所有制企业，主营房屋维修、装潢工程、水电安装维修，兼营五金电器、水暖器材、办公用品、糕点、饭莱等。生活服务公司隶属广源实业总公司，每年与总公司签订经济承包协议，服务与创收并重，承担办公、生产场所及职工房屋维修管理，兼承包小型房屋建造。

1999 年，扬州供电局实施后勤体制改革，5 月 18 日成立扬州鸿达电力工贸有限公司。鸿达公司的主体是生活服务公司，有本企业正式职工 61 人。鸿达公司为独立法人企业，设有董事会、监事会，由扬州供电局三方出资组建，其中工会持股会出资 295.6 万元，广源实业总公司出资 93 万元，生活服务公司出资 11.4 万元。鸿达公司成立后，新增车辆管理（机关科室用车计 36 辆）、电力旅行社、印刷厂、餐饮、浴室、纯净水厂、纸质饮水杯制造、消防器材销售、房屋装潢、广告业务等共计 12 项业务。2000 年 7 月，鸿达公司对广告公司、电力旅行社、浴室、印刷厂、纯净水厂公开招聘承包人，实行内部承包。鸿达公司经营期间以物业管理为主。1999 年与业主（扬州供电局）签订的生产及办公房屋物业管理面积 45 091.38 米²。2001 年与业主（扬州供电局）签订的生产及办公房屋物业管理面积共 49 229.95 米²。2001 年组建苏源集团有限公司，鸿达公司董事会、监事会撤销，隶属苏源集团有限公司，4 月，取得江苏省建设厅颁发的物业管理企业三级资质证书，5 月，鸿达公司更名为扬州广源物业管理有限公司。2002 年，扬州广源物业管理有限公司本企业职工 72 人，临时工 182 人，经营主项为物业管理，其余经营项目有生活后勤服务、印刷、浴室、瓶装纯净水及纸杯生产、旅游服务等，经营总收入 1114 万元，利润总额 78.6 万元，注册资金 400 万元，其中扬州供电职工持股会出资 295.6 万元，占 73.9%，扬州苏源集团有限公司出资 104.4 万元，占 26.1%。2002 年接受业主（扬州供电公司）委托管理的办公及生产房屋总面积为 132 883.75 米²（包括原邗江供电局面积），收费标准为每月 6.9 元/米²。2002 年扬州广源物业管理有限公司物业管理情况见表 11－9。

表 11－9　　2002 年扬州广源物业管理有限公司物业管理情况

名　称	面积（米²）	名　称	面积（米²）	名　称	面积（米²）
公司办公生产经营大楼	24 660	南通西路 54 号(生产)	1802.91	施桥变电所(办公)	2645.00
南郊变电所(生产)	1869.51	南通西路 79 号(办公)	17 575.22	邗城变电所(办公)	1309.00
平山变电所(生产)	911.40	甘泉路 202 号(办公)	2180.01	沙头变电所(办公)	1450.14
双桥变电所(生产)	1350.53	甘泉路 202 号(生产)	1962.50	杭集变电所(办公)	1023.00
蒋王变电所(生产)	2821.00	扬霍公路(生产)	4240.99	槐泗变电所(办公)	1335.78
江都变电所(生产)	5361.00	南通西路 54 号(办公)	6672.90	公道变电所(办公)	1282.62
湾头变电所(生产)	1419.40	邗江电力大厦(办公)	12 220.00	杨庙变电所(办公)	1124.50
五里变电所(生产)	1845.39	贾庄(办公)	5895.00	二桥变电所(办公)	1059.56
琼花变电所(生产)	2004.00	贾庄 23 号(办公)	1484.51	贾桥变电所(办公)	1582.62
开发变电所(生产)	1220.00	文昌西路(办公)	1960.58	瓜洲变电所(办公)	1109.20
文汇变电所(生产)	1415.43	贾庄 21 号(办公)	3193.60	北洲变电所(办公)	1262.00
横沟变电所(生产)	1877.50	施井变电所(办公)	2192.74	八里变电所(办公)	1008.70
邗沟路 7 号(生产)	2335.66	西湖变电所(办公)	2186.56	红桥变电所(办公)	828.00
扬子江路 8 号(生产)	1278.49	方巷变电所(办公)	1926.80	合　计	132 883.75

扬州广源电力物资公司　1992 年 12 月成立扬州广源电力器材公司，与扬州供电局物资供应科一套班子，两块牌子。电力器材公司隶属扬州广源实业总公司，扬州市工商行政管理局颁发营业执照，执照号为 84072480－9（1992 年 11 月 25 日），注册资金 22 万元，集体所有制企业，主营电力器材、电器机械及器材、金属材料、建材、煤炭、汽车，兼营电力金属构件、水泥制品加工、电力废旧器材回收。1993 年电力器材公司销售物资 1700 万元，实现利税 300.8 万元。1994 年电力器材公司营业额 1835.54 万元（其中当年 6 月开业的电力物资门市部对外销售 280.15 万元），超过与广源总公司签订的承包营业额

1700万元指标，实现利税314.55万元。电力物资门市部对外销售向农村扩展，尽量送货上门，占总销售额60%。大型设备材料如变压器、铁塔、导线等，直接由供货厂家送往工地，减少中转，增收节支。1995年电力器材公司营业额1856.71万元（其中对外销售770万元），利润313.79万元。1997年电力器材公司营业额3158.8万元（其中对外销售568万元），利润173万元。当年7月建立物资管理专用网络，逐步在各县（市）供电局推广应用。1998年9月电力器材公司改名为扬州广源电力物资公司。1998年后，扬州供电局设备采购全面引入招、投标制，凡合同估价在50万元人民币及以上的设备，必须实行分级招、投标，小额设备实行比质比价采购。城乡电网改造所需物资器材全部实行招标购置。2000年2月物资公司成立物资配送中心，由计划核算组、配送组、仓库三部门组成，制订物资配送工作流程，当年共配送物资12 521万元，节省仓储中转等费用约20万元。2001年物资公司营业额3764万元，利润801万元。全年招标采购30次，金额6710万元，比质比价采购48次，金额605万元。2002年电力物资公司（物资管理部）有39人，下设综合管理部、计划经营部、物资配送部、物资仓储部，资产总额10 033万元，主营业务收入11 147万元，利润总额921万元。

扬州广源电气有限公司　1994年1月28日，扬州广源电力经营部开业，地址在扬州市广陵路201号，隶属供用电工程公司，是最早经销空调器的营业部，代理泰州“春兰”牌空调器销售。1995年4月28日，空调器销售部从供用电工程公司分出，成立扬州广源电气有限公司，注册资本50万元。1996年在扬州市区石塔西路58号增设空调器经销店，兼作公司办公地点。1997年改名为江苏广源电气有限公司。1999年后经销家用电器，有冰箱、洗衣机、电视机、移动电话、电取暖器、电炊具等数百个品种，增设石塔、文昌家用电器卖场。2000年下半年在江都、高邮等地设立4个分销店开业。2000年销售额1.16亿元，利润184万元。2001年9月，江苏广源电气有限公司与国美电器公司合作，在扬州市区文昌路开设广源国美家电大卖场。2002年底江苏广源电气有限公司共有150人，其中正式职工8人，销售业务收入17 255万元，利润14.9万元，注册资本500万元，其中扬州广源实业总公司出资300万元，占60%，邗江广源实业总公司出资150万元，占30%，扬州广源电力经营部出资50万元，占10%。

扬州苏源房地产公司　苏源房地产公司成立于2001年，承建的首项工程是秦淮花苑住宅区工程，位于扬州市南通西路79号（原扬州供电局所在地），项目工程占地33 800米^2，总建筑面积为32 300米^2，分为A、B区，A区为住宅区，新建商品房152套，B区为广源丁山大酒店扩建（南楼）区。工程于2002年8月28日正式开工，2003年底竣工。2002年底苏源房地产公司共有10余人，其中正式职工7人，注册资本800万元，其中扬州广源投资有限公司出资500万元，占62.5%，扬州苏源集团有限公司出资300万元，占37.5%。

扬州广源电脑公司　扬州广源电脑公司位于扬州市文昌中路86号，1999年7月23日成立，11月26日开业。公司成立之初设有董事会、监事会，独立法人企业，2001年取消，归属扬州苏源集团有限公司。电脑公司主营销售计算机、打印机等。2002年底共有48人，其中正式职工20人；销售业务收入2189.8万元，利润90.5万元；资产总额

1328.86万元，其中流动资产总额1224.51万元，负债总额650.63万元，所有者权益总额678.22万元；注册资本120万元，其中扬州苏源集团有限公司出资56万元，占48%，扬州广源物业管理有限公司出资58万元，占49%，扬州广源电力设计公司出资6万元，占3%。

扬州苏源建筑装饰装潢公司 扬州苏源建筑装饰装潢公司1999年组建之初属扬州鸿达工贸有限公司，2000年产值380万元，利润57万元。2001年8月2日，装潢公司从鸿达工贸有限公司分出，单独成立扬州苏源建筑装潢有限公司，注册资产500万元。2002年获得国家建筑装饰装潢工程专业承包二级资质。2002年底扬州苏源建筑装潢有限公司共22人，其中正式职工8人，主要承接扬州供电公司建筑装修业务，兼对外营业，当年营业收入917.5万元，利润8.8万元，注册资本500万元，其中扬州苏源集团有限公司出资300万元，占60%，扬州广源物业管理有限公司出资200万元，占40%。

四、对外投资

从1994年开始，扬州广源实业总公司出资参与地方电力建设。投资项目有扬州威亨热电厂、兴化市热电厂、江都调峰电厂、扬州东北热电有限公司、谏壁发电有限公司等。2002年，扬州苏源集团有限公司新增长期投资2892万元，收回收益款2044.16万元。2002年末，扬州苏源集团有限公司对外投资额合计12 713万元。

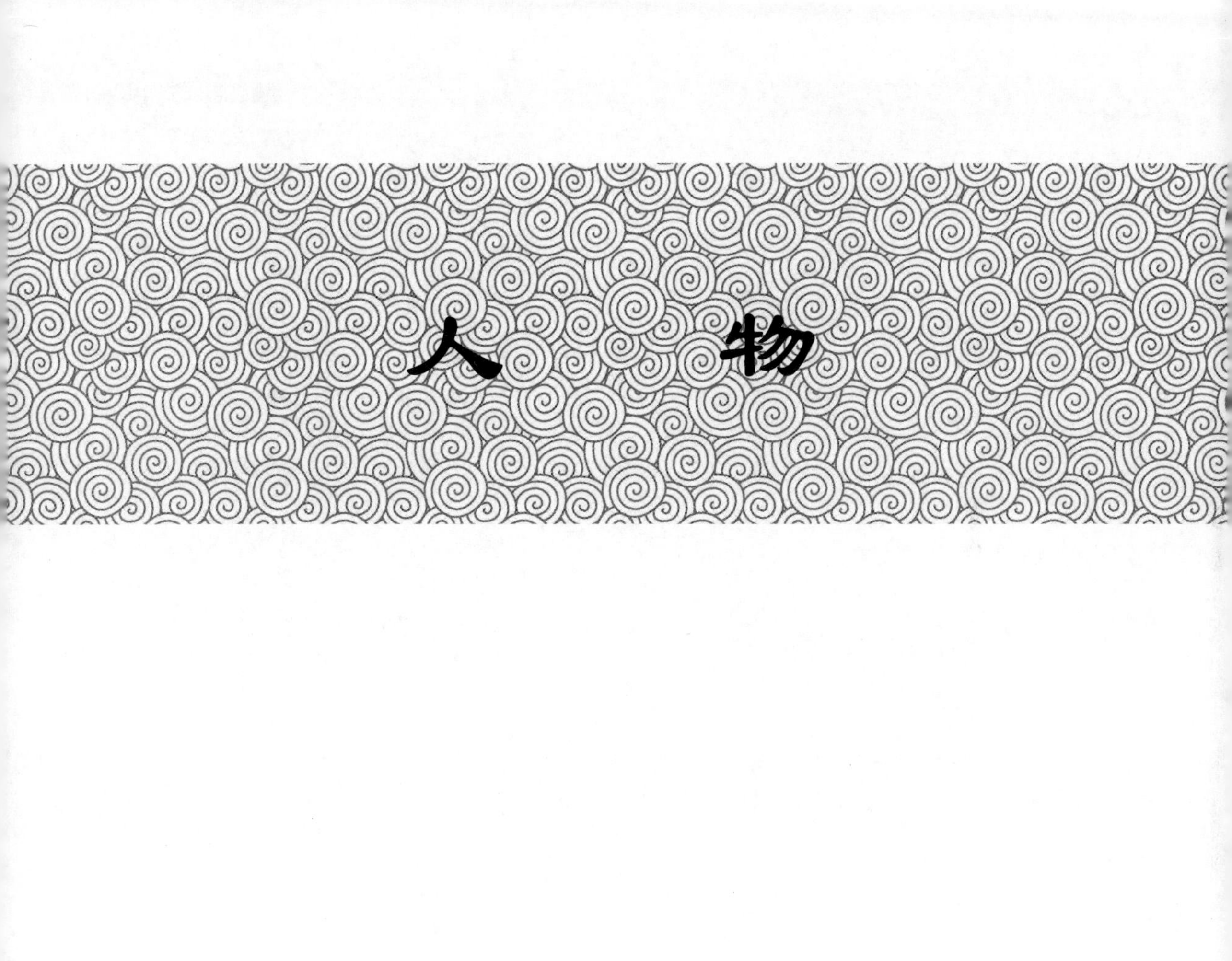

人　物

人 物

一、扬州供电局（公司）领导成员

严 忠 男，1932年11月生，汉族，江苏泰县人，大学学历，中共党员，高级政工师。1947年4月参加工作。1961年9月山东工学院电机系毕业，曾在山东、贵州、江苏淮海盐调度所、省电力工业局干部处工作。1983年5月至12月任扬州供电局局长，1983年12月任中共扬州供电局委员会书记。1995年3月离休。

张望崧 男，1941年9月生，汉族，山东荣城县人，大学学历，中共党员，高级工程师。1966年9月山东工学院电力网专业毕业，1967年11月参加工作，曾任泰州电厂线路工区技术员、泰州电厂革委会主任、泰州供电局副局长。1983年12月任扬州供电局局长。1991年8月调出。

俞育良 男，1938年12月生，汉族，江苏吴江县人，大专学历，中共党员，高级工程师。1959年12月参加工作，1963年9月上海高等电力专科学校电力网专业毕业，曾任扬州供电局工程队技术员、生产技术科副科长。1983年12月任扬州供电局副局长，1991年9月至1998年12月任扬州供电局局长。

郑惠民 男，1950年8月生，汉族，湖南长沙市人，大学学历，中共党员，高级政工师。1968年3月参加中国人民解放军，1973年退伍，分配到扬州地区电业管理站线路排。曾任扬州供电局政工科团总支书记，后被扬州供电局推荐上学。1977年7月南京大学中文系毕业，任扬州供电局党委办公室秘书、副主任、主任、劳动人事科科长、组干科科长。1991年9月任中共扬州供电局党委副书记，1995年1月任中共扬州供电局党委书记。1996年12月调出。

徐金山 男，1940年8月生，汉族，江苏泰县人，中专学历，中共党员，高级政工师。1959年12月参加中国人民解放军，1964年3月解放军洛阳步校政治理论专业毕业。曾任连队文书、司务长、团政治处干事、宣传股长、主任、团副政委、团政委、团党委书记，师副政委。1987年1月任中共扬州供电局纪律检查委员会书记，1996年11月任中共扬州供电局委员会书记。2000年12月退休。

季 强 男，1956年4月生，汉族，江苏南通市人，大学学历，中共党员，经济师。1973年5月农村插队务农，1977年8月南京电力专科学校发电厂及电力系统专业毕业，分配到南京供电局线路工区，1986年7月北京师范学院中文专业毕业。1979年5月调江苏省电力局办公室任秘书、副科长、办公室副主任兼外事办公室副主任。1998年12月任扬州供电局局长。2001年5月任扬州供电局局长、扬州供电公司总经理。

何 杰 男，1953年4月生，汉族，江苏大丰县人，大学学历，中共党员，高级政工师。1970年2月参加工作，同年12月参加中国人民解放军。1978年9月南京工学院发电厂及电力系统专业毕业。曾任南通供电局调度所专职、党支部副书记、书记、南通供电局党委副书记兼纪委书记、党委书记。2001年5月任中共扬州供电局（公司）党委书记。

陈加洪　男，1933年10月生，汉族，江苏泰县人，初中学历，中共党员。1951年2月参加中国人民解放军，曾任班长、排长、连政治指导员、团政治处干事、营教导员、师政治部组织科副科长、团副政委、团政委。1976年5月至1995年1月任扬州供电局副局长，1978年9月～1983年12月任中共扬州供电局委员会副书记。1995年3月退休。

高汉清　男，1937年10月生，汉族，江苏靖江市人，大学学历，中共党员，高级政工师。1959年4月南京电力专科学校电力网专业毕业，1966年8月南京工学院发电厂电力网及其系统函授毕业。1959年4月参加工作，曾任徐州电业局技术员、宣传组织干事、江苏省社教工作队组长、徐州发电厂党委行政办公室主任、组织科长、靖江县供电局副局长、党组副书记。1983年12月至1991年9月任中共扬州供电局党委副书记。1991年9月～1996年11月任扬州供电局副局长。1992年4月～1998年12月任扬州第二发电厂筹建处副主任。1998年12月退休。

谢瑞祥　男，1936年11月生，汉族，江苏兴化市人，中专学历，中共党员，高级工程师。1957年9月南京电力专科学校发电厂电网及其系统专业毕业。1957年9月参加工作，曾任太原供电局技术员、车间主任、兴化供电局股长、副局长。1983年12月～1996年11月任扬州供电局副局长。1998年6月退休。

李学纯　男，1943年3月生，汉族，安徽无为县人，大专学历，中共党员，高级政工师。1964年8月南京电力专科学校电力系统继电保护及其装置专业毕业，1988年6月中央党校附设函授学院经济管理专业毕业。1964年8月参加工作，1971年2月由云南水利水电机电安装局工程处调入扬州供电局，曾任调度所调度员、组长、副主任、扬州供电局工会副主席。1986年8月任扬州供电局工会主席。2001年5月任扬州供电局调研员(副处级)。

刘恩喜　女，1948年12月生，汉族，江苏邗江县人，大学学历，中共党员，高级工程师。1975年1月参加工作，1982年2月南京工学院电力系统及其自动化专业毕业，分配到扬州供电局，曾任扬州供电局调度所专职、变电工区副主任、生产技术科副科长、变电工区主任。1991年9月任扬州供电局副局长。1996年12月调出。

杨世钰　男，1940年4月生，汉族，江苏无锡市人，大专学历，高级工程师。1962年9月南京电力专科学校发电厂及电力系统专业毕业。1960年5月任南京电力专科学校助教。1962年9月分配到扬州供电局，曾任助理技术员、调度所调度员、技术负责人、主任工程师、副总工程师。1991年9月～2000年4月任扬州供电局总工程师。2000年12月退休。

吴佑顺　男，1955年8月生，汉族，江苏高邮市人，大专学历，中共党员，工程师。1977年7月南京电力专科学校自动化装置及继电保护专业毕业，1977年8月参加工作，1997年7月南京电力专科学校电力企业管理专业毕业。曾任高邮供电局工区副主任、副局长、扬州供电局500千伏江都变电所副主任、主任。1995年1月～1998年12月任扬州供电局副局长。2000年1月任华源电气有限公司总工程师，2001年1月任扬州苏源电气设备有限公司总经理，2001年4月任扬州苏源集团有限公司总经理（兼任扬州苏源电气设备有限公司总经理）。

段书岭　男，1946年11月生，汉族，江苏泰兴市人，大学学历，中共党员，高级工程师。1970年8月南京工学院无线电专业毕业。1970年8月参加工作，曾任青海省综合电机厂技术员、助理工程师。1982年5月调入扬州供电局任办公室副主任、主任、劳动工资科科长、副总经济师兼劳动工资科科长。1996年11月任扬州供电局副局长，2001年5月任扬州供电局副局长、扬州供电公司副总经理。

张　军　男，1953年4月生，汉族，福建闽清人，大学学历，中共党员，政工师。1984年南京电力专科学校发电厂及电力网专业毕业，2002年12月中央党校函授学院行政管理专业毕业。1969年12月参加中国人民解放军，1975年2月分配到扬州供电局，曾任扬州供电局组织科科员、劳动人事科副科长、劳动工资科副科长、科长、组干科科长。1996年11月任中共扬州供电局纪律检查委员会书记。

刘人楷　男，1962年9月生，汉族，江苏靖江市人，大学学历，中共党员，高级工程师。1983年7月南京工学院电力网专业毕业。1983年8月分配到扬州供电局，曾任扬州供电局500千伏江都变电所副主任、扬州供电局办公室主任、局长助理。1998年12月任扬州供电局副局长。2001年5月调出。

汤人杰　男，1952年12月生，汉族，江苏南京市人，大学学历，中共党员，高级工程师，高级经济师，国家一级建造师。1983年8月上海高等电力专科学校电力自动化专业毕业，1999年7月南京理工大学发电厂及电力系统专业毕业。1968年10月农村插队务农，1970年10月到宝应供电局工作。曾任宝应供电局副股长、股长、仪征市供电局副局长、邗江县供电局局长。1998年12月调扬州供电局任局长助理（副处级）。2001年5月调出。

俞金顺　男，1965年6月生，汉族，江苏高邮市人，大学学历，中共党员，高级工程师。1987年7月南京工学院电力系统及自动化专业毕业。1987年8月分配到扬州供电局，曾任扬州供电局线路工区技术员、生产技术科专职、线路工区副主任、主任、生产运营部主任。2001年5月任扬州供电局副局长、扬州供电公司副总经理。2001年7月～2002年4月兼任邗江县供电局局长。

陈泰生　男，1963年10月生，汉族，江苏泰兴市人，大学学历，中共党员，高级工程师。1983年7月西安交通大学电力系统及自动化专业毕业。1983年8月分配到扬州供电局，曾任扬州供电局500千伏江都变电所专职、变电工区专职、基建科副科长、工程部主任。2001年5月任扬州供电局副局长、扬州供电公司副总经理。

文乐斌　男，1960年4月生，汉族，江西丰城人，大学学历，中共党员，高级工程师。1983年8月清华大学高电压工程专业毕业。1983年8月分配到扬州供电局，曾任扬州供电局500千伏江都变电所生技组长、变电工区副主任、主任、扬州供电局副总工程师。2001年5月任扬州供电局、扬州供电公司总工程师。

张　民　男，1959年3月生，汉族，江苏泰兴市人，大学学历，中共党员，政工师。1986年8月扬州电大大专毕业，1999年12月中央党校函授学院法律专业毕业。1976年4月参加工作，曾任江苏省军区班长、扬州供电局劳动工资科统计专职、办公室秘书、副主任、主任、党委办公室副主任、主任。2001年5月任扬州供电局、扬州供电公司工会主席。

唐红兵　男，1955年7月生，汉族，江苏张家港人，大专学历，中共党员，经济师。1997年7月南京电力专科学校企业管理专业毕业。1972年12月参加中国人民解放军。曾任张家港供电局用电管理员、苏州供电局用电管理科副科长、用电办公室副主任、三电办公室主任、苏州供电局副局长。2001年5月任扬州供电局副局长、扬州供电公司副总经理。

金　华　男，1963年2月生，汉族，江苏靖江市人，研究生学历，中共党员。1980年7月参加工作。2001年5月任扬州供电局、扬州供电公司总会计师。2001年10月调出。

二、劳动模范

（一）省、部级劳动模范

曾晓明　男，1953年5月生，汉族，江苏扬州市人，中专学历，中共党员，高级技师。1968年6月参加工作，1969年12月参加中国人民解放军，1977年4月退伍到扬州供电局，曾任电力故障抢修班班长。曾晓明热情为用户服务，不分上下班时间，只要接到抢修电话，总是热情地上门为用户抢修故障，在评为劳动模范前10年累计为用户义务服务约1800小时，夜间外出抢修2000余次，扬州大街小巷的居民都亲切地叫他“大个子班长”、“扬州的徐虎”。他爱岗敬业，勤奋工作，助人为乐，用自己的行动带领和影响同班组人，树立遵守职业道德和社会公德的榜样。1994年被扬州市人民政府授予扬州市劳动模范称号。1996年5月被中华全国总工会授予全国“五一”劳动奖章，同年12月获江苏省劳动模范称号。

赵永德　男，1958年3月生，汉族，江苏泰兴市人，大专学历，中共党员，会计员。1978年1月参加中国人民解放军，1981年11月退伍到扬州供电局，曾任核算员、财供股长、扬州广源电力经营部副经理、扬州广源电气有限公司经理。1994年进入电力多种经营企业，在空调器营销中不断探索市场规律，努力扩大销售市场。1999年4月获国家电力公司劳动模范称号。

季　强　男，1956年4月生，汉族，江苏南通市人，大学学历，中共党员，经济师。1973年5月农村插队务农，1977年参加工作，1979年5月调江苏省电力局，1998年12月调入扬州供电局任局长。任职期间完成生产、经营工作和大量城、乡电网改造基建施工任务。以供用电优质服务为基础，开创性实施电力营销体制改革和机制创新。关心职工生活，1999～2000年房改期间，扬州供电局本部共出售或调整职工住房586套，基本解决职工住房难题，售房过程严格实行“三公开一监督”，职工满意。2001年获得江苏省劳动模范称号。

（二）市级劳动模范

姓名	性别	单位	职务	荣誉称号	授奖单位	表彰时间
朱龙官	男	邗江县供电局	局长	扬州市劳动模范	扬州市总工会	1994
朱清和	男	扬州供电局送变电工程公司	副经理	扬州市劳动模范	扬州市总工会	1999
杜祥铭	男	扬州供电公司输配电运行工区	协理员	扬州市劳动模范	扬州市总工会	2002

注　单位、职务为评为劳动模范时的工作单位、职务。

荣　誉

荣 誉

1991～2002年扬州供电局（公司）获得市级及以上主要荣誉

序号	年 度	荣 誉 称 号	授 予 单 位	授予时间
1	1991	安全、文明生产创水平达标企业	江苏省电力工业局	1991.09
2	1991	抗洪救灾先进集体	国家能源部	1991.10
3	1991	抗洪救灾“五一”劳动奖状	全国总工会	1991.10
4	1992	模范职工之家	江苏省总工会	1992.12
5	1992	江苏省电力系统双文明单位	中共江苏省电力公司委员会、江苏省电力工业局	1993.01
6	1992	安全、文明生产达标企业	华东电业管理局	1993.03
7	1993	江苏省电力系统双文明单位	中共江苏省电力公司委员会、江苏省电力工业局	1994.01
8	1994	全国供电安全、文明生产达标企业	电力工业部	1994.06
9	1994	双文明单位	中共江苏省电力公司委员会、江苏省电力工业局	1995.01
10	1993～1994	文明单位	中共江苏省委、省人民政府	1995.10
11	1994	全国电力系统首届双文明单位	电力工业部	1995
12	1995	一流供电企业	江苏省电力工业局	1996.08
13	1995	双文明单位	中共江苏省电力公司委员会、江苏省电力工业局	1996.01
14	1995	先进集体	江苏省扶贫通电工程领导小组	1995
15	1995	江苏省先进集体	江苏省人民政府	1996.10
16	1995	全国电力系统双文明单位	电力工业部	1996
17	1995	江苏省文明单位	江苏省精神文明建设指导委员会	1996
18	1995～1996	扬州市文明单位	中共扬州市委	1997.12

续表

序号	年度	荣誉称号	授予单位	授予时间
19	1996	模范职工之家	江苏省总工会	1997.04
20	1996～1997	国家电力公司双文明单位	国家电力公司	1998
21	1997	江苏省文明单位	中共江苏省委、省人民政府	1997.12
22	1997	扶贫通电工程先进集体	江苏省人民政府	1997
23	1997	节电先进市	国家电力公司	1998
24	1997	双文明单位	中共江苏省电力公司委员会、电力公司、电力工业局	1998.12
25	1997	模范职工之家	江苏省总工会	1998
26	1997～1998	江苏省文明单位	江苏省精神文明建设指导委员会	1998
27	1999	一流供电企业	华东电力集团公司	1999.10
28	1999	人才援藏先进单位	国家电力公司	2000.02
29	1999	双文明单位	中共江苏省电力公司委员会、电力公司、电力工业局	2000.1
30	1998～1999	双文明单位	国家电力公司	2000
31	1999	中国华东电力集团双文明单位	中国华东电力集团公司	2000.04
32	2000	一流供电企业	国家电力公司	2000.09
33	2000	城市电网建设与改造工作先进集体	国家电力公司	2000.04
34	2000	农村电网改造工作先进集体	江苏省电网建设（改造）工作领导小组	2000
35	1999～2000	扬州市文明单位	中共扬州市委、人民政府	2001.01
36	1999～2000	江苏省文明行业	中共江苏省委、省人民政府	2000
37	2000	双文明单位	中共江苏省电力公司委员会、电力公司、电力工业局	2000.12
38	2000	文明单位	中共扬州市委、人民政府	2001.04
39	1996～2000	安全生产先进集体	国家电力公司	2001.01
40	2000～2001	国家电力公司双文明单位	国家电力公司	2002.07
41	2001	一流供电企业	江苏省电力工业局、电力公司	2001.12

续表

序号	年　度	荣　誉　称　号	授　予　单　位	授予时间
42	2001	双文明单位	中共江苏省电力公司委员会、电力公司	2002.01.19
43	2001	江苏电力创一流企业先进单位	江苏省电力公司	2002.05
44	2001	江苏省文明单位	江苏省精神文明建设指导委员会	2002.01
45	2001	江苏省电力公司系统先进集体	中共江苏省电力公司委员会、电力公司、电力工会	2002.01
46	2002	模范职工之家	江苏省总工会	2002.12
47	2002	中国华东电力集团双文明单位	华东电力集团公司	2002.12
48	2002	投资建设优质服务窗口单位	扬州市人民政府	2002.08
49	2002	文明单位	中共扬州市委、人民政府	2002.12
50	2002	全国电力行业用户满意服务单位	中国水利电力质量管理协会	2002
51	2002	全国模范职工之家	中华全国总工会	2003
52	2001～2002	文明行业	江苏省精神文明建设指导委员会	2003
53	2002	江苏省“五一”劳动奖状	江苏省总工会	2003
54	2002	双文明单位	中共江苏省电力公司委员会、电力公司	2003.02
55	2001～2002	扬州市文明行业	中共扬州市委、人民政府	2003.01
56	2001～2002	江苏省文明单位标兵	中共江苏省委、省人民政府	2003

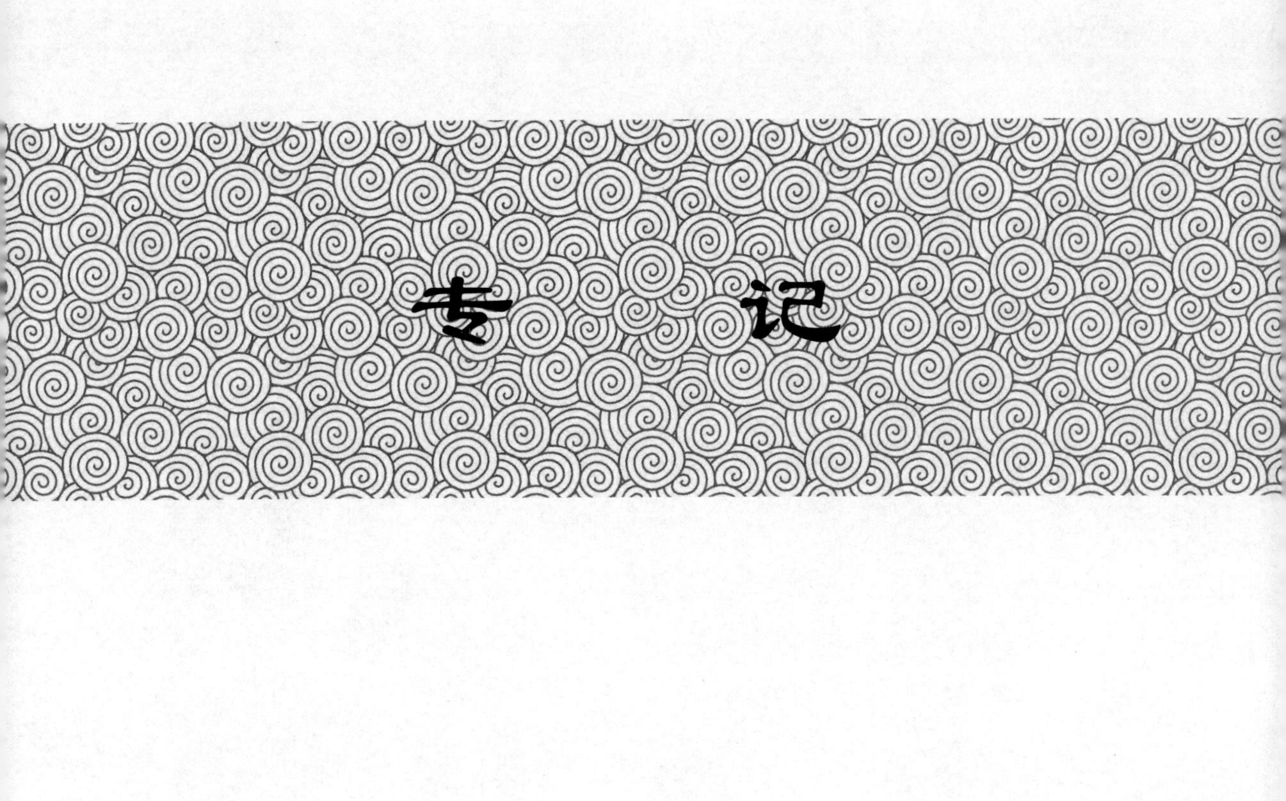

专记

专　记

一、生产调度综合楼

扬州供电公司生产调度综合楼位于扬州市区维扬路179号，是集电力营销、电力调度、公司各部室办公场所为一体的综合楼，主体造型为椭圆形，采用钢筋混凝土框架结构，外墙采用玻璃和铝板幕墙，楼顶西侧安装钢结构微波塔1座。

1999年9月22日，扬州经济技术开发区规划土地局印发文件《关于扬州电网生产调度综合楼设计方案的批复》，同意扬州供电局生产调度综合楼设计方案。2000年1月19日，扬州市人民防空办公室印发文件《关于扬州电网生产调度综合楼修建防空地下室的批复》，同意扬州供电局生产调度综合楼修建防空地下室。扬州供电局于2000年成立大楼建设工程领导小组，下设大楼筹建处，负责工程事务协调，并聘请常州建筑设计研究院工程总承包中心负责施工管理。大楼建设工程实行招投标管理、合同管理、风险管理，对进度、造价进行控制，对工程质量进行全过程监控。大楼工程建设单位为扬州供电局（公司），设计单位为上海建筑设计研究院，土建施工单位为扬州市建筑工程公司，工程监理单位为江苏省建设建科监理有限公司，工程质监单位为扬州市质量监督站。

2000年10月1日，生产调度综合楼开工建设。2002年12月17日，江苏省电力公司印发《关于扬州供电公司生产调度用房概算审查意见的批复》，批准生产调度用房总用地面积19 096米^2，主楼高80米，地上16层、裙房3层、地下1层，总建筑面积24 660米^2（地上建筑面积18 460米^2，地下建筑面积6200米^2），批准概算9709.34万元，其中江苏省电力公司拨款8453万元，建设单位自筹1256.34万元。生产调度综合楼于2003年3月28日竣工，当年4月18日正式启用，扬州供电公司由扬州市区南通西路79号搬迁至新址。新大楼启用后1年未出现质量问题，达到合同条款中申报省优工程的条件。

2004年5月27～29日，省电力公司审计组（江苏建威工程咨询有限公司、江苏苏中会计师事务所）对扬州供电公司生产调度综合楼进行财务竣工决算审计，并于当年10月28日印发《关于下发扬州供电公司生产调度用房财务竣工决算审计意见的通知》，审计确定扬州供电公司生产调度综合楼实际建筑面积23 364.92米^2，主体建筑16层（局部20层），建筑总高度97.7米，工程实际投资为95 172 515.11元，比概算投资（9709.34万元）节约192.09万元。

生产调度综合楼北侧为附楼，共4层，占地约1000米^2，建筑面积3688.84米^2，建筑高度24.65米，工程总造价约1300余万元（含装修），属扬州供电公司多种经营资产。附楼建筑主体采用钢筋混凝土框架结构，外墙采用玻璃和铝板幕墙，2002年12月开工，2004年3月28日竣工。

二、1991年抗洪救灾

1991年夏季，扬州市遭遇百年不遇特大洪涝灾害。6月下旬，扬州北部兴化、宝应、高邮灾情开始发生，部分变电所因积水使用水泵向外排水。6月29日～7月10日连降暴雨，扬州市平均降雨量500毫米，其中兴化市达821毫米。暴雨使灾情加重，全市114座变电所有79座变电所受灾，73条35千伏及以上输电线路受灾，10千伏及以下配电系统发生倒杆断线或配电变压器烧坏，直接经济损失和修复费用估算约2140万元。

扬州供电局于6月7日成立抗洪救灾领导小组，有关单位开始24小时值班，机关和工区均成立抢险突击队。7月初，扬州供电局派出6个工作组到受灾严重的县（市）供电局，协助抗洪救灾。7月10日，220千伏高邮澄子变电所扩建2号变压器（12万千伏·安）在排涝用电最急需的时候投运。扬州供电局变电工区除加班加点施工外，还采取改双母线为单母线运行方式，使扩建变压器尽快投运。电网调度所从5月下旬～7月上旬多次变更用电分配计划，制定用电应急方案，保证足够的电力供应灾区。5月21日～7月31日，全市总用电量为7.613 91亿千瓦·时，其中排涝用电量1.951 1亿千瓦·时，占总用电量25.6%。扬州供电局党委书记严忠连续几天在调度所指挥救灾调电。

扬州供电局要求兴化、高邮、宝应、泰县、江都、邗江供电局对所辖变电所全部打坝防水，在变电所围墙、生产区、主控室和开关室三处垒土防水。各供电局及时调运排水设备、麻袋、草包等送到变电所。宝应县天平乡调集数千人日夜护堤，保护35千伏天平变电所，当地群众与供电部门同心协力，共同抗灾。洪涝灾害期间，扬州市所有变电所均保持正常运行。7月6日18时，宝应县10千伏港农线因暴雨跳闸停电，宝应供电局抢修人员冒雨巡线，处理故障，当晚恢复20个电灌站供电，第二天上午恢复10个电灌站供电，保证了当地排涝用电。扬州供电局直属线路工区管辖的220千伏淮（阴）澄（子）线39号杆位于淮阴境内黄河故道北侧，因暴雨冲刷，沙土坡陡，严重塌方，距双杆拉线仅3米。线路工区于7月7、10、16日三次赶赴现场抢险，在塌方坡岸打钢桩及填草袋1000多只，对杆基进行加固。220千伏江（都变电所）扬（州发电厂）2号线29号铁塔位于芒稻河孤岛上，塔基被水流冲刷引起塌方，线路工区抢险人员在扬州市防汛指挥部支援下，乘坐航道管理处“港监1号”轮，渡过湍急的河水登岛抢险。为了保证打桩人员安全，他们用绳子把人拴住，防止被急流冲走，抢险人员用5个小时筑起一道30多米长的防护带，保证线路安全。7月15日，扬州市区东南郊通运闸决口，大水迅速漫过农田，逼近110千伏南郊变电所，并造成10千伏磷肥线83号倒杆，扬州供电局机关科室及生产单位共260余人现场抢险10余个小时，在变电所围墙外侧、生产区以及主控制室四周垒起草袋，阻挡围墙外水进入变电所，另一批抢修人员20余人由市区供电所和工程公司组成，抢修磷肥线83号倒杆，并在天黑前架设临时照明线到通运闸决口抢险现场，保证抢险现场照明。7月20日，高邮市大运河西湖滨乡行洪区清障泄洪，使客水南下入江，高邮供电局接到高邮市政府需架设临时线路的通知，立即进行线路查勘，连夜备料，7月21～22日，施工人员冒着烈日高温立杆14基，架设10千伏线路1.3千米，以及照明线路，保证了7月22日清障泄洪顺利进行。

1991年10月8日，扬州供电局被能源部授予抗洪救灾先进集体称号。1991年10月

28 日，扬州供电局和所属兴化供电局被全国总工会授予抗洪救灾“五一”劳动奖状。

三、仪征后山区扶贫

1993 年，扬州供电局与所属仪征市供电局共同出资帮助仪征后山区月塘和移居乡勘察、设计并施工供电线路，无偿赠送价值 10 万元的导线、电杆等器材。1994 年 6 月 4 日，扬州供电局再次为两个乡送去价值 7.5 万元的电力器材。1995 年 8 月 22 日，扬州供电局职工捐款 52 765 元，支援移居乡打深井。

1998 年 4 月 29 日，扬州市扶贫减负领导小组在仪征市召开会议，确定扬州供电局与仪征市陈集乡立新村结对帮扶。1999 年 2 月 4 日，扬州供电局局长季强、党委书记徐金山、局长助理汤人杰到仪征市陈集乡立新村，与村干部共商脱贫方案，重点解决饮水、交通、用电问题。资助 4 万元打 1 口 60 米深井并铺设数千米水管，解决村民的饮水困难；资助 2.5 万元修路，另外无偿支援 1 台 100 千伏·安配电变压器，并架设 10 千伏线路 800 米，资助 5000 元对立新村小学校舍进行整修。2000 年 6 月 13 日，扬州供电局工会主席李学纯等来到仪征市陈集乡立新村，确定扶贫 4 项目，即帮助立新村花云、冯庄、刘桥 3 个组各扩建一个蓄水塘；对村里尚未通自来水的所有特困户给予经济扶持；帮助村里建一个养鹅场；局团委捐款解决村里 12 名特别困难学生的学费。至 2000 年底，扬州供电局共出资 42 万元帮助立新村脱贫。

四、人才援藏

1998 年，时任邗江县供电局副局长孙发国受扬州供电局推荐参加电力工业部第五批人才援藏，当年 4 月 20 日孙发国到西藏拉萨电业局报到，任拉萨电业局工程部部长。孙发国 1966 年 5 月生，大学文化，工程师。援藏期间，孙发国所在的拉萨电业局工程部管理修试所、工程公司和配电工程公司共有职工 110 人，占拉萨电业局人数的 1/4，其中藏族职工近百人。孙发国与藏族干部、职工搞好团结，尊重藏族人民的风俗习惯，针对当地工程管理状况，组织制订安全管理、施工管理、考核管理和工作质量标准等管理制度，对工资、津贴管理进行了改革，建立每周业务学习交流制度和安全月度分析制度。拉萨城网改造期间，孙发国针对工程施工任务紧、条件复杂、技术要求高的特点，精心组织，合理安排，按期完成 20 多条主要街道（公路）和几十个片区的城网改造施工任务，获得西藏电力工业厅领导的好评。1999 年 11 月 17 日，孙发国援藏结束回扬州供电局。2000 年 2 月，国家电力公司印发文件《关于表彰奖励第四、五批人才援藏工作有功单位和个人的决定》，扬州供电局被表彰为人才援藏先进单位，孙发国被表彰为优秀援藏人员。

附 录

附　　录

一、电力工业部《关于调整扬州供电局管辖范围和设立泰州供电局的批复》

电力工业部文件

电人教〔1996〕567号

关于调整扬州供电局管辖范围和设立泰州供电局的批复

江苏省电力工业局：

你局《关于调整扬州供电局管辖范围和设立泰州供电局的请示》（苏电劳字〔1996〕984号）收悉。

根据“国务院关于同意江苏省调整扬州市行政区划和设立地级泰州市的批复”（国函〔1996〕57号）和江苏省人民政府关于调整扬州市和泰州市行政区划的部署和要求，为有利于行政区划调整后的地方经济建设和供电管理，以适应电力事业发展的需要，经研究，同意调整扬州供电局的管辖范围，撤销泰州市（县级）供电局，设立泰州供电局（地区局），将原属扬州供电局管理的泰兴、姜堰、靖江、兴化四个县级市供电局划归泰州供电局管理。调整和设立后的扬州供电局和泰州供电局的人员按照工作需要进行调配，不另增加人员编制。

请据此按有关规定划转人员，财务等关系。

中华人民共和国电力工业部

一九九六年八月二十三日

二、江苏省电力工业局《关于调整扬州供电局管辖范围和设立泰州供电局的通知》

江苏省电力工业局文件

苏电劳字〔1996〕1143号

关于调整扬州供电局管辖范围和设立泰州供电局的通知

徐州电业局，各发电厂（筹建处）、供电局、修造厂、施工企业、学校，省局各直属单位：

根据“国务院关于同意江苏省调整扬州市行政区划和设立泰州市的批复”(国函〔1996〕57号)和“电力工业部关于调整扬州供电局管辖范围和设立泰州供电局的批复”(电人教〔1996〕567号)，为有利于行政区划调整后的地方经济建设和供电管理，适应电力发展的需要，经研究，决定设立泰州供电局。将原属扬州供电局管辖的姜堰市供电局、泰兴市供电局、靖江市供电局、兴化市供电局划归泰州供电局管辖。请有关单位抓紧做好划转、交接和组建工作。

江苏省电力工业局
一九九六年九月十一日

三、江苏省人民政府《关于印发江苏省加快农村电力体制改革加强农村电力管理实施细则的通知》

江苏省人民政府文件

苏政发〔1999〕95号

关于印发江苏省加快农村电力体制改革加强农村电力管理实施细则的通知

各市、县人民政府，省各有关委、办、厅、局，省各有关直属单位：

省政府同意省计经委制定的《江苏省加快农村电力体制改革加强农村电力管理实施细则》，现印发给你们，请认真贯彻执行。

加快农村电力体制改革，加强农村电力管理，是党中央、国务院发展农村经济、提高农民生活水平、促进农村电气化事业的重大措施，对扩大内需、开拓农村市场、减轻农民负担具有重要意义。《江苏省加快农村电力体制改革加强农村电力管理实施细则》按照国家关于农村电力体制改革的精神，从江苏实际情况出发，明确了我省农村电力管理体制改革的原则、目标、内容及措施。各地要按照国家的部署和省制定的实施细则，统一组织贯彻。鉴于这项改革涉及面广，工作任务重，省各有关部门要按照各自分工认真履行职责，加强配合和协调；各地政府要切实协调、处理好本地区农村电力管理体制改革中出现的矛盾和问题，保证改革的顺利进行。

江苏省人民政府
一九九九年十一月十五日

附件

江苏省加快农村电力体制改革加强农村电力管理实施细则

根据《国务院批转国家经贸委关于加快农村电力体制改革加强农村电力管理意见的通

知》（国发〔1999〕2号）、《国务院办公厅转发国家计委关于改造农村电网改革农电管理体制实现城乡同网同价请示的通知》（国办发〔1998〕134号）、《国家经贸委〈关于印发江苏省加快农村电力体制改革加强农村电力管理实施方案〉的通知》（国经贸电力〔1999〕557号）、《国家计委关于江苏省农村电网改造工程、农电管理体制改革和城乡用电同价方案的批复》（计基础〔1998〕2113号）和《印发〈关于加快乡（镇）电管站改革若干问题的指导意见〉的通知》（国经贸电力〔1999〕294号）等有关文件精神，结合我省实际情况，制定本实施细则。

一、农村电力管理体制改革的必要性

目前，我省对农村电力全部实行直供直管模式，全省64个县（市）供电局（以下简称县供电局）均由省电力公司直供直管。现有1993个乡（镇），均建立了电力管理站（以下简称乡电管站）。乡电管站为县属集体事业单位，受乡（镇）人民政府和县供电局双重领导，由县供电局实行行业归口管理（个别县的乡电管站在国务院国发〔1999〕2号文下发前由县计委［经委］实行领导和管理），经济上按“自收自支，以电养电”的原则独立核算（也有部分县以县农电管理总站为单位独立核算）。1998年全省乡电管站共有职工33 256人（含已退休职工1951人）。其中，编内在职职工19 665人，属农电合同制职工（部分为县属事业编制）；共有村电工48 145人。1998年县及县以下用电量433亿千瓦·时，占全省全社会用电量的55%。其中，农村用电量232亿千瓦·时，占全省全社会用电量的30%。农村人口年均用电440千瓦·时。全省农村低压电网损耗一般为20%～30%，农村居民用电电价平均为每千瓦·时0.72元。

全省从省到市、县供电企业的直供直管体制，对农村电网建设管理起到了重要作用。但长期以来，我省农电管理也存在着一些问题。主要是：现行农村电力体制不能完全适应农村电力发展需要；农民自建自管的农村低压电网所发生的损耗及其运行费用要由农民承担；农村电网设备陈旧落后，线损偏高；农电管理中存在着“权力电、人情电、关系电”和层层加价等现象；部分地区窃电严重；农电职工队伍庞大，人员过多。由于这些问题的存在，造成目前农村电价偏高，增加了农民负担，影响着农村市场的开拓、农村经济的发展和农民生活质量的改善。因此，必须按照国务院确定的目标原则和国家经贸委批准的我省农电管理体制改革方案，对我省农村电力管理体制进行改革和完善；并通过深化改革实现城乡电力一体化管理，加快农村电网建设和发展，更好地开拓农村市场特别是农村电力市场和农村家电市场，促进农村经济发展和农村两个文明建设，加快广大农民脱贫致富奔小康的步伐。

二、农村电力管理体制改革的指导思想与原则

我省农村电力管理体制改革的指导思想是：按照建立社会主义市场经济体制的要求，紧紧围绕电力为农业、为农民、为农村经济发展服务的目标，以切实减轻农民负担、加快农村电气化建设步伐、大力开拓农村市场、繁荣农村经济、改善农村生态环境、促进农村经济发展为目的，坚持政企分开，减少中间环节，运用经济、法律、行政等手段，规范农电管理和农村电力市场，整顿农村电价，改革农村电价形成机制，使我省农村电力建设与管理上水平、上台阶。

我省农村电力管理体制改革的原则是：坚持政企分开，正确处理好政府与电力企业、电力企业与农民利益的关系，充分发挥各方面的积极性；坚持实事求是、一切从实际出发，做到农村电力体制改革与发展同电力工业的整体改革与发展相适应、与现阶段农村经济发展水平相适应，深化农村电力体制改革与加快农村电网改造相结合，整顿农村电价与规范农村用电秩序相结合，加强农电管理与改善服务相结合；加大各级地方人民政府监督管理农电（包括农村电价）工作的责任，加大各级电力企业经营管理农电的责任。

三、农村电力管理体制改革的目标

到2002年，理顺并建立符合我省农村经济发展水平的农村电力管理体制，完成国家确定的“两改一同价”任务，促进农村经济的发展。

（一）政企分开，县为实体。各县综合经济管理部门行使政府的电力管理职能，县供电企业行使企业经营管理职能，并逐步改造成为独立核算的经济实体。

（二）乡电管站改为县供电企业所属的供电所，由县供电企业实行统一管理，全省实现城乡电力一体化管理。

（三）全面完成我省农村电网的建设与改造，使农村电网技术装备水平上一个台阶，高压线损率降到10%以内，低压线损率降到12%以内。

（四）规范全省农村用电秩序，电力企业逐步做到销售到户、抄表到户、收费到户、服务到户的“四到户”管理。

（五）农村电网实行统一管理、统一核算，2000年底实现农村与城市同一电价，并继续加强农村电网改造和农电管理，进一步降低农村电价，减轻农民的负担。

四、农村电力管理体制改革的内容及措施

（一）管理体制方面

1. 争取1999年底前以县供电局为基础完成组建县供电公司的任务。县供电公司作为省电力公司的分公司，名称统一为：××县（市）供电公司。县供电公司行使企业经营管理职能。同时，按照电力体制改革的总体要求，县供电局实行政企分开，将县级供电企业的政府管理职能按照《电力法》的有关规定移交县综合经济管理部门。县综合经济管理部门行使政府管理职能，负责本地区电力工业的规划、监督、服务和协调工作。

2. 按照“县为实体”的改革方向，逐步将县供电公司改造成省电力公司的子公司，成为自主经营、自负盈亏的法人实体，省电力公司按照资产纽带关系对县供电企业进行管理。1999年选择扬中市、响水县进行试点，2000年再选择3～5个县（市）进行试点，在此基础上，2001年全面推开，2002年完成。

3. 改革乡电管站的现行管理模式。自本《实施细则》下发之日起，撤销乡电管站（相应撤销县农电总站），将其改为县供电企业所属的供电所。供电所是县供电企业的派出机构，其人、财、物由县供电企业实行统一管理、统一核算。1999年底前，完成乡电管站的资产和债权债务清理、乡及乡以下集体电力资产无偿划拨的交接。供电所原则上以乡（镇）为单位设置，名称统一为：××县（市）供电公司××供电所。

供电所负责所辖供电区域内10千伏及低压电网的建设改造、运行、检修和维护管理；

按县供电企业明确的职责受理日常供电营业工作；为用户提供优质服务，指导用户安全经济、合理用电，维护农村供用电秩序。

（二）劳动人事和社会保障方面

1. 县供电企业领导班子成员由省电力公司在征求当地党委的意见后任命。

2. 乡电管站改为供电所后，所有人员纳入供电企业统一管理。由供电企业按电力部门有关定员定编要求，对供电所人员实行劳动合同制，并优先从1998年10月4日前在编的乡电管站人员和优秀村电工中通过统一考试考核，择优招用。经过考核招用的，一律持证上岗，并按《劳动法》的有关规定由县供电企业与其签订劳动合同，统一办理社会保险，实行合同制管理。这项工作要求在2000年底前完成。上述人员的招用，由省计经委、省电力局制定考核标准，由省电力公司负责实施。

3. 供电所职工工资标准根据国家有关规定和当地社会平均工资水平等因素确定，报劳动部门审批。

4. 乡电管站在改制中要实行减人增效，对需要清退的原乡电管站人员，由省有关部门按规定制定标准，给予一次性经济补偿。

乡电管站改制前，在乡电管站工作、到达退休年龄并退出生产岗位的人员，原有的待遇及资金解决渠道不变。

乡电管站有关人员的社会保险，暂维持现状，等省有关部门专题研究后，另行下达具体办法。

（三）资产管理方面

1. 乡及乡以下农村集体电力资产（不含乡电管站所办三产）采取无偿划拨方式，移交县供电企业统一管理，并由其承担维护管理责任。

2. 在省计经委、省电力局（公司）的指导下由各县（市）人民政府组织有关部门及县供电企业对乡及乡以下农村集体电力资产和相关的债权债务进行清理。要以实事求是、认真细致的态度，做好农村集体电力资产的统计、造册、作价，核清实际数量、原值和使用年限，做好交接工作，并将结果报省计经委、省财政厅、省电力局（公司）、省国资局。

3. 在1999年底前完成农村集体电力资产的清理和无偿划拨工作。县供电企业对所有接收的资产必须登记造册。资产交接时，由县供电企业与乡人民政府或村民委员会分别办理移交手续，报县（市）人民政府及其财政部门备案。

（四）财务管理方面

1. 农村低压配电成本包括人员工资和相关费用、基金以及设备折旧、大修、维护、线损、管理费用等由省物价部门核入电价。在全省城乡用电同网同价前，低压配电成本从农村低压电网维护费中列支。对核入电价的农村电网维护费，按国家规定免征增值税。

2. 对清退的原乡电管站改制后的超编人员清退前工资性支出、清退时的一次性补偿和到达退休年龄并退出生产岗位的人员所需统筹费用，在实现全省城乡用电同网同价前，按现行办法执行。

3. 供电所的财务由县供电企业对其实行统一核算、收支两条线管理，即供电所电力销售及有关业务收入全额上交县供电企业，所需费用支出由县供电企业核拨。在此基础上，逐步过渡到并入电力企业统一核算。

4. 关于乡电管站所发生的债权债务的处理：

在乡电管站纳入县供电企业管理前，对用于电力建设形成的债务，经省电力公司审核确认后，由省电力公司负责偿还。

对在国办发〔1998〕134号文下发之日（1998年10月4日）前，原乡电管站拥有的债权，原则上由其负责人负责追回，所发生的非电力建设的对外担保（含未了结的担保）、资产抵押和不符合有关财务规定的债务，原则上由其责任人负责处理。

对在国办发〔1998〕134号文下发之日（1998年10月4日）后，原乡电管站拥有的债权，其责任人必须负责追回，所发生的非电力建设的对外担保（含未了结的担保）、资产抵押和不符合有关财务规定的债务，由其责任人负责处理。

（五）电价和营销管理方面

1. 加强农村电价管理，落实农电管理责任制。省、市物价部门会同电力主管部门和县级人民政府对农村电价进行有效监管，要采取有效措施控制农村电价水平，减轻农民负担。1999年全省全面实行农村分类综合电价（一县一价），平均电价降至每千瓦时0.75元以下，其中农村居民照明电价为0.65元。供电企业要严格执行国家电价政策和规定，严禁乱加价、乱收费、乱摊派以及代收一切不符合国家规定的价外费用。

2. 加强营销管理，建立规范的抄表收费制度。2000年起推行“五统一”（统一电价、统一发票、统一抄表、统一核算、统一考核）、“四到户”和“三公开”（电量公开、电价公开、电费公开），2002年全面实现。农村用户实行一户一表，并以计量检定机构依法认定的用电计量装置的记录和国家规定的电价交纳电费，用户有权拒交超过表计电量和国家电价外的一切收费。

3. 供电企业应不断增强法制观念、效益观念，既要反对各种乱收费、乱加价，坚决杜绝“人情电、权力电、关系电”等不良现象；又要严格要求，增强职工的责任心，做到依法经营。同时，切实加强内部管理，挖掘潜力，降低生产成本，实行减人增效、下岗分流，实施再就业工程。

五、加快农村电网建设与改造

在实施农村电力管理体制改革的同时，要继续加大对农村电网建设与改造的力度。加强对工程建设与改造的管理，大力采用损耗低、安全性能好、可靠性高的先进技术和设备，确保电网安全经济可靠运行。根据地方经济发展需要，对农村电网进行统一规划，由省电力公司负责建设和管理。建设改造资金由省电力公司向银行统借统还，贷款的偿还在考虑降低线损和通过加强管理降低成本后，在全省电网均摊解决。对农村电网的维护管理费用，可据实从严核入电网供电成本，并通过相应调整销售电价解决。

六、农村电力管理体制改革的组织实施

农村电力管理体制改革是对我省长期形成的农电管理体制和农电管理秩序的重大调整和变革，涉及面广，工作任务重，必须按照国务院确定的总体目标，按照国家经贸委、国家电力公司和省政府的统一部署，从我省的实际情况出发，精心组织，周密安排，稳妥推进，充分依靠各级政府和电力企业，把工作抓紧抓实抓好，抓出成效。

（一）加强对农村电力管理体制改革的领导、组织和协调。在省政府领导下，省计经委、省电力局（公司）负责对农村电力管理体制改革方案的组织实施。省财政厅、审计厅、劳动厅、物价局、国税局、地税局和国资局等要密切配合，积极参与协调处理农村电力管理体制改革中出现的重大矛盾和问题。各市、县要切实加强领导，认真贯彻省农电体制改革实施细则，协调、处理好本地区农村电力管理体制改革中出现的矛盾和问题。

（二）为了保证我省农村电力管理体制改革的顺利实施，除农村电网建设与改造资金外，在体制改革前乡电管站的其余资产和人事一律冻结。农村电力管理体制改革是农村电网建设与改造、实现城乡用电同网同价工作的重要环节，在改制期间，各地、各有关部门以及电力企业必须加强政策观念和全局观念，增强组织纪律性，确保农村用电秩序的稳定和农村电网安全生产运行。

（三）各地、各有关部门要深刻认识这项工作的重要意义，认真学习、深刻领会国家有关文件精神，进一步认清形势，统一思想，认真细致地做好各项工作，确保我省农村电力管理体制改革顺利实施和目标的实现。

江苏省计经委

一九九九年十一月

四、江苏省经济贸易委员会、江苏省电力公司《关于撤销扬州市供电局的通知》

江苏省经济贸易委员会、江苏省电力公司文件

苏经贸电力〔2002〕1502号

关于撤销扬州市供电局的通知

扬州市经贸委、供电局：

根据省委、省政府关于《江苏省市县乡机构改革指导意见》（苏发〔2000〕30号）和国家经贸委《关于做好电力工业政企分开改革工作的意见》（国经贸电力〔1999〕445号）的文件精神和有关要求，鉴于你市经贸委“三定”方案已经明确，机构改革基本到位，经研究，决定撤销扬州市供电局。从发文之日起实施。由原供电局承担的政府管电职能移交给扬州市经贸委。

政企分开后，市经贸委和市供电公司要按照省经贸委《关于印发〈市电力行政管理职能移交工作指导意见〉的通知》（苏经贸电力〔2002〕756号）精神，做好职能交接工作。在职能交接过程中，要顾全大局，密切合作，确保平稳过渡，做到工作不断，秩序不乱。

同时，要相互支持，密切配合，共同促进电力事业的发展，为地方经济发展服务。

特此通知

江苏省经济贸易委员会
江 苏 省 电 力 公 司
二〇〇二年十一月十五日

编　后　记

按照江苏省电力公司2004年3月25日印发的文件《关于推进江苏省电力工业志续志编纂工作的通知》的要求，所属市供电公司承担编纂本地区电力工业志。扬州供电公司于2004年5月19日成立《扬州市电力工业志》编纂委员会，负责组织领导续修《扬州市电力工业志》(1991～2002年)，编委会下设修志办公室（挂靠公司总经理工作部），具体负责续志编纂业务。2004年9月17日，扬州供电公司召开修志工作动员会议，公司全体领导和各部室、县（市）供电公司主要负责人参加会议，会议要求市、县（市）供电公司将修志工作作为“一把手工程”，加强领导，健全组织，精心修编市、县（市）两级电力工业志。此后，扬州供电公司根据人事变动于2007年8月30日、2010年7月30日两次调整编委会，每届编委会主任和修志办主任均分别由扬州供电公司总经理和总经理工作部主任担任。

《扬州市电力工业志》(1991～2002年）编纂从2004年9月开始，2009年8月送审，2010年8月4日通过省电力工业志编纂委员会《扬州市电力工业志》(1991～2002年）审查验收组的审查验收，历时6年完成。本志编纂经历五阶段。

第一阶段设置篇目及编写收资提纲，2004年9月完成。2004年12月20～22日，省电力公司在南京溧水供电公司召开修志协作组工作会议，汇报、交流、研讨篇目设置。2005年1月修改确定篇目设置。

第二阶段收集资料，结合收资进行资料长编，从2005年一季度开始，至2006年一季度完成，总共收集资料约800余万字，编写资料长编约200万字。期间省电力公司于2005年8月23～26日在扬州供电公司举办修志培训班，同年10月18～20日在南通供电公司召开供电协作组成员单位资料长编研讨会，为规范编纂电力志起到统一格式、上下同步的作用。

第三阶段从2006年上半年开始编写初稿，2007年上半年完成。承担本志初稿编写共5人。彭广宏负责编写第一章发电；陆逸仙负责编写第二章电网、第三章供电生产、第四章电网调度、第七章科技　信息化　环境保护、第九章设计　施工　基建管理、第十一章多种产业、大事记，并撰写凡例、概述、编后记；冯仁娇负责编写第五章用电、第六章农村电力；樊志义负责编写第八章企业管理、第十章党群；夏平权负责编写人物、荣誉、附录、专记。

第四阶段进入总纂和自审阶段。2007年8月30日，扬州供电公司印发文件调整编委会成员和修志办成员，修志办人员由原来3人增加为6人，明确陆逸仙负责本志的总纂。总纂工作历时1年于2008年8月完成。2008年11月初印《扬州市电力工业志》自审稿共150本，分发给各单位、部门以及县（市）供电公司共计92本，分送或邮寄给历任领导、总工程师、副总工程师等有关人员共计19本，共回收32本。自审期间多次召开座谈会，对有关专业内容进行评议、核实、修改，广泛征求意见。

第五阶段为审查验收阶段。2009 年 8 月，省电力公司修志办公室对《扬州市电力工业志》送审稿提出了具体的修改意见。2010 年 4 月呈送修改后的送审稿。2010 年 8 月 4 日，省电力工业志编纂委员会委托省电力公司修志办公室组织审查验收组，对《扬州市电力工业志》（1991～2002 年）进行审查验收，获得通过。

本志作为江苏省电力工业志丛书的一部分卷，是在省电力工业志编纂委员会和省电力公司修志办公室的领导和指导下完成的。本志编纂过程中得到省电力公司修志办各位专家的悉心指导，扬州市地方志办公室也对本志提出宝贵的修改意见。扬州发电有限公司、扬州第二发电有限责任公司为本志编纂提供了有关资料。扬州供电公司的历届领导、工程技术人员和全体职工对本志编纂工作十分重视和关心，以认真、热情、负责的态度对本志提出许多宝贵的建议和意见，原总工程师、副总工程师曾多次来到修志办公室，对自审稿提出修改建议，帮助补充资料，退休老职工把保存的资料、照片送到修志办，公司各部门、单位不辞辛劳努力为本志编纂收集相关的历史资料。众手成志。在本志付印出版之际，谨向所有参与、支持、帮助本志编纂，并为之付出辛勤劳动的人员表示衷心的感谢！

编　者

2011 年 3 月

《江苏省电力工业志》丛书总目

总 卷 江苏省电力工业志（1991～2002）

分 卷 南京市电力工业志（1988～2002）

无锡市电力工业志（1988～2002）

常州市电力工业志（1988～2002）

镇江市电力工业志（1988～2002）

徐州市电力工业志（1988～2002）

南通市电力工业志（1988～2002）

盐城市电力工业志（1988～2002）

淮安市电力工业志（1988～2004）

扬州市电力工业志（1991～2002）

连云港市电力工业志（1991～2002）

宿迁市电力工业志（1996～2004）

苏州市电力工业志（1997～2002）

泰州市电力工业志（1997～2002）

江苏徐塘发电有限责任公司志（1972～2003）

江苏华能淮阴发电有限公司志（1986～2002）

江苏华电戚墅堰发电有限公司志（1988～2006）

江苏射阳港发电有限责任公司志（1988～2005）

望亭发电厂志（1989～2005）

盐城发电有限公司志（1989～2005）

谏壁发电厂志（1991～2002）

南京下关发电厂志（1991～2002）

江苏新海发电有限公司志（1994～2005）

江苏华电扬州发电有限公司志（1994～2005）

江苏南热发电有限责任公司志（1995～2005）

华能国际电力股份有限公司南通分公司志
华能国际电力股份有限公司南京分公司（电厂）志（1987～2005）
江苏利港电力有限公司志
扬州第二发电有限责任公司志
江苏省送变电公司志（1953～2002）
江苏省电力建设第一工程公司志（1953～2007）
江苏省电力建设第三工程公司志（1958～2005）
江苏省电力建设公司
（江苏兴源电力建设监理有限公司）志（1988～2004）
江苏省电力设计院志（1991～2002）
江苏省宏源电力建设监理有限公司志
江苏省电力燃料集团有限公司志
扬州电力设备修造厂志
南京线路器材厂志
镇江华东电力设备制造厂志（1996～2004）
江苏电力装备有限公司志
苏州电力工业学校志（1994～2003）

《扬州市电力工业志》丛书总目

总　卷　扬州市电力工业志（1991～2002）

分　卷　江都市电力工业志（1991～2002）

高邮市电力工业志（1991～2002）

宝应县电力工业志（1991～2002）

仪征市电力工业志（1991～2002）

邗江县电力工业志（1986～2001）

图书在版编目（CIP）数据

扬州市电力工业志：1991～2002/ 江苏省电力公司扬州供电公司编. —北京：中国电力出版社，2012.7

（江苏省电力工业志丛书）

ISBN 978-7-5123-3263-8

Ⅰ.①扬… Ⅱ.①江… Ⅲ.①电力工业-工业史-扬州市-1991～2002 Ⅳ.①F426.61

中国版本图书馆 CIP 数据核字(2012)第 151652 号

中国电力出版社出版、发行

（北京市东城区北京站西街 19 号 100005 http://www.cepp.sgcc.com.cn）

北京盛通印刷股份有限公司印刷

各地新华书店经售

*

2012 年 12 月第一版 2012 年 12 月北京第一次印刷

787 毫米×1092 毫米 16 开本 29.25 印张 664 千字 18 插页

定价 **300.00** 元